Heiko Pleines / Hans-Henning Schröder (Hrsg.)
Länderbericht Russland

D1704179

Schriftenreihe Band 1066

Heiko Pleines / Hans-Henning Schröder (Hrsg.)

Länderbericht Russland

bpb: Bundeszentrale für politische Bildung

Bonn 2010

© Bundeszentrale für politische Bildung
  Adenauerallee 86, 53113 Bonn

Redaktion: Verena Artz, Heinrich Bartel
Herstellung: Wolfgang Hölker

Diese Veröffentlichung stellt keine Meinungsäußerung der Bundeszentrale für politische Bildung dar. Für die inhaltlichen Aussagen tragen die Autor/-innen die Verantwortung.

Hinweis: Die Inhalte der im Text und Anhang zitierten Internet-Links unterliegen
der Verantwortung der jeweiligen Anbieter/-innen. Für eventuelle Schäden und Forderungen können Herausgeberin und Autor/-innen keine Haftung übernehmen.

Die Umschrift russcher Personennamen und geografischer Bezeichnungen folgt der
in der deutschen Publizistik üblichen Schreibweise. Auch im Deutschen gängige
Vornamen (Viktor, Alexander etc.) werden in deutscher Schreibweise wiedergegeben. Anlautend stimmhaftes »s« (wiss.: »z«) wird in der Regel mit »s« (aber, wenn
eingeführt als »z«: Zagorskij etc., auch: Gazprom)), stimmhaftes »sch« (wiss.: ›ž‹)
mit »sh« (Breshnew, Nishnij Nowgorod) transkribiert.

Kartografie: Kämmer-Kartographie, Berlin
Umschlaggestaltung: M. Rechl, Kassel
Umschlagfoto: Olaf Meinhardt, Rötgesbüttel
Satzherstellung: Naumilkat, Düsseldorf
Druck: CPI books GmbH, Leck

ISBN 978-3-8389-0066-7

www.bpb.de

Inhalt

I. Landeskundliche Grundlagen und historisches Erbe

Jörg Stadelbauer

Russlands Geografie

Landschaftszonen, Bodenschätze, Klimawandel und Bevölkerung

Immer wieder hat man versucht, historische und politische Entwicklungen Russlands auf natürliche Gegebenheiten zurückzuführen. Der Binnenorientierung auf das Stromgebiet der Wolga wurde der Drang zum Meer als historische Konstante entgegengestellt, die Gliederung in Großlandschaften zog man zum Verständnis frühen Handelsaustausches heran, das Ausgreifen in die Siedlungsräume nichtslawischer Völker wurde als Sicherung des Zugangs zu Ressourcen verstanden. Bisweilen ergaben sich daraus geodeterministische (allein durch die natürliche Raumausstattung bedingte) Konstruktionen der Entwicklung Russlands, die kaum zu halten sind. Andererseits ist eine gewisse Wechselwirkung zwischen räumlichen Strukturen und gesellschaftlichem Handeln in Vergangenheit und Gegenwart nicht zu leugnen.

Zwei Faktoren treten dabei besonders hervor: Dem geologischen Bau folgt die Anordnung von Tiefländern, Ebenen und Gebirgsräumen, aber auch die Verteilung von Bodenschätzen; auf das durch Gebirge nicht gestörte Relief und das Klima ist die im europäischen Teil Russlands geradezu idealtypische Abfolge großer Landschaftszonen zurückzuführen, die unterschiedliche landwirtschaftliche Potenziale bedingt, deren tatsächliche Nutzung freilich von den jeweiligen Akteuren abhängig ist. Schließlich müssen die Folgen des gegenwärtigen Klimawandels für Natur, Wirtschaft und Gesellschaft bedacht werden.

1   Naturräumliche Gegebenheiten und Potenziale

1.1   Geologischer Bau und Bodenschätze

Weite Teile Russlands entstanden vor langer Zeit. Im europäischen Teil lagern auf dem Urkontinent, der den baltischen Schild nach Osten fortsetzt, Sedimente, die seit ihrer Entstehung vor über 350 Millionen Jahren kaum bewegt wurden und über denen sich in jüngster geologischer Vergangenheit noch Ablagerungen der Kaltzeiten bildeten. Die sanfte Wellung des Untergrunds paust sich in flachen und weitgestreckten Höhenzügen wie dem Timanrücken im Norden oder im mittelrussischen Hügelland durch. Flache, oft Hunderte von Kilometern breite Senken wie die Moskauer Synklinale werden heute von Flüssen genutzt. Nach Süden begrenzen der Übergang zu den ukrainischen Lößgebieten, die Flach- und Hügelländer Nordkaukasiens und die Absenkung zur Kaspischen Senke das Russische Tiefland. Südlich anschließend ragt der Große Kaukasus auf (Elbrus, 5 633 m). Er entstand nach plattentektonischer Interpretation beim Abtauchen der iranischen unter die eurasische Platte.

Nach Osten bildet der Ural eine sanfte Gebirgsschwelle. Ihr schließt sich das westsibirische Tiefland als ein in sich gegliederter, ebenfalls auf einer paläozoischen Plattform liegender Ablagerungsraum an, dessen Sedimente das Speichergestein für Erdöl- und Erdgasvorkommen sind. Das entwässernde Flusssystem von Ob und Irtysch ist das größte des Kontinents. Östlich des Jenissej steigt das Gelände zum mittelsibirischen Bergland an, das sich im Putorana-Bergland bis 1 700 m erhebt und von ausgedehnten Decken vulkanischer Gesteine eingenommen wird. Nach Osten fällt das Bergland sanft zum Jakutischen Becken ab. Daran schließen nach Osten Gebirgszüge an, die im Erdmittelalter aufgefaltet wurden und bis 3 000 m Höhe erreichen.

Nach Süden begrenzen Gebirge wie Altai und Sajany westlich des Baikalsees die Tief- und Bergländer, während östlich des Baikalsees die Gebirgszüge zu den steppenartigen Niederungen des Amur abfallen. Im Süden des Fernen Ostens bildet der stark bewaldete Gebirgszug Sichotë-Alin' eine eigenständige Landschaftseinheit. Auf der Halbinsel Kamtschatka zeigen mehrere Vulkane, darunter als höchster die Kljutschewskaja Sopka (4 750 m) an, dass der Ostrand des Kontinents durch die Unterschiebung der Pazifischen Platte unter die Eurasische gebildet wurde. Dieser Bereich weist ebenso wie die Baikalregion und die Gebirgszüge an der Grenze zur Mongolei eine hohe Erdbebengefährdung auf.[1]

Arm an Bodenschätzen ist die Weite der Russischen Tafel im europäischen Teil des Landes; nur im äußersten Nordosten geht sie mit den Kohlelagerstätten von Workuta in die Gebirgssenke vor dem Ural über, im zentralen Teil finden sich innerhalb der Antiklinale (weiträumige Aufwölbung des Gesteinsuntergrunds) von Voronesh die Eisenerze der Kursker Magnetanomalie – hier wird durch die Wirkung des größten bekannten Eisenerzbeckens die Nadel des Kompasses von ihrer Nordrichtung abgelenkt. Im Süden wird die Russische Tafel vom Senkensystem begrenzt, in dem die Kohle des Donbass lagert. Erzvorkommen finden sich vor allem in alt gefalteten, d. h. in der Erdgeschichte vergleichsweise früh entstandenen, Gebirgen (Gebirgszug der Chibiny auf der Kola-Halbinsel, Ural, Altai, Sajany sowie andere sibirische Gebirgszüge), Lagerstätten von Steinkohle in den Vorsenken dieser alten Gebirge, etwa im Kusnezker Becken. Unter den heutigen wirtschaftlichen und technischen Rahmenbedingungen sind umfangreiche Kohlevorkommen in Sibirien wie die Lagerstätten des Tunguska-Beckens nicht nutzbar.

Die große Entfernung von den bevölkerungsreichen Ortschaften bewirkte, dass die Erschließung zahlreicher Bodenschätze erst spät erfolgte. Entlegene Lagerstätten von Buntmetallerzen, wie die von Norilsk mit Kupfer-, Kobalt- und Nickelerzen, wurden aus strategischen Interessen erschlossen. In den subarktischen Bergbaugebieten auf der Kola-Halbinsel, im Petschora-Becken (Workuta) und bei Norilsk ist der Bergbau mit hohen Emissionen und massiven Landschaftsschäden verbunden.

Lagerstätten von Erdöl und Erdgas befinden sich vor allem in weitgespannten geologischen Becken wie der Kaspischen Senke, dem westlichen Uralvorland, der Senke in Nordkaukasien oder dem Westsibirischen Tiefland. Russland verfügt über außerordentlich umfangreiche Lagerstätten, doch ist ihre Nutzung mit einem hohen Aufwand für die Schaffung der erforderlichen Infrastruktur verbunden, aber wenn die einzelnen Bohrungen ergiebig sind, lohnt sich dies. Westsibirien gehört deshalb heute zu den reichsten Gebieten Russlands mit den höchsten Durchschnittseinkommen.

Schätzungen über die wirtschaftlich nutzbaren Vorräte gehen bei allen Bodenschätzen weit auseinander und sind von technologischer Entwicklung, Weltmarkt und der Erkundung neuer Lagerstätten abhängig. Die Verfügbarkeit natürlicher Ressourcen bestimmt in hohem Maß Russlands Wirtschaftsaktivitäten,[2] da die Transformation eine partielle Deindustrialisierung bewirkt hat. Bei den Exporten von Bodenschätzen stehen Erdöl aus dem mittleren und Erdgas aus dem nördlichen Westsibirien an erster Stelle. Die Erdgasregion reicht inzwischen bis auf die Jamal-Halbinsel, denn die westeuropäische Nachfrage garantiert einen sicheren Markt und fordert den Bau neuer Pipelines. Allerdings sind die Erschließungsarbeiten im hohen Norden teuer. Daher wird das sowjetische Modell der Arbeitsorganisation, das auf zeitlich befristeten Einsätzen von Arbeitern aus weiter südlich gelegenen Wohnsiedlungen beruht, mit Modifikationen beibehalten. Die Einwohnerzahlen zahlreicher Siedlungen im Hohen Norden stagnieren oder sind sogar rückläufig.

Unter den übrigen Bodenschätzen kommt Gold und Diamanten nach wie vor große geoökonomische Bedeutung zu. In der Phase verstärkter

Regionalisierung verstand es die Republik Sacha (Jakutien), sich umfassende Mitspracherechte bei der Erschließung und Vermarktung ihrer Diamantvorkommen zu sichern. Bei der Förderung der »klassischen« Bodenschätze für die Schwermetallurgie, Eisenerze und Steinkohle, musste Russland dagegen Einbußen hinnehmen, die sich aus veränderten Marktbedingungen, vor allem aber auch aus der Überalterung der Förder- und Aufbereitungsstätten erklären lassen.[3]

1.2 Klima und landwirtschaftliche Nutzungspotenziale

Das Klima ist in den meisten Landesteilen kontinental mit großen jahreszeitlichen Temperaturunterschieden. Zeitweise erstreckt sich das winterliche Kältehoch von der ostsibirischen Baikalregion bis Westrussland; arktische Kaltluft kann, weil sich ihr keine Gebirge als Querriegel entgegenstellen, fast ungehindert einfließen. Dann wieder dringen subpolare Tiefdruckgebiete vom Atlantik weit in das Innere Russlands vor und bewirken, dass im wärmsten Monat des Sommerhalbjahrs die Temperaturunterschiede zwischen der Südgrenze der Tundra und der Nordgrenze der Steppe kaum 4°C überschreiten. In der Steppenzone des Trans-Wolga-Gebietes können allerdings Dürreperioden auftreten, die die Getreideernte beeinträchtigen, ebenso Spätfröste, die die Frühjahrsaussaat bedrohen.

Die durchschnittlichen jährlichen Niederschlagssummen liegen in den Niederungen nur bei 600 bis 800 mm und steigen im nördlichen Ural und den fernöstlichen Gebirgen über 1 000 mm an. Dennoch wird der Alltag durch winterliche Schneeverwehungen, einen im Norden mehrere Monate währenden Eisgang auf den Flüssen und die frühjährliche Auftauperiode erschwert. Im Grenzbereich zwischen Tundra und Taiga umfasst die Schneeperiode fast zwei Drittel des Jahres. In der Nichtschwarzerdezone des europäischen Teils Russlands reichen die Niederschlagssummen aus, um mineralische Nährstoffe aus dem Boden auszuwaschen; hierbei bildet sich der für die Taiga typische Podsolboden. Dieser ist sandig, sauer sowie nährstoffarm und bietet deshalb den meisten Nutzpflanzen keine optimalen Bedingungen. In Waldsteppe und Steppe führt der Wechsel von winterlicher Abkühlung und sommerlicher Erwärmung bei ausreichender Bodendurchfeuchtung zur Entwicklung von Schwarzerden (Tschernosjom), die besonders fruchtbar sind.

Eine Folge früherer und aktuell andauernder winterlicher Abkühlung ist die weite Verbreitung von Dauerfrostboden; geschlossen tritt er auf

47 % der Landfläche auf, rechnet man die sporadischen Vorkommen hinzu, nimmt er fast 60 % der Landesfläche ein. Im äußersten Nordrussland sowie in weiten Teilen Sibiriens und des Fernen Ostens erschwert er den landwirtschaftlichen Anbau und beeinträchtigt und verteuert den Bau und den Erhalt von Gebäuden und Verkehrsanlagen. Der Untergrund ist teilweise über 200 m tief gefroren und taut während der sommerlichen Erwärmung nur in einer dünnen Bodenschicht auf. Gebäude müssen auf Pfählen, heute meist aus Beton, tief im Untergrund verankert und gegen Wärmeleitung zwischen Gebäude und Boden geschützt werden. Die wichtigsten wirtschaftlichen Nutzungen in den Gebieten mit Tundrenvegetation oder Nadelwald und gleichzeitig Dauerfrostboden sind die Gewinnung von Bodenschätzen, die Rentierzucht und der Holzeinschlag, der in den Nadelwäldern bereits zu großen Einbußen geführt hat.

Damit hat die klimatologische Differenzierung zur Folge, dass ausreichend günstige Anbaubedingungen nur im sogenannten Agrardreieck vorhanden sind; dieses reicht von der europäischen Westgrenze Russlands zwischen St. Petersburg und Rostow keilförmig nach Osten zur mittleren Wolga, zum südlichen Ural und in das südliche Westsibirien. Beträchtliche Schwankungen der Niederschlagsverteilung und -menge von Jahr zu Jahr lassen in den Steppen große Unterschiede bei den Ernteerträgen auftreten. Betroffen sind insbesondere die Gebiete östlich der Wolga, während in Südrussland und Nordkaukasien die Erntesicherheit etwas höher ist. Die Unterschiede zeigten sich exemplarisch in den Jahren 1997 und 1998; konnte 1997 noch eine ausreichende Getreideernte von 75 Millionen Tonnen eingebracht werden, blieb sie 1998 mit 42 Millionen Tonnen weit hinter dem Bedarf zurück. Allerdings ist die geringe agrarische Produktivität nur teilweise den von Jahr zu Jahr schwankenden Witterungsbedingungen anzulasten; ebenso wichtig sind Mängel in der Agrarstruktur und in der Organisation der landwirtschaftlichen Produktion sowie ein Missverhältnis zwischen Aufwand und Ertrag.[4]

1.3   Die Landschaftszonen

Da die Sonneneinstrahlung und alle davon abhängigen Klimaparameter eine deutliche Nord-Süd-Differenzierung aufweisen und direkt auf Bodenbildung und Vegetationsausbreitung einwirken, ergibt sich eine räumliche Anordnung von Landschaftszonen, deren regelhafte Abfolge seit dem ausgehenden 19. Jahrhundert zum leitenden Paradigma für den Überblick über den Gesamtraum wurde. Die Anordnung hat sich seit der letzten Kaltzeit,

d. h. in den zurückliegenden acht bis zehn Jahrtausenden, weitgehend konsolidiert. Von Norden nach Süden werden folgende Zonen unterschieden:

• Die Tundra ist ein sehr karger, von langen winterlichen Kälteperioden bestimmter und durch geringe Biomassenproduktion gekennzeichneter Raum, in dem Moose und Flechten, nach Süden zunehmend durchsetzt mit Beerensträuchern, Birken und anderen Gehölzen, dominieren.

• Die daran anschließende Taiga, die große Teile Sibiriens einnimmt, stellt das weltweit größte zusammenhängende Nadelwaldgebiet dar, in dem lichte, weitständige Tannen- und Lärchenbestände, westlich des Jenissej durchsetzt mit Birkenvorkommen, hervortreten. Die Böden, nach ihrer fahlen Färbung als Podsol bezeichnet, sind wenig fruchtbar, sodass Landwirtschaft nur mit erheblichen Düngemittelgaben möglich ist.

• Eine Mischwaldzone besteht nur im europäischen Teil Russlands; im Fernen Osten entsprechen ihr die Mischwälder des pazifischen Saumes. Der osteuropäische Mischwald mit Kiefer, Ahorn, Stieleiche und Winterlinde ist weitgehend den Rodungen seit dem frühen Mittelalter zum Opfer gefallen und tritt nur noch lückenhaft auf.

• Die Waldsteppe war ein breiter Übergangssaum zwischen Mischwald und Steppe, in dem sich Waldgebiete und offenes Land abwechselten. Heute sind die meisten Wälder aufgrund von Rodung verschwunden, die Bodenqualität reicht von ausgewaschenen Waldböden bis zu fruchtbaren Schwarzerden. Dieser Raum wurde ein wichtiges Siedlungsgebiet, war bis in die frühe Neuzeit aber auch der Raum, in dem die Auseinandersetzungen zwischen Russen und innerasiatischen Reitervölkern stattfanden.

• Die Steppe bildet einen breiten, durchgehenden Streifen offenen Landes in West-Ost-Richtung, geprägt durch natürliche Grasfluren. Sie war lange der Lebensraum von Reiternomaden, wurde aber im letzten halben Jahrtausend zunehmend kultiviert, soweit es die Wasserverfügbarkeit erlaubte.

• Nach Südosten schließt sich die Kaspische Senke an, in der halbwüstenartige Bedingungen herrschen, die neben der Gewinnung von Bodenschätzen am ehesten extensive Schafhaltung erlauben.

Diese großen Naturräume waren in unterschiedlicher Weise vom Ende der Sowjetunion betroffen: In der Tundra belebte sich bei der indigenen Bevölkerung der Rentiernomadismus von neuem, der in sowjetischer Zeit durch die industrielle Landwirtschaft in Form des Kolchos- und Sowchos-Systems verdrängt worden war. Allerdings ist dies heute ein Wirtschaften an der Subsistenzgrenze. Die Nadelwälder der Taiga stehen unter Nutzungsdruck; im europäischen Norden und in Teilen Sibiriens und des Fernen Ostens hat die Nachfrage nach Holz und Holzprodukten zu übermäßigen Einschlägen geführt. Die Agrargebiete von Mischwaldkeil, Waldsteppe und Steppe sind vor allem schlecht zugänglich und nicht umfassend erschlossen, wodurch das Leben im ländlichen Raum relativ wenig attraktiv erscheint. In den südlichen und kontinentalen Steppengebieten stellen Bodenerosion, Dürreperioden und Staubstürme latente Bedrohungen für die Landwirtschaft dar. Die Erschließung ausgedehnter Hochgebirgsräume ist unter den derzeitigen ökonomischen Bedingungen kaum möglich, zumal kein besonderer Bevölkerungsdruck besteht. Dadurch bleiben aber Potenziale für den Fremdenverkehr ungenutzt, die eine umfangreiche, sich an internationalen Standards orientierende touristische Infrastruktur voraussetzen würden, welche nur selten vorhanden ist.[5]

Massive Veränderungen sind nach den Szenarien der Klimaforschung in den kommenden Jahrzehnten zu erwarten. Wenn die Temperaturen ansteigen, kann erwartet werden, dass sich die heutigen Grenzen oder besser Grenzsäume polwärts verlagern. In den Worst-Case-Szenarien, die auf der Annahme eines verstärkten Energieverbrauchs bei einem Ausbleiben von Gegenmaßnahmen beruhen, rechnet man mit Verschiebungen um bis zu 1 000 km. Moderate Szenarien lassen immerhin eine Nordwärtswanderung der Grenzsäume zwischen den Landschaftszonen um 200 bis 350 km erwarten. Dadurch verringert sich vor allem das Areal der Tundrengebiete im Hohen Norden Russlands, was die Zugvögel bedroht, die hier wichtige Brutgebiete haben. Ebenso gefährdet sind die Lemminge; ein Temperaturanstieg um 3 bis 4° C könnte zu einem Rückgang auf weniger als die Hälfte der heutigen Bestände führen.

1.4 Künftige Veränderungen einiger landwirtschaftlicher Potenziale

Der Klimawandel zieht auch Folgen für die Landwirtschaft nach sich. Wenn sich die Landschaftszonen polwärts verschieben, verändern sich die Anbaumöglichkeiten für die russische Landwirtschaft, denn auch die Landnutzungszonen dehnen sich polwärts aus, sodass vordergründig das agrarische Potenzial zunimmt. In mittleren und hohen Breiten verlängert sich die Dauer der möglichen Wachstumszeit; es kann früher ausgesät und früher geerntet werden. Damit können vermehrt ertragreichere, früh reifende Sorten genutzt oder Zwischenfruchtbau betrieben werden. Nur im äußersten Süden, etwa im östlichen Nordkaukasien und in der kaspischen Senke, dürften die durchschnittlichen jährlichen Niederschlagsmengen zurückgehen, was bei gleichzeitigem Temperaturanstieg eine Beeinträchtigung des Anbaus nach sich ziehen würde, denn es fehlt nicht nur Wasser für Regenfeldbau oder Bewässerung, sondern die weniger durchfeuchteten Böden unterliegen auch in höherem Maße der Winderosion. Möglicherweise werden sich die positiven Effekte für den Ackerbau durch die räumliche Ausweitung nach Norden und Ernteeinbußen im Süden Russlands etwa die Waage halten.

Es wird zudem erwartet, dass der Klimawandel zu einer Erhöhung der Niederschläge in weiten Teilen Russlands führt. Dies wird zwar eine Grundwasseranreicherung und größere Abflussmengen mit sich bringen, birgt aber auch die Gefahr von Überschwemmungen. Sie werden insbesondere fruchtbare Auenlandschaften betreffen. Ferner könnte die notwendige Ausweitung der Bewässerungslandwirtschaft in den besten Anbaugebieten zu regionaler Wasserknappheit führen. In weiteren Gebieten mit hohen Bodenqualitäten wird die Variabilität der Erträge von Jahr zu Jahr größeren Schwankungen unterliegen wie heute bereits in den Steppengebieten an der Wolga und im Südural. Auch hier mögen sich positive und negative Folgen etwa ausgleichen. Aber die Wahrscheinlichkeit von Ernteausfällen wegen Extremereignissen im Witterungsablauf wird eher zu- als abnehmen. Da dies relativ dicht besiedelte Waldsteppen- und Steppengebiete betrifft, kann sich die Zahl der von massiven Ernteausfällen betroffenen Menschen von derzeit rund 50 Millionen auf 81 bis 139 Millionen erhöhen. Die Gefahr regionaler Engpässe bei der Versorgung mit Getreide, ein weit in die Geschichte zurückreichendes Phänomen, das früher immer wieder zu Bauernaufständen führte, ist also trotz der räumlichen Ausweitung potenzieller Anbaugebiete nicht beseitigt.

Ferner erfordert die absehbare Expansion des Anbaus einen erhöhten Pflanzenschutz, denn mit dem trocken-wärmeren Klima in den südlichen Anbaugebieten ist für die Pflanzen auch eine erhöhte Gefahr von Insektenbefall verbunden, wenn für die Schädlinge eine größere Zahl an Reproduktionszyklen möglich wird. Außerdem können sich verändernde Windsysteme die Ausbreitung von Pflanzenkrankheiten in bislang verschonte Gebiete begünstigen.

Der optimistischen Einschätzung, dass wenigstens in einzelnen Jahren höhere landwirtschaftliche Erträge erwartet werden dürfen, müssen die fortbestehenden natürlichen und ökonomischen Mängel gegenübergestellt werden: Die Ertragsmesszahlen der Böden nehmen nach Norden hin ab, die Bodenfruchtbarkeit wird geringer. Gleichzeitig würde die Ertragszunahme vor allem marktmäßig schlechter erschlossene Gebiete betreffen, in denen eine Verbesserung der Infrastruktur erforderlich wäre. Immerhin scheint es nicht ausgeschlossen, dass dem von Staats- und Parteichef Nikita Chruschtschow in den 1950er Jahren mit zunächst mäßigem Erfolg eingeführten Maisanbau nunmehr größere Chancen einzuräumen sind – soweit er nicht bereits durch die Einführung angepasster Hybridvarietäten expandieren konnte.

Damit sind positive Folgen des Klimawandels für die Landwirtschaft nur nutzbar, wenn sich die landwirtschaftlichen Produktionssysteme daran anpassen. Einzelstrategien sind die Nutzung früherer Aussaattermine, eine Änderung der Bodennutzungssysteme mit Zwischenfruchtanbau, erhöhter Pestizideinsatz mit seinen Folgeproblemen für die Böden, der verstärkte Einsatz von Stickstoffdünger, der nötig wird, wenn eine höhere CO_2-Konzentration in der Atmosphäre stärkeres Pflanzenwachstum ermöglicht. Um zu verhindern, dass der aufgrund größerer Phytomasse erhöhte Kohlenstoff-Umsatz schnell wieder zu einer Anreicherung von Treibhausgasen in der Atmosphäre führt, ist es ferner sinnvoll, Kohlenstoff in der Kulturvegetation zu binden; Aufforstung und die Umwandlung von Ackerland in Dauergrünland sind zwei mögliche Optionen.

2   Globaler Wandel und absehbare Veränderungen

Damit ist es nötig, etwas genauer auf denkbare Folgen des Klimawandels einzugehen. Es wurde schon darauf hingewiesen, dass Russland wie alle Länder der Erde den Folgen des aktuellen Klimawandels unterliegt und dass Folgen für die Landwirtschaft zu erwarten sind. Folgt man den Überlegungen des 2007 veröffentlichten vierten Berichts des Intergovernmental Panel on Climate Change (IPCC)[6], der in großregionaler Differenzierung die voraussichtlichen Folgen in den kommenden Jahrzehnten analysiert, wird das Ausmaß des Klimawandels davon abhängen, wie die Gesellschaft auf bereits erfolgte Veränderungen reagiert. Daher geht man heute von unterschiedlichen Szenarien aus, die gesellschaftliche Wertevorstellungen und Trends, technologische und wirtschaftliche Entwicklungen sowie Überlegungen zu regionaler Nachhaltigkeit berücksichtigen. Die Szenarien reichen von weitgehender Anpassung der Gesellschaft und maximalem Gegensteuern durch Senkung von Energieverbrauch und CO_2-Ausstoß bis zu einem Szenario, bei dem der Energieverbrauch ohne Gegenmaßnahmen kontinuierlich steigt und sich die Negativfolgen des Klimawandels beschleunigen.

In den kommenden Jahrzehnten gehört Sibirien – so die Vermutung in den meisten Modellrechnungen – zu den Regionen mit einem besonders ausgeprägten Temperaturanstieg: 3 bis 4° C bis zum Jahr 2030 könnten es im Norden Ostsibiriens und des Fernen Ostens sein. Allerdings gibt es auch zurückhaltendere Annahmen, die von einer eher geringen Temperaturzunahme ausgehen. Mit relativ großer Sicherheit werden in weiten Teilen Russlands die durchschnittlichen jährlichen und insbesondere die winterlichen Niederschlagssummen steigen, vermutlich wiederum am meisten in Ostsibirien. Dadurch erhöhen sich der Grundwasserspiegel und die Überschwemmungsgefahr.

2.1 Die Nordostpassage als Zugang zu neuen Ressourcen?

Der Klimawandel könnte eine Verschiebung von Seewegen nach sich ziehen. Die kürzeste Schifffahrtsverbindung zwischen Nordatlantik und Nordpazifik bietet der Weg durch das Nordpolarmeer und seine Randmeere, doch verhindert winterlicher Eisgang die Nutzung. 1878/79 gelang es Adolf Erik Nordenskjöld erstmals mit seinem Schiff »Vega«, die Nordostpassage zu befahren, doch musste er den Winter im Eis nordwestlich der Beringstraße verbringen und bis zum Eisbruch im Frühjahr warten. Mit dem Klimawandel kann wärmeres Wasser aus dem Atlantik weiter nach Osten vordringen, sodass der Salzgehalt des Wassers zunimmt. Weiter östlich senken zwar die Zunahme der Niederschläge und des Zuflusses aus dem Binnenland den Salzgehalt, doch verkürzt sich die Zeit der Eisbedeckung. In der Laptew-See und Ostsibirischen See nördlich Ostsibiriens und des Fernen Ostens wird die relativ stärkere Erwärmung im zweiten Drittel des Jahrhunderts den Eisgang reduzieren.

Bereits in wenigen Jahrzehnten könnte die Nordostpassage ganzjährig schiffbar sein, wenn die geringere und kürzere Eisbedeckung mit Eisbrechern bewältigt werden kann. Allerdings gibt es Einschränkungen durch die Zunahme von Stürmen und heftigem Seegang. Immerhin erscheint die Öffnung der Nordostpassage eine Option zu sein, wie auch die Nordwestpassage im Norden Kanadas zu den Schifffahrtsrouten der Zukunft gehören kann. Damit werden auch Ressourcen im Nordpolarmeer zugänglich, sodass der gesamte Nordpol-Raum an geopolitischem Gewicht gewinnt; 2008 versuchte die internationale Arktis-Konferenz widerstreitende Interessen abzuklären.

2.2   Reduktion des Permafrosts

Auf nahezu 60% des russischen Territoriums tritt heute Permafrost auf. Er entwickelte sich in den zurückliegenden zweieinhalb Jahrmillionen, unterlag aber in seiner räumlichen Ausdehnung den Klimaveränderungen während der Kaltzeiten und Interglaziale. Während der Untergrund bis zu 200 m, maximal sogar bis 1500 m Tiefe ganzjährig gefroren bleibt (Dauerfrostboden), taut eine dünne Bodenschicht an der Oberfläche bis zu wenigen Metern Mächtigkeit jahreszeitlich auf (Auftauschicht). Beim Auftauen wird die betroffene Erdoberfläche zu einer hochmobilen Schlammschicht, während der Untergrund fest und nahezu undurchdringlich bleibt.

In einem breiten Übergangssaum tritt Permafrost nur sporadisch auf. Gerade dieser Übergangssaum wird sich durch den Klimawandel so verschieben, dass die Inseln mit Niefrostboden größer werden und auch im kontinuierlichen Permafrostboden Lücken auftreten. Der diskontinuierliche Permafrostboden könnte völlig eisfrei werden, die Grenze des Auftretens von Permafrost könnte sich nach Nordosten verschieben, sodass bis etwa 2080 die Gesamtfläche des Permafrosts um 20 bis 35% zurückgehen könnte. Die Modellrechnungen unterschiedlicher Forschungseinrichtungen weisen jedoch eine beträchtliche Streuung auf, weil sie von sehr unterschiedlichen Szenarien sowohl bezüglich der erwarteten Klimaveränderung als auch bezüglich der gesellschaftlichen Reaktion darauf ausgehen.

Schon in den zurückliegenden Jahrzehnten wuchs die Mächtigkeit der sommerlichen Auftauschicht. Dies erhöhte die Gefahr von Bodenerosion und beeinträchtigte den Anbau. Gleichzeitig fördert diese Entwicklung die bereits erwähnte polwärtige Verschiebung der Landschaftszonen, denn als Folge der Zunahme der jährlichen Auftauschicht nimmt auch die Vegetationsbedeckung in nördlicher Richtung zu. Zumindest teilweise wird die bisherige Tundra durch Taiga ersetzt werden. Andererseits erleiden die Taigawälder verstärkt Schädigungen, wenn die Risiken von Holzbruch, Waldbrandgefahr und Insektenbefall wachsen. Die Erosionsgefahr steigt und Erdrutsche bewirken eine weitere Destabilisierung des Untergrunds. Wo verbliebene Eiskörper im Boden abschmelzen, entsteht eine uneinheitliche, von mit Wasser gefüllten Senken durchzogene Hügellandschaft. Sie wird in der Wissenschaft mit dem etwas unglücklichen Namen Thermokarst bezeichnet. In diesen Gebieten besteht besonders hoher Erschließungsaufwand.

Die Reduktion von Permafrostflächen könnte Nutzungspotenziale erweitern, doch nimmt die dafür notwendige Bodenbildung so viel Zeit in

Anspruch, dass zunächst die Gefährdungen überwiegen. Sie resultieren aus der tief reichenden jahreszeitlichen Mobilisierung des Untergrunds, die an steileren Hängen und an Flussböschungen zu Rutschungen führt. Ökologisch wichtige Gewässer, Moore und Sumpfgebiete können austrocknen.

Im Permafrostboden sind große Mengen an Kohlenstoff gebunden, der bei Erwärmung teilweise freigesetzt wird, teils als CO_2, teils – und dies vor allem in den ausgedehnten Feuchtgebieten, wie sie für Westsibirien typisch sind – als Methan (CH4). Durch den Klimawandel wird einerseits mit stärkerem Pflanzenwachstum eine höhere Kohlenstoffmenge gebunden, andererseits werden gleichzeitig aus den mächtigeren Auftauschichten höhere Kohlenstoffabgaben in die Atmosphäre erwartet. Die stärksten Zunahmen bei der Methanabgabe sind entlang der arktischen Küste, in Jakutien und in Zentralsibirien zu vermuten. Beide Gase tragen zum Treibhauseffekt in der Erdatmosphäre und damit zur globalen Erwärmung bei. Damit unterliegt die aktuelle Erwärmung in den russischen Permafrostgebieten einem Selbstverstärkungseffekt. Allerdings ist dieser sehr gering und wird auf nur 0,12° C globale Erwärmung im Jahrzehnt geschätzt.

2.3 Kulturlandschaftliche Folgen der Veränderungen im Permafrostgebiet

Folgen von Erderwärmung und Rückgang des Permafrosts zeigen sich auch in Bauwesen und Infrastruktur. Betroffen sind hier insbesondere die Pipelines und damit ein wichtiger Teil der Infrastruktur für den Export: Die heutigen Pipelines werden meist stark isoliert, um die Wärmeleitung zu reduzieren. Häufig wird dafür Torf verwendet, weil er die Wärme besonders schlecht leitet. Auf eine aufwendigere Konstruktion, bei der die Pipelines auf gekühlten Betonstelzen über dem Boden geführt werden, verzichtete man in Sibirien angesichts der hohen Kosten. Jetzt besteht die Gefahr, dass vor allem die vor 1990 gebauten Pipelines bei tieferem Auftauen einsinken und dann durch den Wechsel von Auftauen und Gefrieren der Umgebung unterschiedlichem Druck von oben und von den Seiten ausgesetzt werden, sodass sie im schlimmsten Falle bersten.

Eine weitere Folge könnten massive Umweltverschmutzung und Bodenkontaminierung sein, wenn Schäden an den Pipelines zunehmen. Die aufwendigere Bauweise auf Stelzen andererseits könnte die Kosten für die Erdöl- und Erdgaserschließung erhöhen und damit die Einfuhr für Abnehmerstaaten wie Deutschland verteuern.

Der Bau der Baikal-Amur-Magistrale war das umfangreichste Infrastrukturprojekt, das die Sowjetunion im Permafrostbereich ausführte. Etwa 60 bis 70% der Trasse wurden über Permafrostboden angelegt. Mangelhafte Drainage führt jetzt schon häufig zu Verformungen des Gleisbettes; mit der globalen Erwärmung und dem tieferen Auftauen des Bodens wird die damit verbundene Gefährdung des Betriebs noch zunehmen. Ein Teil der Verkehrserschließung des Hohen Nordens beruht auf Eisstraßen. Im Winter werden über der gefrorenen und überschneiten Erdoberfläche Pisten angelegt, die mit Kraftfahrzeugen befahren werden können; mit Beginn der Tauperiode werden sie jedoch unbenutzbar. Der Zeitraum, in dem sie pro Jahr genutzt werden können, wird sich verringern, sodass die Kosten im Verhältnis zum Nutzen steigen, was wiederum alle Erschließungs- oder Versorgungsaufwendungen teurer werden lässt. Der Transport mit dem Flugzeug, als mögliche Alternative, ist ebenfalls deutlich kostspieliger.

Auch der Siedlungsbau muss sich auf die veränderten Permafrostbedingungen einstellen. Mit Workuta, Norilsk und Jakutsk existieren in Russland drei Städte mit mehr als 100 000 Einwohnern, die auf Permafrost errichtet wurden. Einfache Gebäude, die nicht auf gekühlten Betonpfeilern standen, verzogen sich rasch, wenn sie beim Auftauen und Gefrieren des Bodens in die natürliche Bodenbewegung, die Kryoturbation, einbezogen wurden. Diese Gefährdung nimmt weiter zu. Der Permafrost bot für Städte und Flusshäfen einen einigermaßen festen Baugrund, wenn die Fundamente der Anlagen unter der Auftauschicht lagen. Mit der Erwärmung geht die Fähigkeit des Untergrunds, die Last großer Gebäude zu tragen, zurück. Wurden die Gebäude bisher mit einem Sicherheitsfaktor von 120% bezogen auf 100% Tragfähigkeit errichtet, so verringert sich diese Sicherheit in einem Ausmaß, das zu großen Gebäudeschäden oder gar Unbewohnbarkeit führen kann. Bereits 1992 wiesen 10% der Gebäude in Norilsk, 22% in der Hafenstadt Tiksi, 55% in Magadan und gar 80% in Workuta erhebliche Schäden auf, die teils auf Baumängel, teils auf die bisherigen Klimaveränderungen zurückzuführen waren.

Die Gefährdung von Infrastruktur und Gebäuden tritt nicht in allen Teilen Sibiriens und des Fernen Ostens in gleichem Umfang auf. Geht man von einem mittleren Szenario in Hinblick auf die Klimaveränderungen aus, sind die Küstenbereiche und ihre Hinterländer am Nordpolarmeer und ein breiter Südsaum des aktuellen Verbreitungsgebietes von Permafrost in besonders hohem Maß gefährdet, ebenso weite Bereiche am Amur und im fernöstlichen Sichote-Alin-Gebirge, während die übrigen Bergländer zwischen dem Baikalsee und dem Ochotskischen Meer eher geringere Beeinträchtigungen erleben werden. Im Küstenbereich gehören die Häfen, die für die Nordostpassage angelegt wurden, zu den besonders gefährdeten Siedlungen. Damit relativieren sich auch die Potenziale, die sich aus der längeren Eisfreiheit dieses Seewegs ergeben.

2.4 Eine neue Dimension von Umweltbedrohung?

Die ersten Darstellungen der Umweltbelastungen in der Sowjetunion erschienen erst gegen Ende der 1980er Jahre. Die Politik von Glasnost und Perestrojka unter Michail Gorbatschow machte es möglich, offen über Mängel im Umweltmanagement zu diskutieren. Ein Jahrzehnt früher konnte eine kritische Bestandsaufnahme nur im Westen und nur unter Pseudonym erscheinen, wie zum Beispiel ein Bericht von Boris Komarow über den Baikalsee.[7] Proteste gegen Umweltbelastungen, die auf Maßnahmen der sowjetischen Raum- und Wirtschaftsplanung zurückgingen, lösten die Souveränitäts- und Unabhängigkeitserklärungen der baltischen Staaten aus. Ende der 1980er Jahre etablierten sich in Russland erste Umweltorganisationen, die den globalen Umweltdiskurs aufgriffen und ins Land brachten. Gleichzeitig erfolgte auch eine erste kartografische Visualisierung des umfangreichen Ausmaßes der Umweltbelastungen. Nunmehr wurde auch eine realistische Einschätzung der Umweltschäden in Russland und den anderen GUS-Staaten möglich. Spätestens während der Präsidentschaft Putins sorgten allerdings administrative Bestimmungen dafür, dass die Tätigkeit dieser NGOs wieder deutlich eingeschränkt wurde. Aber auch in der Öffentlichkeit spielen die Umweltbelange eine nachgeordnete Rolle. Es hat nicht den Anschein, als würde über die aktuellen Gefahrenpotenziale so offen diskutiert, wie es der Brisanz der Probleme entspräche.

Tatsächlich muss die Frage aufgeworfen werden, inwieweit die derzeitigen Klima- und Umweltveränderungen in Russland durch Lernprozesse in der Gesellschaft abgeschwächt werden können oder ob sich die daraus resultierenden Schäden über das heutige Ausmaß hinaus erhöhen. Denn die Folgen des globalen Klimawandels bringen neue Umweltbedrohungen mit sich, die unter anderem die aktuelle Basisinfrastruktur der russischen Exportwirtschaft, das Pipelinenetz, betreffen werden. Zwar konnten die technologischen Standards nach der Auflösung der Sowjetunion verbessert und an internationale Normen angepasst werden, doch besteht hohes Gefährdungspotenzial für dieses Netz. Es bleibt abzuwarten, wie die russische Gesellschaft und insbesondere ihre politischen und wirtschaftlichen Eliten darauf reagieren.

3 Besiedlung und demografische Trends

Russland ist über das ganze Land gesehen dünn besiedelt. Aus der Umrechnung der Bevölkerungszahl (2009: 141,9 Millionen) ergibt sich eine durchschnittliche Bevölkerungsdichte von nur 8,31 Einwohner/km². Dabei bestehen zwischen den Regionen – von den beiden Metropolitanregionen Moskau und St. Petersburg abgesehen – Unterschiede: die Bevölkerungsdichte reicht von 74,4 Einwohner/km² in Tschuwaschien bis 0,03 Einwohner/km² im Autonomen Bezirk der Ewenken in Ostsibirien (der inzwischen in die Region Krasnojarsk eingegliedert wurde).

Nur partiell spiegelt die Bevölkerungsverteilung die für Landwirtschaft günstigen Gebiete wider. Die massive Verstädterungspolitik der Sowjetzeit hat dazu geführt, dass 73 % der Bevölkerung in städtischen Siedlungen leben. Da zahlreiche Städte Verwaltungsfunktionen ausüben und damit nicht zu ungleich verteilt sein dürfen, ergeben sich relativ weite Entfernungen zwischen den Zentren. Trotz moderner Kommunikationstechnik bestehen einige Probleme weiter, weil die ausgeprägte Ausrichtung der Verkehrsverbindungen auf Moskau und einige wenige andere Großzentren große Umwege erforderlich macht. Auch sind die Kosten für den Infrastrukturausbau wesentlich höher als in dichter besiedelten Staaten.

Die natürliche Bevölkerungsentwicklung ist seit Ende der 1980er Jahre durch niedrige Geburtenraten, steigende Sterberaten und eine sinkende Lebenserwartung gekennzeichnet. Während 1990 13,4 Geburten je 1 000 Einwohner noch 11,2 Sterbefälle gegenüberstanden, kamen 1994, auf dem Höhepunkt der Transformationskrise, auf 9,6 Geburten 15,7 Sterbefälle je 1 000 Einwohner, und die demografische Krise hält in Russland an. Besonders von Bevölkerungsverlusten betroffen ist die eher überalterte ländliche Bevölkerung. Im Altersaufbau sind die hohen Verluste der Stalinzeit und des Zweiten Weltkriegs nach wie vor spürbar; sie führten in der Folgegeneration der heute etwa 30-Jährigen zu unterdurchschnittlich schwachen Jahrgängen. In der Gegenwart überlagern sich die Folgen dieser zurückliegenden Ausfälle mit den Folgen von Geburtenregelung und Geburtenausfällen, die durch die aktuelle sozioökonomische Lage bedingt sind. Damit wird sich der Bevölkerungsrückgang fortsetzen, wenn es nicht gelingt, zusätzliche Immigranten anzuwerben. Der Rückgang betrifft die ethnisch russische Bevölkerung mehr als die meisten nicht russischen ethnischen Gruppen, bei denen in der Regel höhere natürliche Zuwachsraten bestehen. Damit könnten sich mittelfristig auch die Gewichte zwischen Mehrheitsbevölkerung und Minderheiten leicht verschieben.

Dass Russland in der Transformationsphase der 1990er Jahre keine höheren absoluten Bevölkerungsverluste erlebte, ist vor allem auf massive Zuwanderungen aus den nicht russischen Nachfolgestaaten der Sowjetunion zurückzuführen. Vor allem Russen, die in allen nicht russischen Sowjetrepubliken einen bedeutenden Anteil erreicht hatten, wanderten bei ungünstigen Sprach- und Einbürgerungsgesetzen in diesen Republiken nach Russland ein. Sie konnten die Abwanderungsverluste ausgleichen, die sich aus der Übersiedlung von Russlanddeutschen nach Deutschland und von Juden nach Mitteleuropa, Nordamerika oder Israel ergaben. Während sich bei den Wanderungen zwischen Russland und den anderen Nachfolgestaaten der Sowjetunion 1992 bis 1998 ein positiver Wanderungssaldo zugunsten Russlands ergab (Nettozuwanderung: 3,6 Millionen Personen), errechnet sich für das »ferne Ausland«, d. h. die Länder außerhalb der GUS, ein negativer Saldo von rund 70 000 Personen.

Die internationale Migration wird von der Binnenmigration übertroffen. Nach wie vor gibt es eine anhaltende Abwanderung aus den in sowjetischer Zeit mit hohem Kostenaufwand erschlossenen Gebieten des Hohen Nordens. Extrem ist das Beispiel Tschukotka, wo wegen akuter Versorgungsmängel Siedlungen evakuiert wurden: Dort reduzierte sich die Bevölkerungszahl zwischen 1990 und 2006 von 155 700 auf 51 000 Bewohner und damit auf ein Drittel. Wichtige Gründe für diese Abwanderung sind: eine dramatische Verschlechterung der Versorgungslage in den entlegenen Nordgebieten, deutlicher Anstieg der Verbraucherpreise, Abschaffung der bisherigen finanziellen Vergünstigungen, Demilitarisierungseffekte, ferner Ansprüche der indigenen Bevölkerung auf die natürlichen Ressourcen, eine Umorganisation der wirtschaftlichen Verflechtungen, die den Nordgebieten nur einen nachgeordneten Rang einräumt (außer im Autonomen Bezirk der Jamal-Nenzen mit der Nutzung der Erdgasressourcen).

Nahm das Gesamtvolumen der Migration in der ersten Hälfte der 1990er Jahre gegenüber der sowjetischen Zeit rasch zu, so flaut seit etwa 1996 die Zuwanderungswelle deutlich ab. Dies hängt mit geringerer Abwanderungsbereitschaft in den Herkunftsländern, aber auch mit der Stabilisierung der Wirtschaftslage seit 1998 zusammen. Die Abwanderung aus dem Hohen Norden und die Zuwanderung aus den kaukasischen und zentralasiatischen Nachfolgestaaten führen weiterhin zu Problemen bei der Ansiedlung von Migranten und bei der Arbeitsplatzbeschaffung.

4 Einflüsse räumlicher Faktoren auf Politik, Wirtschaft und Gesellschaft

Ob und wenn, welche politischen Entwicklungen, welche wirtschaftlichen Aktivitäten und welche gesellschaftlichen Verhaltensweisen unmittelbar von den räumlichen Gegebenheiten abhängen, lässt sich nicht mit Bestimmtheit sagen. Die Gefahr eines unreflektierten Geodeterminismus, der die menschlichen Verhältnisse durch Faktoren der außermenschlichen Natur bedingt sieht, ist hier groß. Die räumliche Weite mag heute im Zeitalter der Luftfahrt an Bedeutung verloren haben, bleibt aber eine Barriere. Sie ist umso spürbarer, je mehr die Staatsführung versucht, den in der Verfassung vorgegebenen Föderalismus durch eine Zentralisierung politischer Entscheidungsprozesse zu umgehen. Dabei müssen nicht nur die großen Entfernungen zwischen den entlegenen räumlichen Peripherien des Landes überwunden werden, sondern auch innere Peripherien sind noch zu erschließen. Die Weitmaschigkeit aller Verkehrsnetze, die schlechten Straßen im ländlichen Raum, die großen Entfernungen zwischen Großstädten sowie die starke Diskrepanz zwischen diesen, vor allem den Gebietshauptstädten, und ländlichen Gemeinden lassen den ländlichen Raum eine Raumkategorie zweiter Wahl bleiben. Unzureichende Infrastruktur, Engpässe bei der Versorgung und geringe Attraktivität des Raumes für die Bevölkerung bedingen einander dabei. Dass die Menschen aus den schlecht erschlossenen ländlichen Gebieten abwandern, kann daher nicht verwundern.

Damit eng verbunden ist die große Entfernung zwischen den Siedlungen, die die Hierarchisierung von Siedlungssystemen begünstigt. Die Isolation entlegener Täler in den Gebirgen hat dort ethno-kulturelle Besonderheiten bewahrt, erschwert aber den politischen, kulturellen und gesellschaftlichen Zusammenhalt. Dies gilt auch für das weite Spektrum an Naturräumen: Der Kontrast zwischen den nordostsibirischen Rentiernomaden und Fischern einerseits sowie den unter Globalisierungsdruck stehenden Moskowitern andererseits ist weitaus größer als entsprechende Kontraste in anderen Ländern, in denen – wie beispielsweise in Kanada – Modernisierung auch in den Peripherien erfolgte. Hinsichtlich des Reichtums an Bodenschätzen aber und auch hinsichtlich der angesichts der problematischen Klimabedingungen hohen Erschließungs- und Abbaukosten gleicht Russland eher Kanada als den USA.

Anmerkungen

1 Weitere Informationen in: Maria Shahgedanova (Hrsg.), The Physical Geography of Northern Eurasia, Oxford 2002.
2 Siehe dazu den Beitrag von Pekka Sutela in diesem Band.
3 Siehe dazu den Beitrag von Heiko Pleines in diesem Band.
4 Siehe dazu den Beitrag von Peter Lindner in diesem Band.
5 Ein Überblick findet sich in dem Kapitel »Saving the Environment« in: Denis J. B. Shaw, Russia in the Modern World. A New Geography, Oxford 1999 und bei Jörg Stadelbauer, Umweltprobleme in den GUS-Staaten und ihre globale Dimension, in: Geographische Rundschau, Jg. 50, 1998, Nr. 5, S. 306–313. Die Zeitschrift »Osteuropa« widmet sich in Heft 4–5 (2008, Jg. 58) dem Klimawandel und verschiedenen Umweltproblemen in Osteuropa.
6 IPCC, Climate Change 2007. The Physical Science Basis. Contribution of Working Group I to the Fourth Assessment Report of the Intergovernmental Panel on Climate Change, Cambridge/New York 2007.
7 Boris Komarow, Das große Sterben am Baikalsee. Der geheime Bericht eines hohen Funktionärs über die Umweltkrise der Sowjetunion, Reinbek 1979.

Stefan Plaggenborg

Das Erbe: Von der Sowjetunion zum neuen Russland

Als die Union der Sozialistischen Sowjetrepubliken (UdSSR) im Dezember 1991 zerfiel, ging ein sozialistisches Experiment zu Ende, das in der Oktoberrevolution 1917 seinen Ausgang genommen hatte. Unspektakulär trat der Sowjetkommunismus im Verlauf der osteuropäischen Revolutionen von der politischen Bühne ab. Er verschwand, nicht weil er durch einen äußeren Feind oder einen Aufstand der Gesellschaft hinweggefegt wurde, sondern weil alle tragenden Säulen morsch geworden waren und das schwergewichtige Gebäude Sowjetunion mit dem gewaltigen Anbau des Sowjetimperiums nicht mehr tragen konnten.

Das Ende des historischen Versuchs, eine sozialistische Gesellschaft zu errichten, passt nicht zu den teilweise enthusiastischen Anfängen. Im Oktober 1917 feierten nicht nur begeisterte, dem Sozialismus anhängende Arbeiter in den großen Industriestädten des schon einige Monate zuvor untergegangenen Zarenreiches den Sieg der Bolschewiki über eine verschlissene Regierung, die nicht in der Lage gewesen war, die großen Probleme des Landes zu lösen. Auch viele Intellektuelle, die bald unter den Kommunisten leiden sollten, sahen kaum eine Alternative zu den verbrauchten und kompromittierten politischen Kräften im Lande als die Kommunisten. Und vergessen wir nicht: Auch im Westen, besonders in Deutschland, traf die Oktoberrevolution auf große Resonanz bei sozialistisch gesinnten Arbeitern und Intellektuellen. Tausende zog es nach 1917 aus kapitalistischen Ländern in die UdSSR, dem vermeintlichen sozialistischen Paradies. Der Sozialismus bildete nach dem Ersten Weltkrieg keineswegs nur für die Zukurzgekommenen der Gesellschaft eine Alternative zur bürgerlichen Welt, die zwischen Materialschlachten und Kriegsinteressen zivilisatorisch zerrieben worden war. Es gehört jedoch zu den »Leistungen« der Bolschewiki, Illusionen über den Sozialismus rasch zerstört zu haben.

Das Erstaunliche ist, dass kaum jemand den Kollaps der UdSSR hatte kommen sehen. Im Westen war in den Zeiten des Kalten Krieges und der Entspannung die Ansicht vorherrschend, die UdSSR sei ein stabiler Staat, der zwar mit gravierenden wirtschaftlichen Problemen und aufmüpfigen

Dissidenten zu kämpfen habe, der aber auch Raketen in den Weltraum schösse und in der Lage sei, mit Atomwaffen die westliche Welt in Schach zu halten, kurz: krisenanfällig, aber mächtig. Noch Mitte der 1970er Jahre glänzte die UdSSR in der internationalen Politik und kaum jemand dachte ernsthaft daran, dass sie anderthalb Jahrzehnte später ein Fall für die Historiker sein könnte. Der Zusammenbruch des sowjetischen Systems und seiner Ideologie war jedoch so vollkommen, dass ein grundlegender Neuanfang möglich und nötig war. Die Gründe, warum die Sowjetunion verknöcherte und sie es an Wirtschaftsdynamik, politischer Partizipation, Grundrechten, ja an Freiheit überhaupt vermissen ließ, schienen 1991 ein für alle mal überwunden worden zu sein.

Wer jedoch glaubte, allein die Tatsache des Zusammenbruchs der Sowjetunion habe dieses Kapitel der Geschichte Russlands historisch erledigt, sieht sich in der Rückschau nach bald zwei Jahrzehnten getäuscht. Zwar sind die Unterschiede unübersehbar – jeder Versuch, das heutige Russland als eine Verlängerung der Sowjetunion zu sehen, hieße, die Lage grotesk zu verzerren –, es wäre jedoch vermessen, das bemerkenswert friedliche Verschwinden der Sowjetunion mit einem vollständigen Untergang ihrer Strukturen und Traditionen gleichzusetzen. Ebenso wie die Sowjetunion nach 1917 entwickelte sich auch die postsozialistische Russische Föderation nach 1991 nicht frei von der Vergangenheit.

Aber welcher Art ist das problematische Erbe, das in die Gegenwart hineinreicht und möglicherweise eine geschichtsmächtige Kontinuität entfaltet, die durch den Kollaps der UdSSR nicht unterbrochen wurde? Die Antworten zeigen, wie unter der Oberfläche sichtbarer und tiefgreifender historischer Zäsuren geschichtliche Kräfte wirken, die sich nicht auf der Ebene von Ereignissen beschreiben lassen. Die Frage soll daher nicht mit Hilfe eines Abrisses der sowjetischen Geschichte beantwortet werden. Ein solcher ist leicht zugänglich. Das Literaturverzeichnis im Anschluss an diesen Beitrag bietet auch eiligen Lesern Hinweise zur raschen Orientierung.[1] Statt eines kursorischen Durchgangs durch die sowjetische Geschichte sollen vielmehr einige zentrale Punkte genannt werden, die über den Einschnitt von 1991 hinaus wirken.

1 Der Bruch 1991

Doch zuvor ist noch einmal ins Gedächtnis zu rufen, welch scheinbar fest gemauertes System 1991 von der Bildfläche verschwand und was keine Fortsetzung in der postsozialistischen Ära fand.

Zunächst die allgegenwärtige Kommunistische Partei der Sowjetunion (KPdSU): Sie war in sowjetischer Zeit die einzige Partei und spielte laut Artikel 6 der Verfassung von 1977 die führende Rolle. Ihren ideologisch begründeten Führungsanspruch setzte sie mit Hilfe von Beschlüssen der obersten Parteiorgane, insbesondere des alles beherrschenden Politbüros, durch. De facto bildete das Politbüro die Regierung der Sowjetunion, obwohl es formal »nur« ein Organ des Zentralkomitees der KPdSU darstellte. Ein alle fünf Jahre tagender Parteitag wählte die Mitglieder des Zentralkomitees, die wiederum die Mitglieder des Politbüros bestimmten. Ungefähr 20 Männer – die Zahl schwankte, Frauen waren eine seltene Ausnahme im Politbüro – herrschten somit über die UdSSR. Der Generalsekretär der KPdSU – zuletzt Michail Gorbatschow (1985–1991), vor ihm Konstantin Tschernenko (1984–1985), Jurij Andropow (1982–1984), Leonid Breshnew (1964–1982), Nikita Chruschtschow (1953–1964) und Stalin (1922–1953) – hatte das wichtigste politische Amt inne. Die organisatorische Verbindung von Partei und Staat kam durch die Personalunion bei den höchsten Ämter zum Ausdruck, aber auch in der führenden Rolle der Parteisekretäre auf der mittleren und unteren Ebene der Staatsorgane.

Von der Rolle und Bedeutung der Partei ist nichts geblieben. Im Dezember 1989, als in den sowjetischen »Satellitenstaaten« Osteuropas die Absetzung der kommunistischen Regimes bereits vollzogen oder im Gange war, forderte der Dissident Andrej Sacharow im frisch reformierten »Parlament« der UdSSR (Volksdeputiertenkongress), Artikel 6 aus der Verfassung zu streichen. Die Partei war bereits in Auflösung begriffen, als nach dem gescheiterten Putsch konservativer Kräfte im August 1991 der Präsident der Russischen Föderativen Sozialistischen Sowjetrepublik (RSFSR), Boris Jelzin, ihr jede weitere Tätigkeit untersagte und ihr Vermögen konfiszierte. Über 19,5 Millionen Mitglieder hatte die KPdSU Anfang der 1980er Jahre noch gezählt (zum Vergleich: Die Bevölkerung der DDR belief sich zur selben Zeit auf etwas über 16 Millionen), über 40 Millionen der kommunistische Jugendverband *Komsomol*. Dennoch ging die Entmachtung der Partei Lenins und Stalins noch vor der formalen Auflösung der Sowjetunion im Dezember 1991 erstaunlich rasch und problemlos vor sich. Ihre Mitglieder waren zu Widerstand gegen Verbot und Beschlagnahmung weder willens noch in der Lage. Daran zeigte sich, dass die Partei nicht so sehr von glühenden, sondern von lauen Kommunisten und zahlreichen Opportunisten bevölkert war. Viele Parteimitglieder hatten nach 1991 keinerlei Schwierigkeiten, sich in den neuen Verhältnissen zurechtzufinden.

Mit dem Kollaps der KPdSU und der Sowjetunion ging auch eine vollständige Abkehr von der Staatsideologie des Marxismus-Leninismus einher, die zuvor als unumstößlich gegolten hatte. Jeder Sowjetbürger war ständig mit ihr konfrontiert gewesen: in Schulen und Hochschulen, im öffentlichen Leben, in der politischen Arbeit in den Betrieben, in der Kunst und Kultur. Als der Marxismus-Leninismus, mit Leo Trotzki gesprochen, 1991 auf den Kehrichthaufen der Geschichte geworfen wurde, bedeutete dies eine enorme ideologische Befreiung. Zwar sollte der Ideologie im Alltagsleben der Sowjetbürger nicht allzu viel Bedeutung beigemessen werden, doch steckte sie unübersehbar Handlungsspielräume ab. Davon blieb ebenfalls nichts übrig. Nach 1991 wurde, hier und da mit gewisser Verzögerung, das entsprechende Fach aus den Lehrplänen der Bildungseinrichtungen gestrichen und durch ziemlich orientierungslos definierte Fächer wie »Weltreligionen« ersetzt. Aus dem Straßenbild verschwanden die Parteilosungen und Triumphmeldungen im Stile von »Ruhm der Kommunistischen Partei!«. An ihre Stelle trat die schrille Leuchtreklame westlicher Elektronik- und anderer Konsumwarenhersteller. Im postsowjetischen Russland hatten Ideologien für einige Zeit keinen Platz mehr.

Nicht nur von der Herrschaft der KPDSU, sondern auch vom System der Sowjets (Räte) ist nichts übrig geblieben. Während der Revolution 1917 war letzteres ursprünglich als eine Form basisdemokratischer Willensbildung gedacht gewesen, die dem parlamentarischen Repräsentationssystem entgegengestellt wurde. Doch sehr schnell instrumentalisierten die Bolschewiki die Räte zu Herrschaftszwecken. Während der Reformphase der Perestrojka (1985–1991) versuchte die Parteiführung zwar, das Rätesystem in Anlehnung an die Ideale der Revolution zu erneuern und die Unterstützung der Gesellschaft zu erhalten, doch damit scheiterte sie. Im postsozialistischen Russland gilt eine Verfassung, die keinerlei Anlehnungen an das Rätesystem kennt.

Diese wenigen Punkte können allein nicht die fundamentale Zäsur beschreiben, die der Übergang von der Sowjetunion zum »neuen« Russland 1991 darstellte. Sie betraf ja keineswegs nur das politische System, sondern machte sich in Wohlstandsgefälle und Armut, sozialer Schichtenbildung, im Konsumverhalten und im Alltagsleben, in der Ablösung der Tristesse der sowjetischen Städte durch pulsierende, dynamische Zentren und in dem vorübergehenden Zusammenbruch der Landwirtschaft, in geistiger Orientierungslosigkeit, dem Wiederaufleben der Religion und der russisch-orthodoxen Kirche bemerkbar. Das »neue« Russland ist keineswegs die alte Sowjetunion, um dies noch einmal deutlich zu sagen, und so gilt es, das Erbe der Sowjetunion dort zu orten, wo es nicht auf den ersten Blick sichtbar, aber dennoch vorhanden ist, ohne die Kontinuitäten zu strapazieren.

2 Mächtiger Staat, instrumentalisiertes Recht, schwache Gesellschaft

Am augenscheinlichsten sind die Kontinuitäten im Bereich der autoritären Herrschaftspraktiken und der fehlenden Zivilgesellschaft. Manche hatten erwartet, Demokratie und Zivilgesellschaft würden gleichsam von selbst entstehen, wenn nur erst der Kommunismus abgeschafft wäre. Bis heute sind sie jedoch nicht in Sicht. Hier ist ein bedeutender Teil des historischen Erbes für das heutige Russland zu erkennen, der jedoch keineswegs allein aus den Traditionen der sowjetischen Herrschaft stammt, sondern weit in die Geschichte Russlands zurückreicht.

Das Problem des mächtigen Staates und der schwachen Gesellschaft ist ein Grundproblem der Geschichte dieses Landes. Es entstand bereits zur Zeit der Herausbildung der zarischen Autokratie (Selbstherrschaft) im 15. und 16. Jahrhundert. Der Herrscher hatte den Staat zentralistisch organisiert. Die Gegenkräfte, die den Absolutheitsanspruch der zarischen Gewalt hätten in Frage stellen und sie einschränken können, waren schwach. Sowohl der Adel als auch die Kirche waren eng an den Zaren gebunden. »Gesellschaft«, die auch über Öffentlichkeit verfügte, gab es erst seit der zweiten Hälfte des 19. Jahrhunderts. Doch blieb sie stets in weitem Maße eine »staatliche Veranstaltung« (D. Geyer). Erst zu Beginn des 20. Jahrhunderts, in der Revolution von 1905, zeigte sich, wie stark der Aufbruch der Gesellschaft aus der staatlichen Bevormundung bereits eingesetzt hatte. Er ging nun nicht mehr nur von einigen revolutionären und liberalen Intellektuellen aus. Die Arbeiterschaft, aber auch Bauern, besonders aber die zahlreichen Nationalitäten des Reiches, die zumeist an der Peripherie lebten, bewiesen seit etwa Mitte des 19. Jahrhunderts, dass die Gesellschaft nicht nur passiv war.

Unter den Bedingungen der Sowjetherrschaft verschärfte sich jedoch das Verhältnis zwischen Staat und Gesellschaft. Wenn auch das Ancien Régime der Zaren von der politischen Bühne abtrat und damit eine fundamentale Neuordnung von Staat und Gesellschaft einherging, blieb doch das bekannte Problem bestehen. Die Zentralisierung des Herrschaftssystems kam in der KPdSU zum Ausdruck. Die Personalisierung der Herrschaft fand in Josef Stalin ihre sowjetische Spielart. Der Personenkult um den »Führer« nahm Formen der Inszenierung an, wie sie in der Zarenzeit nicht zu beobachten gewesen waren. Die Bürokratie bildete – wie in der Zarenzeit, doch soziologisch vollkommen verändert – eine untrennbare Stütze dieses Herrschaftssystems.

Im Unterschied zu 1991, als es nicht darum ging, den Staat als solchen abzuschaffen, sondern nur seine sowjetische Variante, stellte sich Lenin unmittelbar vor der Oktoberrevolution 1917 in seiner Schrift »Staat und Revolution« in marxistischer Herleitung vor, der Staat werde nach der Machteroberung durch das Proletariat »absterben«. Es gehört zu den schärfsten Widersprüchen der jüngeren russischen Geschichte, dass die Bolschewiki in nur wenigen Jahren (1917–1922) einen Staat errichteten, dessen Aufbau trotz einiger organisatorischer Modifizierungen und Umbenennungen bis in die Zeit der Perestrojka hinein erhalten blieb. Die Parallelität der staatlichen und der Parteistrukturen sowie die Personalunion bei Partei- und Staatsämtern nahmen hier ihren Anfang; die Regierungsinstitutionen blieben im Kern bis kurz vor dem Zusammenbruch 1991 dieselben; die bewaffneten Machtinstrumente des Staates entstanden in den ersten Monaten: die Rote Armee und die Geheimpolizei.

Was immer man über die Entwicklung dieses Staates und Herrschaftssystems im Einzelnen sagen kann, eines gilt für die gesamte Sowjetperiode: dass er die Formierung gesellschaftlicher Freiräume nicht zuließ. Was Gesellschaft genannt werden könnte, erweist sich bei näherem Hinsehen als Produkt staatlich inszenierter Kampagnen. Obwohl viele dem »Führer« Stalin enthusiastisch auf seinem Weg zum Sozialismus folgten und das Land keineswegs nur in Herrscher und Beherrschte zu unterteilen ist, obwohl sich die Bevölkerung auch in der diktatorischen Sowjetunion den öffentlichen Raum in Maßen anzueignen verstand und obwohl Loyalität gegenüber dem Regime weit verbreitet war: Gesellschaft und Öffentlichkeit, die ein Gegengewicht gegen den Parteistaat, seine Machtinstrumente und seine Unterdrückungsmechanismen hätten darstellen können, bildeten sich nicht heraus. Nicht erst seit dem Terror der 1930er Jahre, auf den später noch einzugehen ist, war die Gesellschaft atomisiert. Die Teilung in den mächtigen, in der Sowjetunion die Individuen bis in die Identität hinein übermächtigenden Staat, und die in Szene gesetzte bzw. nicht vorhandene Gesellschaft blieben als Grundmerkmal erhalten.

So verwundert es auch nicht, dass die Perestrojka eine Angelegenheit des Regimes und der Bürokratie blieb. Ihr Problem bestand darin, dass sie den gesellschaftlichen Aufbruch in Gang setzen sollte, den sie als Voraussetzung für ihr Gelingen schon hätte vorfinden müssen. Gorbatschow rang geradezu verzweifelt mit dem Strukturproblem der nicht vorhandenen Gesellschaft, auf deren dynamische Kräfte er vergeblich baute, um sie gegen die verknöcherten Apparate zu mobilisieren. Wenn Glasnost (Öffentlichkeit) vom Staat initiiert werden musste, dann kam darin das Problem nur zu deutlich zum Ausdruck. Hinsichtlich der gesellschaftlichen Mobilisierung war die Perestrojka nur teilweise erfolgreich. Vergröbernd gesprochen: das urbane intellektuelle Milieu konnte erreicht werden – übrigens mit dem Erfolg, dass es sich ziemlich schnell von dem als unreformierbar geltenden System verabschiedete –, die Masse der Bevölkerung nahm die Vorgänge aber passiv und wegen des allgemeinen politischen, institutionellen, ökonomischen und sozialen Verfalls sowie des Zusammenbruchs des sowjetischen Imperiums zunehmend schockiert hin.

Viel ließe sich über den Kollaps von 1991 sagen, eines war er gewiss nicht: durch einen Aufstand der Gesellschaft gegen ein überkommenes System hervorgerufen. Dort, wo gesellschaftliche Aktivitäten zu beobachten waren, mündeten sie rasch in nationale Unabhängigkeitsbestrebungen. Dies geschah vornehmlich an der Peripherie der Sowjetunion, auch als Reaktion auf die antikommunistischen Umstürze in den ostmitteleuropäischen Ländern 1989.

Wenn der Staat nach wie vor mächtig ist, so liegt das auch an den spezifischen Ausformungen des Rechts in der Sowjetunion. Über die ersten vier Jahrzehnte der Sowjetherrschaft, besonders den Stalinismus, sind in dieser Hinsicht nicht viele Worte zu verlieren. Das Recht stand im Dienste der Revolution, das heißt des Regimes, welches sich die Fortsetzung der Revolution im Auftrag der Massen auf die Fahnen geschrieben hatte. So war es möglich, mit dem berüchtigten Paragrafen 58 des Strafgesetzbuches »Politische« ins Lager zu schicken. Ansätze eines Rechtsstaates aus der Zarenzeit wurden liquidiert. Zwar kamen immer wieder Debatten über die »sozialistische Gesetzlichkeit« auf, aber sie hatten nie die Bindung des Staates und der Partei an Recht und Gesetz zur Folge. Das Regime und Stalin persönlich stellten sich über das Recht. Auch nach Stalin setzte die Herrschaft mehr auf außerordentliche Maßnahmen als auf normatives Recht, das jedoch im Zuge der Entstalinisierung mehr Geltung erhalten sollte.

Obwohl nach Stalins Tod im März 1953 der Terror und die Gewalt abebbten (aber nicht vollkommen verschwanden, wie die Gläubigen und Geistlichen während der Antireligionskampagne unter Chruschtschow zu spüren bekamen), blieb die Ohnmacht des Sowjetbürgers gegenüber dem Staat erhalten. Immerhin versuchte Chruschtschow, mit Hilfe von Rechtsreformen den Bürgern das zuvor vollständig zerrüttete Gefühl von Rechtssicherheit zurückzugeben. Dennoch ließ sich nicht übersehen, dass der Staat auch weiterhin prinzipiell über dem Recht stand und er verhielt sich auch so, wie die Dissidenten schmerzlich feststellen mussten, die den Staat vergeblich aufforderten, sich an die Gesetze halten, die er selbst verabschiedet hatte. Nach wie vor griff der Staat in die Belange der Bürger ein und handelte dabei ungesetzlich. Zum Beispiel kamen zwischen 1967 und 1974 insgesamt 121 406 Personen in den zweifelhaften Genuss der »vorbeugenden« Tätigkeit des Geheimdienstes KGB. Die Einweisung von Andersdenkenden in psychiatrische Anstalten geschah auf administrativem Wege und war von keinem Gesetz gedeckt.

Wie auf anderen Gebieten, so nahmen auch im Rechtswesen Entwicklungen, die nach 1991 ihren Höhepunkt erreichten, bereits während der Perestrojka ihren Ausgang. Zum ersten Mal in der Geschichte der Sowjetunion entschied sich das Regime für die Herrschaft der Gesetze. Eine lange Liste von Reformen zielte auf mehr Rechtssicherheit, höhere Professionalität der Richter und Transparenz in juristischen Verfahren. Zwar gelang die Einrichtung eines Verfassungsgerichts auf der Ebene der Union nicht, doch in der russischen Teilrepublik (RSFSR) wurde ein solches wenige Monate vor dem Zusammenbruch der UdSSR eingerichtet. Zum ersten Mal in der Geschichte der UdSSR sahen sich die Bürger in der Lage, rechtlich gegen die Übergriffe des Staates vorzugehen. Es ist eine andere Frage, inwieweit die Justiz dem rechtsstaatlichen Ansinnen zu folgen vermochte.

Der Aufbruch in Richtung Rechtsstaat ging nach 1991 weiter, wobei man westliche Vorbilder auf Russland übertrug. Doch verlor sich dieser Aufbruch bald im Gestrüpp der clanartig organisierten politischen Kaste und der mafiaartigen Verfilzung der Wirtschaft mit der Politik sowie in einem erschreckend hohen Ausmaß an nicht strafrechtlich verfolgter Kriminalität, die aufs Neue den starken Staat auf den Plan riefen. Unter Präsident Wladimir Putin wurde der sich gerade erst entwickelnde Rechtsstaat weitgehend zurückgedrängt. Seit dieser Zeit zeigt sich das Dauerproblem russischer Rechtstradition erneut deutlich: die Ohnmacht des Bürger gegenüber dem Staat, der sich Freiheiten herausnimmt, die er seinen Bürgern nicht zugesteht, und der diese entmündigt, bevormundet und rechtlichen Schikanen sowie denen von Justizorganen aussetzt. Inwieweit das Fortbestehen der alten Eliten dafür verantwortlich zu machen ist, ist zum gegenwärtigen Zeitpunkt schwer zu entscheiden. Der Aufbruch in den Rechtsstaat, so viel lässt sich mit größerer Sicherheit sagen, dauerte nicht lange. Von Demokratie und Rechtsstaat ist das heutige Russland weit entfernt, darin ist es seinen historischen Vorläufern durchaus ähnlich.[2]

3 Strukturprobleme der Wirtschaft

Wenngleich sich das politische System 1991 wandelte, so lassen sich die über Jahrzehnte gewachsenen Strukturen in der Wirtschaft nicht auf einen Schlag verändern. Die Schwächen und Defizite, wie sie aus der Sowjetunion bekannt waren, bestanden zunächst weiter und es gab keine Wendung zum Besseren, bloß weil eine postsozialistische Regierung am Ruder saß. Um diese Tatsache besser zu verstehen, müssen wir ein wenig in die Geschichte zurückgehen. Wir kommen damit noch einmal unweigerlich zu dem pulsierenden Zentrum der sowjetischen Geschichte, zum strukturbildenden Stalinismus.

Stalins seit 1929 durchgepeitschte Industrialisierung auf der Basis der Planwirtschaft hatte sich explizit zum Ziel gesteckt, den Rückstand zu den kapitalistischen Ländern aufzuholen und den ersten sozialistischen Staat zu einem starken Industriestaat zu machen. Aber diese Industrialisierung wurde durch den Zweiten Weltkrieg zu einem großen Teil in ihren Ergebnissen zurückgeworfen: An dessen Ende waren die zuvor von den Deutschen okkupierten Gebiete nicht nur wirtschaftlich am Boden. Beim Rückzug hatten die deutschen Truppen Hunderte Dörfer und Städte und fast sämtliche Industrieanlagen verwüstet, die Bergwerke geflutet, landwirtschaftliche Betriebe, Straßen, Eisenbahnen und Brücken zerstört. Millionen Menschen hatten sie verschleppt, Millionen getötet. Die Bevölkerung war ausgehungert und traumatisiert. Millionen Menschen kehrten aus Gefangenschaft und Zwangsarbeit heim in die UdSSR, Millionen Menschen zogen aus dem Osten, wohin sie vor den Deutschen ausgewichen waren, in die zerstörte Heimat zurück. Soliden Berechnungen zufolge starben innerhalb der vier Kriegsjahre (1941–1945) auf sowjetischer Seite 26 bis 28 Millionen Menschen kriegsbedingt einen vorzeitigen Tod. Die Verluste an materiellem Vermögen beliefen sich auf circa 25 % des Vorkriegsstands.

In weiten Gebieten hieß es, auf dem Niveau eines Entwicklungslandes wieder von vorn anzufangen. Ohne die Segnungen des Marshall-Plans versuchte die Sowjetunion den Neuanfang. Er begann mit einer neuerlichen ökonomischen und demografischen Katastrophe. Während der Hungersnot 1946 starben die Menschen in Massen. Es war die dritte gewaltige Hungersnot in der damals drei Jahrzehnte währenden Sowjetgeschichte: 1921 starben etwa fünf Millionen Menschen,[3] 1933 etwa sechs Millionen,[4] 1946 – wie die Berechnungen zeigen – nicht unter zwei Millionen.[5]

Rückschläge führten dazu, dass die UdSSR ihre Industrialisierung erst in den späten 1960er Jahren abschloss, wenn man folgende Kennzeichen zugrunde legt: das industriell geprägte Bruttosozialprodukt, den Kapitaltransfer aus der Industrie in die Landwirtschaft (und nicht, wie für eine sich entwickelnde Wirtschaft häufig der Fall, andersherum), Beschäftigung im industriellen Sektor, Urbanität, Umfang der monetären Einkommen, Bildungsaufschwung. Das war im internationalen Maßstab, angesichts einer circa 100-jährigen Industrialisierungsgeschichte, vergleichsweise spät. Die entscheidende Frage aber lautet: Hat die stalinistische Industrialisierung moderne und effiziente Strukturen hervorgebracht?

Die Antwort lautet: Nein. Eine unzureichend planbare Wirtschaft, ein bürokratischer Wasserkopf, große ökonomische Disproportionen, eine geringe Arbeitsproduktivität, hohe Selbstkosten in der industriellen Produktion, Ressourcenvergeudung, miserable Qualität der Produkte, Kapitalaufbringung durch die gnadenlose Ausbeutung der Landwirtschaft und durch den erzwungenen Konsumverzicht der Arbeiter sowie Zwangsarbeit in gewaltigem Ausmaß bildeten die Merkmale der stalinistischen Industrialisierung. Die verfehlte Modernität lag in der Art und Weise begründet, wie die stalinistischen Industrialisierungsschübe durchgeführt wurden. Stalin kopierte den westlichen Weg, wodurch die Ziele des materiellen Fortschritts in den Sozialismus übertragen werden sollten. Und er gab sich mit dem scheinbaren Triumph der Wachstumsziffern zufrieden. *Sovetskij amerikanizm* (sowjetischer Amerikanismus) lautete das Zauberwort. Es handelte sich um ein Industrialisierungsimitat, das den bestehenden agrarisch geprägten Strukturen mit Brachialgewalt übergestülpt wurde.

Was an objektiven Voraussetzungen fehlte, wurde durch Mobilisierung der Menschen wettgemacht. Enthusiasmus ersetzte Qualifikation, der vordergründige Produktionserfolg zählte mehr als geregelte Arbeitsabläufe und Professionalität. Kritiker dieses Systems ließ Stalin erschießen. Auf diese Weise schuf der Stalinismus im Bereich der Wirtschaftsstrukturen eine Kontinuität, die bis in die Perestrojka hinein nicht gebrochen werden konnte. Daran änderten die Reformen unter Chruschtschow in den späten 1950er und zu Beginn der 1960er Jahre ebenso wenig wie die nach dem damaligen Ministerpräsidenten benannten Kosygin-Reformen in der zweiten Hälfte der 1960er Jahre, die eine Dynamisierung der Industrieproduktion und Wirtschaftsplanung beabsichtigten, sie aber kaum zuwege brachten. Erst in der Zeit der Perestrojka erzwangen die unübersehbaren Schwächen der Wirtschaft grundlegende Reformen.

Seit 1991 standen Privateigentum und Markt auf der Tagesordnung der wirtschaftlichen Veränderung. Doch schon während der Perestrojka hatten Diskussionen über die Zulassung des privaten Marktes für bestimmte Güter begonnen. Damit reagierte die Partei- und Staatsführung auf die offenkundigen Mängel der Planwirtschaft und die daraus resultierende Existenz der Schattenwirtschaft; diese hatte sich in den Sektoren ausgebreitet, welche die staatlich gelenkte Wirtschaft nicht oder nur in kümmerlichem Maße berücksichtigte. Dazu zählten insbesondere Dienstleistungen aller Art von der Reparatur technischer Geräte bis hin zur privaten medizinischen Versorgung. 1987 wurde individuelle Arbeitstätigkeit, d. h. Arbeiten auf eigene Rechnung mit privaten Umsätzen und Erträgen, erlaubt. 1988 durften mindestens drei Personen Genossenschaften bilden, was unter ideologischen Gesichtspunkten als noch vertretbar galt, da die gemeinschaftlich betriebenen Unternehmungen einen äußerlichen Anschein sozialistischer Produktionsformen aufrechterhielten.

Nach 1991 stellten sich jedoch noch weitaus schwerwiegendere Probleme bei der Transformation der sozialistischen Wirtschaft. Es ging um die »Kommandohöhen« der sozialistischen Volkswirtschaft, d. h. um ihre wichtigsten Bereiche und die Kontrolle darüber. Eine der zentralen Fragen betraf die Durchführung der Privatisierung. Die Jelzin-Regierung glaubte, mit Hilfe von Aktien-Anrechtsscheinen das Eigentum an den nominell »volkseigenen« Staatsbetrieben weit gestreut im Volk verteilen zu können. Damit hoffte sie, die Bevölkerung zu einer Art Massenbesitzerin von Volksaktien zu machen. Doch dieser Plan scheiterte vollkommen. Statt der erhofften Streuung der Aktien konzentrierten diese sich rasch in wenigen Händen. In der Industrie vollzog sich eine Raubtierprivatisierung, die Einzelpersonen und Kartelle unter Zuhilfenahme krimineller Methoden zu Eigentümern ganzer Industriezweige machte.

In der Landwirtschaft stellte sich die Lage auf andere Weise dramatisch dar, weil hier die Kollektivbetriebe (Kolchosen und Sowchosen) nicht ohne Weiteres aufgeteilt und in privat geführte Bauernwirtschaften umgewandelt werden konnten. Dieses Problem ging auf die äußerst brutal durchgeführte Zwangskollektivierung unter Stalin zu Beginn der 1930er Jahre zurück. Die Vernichtung des privaten Bauernstandes zeitigte nun Folgen: Unter den Kolchos- und Sowchos-Angestellten fanden sich kaum noch »Bauern«, die sich vor dem Hintergrund schier unüberwindbarer (eigentums-)rechtlicher, technischer, finanzieller und wirtschaftlicher Schwierigkeiten vorstellen konnten, das Land eigenverantwortlich und mit eigenem Risiko zu bewirtschaften. Darüber hinaus traf die nach 1991 ins Auge gefasste Privatisierung des Bodens auf starke Ressentiments. Es ging um den emotional und historisch-ideologisch aufgeladenen russischen Boden. Schwer überwindbare mentale Hürden standen der Auffassung entgegen, ihn nüchtern als Produktionsfaktor anzuerkennen und als Teil des Marktes zu begreifen, wo Boden verkauft und erworben werden konnte.

Noch ein weiteres Strukturproblem hat sich, wenngleich mit neuer Begründung, erhalten. Russland zählte im Jahr 2008 zu den zehn wichtigsten Industrienationen. Der bemerkenswerte Tabellenplatz basiert auf dem Export der Energieträger Öl und Gas, die in Russland reichlich vorhanden sind. Etwa 40 % der weltweiten Gasvorkommen liegen auf dem Territorium der Russischen Föderation und das Land fördert heute mehr Erdöl als Saudi-Arabien. Für industrielle Fertigprodukte aus Russland gibt es jedoch auf dem Weltmarkt nach wie vor kaum Abnehmer. Die Autoindustrie ist ein Beispiel dafür. Ihre Produkte finden nur in den Ländern der ehemaligen Sowjetunion Absatz und selbst dort sind diese einem Wettbewerb mit technisch fortgeschrittenen westlichen Fahrzeugen ausgesetzt. Die russische Wirtschaft verpasst erneut ihre Modernisierung, diesmal jedoch, weil die maßgeblichen Wirtschaftseliten einschließlich der mit ihnen verbundenen politischen Kreise aufgrund der enormen Einnahmen aus dem Gas- und Erdölexport keine Veranlassung sehen, die Wirtschaft zu intensivieren. Nach wie vor sind sie auf die aus der Sowjetzeit überkommenen Produktionsstrukturen der großen Kombinate orientiert, deren dominante Rolle wiederum durch die soeben skizzierte Wirtschaftsstruktur konserviert wird. Erst allmählich entstehen dagegen Klein- und Mittelbetriebe. Sie fehlten in der Sowjetperiode weitgehend.

4 Das überlastete Sozialsystem

Als Präsident Putin im Sommer 2004 das von der Sowjetunion geerbte Sozialsystem verändern wollte, sah er sich mit heftigen Protesten konfrontiert. Weder die Beschneidung von Grundrechten noch der brutal geführte Tschetschenien-Krieg hatten ein solches Ausmaß öffentlichen Protestes hervorgerufen. Auf dem Gebiet der Sozialpolitik jedoch traf Putin den Nerv einiger Bevölkerungskreise, die auf die Leistungen des Staates angewiesen waren. Es stellt sich deshalb die Frage, was beträchtliche Bevölkerungsgruppen an der auf den ersten Blick doch vergleichsweise ärmlichen Sowjetunion so gut fanden, dass sich der Eindruck der Sowjetnostalgie einstellte.

Die stalinistische Industrialisierung erfolgte unter ungeheuren Entbehrungen und einem weitgehendem Konsumverzicht der Bevölkerung. Dies traf auch für die Arbeiterschaft zu, die doch die wichtigste Klientel der Kommunisten bildete. Allein die Führungsschicht der Funktionäre hatte es verstanden, den erbärmlichen Lebensstandard des Volkes hinter sich zu lassen. Die Nachfolger Stalins jedoch begriffen, dass ein Sozialismus, der auf der Ausbeutung der menschlichen Arbeitskraft gründete, auf Dauer keinen Bestand haben würde. Aufruhr in der Bevölkerung nach dem Tod Stalins (1953), zum Teil blutig niedergeschlagen, trug zu dieser Erkenntnis bei. Seit 1956 setzte die Regierung unter Chruschtschow sozialpolitische Maßnahmen um. Einige Wissenschaftler sprechen vom »sozialistischen

Wohlfahrtsstaat«, der sich besonders unter Breshnew seit Mitte der 1960er Jahre entwickelt habe.

In der Tat konnten sich die Menschen in diesem Staat nach all den Katastrophen in den Jahrzehnten zwischen 1917 und 1953 langsam einrichten. Arbeit gab es für alle, das Recht auf Arbeit war in der Verfassung festgeschrieben. Freilich zeigten sich unangenehme wirtschaftliche Folgen: Die Betriebe, die Volkswirtschaft insgesamt, schleppten eine Vielzahl von nicht benötigten Arbeitskräften mit sich, die viel Geld kosteten, ohne auch nur annähernd eine dem Lohn entsprechende Leistung zu erbringen. Wer sich darüber wundert, sollte sich erinnern, dass Sozialismus herrschte, nicht profitmaximierender Kapitalismus. Die Realeinkommen stiegen seit den 1960er Jahren beständig. Die Sowjetbürger litten nicht unter Einkommensschwäche, sondern unter Kaufkraftüberhang: Es gab zu wenig Konsumgüter, für die sie das Geld ausgeben konnten. Die Sowjetbürger waren auf eine historisch einmalige Weise »wohlhabend«: Die Einlagen in der staatlichen Sparkasse stiegen zwischen 1965 und 1976 pro Kopf um das 32-Fache, d. h. deutlich schneller als die Einkommen. Der Staat begann, die Bürger gegen die Risiken Unfall, Invalidität und Arbeitsunfähigkeit abzusichern, und er etablierte seit 1956 ein Rentensystem für die Alten, die ihr Arbeitsleben dem Aufbau des Sozialismus gewidmet hatten.

Für all das gab der Staat gigantische Summen aus. Die Kosten der Sozialleistungen, besonders der Renten, explodierten absolut und pro Kopf zwischen 1965 und Anfang der 1980er Jahre. Beispielsweise wurden 1965 von einem Tag auf den anderen über 20 Millionen Rentner in die Rentenkasse aufgenommen. Lebensmittel wurden jahrzehntelang subventioniert. Dadurch blieben die Preise für Grundnahrungsmittel lange Zeit unverändert (während die Reallöhne stiegen), sodass die Sowjetbürger Mitte der 1980er Jahre zum Beispiel für Brot so viel zahlten wie 20 Jahre zuvor. Wohnung, Wasser, Heizung, Telefon, Fernsehen und Radio kosteten die Nutzer praktisch nichts. Für die Vorschulerziehung der Kinder zahlte der Staat pro Monat das Dreieinhalbfache des Durchschnittslohns eines Industriearbeiters, während die Eltern bestenfalls einen symbolischen Betrag beisteuerten. Die Kostensteigerungen in allen Bereichen der Sozialpolitik übertrafen das Wachstum des Nationaleinkommens, sodass sich die Sowjetunion genauso wie westliche Staaten vor das Problem der Finanzierung des Sozialsystems gestellt sah. Obwohl die wirtschaftliche Situation die hohen Ausgaben nicht erlaubte, nahm die Regierung bis in die Zeit der Perestrojka aus politischen Gründen keinen Abstand von der kostspieligen Sozialpolitik.

Man kann den sowjetischen »Wohlfahrtsstaat« nicht an westlichen Standards messen, sondern man muss ihn vor dem Hintergrund beurteilen, dass es ihn in der Stalin-Zeit nicht gab und dass der Lebensstandard der Bevölkerung bis spät in die 1950er Jahre hinein äußerst niedrig war. Die Sowjetbürger nahmen den Zuwachs an Wohlstand nach den äußerst entbehrungsreichen und unsicheren Jahren der stalinistischen Despotie sehr wohl wahr. Niemals zuvor hatte das sozialistische System solch stabile Lebensverhältnisse hervorgebracht wie seit den 1960er Jahren. Der Erste Weltkrieg, der Bürgerkrieg, der stalinistische Umbau der Wirtschaft mit seinen chaotischen Folgen und dem äußerst niedrigen Lebensniveau, der Zweite Weltkrieg und der mühsame Wiederaufbau, aber auch die folgenschweren wirtschaftspolitischen Fehlentscheidungen der Bolschewiki hatten eine dauerhafte Konsolidierung der Wirtschafts- und Lebensverhältnisse verhindert. Die Bevölkerung akzeptierte den bis dahin unbekannten »Wohlstand« gern, der trotz aller Mängel und Versorgungsdefizite eine gewisse materielle Sicherheit bedeutete.

Während der Perestrojka und danach wurde diese brüchige Sicherheit von jenen rückschauend verklärt, die einen rasanten sozialen Niedergang erlebten. Die Lebensverhältnisse hatten sich seit Beginn der 1980er Jahre rapide verschlechtert, seit 1985 beschleunigte sich dieser Prozess sogar noch. 1990 lag das Einkommen von 25 % der Einkommensbezieher in der UdSSR unterhalb der nach den Kriterien der UNO festgelegten Armutsgrenze. Industriearbeiter und Intelligenz verarmten. Die ländliche Bevölkerung war im Vergleich zu diesen Gruppen ohnehin arm.

Erst in postkommunistischer Zeit jedoch wurden politische Entscheidungen gefällt, die zu einer Verarmung weiter Bevölkerungskreise führten. Ob es sich dabei um eine »absichtliche Destabilisierung der Gesellschaft«[6] handelte, ist schwer festzustellen; die sozialen Folgen der Wirtschafts-, Finanz- und Geldpolitik sind dagegen deutlich erkennbar. 1992 lag der Anteil der Sowjetbürger, die unter dem staatlich fixierten Existenzminimum lebten, bei über einem Drittel. Auch danach waren generell massive reale Einkommensverluste zu verzeichnen,[7] während die Regierung gleichzeitig die Preise freigab. Die über Jahrzehnte angesammelten Ersparnisse der Bevölkerung wurden in kürzester Zeit von den ins Kraut schießenden Preisen und der aus finanzpolitischen Gründen gezielt herbeigeführten Inflation aufgefressen. Abwertungen des Rubels schließlich verschlangen die letzten Geldreserven der Bevölkerung. Die vollkommen gescheiterte Massenprivatisierung hatte zur Folge, dass die Bevölkerung keinen Nutzen aus »ihren« volkseigenen Betrieben ziehen konnte. Dieser Transfer des von der Bevölkerung zu sozialistischen Zeiten unter harten Entbehrungen erarbeiteten Vermögens in den postsozialistischen Staat und die für den Volkswohlstand verheerende Privatisierungspolitik des russischen Präsidenten Jelzin führten zu einer gigantischen Umschichtung des Volksvermögens in die Hände weniger »Oligarchen«, während die Regierung zuließ, dass die Masse der Bevölkerung auf ein erbärmliches Lebensniveau abstürzte und Armut heute wieder ein Massenphänomen darstellt. Diese Erfahrung von »Freiheit« und »Demokratie« nach den Sicherheiten des Sozialismus, verbunden mit dem zum Teil völligen materiellen Ruin, ließ bei vielen in der Rückschau die Sowjetunion unter Breshnew in günstigem Licht erscheinen. Wenn, wie nach 1991 geschehen, Arbeiterfrauen ihre Habseligkeiten auf der Straße verkaufen mussten und Universitätsprofessoren nicht genug verdienten, um ihre Familien zu ernähren, dann darf man sich nicht wundern, wenn das Sozialsystem der verblichenen Sowjetunion ebenso wie die damit verbundene Vorstellungen sozialer Nivellierung noch immer attraktiv erscheinen. Dies gilt vor allem für die ältere Generation. Für diejenigen, welche die Sowjetunion bestenfalls aus ihrer Kindheit kennen, bietet das heutige Russland mannigfaltige Möglichkeiten, sich zu entfalten, ohne in Sozialnostalgie zu verfallen.[8]

5   Geschönte Vergangenheit

Für viele Sowjetbürger bedeutete der Zusammenbruch der Sowjetunion die Befreiung von einem freiheitsberaubenden, lähmenden und amoralischen System. Mit dem Wandel verbanden sie große Hoffnungen auf mehr Konsum, bessere und größere Wohnungen, die repressionsfreie Ausübung von Grundrechten, politische Partizipation und Abschaffung der Kontrolle durch Partei und KGB. Andere hingegen sahen das Ende der UdSSR als eine schmerzliche Zäsur, deren Konsequenzen sie auch am eigenen Leibe spürten. Präsident Putin unterstützte diese Sicht, als er bedauernd meinte, der Zusammenbruch der Sowjetunion sei die größte Katastrophe des 20. Jahrhunderts gewesen. Zwar weinten die ehemals zum »Ostblock« gehörigen Polen, Tschechen und Ungarn, die baltischen Völker und die Georgier und so manche Ukrainer sowie die Dissidenten in der Sowjetunion und viele andere dem untergegangenen System keine Träne nach, aber Putins Worte waren Balsam für den verletzten Stolz so mancher ehemaligen Sowjetbürger, welche die plötzlich vorhandene Freiheit als sozialen Niedergang erfuhren und die sowjetischen Propagandaklischees vom Kapitalismus angesichts der nach 1991 einsetzenden wild wuchernden Privatisierung als milde Untertreibungen empfanden. Sie hingen der so genannten guten alten Zeit an, als die UdSSR ein Sechstel der Erdoberfläche bedeckte, als das Sowjetimperium in Osteuropa noch existierte und einige Länder der

»Dritten Welt« zum »sozialistischen Weltsystem« zählten, als es Arbeit, Lohn, Ordnung und scheinbar keine Kriminellen gab. Diese Assoziationen eines positiv gefärbten Geschichtsbildes beschwor Putin mit seiner Formulierung herauf.

Der Zynismus in Putins Phrase ist angesichts der Millionen Opfer des Sowjetsystems im eigenen Lande sowie im Ausland kaum zu übertreffen. Was aber ist das Problem? Nichts weniger als die Geschichte des Landes im 20. Jahrhundert.

Das Erbe, welches tief in die Gegenwart hineinreicht, ist die zu wenig aufgearbeitete Geschichte der Gewalt. Die Jahrzehnte zwischen 1917 und 1953 gehören zu den blutigsten in der Geschichte der Menschheit überhaupt. Von Anfang an nahmen Gewalt und Terror epidemische Ausmaße an. Unter Stalin wurden sie schrankenlos. Wenn im heutigen Russland das während der Perestrojka-Periode zerstörte positive Image Stalins wieder aufpoliert wird, dann fällt die Geschichte des von ihm initiierten Terrors dabei unter den Tisch.

Diese Geschichte kann hier nicht wiedergegeben werden. Nur wenige Beispiele seien kurz genannt, welche die zahlenmäßigen Dimensionen der Vernichtung verdeutlichen.[9] Obwohl es unmöglich ist, eine gesicherte Opferzahl zu errechnen, lässt sich nach dem heutigen Kenntnisstand von circa acht Millionen Opfern des Terrors zwischen 1928 und 1941 sprechen. Allein in den Jahren des sogenannten großen Terrors 1937/38 wurden über 1,7 Millionen Menschen verhaftet, ca. 700 000 von ihnen wurden erschossen. Der von Stalin initiierte Geheimbefehl Nr. 00447 vom Juli 1937 legte Erschießungsquoten für einzelne Regionen der Sowjetunion fest. Erhöhungen der Zahl in den Regionen mussten mit Moskau abgestimmt werden. Bei Charkow, Kalinin (Twer) und Katyn wurden auf Beschluss des Politbüros im April und Mai 1940 15 000 polnische Offiziere erschossen, zusätzlich noch einmal 7 305 Polen in Gefängnissen. Von den 108 000 verhafteten polnischen Zivilisten in den nach dem geheimen Zusatzprotokoll zum Hitler-Stalin-Pakt 1939 bis 1941 annektierten Gebieten wurden 18 000 von Erschießungskommandos getötet.

Als Stalin 1953 starb, saßen rund 2,5 Millionen Menschen in den Lagern (Gulag); Ende der 1930er Jahre waren es etwa zwei Millionen gewesen. Zusätzlich lebten 1953 circa 2,7 Millionen Menschen (1939: circa 1,2 Millionen) in »Sondersiedlungen«, d. h., sie waren dorthin verschleppt worden. Insgesamt sind in der Zeit des Stalinismus (1929–1953) etwa 20 Millionen Menschen in den Lagern gewesen. Die Sterblichkeit im Gulag schwankte je nach Region und Periode: Sie lag durchschnittlich bei 4 %. Zwischen 1931 und 1953 zählte die Lager-Hauptverwaltung 1,7 Millionen Tote.

Mit den Zahlen allein ist die Gewaltgeschichte der Sowjetunion nicht erfasst. Zu ihr gehörten auch: Strafverfolgungsorgane, denen die Angeklagten völlig ausgeliefert waren, Prozesse mit fingierten Anklagen, aber realen Verurteilungen, Folter, Denunziationen en masse, völlige Rechtlosigkeit der Angeklagten und Opfer, Zerstörung und Entwertung des Individuums, das gegenüber Willkürentscheidungen der Führungsclique um Stalin und lokaler Potentaten aus Partei, Staatsanwaltschaft und Geheimdienst vollständig schutzlos war. Hinzu kamen die zahlreichen Todeslisten, die Stalin persönlich unterschrieben hat. Zwangsarbeit für Millionen Menschen war Teil des stalinistischen Industrialisierungsprogramms. Gefangene starben nicht nur infolge der Willkür der Lagerverwaltung und Wachen, sondern auch wegen der miserablen Versorgung mit Lebensmitteln.

Zur Gewaltgeschichte gehören weiterhin die Deportation der Polen und Koreaner innerhalb der Sowjetunion bereits vor dem Beginn des Zweiten Weltkrieges, schließlich ganzer Völker nach dem deutschen Überfall, darunter der Tschetschenen, denen Moskau auch nach 1991 von noch immer das Selbstbestimmungsrecht vorenthält. Zu den Erscheinungsformen des Antisemitismus nach dem Zweiten Weltkrieg, der sich besonders gegen jüdische Intellektuelle und Künstler richtete, gehört auch das zu Sowjetzeiten andauernde Beschweigen der Vernichtung der europäischen Juden, von denen der größte Opferanteil in Osteuropa lebte.

An all diesen Aktivitäten war die Geheimpolizei an zentraler Stelle beteiligt. Unter der Abkürzung NKWD wurde sie in den 1930er Jahren zum Synonym des Schreckens. Terror hatte sie schon seit ihrer Gründung im Dezember 1917 (damalige Abkürzung: Tscheka) verbreitet, unter Stalin dann aber in einem bis dahin ungekannten Ausmaß. Diese mörderische staatliche Organisation, die zu den blutigsten gehört, welche die Geschichte jemals hervorgebracht hat, ist zu keiner Zeit abgeschafft, sondern lediglich umbenannt und in einigen Punkten rechtlich und institutionell an die Kandare genommen worden. Der Geheimdienst des heutigen russischen Staates steht in unmittelbarer Nachfolge der staatlichen Terrororganisation in ihren unterschiedlichen Bezeichnungen aus Sowjetzeiten (Tscheka, GPU, OGPU, NKWD, MGB, KGB). Auch der erste postsowjetische Präsident Russlands, Boris Jelzin, löste den Geheimdienst nicht auf. Er suchte ihn zu kontrollieren, inthronisierte dann aber den KGB-Mitarbeiter und zeitweiligen KGB-Chef Putin als seinen Nachfolger. Darin und in dem weiter oben zitierten Ausspruch von Putin kommt die systematische, absichtliche Ausblendung der Gewaltgeschichte der Sowjetunion zum Ausdruck. Von den staatlichen Repressalien, ausgeführt vom KGB in der Zeit nach Stalin, namentlich gegen Dissidenten, und von den damit in Zusammenhang stehenden illegalen Akten und verletzten Menschenrechten ist in der obigen Aufzählung nicht einmal die Rede.

Während der Perestrojka jedoch und einige Zeit danach sah die Lage ganz anders aus als fast 20 Jahre nach dem Zusammenbruch der UdSSR. Nie zuvor durfte so offen über die »weißen Flecken« der sowjetischen Geschichte geschrieben und gesprochen werden. Plötzlich begannen große Teile der Gesellschaft, vorwiegend die Intellektuellen und Künstler, weniger die Historikerzunft, sich der Geschichte zu vergegenwärtigen. So wichtig die Neugier auf die Geschichte in der Öffentlichkeit war, so halbherzig half der Staat bei dem, was im deutschen Sprachgebrauch hölzern »Vergangenheitsbewältigung« genannt wird, wofür es im Russischen keine Entsprechung gibt. Zwar öffnete er die Archive, aber beileibe nicht alle, und er rehabilitierte Opfer des Stalinismus (Leo Trotzki, 1929 in die Emigration gezwungen und 1940 von einem NKWD-Agenten im Exil ermordet, ist bis heute nicht rehabilitiert). Halbherzig waren auch schon die ersten Rehabilitierungen unter Chruschtschow Ende der 1950er, Anfang der 1960er Jahre gewesen. Kein einziger NKWD-Mitarbeiter wurde jemals zur Rechenschaft gezogen. Das Höchstmaß an Sanktion für einige wenige war die vorzeitige Versetzung in den Ruhestand (mit Pension).

Die Opfer hingegen blieben für immer stigmatisiert: Ihr Leben und ihre Gesundheit waren häufig zerrüttet, ihre Habe war konfisziert worden, eine Entschädigung erhielten sie in der Regel nicht, nicht einmal eine finanzielle Unterstützung, wenn sie als ehemalige Lagerhäftlinge bedürftig waren. Was für die Handlungen der Täter während des Stalinismus gilt, trifft auch für die Aktivitäten danach zu: Weder Mitarbeiter des KGB noch Ärzte und Wissenschaftler in den psychiatrischen Kliniken, wo Dissidenten zwangspsychiatrisiert wurden, weder Folterer noch Richter noch Denunzianten sind belangt worden. Es gibt keinerlei juristische Bewertung der Taten, sei es die Stalins oder die eines anderen Täters.

Heute wird in Russland dieses unauslöschlichen Erbes der Geschichte, das hier nicht einmal in Ansätzen angedeutet werden konnte, nur wenig gedacht.[10] Zwar existieren einige lokale Erinnerungsorte und Mahnmale, doch eine zentrale Gedenk- und Dokumentationsstätte, die in Anbetracht des von der Zentrale ausgehenden Terrors notwendig wäre, ist nicht einmal beabsichtigt. Auch sieht sich der Staat nicht veranlasst, die Vergangenheit als eine Verpflichtung zu demokratischem und rechtsstaatlichem Handeln zu betrachten. Was die öffentliche und institutionalisierte Erinnerung angeht, so war sie über mehrere Jahre hinweg die Angelegenheit gesellschaftlicher Gruppen. Mittlerweile aber hat der Staat seine Erinnerungspolitik so angelegt, dass er die öffentliche Erinnerung zu steuern versucht. Seine

Strategie ist deutlich: Da die Schrecken der Vergangenheit nicht rundweg geleugnet werden können, werden sie relativiert; auf diese Weise lässt sich auch jegliche Interpretation, die Terror und Gewalt moralisch verwirft, an den Westen zurückreichen, aus dem sie angeblich stammt:

»Problematische Seiten der Geschichte«, so Putin, habe es in jedem Staat gegeben, »bei uns weniger als in gewissen anderen.« Man solle sich durchaus an »die Ereignisse, die 1937 begannen, erinnern«, schlug er vor und übersah in schlechter Tradition die Gewaltgeschichte vor diesem Jahr. »Aber auch in anderen Ländern gab es das [die problematischen Seiten – S. P.] nicht weniger, es war sogar furchtbarer. Jedenfalls haben wir keine Atomwaffen gegen die Zivilbevölkerung eingesetzt. Wir haben nicht Tausende von Kilometern chemisch verseucht und nicht auf ein kleines Land siebenmal mehr Bomben geworfen als im ganzen Zweiten Weltkrieg zusammen, wie das in Vietnam der Fall war [...] Bei uns gab es keine schwarzen Seiten wie zum Beispiel den Nazismus.«[11] Den für die Zivilbevölkerung verheerenden Krieg der Sowjetunion in Afghanistan (1979–1985) sowie die beiden ebenfalls äußerst brutal geführten Tschetschenienkriege Russlands nach dem Zusammenbruch der Sowjetunion vergaß er zu erwähnen.

Die Aufarbeitung der Geschichte findet in den Nischen der Gesellschaft statt. Die Gruppe »Memorial« betreibt sie nach wie vor, ganz im Unterschied zu vielen Historikern in den staatlichen Forschungs- und Lehrinstitutionen, die sich für ein patriotisches, die »ruhmreichen« Leistungen des Stalinismus in den Mittelpunkt stellendes Geschichtsbild entschieden haben und sich damit auf der Linie des Staates befinden. Wenn die Historiker von »Memorial« mahnen, neben Auschwitz und Hiroschima gehörten Begriffe wie »1937« (als blutiges Terrorjahr des Stalinismus) und Kolyma (Lagerkomplex in Nordostsibirien, nördlich des Polarkreises, in dem besonders qualvolle Lebens- und Arbeitsbedingungen herrschten) zur Signatur des 20. Jahrhunderts, so wollen sie, anders als Putin, nicht den Mantel des Schweigens über die Verbrechen der Vergangenheit legen, sondern die Dimensionen des Ungeheuerlichen benennen.

Wie sich jedoch eine Gesellschaft, die sich ihrer Geschichte nur wenig erinnern möchte und sich ihrer nur unzureichend bewusst zu werden vermag, wie sich ein Staat, der nicht imstande ist, sich von der Gewaltpolitik seines Vorgängers zu distanzieren und der die wichtige Machtsäule der Geheimpolizei trotz ihrer Geschichte als Organisatorin von Vernichtung beibehält, demokratisch, rechtsstaatlich und zivilgesellschaftlich entwickeln sollen, steht in den Sternen. Im heutigen Russland sind die lebendigen Ansätze der Geschichtsbewältigung aus den Perestrojka-Jahren und danach weitgehend zum Erliegen gekommen. Mit Stalin sollen andere historische

Erinnerungen in Verbindung gebracht werden als die hier genannten: der Sieg im Zweiten Weltkrieg und das Imperium. Damit kommen wir zum letzten hier erörterten Punkt.

6 Verlorener imperialer Glanz

Der militärische Triumph im Zweiten Weltkrieg katapultierte die Sowjetunion, die bis dahin eher im Hinterhof der Weltpolitik agiert hatte, auf das Niveau einer Weltmacht. Vor allem in der Zeit nach Stalin spielte der Sieg im »Großen Vaterländischen Krieg« eine herausragende Rolle. Er gab dem Regime neue Legitimationsgrundlagen, nachdem die Revolution und der Kampf für den Sozialismus in dieser Funktion ausgedient hatten. Veteranen, Aufmärsche, Symbole und Rituale beschworen das »Ur-Erlebnis« immer wieder neu. In unmittelbar räumlicher Nähe zur politischen Macht, an der Kreml-Mauer in Moskau, loderte (und lodert noch immer) die ewige Flamme am Grabmal des unbekannten Soldaten. Es war Sitte, dass Hochzeitspaare am Tag der Eheschließung hier Blumen niederlegten. Seit den späten 1960er Jahren – nicht vorher – schossen Gedenkstätten für den »Großen Vaterländischen Krieg« wie Pilze aus dem Boden. Pompöse Monumentalstatuen der *Mutter Heimat* (etwa in Wolgograd und Kiew) symbolisierten, wofür man gekämpft hatte. Die kommunistische Partei versuchte, sich als die Beschützerin der russischen Erde zu stilisieren.

Der Zweite Weltkrieg wirkte noch auf eine weitere Weise: Wenige Jahre nach seinem Ende war die Entstehung des »Ostblocks« besiegelt. Moskau bildete das Zentrum der aus westlicher Sicht »anderen« Welt. Zum sowjetischen Einflussbereich gehörten nicht nur die nach dem geheimen Zusatzprotokoll zum Hitler-Stalin-Pakt völkerrechtswidrig annektierten Gebiete (mit Ausnahme Finnlands), sondern auch die kommunistischen »Satellitenstaaten« in Ostmittel- und Südosteuropa (mit Ausnahme Jugoslawiens und – später – Albaniens). Durch zweimalige militärische Interventionen – 1956 in Ungarn und 1968 in der Tschechoslowakei – haben die Sowjetunion beziehungsweise die mit ihr im Warschauer Pakt verbundenen Staaten die sowjetische Variante des Sozialismus und den Ostblock aufrechterhalten, dies auch unter Verweis auf die »Befreiung vom Faschismus« durch sowjetische Soldaten im Zweiten Weltkrieg. Das Beispiel zeigt, dass die Erinnerung an die Geschichte für die politischen Führer in Russland durchaus handlungsleitend sein kann.

Das triumphale Konglomerat aus Sieg und imperialer Größe brach 1989 bis 1991 materiell und mental zusammen. Es handelte sich aber nicht nur um einen Absturz von der Höhe des Supermacht-Status auf das Niveau von »Obervolta mit Atomraketen« (Helmut Schmidt), sondern der Kollaps der UdSSR brachte es mit sich, dass Millionen von Russen nun im Ausland leben. Die einst ruhmreiche Sowjetarmee, die in Afghanistan eine Niederlage erlitten hatte, mit der die politische Führung bei Kriegsbeginn 1979 nicht gerechnet hatte, verlor ihren Nimbus und die staatliche finanzielle Unterstützung. Sie verwahrloste organisatorisch, mental und materiell. Erst in jüngster Zeit hat sich die Regierung unter Putin nicht zuletzt infolge der reichlich fließenden Einnahmen aus dem Öl- und Gasexport zu kräftigen Investitionen in die Rüstung und die Modernisierung der Streitkräfte entschlossen.

Nach einer neuen Formulierung, die den Anspruch auf politische Weltgeltung enthält, sucht die Regierung noch. Wenn jedoch die »positiven« Seiten der Sowjetunion heute wieder hervorgehoben werden, so verbirgt sich dahinter der Wunsch nach einer neuerlich mächtigen Rolle Russlands auf der Weltbühne, die wirtschaftlich durch die Rohstoffvorkommen abgesichert und von modernisierten Streitkräften unterstützte wird. Damit werden zugleich die Verbrechen an den Völkern Osteuropas sowie am eigenen Volk, deren sich die sowjetischen politischen Führungen schuldig gemacht haben, ausgeblendet. Die Aufarbeitung dieser Geschichte wird jedoch schon allein deswegen kaum auf die Tagesordnung kommen, weil daraus Restitutions- und Schadensersatzansprüche erwachsen könnten, deren Ausmaß ins Unermessliche steigen würde.

Die Anstrengungen, die verlorene Supermachtgröße wiederzuerlangen, rufen darüber hinaus ein sowjetisches Erbe auf den Plan, das aus dem Blick geraten war. Im Spannungsverhältnis von imperialem politischem Handeln und dem Selbstbestimmungsrecht der Völker hält es Moskau heute mit Ersterem. Wenn das Selbstbestimmungsrecht zur Anwendung kommt, dann wird es für den imperialen Zusammenhalt instrumentalisiert. Das lässt sich sowohl an der Politik gegenüber den nationalen Minderheiten innerhalb der Russischen Föderation als auch gegenüber den Nachbarn Russlands festmachen: Während die Tschetschenen nach 1991 in zwei zerstörerischen Kriegen niedergebombt wurden, damit sie in der Russischen Föderation verbleiben, förderte Moskau den Separatismus der Südosseten und Abchasen, um Georgien zu destabilisieren. Die Wiederbelebung so genannter eingefrorener Konflikte, die ihre Wurzeln in der Sowjetzeit haben, lässt die russische Außen- und Sicherheitspolitik zwangsläufig mit dem zwischenzeitlich bis an die Grenzen der Russischen Föderation ausgedehnten Machtinteressen der USA kollidieren.

7   Fazit

Fragt man sich abschließend, auf welchen Feldern die sowjetische Vergangenheit eine Zukunft hat,[12] so wird sich so mancher wundern, wie stark die restaurativen Tendenzen trotz des scheinbar vollständigen Zusammenbruchs 1991 zutage treten. Ein interpretatorisches Problem, das bisher nicht gelöst worden ist, entsteht dadurch, dass die zu Sowjetzeiten vom Westen – mit häufig krass antikommunistischen Tönen – monierten Demokratie-, Rechtsstaats-, Markt- und zivilgesellschaftlichen Defizite heute fortbestehen. Nun stellt sich heraus, dass sie nicht spezifisch für den Sozialismus waren, ohne dass er dadurch in der Rückschau besser würde. Von daher rührt auch die Schwierigkeit, das heutige Russland auf den Begriff zu bringen. Selbstbeschreibungen, ob »eingeschränkte« oder »gelenkte« Demokratie, sind unangemessen, andere wie »Putin-System« Ausdruck einer Personalisierung. Der gemeinsame Nenner besteht darin, dass die autoritären Praktiken dominieren, die sich als ordnendes Sicherheitsregime ausgeben.

Diese fortdauernde historische Kontinuität trifft auf eine passive Gesellschaft, die sich größtenteils mit den Verhältnissen arrangiert, die aber auch durchlässig genug ist, aufstrebenden Individuen Wege der Selbstoptimierung zu eröffnen. In der historischen Rückschau ist jedoch auch festzuhalten, dass es in Russland im Laufe des 20. Jahrhunderts drei Revolutionen gegeben hat (1905, Februar 1917, Oktober 1917), in denen die längst überfällige Selbstbestimmung der Gesellschaft und die Befreiung vom Joch autoritärer Herrschaft zum Greifen nahe war. Sie zeigen, dass das Klischee von der Lethargie der Russen – wir bemerken am Rande: Russland war immer schon ein Vielvölkerreich – jeder Grundlage entbehrt. Aber zu einem ernsthaften Versuch, in Russland die Demokratie länger als 24 Monate einzuführen, ist es bisher nicht gekommen.

Anmerkungen

1 Weiterführende Literatur, sofern nicht besonders vermerkt, kann über die angegebenen Buchtitel leicht erschlossen werden. Für Zahlenangaben verweise ich auf die einschlägigen Artikel in Stefan Plaggenborg (Hrsg.): Handbuch der Geschichte Russlands, Bd. 5 (1945–1991), Stuttgart 2002/2003, sofern ebenfalls nicht anders vermerkt.

2 Siehe den Beitrag von Angelika Nussberger in diesem Band.

3 Markus Wehner, Golod 1921–1922 gg. v Samarskoj Gubernii i reakcija sovetskogo pravitel'stva, in: Cahiers du monde russe, Jg. 38, 1998, Nr. 1–2, S.223–242, hier S. 223.

4 Stephan Merl, Entfachte Stalin die Hungersnot von 1932–1933 zur Auslöschung des ukrainischen Nationalismus? Anmerkungen zu neueren westlichen Veröffentlichungen, in: Jahrbücher für Geschichte Osteuropas, Jg. 37, 1989, Nr. 4, S.569–590; Osteuropa, Jg. 54, 2004, Nr. 12: »Vernichtung durch Hunger. Der Holodomor in der Ukraine und der UdSSR«.

5 Venjamin. F. Zima, Golod v SSSR 1946–1947 godov: proizchoždenie i posledstvija, Moskau 1996, S.179.

6 Pekka Sutela, Wirtschaftspolitik: Etappen und Probleme, in: Hans-Hermann Höhmann/Hans-Henning Schröder (Hrsg.), Russland unter neuer Führung. Politik, Wirtschaft und Gesellschaft am Beginn des 21. Jahrhunderts, Münster 2001, S.134–145.

7 Sabine Rinck, Lebensstandard und soziale Sicherung, in: Ebd., S.159–170.

8 Siehe den Beitrag von Hans-Henning Schröder in diesem Band.

9 Im Folgenden nach Galina Ivanova, Istorija GULAGa: 1918–1958. Social'no-ėkonomičeskij i politiko-pravovoj aspekty, Moskau 2006; Nicolas Werth, Das Lager schreiben. Varlam Šalamov und die Aufarbeitung des Gulag – Der Gulag im Prisma der Archive. Zugänge, Erkenntnisse, Ergebnisse, in: Osteuropa, Jg. 57, 2007, Nr. 6, S.9–30.

10 Siehe dazu Osteuropa, Jg. 58, 2008, Nr. 6: »Geschichtspolitik und Gegenerinnerung. Krieg, Gewalt und Trauma im Osten Europas«.

11 http://president.kremlin.ru/appears/2007/06/21/1702_type63376type63381 type82634_135323.shtml (Zugriff am 14.12.2008).

12 Vgl. Nancy Adler, The Future of the Soviet Past Remains Unpredictable. The Resurrection of Stalinist Symbols Amidst the Exhumation of Mass Graves, in: Europe-Asia Studies, Jg. 57, 2005, Nr. 8, S.1093–1119.

II. Politisches System

Margareta Mommsen

Das politische System unter Jelzin – ein Mix aus Demokratie, Oligarchie, Autokratie und Anarchie

1   Einführung

Das politische System Russlands, das während der Präsidentschaft Boris Jelzins entstand, vereinigt Elemente der Demokratie, Oligarchie, Autokratie und Anarchie. Bis Mitte der 1990er Jahre waren Experimente mit demokratischen Einrichtungen und Verfahren sowie anarchische Verhältnisse vorherrschend. Während Jelzins zweiter Präsidentschaft verstärkten sich die oligarchischen und die autokratischen Merkmale. Dies zeigte sich an der Verengung des politischen Entscheidungsprozesses auf kleine Zirkel und an einem zunehmend autokratischen Amtsverständnis des Staatsoberhaupts. In diesem Beitrag soll Einblick in die Ursprünge und die Entwicklung dieses Übergangsregimes gegeben werden. Dabei interessiert, welche Verfassung man auswählte und wie die neue Ordnung ausgelegt und gehandhabt wurde. Zu fragen ist auch, welche Auswirkungen das Erbe des Sowjetstaates und der Perestrojka Gorbatschows auf die Errichtung des neuen Herrschaftssystems hatten. Da die führenden politischen Akteure des Umbruchs weitgehend der sowjetischen Nomenklatura entstammten, ist in Rechnung zu stellen, dass sie sich ohne klare Vorstellungen auf den Weg in Richtung Demokratie und Rechtsstaatlichkeit machten.

Über die Grundvoraussetzungen einer erfolgreichen Demokratisierung haben sich namhafte Politikwissenschaftler wie Robert Dahl und der Transitologe Adam Przeworski geäußert. Dahl stellt vor allem auf Partizipation und politischen Wettbewerb ab. Ohne Organisations-, Meinungs- und Informationsfreiheit, freie und kompetitive Wahlen sowie verantwortliche Regierungen könne von einem demokratischen System nicht die Rede sein. Die Durchsetzung dieser Prinzipien hänge wiederum von der Herausbildung stabiler politischer Parteien ab, die wichtige gesellschaftliche Interessen repräsentieren und in das politische System einbringen.[1] Przeworski bindet eine demokratische Entwicklung an die Einlösung zweier Minimalanforderungen: Das Aushandeln von politischen Konflikten müsse gewährleistet sein, ohne dass sich die politischen Akteure gegenseitig umbringen, und es müsse möglich sein, dass Parteien Wahlen verlieren könnten.[2] Unter diesen Prämissen richtet sich das Erkenntnisinteresse dieses Beitrags vor allem auf die realen Probleme, die sich der Entstehung eines funktionsfähigen politischen Pluralismus und einer demokratischen Legitimierung des Systems entgegenstellten. Darüber hinaus sollen Antworten auf die Frage gesucht werden, über welche politische Unterstützung das Jelzin-Regime verfügte. Ganz allgemein interessiert, warum der geplante Aufbruch in die Demokratie sich so schwierig und auf weiten Strecken so wenig erfolgreich gestaltete.

2 Entstehung und Verankerung des politischen Systems unter Jelzin

Der tatkräftige Gebietsparteisekretär Boris Jelzin war von Michail Gorbatschow zur Unterstützung der Perestrojka aus dem Ural nach Moskau geholt worden. Nach anfänglicher Zusammenarbeit avancierte Jelzin bald zum politischen Rivalen Gorbatschows und zum unbequemen Neuerer und Tabubrecher innerhalb der kommunistischen Staatspartei. Er profilierte sich gleichzeitig als Parteirebell, Volkstribun, Reformer und Populist.[3] Die Kraft und Entschlossenheit, um die russische Teilrepublik RSFSR in die Demokratie zu führen, schöpfte Jelzin zumal aus seinem Machtkampf mit Gorbatschow.[4] An der Spitze der breiten Bewegung »Demokratisches Russland« wuchs Jelzin eine enorme politische Autorität zu. Er gewann im Juli 1991 mühelos die erste demokratische Wahl eines Präsidenten in der russischen Teilrepublik.[5] Bald darauf stellte er sich erfolgreich den Putschisten in den Weg, die das Rad der Geschichte per Staatsstreich gegen Gorbatschow zurückdrehen wollten. Der Augustputsch 1991 beschleunigte den Prozess der Auflösung der UdSSR, den auch Jelzin nicht mehr aufhalten konnte und wollte.[6]

Während der »Dachstaat« UdSSR in den Untergang taumelte, trat der russische Gliedstaat als Vorreiter eines demokratischen politischen Systems hervor. Änderungen an der Sowjetverfassung der RSFSR von 1978, die man seit 1990 sukzessive vorgenommen hatte, schufen indessen keine funktionsfähige staatliche Neuordnung, sondern ein Chaos von widersprüchlichen Bestimmungen. Als die Sowjetunion Ende 1991 zerfiel, war der Verfassungstorso als Kompass für den Nachfolgestaat Russland/Russische Föderation unbrauchbar und wurde zum Zankapfel zwischen den neuen Staatsgewalten.

Da man zudem versäumt hatte, den Präsidentschaftswahlen alsbald parlamentarische Gründungswahlen folgen zu lassen, waren auch die Machtverhältnisse ungeklärt. Dies hatte eine fatale »Doppelherrschaft« zwischen Legislative und Exekutive zur Folge. Zwischen ihnen brach ein wahrhaftiger Krieg um die Verfassung und die Vorherrschaft im neuen Staat aus. Die Konflikte eskalierten und mündeten zuletzt in der gewaltsamen Auflösung des Parlaments im Oktober 1993. Jelzins Order zum Beschuss des Parlaments lastete lange als schwere Hypothek auf dem neuen postsowjetischen Russland, das sich doch eigentlich die Errichtung der Demokratie auf die Fahnen geschrieben hatte.

Nach dem »Oktober-Putsch« des Parlaments wurde im Dezember 1993 endlich eine neue Verfassung per Plebiszit angenommen. Die Autoren des Dokuments hatten sich bewusst an der Verfassung der Fünften Französischen Republik orientiert, da sie zwischen der Krise Frankreichs am Ende 1950er Jahre und den russischen Wirren Anfang der 1990er Jahre Parallelen erblickten. Die große Flexibilität der französischen Verfassung sollte einen Ausweg aus dem eigenen Chaos weisen. Letztlich lehnte sich die neue russische Verfassung jedoch an mehrere westliche Vorbilder an. Sie sanktioniert alle erforderlichen demokratischen und rechtsstaatlichen Prinzipien. Der Grundrechtsteil, bei dessen Abfassung man sich am Grundgesetz der Bundesrepublik Deutschland orientierte und der diesem Vorbild entsprechend zum unveränderlichen Verfassungskern zählt, stellt das Glanzstück der Verfassung dar. Im ersten Kapitel werden Demokratie, Föderalismus und die Rechts- und Sozialstaatlichkeit sowie die Prinzipien der Volkssouveränität, der Gewaltenteilung, weiter die wünschenswerte ideologische Vielfalt und der Parteienpluralismus als Kernanforderungen an ein demokratisches Gemeinwesen verankert.[7]

Für das Institutionengefüge stand das semipräsidentielle Design Frankreichs Pate. Allerdings wurde dem Amt des russischen Präsidenten eine noch stärkere Machtfülle zugewiesen. Von zentraler Bedeutung für das präsidentielle Machtvolumen ist die Bestimmung, dass das Staatsoberhaupt die »Hauptrichtung der Außen- und Innenpolitik festlegt«. Im Verhältnis von Präsident und Parlament gibt es Elemente der Gewaltenteilung und Gewaltenverschränkung. So ist die Staatsduma berechtigt, ein Verfahren der Amtsenthebung gegen den Präsidenten anzustrengen, und der Präsident ist bei der Ernennung des Ministerpräsidenten an die Zustimmung der Staatsduma gebunden. Der Präsident wiederum kann die Auflösung der Staatsduma verfügen, wohingegen diese nur unter bestimmten Bedingungen der Regierung das Misstrauen aussprechen kann. Aufs Ganze gesehen dominiert der Präsident deutlich gegenüber dem

Parlament. Experten sind sich einig, dass in Russland ein »präsidentiell-parlamentarisches Mischsystem« vorliegt. Die politischen Eliten Russlands hingegen sprechen überwiegend von einem »präsidentiellen System«. Demgegenüber hebt der Vorsitzende des Russischen Verfassungsgerichts, Walerij Sorkin, den »semipräsidentiellen« Charakter nach französischem Vorbild hervor.[8]

Die nicht ganz eindeutigen Verfassungsbestimmungen leisteten der tatsächlichen Herausbildung eines mindestens »dreiviertelpräsidentiellen« oder gar »superpräsidentiellen« Regimes Vorschub. Ein weiterer Grund für die »präsidentielle« anstatt »semipräsidentielle« Auslegung der Verfassung lag in der Traumatisierung, die Jelzin in den Kämpfen der »Doppelherrschaft« erlitten hatte. Mehr denn je trachtete er deshalb danach, durch eine entsprechende Handhabung der Verfassung ein für allemal das Übergewicht der Exekutive festzuzurren und so die Einflussnahme des Parlaments auf die anstehenden Reformen zu erschweren. Dies erschien umso mehr das Gebot der Stunde, nachdem die demokratischen Kräfte bei den parlamentarischen Gründungswahlen vom 12. Dezember 1993 schwach abschnitten und Kommunisten und Nationalisten in der neuen Staatsduma dominierten. Jelzin und seinen demokratischen »Jungreformern«, die er aus wissenschaftlichen Instituten in die Regierung geholt hatte, ging es vorrangig darum, so schnell wie möglich die Marktwirtschaft auf die Beine zu bringen. Sie ignorierten deshalb tunlichst das semipräsidentielle Design der Verfassung.[9]

Jelzins Verständnis von Demokratie reduzierte sich weitgehend auf die Vorstellung vom notwendigen Übergang zur Marktwirtschaft. Gleich Gorbatschow misstraute er politischen Parteien als Trägern und Mittlern des gesellschaftlichen Willens. Jelzins Skepsis gegenüber Parteien verstärkte sich erst recht angesichts der Wahlschlappe der Demokraten. Er zog es deshalb vor, ein Präsidialkabinett ohne parlamentarische Basis zu bilden. Dieser fatale Schritt machte fortan und bis in die Gegenwart Schule. Unter diesen Bedingungen konnten sich politische Parteien kaum entwickeln. Gedanken an die politische Verantwortlichkeit der Regierung stellten sich erst gar nicht ein. Dass die Regierung hinter den Präsidenten und dessen Administration zurücktrat, lag auch in der obrigkeitsstaatlichen politischen Kultur des Landes begründet, nämlich in der tief verwurzelten Vorstellung, dass die Nummer eins im Staate, ob Zar, Generalsekretär oder Präsident, alle Institutionen an Autorität überrage.[10]

Jelzin nutzte diese Art von Amtsbonus in erster Linie dazu, in Windeseile die Grundlagen für die Marktwirtschaft zu schaffen und große Bereiche der sowjetischen Staatsbetriebe zu privatisieren. Jelzin und seine Mitstreiter wollten den Sozialismus mit all seinen Rückständen schnellstmöglich beseitigen und keineswegs in irgendeiner Form revitalisieren. Hatte schon Gorbatschow mit seiner Perestrojka die Nabelschnur zum »befehlsadminis-trativen« Sowjetsystem durchschnitten, so profilierte sich Jelzin vor allem als Begründer des Kapitalismus und als Bezwinger der kommunistischen Staatspartei. Dabei spielte der »Jahrhundertprozess« gegen die KPdSU eine starke symbolische Rolle.[11]

Noch stärker als Gorbatschow, der sich bereits dafür eingesetzt hatte, die »weißen Flecken« in der sowjetischen Geschichte zu beseitigen, engagier-te sich Jelzin dafür, der Geschichte ihr wahres Gesicht zurückzugeben. So sorgte er dafür, dass die Hintergründe der Massenerschießung polnischer Offiziere im Jahr 1940 bei Katyn als »Verbrechen der Partei der Bolsche-wiken« aufgedeckt wurden. Er machte Informationen über das Geheime Zusatzprotokoll zum Hitler-Stalin-Pakt zugänglich, ebenso über das Ver-schwinden des schwedischen Diplomaten und Retters ungarischer Juden, Raoul Wallenberg, und schließlich über den Abschuss eines koreanischen Passagierflugzeugs im Jahr 1983. Jelzin setzte Alexander Jakowlew als Leiter einer Kommission zur Rehabilitierung der Opfer politischer Repressionen in der Sowjetunion ein. Jakowlew war wegen seiner Vorreiterrolle bei Gorbatschows Perestrojka und wegen seiner persönlichen Integrität hoch angesehen. All diese Initiativen dienten dazu, das System Jelzin politisch wie moralisch zu legitimieren.[12]

Um den demokratischen Charakter der Staatsgründung und zugleich Russlands eigenständige Entwicklung im Vergleich zur UdSSR zu beto-nen, führte Jelzin zur Erinnerung an die russische Souveränitätserklärung vom 12. Juni 1990 zwei Jahre später den »Tag des Freien Russland« ein. Ein weiteres Novum war der »Tag der Verfassung«, der zu Ehren der am 12. Dezember 1993 per Plebiszit angenommenen ersten demokratischen Verfassung für diesen Tag dekretiert wurde.[13] Symbolische Gesten dieser Art, die die Ablösung vom Sowjetsystem markierten, fanden allerdings nur geringes öffentliches Interesse. Ebenso wenig konnte Jelzin mit der Propa-gierung einer neuen Nationalhymne, nach der Melodie des »Patriotischen Liedes« von Michail Glinka, in der Gesellschaft Zustimmung finden. Hin-gegen fanden Konservative aller Couleurs großes Gefallen an der Wieder-errichtung der von Stalin zerstörten Christi-Erlöser-Kathedrale im Zent-rum von Moskau. Sie wurde zum »Staatsheiligtum« aufgewertet. Darin spiegelte sich der Mitte der 1990er Jahre aufkommende »patriotische Kon-sens« der Träger des Regimes wider. Nationalstolz, ob auf den ruhmreichen Kampf gegen Napoleon oder überhaupt auf Russlands glanzvolle Ge-schichte, kam wieder in Mode.[14]

Die so unterschiedlichen Ansätze zum *state-* und *nationbuilding* im post-sowjetischen Russland, die Jelzin verfolgte, zeigen vor allen Dingen, dass man auch in der neuen Ära der Demokratisierung und der so sehr beton-ten »Rückkehr des Landes nach Europa« bemüht war, die »ganze vater-ländische Geschichte« wieder zu Ehren kommen zu lassen. Dies diente auch dazu, die von den Zaren Alexander I. und Nikolaj I. hochgehaltenen antieuropäischen, autokratischen und national-konservativen Prinzipien erneut ins öffentliche Bewusstsein zu rücken. Generell rührte Jelzins ideologisches Credo aus ziemlich unvereinbaren Glaubenssätzen und Werthaltungen her. Der Jelzinbiograf Timothy Colton attestierte seinem Protagonisten einen »ideologischen Eklektizismus«, der viel Raum für die Wertschätzung der imperialen zaristischen Ordnung ließ und der sich auch einem konsequenten Abbau sowjetischer Machtsymbole versperrte. Davon zeugte die Fortexistenz des Leninmausoleums und unzähliger Statuen des sowjetischen Staatsgründers im Lande.[15]

Jelzin war von der Vorstellung getragen, mit seiner Präsidentschaft eine historische Mission von weit mehr als monarchischer Größe zu erfüllen. In seiner ersten Botschaft an das Parlament bezeichnet er die »präsidentielle Regierungsform« als gerade für ein Land angemessen, in dem das Volk niemals eine Stimme gehabt habe. Die Personifizierung und Konzentra-tion der Macht bei einem frei gewählten Präsidenten würde eine »freiwil-lige Interdependenz« zwischen dem Führer und den Geführten erzeugen, die es weder unter den Zaren noch unter der kommunistischen Parteiherr-schaft gegeben habe. Gleichzeitig sah Jelzin in seiner Wahl den Nachweis dafür, dass die Wähler »den Weg zu Demokratie, Reformen und der Wie-dergeburt der menschlichen Würde« gewählt hätten.[16] Mit diesem eher bizarren Legitimitätsverständnis überhöhte der ehemalige Gebietspartei-sekretär die Stellung eines demokratisch gewählten Staatsoberhaupts bei Weitem. Dass sich Jelzin dabei so verstieg, lag einfach daran, dass er im ABC der Demokratie nicht geschult worden war. Dieser Mangel zusam-men mit der Tendenz, sich als mächtiger Bürgerpräsident mit monarchi-schen Attitüden aufzuspielen, sorgte dafür, dass er nicht selten als »Zar Boris 2« glossiert wurde. Die Politikwissenschaftlerin Lilia Schewzowa und der Soziologe Igor Kljamkin schrieben Jelzin allen Ernstes die Stel-lung eines »Wahlmonarchen« zu. Diese Rolle war jedoch nur bei anhalten-der Zustimmung durch die Bevölkerung tragfähig.[17]

War Jelzins Autorität in den Wahlen 1991 und auch noch anlässlich des Referendums vom Frühjahr 1993 beachtlich gewesen, so nahm sie im weiteren Verlauf jedoch stetig ab. Dies lag daran, dass im Gefolge der von Jegor Gajdar, Jelzins herausragendem »Jungreformer« und erstem Premierminister, angestoßenen wirtschaftlichen »Schocktherapie« und der niedrigen Rohölpreise auf den Weltmärkten soziale Härten und Armut grassierten. Dazu fügte sich das chaotische Bild vorgeblich demokratischer Verhältnisse, für die sich die durchweg ungeschulten Demokraten im Verbund mit ihren Amtskollegen aus der sowjetischen Nomenklatura zu verantworten hatten. Auf diese Weise konnte das Debüt der Demokratie nur gründlich misslingen. Kein Wunder, dass schon der Begriff der Demokratie in breiten Kreisen zu einem Schimpfwort wurde. Jelzin blieb indessen der Hoffnungsträger der demokratisch eingestellten Intelligenzija, aus deren Reihen er wiederholt politische Führungskräfte rekrutierte. Zu seinen gesellschaftlichen Stützen zählten auch die neuen »Oligarchen«, die als Kapitäne des russischen Frühkapitalismus von den Möglichkeiten der Marktwirtschaft eminent profitierten.[18]

Innerhalb des Staatsapparats basierte Jelzins Macht vorwiegend auf den verschiedenen Institutionen der Exekutive, der Präsidialadministration, dem Ministerkabinett und dem Sicherheitsrat. Diese Organe waren neu geschaffen worden. Kontinuitäten zum Sowjetsystem offenbarten sich darin, dass die Administration praktisch aus dem Sekretariat des Zentralkomitees der KPdSU herauswuchs und dass das neue Ministerkabinett mit seinem technokratischen und ökonomischen Profil stark an sowjetische Regierungen erinnerte, die ebenfalls lediglich Wirtschaftskabinette gewesen waren. Bei der Schaffung eines Sicherheitsrats folgte man dem unter Gorbatschow eingeschlagenen Weg, der sich am amerikanischen Sicherheitsrat orientiert hatte. Während die Präsidialadministration von anfänglich 400 Beamten bald zu einem bürokratischen Koloss von etwa 2 000 Mitarbeitern heranwuchs, etablierten sich in den Apparaten des Kabinetts parallele Fachabteilungen zu den Ministerressorts. Dies weckte fatale Erinnerungen an die typischen Doppelungen in den sowjetischen Partei- und Staatsstrukturen. Darüber hinaus tat sich Jelzin gleich seinem Vorgänger durch Schaffung unterschiedlicher neuer Institutionen, etwa beratender »Präsidenten-« und »Staatsräte«, hervor. Sie fristeten indessen nur ein kurzes Leben.[19]

Im Dreigestirn der Organe der Exekutive übernahm Jelzins Sicherheitsrat nicht selten die Rolle einer Art Oberregierung und eines engeren politischen Kabinetts. Jelzin betätigte meisterlich ein sprichwörtliches »Kaderkarussell«, insofern er an die Spitzen der genannten Organe häufig neue Führungsfiguren berief. Mit diesem System neuartiger »checks and balances« sollte der Dominanz eines Apparats über den anderen vorgebeugt werden. Der häufige Personalwechsel verstärkte indessen das administrative Chaos und verhinderte die Entstehung einer straffen hierarchischen »Präsidentenpyramide«, von der Jelzin ungeachtet des von ihm selbst gesteuerten Apparatepluralismus immer wieder schwärmte. Die konkurrierenden Beamtenriegen gingen Verbindungen mit unterschiedlichen Wirtschaftsakteuren ein. So entstand ein dichtes Netzwerk informeller Beziehungen mit einer Mehrzahl von Entscheidungszentren, faktisch eine polyzentrische Konstellation der Macht.[20]

Jelzin sicherte sich die politische Unterstützung durch die Armee, die Geheimdienste und die Oberhäupter der Regionen. Die Hoheitsbefugnisse der Letzteren wurden häufig ausgehandelt und in »Machtabgrenzungsverträgen« sanktioniert. Lediglich mit der autonomen Republik Tschetschenien kam es zu keiner vertraglichen Verständigung. Moskau ging Ende 1994 mit Gewalt gegen die abtrünnige Provinz vor. Dabei kam es zu massiven Menschenrechtsverletzungen. Es zeigte sich, dass die postsowjetische Moskauer Führung von den autokratischen Traditionen des Landes schnell eingeholt wurde. Der Kaukasuskrieg tat dem demokratischen Image der Jelzinführung zu Hause wie in der Welt deutlichen Abbruch.[21] Die gewaltsamen Auseinandersetzungen konnten erst im Sommer 1996 mit dem Abkommen von Chasawjurt beigelegt werden.[22]

Bei der Erneuerung der Sicherheitsdienste versäumte Jelzin, diese grundlegend zu reformieren, sie demokratischer Kontrolle zu unterstellen und eine Reihe von Entlassungen vorzunehmen. Er beschränkte sich darauf, die Dienste neu aufzugliedern und ersetzte den »Leviathan« praktisch durch eine »Hydra«.[23] Die Gefährlichkeit einer vielköpfigen Hydra sollte erst unter Putin sichtbar werden. Jelzin selbst strauchelte beinahe über seinen eigenen »Präsidentiellen Sicherheitsdienst«. Dieser stand unter der Leitung seines obersten Leibwächters und Kumpanen Alexander Korschakow. Der Bodyguard und seine Agentur erfreuten sich der besonderen Gunst des Präsidenten. Dies führte dazu, dass Korschakows »Mini-KGB«, wie Jelzin den Dienst selbst nannte, über einen unangemessen hohen Status und einen riesigen Mitarbeiterstab verfügte. Jelzins Favorit Korschakow nahm Einfluss auf die Personalpolitik des Präsidenten, diente Spitzeldienste an und sammelte eifrig so genanntes »Kompromat« (kompromittierende Materialien) über politische Akteure und Regierungsbeamte, um dieses in politischen Auseinandersetzungen gegebenenfalls als Waffe einsetzen zu können.[24]

Charakteristisch für Jelzins Mobilisierung von politischer Unterstützung waren besondere »Dienstleistungen« zugunsten wichtiger Akteure, ob im Parlament, in den Gerichten oder Verwaltungsbehörden. Mit der Organisation und Zuteilung solcher Gefälligkeiten – Beschaffung von Wohnungen, Datschen und Gesundheitsdienste und vieles andere mehr –

wurde ein weiterer Vertrauter Jelzins, Pawel Pawlowitsch Borodin, kurz »Pal Palytsch«, betraut. Dieser erwies sich als ein Meister der Einfädelung und Unterhaltung klientelistischer Strukturen, die ihren Ursprung noch in der Sowjetzeit hatten. Borodin leitete eine Abteilung, die mit ähnlichen Aufgaben im sowjetischen Gesundheitsministerium betraut gewesen war. Sie erhielt die neue offizielle Bezeichnung »Medizinisches Zentrum der Regierung«, während die Presse nicht zu Unrecht von einem »Ministerium für Privilegien« sprach.[25]

All diese informellen Strukturen sowie der bisweilen nahezu monarchische Regierungsstil Jelzins hatten wenig mit einer rational operierenden staatlichen Verwaltung in einem demokratischen System zu tun, sondern weitaus mehr mit einem typisch höfischen Leben, in dem Intrigen florieren und Günstlinge das Ohr des »Zaren« suchen. Als Korschakow und seine Clique sich auch noch anschickten, die Abhaltung der für 1996 anstehenden Präsidentschaftswahlen zu hintertreiben, schritten Jelzins »Jungreformer« ein. Jelzin musste sich von seinem Günstling trennen und die Vorbereitung des Wahlkampfes konnte beginnen.[26]

3 Institutionelle Gegengewichte und politischer Pluralismus in der Jelzinzeit

Ungeachtet vielfältiger Defizite im Verständnis und in der Handhabung von Demokratie wurden in der Jelzinzeit die verfassungsmäßig festgelegten Prinzipien der Gewaltenteilung weitgehend respektiert, verfügten die Medien über große Freiräume und blieb der Grundsatz der Kompetitivität von Wahlen unangetastet. Die Jelzinführung blieb durchweg mit den für demokratische Systeme unabdingbaren institutionellen Vetomächten und gesellschaftlichen Kontrollen konfrontiert. Dies drückte sich vor allem in den Auseinandersetzungen zwischen Exekutive und Legislative sowie im politischen Tauziehen zwischen Zentrum und Regionen aus. Hinzu kam, dass die Politik der Regierung auf eine umfassende Medienkritik traf. Gegengewichte gegen die präsidentielle Exekutive bildeten auch Einrichtungen wie die Generalstaatsanwaltschaft, das Verfassungsgericht, die neuen Wirtschaftsverbände, die Rechnungskontrollkammer, der Menschenrechtsbeauftragte und zahllose Nichtregierungsorganisationen.

Der für moderne Demokratien typische Parteienpluralismus und das Gegenüber von Regierungspartei(en) und parlamentarischer Opposition kamen hingegen gar nicht oder nur äußerst unzulänglich ins Spiel. Dies lag vorrangig an dem erwähnten allgemeinen Antiparteiensyndrom und der damit verbundenen Weigerung, die Ministerkabinette aus Parteivertretern zu bilden. Es hatte auch damit zu tun, dass wegen der einseitigen Deutung der Verfassungsordnung als »präsidentielles System« der Eindruck entstand, auf die Mitwirkung von Parteien in der Regierungsarbeit verzichten zu können. Bei aller Parteienprüderie hatte man jedoch keine Probleme damit, immer wieder Parteien auf dem Reißbrett zu schaffen. Andererseits konnte aus der noch wenig ausdifferenzierten Sozialstruktur der Bevölkerung heraus kein stabiles Parteiensystem erwachsen. Fürs Erste entstanden viele kleine Parteien oder umgekehrt ganz heterogene Sammelparteien.[27] Es erwies sich jedoch als unmöglich, der schwammigen Parteienlandschaft von oben her ein künstliches Parteienschema aufzupfropfen. So blieb es bei lediglich über der Gesellschaft »schwebenden Parteien«.

Eine eigentümliche Zweiteilung der Parteien zeichnete sich von den ersten Dumawahlen im Dezember 1993 an ab. So koexistierten die von oben lancierten »administrativen Parteien«, wegen ihres bürokratischen Ursprungs und ihrer Alimentierung aus »administrativen Ressourcen« auch gerne »Parteien der Macht« genannt, mit den tatsächlich in der Bevölkerung verankerten »gesellschaftlichen Parteien«. Zu diesen zählten die Kommunisten (KPRF) unter Führung des sowjetisch geprägten Parteifunktionärs Gennadij Sjuganow, die über die relativ größte Anhängerschaft verfügten. Während die Kommunisten leninistische und nationalistische Parolen kombinierten, redeten die Nationalisten mit fremdenfeindlichen Parolen einem »Russland den Russen« das Wort. Vor diesem Hintergrund gelang es Wladimir Shirinowskijs »*Liberaldemokratischer Partei*« (LDPR), eine feste Wählerschicht zu finden. Zudem verstand es der Parteiführer glänzend, den politischen Clown zu spielen und dieses Talent dauerhaft zu vermarkten. Zu den von Anfang an im Parlament vertretenen Parteien mit einer treuen gesellschaftlichen Gefolgschaft gehörte auch die kleine liberal und sozialdemokratisch ausgerichtete Partei »*Jabloko*«. An ihrer Spitze stand der Ökonom Grigorij Jawlinskij, der schon während der Perestrojka zu den treibenden Kräften einer Demokratisierung des Landes gezählt hatte.

Bereits bei den Dumawahlen 1993 und 1995 experimentierte der Kreml damit, von oben her zwei Parteien auf den Weg zu bringen. 1993 dienten Jegor Gajdars »*Demokratische Wahl Russlands*« und die ebenfalls liberal ausgerichtete »*Partei der Russischen Einheit und Eintracht*« von Sergej Schachraj als Versuchskaninchen. Ungeachtet des weitgehenden Scheiterns dieser ersten beiden »Parteien der Macht« wurde 1995 das Experiment neu aufgelegt, diesmal mit der von Premierminister Viktor Tschernomyrdin angeführten »zentristischen« Kraft »*Unser Haus Russland*« und dem ähnlich orientierten »*Block Iwan Rybkin*«. Sie kamen indessen gegen die erneut dominierenden kommunistischen und nationalistischen Kräfte nicht an. Lediglich »*Unser Haus Russland*« schaffte einen Stimmenanteil von 10,1 %. Sie bezeichnete sich dessen ungeachtet als »regierende Partei«.[28] Darin spiegelte sich der Umstand, dass Tschernomyrdin den Regierungsvorsitz führte und er dank dieser Funktion ein breites bürokratisches Machtkartell und ökonomische Interessen hinter sich wusste. Als er im März 1998 den Regierungsvorsitz verlor, war das Scheitern seiner administrativen Partei in den Wahlen 1999 vorprogrammiert. Die Niederlage von »*Unser Haus Russland*« lieferte wie zuvor die von »*Russlands Wahl*« andererseits auch den Nachweis dafür, dass Przeworskis minimalistisches Demokratiekriterium, dem zufolge »Parteien Wahlen verlieren können«, in der Jelzinzeit durchaus eingelöst wurde.

Bei den Präsidentschaftswahlen 1996 wurde dieses Prinzip insofern verwässert, als alles getan wurde, um den schon fast absehbaren Sieg des Kommunistenführers Sjuganow zu verhindern. Da Mitte der 1990er Jahre der Machtkonflikt der Jelzinführung mit den Kommunisten keineswegs endgültig entschieden war, stand für die Regierungskräfte viel auf dem Spiel. Auch die neuen kapitalistischen Großunternehmer, die »Oligarchen«, wollten um jeden Preis eine Rückkehr der Kommunisten verhindern. In gleicher Weise fürchteten die Medien um das Ende der Meinungsfreiheit, sollte Jelzin nicht wiedergewählt werden. So bündelten die Demokraten, die Medien, die »Oligarchen« und die »Polittechnologen« genannten neuen Politikberater ihre ganzen Anstrengungen, um Jelzins Sieg doch noch sicherzustellen. Für den Erfolg wurde sogar Jelzins Rivalen aus der ersten Runde, dem nationalpatriotischen ehemaligen Generalleutnant Alexander Lebed, das prestigereiche Amt des Sekretärs des Sicherheitsrats angetragen, um ihn zur Unterstützung Jelzins in der Stichwahl zu gewinnen. Schließlich wurde den Wählern verheimlicht, dass Jelzin kurz vor dem zweiten Wahlgang aufgrund einer schweren Herzattacke nahezu amtsunfähig geworden war. Als Ergebnis all dieser dem politischen Gegner gegenüber wenig fairen Anstrengungen konnte Jelzin mit 53,8 % gegenüber 40,3 % der Stimmen für Sjuganow gewinnen.[29]

Im Rückblick und Vergleich mit dem »System Putin« meinten nicht wenige Kommentatoren, dass die Präsidentschaftswahlen von 1996 die eigentliche Geburtsstunde der – wie man später sagte – »gelenkten Demokratie« markierten. Allerdings war nicht zu übersehen, dass eine Vielzahl gesellschaftlicher Kräfte an Jelzins Wiederwahl interessiert war und dass offenkundig eine Mehrheit diesen zumindest »als das geringere Übel« im Vergleich zu Sjuganow bevorzugte. Es spricht indessen vieles dafür, in den

Manipulationen, die bei den Dumawahlen im Dezember 1999 und in ihrem Vorfeld praktiziert wurden, um den Machttransfer von Jelzin auf dessen vorab ausgewählten Nachfolger Wladimir Putin sicherzustellen, den Anbruch der »gelenkten Demokratie« zu sehen. Diese Operation ging nicht ohne einen politischen Machtkampf zwischen zwei der mächtigen oligarchischen Klans über die Bühne, die während Jelzins zweiter Präsidentschaft im Verbund mit den »Wirtschaftsoligarchen« Einfluss auf die politischen Geschicke nahmen. Als im Vorfeld der für Dezember 1999 angesetzten Dumawahlen die Kandidaten für die im Frühjahr 2000 anstehenden Präsidentschaftswahlen in Stellung gebracht wurden, trafen die gegensätzlichen Interessen des um den Moskauer Bürgermeister gescharrten »Luschkow-Klans« und der »Kremlfamilie«, die aus Jelzins engster Entourage bestand, hart aufeinander.[30]

Der Machtkampf zwischen den oligarchischen Gruppierungen war eng mit dem Parteienwettbewerb bei den Dumawahlen und verschiedenen anderen Vorkehrungen zur Sicherung des geplanten Machttransfers verknüpft. Die Kremlregisseure hatten zunächst im August 1999 den Leiter des russischen Inlandsgeheimdienstes FSB, Wladimir Putin, in die Position des Ministerpräsidenten gehievt. In einem zweiten Schritt gründeten sie im Herbst von oben eine neue Partei. Sie wurde auf den Namen »Einheit – Der Bär« getauft und war dazu ausersehen, Putin auf dem Weg in die Präsidentschaftswahlen und in das höchste Staatsamt tatkräftig zu unterstützen. In einem dritten Schritt machte Jelzin zum Jahresende 1999 vorzeitig den Präsidentensessel frei, um seinem Schützling Putin den Amtsbonus eines »geschäftsführenden Präsidenten« zu verschaffen und damit dessen Chancen auf einen Sieg in den Volkswahlen weiter zu erhöhen.[31]

Während die »Kremlfamilie« auf Putin und die neue »Partei der Macht« setzte, entschloss sich die von Luschkow angeführte Gruppe, ebenfalls mit einer neu gegründeten Partei in den Dumawahlkampf zu ziehen. Luschkows *Vaterland – Ganz Russland«* verstand sich als eine zentristische politische Kraft und stützte sich vornehmlich auf mächtige regionale Oberhäupter, vor allem auf Gouverneure aus ressourcenreichen Provinzen. Der weithin angesehene Jewgenij Primakow konnte ebenfalls für das Bündnis gewonnen werden. Dies beunruhigte die »Kremlfamilie« aufs Äußerste, da sie zu Recht befürchten musste, Primakow könnte mit guten Aussichten für das Präsidentenamt kandidieren. Dessen Popularität stammte aus seiner Amtszeit als Jelzins Außenminister von Anfang 1996 bis August 1998 und weiter als Ministerpräsident zwischen September 1998 und Mai 1999. Primakows Zeit als Regierungschef hatte schon deswegen positive Spuren hinterlassen, weil es ihm an der Spitze einer faktischen Mehrparteienregierung und mit breiter Unterstützung der Duma gelungen war, das Land aus dem Wirtschafts- und Finanzdebakel vom August 1998 herauszuführen. Seine dabei erworbene Autorität und Popularität ließ den nach der Krise politisch geschwächten Präsidenten Jelzin in den Hintergrund treten. Primakows Interregnum hatte vorgeführt, wie gut sich eine Konstellation, in der ein vom Staatspräsident weitgehend unabhängiges Ministerkabinett auf der Basis einer breiten parlamentarischen Mehrheit regierte, mit der semipräsidentiellen russischen Verfassungsordnung vereinbaren ließ.[32]

Um der aus Sicht der »Kremlfamilie« sich bedrohlich entwickelnden politischen Gegenmacht das Wasser abzugraben, setzten die Wahlregisseure des Kremls und ihre Sekundanten in den Medien alles daran, Luschkows Partei bereits in den Dumawahlen niederzuringen. Tatsächlich wurden die beiden Spitzenfiguren Luschkow und Primakow in den Medien auf infamste Weise diskreditiert. Die Folge war, dass ihre Partei entgegen den allgemeinen Erwartungen nur auf einem bescheidenen dritten Platz hinter den Kommunisten und »*Einheit – Der Bär*« landete. Der fulminante Aufstieg dieser neuen »Partei der Macht« war hingegen umso befremdlicher, als sie ohne ein eigenes Programm, ohne bekannte Führungspersönlichkeiten und ohne organisatorischen Unterbau 23,3% der Wählerstimmen erreichte und damit nur 1% hinter den führenden Kommunisten rangierte. Offensichtlich hatten sich die Medienkampagnen erneut erheblich verbessert und zugleich das Know-how der beratenden »Polittechnologen« in großem Maße zugenommen. Zugleich hatten die im Verbund mit der »Kremlfamilie« herrschenden oligarchischen Kreise immer weniger Skrupel, den politischen Gegner zu diffamieren. Dass sie vor der Verletzung demokratischer Grundregeln nicht zurückschreckten, zeigte sich auch daran, dass die neue »Partei der Macht« bei der Konstituierung der Duma alles daran setzte, direkt gewählte »unabhängige« Abgeordnete für die eigene Fraktion zu gewinnen.[33]

Die Dumawahlen 1999 bedeuteten den Höhepunkt des Parteienwettbewerbs in der Ära Jelzin und zugleich das vorläufige Ende des hybriden politischen Pluralismus, der zum einen von unten heranwuchs, zum andern von oben gesteuert wurde. Das Spektrum der in die Duma gewählten Parteien umfasste 1999 sechs Parteien: die in der Gesellschaft verankerten Parteien der Kommunisten (24,3%), der Liberaldemokraten, die diesmal als »Shirinowskij-Block« antraten (6,1%) und der demokratischen Kräfte »*Wahl Russlands/Union der Rechten Kräfte*« (8,6%) und »*Jabloko*« (6,0%) sowie die beiden von oben lancierten »administrativen Parteien«, »*Einheit – Der Bär*« (23,3%) und »*Vaterland – Ganz Russland*« (13,1%).

Dieser Überblick über die verschiedenen im Parlament vertretenen Kräfte verstellt den Blick auf die in der zweiten Hälfte der 1990er Jahre besonders virulenten informellen Machtgruppen, deren Spektrum über die »Kremlfamilie« und den Luschkow-Klan hinausreichte und weitere Seilschaften aus Bürokratie und Wirtschaftswelt umfasste. Nicht zufällig kamen Begriffe wie »Privatisierung des Staates« und »Oligarchie« in Mode, um dieses Phänomen auf den Punkt zu bringen. Jawlinskij erkannte früh den grassierenden »Inzest von Politik und Wirtschaft« als einen wesentlichen Bestandteil des unter Jelzin entstandenen »oligarchischen Kapitalismus«. Ein russischer Soziologe sprach von »kompetitiver Oligarchie«, um den Wettbewerb der informellen Gruppen zu charakterisieren. Der verdeckte Pluralismus war auch im politischen Bereich kein unerheblicher Faktor. Dies zeigte sich etwa an der einflussreichen Rolle der »Oligarchen« in den Medien oder an der Berufung eines »Oligarchen« vom Kaliber Wladimir Potanins zum Ersten Vizepremier im Ministerkabinett. Ein wesentliches Merkmal des »Systems Jelzin« lag daher in der Kommerzialisierung und gleichzeitigen Fragmentierung der staatlichen Macht. Andererseits verstärkte sich am Ende der Ära Jelzin der Trend, den öffentlichen politischen Wettbewerb einzuschränken und zu manipulieren.[34]

4 Das Vermächtnis Jelzins

Die Bilanz der Ära Jelzin fällt im Hinblick auf Fortschritte und Schwächen der demokratischen Transformation gemischt aus. Zur positiven Seite gehört, dass Meinungsfreiheit und Medienvielfalt weitgehend gewährleistet wurden und Gegengewichte im Verhältnis von Exekutive und Legislative sowie zwischen Zentrum und Regionen zur Wirkung kamen. Das europäische Projekt im Sinne einer Integration Russlands in den Europarat und in die EG/EU blieb lange Zeit ganz oben auf der politischen Agenda. Umgekehrt bemühten sich die westeuropäischen Staaten ebenso wie die USA um eine enge Zusammenarbeit mit dem neuen Russland. Insbesondere fiel Deutschland eine Art Anwaltsrolle bei den Bestrebungen zu, Russlands Mitgliedschaft im Europarat und eine Partnerschaft mit der EU zu begründen. Diese Organisationen blieben trotz der abschreckenden Wirkungen des Kaukasuskrieges an einer vertieften Zusammenarbeit interessiert. Richtunggebend war die Vorstellung, dass es besser sei, Russland zu integrieren als zu isolieren.

Zur negativen Seite der Ära Jelzin gehört, dass das semipräsidentielle Verfassungsdesign ignoriert und stattdessen ein System mit Präsidialhegemonie praktiziert wurde. Eine für die Demokratisierung besonders nachteilige Auswirkung war, dass das Ministerkabinett zu einem nachgeordneten

Staatsorgan ohne Parteienbeteiligung und bar jeder politischen Verantwortlichkeit verkam. Dies schadete ebenso wie die Tendenz, ein künstliches Parteiensystem von oben zu kreieren, der Entwicklung politischer Parteien als Fundamente eines funktionsfähigen politischen Pluralismus. Die Verlagerung des politischen Wettbewerbs in informelle oligarchische Strukturen verschaffte wiederum den Vertretern des neuen Unternehmertums einen übermäßigen Einfluss auf die Politik. Die Folge war eine »Privatisierung« des Staates und eine Kommerzialisierung der Politik.

Insgesamt lässt sich das »System Jelzin« als hybrides Regime mit wechselnd stark ausgeprägten demokratischen, oligarchischen und autokratischen Anteilen bezeichnen. Im Unterschied zur nachfolgenden »gelenkten Demokratie« Putins zeugten die ungestümen Herrschaftsexperimente und die generell anarchischen Verhältnisse der 1990er Jahre jedoch nicht von einem fest institutionalisierten Autoritarismus. Weitaus eher kann man das politische System unter Jelzin dem demokratischen Subtypus einer »defekten Demokratie« zuordnen.[35] Ihr denkbar größter »Defekt« war der manipulierte Machttransfer auf Jelzins Nachfolger Wladimir Putin.

Anmerkungen

1   Robert Dahl, Polyarchie. Participation and Opposition, New Haven u. a. 1971, S. 3.

2   Adam Przeworski, Democracy and the Market. Political and Economic Reforms in Eastern Europe and Latin America, Cambridge 1991, S. 95.

3   Margareta Mommsen, Nachruf. Boris Jelzin ein kommunistischer Funktionär und demokratischer Revolutionär, in: Russlandanalysen, Nr. 132, 27.4.2007, S. 2, http://www.laender-analysen.de.

4   Margareta Mommsen, Wer herrscht in Rußland? Der Kreml und die Schatten der Macht, 2. Aufl., München 2004, S. 22.

5   Margareta Mommsen, Wohin treibt Rußland? Eine Großmacht zwischen Autokratie und Demokratie, München 1996, S. 145.

6   Ebd., S. 153.

7   Margareta Mommsen, Das politische System Rußlands, in: Wolfgang Ismayr (Hrsg.), Die politischen Systeme Osteuropas, 2. Aufl., Wiesbaden 2006, S. 374 ff.

8   Valerij Zorkin, RF Constitution, a Decade on, in: Moscow News, 10.–16.12.2003.

9   Lilia Shevtsova, Yeltsin's Russia. Myths and Reality, Washington D. C. 1999, S. 64 f.

10 Mommsen (Anm. 5), S. 202.

11 Ebd., S. 169 ff.

12 Timothy J. Colton, Yeltsin. A Life, New York 2008, S. 250.

13 Ebd., S. 252.
14 Mommsen (Anm. 4), S. 164 f. und S. 177 f.
15 Ebd., S. 257.
16 Ebd., S. 323.
17 Lilia Sevcova/Igor Klamkin, Eta vsesilnaja bessilnaja vlast. Vybornaja monarchija v Rossii i ego politiceskaja perspektiva, in: Nezavisimaja Gazeta, 24. und 25.6.1998.
18 Mommsen (Anm. 4), S. 62 ff.
19 Margareta Mommsen, Das »System Jelzin«. Struktur und Funktionsweise des russischen »Superpräsidentialismus«, in: Wolfgang Merkel/Andreas Busch (Hrsg.), Demokratie in Ost und West, Festschrift für Klaus von Beyme, Frankfurt a. M. 1999, S. 297 ff.
20 Colton (Anm. 12), S. 344.
21 Mommsen (Anm. 5), S. 248 ff.
22 Siehe dazu den Beitrag »Brennpunkt Nordkaukasus« von Uwe Halbach in diesem Band.
23 Colton (Anm. 12), S. 258 ff.
24 Ebd., S. 342 ff.
25 Ebd., S. 326 f.
26 Mommsen (Anm. 4), S. 54 f.
27 Galina Luchterhandt: Politische Parteien in Rußland. Dokumente und Kommentare, Bremen 1993, S. 11 ff.
28 Margareta Mommsen/Galina Michaleva: Russland: Autoritäre Macht und gelenktes Parteiensystem, in: Ellen Bos/Dieter Segert (Hrsg.), Osteuropäische Demokratien als Trendsetter? Parteien und Parteiensysteme nach dem Ende des Übergangsjahrzehntes, Opladen/Farmington Hills 2008, S. 187–207.
29 Mommsen (Anm. 4), S. 63 ff.
30 Ebd., S. 90 ff.
31 Colton (Anm. 12), S. 432 ff.
32 Mommsen (Anm. 4), S. 79–86.
33 Mommsen/Michaleva (Anm. 27), S. 192.
34 Margareta Mommsen/Angelika Nußberger, Das System Putin. Gelenkte Demokratie und politische Justiz in Rußland, München 2007, S. 63 ff.
35 Gerhard Mangott, Zur Demokratisierung Russlands. Bd. 1: Russland als defekte Demokratie, Baden-Baden 2002.

Petra Stykow

Die autoritäre Konsolidierung des politischen Systems in der Ära Putin

1 Eine zwiespältige Erfolgsbilanz

1.1 Aufschwung und Niedergang

Als Wladimir Putin Anfang des Jahres 2000 die Amtsgeschäfte von Boris Jelzin übernahm, trat er ein schweres Erbe an: Der Versuch der Reformer der 1990er Jahre, das Land zu einer westlich-liberalen Demokratie mit einer freien Marktwirtschaft zu entwickeln, war durch die realen Entwicklungen diskreditiert worden. Die Industrieproduktion hatte sich im Übergang zur Marktwirtschaft seit 1989 halbiert, und ob sich die Wirtschaft nach der neuerlichen Finanzkrise 1998 endlich erholen würde, war noch nicht abzusehen. Der russische Staat funktionierte in einem für die gesamte Gesellschaft bedrohlichen Maße ineffizient, weil er die Sicherheit seiner Bürger und ihres Eigentums kaum gewährleisten konnte. Das bewiesen endemische Korruption und organisierte Kriminalität, aber auch Zersetzungserscheinungen der Föderation und monatelange Verzögerungen bei der Auszahlung von Löhnen und Gehältern an die Beschäftigten des öffentlichen Dienstes.

Nicht zuletzt zeigte der Griff einer Handvoll Großunternehmer nach der politischen Macht, wie gering die Handlungsfähigkeit der gewählten politischen Akteure war: Während über ein Drittel der russischen Bevölkerung unterhalb der Armutsgrenze lebte, stiegen die »Oligarchen« nicht nur in die kleine Gruppe der reichsten Männer der Welt auf, sondern sie nahmen aufgrund ihrer persönlichen Nähe zu Jelzin und seiner Umgebung auch unmittelbar Einfluss auf die russische Innenpolitik. Die typischen Akteure demokratischer politischer Systeme – Parteien und Interessengruppen –, die in den frühen 1990er Jahren erwartungsgemäß entstanden waren, hatten sich hingegen kaum stabilisieren können und spielten für das politische Entscheidungssystem nur eine geringe Rolle.

Die dramatische innenpolitische Situation wurde von einem enormen Bedeutungsverlust in der internationalen Arena begleitet. Vom Status einer anti-westlichen Supermacht war Russland auf den eines Entwicklungslands herabgesunken. In den Beziehungen zu den USA und Westeuropa kam ihm bestenfalls die Rolle eines Juniorpartners zu, dessen Zukunft vom Erfolg einer nachholenden Entwicklung nach deren Vorbild abzuhängen schien.

Die Bilanz der achtjährigen Präsidentschaft Wladimir Putins ist zwiespältig: Auf der einen Seite fällt in ihren Zeitraum eine einzigartige Erfolgsgeschichte. Im Durchschnitt der Jahre 2001 bis 2007 wuchs die russische Wirtschaft um jährlich über 6%. Das Bruttoinlandsprodukt pro Kopf liegt heute über dem von Venezuela und nähert sich dem der Türkei an. Der Aufschwung ist auch an der Bevölkerung nicht vorbeigegangen, denn Löhne und Gehälter haben sich seit dem Jahre 2000 mehr als verfünffacht. Der Staat hat weite Bereiche seiner Handlungsfähigkeit wiedergewonnen. In die internationale Arena ist Russland als gewichtiger, eigensinniger Spieler zurückgekehrt. Dies alles sind Indikatoren einer »Wiedergeburt Russlands«, auch wenn viele Probleme, vom ineffizienten Sozialsystem über anhaltende Korruption bis zur fragwürdigen Nachhaltigkeit des Wirtschaftsaufschwungs, bestehen bleiben. Diese Erfolge werden in der russischen Bevölkerung nicht nur mit Putins Amtszeit assoziiert, sondern diesem auch persönlich zugeschrieben. Über Jahre hinweg erfreute er sich der Zustimmung von weit über drei Vierteln der Bürger.

Auf der anderen Seite scheint der Preis für diese Erfolge in einer deutlichen »Ent-Demokratisierung« des hybriden politischen Systems der Jelzin-Zeit zu bestehen. Es stellt weiterhin eine Mischung aus instabilen demokratischen Institutionen und autoritären Praktiken dar, aber es ist weitaus stärker institutionalisiert als zuvor. In der Regel unterhalb der konstitutionellen Ebene wurde eine Reihe ambitionierter Reformen umgesetzt. Sie sollten gesetzlich fixierte Spielregeln in Übereinstimmung mit politischen Strategien und Projekten bringen, deren Ziel darin bestand, die politische Entscheidungsmacht bei der föderalen Exekutive – genauer gesagt: ihrem präsidialen Strang – zu konzentrieren und diese »Machtvertikale« der Kontrolle durch andere politische Akteure zu entziehen. Die (Re-) Zentralisierung der politischen Macht beim Präsidenten und seiner Verwaltung erfasste buchstäblich alle Bereiche von Politik und Gesellschaft.

Fast alle Beobachter der politischen Entwicklung Russlands sind sich darin einig, dass dies Rückschritte im Demokratisierungsniveau gegenüber den 1990er Jahren verursacht hat. Sie bewerten den aktuellen Zustand allerdings unterschiedlich, wie Befunde der vergleichenden Demokratieforschung zeigen: Das politische System Russlands wird heute als ähnlich »unfrei« wie das der Vereinigten Arabischen Emirate, Pakistans, Kambodschas und Ruandas eingestuft, aber auch als »hochgradig defekte

Demokratie« wie etwa Sambia, Moldova und Kenia. Daneben findet sich die gegensätzliche Diagnose, Russland sei nach wie vor eindeutig eine (wenn auch eingeschränkte) Demokratie, vergleichbar mit Kolumbien, der Slowakei Mitte der 1990er Jahre oder der Tschechoslowakischen Republik der Zwischenkriegszeit.[1]

Dass sich Russland unter Putin verändert hat, ist unübersehbar. Wie dieser Wandel zu bewerten ist, hängt von den Kriterien ab, die man anlegt, aber auch von der Perspektive, aus der man ihn betrachtet. Im Folgenden soll der Fokus auf die Reformen des politischen Systems gelegt werden. Analytisch gesehen erscheinen sie als gezielter Versuch eines außerordentlich handlungsmächtigen Akteurs und seiner Umgebung, das ererbte politische Regime zu stabilisieren und effizienter zu gestalten. In den vergangenen Jahren hat die Prämisse der »politischen Ingenieure« in der Präsidialadministration offensichtlich darin bestanden, dass (politische, ökonomische und gesellschaftliche) Stabilität und Wachstum nicht durch Selbstorganisation und das »freie Spiel« pluralistischer Kräfte zu sichern seien, sondern nur durch den Rückgriff auf hierarchische Steuerung »von oben«, aus dem Zentrum der staatlichen Exekutive heraus. Diese im normativen Sinne autoritäre Überzeugung spiegelte sich in einem Reformprojekt wider, das auf den Ausbau der »Machtvertikale« und ausgeprägte staatliche Interventionen in Gesellschaft und Wirtschaft zielte. Das »System Putin« ist dabei nicht als umstandslose Umsetzung eines auf einem Reißbrett ersonnenen »autoritären Plans« zu verstehen. Eher wird man ihm gerecht, wenn man unterstellt, dass die beteiligten Akteure ausgehend von der Logik des Machterhalts auf die sich bietenden Anlässe und Gelegenheiten reagierten und dabei die Handlungsschwäche anderer Akteure nutzten und verstärkten. Dabei ließen sie sich durchaus auch von dem politischen Ziel einer »Wiedergeburt Russlands« leiten, das über rein egoistische Herrschaftsinteressen hinausgeht und kompatibel mit diesen verfolgt wurde.

Die politischen Dimensionen des Putinschen Reformprojekts werden im Folgenden zunächst zusammenfassend skizziert, bevor das Zusammenwirken ambitionierter Steuerungsbemühungen »von oben« und der Schwäche der Steuerungsadressaten am Beispiel des Umbaus des Parteiensystems ausführlicher analysiert wird.

1.2 Die Reformen des politischen Systems

Ordnet man die wichtigsten politischen Programme und Strategien der Putin-Ära systematisch, so finden sich Reformen des staatlichen Entscheidungssystems und Versuche der Verstaatlichung des gesellschaftlichen Raums. Eine weitere Dimension besteht in Bestrebungen, diese Steuerungsversuche der gesellschaftlichen Entwicklung ideologisch zu begründen und normativ zu rechtfertigen (s. 4.1).

1.2.1 Reformen des staatlichen Entscheidungssystems

Abbau der horizontalen Gewaltenteilung: Laut Verfassung hat Russland ein semipräsidentielles Regierungssystem, wobei der präsidiale Zweig der Exekutive sowohl formal als auch informell gegenüber der Legislative dominiert (»Superpräsidentialismus«).[2] Die damit konstitutionell angelegte konflikthafte Überlagerung von Elementen der Gewaltenteilung und der Gewaltenverschränkung zwischen Exekutive und Legislative wurde in der Ära Putin durch die einseitige Konzentration politischer Entscheidungsmacht beim Präsidenten aufgelöst.

Zum einen wurde die formal »duale Exekutive« aus Regierung und Präsident zu einer monistischen, geschlossenen Exekutive umgebaut, wie sie für präsidentielle Regierungssysteme typisch ist: Das Kabinett tritt nicht als Regierung im eigentlichen Sinne auf, sondern als beratendes und ausführendes Organ des Präsidenten. Entsprechend agierten die Regierungschefs unter Putin als lediglich »technische Premiers« und nutzten ihre konstitutionell durchaus vorhandenen Handlungsspielräume nicht autonom. Die wichtigsten Ministerien – die »Machtministerien«, also der staatliche Gewaltapparat – wurden dem Präsidenten direkt unterstellt. Zum anderen wurde die institutionelle Konkurrenz zwischen (Präsidial-)Exekutive und Legislative mit der faktischen Steuerung des parlamentarischen Abstimmungsverhaltens durch die Präsidialadministration aufgehoben. Schließlich gab es deutliche Anzeichen einer politischen Instrumentalisierung der Judikative und der Beschneidung der Medienfreiheit.[3]

Insgesamt bedeuten diese Entwicklungen, dass die Präsidialexekutive nicht mehr effektiv durch andere Institutionen des Regierungssystems bzw. durch die nichtstaatliche »Vierte Gewalt« kontrolliert und eingehegt werden kann.

Abbau der vertikalen Gewaltenteilung: Mit der Begründung, die dysfunktionalen Folgen der Dezentralisierung Russlands aufzuheben, welche die Föderation in den 1990er Jahren zeitweilig an den Rand des Zerfalls gebracht hatte, wurden die Beziehungen zwischen dem Zentralstaat und den Föderationssubjekten reorganisiert. Mit den sieben Föderalbezirken führte Putin einseitig eine supraregionale Regierungsebene ein (2000). Es folgten Bemühungen, die Beziehungen zwischen Zentrum und Regionen einheitlicher zu gestalten statt sie jeweils bilateral auszuhandeln, sowie die Abwertung des Föderationsrats als Vertretungskörperschaft regionaler Interessen und die Schaffung eines rein konsultativen Staatsrats als Versammlung der Gouverneure (2000). Schließlich erhielt der Präsident das Recht, die Chefs der Regionalexekutiven zu entlassen (2000) und sie später (2004) sogar selbst zu nominieren, womit ihre Direktwahl abgeschafft wurde.

Für die meisten Beobachter bedeutet dies nicht nur, dass der Einfluss regionaler Interessen auf die zentralstaatliche Politik gesunken ist, sondern auch, dass der Bundesstaat faktisch zu einem Einheitsstaat umgebaut wurde.[4]

Reformen des Staatsapparats, der Verwaltung und der Justiz: Um die Effizienz des Regierens zu erhöhen, wurde die Umsetzung eines Reformpakets in Gang gesetzt, das auf eine »Rationalisierung der Bürokratie« im Sinne Max Webers zielte. Dazu gehörten die Reformen der lokalen Selbstverwaltung, des öffentlichen Dienstes, der Verwaltung und des Staatshaushalts, des Justizwesens, des Strafrechts und andere mehr, die insbesondere seit den Jahren 2003/2004 implementiert wurden. Um staatliche Politik effizienter, transparenter und professioneller umzusetzen, sollten Kompetenzen, Unterstellungsverhältnisse und Leistungsanforderungen klarer definiert, das Personal reduziert, gleichzeitig aber besser ausgebildet und besser bezahlt werden und die Bürger Auskunftsrechte gegenüber den Behörden erhalten.[5]

1.2.2 Neuordnung der Beziehungen zwischen dem Staat und nichtstaatlichen Akteuren

Verdrängung der »Oligarchen« aus der Politik: Um die Handlungsautonomie des Staates gegenüber den Großunternehmern wiederherzustellen, oktroyierte Putin kurz nach seinem Amtsantritt einen »Pakt« (2000): Die politische Loyalität der »Oligarchen« wurde mit dem Verzicht auf die Revision der postkommunistischen Eigentumsverhältnisse und privilegierte Kommunikationsgelegenheiten seitens des Staates belohnt. Wie ernst es dem neuen Präsidenten mit der Verdrängung des *Big Business* aus der Politik war, wurde spätestens mit der »Jukos-Affäre« (2003) und der Verurteilung Michail Chodorkowskijs (2005), des letzten politisch eigenständig agierenden Großunternehmers, deutlich. Im Gegenzug förderte die Präsidialadministration den Aufbau einer segmentierten Landschaft von Dachverbänden der Wirtschaft. Bei den Ministerien entstand eine Vielzahl konsultativer Expertenräte und einmal jährlich fanden Konsultativtreffen zwischen Putin und prominenten Repräsentanten der Wirtschaft statt.[6] Durch die Etablierung dieses »Konsultationsregimes«, das aus vom Staat kontrollierten Organisationen der kollektiven Interessenrepräsentation und beratenden Gremien besteht, welche neokorporatistische Vorbilder in einigen kontinentaleuropäischen Ländern zu zitieren scheinen, sollte eine sachgerechte Information der politischen Entscheidungsträger gesichert werden.

Kontrolle zivilgesellschaftlicher Assoziierungsprozesse: Angesichts einer als politisch unreif diagnostizierten Gesellschaft und zwecks Prävention einer »bunten Revolution« nach ukrainischem Vorbild wählte die Präsidial-administration die Strategie einer gezielten Intervention »von oben« auch gegenüber anderen nichtstaatlichen Organisationen, um den »Wildwuchs« der Jelzin-Ära zu reduzieren. Sie bestand erstens in der offenen Patronage von pro-präsidentiellen Vereinigungen, wie etwa der Jugendorganisation *»Naschi«*. Zweitens wurde, insbesondere in der zweiten Amtszeit Putins, das gegenüber der Wirtschaft erprobte »Konsultationsregime« auf den zivilgesellschaftlichen Bereich ausgedehnt. Das äußerte sich in der Schaf-fung »Gesellschaftlicher Räte« bei den Ministerien sowie in der Berufung der »Gesellschaftskammer« als staatlich lizenziertem Spitzengremium der Zivilgesellschaft (2005). Drittens wurden Instrumente entwickelt, um ge-sellschaftliche Organisationen bei Bedarf zu disziplinieren und konkur-rierende Organisationsgründungen zu bedrängen. Symptomatisch hierfür sind neben der Ausschaltung Chodorkowskijs (Schließung der Stiftung »Offenes Russland« – *Otkrytaja Rossija* 2006) das NGO-Gesetz vom Dezember 2005, das insbesondere ausländische Finanzierungsquellen be-schränkt, sowie eine Vielzahl steuer- und verwaltungsrechtlicher Behin-derungen zivilgesellschaftlicher Aktivitäten.[7]

Regulierung der Parteienlandschaft: Durch gezielte Patronage und die Neu-fassungen des Parteiengesetzes (2001, 2004) sowie des Wahlrechts (2005) gewann die Präsidialadministration die Kontrolle über den parteipoliti-schen Wettbewerb und sicherte die Dominanz von »Einiges Russland«, der »Partei der Macht«. Dadurch veränderte sich das Parteiensystem grund-legend. Insgesamt handelt es sich hierbei um Versuche der Präsidialexe-kutive, in die Interessenartikulation und Organisation nichtstaatlicher kollektiver Akteure einzugreifen. Diese etatistische Institutionalisierungs-strategie reduziert die Chance gesellschaftlicher Akteure, durch autonome und selbstorganisierte Partizipation den Staat und seine Entscheidungen einzuhegen. Darauf sei im Folgenden näher eingegangen.

2 Parteien und Parteiensystem

2.1 Der Wandel des Parteiensystems

Die Parteiensysteme in buchstäblich allen postkommunistischen Transformationsstaaten waren lange Zeit durch Instabilität, elitäre Personenbündnisse statt wohlorganisierter Massenparteien und ihre schwache Verwurzelung in der Gesellschaft gekennzeichnet. Damit wurden die Erwartungen von Beobachtern enttäuscht, die nach dem Zusammenbruch des Staatssozialismus eine spontan einsetzende nachholende Entwicklung unterstellt hatten, welche sich am Vorbild der westeuropäischen Parteiendemokratien orientieren, aber ungleich schneller ablaufen würde. Während sich in der zweiten Hälfte der 1990er Jahre die Parteiensysteme der meisten ostmitteleuropäischen Länder konsolidierten, schien der »russische Fall« über das gesamte Jahrzehnt hinweg kaum Fortschritte zu machen.

Noch Ende der 1990er Jahre bewerteten die meisten Forscher das russische Parteiensystem als »chaotisch«, »fließend« und »extrem schwach institutionalisiert«. Es war hoch fragmentiert und bestand aus einer Vielzahl meist außerordentlich kurzlebiger Organisationen. Nur die Kommunistische Partei der Russischen Föderation, die Liberal-Demokratische Partei und die sozialliberale Partei »*Jabloko*« hatten sich als über das Jahrzehnt beständig erwiesen. Sie wurden als Vorboten einer beginnenden Konsolidierung des Mehrparteiensystems interpretiert. Aber selbst diese drei Parteien verfügten nicht über eine föderationsweite Infrastruktur. In den Regionen kandidierten häufig unabhängige Politiker, die sich auf regionale und lokale Ressourcen stützten, jedoch nicht als Repräsentanten von Parteien auftraten.

Das Parteiensystem war ideologisch stark polarisiert, während sich in der politischen Mitte zunächst keine relevanten Parteien etablierten. Zudem versagten die in westlichen Demokratien üblichen ideologischen Zuordnungen zu Parteienfamilien zumindest teilweise. Dies wurde anhand der Liberal-Demokratischen Partei deutlich, deren Führer Wladimir Shirinowskij nationalistische bis rechtsradikale Positionen vertrat, aber auch anhand der höchst eigentümlichen »rot-braunen« Koalition von »linken« Kommunisten und »rechten« Nationalisten, also der extremen Ränder des politischen Spektrums. Ungeachtet dessen blieben die politischen Positionen der Parteien häufig vage. »Programmparteien«, die klare ideologische Präferenzen formulierten und ihre Klientel gezielt mobilisierten, waren weitaus seltener als kurzlebige »Projektparteien«, die der Wählermobilisierung dienten, programmatisch aber diffus blieben.[8] Gegen Ende der 1990er Jahre verfügten neben den Kommunisten nur die wirtschaftsliberalen Demokraten der »Union der Rechten Kräfte« über ein eindeutiges Profil.

Wenig verwunderlich war vor diesem Hintergrund, dass kaum eine Partei eine stabile Stammwählerschaft hatte, weshalb Wahlergebnisse ständig für Überraschungen sorgten. Weil das hoch fragmentierte Parteienspektrum auf ein Wahlsystem traf, in dem es eine Fünf-Prozent-Sperrklausel gab, war der Anteil »verschenkter Stimmen«, also Wählerstimmen, die keinen Einfluss auf die Mandatsverteilung in der Staatsduma hatten, enorm hoch. Im Jahre 1995 nahm dieses Phänomen dramatische Ausmaße an, weil die Hälfte der Stimmen an Parteien gegangen war, die an der Sperrklausel scheiterten.

Betrachtet man zum Vergleich das russische Parteiensystem des Jahres 2008, so könnte der Wandel kaum auffälliger sein: Es ist weitaus weniger fragmentiert als zuvor und wird nicht mehr durch beständige Neugründungen in Fluss gehalten. Unter den elf Parteien, die im Dezember 2007 zur Wahl antraten, waren lediglich zwei neue Organisationen, die allerdings nur marginale Stimmenanteile erzielten. Der Löwenanteil sowohl der Sitze wie der Stimmen ging an drei nationale Parteien – fast zwei Drittel an die Partei »Einiges Russland«, die das dritte Mal an Parlamentswahlen teilnahm, und zusammen ein Fünftel an die beiden »Dinosaurier« des russischen Parteiensystems, die Kommunisten und die Liberal-Demokraten. Nur wenig mehr als 7 % der Stimmen wurden für Parteien abgegeben, die an der Sperrklausel scheiterten. Damit bestätigte sich ein Trend, der Ende 1999 eingesetzt hatte und seit den Dumawahlen 2003 zu einem Zustand führte, welcher durch das Fehlen einer effektiven politischen Opposition im Parteiensystem gekennzeichnet ist. Während das Stimmenpotenzial aller anderen Parteienfamilien weiter zu erodieren scheint, stabilisierte sich im ersten Jahrzehnt des neuen Jahrtausends der Typus der so genannten Partei der Macht, der Partei der Präsidialexekutive.[9]

Der Verlust an Demokratiequalität in der Ära Putin äußert sich in erster Linie im Nachlassen des politischen Wettbewerbs. Auf der Ebene von Wahlen, wo dies am deutlichsten sichtbar ist, kann aufgrund des Übergewichts der Partei *Einiges Russland* heute kaum noch von einem Mehrparteiensystem gesprochen werden. Vielmehr handelt es sich um ein System mit einer dominanten Partei, die Wahlen zwar im Prinzip verlieren könnte, faktisch jedoch aufgrund der Schwäche ihrer Konkurrenten kaum in diese Lage geraten wird, oder aber um ein hegemoniales Parteiensystem, in dem der Wettbewerb zum Erliegen gekommen bzw. inhaltsleer geworden ist und die Regierungspartei eine Niederlage bei Wahlen nicht zulassen würde, selbst wenn sie deren Ergebnisse manipulieren müsste. Die Grenze zwischen beiden Parteisystemtypen ist fließend, aber bedeutungsschwer: Im ersten Fall hätte man es mit einer Demokratie zu tun, im zweiten nicht.

2.2 Die wichtigsten politischen Parteien

Im Sommer 2008 waren offiziell 15 Parteien registriert. Sie lassen sich vier Parteienfamilien zuordnen – den »Parteien der Macht«, den »demokratischen« bzw. »liberalen«, den (national-)kommunistischen und den (rechts-)nationalistischen Parteien. Die wichtigsten werden im Folgenden kurz vorgestellt, bevor es um die Ursachen für den Wandel des Parteiensystems geht.

2.2.1 »Parteien der Macht«

»Einheit und Vaterland – Einiges Russland« ist eine gezielt von der Präsidialadministration geschaffene Partei, die im Verlauf des Jahres 2001 aus dem Zusammenschluss zweier pro-präsidentieller Fraktionen in der Duma entstand. Seit Anfang 2004 verfügte sie über eine Zweidrittelmehrheit der Mandate, so dass die stabile Zustimmung zu Putins Gesetzesentwürfen seitdem nie mehr in Zweifel stand, weil sie aufgrund der hohen Fraktionsdisziplin »automatisch« zustande kam. Bei den Wahlen im Dezember 2007 erhielt *»Einiges Russland«* über 65 % der Stimmen und damit 70 % der Abgeordnetensitze. Seit dem Frühjahr 2008 ist Putin, nunmehr Premierminister, ihr Vorsitzender.

»Einiges Russland« ist in den vergangenen Jahren auch eine große außerparlamentarische Partei geworden. Nach eigenen Angaben hatte die Partei im Mai 2008 zwei Millionen Mitglieder, also mehr als zehnmal so viele wie die Kommunistische Partei, die größte oppositionelle Kraft. Noch wichtiger ist, dass sie auch für die politischen Eliten attraktiv geworden ist. Mehr als drei Viertel der Gouverneure, zwei Drittel der Mitglieder des Föderationsrats und mehrere Minister gehören ihr inzwischen an. Schließlich positioniert sich *»Einiges Russland«* als Gravitationszentrum für die Organisation der Gesellschaft. Die Partei versucht, ihre fehlende soziale Verankerung zu überwinden, indem sie Tausende »Kooperationsräte« für Sympathisanten ins Leben rief und Verträge mit intermediären Organisa-

tionen abschloss, deren Spektrum vom Unternehmerverband über paramilitärische Clubs bis zu Imkervereinen reicht.

Ideologisch ist *»Einiges Russland«* eine »zentristische« Partei mit einer wenig profilierten Programmatik. Sie propagiert eine »Strategie der qualitativen Erneuerung des Landes auf der Grundlage der Prinzipien der souveränen Demokratie« und betont das »Recht des freien russischen Volkes, sein historisches Geschick selbst zu bestimmen, über sein nationales Vermögen, darunter seine Rohstoffe, zu verfügen und die Entwicklung im Interesse der ganzen Nation statt einzelner oligarchischer Gruppen oder ausländischer Kräfte voranzutreiben«.[10]

»Gerechtes Russland«, das »zweite Standbein der Macht«, entstand im Herbst 2006 durch den Zusammenschluss dreier kleinerer Parteien. Mit 38 Abgeordneten stellt sie die kleinste Fraktion in der aktuellen 5. Duma (2008–2011). Ihr Vorsitzender Sergej Mironow ist auch Vorsitzender des Föderationsrats. Die Partei zählt etwa eine halbe Million Mitglieder. Programmatisch-ideologisch positioniert sie sich als »sozialdemokratische Alternative« zwischen *»Einiges Russland«* und der Kommunistischen Partei. Ihre gesellschaftliche Vision besteht in einem »neuen Sozialismus«, der die Prinzipien »Gerechtigkeit, Freiheit und Solidarität« verkörpern soll.

2.2.2 Die Opposition

Die Kommunistische Partei der Russischen Föderation (KPRF) sieht sich in der Tradition der Kommunistischen Partei der Sowjetunion (KPdSU) und beruft sich auf die »schöpferische Weiterentwicklung des Marxismus-Leninismus«. Sie ist eine »neokommunistische« Partei, hat sich also in den vergangenen zwei Jahrzehnten – anders als viele ehemalige »Bruderparteien« in den ostmitteleuropäischen Ländern – in vergleichsweise geringem Maße erneuert. Die KPRF strebt den Aufbau des Sozialismus als einer »Gesellschaft der sozialen Gerechtigkeit« an, die auf den »Prinzipien des Kollektivismus, der Freiheit und Gleichheit« beruht. Dennoch bekennt sie sich zur gegenwärtigen konstitutionellen Ordnung Russlands. Auffällig ist ihre starke »nationalpatriotische« Ausrichtung. Einerseits knüpft sie damit an ein bestimmtes Erbe ihrer sowjetischen Vorgängerin an, andererseits aber auch an strategische Entscheidungen, die Anfang der 1990er Jahre getroffen wurden, als die Partei um ihr organisatorisches Überleben kämpfte.[11] Ein Generationenwechsel an der Parteispitze und eine programmatische Neuausrichtung stehen seit Jahren auf der Tagesordnung und sorgen für innerparteiliche Spannungen. Die KPRF hat in den vergangenen Jahren deutlich an politischer Relevanz eingebüßt. Während sie in der zweiten Hälfte der 1990er Jahre bis zu einem Drittel der Parlamentsmandate hielt, kam sie 2003 und 2007 jeweils auf weniger als ein Achtel der 450 Sitze.

Die *Liberal-Demokratische Partei Russlands* (LDPR), die unmittelbar nach der Streichung des Machtmonopols der KPdSU im März 1990 gegründet worden war, ist eine »Führerpartei«, die in der öffentlichen Wahrnehmung mit ihrem Vorsitzenden Wladimir Shirinowskij identifiziert wird. Wiewohl sie programmatisch vage auftritt, setzt sie sich rhetorisch aggressiv von allen Konkurrenten im Parteiensystem ab: Mit ihrem Anspruch, »Patriotismus« und »Liberalismus« zu verbinden, grenzt sie sich vom »Erbe des proletarischen Internationalismus« der Kommunisten und ihrer »linke Ideologie der Armen«, dem »westlichen Liberalismus« der »Demokraten« sowie dem Etatismus von Organisationen wie »Einiges Russland« ab, deren »von oben« verfügte Mobilisierung von Anhängern sie als Neuauflage einer sowjetisch-kommunistischen Praxis »in ihrer schlimmsten Spielart« ansieht. Die LDPR ist die wichtigste Partei des rechts-nationalistischen Flügels im politischen Spektrum. Allerdings hat sie sich in ihrem parlamentarischen Abstimmungsverhalten seit der zweiten Hälfte der 1990er Jahre als zuverlässiger Partner der Exekutive erwiesen. In der 3. Duma (2000–2003) beispielsweise stimmte die Partei für 85,6% der vom Präsidenten eingebrachten Gesetzesentwürfe.[12]

Die wichtigsten und vergleichsweise stabilsten Parteien der liberalen Opposition sind »*Jabloko*«, eine 1993 gegründete, sozialliberale Partei, und die wirtschaftsliberale »Union der Rechten Kräfte«, deren Genealogie ebenfalls bis in die frühen 1990er Jahre zurückreicht. Im Jahre 2007 verfehlten beide den Wiedereinzug in die Staatsduma deutlich und sind als außerparlamentarische Opposition gegenwärtig in ihrer Existenz bedroht. Daneben existieren weitere liberale Organisationen, die jedoch die formalen Anforderungen des neuen Parteiengesetzes nicht erfüllen.

3 Die Präsidialadministration als »politischer Ingenieur« des Parteiensystems

3.1 Das Projekt der »Partei der Macht«

Wie erklärt sich der erstaunliche Wandel des Parteiensystems in den Jahren der Putin-Ära und der Aufstieg der Partei »Einiges Russland«? Ich argumentiere, dass dies auf einen Strategiewechsel der Präsidialadministration zurückgeht: Anders als Jelzin setzte Putin auf die strukturelle Institutionalisierung des politischen Regimes, darunter des Parteiensystems. Mit dem Ausbau der »Machtvertikale«, welche die Dominanz des Staatsoberhaupts über vorrangig hierarchische Steuerungsinstrumente sicherte, korrespondiert die faktische Verstaatlichung des intermediären Raums durch die politische und gesetzlich abgesicherte Patronage präsidententreuer Organisationen. Im Parteiensystem äußert sich diese Strategie in massiven Investitionen in »Parteien der Macht« sowie in der Reform des Parteien- und Wahlrechts. Unter der Bedingung einer schwachen, fragmentierten Opposition erwies sie sich als höchst erfolgreich und setzte eine sich selbst verstärkende Dynamik in Gang. Sie wird im Folgenden skizziert.

»Parteien der Macht« sind Patronageparteien der Exekutive, die in den 1990er Jahren stets kurzlebig waren und keine ideologische Parteienfamilie konstituierten.[13] Es handelt sich um »Wahlmaschinen«, die von föderalen oder regionalen staatlichen Akteuren nur wenige Monate vor Parlamentswahlen in Gang gesetzt wurden, um die Wähler kurzzeitig zu mobilisieren. In erster Linie ging es darum, möglichst viele Stimmen von der kommunistischen Opposition abzuziehen, um die Mehrheitsverhältnisse in der Duma für die Reformer günstig zu gestalten. Ihre Chance schöpften solche Parteien aus ihrer privilegierten Situation: Sie bedienten sich administrativer Ressourcen staatlicher Institutionen, erhielten finanzielle Mittel von verbündeten Großunternehmen, verfügten über privilegierte Zugänge zu den Medien und konnten nicht zuletzt prominente Politiker aufbieten, die als »Zugpferde« fungierten. Nachdem sie ihre Funktion als »Wahlmaschinen« (nur bedingt erfolgreich)[14] erfüllt hatten, wurden sie vom politischen Establishment bald wieder fallen gelassen, denn sie konnten keine strukturellen pro-präsidentiellen Mehrheiten in der Duma sichern.

Den wichtigsten Modus des Schmiedens parteiübergreifender Abstimmungskoalitionen stellten daher permanente Aushandlungen der Präsidialadministration mit individuellen Abgeordneten dar, wobei Ja-Stimmen gegen die privilegierte Berücksichtigung regionaler, lokaler oder individueller Interessen eingetauscht oder im wörtlichen Sinne gekauft wurden. Der Grund dafür liegt zum Teil in Jelzins Strategiepräferenzen, die vertrauten Routinen der personalisierten Machtausübung folgten. Wichtiger aber waren die Wechselwirkungen zwischen der geringen Institutionalisierung der Parteien, der Polarisierung des Parteiensystems und dem geltenden Wahlrecht: Infolge des Mischwahlsystems, nach dem die eine Hälfte der Mandate über Parteilisten, die andere Hälfte jedoch an Kandidaten aus Einerwahlkreisen vergeben wurde, konnten viele Abgeordnete ohne die Unterstützung von (schwachen) Parteien in die Duma gelangen und waren in ihrem Stimmverhalten daher nicht parteigebunden. Dies bedeutete aber auch, dass pro-präsidentielle Koalitionen zwar individuell und *ad hoc* aushandelbar waren. Meist blieben sie aber zu klein, weil unter den Bedingungen eines polarisierten Parteiensystems Kompromisse zu Sachfragen mit Fraktionen, die auf Parteizugehörigkeit basierten, schwer fielen.[15]

»*Einiges Russland*« ist die erste »Partei der Macht«, die sich organisatorisch konsolidieren konnte. Dies liegt daran, dass sich das Verhältnis der Präsidialexekutive gegenüber diesem Organisationstypus um die Jahrtausendwende grundsätzlich änderte. Die Strategie, mit einer kurzfristig aus dem Boden gestampften »Wahlmaschine« Unterstützung für den (künftigen) Präsidenten im Parlament zu sichern, wurde durch die Strategie ersetzt, eine »Partei des Präsidenten« zu institutionalisieren. Geschaffen wurde zunächst eine zuverlässige »parlamentarische Partei« zur Koordination der Beziehungen zwischen Exekutive und Legislative, später auch eine »Wählerpartei« mit Massenmitgliedschaft. Möglich wurde dies zu einem Zeitpunkt, als die Polarisierung des Parteiensystems deutlich nachließ.

Dieser Strategiewechsel erklärt sich aus der Lernfähigkeit der Präsidialadministration beim Umgang mit der politischen Dynamik: Die Duma-Wahlen vom Dezember 1999 fanden im Vorfeld des anstehenden Wechsels im Amt des Präsidenten statt. Mit »*Einheit*« und »*Vaterland – Ganz Russland*« konkurrierten zwei »Parteien der Macht« nicht nur mit den Kommunisten, sondern auch gegeneinander. Dabei rivalisierten aussichtsreiche Kandidaten und ihre Netzwerke, die sich programmatisch als diffus rechtsbzw. linkszentristisch positionierten. Die »Wahlmaschine« des seit einem halben Jahr amtierenden Premierministers Putin siegte bei diesem »Testlauf« zur Wahl des Staatsoberhaupts überraschend, aber knapp.[16] Die endgültige Entscheidung über den Ausgang des intra-elitären Wettbewerbs fiel mit dem vorzeitigen Rücktritt Jelzins und der Übernahme der Amtsgeschäfte durch Putin zum Jahreswechsel 1999/2000.

Infolgedessen bildete die Parteifraktion »Einheit« den Kern einer Unterstützerkoalition für die Präsidialexekutive, der sich die ideologisch benachbarte »Vaterland«-Fraktion anschließen konnte, nachdem ihr bisheriges Führungspersonal sich zurückgezogen hatte. Auch zwei Abgeordnetengruppen, die aus unabhängigen Kandidaten bestanden, konnten auf Loyalität zu Putin eingeschworen werden.[17] Der neue Präsident entschied sich dafür, diese Unterstützung systematisch zu sichern, statt sie permanent neu auszuhandeln, weil dies effizienter und auf Dauer billiger sowie auch – erstmals im postkommunistischen Russland – realistisch war.

Zunächst wurde mit dem auch bisher geläufigen Instrument individueller »Ausgleichszahlungen« gearbeitet. Das führte zu personellen Zuwäch-

sen für die den Präsidenten unterstützende Koalition, die das Wähler-
votum verzerrten: Waren im Dezember 1999 nur 139 Kandidaten der
beiden »Parteien der Macht« erfolgreich gewesen, konstituierte sich die
Duma einen Monat später mit 222 Abgeordneten in insgesamt vier pro-
präsidentiellen Fraktionen; ihre Zahl erhöhte sich bis zum Frühjahr 2001
auf 234, was die absolute Stimmenmehrheit im Parlament sicherte.[18] Entsprechend wanderten bei den nächsten Wahlen über den Jahreswechsel
2003/2004 ganze 80 unabhängige Parlamentarier der Fraktion »Einiges
Russland« zu, der es dadurch gelang, ihre unmittelbar den Wählern ver-
dankten 224 Mitglieder auf eine Zweidrittelmehrheit von 304 Abgeordneten zu vergrößern.

Neuartig waren weitere Instrumente von dauerhafter Wirkung. Der
Präsident schuf institutionelle Anreize, um die Abstimmungsdisziplin und
die Berechenbarkeit seiner Unterstützerkoalition zu steigern. So wurde
ein Koordinationsgremium gebildet, im Rahmen dessen die pro-präsidentiellen Parlamentsfraktionen ihr Abstimmungsverhalten vorab regelten. Im
Rahmen von »Nulllesungen« wurden mit ihnen die Gesetzesentwürfe der
Exekutive beraten, bevor sie in die erste offizielle Lesung der Duma gingen. In der Praxis trug diese Strategie zuverlässig Früchte. Im Jahre 2001
fusionierten die beiden Parteifraktionen »Einheit« und »Vaterland – Ganz
Russland« und wurden zum Organisationskern von »Einiges Russland«.

Allerdings ließ die Abstimmungsdisziplin der unabhängigen Abgeordneten zu wünschen übrig.[19] Die sich aufdrängende Lehre bestand darin,
das Wahlrecht zu reformieren, um solchen Kandidaten den Weg ins Parlament zu verschließen.

3.2 Die gesetzliche Absicherung des Projekts

Wie auch in anderen postsozialistischen Ländern sind in Russland viele der
Effekte, die Wahlsystemen in der einschlägigen Forschung normalerweise
zugeschrieben werden, nicht wie erwartet eingetreten. So wirkte das russische Wahlrecht der 1990er Jahre kaum konzentrierend und stabilisierend
auf das Parteiensystem.[20] Dies war nicht nur die Folge »handwerklicher«
Fehler oder des politischen Kalküls der Akteure, welche die Spielregeln
gesetzt hatten. Es demonstriert vielmehr auch, dass ähnliche Institutionen in unterschiedlichen Kontexten unterschiedliche Wirkungen zeitigen,
universell anwendbare »beste Lösungen« also generell nicht existieren. Die
bewusst gegensinnig konzipierten Elemente des russischen Mischwahlsystems, die mit dem unterinstitutionalisierten Parteiensystem interagierten,

förderten dessen Instabilität eher als dass sie ihr entgegenwirkten. Die einschlägigen Gesetzesnovellen der Putin-Ära verarbeiteten diese Erfahrung, indem sie neue Spielregeln entwarfen.

Das neue Parteiengesetz (2001, modifiziert 2004) legt hohe Maßstäbe an Parteien an. Gegenwärtig kann eine politische Organisation diesen Status nur beanspruchen, wenn sie mindestens 50 000 Mitglieder zählt und in mindestens zwei Dritteln aller Regionen aktiv ist. Während die private Finanzierung von Parteien streng limitiert wurde, wuchs das Ausmaß der staatlichen Parteienfinanzierung. Nachdem in den 1990er Jahren angesichts der organisatorischen Unreife von Parteien auch amorphe »gesellschaftliche Organisationen«, »Bewegungen« und »Wahlvereinigungen« zur Teilnahme an Wahlen zugelassen worden waren, ist dieses Recht nun exklusiv auf Parteien beschränkt. Um eine sozialstrukturelle Unterfütterung des Parteienwettbewerbs zu verhindern – was historisch zwar konstitutiv für die Parteiensysteme Westeuropas gewesen ist, hier aber als Gefahr interpretiert wird, weil es zu Polarisierung und Radikalisierung führen könnte –, wurde es für unzulässig erklärt, sich programmatisch auf soziale Gruppen, Religionszugehörigkeit, Geschlecht, Beruf oder Herkunft zu berufen. Das neue Wahlgesetz (2005, landesweit wirksam seit den Dumawahlen 2007) stellte eine paradigmatische Reform dar, mit der ein reines Verhältniswahlrecht nach Parteilisten und einer relativ hohen Sperrklausel (7 %) eingeführt wurde.

Die expliziten Ziele dieser Reformen bestanden darin, die Zersplitterung des Parteiensystems durch die Verdrängung kleiner und schwacher Organisationen zu verringern sowie nationale Parteien gegenüber individuellen Politikern und ihren (regional oder lokal verankerten) Netzwerken zu stärken. Damit sollte nicht zuletzt die parlamentarische Arbeit berechenbarer werden, weil Kandidaten und gewählte Mandatsträger nunmehr in höherem Maße von den Parteiführungen abhängen und sich daher im Interesse ihrer Wiederwahl der Partei- bzw. Fraktionsdisziplin unterwerfen müssen. Durch die obligatorische Registrierungs- und faktische Zulassungsprozedur für politische Parteien erhielt die Exekutive zudem ein effizientes Instrument, um deren Anzahl und Profil zu kontrollieren; die Gründung neuer Parteien wurde erschwert.

Die Folgen dieser Regelungen sind eindeutig: Die Zahl der registrierten Parteien sank von 42 im Jahre 2005 auf 15 seit dem Jahr 2007. In der 5. Staatsduma gibt es neben der dominanten Fraktion von »*Einiges Russland*« lediglich drei weitere Fraktionen. Das unterscheidet sie freilich von ihrer Vorgängerin ebenso wenig wie das Kräfteverhältnis zwischen der »Partei der Macht«, den Kommunisten und den Liberal-Demokraten, das sich kaum verändert hat. Neu ist aber, dass sich dieses Ergebnis unmittelbar und transparent aus der Übertragung der Wählerstimmen in Mandate – also direkt aus dem »Wählerwillen« – ergibt und nicht erst aufgrund nachfolgender Manipulationen. Als eindeutige Verliererin des neuen Wahlrechts hat sich die liberale Opposition erwiesen: Sie scheiterte 2007 wie bereits 2003 an der Sperrklausel. Dieses Mal konnte sie das jedoch nicht durch Direktmandate ausgleichen.

Betrachtet man die Ursachen für den Wandel des russischen Parteiensystems genauer, dann ist demnach festzuhalten: Seine aktuelle Schließung ist nicht primär auf die Wirkungen der neuen Parteien- und Wahlgesetzgebung zurückzuführen. Diese gewährleistet vielmehr die rechtliche Absicherung der bereits in den Jahren zuvor durchgesetzten faktischen Dominanz der »Partei der Macht«, wird ihrerseits erst dadurch möglich und soll diese Dominanz auf Dauer stellen. Das neue Parteien- und Wahlrecht erzielt seine Wirkungen nur deshalb, weil sich die Patronage der Präsidialadministration für *Einiges Russland*« als stabil erweist und es im Wahlkampf 2007 auch gelang, die Mehrheit der Wählerstimmen für die Partei zu mobilisieren.

Die Designer der Gesetzesreformen nutzten die Wechselwirkung von Institutionen und Umwelt also gezielt aus, um die politisch möglicherweise umkehrbare, für sie günstige Situation durch institutionelle Vorkehrungen zu stabilisieren. Noch 1995 war die pro-präsidentielle Allianz in den Auseinandersetzungen um eine Wahlrechtsreform an der parlamentarischen Kräftekonstellation gescheitert. Sie lernte daraus, indem sie das Abstimmungsverhalten in der Duma zunächst unter ihre stabile Kontrolle brachte, bevor sie erneut versuchte, die Gesetzeslage zu ändern. Zudem bot sie einen Entwurf an, dem auch Teile der Opposition zustimmten, weil auch sie sich von der Privilegierung des Organisationstypus »Partei« Vorteile versprachen – für das Parteiengesetz von 2001 votierten auch die Fraktionen von LDPR und *Jabloko*«.

3.3 Warum ist die Opposition so schwach?

Die Ursachen für die Schwäche der Opposition sind zu einem großen Teil in den eben dargestellten erfolgreichen Strategien der Präsidialadministration zu suchen. Sie schaffen Vorteile für »Parteien der Macht«, die in Wahlkämpfen geschickt ausgenutzt werden. So profitierten 1999 »Einheit« sowie 2003 und 2007 *Einiges Russland*« von der expliziten Wahlempfehlung des Präsidenten, also einem Vorgehen, das Jelzin fremd gewesen war.

Angesichts der Popularität Putins in der Bevölkerung zeitigte dies enorme Wirkungen. Darüber hinaus wird der Parteienwettbewerb durch weitere Instrumente gedämpft, die der Präsidialadministration aufgrund der eingangs skizzierten Reformen in anderen gesellschaftlichen Bereichen nunmehr zur Verfügung stehen. So werden die großen nationalen Fernsehstationen seit den Wahlen 2003 zentralstaatlich kontrolliert. Die Opposition hat daher nur eingeschränkten Zugang zu den Medien. Dies betrifft auch die regionalen Medien, weil Putins Politik gegenüber den Regionaleliten Loyalität belohnt. Auch die »gezähmten« Großunternehmer sehen seit Jahren davon ab, die Opposition zu finanzieren. Die Elemente des »Systems Putin« greifen also nahtlos ineinander; der »Superpräsidentialismus« behindert die Entstehung eines pluralistischen Parteienwettbewerbs nicht nur strukturell und auf direktem Wege, sondern auch, weil er weitere Bereiche zu kontrollieren vermag, in denen politischer Wettbewerb tendenziell möglich ist.

Die Schwäche der Opposition hat darüber hinaus weitere Ursachen, die nicht unmittelbar den wettbewerbsverzerrenden Strategien Putins und seiner Umgebung anzulasten sind. Zum Teil gehen sie tief in die Geschichte zurück. Zu nennen ist das Erbe einer sich nur langsam wandelnden politischen Kultur, in der paternalistisch-etatistische Einstellungen überwiegen und Parteien generell auf Misstrauen stoßen. Auch sowjetische und vorrevolutionäre Traditionen der Herrschaftsorganisation, die Personen und persönlichen Abhängigkeiten Schlüsselbedeutung für die reibungslose Machtausübung zuweisen, wirken fort. Der daraus erwachsende informelle »Machtblock«, der um die Institution des Präsidenten herum aufgebaut ist, aber über ihn hinausreicht,[21] ist auch durch die institutionellen Reformen der beiden postsowjetischen Jahrzehnte nicht überwunden worden. Wahlen erfüllen daher eher die Funktion, eine intra-elitäre Kompromissbildung über die Besetzung der Chefexekutive nachträglich zu legitimieren, als dass sie der tatsächlichen Selektion des politischen Schlüsselpersonals dienten. Darüber wird vielmehr innerhalb des Arkanums des »Machtblocks« entschieden, was die Chancen der parteipolitisch organisierten Opposition stark beeinträchtigt.

Neben in der Literatur häufig vorgebrachten Argumenten dieser Art, die letztlich bedeuten, dass ein parteipolitischer Pluralismus nach westlichem Vorbild (bisher) keine ausreichende Basis in der Wählerschaft findet und zudem der Logik der Regimereproduktion widerspricht, ist auch das Erbe der Jelzin-Ära anzuführen: Politisch-kulturell besteht es in der weitgehenden Diskreditierung insbesondere demokratischer, »westlich«

orientierter Akteure. Alternativen zum *status quo*, wie sie einerseits von der Kommunistischen Partei und andererseits von den liberalen Parteien vertreten werden, sind daher für die Mehrzahl der Wähler wenig attraktiv. Mit dem Niedergang dieser »Programmparteien« korrespondiert seit 1999 der Aufstieg der »zentristischen« *catch-all-*»Parteien der Macht«, die eine ebenso generalisierte wie diffuse Unterstützung für den Präsidenten einwerben. Ihre Ideologieferne wurde gegen Ende der 1990er Jahre zu einem Wettbewerbsvorteil, weil sie sich damit in der Mitte des politischen Spektrums verorteten, was bei immer mehr Wählern auf Zustimmung stieß.[22]

Die Jelzin-Ära hinterließ auch ein institutionelles Erbe, das Parteien im Allgemeinen und die Opposition im Besonderen nicht begünstigt. Das konstitutionelle Design des Regierungssystems setzt vergleichsweise schwache Anreize der Parteibildung, weil einerseits der (überparteiliche) Präsident das Regierungssystem dominiert und andererseits Parteien nur ein zweitrangiges Sprungbrett für die Karriere ehrgeiziger Politiker darstellen: Regierungen sind (bisher) keine Parteienregierungen wie in parlamentarischen Demokratien und der politische Aufstieg eines Politikers hängt stärker von seiner persönlichen Vernetzung und seinem Zugriff auf Ressourcen ab, die nicht von Parteien zur Verfügung gestellt werden. Die Privilegierung von Parteien gegenüber amorphen Organisationsformen, wie sie in der Parteien- und Wahlgesetzgebung der Putin-Ära zum Ausdruck kommt, korrigiert die Schwäche dieser institutionellen Anreize übrigens tendenziell. Dies sollte auch dann nicht übersehen werden, wenn dies zweifelsohne nicht auf die Stärkung der Opposition zielt, sondern auf ihre Schwächung.

Auch die Logik des Parteienwettbewerbs wirkt nicht zugunsten des Bedeutungsgewinns politischer Alternativen. Die Mitte des politischen Spektrums wird gegenwärtig von »*Einiges Russland*« dominiert, neben der sich »*Gerechtes Russland*« als regimetreue Konkurrenz zu etablieren bemüht. Ob es gelingen wird, einen »kleinen Wettbewerb« zwischen zwei »Parteien der Macht« in dem engen Raum zu organisieren, der durch eine Mitte-Rechts- und eine Mitte-Links-Partei begrenzt wird und durch den ideologischen Konsens der »souveränen Demokratie« markiert ist, mag zunächst offen bleiben. Aktuell jedoch bedeutet die extrem breite Mitte, die beide Parteien (sowie die Liberal-Demokratische Partei Shirinowskijs) besetzt halten, dass die programmatische Distanz zwischen den wichtigsten oppositionellen Kräften für eine gegen den *status quo* gerichtete Koalition zu groß ist. Die Ablehnung des »Systems Putin« ist als gemeinsamer Nenner nicht tragfähig. Das wird auch am außerparlamentarischen Oppositionsbündnis »*Anderes Russland*« deutlich, das im Vorfeld der Dumawahlen 2007 und der Präsidentenwahlen 2008 versuchte, prominente Politiker aus dem liberalen und dem kommunistischen sowie nationalistischen Lager zu gewinnen. Diese Allianz ist derart überdehnt, dass es ihr schon allein deshalb an Seriosität mangelt.

Schließlich ist die Schwäche der Opposition zu einem nicht unbedeutenden Teil selbst gemacht, weil sie auch durch strategische (Fehl-)Entscheidungen, Konkurrenzverhalten und Intrigen ihres Führungspersonals geprägt ist. Kohärente Wahlkampfstrategien fehlen, die Mitglieder- und Wählermobilisierung der liberalen Parteien ist zu elitär, um breitere Unterstützung organisieren zu können, und Wahlbündnisse scheitern auch an personellen Hürden.[23] Das alles spielt der Marginalisierung der Opposition durch die Präsidialexekutive in die Hände.

4 Die Perspektiven des »Systems Putin«

4.1 Die »souveräne Demokratie«

Der Wandel des Parteiensystems ist exemplarisch für den Unterschied zwischen der Putin- und der Jelzin-Ära: In Gestalt der Präsidialexekutive hat sich der Staat als einflussreicher Akteur der politischen Steuerung zurückgemeldet, der nicht nur Entscheidungen für die Gesellschaft trifft, sondern auch in ihre Selbstorganisation eingreift, um die stabile Reproduktion des politischen Entscheidungssystems aufgrund effizienter, argumentativ legitimierbarer Spielregeln zu sichern. Die Reformen der vergangenen Jahre stärken die Handlungsautonomie der Präsidialexekutive, die sich als dominant nicht nur gegenüber dem Staatsapparat und der Verwaltung, sondern auch gegenüber nichtstaatlichen politischen Akteuren konsolidiert hat. Deren Einflussmöglichkeiten werden dabei weitgehend kontrolliert. Interaktion und Kommunikation mit den politischen Schlüsselakteuren sind zwar möglich, hängen aber von deren Initiative und Bereitschaft ab. Sowohl die organisierte Vielfalt gesellschaftlicher Interessen als auch ihre Chancen, die gewählten Eliten zur Rechenschaft zu ziehen, werden dadurch eingeschränkt. Dies scheint der Preis für die gestiegene Berechenbarkeit der Politik in der Putin-Ära, die Stabilisierung der öffentlichen Ordnung und den wirtschaftlichen Aufschwung zu sein. Allerdings ist umstritten, ob er zwangsläufig entrichtet werden musste: Handelt es sich um »normale Defekte« junger Demokratien, die für kapitalistische Marktwirtschaften mittleren Entwicklungsniveaus charakteristisch sind – oder hätte »mehr Demokratie« in den vergangenen Jahren weitaus größere Erfolge ermöglicht?[24]

Keine der Reformen der Putin-Ära ist von der Präsidialadministration als Abkehr von der Demokratisierung des politischen Systems präsentiert worden. Zwar betrachten externe Beobachter die von ihr in Umlauf gebrachten Bezeichnungen »gelenkte« und »souveräne Demokratie« als Versuch, die Re-Autoritarisierung des politischen Systems propagandistisch zu bemänteln. Die Autoren des Konzepts verfolgen damit jedoch die Absicht, das gesellschaftliche Reformprojekt normativ zu rechtfertigen, ideologisch zu begründen und intellektuell kohärent zu gestalten.

Der Kerngedanke der »gelenkten Demokratie« (bzw. »lenkbaren Demokratie« – *upravljaemaja demokratija*) soll den umfassenden staatlichen Steuerungsanspruch damit legitimieren, dass die Funktionsvoraussetzungen der Demokratie erst noch »von oben« geschaffen werden müssen, insofern sie bisher nicht »von unten« entstanden sind. Auch die Idee der »souveränen Demokratie« ist als Ergebnis einer offensiven Auseinandersetzung mit einem realen Problem zu interpretieren: Ausgehend von der Einsicht, dass Russland sich in einer globalisierten Welt nach »westlichem« Muster modernisieren muss, wird versucht, diese Herausforderung zu »nationalisieren«. »Universelle« Prinzipien, wie Marktwirtschaft und politische Rechte und Freiheiten, sollen dabei eine »organische Synthese« mit »traditionell russischen Organisationsprinzipien der Gesellschaft« eingehen. Dazu zählen nach Ansicht der »Polittechnologen« der Präsidialadministration ein (eher staatsbürgerschaftlich als ethnisch verstandener) »Patriotismus«, eine außenpolitische Großmacht-Orientierung *(deržavnost')*, eine als Alternative zur liberalen Tradition der Autonomie bzw. Antinomie von Staat und Gesellschaft konzipierte Vorstellung vom Staat als Garanten der öffentlichen Ordnung *(gosudarstvenničestvo)* sowie das Bekenntnis zu kollektivistischen und paternalistischen Werten der »gesellschaftlichen Solidarität«, das sich vom »westlichen Individualismus« abgrenzt.[25]

Das Konzept der »souveränen Demokratie« spiegelt die Verarbeitung von Erfahrungen der 1990er Jahre wider, die als gescheiterte »Westernisierung« des Landes in das kollektive Gedächtnis eingegangen sind. Als gesellschaftliches Leitbild soll eine attraktive und realisierbare Alternative zur Idee der repräsentativen liberalen Demokratie des Westens geboten werden.[26]

4.2 Wohin führt der Wechsel im Amt des Präsidenten?

Mit dem Personalwechsel im Kreml eröffnen sich Aussichten auf einen erneuten Umbau des politischen Systems, dessen Tragweite bisher nicht abzusehen ist. Aufgrund von Putins Institutionalisierungsstrategie, die gleichzeitig als Strategie der Schaffung persönlicher Loyalitäten funktioniert hat – und hierin in der Tradition Jelzins und eines weitaus älteren Erbes steht – wird sich der Wechsel des ehemaligen Präsidenten in das Amt des Premierministers als folgenschwer erweisen, wenn er dauerhaft ist und Putin weiterhin eine politische Schlüsselrolle spielt, zumindest für das formelle Institutionengefüge. Putin wird nicht als »technischer Premier« und damit lediglich verlängerter Arm Dmitrij Medwedews agieren, sondern seine konstitutionell angelegten Handlungsspielräume und seine informelle Macht auszudehnen verstehen. Was Beobachter häufig als instabile und konfliktträchtige »Doppelherrschaft« bezeichnen, kann auch in eine Entwicklung münden, welche das »superpräsidentielle« System zumindest formal in die Nähe eines parlamentarischen Regierungssystems rückt – mit einer dualen Exekutive aus einem Staatsoberhaupt und einem Premier, der Chef der stärksten Partei in der Legislative ist und dessen Kabinett in seiner Zusammensetzung die parlamentarischen Kräfteverhältnisse widerspiegelt.

In den Reformen der Putin-Ära sind auch Voraussetzungen für eine dynamische Entwicklung des Parteiensystems angelegt. Das Wahlgesetz verrät, dass das Ziel seiner Designer nicht darin besteht, ein Einparteiensystem zu installieren: Die Sperrklausel gilt nur, wenn sie von mindestens zwei Parteien überwunden wird, die zusammen mehr als 60% der Wählerstimmen auf sich vereinen. Falls dies nur einer Partei gelingt, erhält auch die zweitstärkste Partei entsprechend ihres Stimmenanteils Sitze im Parlament. Es ist also Spielraum für eine parlamentarische Opposition vorgesehen – und die Frage ist, welche Parteien ihn dauerhaft nutzen können. Neben den Kommunisten und den Liberal-Demokraten eröffnet sich hier eine Chance für eine zweite präsidenten-treue Partei. Wenn *»Gerechtes Russland«* deutlich an Relevanz gewänne, wäre ein Zweiparteiensystem denkbar, dessen geringe Polarisierung dafür sorgen könnte, dass im Falle einer gewissen »Parlamentarisierung« die für semipräsidentielle Regierungssysteme typische institutionelle Konkurrenz zwischen Regierung und Präsident politisch suspendiert wird. Eine solche Absicht ist im Mai 2008 tatsächlich formuliert worden.[27]

»Einiges Russland« hat sich bei der Übergabe des Präsidentenamtes von Putin auf Medwedew bewährt. Die Partei erwies sich erneut als hoch effiziente »Wahlmaschine«, dieses Mal sogar im Verleih an einen von

Putin ausgewählten Kandidaten. Damit schlug – anders als 1999 – der intra-elitäre Wettbewerb um die Nachfolge des Präsidenten nicht auf die parteipolitische Arena durch, sondern wurde innerhalb des »Machtblocks« beigelegt; nach außen drangen lediglich Gerüchte. Sicherlich ist nicht vorstellbar, dass »Gerechtes Russland« größeren Zuspruch als ihre Konkurrentin erhält, solange Putins Popularität ungebrochen ist und er sich auf *»Einiges Russland«* stützt. Gerade die zweite Bedingung ist jedoch nicht zwangsläufig dauerhaft, zumal Putin zwar Vorsitzender, nicht aber Mitglied der Partei ist. Er vermeidet also, sein Schicksal mit dem der Partei allzu stark zu verknüpfen. Auch lässt sich plausibel argumentieren, dass es gerade der Versuch, eine »breite Mitte« mit regimeloyalen Parteien zu besetzen, nahelegt, ihre Heterogenität in Gestalt mehrerer Organisationen auch strukturell abzubilden (falls man nicht zu autoritären Mitteln ihrer Einebnung greifen will).

Für die weitere Entwicklung des politischen Systems Russlands lassen sich unterschiedliche Szenarien entwerfen. Welches von ihnen eintritt, hängt von der Eigendynamik der politischen Kräftekonstellation ab, in der es viele Unwägbarkeiten gibt. Dazu gehört auch die persönliche Zukunftsplanung Putins, aber nicht nur diese. Die institutionellen Reformen seiner Ära haben strukturelle Hinterlassenschaften hervorgebracht, die auch weiteren Akteuren mit einer je eigenen (macht-)politischen Agenda gewisse Handlungsoptionen einräumen.

Anmerkungen

1 So die Befunde bei Freedom House (http://www.freedomhouse.org/, (Zugriff am 14.6.2008), im »Bertelsmann Transformation Index« (http://www.bertelsmann-transformation-index.de/, (Zugriff am 14.6.2008) und im Projekt »Polity IV« (http://www.systemicpeace.org/polity/polity4.htm, (Zugriff am 14.6.2008). Letzteres konstatiert eine leichte Verbesserung der Demokratiequalität im Vergleich zur Jelzin-Ära.

2 Siehe den Beitrag von Margarete Mommsen in diesem Band.

3 Siehe die Beiträge von Angelika Nußberger und Cornelia Rabitz in diesem Band.

4 Siehe den Beitrag von Wladimir Gelman in diesem Band.

5 Stefanie Harter, Ränge, Ränke und Reformen. Verwaltung in Russland, in: Hans-Hermann Höhmann/Heiko Pleines/Hans-Henning-Schröder (Hrsg.), Nur ein Ölboom? Bestimmungsfaktoren und Perspektiven der russischen Wirtschaftsentwicklung, Münster 2005, S. 227–246.

6 Petra Stykow, Gesellschaft als staatliche Veranstaltung? Unternehmerverbände und Staat in Rußland, in: Osteuropa, 56. Jg., 2006, Nr. 9, S. 25–42.

7 Siehe den Beitrag von Jens Siegert in diesem Band.

8 Richard Sakwa, The 2003–2004 Russian Elections and Prospects for Democracy, in: Europe-Asia Studies, Jg. 57, 2005, Nr. 3, S. 369–398.

9 Vladimir Gel'man, From »Feckless Pluralism« to »Dominant Power Politics«? The Transformation of Russia's Party System, in: Democratization, 13. Jg., 2006, Nr. 4, S. 545–561, hier S. 545–548; David White, Victims of a Managed Democracy? Explaining the Electoral Decline of the Yabloko Party, in: Demokratizatsiya: The Journal of Post-Soviet Democratization, 15. Jg., 2007, Nr. 2, S. 209–229, hier S. 209 f.

10 Die Programmzitate der im folgenden vorgestellten Parteien entstammen ihren offiziellen Websites (Übersetzung der Autorin).

11 Luke March, Power and Opposition in the Former Soviet Union. The Communist Parties of Moldova and Russia, in: Party Politics, 12. Jg., 2006, Nr. 3, S. 341–365.

12 Die KPRF hingegen verhielt sich mit 27,2% Ja-Stimmen deutlich oppositionell, während die Abgeordneten der beiden liberalen Parteien »Jabloko« und »Union der Rechten Kräfte« den Gesetzesvorschlägen des Präsidenten mehrheitlich zustimmten (55,7% bzw. 61,7%) (Thomas F. Remington, Presidential Support in the Russian State Duma, in: Legislative Studies Quarterly, 31. Jg, 2006, Nr. 1, S. 5–32, hier S. 18).

13 Siehe dazu Gel'man (Anm. 9), S. 551–554.

14 1993 erzielte »Russlands Wahl« 14% der Duma-Mandate, 1995 errang »Unser Haus Russland« 12,2% der Sitze. 1999 gewannen die beiden konkurrierenden »Parteien der Macht« 15% bzw. 16,5% der Sitze in der Duma. Hingegen erhielt »Einiges Russland« im Jahr 2003 37,6% und 2007 fast zwei Drittel der Wählerstimmen.

15 Regina Smyth, Building State Capacity from the Inside Out. Parties of Power and the Success of the President's Reform Agenda in Russia, in: Politics & Society, 30. Jg., 2002, Nr. 4, S. 555–578.

16 Timothy J. Colton/Michael McFaul, Reinventing Russia's Party of Power. »Unity« and the 1999 Duma Election, in: Post-Soviet Affairs, 16. Jg., 2000, Nr. 3, S. 201–224.

17 Smyth (Anm. 15).

18 Unabhängigen Mandatsträgern sollen für den Wechsel einmalig 50 000 US-Dollar sowie monatliche Zahlungen von 5 000 Dollar angeboten worden sein (Igor' Dmitriev: Duma – for sale. Kto i skol'ko platit za deputatskoe lobbi, in: Versija, 9.11.2004.

19 Remington (Anm. 12), S. 18.

20 Robert G. Moser, The Consequences of Russia's Mixed-Member Electoral System, in: Matthew Soberg Shugart/Martin P. Wattenberg (Hrsg.), Mixed-Member Electoral Systems. The Best of Both Worlds?, Oxford 2001, S. 494–518; Florian Grotz, Die Entwicklung kompetitiver Wahlsysteme in Mittel- und Osteuropa. Post-sozialistische Entstehungsbedingungen und fallspezifische Reformkontexte,

in: Österreichische Zeitschrift für Politikwissenschaft, 34. Jg., 2005, Nr. 1, S. 27–42.

21   Richard Sakwa, Regime Change from Yeltsin to Putin: Normality, Normalcy or Normalisation?, in: Cameron Ross (Hrsg.), Russian Politics under Putin, Manchester 2004, S. 17–36.

22   Smyth (Anm. 15).

23   White (Anm. 9).

24   Kontrovers dazu z. B.: Andrei Shleifer/Daniel Treisman: A Normal Country, in: Foreign Affairs, 83. Jg., 2004, Nr. 2, S. 20–39; Michael McFaul/Kathryn, Stoner-Weiss, The Myth of the Authoritarian Model, in: Foreign Affairs, 87. Jg., 2008, Nr. 1, S. 68–84.

25   Vladimir Putin, Rossija na rubeže tysjačeletija, in: Rossijskaja gazeta, 31.12.1999, S. 5; Vladislav Surkov: Russkaja političeskaja kul'tura. Vzgljad iz utopii, Vortrag in der Akademie der Wissenschaften, 21.6.2007, Offizielle Homepage von ER: http://www.edinros.ru/news.html?id=121456 (Zugriff am 24.6.2008).

26   Philosophisch bezieht man sich dabei durchaus auch auf bestimmte europäische Denktraditionen, insbesondere auf Carl Schmitt. Die »souveräne Demokratie« stellt damit einen Gegenentwurf zum »europäischen Wertekonsens« der EU dar, indem sie die Vision eines »anderen Europa« konstruiert (Ivan Krastev, Rossija kak »drugaja Evropa«, in: Rossija v global'noj politike, 19.8.2007, Nr. 4, http:// www.globalaffairs.ru/numbers/27/8065.html (Zugriff am 24.6.2008).

27   So Vladislav Surkov auf einer Parteikonferenz von »Einiges Russland« am 30. Mai 2008, offizielle Homepage von »Gerechtes Russland«: http://www.spravedlivo. ru/news/6335.smx (Zugriff am 11.7.2008).

Wladimir Gelman[1]

Föderalismus, regionale Politik und kommunale Selbstverwaltung in Russland

Die Verfassung von 1993 legt fest, dass Russland ein föderativer Staat ist, in dem die Kompetenzen und Zuständigkeiten zwischen dem föderalen Zentrum und den Regionen aufgeteilt sind, die demokratische Bildung regionaler Machtorgane gewährleistet und eine politische und wirtschaftliche Autonomie der kommunalen Selbstverwaltung gesichert ist. Tatsächlich haben sich diese Institutionen aber sehr ungleichmäßig entwickelt. Nach der Auflösung der UdSSR und der unkontrollierten Dezentralisierung in den 1990er Jahren bildete sich in Russland ein asymmetrischer Föderalismus heraus, der sich auf informelle und formelle bilaterale Abkommen zwischen dem föderalen Zentrum und den Regionen stützte. Zugleich kam es zu einer Diversifizierung der regionalen politischen Regime, die politischen Institutionen – Regionalverwaltungen, regionale Parlamente und kommunale Selbstverwaltung – entwickelten sich teilweise ganz unterschiedlich. Die konsequente Rezentralisierung der Staatsverwaltung und der Verfall der demokratischen Institutionen seit dem Jahre 2000 führten zu politischer und wirtschaftlicher Abhängigkeit der Regionen vom Zentrum und zu einem Rückgang des Wettbewerbs in der regionalen und kommunalen Politik. Diese Tendenzen wurden bei der Abschaffung der Direktwahl des Gouverneurs in den Regionen und der erneuten Unterordnung der regionalen und kommunalen Machtorgane unter das föderale Zentrum (»exekutive Machtvertikale«) deutlich.

1   Verfassungsrahmen und politische Wirklichkeit

Russland hat sich historisch als zentralisierter Einheitsstaat entwickelt, in dem eine starke Zentralregierung die wirtschaftlichen und politischen Prozesse in den Regionen kontrollierte. Diese Tradition wurde in der Zeit des Zarenreiches begründet, als die Regionalverwaltung in den Händen der Generalgouverneure lag, die vom Monarchen eingesetzt wurden. In sowjetischer Zeit führten das politische Monopol der KPdSU, verstärkt

durch die zentrale Planwirtschaft und die Prioritäten der Verteidigungspolitik, zur weiteren Zentralisierung der Regionalverwaltung. Gleichzeitig
aber schuf die sowjetische Nationalitätenpolitik die Grundlage für eine auf
ethnischen Prinzipien basierende föderative Struktur der UdSSR und
später auch Russlands. Dementsprechend entstanden neben den territorialen Einheiten der regionalen Verwaltung (Bezirke und Gebiete, *kraja* und
oblasti) auch nationalterritoriale Einheiten (Unionsrepubliken und autonome Republiken sowie autonome Gebiete und nationale Bezirke), deren
Kern einzelne ethnische Gruppen bildeten. Die föderative Struktur der
UdSSR hatte in vieler Hinsicht lediglich formellen Charakter. Im Prozess
ihres Zerfalls aber wurden die territorialen Einheiten und national-terri-
torialen Gebilde zu Föderationssubjekten Russlands.[2] Viele von ihnen erhoben nun Anspruch auf Souveränität, die auf eine maximale Kontrolle
über die eigenen wirtschaftlichen Ressourcen zielte (wie dies in Tatarstan
der Fall war) oder gar auf staatliche Unabhängigkeit (Tschetschenien). Angesichts dieser Entwicklung vereinbarte die Regierung in Moskau mit den
Regionen eine Aufteilung der Befugnisse und verankerte dies in einem
Föderationsvertrag, der im März 1992 von Staatspräsident und Zentralregierung auf der einen sowie den Chefs fast aller Regionalregierungen auf
der anderen Seite unterzeichnet wurde. 1993 wurde diese Aufteilung der
Kompetenzen zwischen Zentrum und Regionen dann in der Verfassung
der Russischen Föderation fixiert.

Laut Verfassung bestand die Russische Föderation um das Jahr 2000 aus
89 territorialen Einheiten (Föderationssubjekten), und zwar aus 21 Republiken, 49 Gebieten, sechs Bezirken, zwei Städten föderaler Bedeutung
(Moskau und St. Petersburg), dem Jüdischen Autonomen Gebiet und zehn
autonomen Bezirken.[3] Auf Initiative der Zentralregierung wurde 2003 ein
Prozess zur Vergrößerung dieser Einheiten in Gang gesetzt. So zählt Russland Mitte 2008 neun Bezirke, 46 Gebiete und vier autonome Bezirke. Die
Gesamtzahl der Regionen ist somit auf 83 gesunken. Obwohl die Verfassung festlegt, dass alle territorialen Einheiten in ihren Beziehungen untereinander und zum föderalen Zentrum gleichberechtigt sind, hatten viele
Regionen in den 1990er Jahren einen Sonderstatus. Dies galt vor allem für
die auf ethnischer Basis gegründeten Republiken, die bilaterale Verträge
mit dem Zentrum aushandelten; einige erreichten, dass darin besondere
Vergünstigungen und Privilegien festgeschrieben wurden.

1.1 Die Kompetenzverteilung zwischen dem föderalen Zentrum und den Föderationssubjekten

Die Aufteilung der Aufgaben und Kompetenzen zwischen den verschiedenen Ebenen ist in der Verfassung und in föderalen Gesetzen geregelt. So unterscheidet man in Russland die Zuständigkeit des Zentrums (Geldpolitik, Verteidigung und Außenpolitik), die gemeinsame Zuständigkeit des Zentrums und der Regionen (Bildung und Umweltschutz) sowie die Zuständigkeit der Regionen und der kommunalen Selbstverwaltung. Die Finanzierung der Aufgaben erfolgt im Rahmen eines fiskalischen Föderalismus, d. h. durch Aufteilung der Einnahmen und der Ausgaben zwischen den Haushalten der verschiedenen Ebenen. Dementsprechend gibt es föderale, regionale und kommunale sowie Gemeinschaftssteuern. Letztere stehen dem Zentrum und den Regionen gemeinsam zu. Die Steuersätze sind in föderalen und regionalen Gesetzen festgelegt. Doch in der Praxis gibt es Probleme durch die großen regionalen Diskrepanzen in der sozioökonomischen Entwicklung, die sich schon zu sowjetischer Zeit aufgrund der Unterschiede im Ressourcenpotenzial – und dazu zählt auch das Humankapital – auftaten. Die regionalen Unterschiede nehmen seit den 1990er Jahren weiter zu und erschweren die Arbeit der regionalen Verwaltung. Obwohl die Zentralregierung versucht, eine Politik des Ausgleichs zwischen den Regionen durchzusetzen, wurden auf diesem Gebiet keine Erfolge erzielt. Aus diesem Grund entschied man sich Mitte der 2000er Jahre dafür, die Entwicklung der wirtschaftlich erfolgreichsten Regionen zu fördern, aus deren Erträgen dann Mittel für den Unterhalt anderer Regionen bereitgestellt werden sollen.

1.2 Die politische Organisation der Föderationssubjekte

Die regionalen Organe der Exekutive und Legislative bestimmen die Politik in den Regionen und sind in ihrem Handeln an die Verfassung und die föderalen Gesetze gebunden. Die regionalen Parlamente setzen sich aus 15 bis 130 Abgeordneten zusammen und werden in allen Regionen Russlands für vier bis fünf Jahre gewählt. Mit wenigen Ausnahme (Baschkortostan, Gebiet Swerdlowsk) handelt es sich hierbei um Einkammerparlamente. Mindestens die Hälfte aller Abgeordneten der regionalen Parlamente wird über Parteilisten russlandweiter Parteien gewählt (in sechs der 83 Regionen gilt ein reines Verhältniswahlsystem). Seit 2005 werden die Gouverneure de facto vom russischen Staatsoberhaupt in Abstimmung mit den regionalen Parlamenten eingesetzt. Sie können jederzeit vom Präsidenten entlassen werden. Dabei führen die Gouverneure die regionalen Regierungen und/oder Verwaltungen alleinverantwortlich. Der Einfluss der regionalen Legislative auf die Zusammensetzung und die Politik der Exekutivorgane ist nur sehr gering. Die Judikative in den Regionen ist ein Bestandteil des russlandweiten Rechtssystems, allerdings wurden in einigen Regionen eigene Verfassungsgerichte etabliert. Diese sollen die Einhaltung der regionalen Verfassungen kontrollieren, die von den Regionalparlamenten verabschiedet werden und auf die Verfassung der Russischen Föderation abgestimmt sein müssen.

In den Regionen Russlands agieren zahlreiche territoriale Abteilungen der föderalen Exekutivorgane, darunter solche der »Machtorgane« (Geheimdienste, Innenministerium u. a.) und der Rechtsschutzorgane (Staatsanwaltschaft), sowie zahlreicher Kontrollbehörden. Einige von ihnen unterstanden in den 1990er Jahren gleichzeitig dem föderalen Zentrum und den regionalen Machtorganen. Nach 2000 konnte das Zentrum aber wieder eine einheitliche Kontrolle herstellen. Rechtlich unterstehen diese Abteilungen den entsprechenden föderalen Behörden. Zudem wird ihre Tätigkeit seit 2000 von den bevollmächtigten Vertretern des Präsidenten in den Föderalbezirken koordiniert. Ein Erlass Putins aus dem Jahre 2000 teilt das ganze Territorium der Russischen Föderation in sieben Föderalbezirke auf. Ihre Zahl wurde durch Medwedew im Januar 2010 auf acht erhöht. Jedem dieser Bezirke steht ein bevollmächtigter Stellvertreter des Präsidenten vor; er stellt sicher, dass die föderalen Gesetze und die Erlasse des Präsidenten eingehalten werden und dass die Regionen den politischen Vorgaben des Föderationszentrums folgen.

Laut Verfassung sind die Regionen im Oberhaus des russischen Parlaments – dem Föderationsrat – vertreten. Dieser Rat hat ein Vetorecht bei Gesetzen, die von der Staatsduma verabschiedet werden, und muss eine Reihe weiterer Entscheidungen bestätigen. Jedes Föderationssubjekt entsendet zwei Vertreter in den Föderationsrat. In den Jahren 1993 bis 1995 wurde diese vom Volk gewählt. 1996 bis 2001 gehörten ihm jeweils die Leiter der Exekutive und die Vorsitzenden der Parlamente der Regionen von Amts wegen an. Seit 2002 ernennen die regionale Legislative und der Chef der Exekutive – der Gouverneur – jeweils einen ständigen Repräsentanten für den Föderationsrat. Die Gouverneure sind nun Mitglieder in einem anderen Organ – dem Staatsrat beim Staatsoberhaupt. Dieses Gremium hat aber lediglich beratende Funktion und tagt nur *ad hoc* unter der Kontrolle der Präsidialverwaltung. In der Realität haben die Mitglieder des Föderationsrats kaum Einfluss auf die Politik und sie repräsentieren nur in geringem Maße die Interessen der Regionen. Der Föderationsrat hat daher in der Bevölkerung keinen politischen Rückhalt. Der Einfluss der regionalen Eliten auf den politischen Kurs des Zentrums ist infolgedessen deutlich gesunken.

Auf der Ebene einzelner Siedlungen wie auch der von Landkreisen agiert die kommunale Selbstverwaltung. Ende 2005 gab es in der Russischen Föderation 24 079 Gemeinden, die nach einem föderalen Gesetz von 2003 in verschiedene Gruppen eingeteilt wurden, deren Status und Befugnisse sehr unterschiedlich sind. Man unterscheidet 19 769 ländliche Siedlungen (Ansiedlungen mit wenigstens 1 000 Einwohnern), 1 773 städtische Siedlungen (kleine und mittlere Städte), 1 780 Landkreise (die aus städtischen und ländlichen Siedlungen bestehen) und 521 städtische Bezirke (Großstädte). Außerdem wurden innerhalb der beiden Städte föderaler Bedeutung (Moskau und St. Petersburg) 236 innerstädtische Kommunalverwaltungen geschaffen, deren Tätigkeit von regionalen Sondergesetzen geregelt wird. Artikel 12 und Kapitel VIII der russischen Verfassung von 1993 sehen die politische und wirtschaftliche Autonomie der kommunalen Selbstverwaltung vor, d. h. das Recht der kommunalen Organe, unabhängig von übergeordneten Strukturen zu agieren. Sie legen des Weiteren fest, dass die Organe der kommunalen Selbstverwaltung nicht zu den Organen der Staatsmacht gehören. In Wirklichkeit aber verfügt die kommunale Selbstverwaltung kaum über politische und wirtschaftliche Autonomie. Oft ist sie von föderalen und regionalen Machtorganen abhängig, hat geringe Einflussmöglichkeiten und erfährt von der Bevölkerung keine Unterstützung.

2   Der russischer Föderalismus: zwischen Dezentralisierung und Rezentralisierung

Mit dem Zusammenbruch des kommunistischen Regimes, der Auflösung der UdSSR und der Durchführung radikaler Marktreformen erlebte Russland in den 1990er Jahren eine grundlegende Dezentralisierung der Verwaltung. Infolgedessen wuchsen die Selbstständigkeit und der Einfluss der Regionen auf die Politik deutlich an. Zugleich gab es erhebliche Unterschiede bei der politischen und wirtschaftlichen Entwicklung in den einzelnen Regionen. Diese Dezentralisierung wurde vom föderalen Zentrum nicht bewusst angestrebt, sondern war eher ein Nebenprodukt der landesweiten Transformationsprozesse, die sich in den russischen Regionen in Form zweier miteinander verbundener Entwicklungen äußerten.

Zum einen wirkte sich die sozioökonomische Entwicklung der sowjetischen (und vorsowjetischen) Zeit auf die Beziehungen zwischen Zentrum und Regionen sowie zwischen den Regionen aus. Das sowjetische Modell der regionalen Selbstverwaltung zeichnete sich durch eine hierarchische Zentralisierung von Macht und Ressourcen aus, die von den vertikal integrierten – d. h. auf die Spitze ausgerichteten – Strukturen der KPdSU und der Unionsministerien und -behörden (dazu gehörten auch die Machtstrukturen wie Armee und KGB) getragen wurde. Der Zerfall dieser Hierarchie und der Beginn von Marktreformen führten zu regionalen Unterschieden in der politischen und wirtschaftlichen Entwicklung. Einfluss darauf hatte der administrative Status (Republik, Bezirk oder Gebiet), das Niveau der sozioökonomischen Modernisierung sowie die Siedlungs- und Branchenstruktur.

Zum andern entstanden im Zuge der Transformation im Zentrum und in den Regionen neue Handlungsfelder für politische Akteure. Die Machtverhältnisse und die Handlungsmotive der Akteure bestimmten die politische Dynamik in den Regionen. Insbesondere die regionalen Eliten nutzten in den 1990er Jahren aktiv ihre Möglichkeiten, um mit dem föderalen Zentrum finanzielle und ökonomische Vorteile »auszuhandeln«, wobei sie ihren ethnischen Status (Tatarstan) oder ihre wirtschaftliche Bedeutung (Gebiet Swerdlowsk) hervorhoben. Im Endeffekt löste der Zerfall der UdSSR nach 1991 nicht nur ethnisch-politische Konflikte in einigen Regionen Russlands (Nordossetien, Inguschetien und Tschetschenien) aus, sondern er schwächte auch deutlich die administrative Macht des Zentrums gegenüber den Regionen. Einzelne Versuche des Zentrums, in den 1990er Jahren mit Gewalt gegen die entsprechenden Regionen vorzugehen, blieben erfolglos. Besonders deutlich wurde dies an den militärischen Operationen in Tschetschenien.

Der Kampf um Ressourcen und Einflussbereiche zwischen föderalen und regionalen Eliten wurde durch die Interessen des Zentrums beeinflusst, bei Wahlen landesweit Unterstützung zu gewinnen. Dazu benötigten sie die Unterstützung der regionalen Eliten. Deswegen war das Zentrum zu Zugeständnissen bereit und erfüllte teilweise die Forderungen der regionalen Eliten. Scharfe Konflikte (mit Ausnahme von Tschetschenien), die in eine Desintegration des Landes hätten münden können, wurden somit weitgehend vermieden, aber die Verschiebung der Machtverhältnisse zugunsten der Regionen zwischen 1991 und 1998 verschärfte andere zentrifugale Tendenzen. Im Einzelnen waren das folgende:

• Es erfolgte eine spontane Übergabe der wichtigsten Lenkungsinstrumente vom Zentrum an die Regionen; dies betraf:

- die Kontrolle über institutionelle Regulierung (Verabschiedung von regionalen Gesetzen, von denen einige in Widerspruch zu den föderalen Normen standen, sowie die systematische Nicht-Beachtung der föderalen Gesetze auf regionaler Ebene);
- administrative Ressourcen – dazu gehören die Bildung regionaler und kommunaler Machtorgane ohne Einfluss des Zentrums, die Einwirkung der Regionen auf die Ernennung der Leiter der föderalen Organe vor Ort, einschließlich der Machtstrukturen (Staatsanwaltschaft, Polizei), und in einigen Fällen der *de facto* Übergang der Kontrolle an regionale Politik- und Finanzgruppierungen (die manchmal auch einen kriminellen Hintergrund hatten);
- die wirtschaftlichen Ressourcen, insbesondere Eigentumsrechte, gingen größtenteils in die Kontrolle regionaler Behörden über, die in der russischen Wirtschaftspolitik eine Art »Vetomacht« darstellen. Des Weiteren betrifft dies die Kontrolle über die Haushaltsmittel; der Anteil der Regionen am gesamten Budget ist 1998 auf fast 60 % angestiegen, da die dem föderalen Zentrum zur Verfügung stehenden finanziellen Mittel gekürzt wurden.

• Es entstand eine wachsende Asymmetrie sowohl zwischen dem Zentrum und den Regionen, als auch zwischen den Regionen in Bezug auf ihren politischen und wirtschaftlichen Status infolge bilateraler Verträge zwischen dem Zentrum und den Regionen über die Teilung von Zuständigkeiten und Kompetenzen einerseits (bis 1998 wurden solche Verträge mit 46 Regionen abgeschlossen) sowie der Gewährung von Sonderrechten für einzelne Regionen andererseits.

• Das Zentrum verlor seinen Einfluss auf politische Prozesse in den Regionen, was durchweg Folge bestimmter Konstellationen innerhalb der regionalen Eliten war. Diese bildeten in einer Reihe von Fällen geschlossene politische Regime, in denen es keinen Wettbewerb, keine Opposition gab. Sie wurden zu Hauptakteuren des politischen Prozesses. Sie waren in der Lage, bei föderalen Wahlen die Rolle einer »Vetomacht« zu spielen – an der das Zentrum nicht vorbeikam. Dies zwang das Zentrum, im Dezentralisierungsprozess immer weitere Zugeständnisse zu machen.

Die Finanzkrise im August 1998 veränderte die Situation abrupt zugunsten des föderalen Zentrums. Erstens veranlasste die veränderte Lage die föderalen Eliten, angesichts der Bedeutung der Beziehungen zwischen dem Zentrum und den Regionen für die Entwicklung des Landes, eine Rezentralisierung zu fordern. Zweitens veränderte sich die Situation der regionalen Eliten selbst grundlegend. Sie waren daran interessiert, dass das Zentrum ihre jeweiligen regionalen Probleme löste und strebten kein kollektives Vorgehen gegen das Zentrum an, das Macht und Ressourcen der Regionen insgesamt maximiert hätte. Die sozioökonomische Asymmetrie zwischen den Regionen verschärfte diese Prozesse. Deshalb konnte das föderale Zentrum leicht eine Politik nach dem Motto »teile und herrsche« durchsetzen. In den 2000er Jahren ging es von einer reaktiven Politik gegenüber den Regionen zu einer aktiven Bestimmung der politischen Tagesordnung über. Die regionalen Eliten behinderten den vom föderalen Zentrum eingeschlagenen Kurs der Rezentralisierung kaum und ihre Positionen in den Verhandlungen mit dem Zentrum waren stark geschwächt.

Die Reform der Machtverhältnisse zwischen dem Zentrum und den Regionen (die »Föderalismusreform«), die Wladimir Putin im Jahr 2000 begann, verfolgte gleichzeitig mehrere Ziele: (1) Wiederherstellung des Machtpotenzials des russischen Staates durch Stärkung der administrativen Kontrolle des Zentrums über die Regionen; (2) Förderung der Loyalität der regionalen Eliten, um sicherzustellen, dass die politischen Prozesse im ganzen Land und in den Regionen im Sinne des Zentrums verlaufen; (3) Erhöhung der Lenkungseffizienz durch Beschränkung der den regionalen Eliten zur Verfügung stehenden Ressourcen und Beseitigung der »geschlossenen Monopolmärkte« in den Regionen (unter anderem im Wege der Eroberung von Regionalmärkten durch nationale Großunternehmen). Mitte der 2000er Jahre waren folgende Ergebnisse dieser Reform zu verzeichnen:

- Rezentralisierung institutioneller Regelungen sowohl durch Verabschiedung einer Reihe föderaler Gesetze, die die Befugnisse der Regionen deutlich beschränkten, als auch durch die Revision regionaler gesetzlicher Bestimmungen;
- administrative Rezentralisierung, in deren Rahmen die territorialen Abteilungen der föderalen Behörden der Kontrolle der Regionen entzogen wurden. Sie wurden direkt dem föderalen Zentrum unterstellt oder den Föderalbezirken, die für das Zentrum die zentrale administrative und politische Kontrolle über die föderalen und kommunalen Organe ausübten;
- Rezentralisierung von Wirtschaftsressourcen, wodurch die Kontrolle der regionalen Eliten über die regionale Wirtschaft geschwächt wurde. Sie gerieten zunehmend in eine Abhängigkeit von den nationalen Finanz-Industrie-Gruppen, die die Interessen des föderalen Zentrums in den Regionen durchsetzten. Außerdem führte die Rezentralisierung der Wirtschaftsressourcen zur Konzentration der Finanzmittel im föderalen Zentrum, indem innerhalb des nationalen Haushalts der Anteil der Haushaltsmittel, die bisher von regionalen und kommunalen Orga-

nen verwaltet wurden, reduziert wurde. Seit 2006 ist dagegen der Anteil der Haushaltsmittel, die durch das Zentrum verwaltet werden, dauerhaft auf 66 % gestiegen. Im Vergleich zu anderen föderativen Staaten hat Russland – in den 1990er Jahren die am stärksten dezentralisierte Föderation der Welt – Mitte der 2000er Jahre ein durchschnittliches Niveau bei der fiskalischen Dezentralisierung erreicht;

- Rezentralisierung des Haushalts durch die Änderung der Steuergesetze; dabei ist der Anteil der Steuereinnahmen aus den föderalen und Gemeinschaftssteuern gegenüber denen aus regionalen und kommunalen Steuern erheblich angestiegen. So sind die regionalen und kommunalen Haushalte im Vergleich zu den 1990er Jahren stärker auf Transferzahlungen des Zentrums angewiesen, das die Bewilligung von Geldern an die Durchführung bestimmter Maßnahmen im Bereich der Wirtschafts- und Sozialpolitik knüpft. Außerdem förderte das Zentrum aktiv die Umverteilung des Eigentums in den Regionen, und zwar zugunsten russlandweiter Finanz-Industrie-Gruppen, die mit dem Zentrum – und einzelnen Personen – eng verbunden waren. Deren Expansion in die Regionen im Rahmen des allgemeinen Wirtschaftswachstums trug wesentlich zur Abschaffung der administrativen Hürden für die Wirtschaft bei, die von den regionalen Eliten errichtet worden waren. Diese Schritte haben die wirtschaftliche Zusammenarbeit zwischen Zentrum und Regionen gefördert und im Endeffekt den russlandweiten Markt gestärkt, gleichzeitig aber auch den wirtschaftlichen Wettbewerb zwischen den Regionen eingedämmt;

- zunehmende Nivellierung der Unterschiede im politischen Verhältnis der einzelnen Regionen zum Zentrum und der Regionen untereinander; dies wurde durch den Verzicht auf neue Verträge und die Aufkündigung bestehender bilateraler Verträge zwischen dem Zentrum und den Regionen erreicht. Auch die ehemals vom Zentrum gewährten Sonderrechte wurden abgeschafft;

- erheblicher Bedeutungsverlust der regionalen Eliten in russlandweiten politischen Prozessen und wachsender Einfluss des Zentrums auf die Politik in den Regionen; dies wurde nicht nur durch direkte administrative Einmischung des Zentrums erreicht, sondern auch durch institutionelle Veränderungen. Diese Prozesse führten zu Änderungen der regionalen Elitenkonstellationen und zum Wandel der regionalen politischen Kräfteverhältnisse.

Der Erfolg der ersten Etappe der Föderalismusreform und die Wiederherstellung der Kontrolle des Zentrums über die Regionen erlaubten es, die zweite Etappe der Reform einzuleiten, die weitere Kontrollmechanismen installieren sollte. In den 2000er Jahren wurde eine Reihe institutioneller Veränderungen vorgenommen, um,

1. das Verhältnis zwischen dem Zentrum und den Regionen zu festigen, d. h. die regionale Ebene loyal und lenkbar zu halten und damit eine neue Dezentralisierung auszuschließen, sowie
2. die Effizienz der regionalen und kommunalen Selbstverwaltung zu gewährleisten.

Das Zentrum verfolgte dazu konsequent das Ziel, die Anzahl der Regionen zu verringern. Die groß angelegten Pläne zur Reduzierung ihrer Zahl auf 20 bis 30 Regionen, die man Anfang der 2000er Jahren breit in der Presse diskutierte, wurden jedoch abgelehnt. Die geplante Zusammenlegung der Regionen hatte lediglich begrenzten Charakter und beschränkte sich auf die Reintegration der autonomen Bezirke, die in den 1990er Jahren aus größeren Bezirken und Regionen ausgetreten waren. Diese Umstrukturierung der Regionen war jedoch recht erfolgreich und ermöglichte es dem Zentrum, die Ausgaben für wirtschaftlich schwache Regionen zu senken.

Außerdem begann man, die Kompetenzen von Zentrum und Regionen im Bereich der gemeinsamen Zuständigkeit abzugrenzen. Dieser umfasste laut Artikel 72 der Verfassung der Russischen Föderation 26 Ressorts – von Bildung bis Umwelt – und war in den 1990er Jahren ein Feld scharfer Kontroversen zwischen Zentrum und Regionen. Im Kern versuchten Zentrum und Regionen, sich gegenseitig die Verantwortung für Entscheidungen sowie die Finanzierung in dieser Sphäre zuzuschieben. Es gelang ihnen nicht, sich auf einen gemeinsamen politischen Kurs zu einigen. Die Präsidialverwaltung legte einen detaillierten Plan zur Aufteilung der Kompetenzen von Zentrum, Regionen und Organen der kommunalen Selbstverwaltung in allen Bereichen gemeinsamer Verantwortung vor, der eine strikte Teilung der Verantwortung und Finanzierung vorsah.

Aber dieser Plan lief die Politik des Finanzministeriums zuwider, das eine Konzentration von Finanzmitteln im Zentrum und eine partielle Wiederherstellung des sowjetischen »Fächermodells« für regionale und kommunale Haushalte anstrebte. Dieses Modell sah eine Finanzierung »von oben nach unten« mittels Transferzahlungen aus dem föderalen Haushalt vor. Um die Vorstellungen des Finanzministeriums umsetzen zu können, wurden 2004 Gesetzesänderungen vorgenommen, mit denen die Finanzierung der staatlichen Sozialausgaben umstrukturiert und in der Realität die Verantwortung für die Lösung sozialer Probleme den Regionen und Gemeinden zugeschoben wurde. Dieser Prozess führte dazu, dass Sozialleistungen für viele Bürger monetarisiert wurden – so erhielten etwa Veteranen und Behinderte, die bislang die öffentlichen Verkehrsmitteln kostenlos nutzen oder umsonst telefonieren konnten, nun eine Geldbeihilfe.

Da diese Kompensationsauszahlungen aber oft falsch berechnet und die Auszahlung ineffizient durchgeführt wurde, kam es in vielen Regionen nach Umsetzung der Reform Anfang 2005 zu breiten sozialen Protesten. Erst nachdem beträchtliche Mittel an die Regionen überwiesen worden waren, konnte das Zentrum die Proteste zum Verstummen bringen. Die mangelhafte Kompetenzabgrenzung zwischen dem Zentrum und den Regionen trug zum Scheitern von sozialen Reformen bei und weitere Pläne in diese Richtung wurden auf Eis gelegt.

3 Regionale politische Institutionen und Prozesse

Im Frühjahr 1990 wurden im heutigen Russland erstmals Wahlen zu Regional- und Gemeindesowjets abgehalten, bei denen die Wähler zwischen konkurrierenden Kandidaten wählen konnten; im Anschluss wurden die Machtbefugnisse der territorialen Komitees der KPdSU an diese Gremien übergeben. 1991 wurden die Verwaltungschefs in Moskau, St. Petersburg und einigen Republiken Russlands in allgemeinen Wahlen bestimmt. In den Bezirken, Gebieten, autonomen Bezirken und im Jüdischen Autonomen Gebiet wurden die Gouverneure seit 1991 vom Präsidenten Russlands eingesetzt (die so genannte »Machtvertikale« der Exekutive). 1993, nach der Auflösung des Volksdeputiertenkongresses, beendeten die Regionalsowjets in den meisten Regionen Russlands ihre Tätigkeit, und in der Zeit von 1993 bis 1995 wurden neue Regionalparlamente gewählt (in der Regel mussten sie einen Teil ihrer früheren Befugnisse abgeben). Interessenvertreter der regionalen Wirtschaft und lokale Beamte gewannen die meisten Parlamentssitze, während die politischen Parteien schwach vertreten waren (der Anteil der Parteivertreter lag Anfang der 2000er Jahre durchschnittlich bei unter 20%). Die Dezentralisierung Russlands und die Entstehung demokratischer Institutionen veranlassten das föderale Zentrum, die Praxis der Einsetzung der Gouverneure aufzugeben und diese stattdessen in allgemeinen Wahlen bestimmen zu lassen. So wurde im Laufe der 1990er Jahre fast die Hälfte der vom Zentrum eingesetzten Gouverneure abgewählt und durch neue ersetzt.

Der Einfluss des föderalen Zentrums auf die Politik in den Regionen war in dieser Zeit nicht besonders groß und beschränkte sich auf den allgemeinen gesetzgeberischen Rahmen. In der zweiten Hälfte der 1990er Jahre führte dies in den Regionen zur Herausbildung relativ autonomer

Herrschaftsformen mit einer unterschiedlichen Ausprägung des politischen Wettbewerbs. Die Palette reichte – bedingt durch den Entwicklungsstand, den Ressourcenreichtum und die Machtverhältnisse zwischen den politischen und wirtschaftlichen Eliten in den Regionen – von offenen, pluralistischen Regierungsformen in den Gebieten Swerdlowsk und Wolgograd bis hin zu geschlossenen, monopolistischen in Tatarstan und im Gebiet Saratow, wo es keine Form der Opposition gab.

Die Rezentralisierung im Jahr 2000 beeinflusste auch die regionalen politischen Prozesse. In einer Reihe von Fällen griff der Kreml in regionale Wahlen ein, um das gewünschte Wahlergebnis zu erzielen. Dabei nutzte er zwei Instrumente: Selektive Verhängung von Sanktionen (so wurde der Gouverneur des Gebiets Kursk durch einen Gerichtsbeschluss nicht zu den Wahlen zugelassen) oder individuelle Verhandlungen mit den Gouverneuren. Ergebnis dieser Verhandlungen war entweder, dass der *status quo* in der Region im Austausch für Loyalität gegenüber dem Zentrum gewahrt blieb (Baschkortostan) oder dass der Gouverneur der Region einen hohen Posten in Moskau erhielt und man daraufhin die Macht und die Eigentumsrechte an Unternehmen und Ressourcen in der Region zugunsten des Kreml umverteilte (so geschehen in Jakutien). Als Gegenleistung für ihre Loyalität hob man für viele Gouverneure die Befristung ihres Amtes auf. Einige haben ihren Posten seit Beginn der 1990er Jahre inne.

Der Übergang von der Rezession zum Wirtschaftswachstum in den Jahren 1999 bis 2000 führte dazu, dass russlandweite Finanzgruppen Zugang zu regionalen Märkten gewannen und immer aktiver in die regionale Politik eingriffen. Sie setzten ihre Kandidaten bei den Wahlen zu regionalen Parlamenten und bei Gouverneurswahlen durch. In einigen Regionen (insbesondere in solchen, die von einer Wirtschaftsbranche bzw. von einem Unternehmen abhingen) konnten die russlandweit agierenden Gesellschaften Kontrolle über die Politik übernehmen und ihre Vertreter in Schlüsselpositionen der regionalen Exekutivorgane platzieren. In anderen Regionen hingegen führte der Kampf von wirtschaftlichen Interessengruppen um den privilegierten Zugang zu Ressourcen zu mehr politischem Wettbewerb (Bezirk Krasnojarsk). Doch in jenen Republiken, in denen die Vorherrschaft ethnischer Eliten fest verwurzelt war, konnten weder die russlandweiten Großunternehmen noch das föderale Zentrum die politischen und wirtschaftlichen Prozesse unter ihre Kontrolle bringen.

In dieser Situation setzte das Zentrum neben den administrativen Mechanismen auch politische Instrumente (Parteien und Wahlen) ein, um den Partikularismus zu beseitigen und die Unterordnung aller politischen Prozesse in den Regionen unter das Zentrum durchzusetzen. Das 2001 verabschiedete Gesetz »Über politische Parteien« verbot die Gründung von regionalen Parteien, die in der Mehrheit »Politikmaschinen« der regionalen Eliten waren. Im Jahr 2003 zwang das föderale Zentrum die Regionen dazu, Mischwahlsysteme einzuführen, um den Einfluss der politischen Parteien (insbesondere der Kreml-nahen Partei »*Einiges Russland*«) auf Politik und Verwaltung in den Regionen zu erhöhen. Der Wahlerfolg von »*Einiges Russland*« war nur möglich, weil die regionalen Organisationen der »Partei der Macht« unter Patronage mächtiger regionaler Führer standen. Im Gefolge der Wahlreform bildete »*Einiges Russland*« in den meisten Regionalparlamenten einflussreiche Fraktionen, die die politische Agenda bestimmten und den Entscheidungsfindungsprozess kontrollierten. Nach Abschaffung der allgemeinen Gouverneurswahlen 2005 war dieser Prozess unumkehrbar. Gegenwärtig stehen fast alle Regionalparlamente unter der Kontrolle von »Einiges Russland«.

Die Entscheidung, die Direktwahl der Gouverneure abzuschaffen, fällte das föderale Zentrum Ende 2004 als Antwort auf den Terroranschlag von Beslan, doch sie war der logische Abschluss der Rezentralisierung des Landes. Das föderale Zentrum minimierte durch die Abschaffung der Direktwahl der Gouverneure die politische Ungewissheit, die mit den unberechenbaren, da kompetitiven Regionalwahlen verbunden war. Der gestiegene Einfluss der regionalen Parlamente einerseits und die Schwächung der Gouverneure andererseits haben zur Stärkung von »*Einiges Russland*« beigetragen. In den meisten Regionen bestätigte das Zentrum die bisherigen Gouverneure. Neue Gouverneure wurden lediglich dort eingesetzt, wo es scharfe Konflikte innerhalb der regionalen Eliten gegeben hatte (in den Gebieten Saratow, Irkutsk, Nishni Nowgorod und Kaliningrad). Nach Einschätzung der meisten Experten hat die Abschaffung der Gouverneurswahlen nicht dazu geführt, dass die Verwaltung in den Regionen effizienter funktioniert, denn das Zentrum kann die Gouverneure nicht wirksam kontrollieren und diese müssen vor den Wählern keine Rechenschaft mehr ablegen.

Obwohl das Ministerium für regionale Entwicklung 2006 eine detaillierte Methode zur qualitativen Bewertung der Arbeit der Gouverneure im Bereich Wirtschaft und Soziales erarbeitet hat, waren in der Praxis politische Loyalität und die Fähigkeit, bei föderalen und regionalen Wahlen den vom Kreml erwünschten Ausgang sicherzustellen, der einzige Maßstab, nach dem ihre Arbeit bewertet wurde. Im Sinne dieser Politik wurden 2007 bis 2008 die Gouverneure ihres Amtes enthoben, in denen die Ergebnisse der Parlaments- bzw. Präsidentschaftswahlen dem Kreml nicht gefielen (beispielsweise in den Gebieten Archangelsk, Smolensk und

Rjasan). Die Gouverneure wiederum traten in zunehmendem Maße in die »*Partei der Macht*« ein. So kandidierten 65 von ihnen bei den Parlamentswahlen 2007 auf der Wahlliste von »*Einiges Russland*«; jedoch nahm nur einer von ihnen später sein Mandat in der Staatsduma an.

Die Abschaffung der allgemeinen Gouverneurswahlen hat die regionale Politik stark beeinflusst und zur Einschränkung von politischen Rechten und Bürgerfreiheiten in vielen Regionen Russlands geführt. Insbesondere wurde oppositionellen und unabhängigen Parteien und Kandidaten, die die Vorrangstellung von »*Einiges Russland*« gefährdeten, die Registrierung und Teilnahme an den regionalen und kommunalen Wahlen in den Jahren 2005 bis 2008 verweigert. Auf diese Weise erhielt die »Partei der Macht« bei allen regionalen Parlamentswahlen die Mehrheit der Mandate (einzige Ausnahme war das Gebiet Stawropol). Auch andere demokratische Grundrechte wurden beschnitten. Die Meinungs- und Pressefreiheit sowie die Autonomie gesellschaftlicher Organisationen wurden deutlich eingeschränkt. Somit ist die regionale wie die föderale Politik in Russland durch den Verfall demokratischer Grundwerte gekennzeichnet. Die regionalen Machtorgane werden überdies vereinheitlicht und zentralisiert.

4 Die kommunale Selbstverwaltung und ihre politische Dynamik

Gewählte unabhängige Organe der kommunalen Selbstverwaltung wurden erstmals 1864 durch einen Erlass von Zar Alexander II. ins Leben gerufen und hatten bis zur Revolution von 1917 Bestand. Sie genossen einen hohen Grad wirtschaftlicher Autonomie, auch wenn ihr politischer Einfluss durch die Zentralregierung deutlich beschränkt wurde. Zu Zeiten der Sowjetunion bildeten die Organe der kommunalen Selbstverwaltung die untere Stufe in der zentralisierten Leitungshierarchie, an deren Spitze die KPdSU stand. Die Einheitswahlen waren reine Fiktion, und Befugnisse und Ressourcen der Gemeinderäte waren äußerst beschränkt. Reformen der kommunalen Selbstverwaltung, die auf Dezentralisierung abzielten, wurden in der UdSSR erst am Ende der 1980er/Anfang der 1990er Jahre begonnen und fielen zeitlich mit der Demokratisierung und den marktwirtschaftlichen Reformen zusammen. Die hierarchische Unterstellung der Gemeinden unter die übergeordneten Machtorgane wurde im Frühling 1990 abgeschafft, nachdem durch regelrechte Wahlen mit mehreren Bewerbern neue örtliche Sowjets gebildet worden waren. 1991 bis 1993 übten diese ihre Tätigkeit parallel zu den Leitern der Exekutivorgane auf kommunaler Ebene, die von den Gouverneuren im Rahmen der »exekutiven Machtvertikale« ernannt wurden, aus. Im Oktober 1993 wurden die meisten örtlichen Sowjets durch einen Erlass Boris Jelzins aufgelöst und ihre Befugnisse an die Gouverneure übertragen.

1995 verabschiedete die Staatsduma das föderale Gesetz »Über die allgemeinen Prinzipien der kommunalen Selbstverwaltung in der Russischen Föderation«, das die Wahl neuer Organe auf kommunaler Ebene vorsah, die größere Kompetenzen haben sollten. Tatsächlich aber vollzog sich dieser Wandel in den Regionen in Abhängigkeit von der wirtschaftlichen und politischen Lage ganz unterschiedlich. Die »Regionalisierung« Russlands verzögerte die Reform der kommunalen Selbstverwaltung, weshalb die gewählten Organe der kommunalen Selbstverwaltung in den meisten Regionen erst 1997 gebildet wurden. Die Spannbreite reichte von einer recht erfolgreichen Herausbildung von Autonomie und Demokratie (wie in Karelien) bis hin zum vollkommenen Fehlen einer kommunalen Selbstverwaltung (in Baschkortostan). Im Jahr 2000 zählte Russland 12 215 Gemeinden, denen jeweils ein gewählter Rat vorstand. Außerdem wurden in 90 % aller Gemeinden Bürgermeister bzw. Leiter der Exekutivorgane gewählt.

Anfang 1996 unterschrieb Russland die Europäische Charta der kommunalen Selbstverwaltung, die es im Frühjahr 1998 in vollem Umfang, ohne Ausnahmen und Vorbehalte, ratifizierte. Dies setzte das Zeichen, dass man den Aufbau kommunaler Autonomie und Demokratie anstrebte. Aber im Zuge der wirtschaftlichen Reformen in den 1990er Jahren sah sich die kommunale Selbstverwaltung mit ernsthaften Problemen konfrontiert, die durch Haushalts- und Finanzkrisen hervorgerufen wurden. Die Herausbildung einer kommunalen Autonomie in russischen Städten und Regionen ging keineswegs mit der Integration von Gemeinden in das gesamtstaatliche Verwaltungssystem einher. Eine ineffiziente Regelung dieser Beziehungen und unklare »Spielregeln« auf föderaler und regionaler Ebene führten in den 1990er Jahren zu erhöhter Verschuldung der Kommunen vor allem gegenüber kommunalwirtschaftlichen Betrieben und Energieunternehmen. Die Haushalte vieler Städte brachen zusammen. Aus diesem Grund arbeitete die Mehrzahl der Gemeinden Anfang der 2000er Jahre unrentabel. Ausnahmen bildeten lediglich Großstädte und die von einem profitablen Großunternehmen (überwiegend aus dem Rohstoffsektor) unterstützten Städte. Diese Entwicklung machte eine neue Reform der kommunalen Selbstverwaltung notwendig, die mit der Rezentralisierung der russischen Staatsverwaltung und der Schwächung der demokratischen Institutionen zeitlich zusammenfiel.

Obwohl das neue föderale Gesetz von 2003 als Ziel deklarierte, die kommunale Selbstverwaltung effizienter zu gestalten, waren der Verzicht auf kommunale Autonomie zugunsten der Staatskontrolle über die Gemeinden und die Unterordnung unter föderale und regionale Machtorgane die wichtigsten Ergebnisse. Der Schwerpunkt dieses Gesetzes lag auf der bürokratischen Rationalisierung. Es sah aber für die kommunale Selbstverwaltung nur administrative (und keine politischen) Funktionen vor und sollte die Lenkbarkeit der Gemeinden durch die übergeordneten Instanzen sicherstellen. Ihre Rolle als gewählte und der Bevölkerung rechenschaftspflichtige Institutionen der kommunalen Demokratie wurde als zweitrangig betrachtet. Die vielfältigen Formen der kommunalen Selbstverwaltung in den Städten und Regionen Russlands wurden weitgehend vereinheitlicht.

Das Gesetz schrieb beinahe eine Verdoppelung der Anzahl der Gemeinden vor. Darüber hinaus sollte jede einen eigenen Haushalt, ein eigenes Vermögen und entsprechende Befugnisse zugewiesen bekommen. Das Gesetz enthielt eine umfassende Aufzählung der Aufgaben, die in die Zuständigkeitsbereiche der Gemeinden fielen (von Pflege- und Vormundschaftsfragen bis hin zur Müllabfuhr). Dabei wurden die Gemeinden entlastet, indem sie nicht länger für eine so kostspielige Aufgabe wie die Finanzierung von Schulen und Krankenhäusern zuständig waren. Die politischen und wirtschaftlichen Hauptprobleme der kommunalen Selbstverwaltung haben sich aber trotzdem nur noch mehr zugespitzt.

Die Finanzierung der Kommunen basierte auf einer Reglementierung der Einnahmen der kommunalen Selbstverwaltung, die direkt von den Ausgabenverpflichtungen der Gemeinden abhängig gemacht wurden. Dabei wurde jedoch nicht angestrebt, die kommunalen Einnahmen zu erhöhen oder die wirtschaftliche Unabhängigkeit der Gemeinden zu gewährleisten, sondern das Ziel war die Wiederherstellung eines zu Sowjetzeiten üblichen Systems der Verteilung von Haushaltmitteln »von oben nach unten«, wobei der Ausgleich der kommunalen Haushalte ausschließlich durch Subventionen und Zuschüsse der übergeordneten Machtorgane erreicht wurde. Diese Tendenz war auch Konsequenz einer allgemeinen Zentralisierung der Finanzen. Als ein weiteres Instrument zur Regelung kommunaler Finanzen wurde der Haushaltsausgleich zwischen den Gemeinden eingeführt, d. h., dass Gemeinden mit einem höheren Pro-Kopf-Einkommen (der durchschnittliche Wert in der Region muss mindestens um das Doppelte überschritten werden) ihre Einnahmen mit anderen Gemeinden dieser Region teilen müssen.

Die organisatorische Seite regelt ein föderales Gesetz, in dem es die Anzahl und den Status der kommunalen Abgeordneten eindeutig festlegt, wobei die technische Organisation der kommunalen Selbstverwaltung den Regionen überlassen bleibt. Dies bezieht sich auf die Repräsentativorgane auf der unteren Verwaltungsebene (Rayon), deren Zusammensetzung nicht nur auf Basis allgemeiner Wahlen bestimmt wird, sondern auch durch Delegierung von Verwaltungschefs und Abgeordneten der Gemeinden dieser Rayons. Es bezieht sich auch auf die Bildung der Exekutivorgane der kommunalen Selbstverwaltung. Dabei gibt es sowohl die Möglichkeit, einen Bürgermeister zu wählen, als auch die Variante, dass die kommunalen Repräsentativorgane den Verwaltungschefs einer Stadt oder eines Rayons per Vertrag anstellen – als »*Citymanager*«. Kandidaten für die kommunalen Führungsposten werden hauptsächlich von der regionalen Administration aufgestellt, was eine Verminderung der politischen und wirtschaftlichen Autonomie der Gemeinden bedeutet.

Nachdem 2004 die Direktwahl der Gouverneure abgeschafft worden war, schlug »*Einiges Russland*« vor, die allgemeinen Bürgermeisterwahlen endgültig abzuschaffen. Im Endergebnis entschied man sich dafür, »*Citymanager*« statt gewählter Bürgermeister einzusetzen. Mitte 2007 war dies fast in einem Drittel aller russischen Gemeinden geschehen, doch wurde diese Idee in der Mehrheit der Regionen nicht allgemein umgesetzt. 2006 wurden der Staatsduma Gesetzesvorlagen unterbreitet, die teilweise die Abgabe von Kompetenzen der kommunalen Selbstverwaltung an die Regionalverwaltung und die Beseitigung der kommunalen Selbstverwaltung in den Stadtteilen vorsahen. Diesen Gesetzesinitiativen zufolge sollte die kommunale Selbstverwaltung auf der Ebene innenstädtischer Rayons ausgeübt werden und die Verwaltung der Stadt selbst sollte an die regionalen Administrationen übergehen. Diese Gesetze wurden aber nicht verabschiedet, weil die Bürgermeister dagegen protestierten und der Kongress der Gemeinden und Regionen Europas beim Europarat dies unterstützte.

Die Kommunalreform von 2003 hätte hohe Kosten (Schaffung neuer Gemeinden, neue Grenzziehung zwischen ihnen, Probleme, die sich aus der Reform der kommunalen Finanzen ergaben) verursacht, weshalb das Gesetz nicht in Kraft gesetzt wurde. 2005 verlängerte die Staatsduma den Zeitrahmen für die Umsetzung der Kommunalreform bis 2009 und erlaubte den Regionen, den Zeitpunkt selbstständig festzulegen. Diese Verzögerung hat die Probleme der russischen Gemeinden weiter verschärft, denn einerseits sind sie finanziell von Transferzahlungen aus dem föderalen Haushalt abhängig, andererseits müssen sie weiterhin bestimmte staatliche Aufgaben erfüllen, ohne über die dafür notwendigen Ressourcen zu verfügen. Gleichzeitig hat die beginnende kommerzielle Nutzung kommunalen Bodens die Konflikte in der städtischen Exekutive weiter verschärft.

2006 und 2007 wurden in den Regionen Dutzende von Strafprozessen gegen Inhaber von Gemeindeämtern angestrengt, die des Amtsmissbrauchs bezichtigt und ihrer Posten enthoben wurden. Es ist nicht verwunderlich, dass das Ansehen der kommunalen Exekutive in der Bevölkerung im Vergleich mit der regionalen und föderalen Ebene sehr niedrig ist und man sie für nicht sonderlich wichtig hält. Gegenwärtig sind sich fast alle Beobachter in der negativen Beurteilung der Lage der kommunalen Selbstverwaltung in Russland einig.

Anmerkungen

1   Aus dem Russischen von Anna A. Petrova und Judith Janiszewski.
2   Mit dem Begriff »Föderationssubjekte« bezeichnet die russische Verfassung die unterschiedlich strukturierten territorialen Einheiten (»Gebiete«, »Republiken«, »Bezirke«, »Städte föderaler Bedeutung« etc.), die gemeinsam die Russische Föderation bilden. Ein »Föderationssubjekt« stellt gewissermaßen ein »Bundesland« dar. [Anmerkung der Herausgeber]
3   Einen Überblick über das föderale System Russlands gibt: Andreas Heinemann-Grüder: Der heterogene Staat. Föderalismus und regionale Vielfalt in Rußland, Berlin 2000. [Anmerkung der Herausgeber]

Uwe Halbach

Brennpunkt Nordkaukasus

1   Russlands kaukasische Krisenperipherie

Der Nordkaukasus ragte unter den Landesteilen Russlands in der nachsowjetischen Entwicklung besonders hervor. Da waren die beiden Kriege
in Tschetschenien, die weltweite Aufmerksamkeit auf die Region lenkten
und auch in anderen Teilrepubliken der Region bekämpfen sich bis
heute staatliche Sicherheitskräfte und diverse Freischärler. Gravierende
sozioökonomische Probleme ließen den Nordkaukasus als die südliche
Armutsperipherie Russlands erscheinen. Der Zustand ihrer staatlichen
Organe weist das Gebiet als eine politische Notstandszone aus. Dmitrij
Kosak, von September 2004 bis September 2007 der Beauftragte Präsident Putins für den Südlichen Föderalbezirk, warnte in Berichten über
die kaukasischen Teilrepubliken und angrenzende Landstriche im Süden
Russlands vor der Entstehung einer Makroregion sozialer, politischer und
wirtschaftlicher Instabilität. Was Tschetschenien betrifft, traten die militärischen Auseinandersetzungen zwar so weit zurück, dass der 1999 über
die Republik verhängte Sonderstatus einer »Zone der Terrorismusbekämpfung« im April 2009 aufgehoben wurde; zudem bestätigen ausländische Journalisten, dass in der einstigen Kriegszone Wiederaufbau stattfindet. Von nachhaltiger Stabilität ist der Nordkaukasus gleichwohl noch
weit entfernt.[1]

Der Nordkaukasus zeichnete sich stets durch eine starke ethnische Differenzierung aus. Schon antike Autoren verwiesen auf die kaukasische
Sprachen- und Völkervielfalt. Arabische Reisende bezeichneten den Kaukasus als den »Berg der Sprachen«. In Dagestan, der größten Teilrepublik
des Nordkaukasus, ist diese kleinräumige Völkervielfalt am stärksten ausgeprägt: In einem Gebiet, das kaum der Fläche Bayerns entspricht, leben
mehr als 30 Volksgruppen mit je eigenem Idiom aus unterschiedlichen
Sprachfamilien. Beim Übergang von der sowjetischen in die nachsowjetische
Periode traten hier wie in anderen Teilen des Nordkaukasus diverse
»nationale Volksfronten« in Erscheinung, die für ihre jeweilige ethnische
Gruppe Souveränität beanspruchten. In der Folgezeit traten ethnisch-
territoriale Spannungen hinter anderen Krisenfaktoren teilweise wieder
zurück. Seit dem Ende des ersten Tschetschenienkriegs 1996 entfalteten
sich in einigen Teilrepubliken militant-islamistische Kräfte.[2]

Der Nordkaukasus wurde zum exponiertesten Grenzgebiet Russlands. Die Russische Föderation ragt hier in die kaukasische Gesamtregion hinein. Deren südliche Hälfte, der Südkaukasus, ist mit ungelösten Sezessionskonflikten um Abchasien, Südossetien und Berg-Karabach der wohl konfliktträchtigste Abschnitt des GUS-Raums und zudem eine Bühne, auf der externe Akteure um Einfluss konkurrieren. Das Schlagwort vom »Pulverfass Kaukasus« tauchte im August 2008 wieder weltweit auf. In einem erneuten Kaukasuskrieg, dem sechsten in der Gesamtregion (Nord- und Südkaukasus) seit 1990, ging Russland in einer Auseinandersetzung um die Konfliktzone Südossetien militärisch gegen Georgien vor. Schon vor Kriegsausbruch waren bewaffnete Freiwillige aus russischen Teilrepubliken des Nordkaukasus in die von Georgien abtrünnigen Landesteile vorgedrungen, um den Abchasen und Osseten Beistand gegen georgische Militärverbände zu leisten.

Dieser Vorgang macht die Vernetzung deutlich, die zwischen Krisen- und Konfliktlandschaften in beiden Teilen Kaukasiens bestehen. Russlands Staatsgrenze zu Georgien und Aserbaidschan verläuft in einer Gegend, in der sich Russland besonderen geo- und sicherheitspolitischen Herausforderungen ausgesetzt fühlt. Ausgehend vom Begriff des »nahen Auslands«, der in der russischen Diplomatie auf Nachbarstaaten in der GUS bezogen wurde, könnte man sagen: Russland stößt entlang der kaukasischen Gebirgskämme auf sein »inneres Ausland«, nämlich auf Föderationssubjekte wie Dagestan und Tschetschenien, auf ein als Feind wahrgenommenes nahes Ausland wie Georgien und auf ein in der Region engagiertes fernes Ausland wie die USA. Dmitrij Trenin vom Moskauer »*Carnegie Center for International Peace*« charakterisierte 1999 die Überschneidung dieser Sphären russischer Innen- und Außenpolitik im Kaukasus mit den Worten: »Es ist genau die Stelle, wo die territoriale Integrität und innere Stabilität der Föderation getestet wird, wo Russlands internationale Rolle entlang seiner Südgrenzen definiert wird und wo sich entscheidende Muster seiner künftigen Wirtschaftsbeziehungen herausbilden«.[3]

2 Historische Krisen- und Konflikthintergründe

Schon in der zaristischen und sowjetischen Vergangenheit galt der Nordkaukasus als eine mit dem Rest des russischen Imperiums nur schwach verbundene Kolonialperipherie, in der es immer wieder zu Aufständen kam. Ab dem ausgehenden 18. Jahrhundert wurde Kaukasien zum Objekt einer systematischen russischen Kolonialpolitik, einer Südexpansion des Zarenreichs. Während große Teile des Südkaukasus bis Ende der 1820er Jahre bereits russischer Herrschaft unterworfen waren, erhob sich im Nordkaukasus vehementer Widerstand der Bergvölker *(gorcy)* gegen die Armee des Zaren. Seine Niederwerfung im »ersten Kaukasuskrieg« dauert bis 1864 und schleuste Generationen russischer Soldaten durch die »kaukasische Gefechtsschule«. Er war für alle beteiligten Konfliktseiten mit traumatischen Gewalterfahrungen verbunden. Russland versuchte danach, seine kaukasischen Kolonialgebiete durch unterschiedliche Methoden zu befrieden und in seinen Reichsbestand zu integrieren – teils durch Strafexpeditionen, Vertreibung der einheimischen Bevölkerung und direkte Militärverwaltung, teils durch Zusammenarbeit mit dem Adel und indirekte Herrschaftsausübung.[4]

Nach dem Zerfall des Zarenreichs kam es im Nordkaukasus zu kurzlebigen Staatsbildungen auf einheimischer Grundlage – einem »Imamat der Bergvölker«, einem »Nordkaukasischen Emirat« und 1920 zu einer »Sowjetrepublik der Bergvölker« *(Gorskaja Respublika)*, die in der Folgezeit in verschiedene ethnische Autonomien aufgegliedert und der Russischen Sozialistischen Föderativen Sowjetrepublik (RSFSR) angeschlossen wurde. Die sowjetische Nationalitäten- und Territorialpolitik stanzte dann aus dem kaukasischen Völkerlabyrinth eine Reihe autonomer Republiken heraus, deren artifizieller Charakter schon in der Benennung von »Bindestrich-Republiken« wie Kabardino-Balkarien, Karatschai-Tscherkessien oder Tschetscheno-Inguschien erklang. Im Zuge der leninschen Nationalitätenpolitik der »Einwurzelung« wurden in diesen nationalen Gebietskörperschaften einheimische Kader für die Verwaltung und den Parteiapparat herangezogen, lokale Sprachen kodifiziert und an den Schulen gelehrt, wurde der Eindruck von »Russifizierung« zurückgedrängt. Doch gegen Ende der 1920er Jahre beseitigte die Sowjetmacht den Rest einheimischer Rechts- und Verwaltungsstrukturen wie autonome Dorfgerichte und islamische Rechts- und Bildungsinstitutionen. Die Kollektivierung der Landwirtschaft war hier mit Zwangsumsiedlungen von Bergregionen in Täler begleitet. Die Antwort auf solche Eingriffe in die lokalen Lebensverhältnisse war erneut eine Serie von Aufständen, die in sowjetischen Quellen als »Banditentum« abgestempelt wurden – so wie in nachsowjetischer Zeit der tschetschenische Separatismus.

Den Höhepunkt stalinistischer Gewalt bildeten die Zwangsumsiedlungen ganzer Völker in den Kriegsjahren 1943 und 1944. Karatschaier, Balkaren, Inguschen und Tschetschenen wurden unter unsäglichen Umständen und mit hohen Verlusten an Menschenleben kollektiv nach Sibirien und Zentralasien deportiert, ihre erst kürzlich geschaffenen nationalen

Gebietskörperschaften aufgelöst und anderen Verwaltungseinheiten zuge-
schlagen. Solche Aus- und Umsiedlungen sowie die seit 1956 erfolgende
Rückführung der »bestraften Völker« in ihre Heimatgebiete, in denen in-
zwischen andere Volksgruppen angesiedelt worden waren, schufen die
Grundlagen für Konflikte, die nach dem Zerfall der sowjetischen Ord-
nungsstrukturen ausbrachen. Der ossetisch-inguschische Streit um den
Prigorodnyj-Bezirk und Auseinandersetzungen zwischen Balkaren und
Kabardinern um einzelne Dörfer sind Beispiele dafür.

In der frühen nachsowjetischen Periode wurde die Innenpolitik Russlands unter seinem ersten Präsidenten Jelzin von gewaltigen Übergangs-
problemen absorbiert. Das Verhältnis zwischen Moskau und den regionalen Subjekten der Russischen Föderation lief dabei aus dem Ruder.
Besonders gegenüber der kaukasischen Peripherie praktizierte die föderale
Gewalt keine konsequente und kohärente Politik. In diesem Umfeld entstand ein Konflikt, der zu dem schlimmsten Gewaltereignis nachsowjetischer Geschichte führte: Es geht um die beiden Tschetschenienkriege, die
weiter unten zu behandeln sind.

3   Aktuelle Krisen- und Konfliktfaktoren

Die nordkaukasischen Teilrepubliken ragen unter den Föderationssubjekten Russlands durch einen überdurchschnittlichen Grad der Verarmung
und der Abhängigkeit vom föderalen Haushalt hervor. Die Haushalte
Inguschetiens, Dagestans und Tschetscheniens werden zu über 80% von
Moskau finanziert. Sozialökonomische Probleme wie die hohe Arbeitslosigkeit betreffen besonders junge Menschen. In Inguschetien waren 2005
70,5% der 15- bis 24-Jährigen weder in Beschäftigung noch in Ausbildung
(in Tschetschenien 55%, Dagestan 40,7%, Kabardino-Balkarien 35%;
Durchschnitt in der Russischen Föderation: 10,3%). Damit stellt diese Bevölkerungsgruppe ein ideales Rekrutierungsfeld für nicht-staatliche Ge-
waltakteure dar, die neben ideologischen Parolen oft auch Geld zu bieten
haben. Nach dem Terrorakt von Beslan im Jahr 2004 verknüpfte der neue
Sonderbeauftragte Kosak Terrorismusbekämpfung mit der Verbesserung
der sozialpolitischen Situation.[5]

Die Zusammensetzung des politischen Führungspersonals in den kaukasischen Teilrepubliken spiegelte eine der unerfreulichsten Entwicklungen
der nachsowjetischen Zeit wieder: Es bestand weitgehend aus alten
sowjetischen Provinzeliten, Nationalisten von links und rechts sowie
Führern so genannter »Business-Mafias«.[6] Kosak zeichnete 2005 ein Bild

katastrophaler Regierungsführung mit dem im föderationsweiten Vergleich höchsten Grad an Korruption und Klanwirtschaft in den lokalen Macht- und Sicherheitsorganen.[7] Seitdem wurden in den meisten kaukasischen Teilrepubliken, zuletzt Ende 2008 im umkämpften Inguschetien, neue Führungen installiert. Diese Wechsel betrafen aber zumeist nur die Ämter der Republik-Präsidenten und gehen noch längst nicht in einen tief greifenden politischen Institutionenwandel über.

4 Die kaukasischen Föderationssubjekte

Der Nordkaukasus erstreckt sich zwischen dem Schwarzen und dem Kaspischen Meer. Im engeren Sinne umfasst er einen Gürtel aus sieben Teilrepubliken von Adygien im Westen (441 000 Einwohner, Hauptstadt: Maikop) über Karatschai-Tscherkessien (427 000, Tscherkesk), Kabardino-Balkarien (891 000, Naltschik) und Nordossetien (702 000, Wladikawkas) im mittleren Abschnitt bis nach Inguschetien (499 000, Magas), Tschetschenien (1,2 Millionen, Grosny) und Dagestan (2,6 Millionen, Machatschkala) im Ostabschnitt. Diese Zone bildet die muslimische Südperipherie der Russischen Föderation (rd. 4,5 Millionen ihrer knapp sieben Millionen Einwohnern sind Muslime). Zum Nordkaukasus im weiteren Sinne werden die südrussischen Regionen von Krasnodar (5 Millionen Einwohner), Stawropol (2,7 Millionen), Rostow (4,4 Millionen) gezählt, ebenso die Teilrepublik Kalmykien/Chalmg Tangsch mit ihrer namengebenden Nationalität der Kalmyken (knapp 300 000), die zum buddhistischen Kulturkreis Russlands zählen. Die Großstadt Rostow gilt für Russland als das »Tor zum Kaukasus«.

Dieser weiter gefasste Nordkaukasus bildet mit den Regionen Wolgograd und Astrachan den Südlichen Föderalbezirk (23 Millionen Einwohner), eine von sieben im Jahr 2000 geschaffenen Großregionen der Russischen Föderation. Im Januar 2010 wurden sieben Regionen aus dem Föderalbezirk ausgegliedert und ein eigener Föderalbezirk »Nordkausasus« gebildet. Die folgenden Ausführungen beziehen sich überwiegend auf die kaukasischen Teilrepubliken, den Nordkaukasus im engeren Sinne. Aus dieser Zone ist die russische Bevölkerung in der nachsowjetischen Entwicklung verstärkt ausgewandert. In Dagestan schrumpfte sie von 12 auf unter 5 %. Aus Tschetschenien ist nach zwei Kriegen die russische Bevölkerung, die zuvor ein Drittel der Republikbevölkerung ausgemacht hat, komplett ausgewandert bzw. geflohen. Damit tritt der Charakter des »inneren Auslands« bei diesen Teilrepubliken Russlands verstärkt hervor.

Der geografischen Gliederung nach umfasst der Nordkaukasus im Süden die Hochgebirgszonen am Nordhang des Großen Kaukasus. Hier verläuft Russlands Staatsgrenze zu Georgien und Aserbaidschan. Ein rund 1200 km langes Gebirgsmassiv mit Erhebungen über 5000 m wie Elbrus, Dych Tau und Kazbek bildet die geografische Scheide zwischen Nord- und Südkaukasien. Daran schließen nach Norden hin das Kaukasusvorland mit dem Vorgebirge und Tieflandzonen (Kuban-Ebene im Westen, Kaspisches Tiefland im Osten) an. Mit ihren landwirtschaftlichen Gunsträumen war diese Region in sowjetischer Zeit ein Hauptlieferant für Weizen, Mais, Sonnenblumen, Tabak, Reis, Früchten und Gemüse. Tschetschenien und Teile des Gebiets Stawropol waren aufgrund von Erdöl- und Erdgasvorkommen und Raffinerien auch von industrieller Bedeutung. In nachsowjetischer Zeit wuchs die Bedeutung des Nordkaukasus als Transitregion für Erdöl und Erdgas aus dem kaspischen Becken über russisches Territorium.

Das in der Nähe zum Schwarzen Meer gelegene Adygien galt lange Zeit als die ruhigste Teilrepublik im Nordkaukasus. Es ist das kaukasische Föderationsobjekt mit dem höchsten russischen Bevölkerungsanteil (65 % Russen, 24 % Adygier, 3,2 % Armenier). Adygier bilden den westlichen, Tscherkessen den zentralen und Kabardiner den östlichen Zweig der nordwestkaukasischen Adyge-Völker, die im 19. Jahrhundert meist kollektiv als »Tscherkessen« bezeichnet wurden. Zu ihnen gehören noch die von Georgien abtrünnigen Abchasen, die Abasinen und kleinere Volksgruppen. Seit 2004 wird über angebliche Pläne des Kreml diskutiert, die kleine Republik wieder administrativ mit der Region Krasnodar, der sie in sowjetischer Zeit als autonomes Gebiet untergeordnet war, zu verschmelzen. Das provozierte den Widerstand einer adygisch-tscherkessischen Nationalbewegung, die schon bei der Auflösung der Sowjetunion hervorgetreten war und politische Privilegien für sich als die namengebende Volksgruppe (Titularnationalität) der Republik beanspruchte.

In der Nachbarrepublik Karatschai-Tscherkessien sind 38,5 % der Bevölkerung turksprachige Karatschaier, 33,6 % Russen, 11 % Tscherkessen, 7,4 % Abasinen und 3,4 % Nogaier. Auch hier entfalteten sich Anfang der 1990er Jahre nationalistisch-separatistische Bewegungen einzelner Volksgruppen, besser gesagt ihrer ambitionierten Führer. Ein Nationalkomitee der Karatschaier deklarierte im November 1990 eine Republik Karatschai, ein tscherkessischer Kongress im Oktober 1991 eine tscherkessische Republik. Kosaken organisierten ein Komitee zur Gründung einer eigenen Republik Selentschuk-Urupsk. Die abasinische Minderheit rief ihre Republik Abasa aus. Die lokale russische Bevölkerung organisierte die »gesellschaftliche Bewegung Rus«. Die Einheit der Republik konnte indessen gewahrt werden. 1999, als erstmals ihr Präsident – so die Amtsbezeichnung für die Führungsspitzen der Teilrepubliken der Russischen Föderation – in »demokratischer« Wahl zu bestimmen war, kam es wiederum zur Ethnisierung der Politik. 2004 spitzte sich eine politische Krise um die Präsidentenfamilie Batdyjew zu. Ein Schwiegersohn des Präsidenten war in einen mafiösen Mordfall verwickelt. Islamistische Freischärler traten mit Anschlägen auf Vertreter der lokalen offiziellen Geistlichkeit und der Staatsgewalt hervor. 2005 wurde durch Vermittlung Dmitrij Kosaks eine neue Republikführung gebildet, um die politische Lage zu beruhigen.

Kabardino-Balkarien bildet ein weiteres Beispiel für jene »Bindestrich-Republiken«, die den artifiziellen Charakter nationaler Gebietskörperschaften im Nordkaukasus verkörpern. Die Bevölkerung besteht aus Kabardinern (55%), Russen (25%) und den zu den Turkvölkern der Region gehörenden Balkaren (12%). Auch hier entstanden mit dem Kongress des kabardinischen Volkes und dem Nationalrat des balkarischen Volkes anfangs konkurrierende nationale Organe. Balkarische Sezessionsbestrebungen stießen einen Prozess nationaler Mobilisierung in der kabardinischen Mehrheitsbevölkerung an. Gegen solche ethnisch-separatistischen Tendenzen betonte die Republikführung unter Präsident Walerij Kokow die Einheit der Republik und ihre Zugehörigkeit zur Russischen Föderation. Auch hier traten in der Folgezeit interethnische Rivalitäten etwas zurück. Die kleinere balkarische Titularnationalität fühlt sich aber bis heute diskriminiert und in den politischen Organen der Teilrepublik unterrepräsentiert. Sie sah in dem von 1992 bis 2005 amtierenden Präsidenten Kokow einen Repräsentanten des kabardinischen Volkes und der alten sowjetischen Nomenklatur.

Trotz solcher Gegensätze galt Kabardino-Balkarien lange Zeit als eine der stabileren Teilrepubliken des Nordkaukasus. Nach 2001 forderten hier jedoch militante islamistische Netzwerke, so genannte *jama'at* (Gemeinschaften), die lokalen Sicherheitsorgane heraus. Dabei trat besonders eine Gruppe namens »*Jarmuk*« hervor, die an mehreren Terroranschlägen im Nordkaukasus beteiligt war, um Solidarität mit dem tschetschenischen Widerstand zu beweisen. Den Höhepunkt der Gewalt markierte ein Angriff von Freischärlern auf die Sicherheitsbehörden in Naltschik am 13. Oktober 2005, bei dem 92 der Angreifer, 35 Sicherheitskräfte und zwölf Zivilisten ums Leben kamen. Kurz darauf übergab der schwer kranke Präsident Kokow sein Amt an Arsen Kanokow. Auch gegen die neue, immer noch überwiegend kabardinische Führung erhebt eine balkarische Nationalbewegung den Vorwurf, sie setze föderale Gesetze zum Schutz ethnischer Minderheiten nicht um. Kanokow setzte einige Änderungen durch, entließ zum Beispiel den Innenminister der Republik, der für brutale Polizeioperationen in der Vergangenheit verantwortlich gewesen war. Er ließ Moscheen wieder öffnen, die zuvor von den Staatsorganen geschlossen worden waren. Er widmete sich stärker als sein Vorgänger den ökonomischen Problemen, die er als Hauptursache für Gewalt und Radikalisierung im Nordkaukasus identifiziert.

Nordossetien mit seiner Bevölkerung aus Osseten (63%), Russen (23%) und Inguschen (3%) galt traditionell als die gegenüber Russland loyalste autonome Republik im Nordkaukasus. Es verlor den Ruf relativer Stabilität schlagartig durch den schlimmsten Terrorakt, den Russland im Umfeld seines zweiten Tschetschenienkriegs erlebte: Die Geiselnahme an einer Schule in Beslan durch ein tschetschenisches Terrorkommando im September 2004 brachte Nordossetien weltweit in die Schlagzeilen und lenkte die internationale Aufmerksamkeit über Tschetschenien hinaus auf den Nordkaukasus. Sie forderte 330 Todesopfer, darunter 188 Kinder. Das Vorgehen lokaler und föderaler Sicherheitsorgane bei der »Befreiung« der Geiseln brachte die lokale Bevölkerung gegen die Republikführung unter Präsident Dsasochow und gegen Moskau auf. Nach langem Widerstand musste Dsasochow im Sommer 2005 sein Amt an Taimuras Mamsurow abtreten. Da sich unter den Geiselnehmern von Beslan auch Inguschen befunden hatten, rief dieser Terrorakt einen interethnischen Konflikt in Erinnerung, mit dem Nordossetien und die Nachbarrepublik Inguschetien zu Beginn der nachsowjetischen Periode auf sich aufmerksam gemacht hatten. Hier war es 1992 mit bewaffneten Zusammenstößen zwischen Osseten und Inguschen im Streit um einen Gebietsteil bei der Hauptstadt Wladikawkas, den Prigorodnyj-Bezirk, zum ersten gewaltförmigen Konflikt im nachsowjetischen Russland gekommen.[8] Moskaus militärisches Eingreifen auf Seiten der als historisch russlandtreu geltenden Osseten dämmte den Konflikt zwar ein, gelöst aber ist er bis heute nicht. Flüchtlingsprobleme belasten das Verhältnis zwischen beiden Republiken Nordossetien und Inguschetien.

Dazu kommt als eine weitere Konfliktdimension die »ossetische Frage«, die in das Nachbarland Georgien und damit in den Südkaukasus verweist. Sie entstand dadurch, dass im Zuge der sowjetischen Nationalitäten- und Territorialpolitik der Siedlungsraum der iranischsprachigen, überwiegend christlich-orthodoxen Osseten im Kaukasus in zwei autonome, aber zu verschiedenen Unionsrepubliken gehörende Gebietseinheiten aufgeteilt wurde. Die russische Teilrepublik Nordossetien grenzt an das Gebiet Südossetien, das 1922 als eine Autonome Region in Georgien eingerichtet wurde und sich im Konflikt mit der georgischen Nationalbewegung 1990 abspaltete. 1991/92 folgten militärische Auseinandersetzungen zwischen den georgischen und südossetischen Konfliktseiten. Dabei unterstützt die

Führung und die Bevölkerung in Nordossetien die Vereinigung mit Süd-ossetien und die Annexion dieses Gebietes durch die Russische Födera-tion. Durch den neuerlichen Krieg um Südossetien im August 2008 und die diplomatische Anerkennung seiner Eigenstaatlichkeit durch Moskau wurde diese »ossetische Frage« erneut aufgeworfen.

Inguschetien bildete in der Sowjetunion zusammen mit Tchetschenien eine weitere »Bindestrich-Republik«, die Tschetscheno-Inguschische ASSR. Im Sommer 1992 lösten sich die Inguschen aus der administrativen Einheit mit den Tschetschenen, mit denen sie ethnisch-linguistisch eng verwandt sind, und konstituierten eine eigene Republik – anders als die tschetschenischen Separatisten strebten sie jedoch keine Loslösung von der Russischen Föderation an. Die Bevölkerung der flächenmäßig kleinsten Teilrepublik der Region setzte sich 2002 zu 77 % aus Inguschen, zu 11 % aus Tschetschenen und zu 4 % aus Russen zusammen. Der russische Bevöl-kerungsteil dürfte inzwischen weiter geschrumpft sein.

Inguschetien ist zwischen diversen Konfliktlandschaften eingekeilt. Da ist das angespannte Verhältnis zu Nordossetien, vor allem aber die Nach-barschaft zur tschetschenischen Kriegszone, aus der sich besonders wäh-rend des zweiten Krieges Flüchtlingsströme über die winzige Republik er-gossen. 2002 befanden sich 150 000 tschetschenische Flüchtlinge auf ihrem Territorium. Dazu kam die in den letzten Jahren stärkste innenpolitische Krise im Nordkaukasus. Bis 2002 regierte Ruslan Auschew als Präsident die Republik; er galt als ein kompetenter Politiker und genoss in der Be-völkerung Respekt – eine Ausnahme unter den kaukasischen Machteliten. Durch seine kritische Haltung gegenüber der Tschetschenienpolitik des Kreml geriet er jedoch in Widerspruch zu Präsident Putin. Im Zuge seiner Rezentralisierungspolitik setzte dieser dann einen Offizier des Inlands-geheimdienstes, Murat Sjasikow, als Präsidenten in Inguschetien ein.

Die neue Republikführung stieß umgehend auf Widerstand. War Auschew bemüht gewesen, die Republik aus den Wirren der Tschetsche-nienkriege herauszuhalten, wurde sie unter Sjasikow zum Nebenschau-platz des Tschetschenienkonflikts. Wie in Tschetschenien wurden hier nun massenhafte Säuberungsaktionen unter der Zivilbevölkerung durch-geführt. Menschenrechtsorganisationen berichteten noch 2008 über einen kriegsähnlichen Zustand in Inguschetien, über Kämpfe zwischen Sicher-heitsorganen und diversen Gewaltakteuren.[9] Allein im ersten Halbjahr 2008 kamen 70 Polizisten bei Angriffen ums Leben. Im Gegenzug ent-führten staatliche Todesschwadronen Verdächtige und ermordeten mas-kierte Staatsschützer junge Männer. *Jihad*-Gruppen kämpften vernetzt mit Islamisten in anderen kaukasischen Teilrepubliken für ein »Kaukasisches

Emirat«. Bei der Duma-Wahl 2007 wurde aus Inguschetien ein Rekord-ergebnis von über 98 % für die Kreml-Partei »Einiges Russland« gemeldet. Dagegen führte der Journalist Magomed Jewlojew auf seiner Website *www. ingushetiya.ru* den Nachweis, dass kaum die Hälfte der Wahlberechtigten in der Republik zur Wahl gegangen war.

Im August 2008 wurde der regierungskritische Journalist ermordet, was zur erneuten Eskalation der Lage in Inguschetien führte. Nun be-gann ein oppositionelles »Volksparlament Inguschetiens« mit einer Unter-schriftenaktion für den Austritt der Republik aus dem russischen Staats-verband. Diese Eskalation führte 2008 zum Wechsel im Präsidentenamt von Sjasikow zu dem vom Kreml eingesetzten Junus-Bek Jewkurow, einem Generalmajor der russischen Streitkräfte und »Helden Russlands«. Jewkurow trifft in der Bevölkerung der Republik wie bei führenden Repräsentanten der Opposition auf Zustimmung, die notwendige Re-Stabilisierung stellt ihn jedoch vor erhebliche Herausforderungen, die in kurzer Zeit nicht zu meistern sind.

Die beiden anderen Republiken im Ostabschnitt des Nordkaukasus, Tschetschenien und Dagestan, verkörpern für Russland am stärksten den Charakter des »inneren Auslands«. Sie werden an anderer Stelle behandelt.

Abschließend noch ein kurzer Blick auf die Regionen Rostow, Krasno-dar und Stawropol: Sie haben überwiegend eine russische Bevölkerung: in Rostow machen Russen nahezu 90 % der Bevölkerung aus, im Kuban Gebiet (Region Krasnodar) rund 85 % und in Stawropol über 80 % – in Rostow und Krasnodar mit starken kosakischen Einschlägen.[10] Unter den ethnischen Minderheiten tritt hier besonders die armenische Gemeinde hervor. Insbesondere in Krasnodar trat in den 1990er Jahren eine sehr kon-servative regionale Machtelite selbstbewusst gegenüber Moskau auf. Dabei entwickelte sich in ihr und in der Mehrheitsbevölkerung eine xenophobe Haltung gegenüber Minderheiten. Hier hatte auch die »Wiedergeburt des Kosakentums« mit seinem orthodoxen Wertekatalog seinen Schwer-punkt.[11] Diese Regionen mit ihrer konservativ-nationalistischen Fundie-rung bilden zunehmend eine Pufferzone gegenüber Russlands »innerem Ausland« im Kaukasus.

5 Brennpunkte im Brennpunkt Nordkaukasus

5.1 Tschetschenien

Im Mittelpunkt der Wahrnehmung des Nordkaukasus in Russland wie auch der Welt stand der Tschetschenienkonflikt, wobei der Begriff »Konflikt« angesichts zweier Kriege verharmlosend erscheint. Sein Beginn fällt in die »Souveränitätsparade«, die am Ende der sowjetischen Periode nicht nur in den Unionsrepubliken vom Baltikum bis zum Südkaukasus, sondern ab 1990 auch in den nationalen Gebietskörperschaften Russlands einsetzte.[12] Autonome Gebietseinheiten werteten sich dabei zu Republiken auf. Unter den Souveränitätserklärungen befand sich auch eine »Deklaration über die staatliche Souveränität der Tschetscheno-Inguschischen Republik« vom 27. November 1990. Sie erregte im Kontext der breiteren »Souveränitätsparade« damals kaum Aufmerksamkeit. Die kommunistische Republikführung in Grosny meinte mit »Souveränität« auch noch nicht die Lostrennung von Russland. In der Folgezeit verschoben sich aber die Machtgewichte in der Republik – zu einer radikalen Nationalbewegung, an deren Spitze sich Dshochar Dudajew setzte, ein sowjetischer General tschetschenischer Abstammung, der auf seinem letzten Militärposten in Estland eine anti-sowjetische Unabhängigkeitsbewegung erlebt und unterstützt hatte.

Zum Machtwechsel in Grosny kam es dann infolge des gescheiterten Putschversuchs restaurativer Kräfte in Moskau im August 1991. Als Dudajew bald darauf das Republikparlament auflöste und sich zum Präsidenten wählen ließ, führte dies zur Konfrontation. Am 1. November 1991 verkündete er die staatliche Unabhängigkeit der »Tschetschenischen Republik«, was mit der Trennung vom inguschischen Landesteil verbunden war. Ein recht hilfloser Interventionsversuch der Zentralgewalt scheiterte. Bis Ende 1991 wurden die Organe der föderalen Gewalt in der abtrünnigen Republik aufgelöst, 1992 die dort stationierten russischen Truppen abgezogen.

In Tschetschenien vollzogen sich nun politische Machtkämpfe und eine Wirtschaftskrise. Das wirtschaftliches Rückgrat hatte zuvor aus der Rohölförderung und -verarbeitung bestanden, also aus Sektoren, die hochgradig mit der Gesamtindustrie Russlands und der Sowjetunion verflochten waren. Dudajews Plan, aus der »unabhängigen Republik« ein »Kuwait des Kaukasus« zu machen, konnte nicht aufgehen. Die Arbeitslosigkeit schnellte in die Höhe. Ganze Produktionsbereiche lagen brach. Dabei griff Wirtschaftskriminalität immer weiter um sich. Ein Akteur russischer Kaukasuspolitik, Sergej Schachraj, prägte für das abtrünnige Tschetschenien den Begriff der »kriminellen Freihandelszone«. Das schon im russischen Kaukasusbild des 19. Jahrhunderts enthaltene Klischee des »räuberischen Tschetschenen« fand sich in der Beschreibung dieser Entwicklung in russischen Medien erneut wieder. Dazu entwickelte sich ein Machtkampf zwischen Dudajew und einer innertschetschenischen Opposition, die dem Präsidenten vorwarf, die 1992 verabschiedete Republikverfassung zu verletzen und eine »Präsidialdiktatur« errichtet zu haben. Eine solche »Präsidialdiktatur«, die den politischen Entwicklungen in vielen sowjetischen Nachfolgestaaten entsprach, stand im Widerspruch zur tschetschenischen Geschichte, denn vor der Unterwerfung unter russische Oberherrschaft war die politische Gewalt stets dezentralisiert gewesen und hatte dem Charakter einer Stammesdemokratie entsprochen.

Die föderale Politik gegenüber Tschetschenien geriet derweil immer stärker unter die Kontrolle der Geheimdienste und der Ministerien für Inneres und Verteidigung. Im September 1994 setzten diese auf eine Intervention zur Unterstützung der Anti-Dudajew-Kräfte. Als daraufhin eine militärische Offensive der Oppositionskräfte gegen Dudajew scheiterte, wobei auch russische Offiziere und Soldaten in Gefangenschaft gerieten, fiel in Moskau die Entscheidung zu einer massiven Militärintervention, die sich die Verantwortlichen als einen »kleinen erfolgreichen Krieg« vorstellten.

Der Krieg von 1994 bis 1996, der auf tschetschenischer Seite den Schulterschluss zwischen dem Dudajew-Regime und der Bevölkerung herbeiführte, führte für die föderale Gewalt des nachsowjetischen Russlands jedoch zu einer militärischen und politischen Niederlage. Ohne Ausbildung für den Kampf gegen eine hoch motivierte Guerilla wurden russische Wehrpflichtige in einen Krieg geschickt, der ihnen als ein fragwürdiges Unterfangen der neuen Machtelite um Jelzin erschien. Dagegen kultivierte der Gegner die Erinnerung an eine lange Geschichte des Widerstands gegen Russland. Beginnend mit dem Sturm auf die Hauptstadt Grosny ging die russische Armee in Tschetschenien auf eine Art vor, als habe ihr Einsatzbefehl so gelautet wie seinerzeit der Auftrag, mit dem Zar Nikolaj I. seine Statthalter in den Kaukasus geschickt hatte: »Unterwerfung oder Ausrottung der Unbotmäßigen!«.

Der Krieg trug zur Radikalisierung islamischer »Wiedergeburt« im Nordkaukasus und zum Einfluss islamistischer Kräfte von außen bei, löste gewaltige Fluchtbewegungen aus und beschleunigte den sozioökonomischen Niedergang des Nordkaukasus. Nach der langwierigen und verlustreichen Einnahme Grosnys im März 1995 gingen die tschetschenischen Widerstandskräfte zu Guerilla-Taktiken über, denen die russische Armee wie schon in Afghanistan nicht gewachsen war. Die russische Gesellschaft wurde durch tschetschenische Gewaltaktionen wie den Angriff auf ein Krankenhaus im südrussischen Budjennowsk (2000 Geiseln, 100 Todesopfer) im Juni 1995 geschockt. Die Zivilbevölkerung Tschetscheniens ging einschließlich der dort noch verbliebenen Russen durch die Hölle. Schätzungen ziviler Todesopfer schwanken zwischen 30000 und mehr als 100000. Dudajew wurde im April 1996 getötet. Kurz darauf lud Präsident Jelzin dessen Nachfolger Selimchan Jandarbijew zu Verhandlungen in den Kreml ein.

Eine tschetschenische Offensive zur Wiedereinnahme Grosnys gab dann im August den Ausschlag für ein Waffenstillstandsabkommen, das unter Vermittlung einer seit 1995 in Tschetschenien eingerichteten Mission der OSZE zustande kam. Das Abkommen von Chassawjurt verschob die Regelung des politischen Status Tschetscheniens um fünf Jahre bis 2001. Es wurden gewaltfreie Beziehungen zwischen beiden Seiten »entsprechend den Prinzipien internationalen Rechts« vereinbart, was die tschetschenische Seite als Anerkennung ihrer Unabhängigkeit auslegte. Dem folgte im Mai 1997 ein Friedensabkommen über »Prinzipien gegenseitiger Beziehungen«.

Zwar hatte sich Tschetschenien seine Abtrennung von Russland nun erkämpft, aber daraus konnte es weder äußere noch innere Souveränität schöpfen. Materiell war es zerstört, seine Gesellschaft zutiefst traumatisiert. Mit diesen Voraussetzungen wurde die »Tschetschenische Republik Itschkerien« zu einem Unruheherd im Kaukasus. Internationale Anerkennung blieb ihr verwehrt und es gelang auch nicht, eine Konsolidierung im Innern durch die Herausbildung stabiler staatlicher Strukturen zu erreichen. Bei den Präsidentschaftswahlen im Januar 1997 setzte sich Aslan Maschadow, der populärste Feldkommandeur des tschetschenischen Widerstands, gegen radikalere Konkurrenten wie Schamil Bassajew durch. Ein Gewaltmonopol konnte er jedoch gegen das System militärischer Territorialautonomie, das sich im Krieg herausgebildet hatte, und gegen die daraus hervorgegangenen Warlords nicht durchsetzen. Radikale Kräfte warfen ihm vor, gegenüber Moskau kompromissbereit zu sein.

Die radikale Opposition wie auch die Regierung setzten nun ein Prozess in Gang, der die Institutionen der Republik auf islamische Grundprinzipien ausrichtete. Maschadow wollte damit der mit islamistischen Kampfparolen auftretenden Opposition den Wind aus den Segeln nehmen. Der Islam wurde zur Waffe im Machtkampf, wobei sich der Republik-Mufti Achmed Kadyrow auf die Seite der Regierung stellte. Er nahm gegenüber den islamistischen Oppositionskräften eine entschlossenere Haltung ein als Maschadow, der seine Position durch Kompromisse zu wahren suchte. Vor allem unter der Führung Bassajews bildete sich ein islamistischer Flügel des tschetschenischen Separatismus, der mit historischem Rückgriff auf den »*ghazavat*«, den »heiligen Krieg« der kaukasischen Bergvölker gegen die Armee des Zaren, die Muslime des Kaukasus im Kampf gegen die russische Oberherrschaft einen wollte. Der Hauptanknüpfungspunkt dafür war die Nachbarrepublik Dagestan, in der sich schon einige Gemeinden als »islamische Territorien« auf Scharia-Grundlage von der Republik- und Föderalgewalt getrennt hatten.

Im August 1999 brachen Kämpfe zwischen russischen Truppen und islamistischen Freischärlern unter Führung tschetschenischer Feldkommandanten im Westen Dagestans aus. Dieser »Dagestan-Krieg« bildete den Übergang zum zweiten Tschetschenienkrieg. Die entscheidende emotionale Zäsur, die zur Kriegsbereitschaft in der russischen Gesellschaft führte, bildete eine Serie von Bombenattentaten auf Wohnhäuser in Moskau und Wolgodonsk, die ohne nachprüfbaren Beweis »tschetschenischen Extremisten« zugeschrieben wurde. Während sich im Oktober 1995 65% der in einer Meinungsumfrage in verschiedenen Teilen Russlands Befragten gegen den Krieg ausgesprochen hatten, stimmten im November 1999 nun 53% für eine »militärischen Lösung des Tschetschenienproblems« und nur noch 21% dagegen.

Die erneuten Militärmaßnahmen unter Führung des zum russischen Premierminister und bald darauf zum neuen Präsidenten aufgestiegenen Wladimir Putin wurden mit dem Schutz Tschetscheniens vor internationalem Terrorismus und mit der Wiederherstellung der verfassungsgemäßen Ordnung begründet. Sie gingen aber über eine gezielte »Anti-Terror-Operation« weit hinaus und führten zu einem erneuten Krieg, der wieder vor allem die Zivilbevölkerung traf. An eine massive Kriegsphase 1999/2000 schloss sich eine Periode von »Säuberungen« an, die sich in der massenhaften Entführung junger Männer und der Misshandlung und Tötung von »Terrorismusverdächtigen« in »Filtrationslagern« manifestierten.

Auch auf der tschetschenischen Seite ging der Widerstand mehr und mehr in Terror über. Die Zeitspanne von Oktober 2002 (Geiselnahme an einem Moskauer Musiktheater) bis September 2004 (Beslan) bildete die Periode, in der Russland am stärksten von Terroraktionen mit einem nordkaukasischen Hintergrund erschüttert wurde. In dieser Periode verfolgte Schamil Bassajew eine terroristische Strategie, die von der »Untergrundregierung« unter Maschadow abgelehnt wurde, wobei allerdings auch Maschadow Angriffe auf russische Militärposten über Tschetschenien hinaus ankündigte. Präsident Putin wiederum proklamierte seit 2002 eine in der russischen Presse mit dem Begriff »Tschetschenisierung« gekennzeichnete Strategie. Die Aufgabe, den bewaffneten Widerstand zu vernichten und einen Wiederaufbau in Tschetschenien einzuleiten, wurde nun zunehmend an einheimische Verbündete delegiert. Dabei setzte der Kreml auf den Klan des ehemaligen Muftis Achmed Kadyrow, der 2001 zum Statthalter in der Kriegszone und 2003 in einem fragwürdigen Wahlverfahren zum Präsidenten Tschetscheniens gemacht wurde. Nach seiner Ermordung im Mai 2004 folgte ihm sein Sohn Ramsan in der Funktion des regionalen Machthabers nach, zum Präsidenten konnte dieser aber erst 2007 gekürt werden, nachdem er das 30. Lebensjahr vollendet hatte – das Mindestalter für die Wahl eines tschetschenischen Republikchefs.

Präsident Putin erklärte die Politik der Tschetschenisierung bereits 2006 für vollendet. Die prominentesten Feldkommandeure und Politiker aus der ersten Generation der »tschetschenischen Revolution« waren inzwischen liquidiert – darunter die Präsidenten Jandarbijew und Maschadow, später auch der als »Terrorfürst« plakatierte und sich selbst so darstellende Schamil Bassajew. Viele Untergrundkämpfer traten zur Gegenseite über und wurden in die Kadyrow-Streitkräfte aufgenommen. In Grosny und Umgebung begannen Wiederaufbaumaßnahmen, die Ramsan Kadyrow Anerkennung in der lokalen Bevölkerung bescherten. Seine Herrschaft ist jedoch nicht unangefochten. Im Sommer 2008 wurde wieder über häufige Angriffe auf Sicherheitskräfte berichtet.

Innerhalb der pro-russischen tschetschenischen Eliten kam es zu heftigen Machtkämpfen: so zwischen den »Kadyrow-Leuten« und dem Klan der Jamadajews, der militärische Einheiten der föderalen Streitkräfte in Tschetschenien befehligte. Der Berichterstatter des Europarats für die Menschenrechtssituation im Nordkaukasus erklärte im Juni 2008, die Lage in Tschetschenien sei zwar nicht mehr so katastrophal wie vor wenigen Jahren, aber doch weit davon entfernt, den Standards des Europarats zu entsprechen. Die dort immer noch in Unsicherheit lebenden Menschen hätten es nicht verdient, dass ihre Situation in Vergessenheit gerät.[13]

Dies gilt auch noch ein Jahr später – nach der Aufhebung des Sonderstatus einer »Zone der Terrorismusbekämpfung« in Tschetschenien am 16. April 2009. Von den noch verbliebenen 500000 russischen Militärangehörigen sollen nun zunächst 20000 aus der ehemaligen Kriegszone abgezogen werden. Nach wie vor operieren die Sicherheitsorgane aber gegen diverse Freischärler. In einem Artikel der russischen Armeezeitung »Krasnaja Swjesda« heißt es noch im März 2009, jede Fahrt aus dem Militärstützpunkt Chankala sei mit der Gefahr verbunden, beschossen zu werden. Dennoch hat sich im Vergleich zu den massiven Kriegsphasen und der folgenden Periode der »Säuberungen« eine Entwicklung vollzogen, die als »Normalisierung« beschrieben werden kann. Unter der Leitung Ramsan Kadyrows haben Wiederaufbaumaßnahmen begonnen, die dem jungen Machthaber Anerkennung in der lokalen Bevölkerung bescheren. Kadyrow hat seine Macht in Tschetschenien rücksichtslos konsolidiert. 2008 und 2009 häuften sich Anschläge gegen seine Gegner im Exil.

5.2 Dagestan

Dagestan, die Gebietseinheit mit der größten Völkervielfalt, bildet den anderen Brennpunkt im Nordkaukasus. Von 2,6 Millionen Einwohnern sind knapp 30 % Awaren, 16,5 % Darginer, 14 % Kumyken, 13 % Lesginen (Lesgier), 5,4 % Laken, 4,7 % Russen und der Rest gehört zu anderen Ethnien wie Tabassaraner, Nogaier, Rutulen. Ein Dutzend Volksgruppen gelten in politischer Hinsicht als »Hauptnationalitäten«, die bei der Ämtervergabe zu berücksichtigen sind. Seit 1989 trat in Dagestan eine »nationale Volksfront« nach der anderen auf: zuerst die nogaische Bewegung »Birlik«, gefolgt von der lesginischen »Sadval«, der awarischen »Volksfront Schamil« und schließlich der Bewegung »Kazi-Kumuch« der lakischen Volksgruppe.

Bis vor kurzem war Dagestan mit einem Staatsmodell, in dem es aus ethnisch-politischen Gründen das Amt eines Präsidenten nicht gab, eine Ausnahme unter den Teilrepubliken Russlands. Dieses Modell war als ethnische Konkordanzoligarchie angelegt – mit einem als kollektives Staatsoberhaupt fungierenden Staatsrat aus führenden Repräsentanten der Hauptnationalitäten.[14] Der Posten des Staatsratsvorsitzenden sollte unter den ethnischen Gruppen rotieren. Tatsächlich wurde er aber dauerhaft von dem Darginer Magomed Magomedow besetzt, der sich 13 Jahre lang als Präsidentenersatz an der Spitze des Staatsrats hielt. Im Zuge seiner Rezentralisierungspolitik seit 2004 griff der Kreml dann in die Machtstrukturen in Dagestan ein. Im Februar 2006 ernannte Staatspräsident Putin den bisherigen Parlamentsvorsitzenden Dagestans, Muchu Alijew, zum Republikpräsidenten.

Traten beim Zerfall der Sowjetunion vor allem »ethnische Unternehmer« auf der politischen Bühne Dagestans auf, meldeten sich in der zweiten Hälfte der 1990er Jahre zunehmend religiöse Kräfte politisch zu Wort. Da erklärten sich Gemeinden im Westen Dagestans zu »islamischen Territorien«, stellten sich auf die religiöse Rechtsgrundlage der Scharia und traten gleichsam aus der von ihnen als völlig korrupt angesehenen Republikverwaltung aus. Wie bereits dargelegt, trat diese Entwicklung in unheilvolle Verbindung zu ideologischen Machtkämpfen in Tschetschenien. Tschetschenische Akteure wie Bassajew griffen in Dagestan ein, um eine pankaukasische islamistische Front gegen Russland zu errichten. Bei der überwiegenden Mehrheit der dagestanischen Bevölkerung stieß dieser »Angriff aus Tschetschenien« auf vehemente Ablehnung und Widerstand.

Nach 2005 trat Dagestan in der russischen und internationalen Berichterstattung über den Nordkaukasus teilweise stärker hervor als die einstige Kriegszone Tschetschenien. Der neue Präsident Muchu Alijew erklärte, dass tief greifende Strukturmaßnahmen wie Bildungs- und Arbeitsbeschaffungsprogramme für die Jugend der Republik dringend erforderlich seien, um eine weitere Destabilisierung zu vermeiden. Zu den wichtigsten Ursachen der fortgesetzten Instabilität zählen eine nach wie vor fragile interethnische Balance, ethnisch determinierte Verteilungskämpfe um knappe Bodenressourcen und um Staatsämter, Kämpfe zwischen islamistischen Netzwerken wie der »Scharia-Jamaa« und den im »Krieg gegen die Wahhabiten« mit der offiziellen Geistlichkeit vereinten Staatsorganen, die oftmals brutal und undifferenziert vorgehen und junge Leute in die Arme radikaler Kräfte treiben.[15]

***

So bleibt der Nordkaukasus auch nach der Beendigung des Tschetschenienkriegs in einem Zustand der Instabilität, der es Russland nur sehr eingeschränkt gestattet, Machtpolitik im Südkaukasus zu betreiben. Russland beanspruchte im Kontext des »Südossetien-Kriegs« vom August 2008 seine »Rolle als historischer Garant für den Frieden zwischen den Völkern des Kaukasus«, erkannte Abchasien und Südossetien als von Georgien unabhängige Staatsgebilde an und schloss eine Reihe von Abkommen mit diesen beiden Territorien, die nun zu seinen Protektoraten im Südkaukasus wurden. Dabei kann es aber kaum nachhaltige Stabilität für den Nordkaukasus, seine eigene kaukasische Peripherie, garantieren.

Anmerkungen

1   Zur Situation in der Region siehe Jeronim Perovic, Am Abgrund. Fehlentwicklung im Nordkaukasus, in: Osteuropa, Jg. 56, 2006, Nr. 7, S.33–55; Uwe Halbach, Prekäre Staatlichkeit. Strukturprobleme im Nordkaukasus, in: Osteuropa, 56, 2006, Nr. 7, S. 17–32; ders., Nordkaukasus-Porträt einer spannungsreichen Regien, in: Marie-Carin von Gumppenberg/Udo Steinbach (Hrsg.), Der

Kaukasus. Geschichte-Kultur-Politik, München 2008, S. 54−79; Barbara Pietzonka, Ethnisch-territoriale Konflikte in Kaukasien, Baden-Baden 1995.

2   Eine ausführliche Darstellung der religiös-politischen Situation in der größten nordkaukasischen Teilrepublik liefert: Paul Lies, Ausbreitung und Radikalisierung des islamischen Fundamentalismus in Dagestan. Studien zu Konflikt und Kooperation im Osten, hrsg. von Egbert Jahn, Bd. 17, Berlin 2008.

3   Dmitri Trenin, Conflicts in the South Caucasus, in: Gerhardt Mangott (Hrsg.), Brennpunkt Südkaukasus. Aufbruch trotz Krieg, Vertreibung und Willkürherrschaft?, Wien 1999, S. 293−306, hier S. 297.

4   Andreas Kappeler, Russland als Vielvölkerreich. Entstehung, Geschichte, Zerfall, München 1992, S. 141−154.

5   Darrel Slider, Putin's »Southern Strategy«. Dmitry Kozak and the Dilemmas of Recentralization, in: Post-Soviet Affairs, Jg. 24, 2008, Nr. 2, S. 177−197.

6   Fiona Hill, Putin's Federal Dilemmas, in: New Europe Review, 17.2.2005.

7   Moskovkij Komsomolec, 16.6.2005.

8   Swetlana Tcherwonnaja, Der ossetisch-inguschische Konflikt. Eine Fallstudie, in: Uwe Halbach/Andreas Kappeler (Hrsg.), Krisenherd Kaukasus, Baden-Baden 1995, S. 245−263.

9   http://hrw.org/reports/2008/russia0608/russia0608webwcover.pdf (Zugriff am 18.8.2009).

10 Zu diesen Regionen siehe besonders Sergej Markedonov, Etnonacional'nyj i religioznyj faktor v obščestvenno-političeskoj žizni Kavkazskogo regiona, Moskau 2005.

11 Dittmar Schorkowitz, Postkommunismus und verordneter Nationalismus. Gedächtnis, Gewalt und Geschichtspolitik im nördlichen Schwarzmeergebiet, Frankfurt a. M. 2008; zum »Neu-Kosakentum« in Krasnodar siehe besonders S. 98−108. In Krasnodar entstanden Anfang der 1990er Jahre rivalisierende Kosakengruppen wie das »Kuban-Kosaken-Heer« oder der »Kuban-Kosaken-Rat«. Diese »Neu-Kosaken« Südrusslands, besonders Krasnodars, stehen russischen Ultra-Nationalisten wie Wladimir Shirinowskij und Eduard Limonow ideologisch nahe. Sie treten gegen ethnische und religiöse Minderheiten auf.

12 Roland Götz/Uwe Halbach, Politisches Lexikon Ruland. Die nationalen Republiken und Gebietseinheiten der Rußländischen Föderation, München 1994.

13 Neue Züricher Zeitung, 26.6.2008, S. 2.

14 Zum politischen Modell Dagestans vor 2006 siehe besonders Otto Luchterhandt, Dagestan. Unaufhaltsamer Zerfall einer gewachsenen Kultur interethnischer Balance? Hamburger Beiträge zur Friedensforschung und Sicherheitspolitik, Nr. 188, 1999.

15 ICG (International Crisis Group), Russia's Dagestan. Conflict Causes, Europe Report, Nr. 192, 3.6.2008.

Angelika Nußberger

Rechtswesen und Rechtskultur

Russlands gegenwärtiger Präsident Dmitrij Medwedew ist ebenso wie der gegenwärtige Regierungschef und ehemalige Präsident Wladimir Putin Jurist; auch der letzte Präsident der Sowjetunion, Michail Gorbatschow, hatte Rechtswissenschaft studiert. Allerdings klingen ihre Stellungnahmen zum Recht fremd in den Ohren europäischer Juristen: Gorbatschow forderte, einen »sozialistischen Rechtsstaat« zu schaffen, Putin sprach von der »Diktatur des Gesetzes« und Medwedew bezeichnete es als eine vorrangige Aufgabe der Regierung, den »Rechtsnihilismus« im Lande zu bekämpfen. Hinter all diesen Begriffen verbergen sich Besonderheiten der russischen Rechtskultur Ende des 20. Jahrhunderts, einer Rechtskultur in einer schwierigen Phase des Übergangs.

Zugleich sind diese Begriffe eng mit einer jahrhundertealten besonderen Rechtstradition verbunden, die sich nicht erst in sowjetischer Zeit, sondern bereits lange zuvor eigenständig und weitgehend unbeeinflusst von der westeuropäischen Rechtstradition entwickelt hat. Auch wäre es irreführend, die juristische Ausbildung, die Putin, Medwedew und Gorbatschow gegen Ende der Sowjetzeit durchlaufen haben, mit der Ausbildung französischer oder deutscher Juristen gleichzusetzen. Rechtswesen und Rechtskultur in Russland und in Westeuropa unterscheiden sich in vielerlei Hinsicht, obwohl bereits Ende des 19./Anfang des 20. Jahrhunderts und wiederum seit den frühen 1990er Jahren in großem Umfang ein Rechtstransfer von West nach Ost stattgefunden hat und sich ein deutlicher Einfluss westlichen Rechtsdenkens in Russland nachweisen lässt.

1   Eigenständigkeit eines russischen Rechtskreises?

Dennoch ist strittig, ob man von einem eigenständigen »russischen Rechtskreis« vergleichbar dem angloamerikanischen oder dem kontinentaleuropäischen Rechtskreis, sprechen kann.[1] Traditionellerweise stellt man dabei auf Faktoren wie die historische Herkunft und Entwicklung einer Rechtsordnung, die vorherrschende juristische Denkweise, die charakteristischen Rechtsinstitute, die Art der Rechtsquellen und ihre Auslegung und ideologische Faktoren ab.[2] Das sowjetische Recht sah man insofern als völlig eigenständig und paradigmatisch für den sozialistischen Rechtskreis an;[3]

das nach dem Zerfall der Sowjetunion entwickelte russische Recht dagegen wird in den meisten Kategorisierungen dem kontinental-europäischen Rechtskreis zugeschlagen.[4]

Blickt man auf die Entstehung der Normen im Rahmen eines in der Verfassung festgelegten Gesetzgebungsprozesses und die grundsätzlichen Techniken der juristischen Auslegung, die denen des kontinentaleuropäischen Rechtskreises entsprechen, hat dies sicherlich seine Berechtigung. Es ist allerdings weniger der Normenbestand, der die Besonderheit des russischen Rechts ausmacht, als der Umgang mit dem Recht sowie die Rolle, die das Recht in der Gesellschaft spielt. Auch unterscheiden sich die mit dem Recht befassten Institutionen, etwa die Prokuratur und die Richterschaft, grundsätzlich von vergleichbaren Institutionen in anderen Staaten. Zieht man diese Faktoren zur Abgrenzung heran, ist es durchaus berechtigt, einen eigenen russischen Rechtskreis zu bilden, zu dem wohl noch die Rechtsordnungen der ehemaligen sowjetischen Republiken mit Ausnahme des Baltikums, das schon immer über eine eigenständige Rechtstradition verfügte, zu rechnen wären.

Recht entwickelt sich nicht im luftleeren Raum. Vielmehr ist immer auch von entscheidender Bedeutung, wer die Macht in Händen hält und damit auf die Entstehung des Rechts Einfluss nehmen kann. So ist etwa die Entstehung eines starken Richterrechts in England untrennbar mit der besonderen Form des Parlamentarismus, der sich dort entwickelt hat, verbunden.[5] Russland erlebte nur kurze Zeiten demokratischer Zwischenspiele oder Experimente zu Anfang und Ende des 20. Jahrhunderts. Im Übrigen wurde die Entwicklung des Rechts über Jahrhunderte von der autokratischen Herrschaftsform bestimmt.[6] Ab 1917 stand das Recht im Zeichen der kommunistischen Ideologie. Seit dem Ende der 1990er Jahre ist der Zusammenhang der Rechtsentwicklung mit der Herausbildung einer »gelenkten Demokratie« unverkennbar.

2 Der Einfluss der Herrschaftsform auf das Recht

2.1 Recht und Autokratie

Hervorstechendes Charakteristikum des russischen Rechts, das sich unter der Ägide der autokratischen Herrschaft der russischen Zaren herausgebildet hat, ist, dass es vorrangig nicht als Mittel zur Lösung von in der Gesellschaft bestehenden Konflikten konzipiert wurde, sondern als Instrument zur Erhaltung der Macht der Herrschenden. Dies kommt beispielhaft in der berühmten Rechtskritik Leo Tolstojs zum Ausdruck: »In Wirklichkeit aber wird Folgendes Recht genannt: Für die Menschen, die Macht haben, ist es die sich selbst erteilte Erlaubnis, die Menschen, welche sie beherrschen, zu zwingen, das zu tun, was für die Herrschenden vorteilhaft ist. Für die Beherrschten aber wird Recht die Erlaubnis genannt, all das zu tun, was ihnen nicht verboten ist. [...]«.[7] So wurde Recht in erster Linie als ein System von Sanktionen wahrgenommen, die gegen die Untertanen verhängt werden können.

Die rechtliche Ungleichheit spiegelte die gesellschaftliche Ungleichheit.[8] Für die Leibeigenen entfiel nach der bis 1861 geltenden strafrechtlichen Regelung die Schutzfunktion des Strafrechts fast vollständig; die Strafgewalt des Herrn über seinen Leibeigenen war nahezu unbeschränkt, nur töten durfte er ihn nicht.[9] Auch das Verwaltungsrecht wurde, anders als etwa im preußischen Recht Ende des 19. Jahrhunderts, nicht als ein Recht verstanden, das Freiheit und Eigentum des Bürgers vor dem Staat schützt und für Eingriffe eine gesetzliche Grundlage fordert, sondern als ein Instrument, um dem Bürger Verbote aufzuerlegen. Verfassungsrecht im eigentlichen Sinn, das der Machtverteilung und -ausübung strikte Regeln vorgibt, gab es bis 1906 nicht. Die Regelungen des Zivilrechts zur Entscheidung von Streitigkeiten zwischen den Bürgern, etwa in erb- oder handelsrechtlichen Angelegenheiten, waren überaus unübersichtlich und – anders als etwa in Frankreich, wo sie 1806 klar und konzise im Code Civil zusammengefasst wurden – nicht in einem kurzen Gesetz kodifiziert; weder die 45 Bände umfassende *Polnoe sobranie zakonov* (Vollständige Sammlung der Gesetze) noch der 15 Bände umfassende *Svod Zakonov* (Gesetzeskodex) konnten die Anforderungen der Praxis befriedigen.[10]

Für die russische Rechtskultur bis zur Mitte des 19. Jahrhunderts ist daher die Instrumentalisierung des Rechts für den Machterhalt und die damit verbundene Annahme, das Recht sei ein Instrument der Unterdrückung, ein schweres Erbe, von dem sie sich nur schwer lösen kann. Der Neuaufbruch in den 1860er Jahren, verbunden mit der Gerichtsreform und der Rezeption ausländischen Rechtsdenkens, war hoffnungsvoll, aber nicht nachhaltig. Allerdings wurden in dieser Zeit Modelle und Orientierungsmuster – man denke etwa an Geschworenengerichte oder Friedensrichter – geschaffen, auf die bei den Reformen in den 1990er Jahren zurückgegriffen werden konnte.

Das kurze demokratische Experiment auf der Grundlage der dem Zaren abgetrotzten Verfassung von 1906 vermochte nicht, die grundsätzlichen Probleme des Rechtswesens im Russischen Reich zu beheben oder die grundsätzlich negative Einstellung zum Recht zu verändern, obwohl nun erstmals mit der Garantie von Grundrechten in der Verfassung dem Recht auch die Funktion zukam, die Stellung des Bürgers gegen den Staat zu schützen.[11] Die vorgesehenen Mechanismen waren aber nicht effizient; Max Webers Charakterisierung der neuen Verfassungsordnung als Schein-konstitutionalismus hat dem System auf Dauer einen negativen Stempel aufgedrückt.[12]

2.2 Recht und Kommunismus

In der Folge der Oktoberrevolution wurde das gesamte zaristische Recht auf der Grundlage mehrerer Dekrete, insbesondere des Dekrets »Über das Land«[13] und des Dekrets »Über die Volksgerichte der RSFSR« vom 30. November 1918[14], abgeschafft. Die auf Marx' Idee vom Absterben von Staat und Recht gestützten Experimente in den ersten Jahren der Sowjet-herrschaft führten zu einer Schließung der juristischen Fakultäten und zur Gründung von mit Laien besetzten Volksgerichten. Rechtliche Re-gelungen boten dem Einzelnen in keiner Weise Schutz; vielmehr wurde das Recht als Instrument von Herrschaft und Willkür wahrgenommen. Die Indienstnahme des Rechts für jeden beliebigen Zweck führte in der Stalinzeit zu den Exzessen bei den Schauprozessen der 1930er Jahre, bei denen vor den Augen der Weltöffentlichkeit eklatante Unrechtsurteile gesprochen wurden.[15] Die Vorstellung von einer »revolutionären Gesetz-lichkeit«, die das Recht in den Dienst der Revolution stellt, stand rechts-staatlichen Konzeptionen konträr gegenüber. Dieses parteiliche Verständ-nis von Recht ist ein – historisches – Element der Rechtskultur; die darauf aufbauende Entwicklung des Konzepts der »sozialistischen Gesetzlichkeit«, mit der dem Recht ein ideologisches Ziel, der Aufbau eines sozialisti-schen Staates, gesetzt wurde, änderte daran wenig.[16] Sowohl das geschrie-bene Recht mit seiner ideologischen Prägung als auch die Umsetzung des Rechts durch eine korrupte, vom Parteiapparat abhängige Richterschaft trugen zu einer fortgesetzt negativen Haltung der Bevölkerung gegenüber dem Rechtssystem und den Juristen bei.

2.3 Recht und gelenkte Demokratie

Im Zeichen von Perestrojka und Glasnost wurde auch der Zustand des sowjetischen Rechtssystems Gegenstand der Kritik. Der Weg führte von der auf dem XIX. Unionsparteikonferenz der Kommunistischen Partei der Sowjetunion (KPdSU) 1988 erhobenen Forderung nach der Einführung eines »sozialistischen Rechtsstaats« zur Diskussion der Grundpostulate der Rechtsstaatlichkeit.[17] Ende der 1980er/Anfang der 1990er Jahre wurden die Missstände im Rechtssystem und insbesondere auch in der Justiz in einer Deutlichkeit angesprochen, die in Russland ein völliges Novum war. Ausdrucksvolles Dokument dieser Auseinandersetzung ist die »Konzeption der Gerichtsreform in der RSFSR«, die der Oberste Sowjet am 24. Oktober 1991 verabschiedete und die die als »Telefonjustiz« bezeichneten Anweisungen der Partei an die Richter sowie den Zustand der Strafjustiz vehement brandmarkte.

Allerdings waren die offenen Diskussionen und die Bemühungen, das System zu reformieren und unter dem Zeichen der Rechtsstaatlichkeit einen neuen Anfang zu versuchen, nur ein kurzes Zwischenspiel. Bereits Mitte der 1990er Jahre, noch unter der Herrschaft Jelzins, ließ sich beobachten, dass der reformatorische Elan insbesondere mit Blick auf die Schaffung einer unabhängigen Justiz nachließ. Die Ausarbeitung der geplanten Gesetzesprojekte wurde zwar weiter verfolgt. Allerdings war das Ziel, die Unabhängigkeit der Justiz zu stärken, nur noch ein Lippenbekenntnis.[18]

Das von Putin neu errichtete System einer »gelenkten Demokratie« ist bereits vom Ansatz her mit einer unabhängigen Justiz nicht zu vereinbaren. Denn der »Vertikalen der Macht«, die Entscheidungen von »oben« nach »unten« diktiert, können keine Richter als starke und effiziente Kontrollinstanzen entgegenstehen. So zeigt sich seit der Jahrtausendwende eine paradoxe Entwicklung: Während sich das Rechtssystem konsolidiert und in vielen zentralen Rechtsgebieten, etwa auch dem Straf- und Strafprozessrecht grundsätzlich der rechtsstaatlichen Idee verpflichtete Kodifikationen entstehen, gerät die Justiz immer mehr in die Abhängigkeit von der Exekutive, insbesondere der Präsidialverwaltung. Wie in einem Brennspiegel zeigte sich diese Entwicklung beim Prozess gegen Michail Chodorkowskij, bei dem wiederum Recht als Instrument zur Erreichung eines bestimmten Ziels – der Ausschaltung eines politischen Gegners und der Durchsetzung staatskapitalistischer Interessen – eingesetzt wurde.[19] Selbst vor den Augen der Weltöffentlichkeit gab man sich kaum Mühe, die Makel des Verfahrens zu verbergen.[20] Verstärkt seit 2005 zeigt sich auch in den Gesetzesänderungen, etwa in der Änderung des Partei- und Wahlrechts, deutlich die Tendenz, das Recht als Instrument zu einer Neuordnung von Staat und Gesellschaft zu verwenden; die Widersprüche zwischen dieser Neuordnung und der Verfassung von 1993 seien einem neuen Zeitgeist geschuldet und damit gerechtfertigt. Putins Ausspruch von der »Diktatur des Gesetzes«

zeig sinnfällig, dass mit Gesetzen alles machbar ist und blinder Gesetzesgehorsam erwartet wird.

Aufgrund dieser durch die jeweiligen Machtkonstellationen bedingten historischen Besonderheiten der Rechtsentwicklung in Russland lässt sich eine Reihe von Traditionslinien erklären: die rhetorische, paternalistische, positivistische und rechtsnihilistische Tradition, die die russische Rechtskultur von anderen Rechtskulturen grundlegend unterscheidet.

3 Traditionelle Prägungen der Rechtskultur in Russland

3.1 Recht als Rhetorik

Ein besonderes Erbe der kommunistischen Zeit ist die Vorstellung, das Recht sei ein rhetorisches Mittel in der ideologischen Systemauseinandersetzung zwischen West und Ost. Dies galt nicht nur, aber vor allem für das Verfassungsrecht. So wurden die Verfassungen von 1918, 1924, 1936 und 1977 nicht als Rechtsdokumente, deren einzelne Bestimmungen die Staatsorganisation und die Rechte der Bürger im Staat definieren, verstanden, ihr Zweck war vielmehr die jeweils erreichte Etappe auf dem Weg zum Kommunismus zu verkünden.[21] Beispielsweise erklärte die Präambel der Verfassung von 1977, dass die Entwicklungsstufe einer »sozialistischen Gesellschaft« erreicht sei, während die früheren Verfassungen noch die Notwendigkeit der Überwindung der Klassenantagonismen thematisierten. All dies war Spiegel der Theorie von Staat und Recht, hatte aber keine praktische Bedeutung. Eine rhetorische Funktion hatten gleichfalls die erstmals in die Stalin-Verfassung von 1936 aufgenommenen grundrechtlichen Garantien; auch hiermit sollte ein theoretisches Konzept, eine Gegenvorstellung zu den Freiheitsrechten liberaler Verfassungen deklariert, nicht aber konkrete Rechte zuerkannt werden.

Auf das gegenwärtige Verständnis des (Verfassungs-)Rechts ist dies zwar grundsätzlich nicht zu übertragen. Die Verfassung ist justiziabel; es wurde ein Verfassungsgericht geschaffen, dem aufgegeben ist, die Einhaltung der einzelnen Bestimmungen zu kontrollieren.[22] Nichtsdestotrotz ist offensichtlich, dass die geltende Verfassung von 1993 weder im Bereich der Grundrechte noch im Staatsorganisationsrecht, wie es der Wortlaut vorgibt, als verbindliche Richtschnur ernst genommen wird. Die russische Verfassung wurde bei ihrer Ausarbeitung nicht der Wirklichkeit in Russland angepasst, sondern vielmehr als Idealverfassung in der Hoffnung for muliert, dass sie den Weg zu einem in der Rechtsstaatsdiskussion während der Zeit der Perestrojka vorgegebenen Ziel weisen möge. So war beispielsweise die Festlegung, Russland sei ein Sozialstaat, angesichts der wirtschaftlichen Not zu Beginn der 1990er Jahre, der nicht ausgezahlten Löhne und Renten und der Verarmung weiter Kreise der Bevölkerung in der Folge des Börsenkrachs von 1998 eine Illusion. Dasselbe gilt gegenwärtig etwa mit Blick auf das Bekenntnis zu ideologischer und politischer Vielfalt, Freiheit der Massenmedien und auch mit Blick auf die Beschreibung Russlands als »demokratischer, föderativer Rechtsstaat mit republikanischer Regierungsform«. Machtwechsel werden inszeniert, nicht der Ungewissheit des demokratischen Prozesses überlassen.[23]

Dass die Verfassungsnormen nur leere Versprechungen enthalten, wird, wie es scheint, akzeptiert. Das Verfassungsgericht entschuldigt die Einschränkung von Rechten oder Änderungen der staatlichen Organisation mit dem gegenwärtigen Entwicklungszustand des Landes. Damit werden implizit ein realer und ein idealer verfassungsrechtlicher Standard geschaffen. Funktion der niedergeschriebenen Verfassung ist nicht mehr, als Maßstab an alles politische Handeln angelegt zu werden, sondern vielmehr die Übereinstimmungen mit universellen Standards zu dokumentieren. Damit aber wird das kommunistische Verständnis, nach dem das Verfassungsrecht eine primär rhetorische Funktion hatte, in neuer Weise lebendig.

Auch die Begründungen von Gerichtsentscheidungen haben oftmals eine eher rhetorisch-rechtfertigende, denn argumentativ-überzeugende Funktion. Dies gilt in besonderer Weise für Verweise auf internationales Recht. Die statistische Häufigkeit von Zitaten internationaler Normen oder Gerichtsentscheidungen steht im umgekehrten Verhältnis zu ihrer tatsächlichen Bedeutung. Gerade bei besonders problematischen, mit rechtsstaatlichen und demokratischen Grundsätzen kaum vereinbaren Entscheidungen wird mit derartigen Zitaten suggeriert, man befinde sich im Einklang mit rechtlichen Ansichten in der internationalen Gemeinschaft.[24] Bei näherer Analyse wird aber deutlich, dass die zitierten Normen und Entscheidungen die Argumentation der Gerichte nicht tragen können. Beispielsweise wird in einer Entscheidung des Russischen Verfassungsgerichts zu der Frage, ob es mit dem Rechtsstaatsprinzip vereinbar sei, den Leichnam eines im »Kampf gegen den Terror« getötete mutmaßlichen Terroristen den Angehörigen nicht zur Beerdigung zu übergeben, auf eine Resolution des Europarats verwiesen. Diese rechtfertigt ein derartiges Vorgehen aber in keiner Weise, sondern erklärt vielmehr, kulturelle Besonderheiten seien in einer pluralistischen Gesellschaft zu achten, um der Entstehung von Terrorismus keinen Nährboden zu geben. [25]

3.2 Paternalistische Tradition

Recht wird grundsätzlich nicht gegen den Staat erstritten, sondern vom Staat gewährt. Diese paternalistische Grundhaltung zieht sich durch die gesamte russische Rechtsgeschichte. Der Zar kümmerte sich um das Wohl seiner Untertanen, der Untertan schuldete dem Zaren Gehorsam. Dementsprechend wurde die in der deutschen Rechtswissenschaft des 19. Jahrhunderts entwickelte Idee vom »subjektiven Recht«, das der Einzelne auf dem Weg der Klage gegen den Staat geltend machen kann, abgelehnt. Die Auseinandersetzung des russischen Juristen Boris Tschitscherin mit Rudolf von Jherings berühmter Schrift »*Kampf um das Recht*« ist dafür symptomatisch.[26]

Die paternalistische Tradition prägte die Rechtskultur auch in sowjetischer Zeit. Gefragt war nicht Eigeninitiative zur Durchsetzung individueller Rechte, sondern Unterordnung unter den Willen der Partei, die, einer egalitären Vision der Gesellschaft folgend, alle grundsätzlich gleich bedachte. Dabei ging es nicht – wie etwa im deutschen Recht – darum, Gleiches gleich und Ungleiches ungleich zu behandeln, sondern vielmehr darum, Ungleiches gleich zu machen – etwa Unterschiede zwischen verschiedenen Kulturen einzuebnen und den »sowjetischen Menschen« zu schaffen. Die damit verbundene »Gleichmacherei« (*uranilovka*) wurde erst in der Zeit der Perestrojka negativ bewertet. Zudem wurde erkannt, dass es angesichts der Privilegierung der Nomenklatura nur eine scheinbare Gleichheit gegeben hatte. Aufgrund der Rezeption von Ideen aus dem Westen wurde auch die paternalistische Tradition in Frage gestellt.

Nichtsdestoweniger wirkt sie im gegenwärtigen Rechtssystem fort. Als Beispiel dafür mag die Gesetzgebung zu den Nichtregierungsorganisationen (NGOs) sowie zur Gesellschaftskammer, einem staatlich organisierten gesellschaftlichen Diskussionsforum, dienen. Mit beiden Gesetzen wird versucht, die Entwicklung der Zivilgesellschaft in bestimmte Bahnen zu lenken. Die Gesetze zu den NGOs erlegen diesen strenge Berichtspflichten auf und unterstellen sie der Kontrolle der Behörden. Gefördert wird nicht Eigenständigkeit, sondern Konformität. Da die Formulierungen in den Gesetzen sehr vage sind, ist es dem Staat möglich zu definieren, welche gesellschaftlichen Vereinigungen »genehm« sind und wogegen einzuschreiten ist.[27] In dem Gesetz über die Gesellschaftskammer wird der Dialog zwischen Gesellschaft und Staat von oben organisiert. Auch hier bevormundet der Staat die Bürger, indem der Präsident ein Drittel der Mitglieder der Gesellschaftskammer bestimmt und die weiteren Ernennungen mittelbar beeinflusst.[28]

Eine paternalistische Haltung ist insbesondere auch im sozialen Bereich festzustellen. So wurde es als unerlässlich angesehen, in die Verfassung eine Vielzahl sozialer Rechte einzufügen, die den Bürgern bestimmte Leistungen des Staates wie soziale Sicherung im Alter, bei Krankheit, Invalidität und Verlust des Ernährers oder im Falle minderbemittelter Bürger auch Wohnraum garantieren. Darüber hinaus ist etwa auch die Finanzierung von Bundesprogrammen zum Schutz und zur Stärkung der Gesundheit der Bevölkerung verbindlich vorgesehen. Ähnliche Vorschriften sind in einer Reihe anderer europäischer Verfassungen enthalten. Aufgrund der negativen Erfahrungen mit auf der Ebene der Verfassung gegebenen Versprechen in der Weimarer Republik ist das Grundgesetz im Gegensatz dazu sehr zurückhaltend; »soziales Öl« ist nur in der Allgemeinklausel vom Sozialstaatsprinzip enthalten.

Darüber hinaus dürfte die paternalistische Tradition mit ein Grund für die starke Stellung der Exekutive in der Verfassung und insbesondere für die Machtkonzentration beim Präsidenten sein; auch vermag sie die besondere Stellung der Staatsanwaltschaft *(prokuratura)* zu erklären (s. u. S. 146 f).

3.3 Recht und Bürokratie

Eng mit der paternalistischen Tradition ist die bürokratische Tradition verbunden. So hat seit alters her eine streng hierarchisch geordnete Beamtenschaft eine besondere Stellung in Russland inne, die das Recht nicht nur verwaltet, sondern auch verkompliziert. Dies galt gleichermaßen für die zaristische wie für die kommunistische Zeit. Aufgrund der Neubildung staatlicher Strukturen im föderalen System sowie des Aufbaus einer umfassenden Präsidialverwaltung hat die Bürokratisierung des Staates seit dem Ende der Sowjetunion zu- statt abgenommen.

Mit der Bürokratie aber sind zwei Probleme bei der Rechtsdurchsetzung verbunden: zum einen die viel beklagte Korruption, zum anderen das aufgrund der scheinbaren Überlegenheit der Beamten entstehende Ohnmachtsgefühl des Bürgers. Die hierarchischen Strukturen führen zu dem, was der Präsident des Russischen Verfassungsgerichts Janusköpfigkeit nennt: So sei jeder Beamte »der Sklave gegenüber dem übergeordneten Chef, der Despot gegenüber dem Untergebenen«[29]. Dies gilt erst recht gegenüber dem Bürger, der wiederum gegenüber dem Beamten sein Recht nicht einfordert, sondern vielmehr versucht, auf dem Gnadenweg mit Bittschreiben an den Zaren oder Präsidenten an sein Ziel zu gelangen. Diese Grundhaltung findet Ausdruck in der für westliche Verfassungssysteme ungewöhnlichen Formulierung in der russischen Verfassung, die dem Präsidenten die Rolle zuschreibt, »Garant der Verfassung der Russischen Föderation sowie der Rechte und Freiheiten des Menschen und Bürgers« zu sein.

Ein Beispiel für eine russische Behörde, die in besonderem Maße den Stereotypen der russischen Bürokratie entspricht, ist die Registrierbehörde des Justizministeriums. Unter Putin war sie mit 33 000 Mitarbeitern landesweit vergleichsweise groß und verfügte über vielfältige, für den Bürger sehr einschneidende Kompetenzen wie die Registrierung von Immobilien und Immobiliengeschäften, von NGOs sowie von politischen Parteien; zudem führte sie die Aufsicht über Anwälte und Notare. Allerdings lag die Zuständigkeit für Registrierungen nicht ausschließlich bei ihr; vielmehr überschnitten sich ihre Kompetenzen mit denen des Föderalen Steuerdienstes und der Föderalen Registrierungskammer. Die wenig transparente und oftmals willkürliche Anwendung der Normen, insbesondere bei der Auslegung der Steuer- und Extremismusgesetzgebung, führte oftmals zu Rechtsnachteilen für die Bürger in grundrechtsrelevanten Bereichen.[30] Zwar hat Medwedew wenige Tage nach seinem Machtantritt die Struktur der Behörde und die Aufgabenzuweisung neu geordnet.[31] Ob dies allerdings zu einer transparenteren, bürgerfreundlicheren Rechtsanwendung führen wird, ist fraglich.

3.4 Positivistische Tradition

Rechtspositivismus bedeutet die strikte Orientierung an gesetzlichen Vorschriften, ohne diese aufgrund übergeordneter Werte, etwa naturrechtlicher Vorstellungen, in Frage zu stellen. Diese Grundhaltung bei der Auslegung und Anwendung von Normen kann die Rechtssicherheit fördern, zugleich aber auch dazu führen, dass durch die ausschließliche Ausrichtung auf den Wortlaut die hinter dem Gesetz stehenden Wertungen missachtet werden oder dass Gesetze zur Anwendung kommen, die grundlegenden Gerechtigkeitspostulaten widersprechen.

Die Auslegung rechtlicher Normen strikt nach dem Wortlaut entspricht allgemein der russischen Tradition; der Richter wurde als nicht eigenständig denkender »Subsumtionsautomat« verstanden. Selbst wenn die Einhaltung nicht durchdachter oder unnötiger Formalismen zu abwegigen Ergebnissen führt, so die Kritik, werden sie in Kauf genommen. Ein Negativbeispiel für die noch heute in Russland lebendige rechtspositivistische Tradition war die »demonstrative, pedantisch-peinliche Einforderung nebensächlicher Ordnungsvorschriften und Formalien« im »*Jukos*-Prozess«, die »mit einer ebenso demonstrativen Missachtung tragender Gerechtigkeits- und Verfahrensgrundsätze«[32] einherging. So weigerte sich die Richterin im Prozess gegen Michail Chodorkowskij, da in der Anklageschrift ein Blatt fehlte, die Verhandlung zu eröffnen, um keine grobe Verletzung der Rechte des Angeklagten zuzulassen, zugleich wurden Grundpostulate eines fairen Verfahrens außer Acht gelassen.[33]

3.5 Rechtsnihilistische Tradition

Angesichts all dieser Besonderheiten und Traditionen ist es nicht überraschend, dass der so genannte Rechtsnihilismus ein weitverbreitetes Phänomen und Charakteristikum der russischen Rechtskultur ist und das russische Rechts- und Staatsverständnis prägt. Recht ist nichts, das ist das Credo; Recht und Gerechtigkeit haben wenig oder nichts miteinander zu tun. Was in Gesetzen niedergeschrieben ist, braucht nicht befolgt zu werden, es sei denn, man wird dazu mit physischer Gewalt gezwungen. Der gemäßigte Rechtsnihilismus entspringt einer Kritik am Bestehenden, lehnt das Recht nicht als Ordnungsform ab, sondern bemängelt vielmehr das Auseinanderfallen zwischen dem Ideal der Gerechtigkeit einerseits und den Rechtsnormen und ihrer Umsetzung in der Wirklichkeit andererseits. Dagegen propagiert der radikale Rechtsnihilismus die Ablehnung rechtlicher Regelungen aus grundsätzlichen Erwägungen. Gustav Radbruch spricht in diesem Zusammenhang davon, dass sich »das russische Rechtsdenken […] in einer negativen Rechtsphilosophie am deutlichsten ausgedrückt finden musste«[34] und nennt als ihren prominentesten Vertreter Leo Tolstoi »mit seiner aus letzten Tiefen des religiösen Bewusstseins entspringenden Verneinung allen Rechts«[35].

Es ist bezeichnend, dass Dmitrij Medwedew in einer viel beachteten Rede in Krasnojarsk im Frühjahr 2008 den Rechtsnihilismus explizit angeprangert hat.[36] Dies zeigt, dass er nicht nur ein Phänomen der Zarenzeit oder des Kommunismus war, sondern in der Gegenwart so verbreitet wie eh und je ist.[37]

4 Moderne Gegentendenzen

Zweifellos stellt das russische und sowjetische Erbe aufgrund der tief verwurzelten Skepsis gegenüber dem Recht eine Last für einen Staat dar, der in der globalisierten Welt in Handel, Industrie und Wirtschaft eine Führungsrolle übernehmen will. Dies wurde bereits Anfang der 1990er Jahre klar erkannt. Die Geschwindigkeit, mit der grundlegende neue Konzeptionen und Kodifikationen ausgearbeitet wurden, zeigt eine große Offenheit für Reformen, die im Widerspruch zu den skizzierten Traditionslinien der russischen Rechtskultur stehen. Seit Beginn der 1990er Jahre, verstärkt aber seit dem Jahr 2000 wurde eine ganze Reihe sehr umfassender und wichtiger Kodifikationen verabschiedet. Das Zivilgesetzbuch (ZGB) wurde sukzessive in vier Teilen neu gefasst, 1994 der allgemeine Teil sowie die grundsätzlichen schuld- und sachenrechtlichen Regelungen, 1995 das besondere Schuldrecht, 2001 das Erbrecht und das Internationale Privatrecht sowie 2006 das Urheberrecht und der gewerbliche Rechtsschutz.

Das Familienrecht wurde, der sozialistischen Rechtstradition folgend, nicht in das ZGB integriert, sondern 1995 als Sondergesetz verabschiedet. Eine Reihe von Sondergesetzen gibt es auch zu den Fragen des Eigentums an Grund und Boden, wobei das 2001 verabschiedete neue Bodengesetz die wichtigsten Regelungen enthält: Öffentlich-rechtliche und privatrechtliche Regelungskomplexe überschneiden sich darin. Auch der erste Teil des Steuergesetzbuchs wurde 1999 neu gefasst. Im Jahr 2001 konnten zudem eine neue Zivilprozessordnung, ein neues Strafgesetzbuch, eine neue Strafprozessordnung und ein neues Arbeitsgesetzbuch verabschiedet werden. Auch wenn die Einzelregelungen zum Teil nicht immer überzeugend sind und wie auf dem Reißbrett konstruiert aussehen, so ist es doch eine beeindruckende Leistung, in so kurzer Zeit das gesamte Rechtssystem in den zentralen Bereichen auf eine umfassende neue Grundlage zu stellen.

Allerdings ist auch zu sehen, dass die Leistungen im Bereich des öffentlichen Rechts nicht mit denen im Bereich des Zivilrechts vergleichbar sind. Eine allgemeine Regelung des Verwaltungsverfahrens bleibt ein Desiderat. Die wiederholten Änderungen zentraler Gesetze zum politischen System, etwa des Wahl- oder Parteienrechts, führen erkennbar zu Verschlechterungen. Auch im Strafrecht ist zu beobachten, dass viele der durch rechtsstaatliche Postulate inspirierten Reformen mittlerweile wieder zurückgenommen oder verwässert werden; dies gilt insbesondere für den Bereich des Strafprozessrechts.

Damit ist die Rechtsentwicklung in den zwei Jahrzehnten nach der Perestrojka insgesamt als heterogen zu charakterisieren. Modernen, teilweise sogar an EU-Richtlinien orientierte gesetzliche Regelungen insbesondere im wirtschaftlichen Bereich stehen restriktive und bevormundende Regelungen zum Verhältnis Staat – Bürger, die nur aus den besonderen russischen Rechtstraditionen zu erklären sind, gegenüber.

5 Rechtswissenschaft und Rechtsdogmatik

»Vor allem wird man uns fragen, wie es auch manche schon in Russland taten, wo bei uns Werke wie ›Esprit des lois‹ und ›Contrat social‹, wo die klassischen russischen Werke seien, in denen die Idee des Rechts, die Idee der Gesetzlichkeit oder der Staatsgedanke mit entsprechender Klarheit und Kraft ausgesprochen und gewertet werden. Der westeuropäische Gelehrte wird mit dem ihm eigenen Hochmut, im Bewusstsein seiner eigenen Überlegenheit dem ungebildeten und undisziplinierten Osten gar nicht oder wenigstens nicht richtig einschätzen, dass gerade durch die Tatsache, dass wir einen ›Esprit des lois‹ und einen ›Contrat social‹ nicht haben und nicht haben können, die Eigentümlichkeit unserer Lage unmittelbar hervortritt, und dass das Fehlen von Apologien des Rechtes und des Staates in der russischen Literatur gerade darin seinen Grund hat, dass der russische Geist im ewigen Streben nach dem, was höher als Recht und Staat ist, seinen Ausdruck findet.«[38]

Dieses Zitat des russischen Rechtsgelehrten Pawel Nowgorodzew zeigt, dass für Russland die Suche nach der Gerechtigkeit immer stärker im Vordergrund stand als die Auseinandersetzung mit den tatsächlichen Gegebenheiten des Rechtssystems. So war auch einer der historischen Gründe für das Misslingen einer präzisen und praxisfreundlichen Kodifizierung des russischen Rechts in der Zarenzeit die späte und langsame Herausbildung einer eigenständigen Rechtswissenschaft. Während in Westeuropa schon im Mittelalter Rechtsschulen und universitäre Zentren, an denen das Recht gelehrt wurde, entstanden, begann die russische Rechtswissenschaft erst zu Beginn des 18. Jahrhunderts mit der Gründung der russischen Akademie der Wissenschaften.[39] Es gab und gibt keine Tradition einer systematischen Durchdringung und Ordnung des Rechts. Im Vergleich zu anderen Rechtsordnungen fehlt insbesondere eine kritische Auseinandersetzung mit Urteilen, die die Sensibilität für gute oder misslungene Argumentationen schärfen und einer von der Wissenschaft unterstützten Rechtsfortbildung den Weg weisen würde.

Auch die Technik der Gesetzgebung ist nicht hoch entwickelt; auf die Ausarbeitung eines in sich schlüssigen, auf abstrakten, präzise definierten Konzepten aufbauenden Normensystems wird wenig Energie verwendet. Die neuen russischen Gesetze sind nach ihrem Duktus für den Laien geschrieben. Abstrakte Begriffe werden häufig durch Erläuterungen oder Aufzählungen ersetzt; manche Passagen etwa des Zivilgesetzbuchs lesen sich wie ein Lehrbuch. An den Anfang der Gesetze sind nach amerikanischem Muster zum Teil ausführliche Definitionskataloge gestellt, wobei die Definitionen allerdings vielfach die nötige Präzision vermissen lassen und für den Rechtsanwender selten ein brauchbares Mittel darstellen.

Besonders problematisch sind die Abgrenzungen zwischen den verschiedenen Gesetzen. Beispielsweise wurden in den Allgemeinen Teil des Zivilgesetzbuches (ZGB) eine Vielzahl von Regelungen übernommen, die gleichermaßen in der Verfassung stehen, so etwa die Rechtsweggarantie oder das Verbot, in der Normenhierarchie tiefer stehende Normen im Widerspruch zum ZGB zu formulieren. Da die Verfassung ohnehin Vorrang vor dem ZGB hat und diese Regeln gleichermaßen enthält, ist die Aufnahme in das ZGB überflüssig und unnötig und macht das gesamte Regelungswerk schwerfällig. Noch gravierender ist aber der oftmals fehlende Abgleich zwischen allgemeinen Regelungen und Spezialgesetzen.

Trotz der Regelungsfülle – die neuen russischen Gesetze zeichnen sich durch eine große Zahl von übermäßig detaillierten Regelungen aus – bleiben in den Gesetzen aufgrund der Verwendung unbestimmter Begriffe häufig weite Spielräume für die Exekutive bei der Auslegung der Normen und ihrer Anwendung auf den Einzelfall. Oftmals kann man aus dem Gesetz auch nicht entnehmen, wie ein Interessenkonflikt gelöst werden soll, da bei entscheidenden Fragen auf untergesetzliche Normen verwiesen wird. Auch hier hat die keiner demokratischen Kontrolle unterliegende Verwaltung einen weiten Spielraum bei der Umsetzung des Gesetzes. Paradebeispiel für eine derartige Normsetzungstechnik ist das 2001 verabschiedete Bodengesetzbuch, in dem eine Vielzahl wichtiger Regelungen nicht getroffen, sondern mit Formeln wie »Das Nähere regelt ...« delegiert werden. Außerdem werden öffentlich-rechtliche und privatrechtliche Regelungen miteinander vermischt und mit sehr allgemein gehaltenen Aussagen wenig Rechtssicherheit geschaffen.

In sowjetischer Zeit hat sich als besondere Disziplin in der russischen Rechtswissenschaft die Lehre von Staat und Recht herausgebildet, die hoch abstrakt und theoretisch, zugleich aber ideologiebeladen das Verhältnis von Staat und Recht durchleuchtet. Gerade in letzter Zeit zeigt sich hier eine »Resowjetisierung« der Diskussion. Denjenigen, die sich den in anderen Staaten üblichen Disziplinen der Rechtssoziologie und Rechtstheorie zuwenden wollen, wird Verrat an der »vaterländischen Wissenschaft« vorgeworfen.[40]

6 Institutionen des Rechtswesens

6.1 Justiz

Die Justiz in Russland ist eine der meist gescholtenen Institutionen. Selbst hochrangige Staatsvertreter wie Staatspräsident Dmitrij Medwedew[41] und der Präsident des Russischen Verfassungsgerichts Walerij Sorkin kritisieren die Abhängigkeit der Justiz von Weisungen der Exekutive und die dort herrschende Korruption. Dem entspricht die Auffassung der Bevölkerung über die Justiz. Kaum jemand in Russland erwartet, von den Gerichten »Recht« zu bekommen. Eine im Jahr 2004 durchgeführte, breit angelegte Meinungsumfrage zeigt, dass 69% der russischen Bürger überzeugt sind, dass Richter Bestechungsgelder nehmen. Fast die Hälfte hat eine negative Einstellung zur Justiz, zwei Drittel glauben, dass sich die Richter bei der Entscheidungsfindung nicht nur auf das Gesetz stützen, sondern »andere Umstände« eine Rolle spielen. Nur jeder Sechzehnte nimmt an, dass Richter ehrliche und ordentliche Menschen sind.[42]

Alle im Zeichen des Rechtsstaats durchgeführten Reformen, sei es die Einsetzung eines Richterrats, um die Selbstverwaltung der Richter zu fördern, sei es die deutliche Erhöhung der Gehälter oder die Verabschiedung neuer Prozessordnungen haben nicht vermocht, diese Überzeugung zu ändern. Dies liegt aber wohl vor allem an der Halbherzigkeit der Reformbemühungen. So bleibt die Kritik an den überaus weitreichenden Befugnissen der Vorsitzenden der Gerichte, an der Möglichkeit, konkrete Verfahren konkreten Richtern zuzuweisen oder Richter durch materielle Zuweisung bzw. Entzug von z.B. Wohnungen zu belohnen oder zu bestrafen, bestehen.[43] Wenn sich Richter gegen Eingriffe der Exekutive in ihre Entscheidungsbefugnisse wehrten, führte dies in einer Mehrzahl von Fällen zu Disziplinarverfahren und Entlassungen.[44]

Der Aufbau der föderalen Gerichtsbarkeit mit allgemeinen Gerichten sowie Wirtschafts- und Militärgerichten entspricht grundsätzlich der Struktur in sowjetischer Zeit. Anders als die sowjetischen Staatsarbitrage-gerichte, die sich nur mit Auseinandersetzungen zwischen Staatsunternehmen zu befassen hatten, sind die heutigen Arbitragegerichte echte Wirtschaftsgerichte, die die Einhaltung der Spielregeln der Marktwirtschaft überwachen. Neu ist das Verfassungsgericht, das als Import aus dem Westen gelten kann. Es hat insbesondere in den ersten Jahren seiner Tätigkeit eine überragend wichtige Rolle für die politische Entwicklung in Russland wie auch die Ausdifferenzierung des verfassungsgerichtlichen

Grundrechtsschutzes gespielt, etwa aufgrund von Entscheidungen zur Rechtmäßigkeit der KPdSU[45] und des Tschetschenienkrieges[46] ; mittlerweile aber wurde es, nicht zuletzt durch den erzwungenen Umzug nach Sankt Petersburg, marginalisiert.[47] Auf der Ebene der als »Föderationssubjekte« bezeichneten territorialen Untergliederungen wurden Friedensrichter und Verfassungsgerichte, die über die jeweiligen Grundordnungen der Subjekte wachen, eingeführt. Der Aufbau einer eigenständigen Verwaltungsgerichtsbarkeit ist bisher an Kompetenzstreitigkeiten zwischen den Gerichten gescheitert.

6.2 Prokuratur

Eine besondere russische Institution ist die von Peter I. im Jahr 1722 als »Auge des Zaren« geschaffene Prokuratur, die zwar grundsätzlich mit der Staatsanwaltschaft in anderen Ländern vergleichbar ist, die aber über die Funktion der Strafverfolgung und der Vertretung des öffentlichen Interesses im Prozess hinaus noch eine Vielzahl weitere Kompetenzen hat. Die Befugnis, die Einhaltung der Gesetze zu überwachen, die die Prokuratur noch in sowjetischer Zeit zur zentralen innerstaatlichen Kontrollbehörde machte, hat sie im Rahmen der Reformierung der Straf- und Zivilprozessordnung zwar verloren. Dennoch aber kann sie sich als staatliche Behörde – entsprechend dem erläuterten paternalistischen Grundverständnis – in eine Vielzahl von Angelegenheiten »einmischen«, für die dem Staat in anderen Rechtssystemen keine Beteiligungsrechte zugewiesen sind. Dies gilt etwa für wirtschaftsrechtliche Angelegenheiten, bei denen die Prokuratur Normativ- und Verwaltungsakte anfechten oder Klagen zum Schutz von Staats- oder Kommunaleigentum erheben kann.

Im Zivilprozess dürfen die Prokuroren nicht nur zum Schutz öffentlicher, sondern auch privater Interessen tätig werden, und zwar dann, wenn der Einzelne nicht dazu in der Lage ist, Rechtsschutz zu erlangen, oder wenn es um besonders sensible Bereiche wie Räumungs-, Kündigungsschutz- oder Schadensersatzklagen bei Körperverletzung oder Tötung geht. Die wichtigste Kompetenz ist die Anfechtung rechtskräftiger Urteile im Straf- sowie auch im Zivilprozess innerhalb einer bestimmten Frist. Der Europäische Gerichtshof für Menschenrechte sieht dies grundsätzlich als ein Verstoß gegen ein faires Verfahren.[48]

Eine wichtige Neuerung im System der Prokuratur hat sich durch die Verselbstständigung des *Sledstvennyj Komitet* (Strafermittlungskomitee) ergeben, das insbesondere für Strafverfolgungsmaßnahmen zuständig ist.

Diese Restrukturierungsmaßnahme scheint aber zu Kompetenzüberschneidungen insbesondere bei der Korruptionsbekämpfung sowie zu einer Verschlechterung der Situation der Angeklagten im Vorverfahren zu führen. Allgemein beklagt wird der *»obvinitel'nyj uklon«*, die aus sowjetischer Zeit stammende Tendenz der Strafgerichte, diejenigen, die angeklagt sind, auch zu verurteilen. Allenfalls die nach dem Vorbild der Reformen Alexanders II. in den 1990er Jahren wieder eingeführten Geschworenengerichte haben hier eine gewisse Besserung gebracht.

6.3 Rechtsanwaltschaft

Auch der im Zusammenhang mit den Reformen Alexanders II. Ende des 19. Jahrhunderts geschaffene Anwaltsberuf hat in Russland, anders als in vielen anderen Ländern, kein primär positives Image. In sowjetischer Zeit waren die Anwälte trotz einer gewissen Autonomie in Anwaltskollegien zusammengefasst und dem Justizministerium unterstellt sowie einer strengen Hierarchie unterworfen; sie befanden sich zudem am politischen Gängelband der KPdSU. Nur wenige konnten sich als *»pravozaščitniki«* (Rechtsschützer) und Regimegegner innerhalb der Dissidentenbewegung profilieren.[49] In den 1990er Jahren bildeten sich verschiedene Parallelstrukturen zu den traditionellen Kollegien der Advokatur heraus, ohne dass eine Qualitätssicherung erfolgt wäre.

Die grundlegende Reform erfolgte erst 2002 mit der Schaffung gewisser Selbstverwaltungsstrukturen im Rahmen einer Rechtsanwaltskammer, in der alle Rechtsanwälte Mitglied sein müssen. Wegen dieser Zwangsmitgliedschaft, der mit der Neu-Registrierung aller Anwälte verbundenen Willkür und der Zentralisierung wird das Gesetz kritisch beurteilt.[50] Kritisiert wird auch die Pflicht zu unentgeltlicher Rechtsberatung für Bedürftige, die zu einer übermäßigen Belastung Einzelner führe und damit dem Entstehen eines modernen Rechtsanwaltsberufs entgegenstehe.[51] Problematisch ist auch die Aufhebung von besonderen Schutzvorschriften zugunsten der Anwälte, so dass beispielsweise Verhaftungen von Anwälten wieder ohne Zustimmung eines Gerichts möglich sind.[52] Nichtsdestotrotz erfreut sich der Beruf des Rechtsanwalts großer Beliebtheit; die Zahl der Rechtsanwälte hat sich im Vergleich zur Sowjetzeit vervielfacht.

6.4 Ombudsmann und Europäischer Gerichtshof für Menschenrechte

Eine neue Institution im Rechtswesen ist auch der aus dem skandinavischen Rechtskreis übernommene Ombudsmann, der für Grundrechtsbeschwerden der Bürger zuständig ist, als Kläger im Prozess auftreten und auch vor dem Verfassungsgericht Individualbeschwerden erheben kann. Während der erste Ombudsmann, Sergej Kowaljow, ein ehemaliger Dissident, das Amt in den frühen Jelzin-Jahren sehr staatskritisch geführt hatte und bald abgesetzt wurde, betont der gegenwärtige Ombudsmann, Wladimir Lukin, dass das Gros der Beschwerden soziale Sachverhalte betreffe und agiert im politischen Bereich vergleichsweise zurückhaltend.

Einen wesentlich wirksameren Schutz bietet der Europäische Gerichtshof für Menschenrechte (EGMR) den in ihren Rechten durch den russischen Staat verletzten Bürgern. Seit 1998 ist die Europäische Menschenrechtskonvention (EMRK) für Russland in Kraft; seither sind etwa 500 Fälle gegen Russland entschieden worden. Die gerügten Menschenrechtsverletzungen betreffen eine Vielzahl von in der EMRK garantierten Rechten. Statistisch am häufigsten sind Verletzungen des Rechts auf ein faires Verfahren, insbesondere aufgrund der Nicht-Vollstreckung rechtskräftiger Urteile und der Verschleppung der Prozesse; ins Gewicht fallen aber insbesondere eine Reihe von Beschwerden wegen einer Verletzung des Folterverbots durch die Art der Kriegsführung in Tschetschenien und die Situation in den russischen Gefängnissen. Im Juli 2008 waren über 23 000 Beschwerden russischer Bürger in Straßburg anhängig. Der Gerichtshof kann zwar Rechtsverletzungen nicht unmittelbar beseitigen – etwa, indem er jemanden aus der Haft entlässt oder eine Entscheidung eines Vormundschaftsgerichts revidiert. Er kann aber bei Rechtsverletzungen Kompensationszahlungen auferlegen, die in Extremfällen auch mehr als 100 000 Euro betragen können. Zudem ist der Staat, der in einem Rechtsstreit vor dem EGMR unterliegt, verpflichtet, die gerügten Rechtsverletzungen selbst zu beseitigen.

7 Juristenausbildung

Eine fundierte Ausbildung der Juristen, insbesondere der Richter und Anwälte, war bereits im zaristischen Russland wiederholt angemahnt worden. In kommunistischer Zeit wurden die juristischen Fakultäten teilweise geschlossen; man ging davon aus, es bräuchte keine besondere Vorbildung, um Recht zu sprechen. Auch in der nachstalinistischen Zeit verfügten die Richter oftmals nicht über eine höhere Bildung. Das Studium der Rechtswissenschaft war sehr allgemein angelegt; spezifische Rechtskenntnisse wurden kaum vermittelt. Dies ist jetzt anders, auch wenn noch immer viel Gewicht auf allgemeinbildende Fächer wie Geschichte, Logik, Wirtschaft und auch Kriminologie und Kriminalistik gelegt wird.[53] Eine Besonderheit der Juristenausbildung ist auch, dass mit den Ministerien verbundene »Akademien«, etwa die Justizakademie, gezielt für spezifische juristische Berufe ausbilden.

8 Ausblick: Rechtswesen und Rechtskultur in Russland im 21. Jahrhundert

Dachte man zu Beginn der 1990er Jahre, Rechtsstaatlichkeit könne innerhalb kurzer Zeit nach dem Vorbild ausländischer Rechtssysteme »konstruiert« und wie eine Ware »importiert« werden und so eine Symbiose zwischen den in Russland immer als getrennt gesehenen Polen »Gesetz« auf der einen und »Gerechtigkeit« auf der anderen Seite erreicht werden, so ist diese naive Hoffnung mittlerweile einer tiefen Skepsis gewichen. In den Augen der Pessimisten sind die Strukturen und Traditionen des russischen Staates – nicht zuletzt aufgrund der Größe und der Gefährdungen des staatlichen Zusammenhalts – so beschaffen, dass Rechtsstaatlichkeit auf Dauer ein unerreichbares Ideal bleiben muss. Die weniger pessimistischen Stimmen betonen, Entwicklungen, die in anderen Ländern Jahrhunderte gebraucht hätten, könnten nicht über Nacht eintreten. So spricht etwa der Präsident des Verfassungsgerichts, Walerij Sorkin, davon, die Gesellschaft sei krank und brauche Zeit, um sich zu entwickeln und ein Rechtsbewusstsein auszubilden.

Dies dürfte unbestritten sein. Fraglich ist nur, ob die Entwicklung im 21. Jahrhundert in die richtige Richtung führt. Entwicklungen müssen nicht gradlinig sein. Aber die Rücknahme rechtsstaatlicher Reformen, die neue Tendenz in der juristischen Literatur, die »vaterländische Tradition« in der Rechtswissenschaft zu betonen und den Blick nach Westen als »Verrat« zu brandmarken, wie auch die das Recht oftmals offen negierende Praxis lassen Zweifel daran aufkommen, ob der ursprünglich anvisierte Kurs noch eingehalten wird.

Anmerkungen

1 Zu verschiedenen Einteilungen in Rechtskreise vgl. Konrad Zweigert/Hein Kötz, Einführung in die Rechtsvergleichung, 3. Aufl., Tübingen 1996, S. 73 ff.; René David/Camille Jauffret-Spinosi, Les grands systèmes de droit contemporains, 12. Aufl., Paris 2002; H. Patrick Glenn, Legal Traditions of the World, 3. Aufl., Oxford 2007.

2 Zweigert/Kötz (Anm. 1), S. 62 ff.

3 Ebd; David/Jauffret-Spinosi (Anm. 1)

4 Zweigert/Kötz (Anm.), S. V; William Burnham/Peter B. Maggs/Gennady M. Danilenko, Law and Legal System of the Russian Federation, 3. Aufl., Huntington, NY 2004, S. 1.

5 Walter Haller/Alfred Kölz, Allgemeines Staatsrecht, 3. Aufl., Basel 2004, S. 195.

6 Michael Silnizki, Der Geist der russischen Herrschaftstradition, Köln 1991, S. 1 ff.

7 Leo N. Tolstoj, Über das Recht. Briefwechsel mit einem Juristen, erste vollständige autorisierte Ausgabe, übersetzt von Dr. Albert Skarvan, Heidelberg 1910, S. 5.

8 Vgl. zu der streng ständisch gegliederten Zuständigkeitsregelung der Gerichte vor der Gerichtsreform von 1864 Friedhelm B. Kaiser, Die Russische Justizreform von 1864. Zur Geschichte der russischen Justiz von Kathrina II bis 1917, Leiden 1972, S. 10 ff.

9 Ebd., S. 15.

10 Herbert Küpper, Einführung in die Rechtsgeschichte Osteuropas, Frankfurt a. M. 2005, S. 144 ff.

11 Martin L. Schlesinger, Die Verfassungsreform in Russland, in: Jahrbuch des öffentlichen Rechts (JöR) 1908, S. 406 ff.

12 Max Weber: Rußlands Übergang zum Scheinkonstitutionalismus (Nachdruck aus: Archiv für Sozialwissenschaft und Sozialpolitik 1906), Koblenz 1998.

13 Dekret »Über den Boden« des Kongresses der Räte der Arbeiter- und Soldatendeputierten, Dekrety Sovetskoj Vlasti, Band 1, 25.10.1917–16.3.1918, Moskau 1957, S. 17.

14 Dekret »Über das Gericht des Rats der Volkskommissare«, ebd., S. 124.

15 Jörg Baberowski, Der rote Terror, München 2003, S. 140–156.

16 Friedrich-Christian Schroeder, 74 Jahre Sowjetrecht, München 1992, S. 13 ff, S. 37 ff.

17 Angelika Nußberger, Ende des Rechtsstaats in Russland?, Köln 2007, S. 5 ff.

18 Margareta Mommsen/Angelika Nußberger, Das System Putin. Gelenkte Demokratie und politische Justiz in Russland, München 2007, S. 96 ff.

19 Ebd., S. 136 ff.

20 Otto Luchterhandt: Rechtsnihilismus in Aktion, in: Osteuropa, 55. Jg., 2005, Nr. 7, S. 7–37, hier 7 ff.

21 Georg Brunner, Funktionen der Verfassung, in: Martin Fincke, Handbuch der Sowjetverfassung, Bd. 1. Berlin 1983, S. 57 ff.

22 Angelika Nußberger/Carmen Schmidt/Tatjana Morščakova: Verfassungsrechtsprechung in Russland. Dokumentation und Analyse der Entscheidungen von 1992–2007, Straßburg/Kehl 2009.

23 Mommsen/Nußberger (Anm. 18), S. 32 ff.

24 Dies ist aber abwegig, wenn etwa verkündet wird, die Pressefreiheit könne vor der Wahl eingeschränkt werden oder politische Parteien könnten auch dann verboten werden, wenn sie zwar nicht verfassungswidrig seien, aber nicht eine repräsentative Meinung verkörperten.

25 Angelika Nußberger, Der »Russische Weg« – Widerstand gegen die Globalisierung des Rechts?, in: Osteuropa Recht, 53. Jg, 2007, Nr. 6, S. 371–385, hier S. 381 ff..

26 Caroline von Gall, Die Konzepte »staatliche Einheit« und »einheitliche Macht« in der russischen Theorie von Staat und Recht. Der Einfluss des Gemeinschaftsideals auf die russische Verfassungsentwicklung. Dissertation, Manuskript, Universität zu Köln 2008.

27 Angelika Nußberger/Carmen Schmidt, Zensur der Zivilgesellschaft. Die umstrittene Neuregelung zu den Nichtregierungsorganisationen, in: Europäische Grundrechte-Zeitschrift (EUGRZ), 34. Jg., 2007, Nr. 1–5, S. 12–21, hier S. 12 ff.

28 Angelika Nußberger, Zivilgesellschaft per Dekret – zur Gründung einer »Gesellschaftskammer« in der Russischen Föderation, in: Osteuropa Recht, 51. Jg., 2005, Nr. 3, S. 245–253, hier S. 245 ff.

29 Valerij Zor'kin, Počemu vlast' tak cinična?, in: ders., Rossija i Konstitucija v XXI veke, 2. Aufl., Moskau 2008, S. 365–369, hier S. 366.

30 Dazu im Einzelnen Dmitry Marenkov, Gesetzesanwendung am Beispiel der Registrierbehörde des föderalen Justizministeriums, unveröffentlichtes Manuskript zu der Tagung der Deutschen Gesellschaft für Osteuropakunde zum Thema Rechtskultur (Hamburg, Mai 2008).

31 Ukaz des Präsidenten vom 12.5.2008, Nr. 724 »Über Fragen des Systems und der Struktur föderaler Exekutivorgane«.

32 Luchterhandt (Anm. 20), S. 8.

33 Vgl. im Einzelnen ebd., S. 7 ff.

34 Gustav Radbruch, in, Vorwort zu Max Laserson, Die Russische Rechtsphilosophie, Berlin 1933.

35 Ebd.

36 Dmitrij Medwedew, Rede in Krasnojarsk vom 15.4.2008, http://news.tut.by/103375_print.html (Zugriff am 21.04.2009).

37 Mommsen/Nußberger (Anm. 18), S. 15 ff.

38 Pavel Novgorodcev, Philosophie und Recht, Heft 2, 1922, S. 50.

39 Michael Silnicki, Die Geschichte des gelehrten Rechts in Russland. Jurisprudencija an den Universitäten des Russischen Reiches 1700–1835, Frankfurt a. M. 1997, S. 51 ff.

40 Friedrich-Christian Schröder: Überlebenskampf der Staats- und Rechtstheorie, in Russland, Juristen-Zeitung (JZ), 63. Jg., 2008, Nr. 18, S. 882–884 mit Verwei-

sen auf I. Iu. Kozlichin, O netradicionnych podchodach k pravu, in: Pravovedenie 2006, Nr. 1, S. 31–40; M. I. Bajtin, O metodologičeskom značenii i predmete obščej teorii gosudarstva i prava, in: Gosudarstvo i Pravo (GiP) 2007, Nr. 4, S. 5–9; V. V. Sorokin: Demontaž fundamenta otečestvennoj iurisprudencii, in: Rossijskaja Iusticija (RI) 2007, Nr. 7, S. 51–55.

41   Medwedew (Anm. 36).

42   Swetlana Klimova, Dynamik der Einschätzungen von Wladimir Putin: Dominanten. Meinungsfeld, in: Soziologische Mitteilungen der Stiftung »Öffentliche Meinung«, Nr. 41, 14.10.2004, http://bd.fom.ru/report/map/dominant/dominant2004/dom0441/d044128 (russisch; Zugriff am 26.8.2009).

43   Peter H. Solomon Jr., Assessing the Courts in Russia. Parameters of Progress under Putin, in: Demokratizatsiya: The Journal of Post-Soviet Democratization (Winter 2008), S. 63–74.

44   Vgl. im Einzelnen Mommsen/Nußberger (Anm. 18) S. 10 ff.

45   Entscheidung vom 30.11.1992; vgl. dazu Otto Luchterhandt, Der »KPdSU-Prozess« vor dem Verfassungsgericht Russlands, Jahrbuch des öffentlichen Rechts Neue Folge 43, 1995, S. 69–103; Elke Fein: Russlands langsamer Abschied von der Vergangenheit. Der KPdSU-Prozess vor dem russischen Verfassungsgericht (1992) als geschichtspolitische Weichenstellung. Ein diskursanalytischer Beitrag zur politischen Soziologie der Transformation. Würzburg: Ergon 2007.

46   Entscheidung vom 31.7.1995, SZRF 1995, Nr. 33, Pos. 3424; vgl. dazu Nussberger (Anm. 25), S. 42 ff.

47   Mommsen/Nußberger (Anm. 18) S. 117 ff.

48   Vgl. die grundlegende Entscheidung Ryabykh versus Russland (Beschwerde Nr. 52854/99), Urteil (Erste Kammer), 24.7.2003, Reports 2003-IX, Nr. 51.

49   Jurij Schmidt, Samoponimanie, prestiž i vlijanie advokatury v Rossii, Unveröffentlichtes Manuskript zu der Tagung der Deutschen Gesellschaft für Osteuropakunde zum Thema Rechtskultur (Hamburg, Mai 2008).

50   Eugene Huskey, The Bar's Triumph or Shame? The Founding of Chambers of Advocates in Putin's Russia, in: Ferdinand Feldbrugge/Robert Sharlet (Hrsg.), Public Policy and Law in Russia. In Search of a Unified Legal Space, Leiden 2005, S. 149–167.

51   Ebd., S. 159 ff.

52   Schmidt (Anm. 49).

53   Vgl. etwa den Lehrplan der Juristischen Fakultät der Moskovskij Gosudarstvennyj Universitet (Moskauer Staatsuniversität), www.law.msu.ru (Zugriff am 21.04.2009).

Cornelia Rabitz

Ohne Zensur und doch nicht frei – Russlands Medienlandschaft

1   Einleitung

Moskau – Stadtmitte, Twerskoj Bulwar: mehr oder minder schicke Geschäfte und Restaurants, Kulturdenkmäler und Sehenswürdigkeiten, der Rote Platz ist nicht weit. Auf dem breiten Boulevard ein Gewimmel von Menschen und Autos, das Überqueren der belebten Straße ist geradezu lebensgefährlich, man nutzt daher schon aus Selbstschutz am besten die Fußgängertunnel. Hier wie überall in der russischen Metropole quält sich der Verkehr dahin, gibt es stundenlange Staus, von morgens bis abends, den ganzen Tag, sind Millionen von Wagen unterwegs, Straßen und Kreuzungen vollkommen verstopft und, während die einen resigniert in die ebenfalls vollen U-Bahnen steigen, sitzen die anderen nervös hinterm Steuer. In den Autos hört man zum Zeitvertreib Radio. *Business FM* beispielsweise, einen Sender mit Wirtschafts- und Börseninformationen für die dynamische Geschäftselite. *Westi FM*, ein erst im Februar 2008 gegründetes Rund-um-die-Uhr-Inforadio, oder *Europa plus*, mit Musik und Werbung. Wer in Moskau lebt, hat derzeit die Auswahl unter etwa 50 Radioprogrammen, privaten wie staatlichen. Und der angesichts der Verhältnisse in Mode gekommene Begriff »Stau-Radio« umschreibt sie irgendwie alle.

Samara an der Wolga – Stadtzentrum, Prospekt Gagarina, eine Hauptstraße: Ein beliebiger Zeitungskiosk, so wie er in einer beliebigen größeren russischen Stadt stehen könnte. Hier prangt eine bunte Vielfalt an Gazetten für jeden Geschmack. Der *Kommersant* für die an Politik und Wirtschaft interessierte Elite, ein leidlich liberales Blatt, immer noch. Die *Komsomolskaja Prawda*, einst das Vorzeigeorgan der kommunistischen Jugend, heute zum Boulevardmedium mit Millionenauflage mutiert. *Argumenty i Fakty*, die meist gelesene Wochenzeitung im A-3-Format oder die vielen Hobby-, und Ratgeberzeitschriften mit Tipps für Gartenliebhaber, Datschenbesitzer, Modeinteressierte oder Menschen in Ehekrisen.

Jekaterinburg, Prospekt Lenina, hier in Universitätsnähe befindet sich ein stark frequentiertes Internetcafe: Junge Leute beantworten E-Mails, schreiben Blogs, klicken auf eine der unzähligen informativen oder unterhaltenden Webseiten. *Odnoklassniki.ru* – die russische Version von

StayFriends – steht besonders hoch im Kurs. Ein ähnliches Bild würde sich in Tomsk oder in Rostow am Don ergeben – die russische Großstadtjugend befindet sich auf dem Weg durch das World Wide Web.

Ein beliebiges Wohnzimmer, irgendwo in Russland: Die Familie sitzt zusammen, der Fernseher läuft, ein Unterhaltungsprogramm mit schrill anmutenden Moderatoren, bunter Kulisse und Musik wird gezeigt. Wer jetzt auf *Rossija* umschaltet, könnte womöglich die interaktive Sendung »Die sieben Wunder Russlands« sehen, in der sieben russische Regionen nebst ihren Naturschönheiten und Sehenswürdigkeiten vorgestellt werden. Ziel dieser Serie ist es nach Angaben der Programmmacher, »patriotische Gefühle« und »Liebe für das Vaterland« zu wecken. Am Freitagabend schaltet man vielleicht die Sendung *Vremena* (Die Zeiten) mit dem bekannten Moderator Wladimir Posner ein, in der über Politik, Wirtschaft und Gesellschaft diskutiert wird.

2 Ein Medienmarkt wird modern – und instrumentalisiert

Russlands Medienlandschaft ist mittlerweile weit entfernt vom grauen Einerlei der sowjetischen Jahre, als Zeitungen, Radio und Fernsehprogramme ausschließlich den propagandistischen Zwecken von Partei und Staat und damit der Legitimation von Herrschaft dienen mussten, als unabhängige Denker und Publizisten in den Untergrund oder die Emigration gezwungen wurden und eine kritische Minderheit auf knarzender Kurzwelle die Sendungen von *BBC*, *Deutscher Welle*, *Radio Liberty* oder *Voice of America* verfolgte.

Zweifellos sind Medien und Medienmacher in den letzten Jahren auch professioneller geworden, man hat in Studio- und Übertragungstechnik investiert, Rundfunkprogramme modernisiert, jungen Berufseinsteigern Chancen geboten; stolz verweist man darauf, dass sich viel Geld verdienen lässt, und man auf Nachhilfe aus dem Westen nicht mehr angewiesen ist.

In den russischen Medien setzt man stark auf Interaktivität und Personalisierung – die persönliche Wirkung, das Charisma und die Bekanntheit von Moderatorinnen und Moderatoren. Gefragte Moderatoren beliebter Programme können es auf 10 000 Dollar Honorar und mehr monatlich bringen und nicht selten ist die Moderation nur einer von vielen Jobs. Freilich, auch Geschäftsleute mischen auf dem Medienmarkt mit, die Abhängigkeit von Werbeeinnahmen (zurzeit etwa zehn Milliarden Dollar)[1] und von Ratings ist groß, oft sind Gehälter an gute Quoten geknüpft. Und während der achtjährigen Präsidentschaft von Wladimir Putin ist das staatliche

Engagement hier immer stärker geworden. Vieles erscheint derzeit im Fluss, doch wer genau hinsieht, bemerkt, dass sich hinter der vordergründigen Vielfalt inzwischen massive Probleme verbergen.

Die russische Medienlandschaft

Wie in anderen Gesellschaften auch spielt das Fernsehen in Russland als Massen- und Informationsmedium die wichtigste Rolle. 90% der Bürger informieren sich laut einer Umfrage des Meinungsforschungsinstituts *FOM* vom August 2007 über die nationalen TV-Kanäle. Weit abgeschlagen dahinter liegen die überregionalen Zeitungen (30%), das landesweit ausstrahlende nationale Radio – darunter die staatlichen Sender *Radio Rossii* und *Radio Majak* – (26%) und das Internet (9%).

Die fünf größten Fernsehsender sind in staatlichem Besitz oder stehen unter der Kontrolle des Staates: *Kanal 1, RTR Rossija, TV-Zentr, NTV* und *Ren TV* – an Letzterem hält übrigens RTL 30%.

Die höchsten Einschaltquoten beim Radio haben *Russkoe Radio* (20%), *Europa plus* (16%) und *Majak* (13%). Den einzig verbliebenen unabhängigen Sender *Echo Moskwy* schalten ganze 2% der von *FOM* repräsentativ Befragten ein (Näheres unter: http://bd.fom.ru/report/map/projects/dominant/dom0731/domt0731_2/d073121; Zugriff am 26.8.2009).

Bis heute gibt es in Russland keine Erfahrung mit einer wirklich unabhängigen Presse, es fehlt an Verlegerpersönlichkeiten wie etwa in Deutschland oder den USA, an seriösen Publizisten oder traditionsreichen Medien, die in den gesellschaftlichen Debatten tatsächlich gehört und wahrgenommen würden. Und es existiert auch weiterhin kein öffentlich-rechtliches Rundfunksystem nach westlichem Muster. Ansätze dazu gab es in den 1990er Jahren immer wieder, als man über Modelle für eine moderne und demokratische Organisation des Rundfunks in Russland diskutierte und sogar einige Gesetzesvorlagen auf den Weg brachte. Den letzten ernsthaften Versuch unternahmen 2002 der russische Journalistenverband und eine Gruppe liberaler Parlamentsabgeordneter, unterstützt von dem ehemaligen sowjetischen Präsidenten Michail Gorbatschow und einer Stiftung für die Entwicklung eines öffentlich-rechtlichen Rundfunks. Es blieb bei Ankündigungen – zuletzt 2006, als man noch einmal davon sprach, den staatlichen Rundfunk neu zu organisieren. Alle diese Vorhaben blieben jedoch im Ansatz stecken, sie scheiterten spätestens, wenn sie als Gesetzesentwürfe in die Staatsduma eingebracht und dort nicht weiter beachtet wurden. Die

Idee einer öffentlichen Kontrolle über Rundfunk und Fernsehen verschwand in den Schubladen von Bürokraten, die befürchteten, sie könnten ihren Einfluss auf die Medien und die veröffentlichte Meinung verlieren.

Mit der unter Präsident Boris Jelzin begonnenen Privatisierungswelle auch im Mediensektor gerieten Radio, Zeitungen und Fernsehen schließlich in die Kommerzfalle. Besitzerwechsel waren an der Tagesordnung, man kaufte und verkaufte, man leistete sich Sender oder Zeitungen und stieß sie wieder ab, wenn sie nicht mehr lukrativ oder aus anderen Gründen uninteressant geworden waren. Mehr oder minder dubiose Geschäftsleute betraten die Bühne, Oligarchen wie Boris Beresowskij oder Wladimir Gussinskij übernahmen Teile aus der Konkursmasse des staatlichen Propagandaapparats. Diese neuen und miteinander rivalisierenden Medienmogule hatten im Westen schnell den Ruf, sie würden einen aufklärerischen und gesellschaftskritischen Journalismus fördern. In Russland selbst genossen ihre aufblühenden Fernsehsender bald eine hohe Popularität. Doch in Wirklichkeit ging es um Einflussnahme, wirtschaftliche Umverteilung und einen gnadenlosen Kampf verschiedener Interessengruppen. Auch die angeblich so liberalen neuen Besitzer taten vor allem eines: Sie instrumentalisierten ihre Medien für die eigenen Zwecke.

Wladimir Putin, ab 2000 der neue Herr im Kreml, ließ sich dies nicht lange gefallen. Die Oligarchen fielen in Ungnade, Putin ordnete die Zerschlagung von Firmenimperien an und begann, die wichtigsten Medien in den Besitz des Staates oder staatlich kontrollierter Unternehmen zu überführen. Aus dem von Boris Beresowskij kontrollierten *ORT* wurde *Kanal Eins*, Wladimir Gussinskijs TV-Sender *NTV* fiel an den halbstaatlichen Konzern *Gazprom*.

Vorbei die Zeit, da unter der Präsidentschaft Boris Jelzins sich in einer Phase zaghafter Demokratisierungsansätze die Freiheit der Presse entfalten konnte, als es Freiräume für eine unabhängige, kritische Publizistik gab. In der russischen Verfassung war damals das Recht auf Informationsfreiheit festgeschrieben worden. Im kollektiven Gedächtnis indes sind diese Jahre als Zeit des Chaos, der Anarchie und des wirtschaftlichen Niedergangs präsent. Pressefreiheit ist für die meisten Menschen in Russland kein hoch zu schätzender Wert geworden, im Gegenteil: Unter dem Jelzin-Nachfolger Putin wurde kritischer Journalismus weitgehend mit Nestbeschmutzung und Illoyalität gegenüber Staat und Gesellschaft gleichgesetzt. Putins Medienpolitik befand sich im Einklang mit den Ansichten einer Mehrheit der Bevölkerung.

Macht und Medien gingen unter diesem Präsidenten eine erneute Symbiose ein, der staatliche Zugriff, die Kontrolle über die zunehmend gezähmte Presse wurde wieder zum Thema in Russland. Man besann sich auf die alten Vorbilder. Der russische Staat besitzt oder kontrolliert inzwischen die fünf wichtigsten Fernsehsender: *Kanal Eins, RTR, TV-Zentr, NTV* und *Ren-TV*. Mit dem englischsprachigen Kanal *Russia Today* für ein Publikum außerhalb der Russischen Föderation hat sich der Kreml ein zusätzliches wichtiges Propagandainstrument geschaffen.

Gewinner dieser Entwicklung war vor allen anderen der Energiekonzern *Gazprom*. Er ist nicht nur ein ganz großer Akteur im profitablen Gasgeschäft, sondern er hat über seine Tochter *Gazprom-Media* auch einen großen Teil der russischen Medien fest im Griff: Fernseh- und Radiosender ebenso wie Zeitungen und Filmproduktionsfirmen. Stolz informiert die Website[2] über das Angebot und verspricht dabei, es gehe dem Unternehmen lediglich um wirtschaftliche Belange und nicht etwa darum, Inhalte zu bestimmen. Der russische Journalistenverband sieht dies anders und schätzt, dass der Staat zusammen mit den *Gazprom*-Anteilen zwei Drittel der russischen Medien mehr oder minder direkt kontrolliert. Dazu zählen die Fernsehsender *NTV* und *TNT*, die Zeitungen Iswestija, und *Tribuna* und Radiosender wie *City FM*.

3 Schwierige Zeiten für Journalisten

Die Folgen für die Unabhängigkeit der Presse sind verheerend. Denn die nunmehr staatlich beeinflussten Medien dienen nicht als ein Forum für Debatten und offenen Meinungsaustausch, für kritische Berichterstattung, unterschiedliche Positionen und Argumente. Ähnlich wie im Westen auch dominieren zwar Gewinnspiele, Castingshows, Entertainment die Kanäle, besonders gravierend aber ist der mangelnde Pluralismus, die Einseitigkeit der politischen Berichterstattung, die sich den Mächtigen im Lande anbiedert. Gesellschaftliche Defizite, kritische Entwicklungen in Russland – zum Beispiel der grassierende Fremdenhass gegenüber den Angehörigen der Kaukasusvölker, Nationalismus, Antisemitismus, Korruption und die anhaltende soziale Ungerechtigkeit – werden beschönigt oder tabuisiert. Viel Sendezeit und die besten Bilder bekommen stattdessen die herrschenden Kräfte im Kreml. Bei der Domestizierung der russischen Medien hat es der frühere Präsident Wladimir Putin zu wahrer Meisterschaft gebracht – und damit seinem Nachfolger Dmitrij Medwedew ein schwieriges Erbe hinterlassen. Ein Monitoring des »Zentrums für Journalisten in Extremsituationen«[3] hat Ende 2007 ergeben wie diese Hofberichterstattung besonders in Wahl-Zeiten aussieht.

Danach waren bei den beiden großen Fernsehstationen *Rossija* und *TV Zentr* 85 % der politischen Nachrichten dem Präsidenten, der Regierung oder der Präsidentenpartei »Einiges Russland« gewidmet. Noch drastischer der *Kanal 1.* Hier beanspruchten die so genannten Machtstrukturen – also Präsident, Kabinett und die Partei *»Einiges Russland«* – sogar 93 % der Berichterstattung. Wladimir Putin, die Nummer eins auf der Parteiliste, erschien bis zu 100-mal öfter auf den Bildschirmen als die demokratische Opposition. Doch auch wenn keine Wahlen anstanden gehörte die positive Berichterstattung über den Präsidenten zum Standardrepertoire. Ob in landesweit übertragenen Pressekonferenzen, in denen Wladimir Putin pompös in Szene gesetzt wurde, bei so genannten Präsidentenbefragungen durch die Bürger, in Filmausschnitten aus Kabinettssitzungen oder kurzen Besprechungen des einstigen Kremlchefs mit seinen Ministern – meist agierte Putin im Stil eines Lehrers, der seine Schüler abfragt. Gelegentlich wurde die Szenerie von fleißig mitschreibenden Journalisten flankiert.

Anders die Chefredakteure mehrerer Medien im Gebiet Saratow; sie übten im Dumawahlkampf des Herbstes 2007 in einem offenen Brief an Putin Kritik und bemängelten die einseitige Berichterstattung zugunsten der Präsidentenpartei »Einiges Russland« auch in den Regionen. Ein örtlicher Abgeordneter sprach von einer »organisierten Propaganda-Aktion« gegen die Partei.[4]

Es gibt kein Gesetz, das Zensur erlaubt oder gar fordert – aber die Meinungsfreiheit ist in Russland unter Putin einen stillen Tod gestorben. In ihrem Bericht *Freedom limited* vom Februar 2008 stellt die Menschenrechtsorganisation *Amnesty International* fest: »Der Spielraum für abweichende Meinungen, unabhängige Medien und unabhängige Organisationen wird in Russland kleiner. Abweichende Ansichten zu äußern, kann zu Schikanen führen und setzt Leute dem Risiko von Menschenrechtsverletzungen aus.«[5]

4 Einschüchterung und Drohungen

Mit einer Vielzahl von Instrumenten kann man unbotmäßigen Medien und Journalisten heute das Leben, ja das Überleben schwer machen. Das beginnt bei einfachen Dingen wie dem Zerstechen von Autoreifen, geht dann über Durchsuchungen von Redaktionsräumen, Beschlagnahme von Computern, vorübergehende Festnahmen, Entlassungen und hohe Geldstrafen bis hin zu Morddrohungen und auch Morden. Die Vorwürfe der Behörden und Strafverfolger betreffen selten die eigentliche journalistische

Tätigkeit, sondern vielmehr andere Tatbestände: die Verwendung von angeblich nicht lizenziertem Computermaterial, die Verletzung von Steuergesetzen oder die Nichteinhaltung anderer bürokratischer Standards. Und nicht umsonst sagt man in Russland zuweilen: »Ein unabhängiger Journalist ist ein arbeitsloser Journalist«.

Journalistenschicksale

Der Militärexperte und Journalist Grigorij Pasko wurde ins Gefängnis gesteckt, weil er darüber berichtet hatte, wie die russische Armee Atommüll im Japanischen Meer verklappt. Sein Kollege Jurij Safronow recherchierte im Milieu der Waffenhändler über russische Rüstungslieferungen in den Nahen und Mittleren Osten – er kam auf seltsame Weise durch einen Fenstersturz ums Leben. Die Behörden behaupteten, er habe Selbstmord begangen. Olga Kitowa berichtete in der russischen Provinz über Korruption und wurde dafür strafrechtlich verfolgt. Jelena Tregubowa ging ins Exil, nachdem sie ein kritisches Buch über Putin, den Kreml und die Kremljournalisten geschrieben hatte und einem Bombenanschlag nur mit knapper Not entgangen war. Sie lebt inzwischen als anerkannter politischer Flüchtling in Großbritannien. Der investigative Journalist Igor Domnikow, der für *Nowaja Gaseta* arbeitete, wurde im Jahre 2000 ermordet. Sein Kollege und *Jabloko*-Abgeordneter Jurij Schtschekotschichin – er hatte Korruption in Regierungskreisen und die Lage in Tschetschenien recherchiert – erkrankte drei Jahre später und starb einen rätselhaften Tod. Ärzte behaupteten, der Tod sei aufgrund einer Allergie eingetreten. Seine Kollegen allerdings glauben, dass Schtschekotschichin vergiftet wurde. Die Ermittlungen hierzu wurden im März 2008 wieder aufgenommen. Die junge moldawische Journalistin Natalja Morar, die für das kritische Wochenblatt *New Times* arbeitet, wird vom russischen Staat als Sicherheitsrisiko betrachtet, man hinderte sie nach einem Aufenthalt in Moldawa an der Wiedereinreise. Auch nachdem sie ihren russischen Lebensgefährten geheiratet hat, gilt sie in Russland als unerwünschte Person.

Im Januar 2009 wurde nicht nur der Menschenrechtsanwalt Stanislaw Markelow mitten in Moskau niedergeschossen und ermordet, tödlich verletzt wurde auch die junge Journalistin Anastasija Baburowa, die mit ihm zusammen ein Haus in der Innenstadt verlassen hatte. Baburowa war Mitarbeiterin der *Nowaja Gaseta*.

Eine ganze Reihe von gesetzlichen Bestimmungen wurde während der Präsidentschaft Wladimir Putins modifiziert, mit der Folge, dass kritische Journalisten sogar in die Nähe von Terroristen gerückt werden können. Im Zentrum dieser Bemühungen steht das Gesetz über die »Bekämpfung extremistischer Aktivitäten« vom Juli 2002. Als »extremistisch« werden Aktivitäten von Gruppen, Individuen oder auch Massenmedien bezeichnet, die auf eine gewaltsame Veränderung der Verfassung sowie eine Verletzung der Sicherheit und Integrität der Russischen Föderation zielen. Weitere Gesetze bestimmen beispielsweise, dass im Zusammenhang mit der Terrorismusbekämpfung Medien und Redaktionen geschlossen werden können. Der Vorwurf terroristischer Aktivitäten wird freilich in all diesen Gesetzen nicht näher spezifiziert. Vielmehr sind die Bestimmungen so weit gefasst, dass sie nach Ansicht ihrer Kritiker dazu dienen können, missliebige Journalisten und Redaktionen mundtot zu machen. Das »*Committee to Protect Journalists*« (CPJ) stellt in seinem Jahresbericht *Attacks on the Press 2007* fest: »Wladimir Putins Regierung hat einen Zustand der nationalen Sicherheit geschaffen, in dem schon die Übermittlung von Nachrichten als ›Extremismus‹ definiert werden kann. Mit umfassenden neuen Gesetzen kann die in Medien geäußerte Kritik an offiziellen Stellen als kriminelle Tat verfolgt werden.«[6]

Das Recht sei, so ein russischer Anwalt, in Russland zum »chirurgischen Skalpell« geworden. Das *CPJ* zitiert in seinem Bericht diesen Anwalt mit den Worten: »Das chirurgische Skalpell wird nur gebraucht gegen die, die kritisieren – unbequeme Individuen, unbequeme Politiker und, besonders, unbequeme Journalisten. In dem Augenblick, in dem ein Journalist sich entscheidet, einen Stift in die Hand zu nehmen, um über ein sensibles Thema zu schreiben, nimmt er schon ein Risiko auf sich. Deshalb sind Journalisten heute immer zurückhaltender, was das Schreiben über heiße Themen betrifft.«[7]

Viktor Belimow zum Beispiel, ein Journalist aus Jekaterinburg war Chefredakteur der Regionalausgabe der Wirtschaftszeitschrift *Expert*. Er regte Berichte über Korruption an, über gesellschaftlichen Reformbedarf oder die Missstände in der russischen Armee. Mittlerweile ist er arbeitslos, gefeuert, und beim Moskauer Expert-Verleger in Ungnade gefallen. Fazit des unbequemen Journalisten: »Probleme werden hier totgeschwiegen.«[8]

5 Selbstzensur und Existenzangst

Die hier geschilderten allgemeinen politischen Rahmenbedingungen, der staatliche Druck auf Medien und die ganz reale Gefahr für Journalisten haben in Russland zu einem hohen Maß an Anpassung geführt. In einer solchen Situation bedarf es keiner staatlichen Zensur, es herrschen vielfach schlicht Selbstzensur (»Schere im Kopf«), aber auch Existenzangst. Michail

Karasjow, Chefredakteur eines regionalen Fernsehsenders in Tambow, sagte dazu der Internationalen Gesellschaft für Menschenrechte: »Es gibt Versuche, den Medien nahezulegen, über welche Ereignisse zu berichten und über welche nicht zu berichten ist. Diesen Empfehlungen kann man Folge leisten oder auch nicht. Viele ziehen es vor, sich unterzuordnen.«[9] Kritik an der Tätigkeit von Behörden ziehe psychologischen Druck, die Androhung von Unannehmlichkeiten, von negativen Auswirkungen auf Arbeit und Geschäft nach sich. Journalisten, die kritische Themen aufgegriffen hätten, seien nicht mehr zu Pressekonferenzen eingeladen worden. Und irgendwann sei den Behörden plötzlich eingefallen, dass die Mietfrist für das Gebäude, in dem sich ihr Sender befand, abgelaufen sei.

Immer wieder ist aus den Regionen des großen Landes zu hören, dass auch von Putin abhängige Gouverneure Druck ausüben und eine handzahme, behördenfreundliche Berichterstattung wünschen. Diese Erfahrung musste beispielsweise die Journalistin Olga Kitowa machen, die in der südwestrussischen Provinzstadt Belgorod über die alltägliche Korruption sowie über Mängel bei Justiz und Polizei berichtete. Wegen angeblicher Beleidigung und Verleumdung wurde sie zu zweieinhalb Jahren Haft auf Bewährung verurteilt.

Weitverbreitet ist auch das Phänomen der »Schwarzen PR« – des bezahlten Auftragsjournalismus zugunsten von Parteien, Politikern, Provinzbehörden oder schlicht bestimmten Konsumgütern. Und natürlich gibt es auch Journalisten, die sich mit den herrschenden Verhältnissen arrangieren, um wirtschaftlich zu überleben, und solche, die es sich in den staatlich gelenkten und beeinflussten Medien im Windschatten der Macht bequem gemacht haben.

Ein weiteres Problem bilden die mangelnde Professionalität und die unzureichenden Ausbildungsmöglichkeiten, insbesondere jenseits der großen Metropolen. Volontariate, die journalistische Grundlagen und Kompetenzen vermitteln, Fort- und Weiterbildungsmöglichkeiten für Redakteure, all dies gehört in Russland – noch – nicht zum Standardrepertoire. Als ein Leuchtturm darf hingegen das 1994 gegründete »Freie Russisch-Deutsche Institut für Publizistik« an der Moskauer Lomonossow-Universität (mit Ablegern in St. Petersburg und Rostow am Don) gelten. Unter seiner tatkräftigen Direktorin Galina Woronenkowa hat es sich zu einem Mekka für eine neue und gut ausgebildete Journalistengeneration entwickelt.[10]

Freilich lockt viele die Aussicht, bei Privatsendern oder Wirtschaftsunternehmen rasch und auch ohne journalistische Ausbildung viel Geld zu verdienen.

6 Ohne Lobby: Pressefreiheit und Menschenrechte

Hinzu kommt ein ausgeprägtes Desinteresse der russischen Gesellschaft an der Entwicklung der Medien. Es mangelt an Erfahrungen mit einer seriösen Streitkultur. Pressefreiheit genießt keinerlei Wertschätzung. Die Unabhängigkeit der Medien und ein kritisch-wachsamer Journalismus haben, ähnlich wie andere als »westlich« identifizierte Werte, in Russland keine große Lobby. »Meinungsfreiheit und objektive Information« – so Igor Jakowenko vom russischen Journalistenverband – »gehören nicht zum Warenkorb der Russen«.[11]

Viele fürchten um ihren kleinen, mühsam errungenen Wohlstand, andere trauern der verlorenen Großmachtrolle hinterher und flüchten in einen neuen Patriotismus – die meisten interessieren sich nicht für Politik. Nach Jahren gesellschaftlicher Umbrüche möchte man seine Ruhe haben. Einer Mehrheit der Bevölkerung gelten kritische Journalisten daher als Störenfriede. Pressefreiheit wird häufig mit Anarchie gleichgesetzt, die Angst vor Unsicherheit ist groß in einem Land, in dem Stabilität, Recht und Ordnung – verkörpert durch die staatlichen Machtstrukturen – ein alles dominierender und akzeptierter Gradmesser sind. 37 % der Befragten haben im Jahre 2007 die Frage, ob das russische Fernsehen zensiert werden sollte, bejaht. Und wie wenig die russischen Medien einem allgemeinen Informationsauftrag nachkommen, zeigt beispielsweise eine Umfrage des renommierten Lewada-Zentrums. Gefragt nach den oppositionellen Protestmärschen der »Nichteinverstandenen« antworteten 49 % der Befragten, sie hätten noch nie von diesen Märschen gehört.

Der Fall Anna Politkowskaja

Anna Politkowskaja, geboren 1958, wurde am 7. Oktober 2006 im Hausflur vor ihrer Wohnung von einem Unbekannten erschossen. Sie hatte für die Zeitung *Nowaja Gaseta* gearbeitet und war eine konsequente und kompromisslose Kritikerin der Politik des Kreml; sie war zugleich – wie Kollegen, die ihr nahestanden schrieben – eine hoch moralische, eine menschliche Stimme, eine Kämpferin für die Zivilbevölkerung in Tschetschenien, eine Mahnerin, die unermüdlich gegen Unmenschlichkeit und Ungerechtigkeit anschrieb. Im Westen wurde Anna Politkowskaja für ihren Mut mit vielen Preisen ausgezeichnet, in Russland hatte sie nur wenige Anhänger, wurde im besten Falle ignoriert, marginalisiert. Immer wieder hatte sie Morddrohungen erhalten. Einen Giftanschlag im Zusammenhang mit Recherchen zum Geiseldrama von Beslan überlebte sie.

Bis heute sind die tatsächlichen Hintergründe ihrer Ermordung nicht ausgeleuchtet. Schon im August 2007 hatte die russische Generalstaatsanwaltschaft jedoch verkündet, die Tat sei aufgeklärt, verantwortlich seine Tschetschenen sowie »Staatsfeinde im Ausland«. Im Herbst 2008 begann dann vor einem Militärgericht in Moskau ein Prozess gegen drei Angeklagte. Nur widerwillig ließen die Behörden zu, dass das Verfahren unter den Augen der Öffentlichkeit stattfinden konnte. Die Geschworenen-Jury bewies schließlich Zivilcourage und sprach die drei Angeklagten – zwei Brüder aus Tschetschenien und einen Moskauer Polizisten – vom Vorwurf der Beihilfe zum Mord frei.

Nach Politkowskajas Tod war auf der Webseite der *Nowaja Gaseta*[12] ihr Buch *In Putins Russland (Putinskaja Rossija)* Kapitel für Kapitel als Downlowad zur Verfügung gestellt worden, ein Text, der zwar in den USA, Japan, Frankreich, Großbritannien, Spanien, der Schweiz und anderen Ländern erschienen war, in Russland aber keinen Verleger gefunden hatte.[13]

Aktivitäten zugunsten verfolgter, drangsalierter Journalisten sind infolgedessen in die gesellschaftlichen Nischen, in denen NGOs agieren, verbannt – das oben erwähnte »Zentrum für Journalisten in Extremsituationen« mit seinem Leiter Oleg Panfilow ist eine solche nicht staatliche Organisation mit freiwilligen Beobachtern und Mitarbeitern in ganz Russland und anderen postsowjetischen Staaten. Sie gibt regelmäßige Bulletins heraus und dokumentiert auch auf ihrer Website[14] Fälle von Verfolgung und Repressionen sowie eigene Medienbeobachtungen und Monitorings. So hat das Zentrum im Präsidentschaftswahlkampf Anfang 2008 festgestellt, dass der vom Kreml handverlesene Dmitrij Medwedew deutlich mehr Sendezeit bekam und in den Medien viel häufiger erwähnt wurde als die politische Konkurrenz.

Auch eine Erhebung des *FOM* (Stiftung Öffentliche Meinung) vom Januar 2008 kam zu demselben Ergebnis. Auf die Frage »Über welchen Kandidaten haben Sie in der letzten Woche Informationen in Fernsehen, Radio oder Zeitungen bekommen?« antworteten mehr als 60 % »Medwedew«, die anderen Präsidentschaftsbewerber landeten weit abgeschlagen. Die kritische Intelligenzia, wie man sie aus der sowjetischen Zeit kennt, hat sich längst in gesellschaftliche Nischen zurückgezogen. Und nur eine Minderheit ist an guten Programmen und wahrhaftigen Informationen interessiert – aber es gibt sie, meint Dmitrij Muratow, Chefredakteur der unabhängigen *Nowaja Gaseta*: »Ein intelligentes Publikum lehnt es heute ab, russisches Fernsehen zu sehen. Man guckt nur noch hin, wenn man etwas zu lachen haben will.«[15]

Beobachter fragen sich dennoch immer wieder, warum die politische Führung Russlands die Gängelung der Medien nötig hat und weshalb man im Kreml so wenig Gelassenheit und Souveränität gegenüber den Kritikern im eigenen Lande – und darüber hinaus – zeigt. »Der Angriff des Kreml auf die freien Medien zeugt von der Paranoia seiner Führer und ihrer Furcht vor der Gesellschaft« – lautet dazu der Befund des amerikanischen Wissenschaftlers Robert Orttung.[16]

7 Freiräume erkämpfen und behalten

7.1 Beispiel Sibirien

Freilich wäre es ungerecht, alle Medien des großen Landes pauschal zu verurteilen. Zu Recht spricht die *Frankfurter Allgemeine Zeitung* von »Inseln der Pressefreiheit« (so der Titel eines Artikels vom 8. Oktober 2007) und nennt hierfür das Verlagshaus *Altapress* in Barnaul, im südwestsibirischen Altai-Gebiet. Dessen Direktor Jurij Purgin ist gern gesehener Gastredner auf Medienforen und ein Beispiel dafür, wie man mit Mut und Kreativität lesenswerte Zeitungen machen und gleichzeitig staatlichem Druck standhalten kann. Die von *Altapress* herausgegebene Wochenzeitung *Svobodnij kurs* (Freier Kurs) erschien erstmalig 1990, ausdrücklich als erste unabhängige Zeitung der Region. Zum Verlagshaus gehören weitere Zeitungen und zudem Magazine, ein Radiosender sowie ein regionales Internetportal[17]. Man legt großen Wert auf die Unabhängigkeit von Behörden, politischen Parteien und Oligarchen. Soziale Verantwortung und publizistisches Ethos sind hier keine überflüssigen Konzepte, sondern gehören zur Unternehmenskultur und die Eigentümer sind gleichzeitig die Manager – und nicht reiche Unternehmer in fernen russischen Metropolen, die sich Zeitungen kaufen wie Immobilien oder Luxusyachten.

Dennoch muss auch *Altapress* Geld erwirtschaften und an Versuchen politischer Einflussnahme hat es offenkundig nicht gefehlt. Purgin und seine Zeitungsredakteure verfolgen dennoch das Ziel, ihre Leser umfassend zu informieren und so in die Lage zu versetzen, sich über das, was in Russland passiert, eine Meinung zu bilden.

Igor Jakowenko, der Sekretär des Russischen Journalistenverbands, kennt weitere vorbildliche Beispiele, wie die Zeitung *Birsha* in Nishnij Nowgorod oder *Molodjosh Jakutii* aus der Region Jakutien.[18] Und der frühere sowjetische Präsident Michail Gorbatschow hat – vielleicht auch mit

Blick auf Menschen wie Purgin – in einem offenen Brief »An meine Freunde, die deutschen Journalisten« mehr Sachlichkeit in der Beurteilung und Verständnis für die Schwierigkeiten Russlands gefordert und formuliert: »Russische Medien, das Fernsehen, verdienen auch ernsthafte Kritik. Jedoch gibt es bei uns zahlreiche Zeitungen, die heute Glasnost in der Praxis anwenden und frei schreiben.«[19]

7.2 Nowaja Gaseta

Michail Gorbatschow hat selbst ein Zeichen gesetzt. Er stieg – zusammen mit dem milliardenschweren Geschäftsmann Alexander Lebedew – finanziell bei der *Nowaja Gaseta*, ein, einer unabhängigen Zeitung, die sich auf einem Markt, auf dem sich vor allem kremlnahe Unternehmer tummeln, nur schwer behaupten kann. Größere Werbeeinnahmen hat das Blatt nicht, es wird von Unternehmen gemieden, potentielle Anzeigenkunden sollen sogar unter Druck gesetzt werden. Die *Nowaja Gaseta* hat eine Auflage von 170 000 Exemplaren und erscheint zweimal wöchentlich. Sie versteht sich als ein Forum für die Zivilgesellschaft und die kritische Intelligenz des Landes. Sie berichtet ungeschminkt über vieles, das in den staatlichen Medien beschönigt oder totgeschwiegen wird – Korruption, Menschenrechtsverstöße, Tschetschenien –, sie recherchiert Themen wie Waffenhandel und internationale Geldwäsche. Schon drei ihrer Journalisten kamen bei dieser brisanten Arbeit ums Leben (siehe Kasten »Journalistenschicksale«, S. 159).

Die *Nowaja Gaseta* und ihr Chefredakteur Dmitrij Muratow sind mit vielen Preisen ausgezeichnet worden, darunter 2007 der Henri Nannen Preis. Der *Stern* titelte damals »Die letzte freie Stimme Russlands« und Chefredakteur Andreas Petzold schrieb: »Mit Respekt und Bewunderung verfolgen wir seit Jahren den Kampf, den die Redaktion der *Nowaja Gaseta* für Demokratie und Menschenrechte führt, gegen alle Versuche, die Medien ihres Landes unter Regierungskontrolle zu bringen und die Wahrheit in vielen Fällen zu verschleiern. Wenn es jemanden gibt, der in dieser Zeit einen ganz besonderen Einsatz für die Freiheit und Unabhängigkeit der journalistischen Berichterstattung leistet, dann sind das Dmitrij Muratow und sein Redaktionsteam.«[20]

7.3 Echo Moskwy

Auch der Radiosender *Echo Moskwy*[21] ist in einer Zeit zunehmender Gängelung, Repression und Einengung ein solcher Leuchtturm des kritischen, ungeschönten, lebendigen Journalismus in Russland, ein streitbares Talkradio, ein Informationskanal und kein staatliches Verlautbarungsorgan – ein »Refugium« wie Moderatorin Natalja Boltjanskaja sagt.[22] Dennoch hält der Staat auch hier über *Gazprom* 66% der Aktien. Rund 2,5 Millionen Hörer täglich in ganz Russland sind freilich nicht viel mit Blick auf eine Gesamtbevölkerung von rund 143 Millionen. Damit ist der Sender kein Medium für die Massen, sondern er bietet eher ein Nischenprogramm für eine intellektuelle Elite – manche behaupten, angesichts der Besitzverhältnisse sei er eher ein Feigenblatt. Dass *Echo Moskwy* sich dennoch den Ruf weitgehender Unabhängigkeit bewahren konnte ist vor allem das Verdienst seines Chefredakteurs. Der umtriebige Alexej Wenediktow – er ließ sich am 2. März 2008, dem Tag der russischen Präsidentenwahlen, anders als Wladimir Putin für eine dritte Amtszeit wiederwählen! – muss einen schwierigen Spagat hinbekommen zwischen notwendigen Kontakten zum Machtapparat, was die Gefahr birgt, vereinnahmt zu werden, und dem Prinzip, ein anspruchsvolles, unabhängiges und kontroverses Programm zu machen.

»Ich muss mit allen einen trinken gehen«, hat Wenediktow einmal formuliert und vergnügt hinzugefügt: »Ich bin ein standhafter Zinnsoldat«.[23] Unabhängigkeit und Parteiferne verlangt Wenediktow auch von seinen Mitarbeitern. Die Schere im Kopf, ängstliche Selbstzensur müssen draußen bleiben. Bei *Echo Moskwy* kommen Menschen zu Wort, die anderswo in den staatlich gelenkten Medien keine Stimme mehr haben: Oppositionelle wie Ex-Schachweltmeister Garri Kasparow oder der frühere Regierungschef Michail Kassjanow, Vertreter der bedrängten russischen Zivilgesellschaft. Da gibt es, wie Wenediktow immer wieder berichtet, auch psychologischen Druck von oben, unangenehme Nachfragen vom Geheimdienst oder von der Staatsanwaltschaft. *Echo Moskwy* ist kein Oppositionssender – auch Repräsentanten des Staates und seiner Institutionen sind hier zu hören. Wichtig jedoch ist der Kontrast, das Gegeneinander, die Vielfalt der Stimmen. Auf der ausführlichen, etwas kraus anmutenden Website werden alle Nachrichten, alle Sendungen und insbesondere die Diskussionsrunden zum Nachlesen oder Nachhören bereitgestellt.

Wenediktow ist, genauso wie seine jungen Mitstreiter, stolz auf die Unabhängigkeit des Senders. In einem Interview formulierte er es einmal so: »Erstens: Was die Redaktionspolitik betrifft, sind wir absolut unabhängig. Ja, 66% gehören *Gazprom*, aber im Vorstand des Senders sind nur vier von neun Personen Vertreter von *Gazprom*. *Gazprom* hat keine Mehrheit. Zweitens: Für die Redaktionspolitik ist gemäß der Satzung der Chefredakteur verantwortlich. Der wird von den Journalisten gewählt und vom Vorstand bestätigt.«[24]

Im gleichen Interview räumte der Chefredakteur freilich ein, *Echo Moskwy* werde von der Regierung als eine Art »Schaufenster der Freiheit in Russland« dargestellt. Moderatorin Natalja Boltjanskaja sagt, sie selbst sei eher pessimistisch, was die Zukunft der Medien und auch ihres eigenen Senders betreffe, und fügt hinzu: »Wir überleben – noch. Wir sind ein Ventil, um Dampf abzulassen. Wir sind der Beweis, dass es Pressefreiheit in Russland gibt. Jedenfalls in den Augen der Regierenden! Und schließlich muss die offizielle Politik in unserem Land auch irgendwoher zutreffende Informationen bekommen. Die bekommen die Politiker bei uns!«[25] Die Moderatorin ist überzeugt, dass *Echo Moskwy* gerade bei jungen Hörern etwas bewirken kann. »Wenn sie uns hören, wachsen sie als eine unerschrockene Generation auf«, betont sie. »Auf dem jungen Publikum ruht unsere Hoffnung«.[26]

8   Refugium Internet

Viele Beobachter sind davon überzeugt, dass russisch Weblogs wichtige gesellschaftliche Funktionen übernommen haben: »Das Internet ist eine neue Form der Emigration« – sagte Dmitrij Muratow bei einer Veranstaltung im Februar 2008 in Berlin. Und sein Journalistenkollege Dmitrij Winogradow schrieb: »Das Internet in Russland ist eine kleine Insel der Redefreiheit«.[27]

Kein Zweifel: Im Internet hat sich eine erhebliche Dynamik entfaltet, die Zahl der Nutzer wächst – inzwischen surft etwa ein Viertel der erwachsenen russischen Bevölkerung im *World Wide Web*. Dennoch bleibt das Internet vorerst ein großstädtisches Phänomen. In Moskau ist jeder zweite Einwohner über 18 Jahren online, in den ländlichen Regionen kann man von solchen Zahlen nur träumen, es fehlt an Computern, Modems und Breitbandanschlüssen, weswegen die Internet-Community nach wie vor auf lediglich etwa 5% der Gesamtbevölkerung geschätzt wird. Dennoch: Das Netz ist der große Freiraum für all jene, die mehr suchen als nur Informationen der gelenkten Medien. Das Internet hat nach Auffassung von Beobachtern in Russland Funktionen einer demokratischen Gesellschaft übernommen. »*Flash mobs*« tragen zur Information und Mobilisierung einer meist jungen, Öffentlichkeit bei, es gibt schätzungsweise 2 Millionen Blogs. »Bloggen (ist) längst Teil der städtischen Alltagskultur geworden«, schreibt die Politologin Beate Apelt.[28] Es werden manchmal sogar Informationen zunächst über das Netz bekannt, bevor sie in die traditionellen Medien gelangen. Das Internet erinnert nach Meinung einiger Experten an den einstigen *Samizdat* – die Untergrundliteratur in der Sowjetunion –, es ersetzt zuweilen auch die damals traditionellen »Küchengespräche« jener Menschen, die mit dem herrschenden politischen Kurs nicht einverstanden waren.

Künstler haben das neue Medium Internet-Tagebücher für sich entdeckt, viele Prominente äußern sich über Weblogs, manche Autoren behaupten sogar, die gesamte politische Diskussion in Russland finde heute nur noch via Internet statt. Knapp eine Million Russen, darunter auch Oppositionelle, bloggen im Netzwerk »*Livejournal*«. Und im März 2009 gab es unmittelbar nach einer Demonstration von Regierungsgegnern die ersten Videoclips darüber im Internet. Doch natürlich sind Blogs, Foren oder Webseiten nicht nur Rückzugsraum und Hort der Meinungsfreiheit. Im russischsprachigen virtuellen Raum kursieren auch Dummheiten, Geschmacklosigkeiten, Beleidigungen, Pöbeleien sowie politisch und moralisch fragwürdige Inhalte. Wegen »Anstiftung zum Hass« oder der »Herabwürdigung der Menschenwürde« wurden erste Anklagen erhoben. Kritische Beobachter äußern hier freilich gelegentlich den Verdacht, mit solchen Vorwürfen werde auch versucht, politisch missliebige Autoren mundtot zu machen.

Freilich gibt es auch viel Ironisches und Witziges. Amüsant war beispielsweise über sieben Jahre hinweg die Kreml-Soap »*vladimir.vladimirovich.ru*«, eine Art Fortsetzungsroman, der sarkastisch-kritisch das Leben und Wirken des – ehemaligen – Präsidenten Putin beleuchtet. Dieser wurde keineswegs als der gewohnt kühle Machtmensch dargestellt, sondern war ein etwas tumber, einfältiger und sichtlich überforderter Typ. Zum 7. Mai 2008, dem Tag der Inauguration des neuen Kremlchefs Dmitrij Medwedew wandelte sich das Projekt in »*Visual Vladimir Vladimirovich*« oder kurz *VVV*. Zu den Widersprüchlichkeiten der russischen Medienwelt gehört freilich auch, dass Soap-Autor Maxim Kononenko mitnichten ein politischer Gegner des Ex-Präsidenten ist; im Gegenteil, er gilt als kremlnah und tritt auch im staatlichen Fernsehen auf.

Die Machtorgane in Russland haben längst die Bedeutung des Internets erkannt und verfolgen eine Doppelstrategie: Der Kreml betreibt eigene propagandistische Internetseiten und richtet sich dabei ähnlich wie die putintreue Jugendorganisation »*Naschi*« gezielt an ein junges Publikum.

Auf der anderen Seite sucht man, die – freilich unkontrollierbare – virtuelle Szene zu kontrollieren. Immer wieder taucht die Idee auf, User zu registrieren. Und der Geheimdienst FSB soll angeblich bestrebt sein, Webseiten und E-Mail-Verkehr zu überwachen.

9 Ausblick

Noch kurz vor Ende seiner zweiten – und letzten – Amtszeit erschwerte Präsident Putin die Arbeit der Medien weiter, der Anlass war dieses Mal ungewöhnlich. Eine russische Boulevardzeitung hatte von einer angeblichen Liebesaffäre Putins mit einer gut aussehenden jungen Sportlerin berichtet – ein Tabubruch. Der Präsident, der sein Privatleben stets streng abschirmte, dementierte und sorgte gleichzeitig dafür, dass seine Partei »Einiges Russland« einen Gesetzentwurf in die Duma einbrachte. Nahezu einstimmig stimmte das russische Parlament für eine Änderung der Mediengesetze. Zeitungen oder Rundfunksender können nun wegen »Verleumdung« geschlossen werden. So wollen Parlament und Kreml Journalisten zwingen, von sensationslüsterner Boulevardberichterstattung Abstand zu nehmen. Die Zeitung, die das Gerücht in die Welt gesetzt hatte, wurde angeblich auf Wunsch des Eigentümers geschlossen. Dieser war übrigens Alexander Lebedew, Oligarch und Kremlkritiker.

Nach acht Jahren ist in Russland die Präsidentschaft Putin zu Ende gegangen, die Macht wurde in die Hände seines Nachfolgers Dmitrij Medwedew gelegt, Putin selbst ist nun Ministerpräsident. Beobachter sind skeptisch, ob sich an der Situation der Medien dadurch etwas grundlegend verbessern wird. Zu fest gefügt scheint die Situation – und zu wenig ausgeprägt das Bedürfnis nach freier, umfassender und wahrheitsgetreuer Information. Im Wahlkampf allerdings hat Medwedew auch die Notwendigkeit unabhängiger Medien betont. Er wird sich an seinen Worten messen lassen müssen. In einem Interview in der *Financial Times* am 25. März 2008 behauptete Medwedew, Russlands Medien hätten sich in den zurückliegenden acht Jahren zu einer »starken gesellschaftlichen Kraft« entwickelt.[29] Er meinte freilich die Wirtschaftskraft der Massenmedien im Lande. Auch zwei Jahre nach seinem Amtsantritt fällt die Bilanz eher negativ aus. Die Schritte, die Medwedew initiiert hat – zum Beispiel die Rücknahme strittiger Mediengesetze – fallen einfach zu klein aus. Nach wie vor gibt es in Russland Schikanen gegen Regierungsgegner und unaufgeklärte Morde an Journalisten. Im April 2009 hat der Präsident nun ein Interview gegeben, in dem er mehr Rechtsstaatlichkeit versprach. Das ist zunächst nicht mehr als eine Ankündigung – wenn auch eine spektakuläre. Denn Dmitrij Medwedew äußerte sich ausgerechnet gegenüber Dmitrij Muratov, dem Chefredakteur der kritischen *Nowaja Gaseta*.

Anmerkungen

1 Angabe von Jassen Sassurskij, Präsident der journalistischen Fakultät der Lomo-nossow-Universität Moskau, 24.4.2008 auf dem »Forum der Wirtschaftsmedien«.
2 http://www.gazprom-media.com.
3 http://www.cjes.ru.
4 Russland-Aktuell, 27.9.2007, http://www.aktuell.ru/russland/medien_internet/meinungsfreiheit_journalisten_schreiben_an_putin_429.html (Zugriff am 18.8.2009). Zu den Vorgängen in Saratow auch: Jens Hartmann, Russland vor der Wahl. Noch hat der Kreml die Medien nicht restlos unter Kontrolle, in: Welt online, 1.12.2007, http://www.welt.de/politik/article1419993/Noch_hat_der_Kreml_die_Medien_nicht_restlos_unter_Kontrolle.html (Zugriff am 18.8.2009).
5 Amnesty international, Russian Federation:Freedom limited – the right to freedom of expression in Russia, Februar 2008, S. 3.
6 Dmitrij Muratow in der American Academy in Berlin bei der Präsentation von: Committee to protect Journalists (Hrsg.), Attacks on the Press in 2007. Näheres zur Veranstaltung unter www.americanacademy.de/home/program/on-the-waterfront. Der Bericht liegt auch als Buch vor. Abrufbar im Netz unter www.cpj.org/reports.
7 Committee to protect Journalists (Hrsg.) (Anm. 6), S. 155.
8 Jekatarinenburg ist kein Oppositionszentrum mehr, in: Newsletter »Fokus Ost-Südost« der Deutschen Welle, 28.2.2008, http://www.dw-world.de/dw/article/0,,3157515,00.html (Zugriff am 18.8.2009).
9 Bericht an die Internationale Gesellschaft für Menschenrechte (IGFM), www.igfm.de, Mai 2006.
10 http://www.frdip.de.
11 Interview der Deutschen Welle vom 1.10.2007, abgedruckt im Newsletter »Fokus Ost-Südost« der Deutschen Welle vom 4.10.2007, http://www.dw-world.de/dw/article/0,,2808690,00.html (Zugriff am 18.8.2009).
12 http://www.novayagazeta.ru.
13 Die deutsche Ausgabe ist beim DuMont Literatur und Kunstverlag in Köln erschienen sowie in der Schriftenreihe der bpb.
14 http://www.cjes.ru.
15 Auf der Veranstaltung in der American Academy in Berlin am 4.2.2008 (siehe Anm. 6).
16 Robert Orttung, Die Lage der Massenmedien in Russland, in: Russlandanalysen, Nr. 118, 17.11.2006, http://www.laender-analysen.de.

17 http://www.altapress.ru.
18 Im Interview mit der Deutschen Welle (siehe Anm. 11).
19 Brief abgedruckt im Internetportal Russland.ru am 26.3.2008, http://russland.ru/
reden/morenews.php?iditem=24 (Zugriff am 18.8.2009).
20 http://www.henri-nannen-preis.de.
21 http://www.echomoskwy.ru.
22 Politisches Gespräch mit N. Boltjanskaja zur Lage in Russland, im Lew-Kopelew-
Forum Köln, am 7.4.2008.
23 Wenediktow im Hörfunkbeitrag von Christina Nagel, ARD Moskau, am
26.2.2008.
24 »Gegen Mord bin ich machtlos«, Artikel in der Frankfurter Allgemeinen Sonn-
tagszeitung vom 2.12.2007, S. 31.
25 Veranstaltung Lew-Kopelew-Forum Köln, 21.4.2008 (siehe Anm. 22).
26 Ebd.
27 Dimitry Vinogradov, Das russische Internet: Insel der Meinungsfreiheit und
Zivilgesellschaft, in: Russlandanalysen, Nr. 118, 17.11.2006, http://www.laender-
analysen.de.
28 Beate Apelt, Weblogs in Russland, in: Russlandanalysen, Nr. 147, 2.11.2007,
http://www.laender-analysen.de.
29 Interview Medwedew in der »Financial Times«, zit. bei Ria Novosti, 25.3.2008,
http://de.rian.ru/russia/20080325/102126420-print.html (Zugriff am 18.8.2009).

Jens Siegert

Zivilgesellschaft in Russland

1 Einleitung

Russland hat sich in den vergangenen 20 Jahren rasant verändert. Die Russische Föderative Sozialistische Sowjetrepublik (RSFSR), das Kernstück der Sowjetunion, unterscheidet sich grundsätzlich von der heutigen Russischen Föderation (RF). Einer der wichtigsten Unterschiede ist die in der russischen Verfassung festgeschriebene prinzipielle Vereinigungsfreiheit. Das betrifft neben Parteien vor allem zivilgesellschaftliche Gruppen, von denen es inzwischen mehrere Hunderttausend gibt.[1] Das sind autonome, d. h. vom Staat unabhängige Vereinigungen, die hier als Grundbausteine der Zivilgesellschaft betrachtet werden. Bevor aber auf sie und ihre Entwicklung in den vergangenen 20 Jahren näher eingegangen werden kann, muss kurz geklärt werden, was in diesem Beitrag unter »Zivilgesellschaft« verstanden und über welche dieser Gruppen vor allem berichtet wird.

Der Begriff »Zivilgesellschaft« ist alt, Aristoteles gebrauchte ihn, soweit wir wissen, als Erster, und er war immer umstritten. Die Diskussionen darüber füllen viele Regalmeter in akademischen Bibliotheken.[2] Viele große Denkerinnen und Denker und noch viel mehr moderne Sozialwissenschaftlerinnen und Sozialwissenschaftler haben sich mit dem Begriff und dem Phänomen Zivilgesellschaft auseinandergesetzt.[3] Die meisten meinen, wenn sie von Zivilgesellschaft sprechen, den sozialen Raum zwischen den Individuen und Familien auf der einen und dem Staat auf der anderen Seite.[4] Es geht dabei um Menschen, die sich freiwillig zusammengeschlossen haben, um gemeinsam etwas Gemeinnütziges oder Wohltätiges zu tun. In dieser Definition liegt auch schon eine wichtige Einschränkung. »Was heute Zivilgesellschaft heißt, schließt nämlich die privatrechtlich konstituierte, über Arbeits-, Kapital- und Gütermärkte gesteuerte Ökonomie nicht mehr, wie noch bei Marx und im Marxismus, ein. Ihren institutionellen Kern bilden vielmehr jene nicht staatlichen und nicht ökonomischen Zusammenschlüsse und Assoziationen auf freiwilliger Basis, die die Kommunikationsstrukturen der Öffentlichkeit in der Gesellschaftskomponente der Lebenswelt verankern.«[5]

Dabei ist es gleichgültig, in welcher Form diese Institutionalisierung gleichzeitig geschieht, also ob dieser Zusammenschluss überhaupt formalisiert und damit staatlich sanktioniert wird. Zivilgesellschaft im hier gebrauchten Sinn ist prinzipiell freiwillig, dem Staat gegenüber autonom, grundsätzlich ungeordnet, sich ständig verändernd und deswegen in ihren Erscheinungsformen äußerst vielfältig. »Den institutionellen Kern der ›Zivilgesellschaft‹ bilden jedenfalls nicht staatliche und nicht ökonomische Zusammenschlüsse auf freiwilliger Basis, die [...] von Kirchen, kulturellen Vereinigungen und Akademien über unabhängige Medien, Sport- und Freizeitvereine, Debattierclubs, Bürgerforen und Bürgerinitiativen bis zu Berufsverbänden, politischen Parteien, Gewerkschaften und alternativen Einrichtungen reichen.«[6] Ein wenig vereinfachend, wie das in einem kurzen Beitrag nur möglich ist, möchte ich daher drei Gruppen zivilgesellschaftlicher Akteure unterscheiden:

Nichtregierungsorganisationen, die in einer intermediären, also vermittelnden Sphäre zwischen Staat und Gesellschaft agieren; sie formulieren gesellschaftlichen Interessen und Anliegen, sie geben marginalisierten Gruppen eine öffentliche Stimme und schützen Bürger vor unrechtmäßigen Übergriffen des Staates. Das sind heute vor allem Menschenrechtsorganisationen, Umweltschutzorganisationen, Frauenrechtsorganisationen, Verbraucherschutzorganisationen oder auch Gewerkschaften.

Gruppen, die soziales Kapital erzeugen, also Selbsthilfegruppen, Veteranenverbände, Kultur- und Sportvereine u. a.; hierher gehören die Kirchen und andere religiöse Vereinigungen, auch wenn sie, vor allem wegen ihres spezifischen Verhältnisses zum Staat, einen Sonderfall darstellen, nichtstaatliche Wohlfahrtsorganisationen wie Kooperativen, kirchliche Einrichtungen (Diakonie, Caritas), Arbeiterwohlfahrt oder das Rote Kreuz.

Zwar erfüllen alle diese Organisationen die oben aufgestellten Bedingungen der Freiwilligkeit, der Staatsunabhängigkeit und der Verpflichtung zum Gemeinwohl, ein allzu umfassendes Verständnis von Zivilgesellschaft ist für die Analyse des Verhältnisses von Staat und Zivilgesellschaft in Russland aber wenig praktikabel. Deshalb sollen hier das freiwillige und ehrenamtliche Engagement in Hobby oder Sport und die ausschließlich karitative und sozial helfende Tätigkeit unberücksichtigt bleiben. Es wird im Folgenden also um jene Gruppen gehen, die eine intermediäre, also vermittelnde kommunikative Funktion zwischen Staat und Gesellschaft wahrnehmen. Ihre Mitglieder wollen sich politisch[7], aber nicht in Parteien engagieren, streben also keine Teilhabe an staatlicher Macht in Form von Mandaten oder Ämtern an. Für solche Gruppen hat sich inzwischen der Begriff »Nichtregierungsorganisationen« *(Non Governmental Organizations, NGOs)* eingebürgert.

Man könnte den Bereich, in dem sich diese NGOs bewegen, auch das Kerngebiet der zivilgesellschaftlichen Engagements nennen. Dies gilt auch für Russland, wo die politisch engagierten NGOs bei der Transformation der autoritären und hoch militarisierten sowjetisch-russischen Gesellschaft in eine zivilere russische eine bedeutende Rolle spielen. Sie sind durch ihr gemeinnütziges Engagement Träger einer neuen politischen Kultur und ihre dem Gemeinwohl nutzende Tätigkeit und die Anerkennung dieser Tatsache durch die Bevölkerung kann zur Herausbildung neuer anerkannter und damit legitimer Interaktionsformen in Gesellschaft und Politik führen.

Die kurze Geschichte der russischen Zivilgesellschaft kann in vier Phasen eingeteilt werden: die späte Sowjetunion und die Zeit der Perestrojka, die Präsidentschaft Boris Jelzins in den 1990er Jahren mit einer großen Freiheit, die erste Amtszeit Wladimir Putins von 2000 bis 2004, in der sich eine Zusammenarbeit zwischen Staat und NGOs und noch nicht sehr entschiedene Versuche abwechselten, die NGOs in das staatlich kontrollierte System der so genannten »gelenkten Demokratie« einzufügen, sowie die zweite Amtszeit Putins von 2004 bis 2008, in der die Arbeit der NGOs vom Staat zunehmend kontrolliert und behindert wurde.

2 Späte Sowjetunion und die Zeit der Perestrojka

Allen Theorien über Zivilgesellschaft ist gemein, davon auszugehen, dass für eine funktionierende Demokratie eine funktionierende Zivilgesellschaft notwendig ist. Das ist meist sowohl eine normative Annahme als auch einen empirische Feststellung.[8] Oder umgekehrt ausgedrückt: Wenn die knappe Ressource Gemeinsinn, den zivilgesellschaftliche Initiative verkörpert, versiegt, dann ist auch die Demokratie gefährdet.[9] Diese Befürchtung, dass das zivilgesellschaftliche, also gemeinnütziges Engagement abnimmt und dies in der Folge zu einer Schwächung der Demokratie führt, wird in den westlichen Demokratien lebhaft nicht nur von Wissenschaftlern, sondern auch in der Politik diskutiert. Der Deutsche Bundestag berief dazu Ende 1999 eine Enquetekommission, die ihren Abschlussbericht im Juni 2002 vorlegte.[10] Im modernen Russland wie in anderen postautoritären Staaten besteht das Problem aber darin, dass es keine, eine sehr geringe oder lange unterdrückte Tradition zivilgesellschaftlichen Engagements gibt. Das bedeutet, es geht weniger darum, seine Abnahme zu verhindern oder einfach mehr Engagement zu stimulieren, als darum, zivilgesellschaftliches Handeln als nicht nur legitim, sondern auch als positiv zu etablieren.[11] Dabei nahm die Renaissance des alten Begriffs »Zivilgesellschaft« in Osteuropa ihren Ausgang. Sie ist »eng mit der Erosion der kommunistischen Parteiherrschaften [...] seit den 1970er Jahren verbunden«.[12]

Auch in der Sowjetunion gab es nichtstaatliche Organisationen. Zwar beherrschte die Kommunistische Partei mit ihren mehr als 13 000 Untergliederungen unangefochten das politische und das gesellschaftliche Leben, doch außerhalb der Partei existierten soziale Vereinigungen, die denen in westlichen Gesellschaften äußerlich sehr ähnlich waren. Vor allem die späte, Breshnewsche Sowjetunion war nicht mehr durch das totalitären Regimen zugeschriebene und auf die Stalinsche Epoche und vor allem die Zeit des Großen Terrors zutreffende und sich ergänzende Begriffpaar »atomisierte« und »massifizierte« Gesellschaft geprägt, in der der Einzelne kaum mehr war als ein rechtloses Rädchen in einer allmächtigen und allgegenwärtigen Staatsmaschine. Die spätere, poststalinistische Sowjetunion zeichnete sich eher durch eine Art unausgesprochenen Gesellschaftsvertrag zwischen der herrschenden Partei und den Bürgern aus, dem zufolge die Bürger sich nicht in die Politik und der Staat sich nicht allzu sehr in das private Leben der Bürger einmischte. Dafür übernahm der Staat die Daseinsfürsorge. Formal zivilgesellschaftliche Vereinigungen, etwa Gewerkschaften oder Kooperativen, waren in der Sowjetunion der Partei und dem Staat gegenüber niemals autonom. Ihre Funktion war es, dem Staat bei der Erfüllung seiner Aufgaben und die Verfolgung seiner Interessen (und die waren im wahrsten Sinne des Wortes allumfassend) »zu unterstützen«. Das Primat von Partei und Staat durfte unter keinen Umständen angetastet werden.

Zivilgesellschaftliches Engagement – man sollte für die Sowjetunion wohl eher von sozialem Engagement sprechen – war also nur in einer streng durch den Staat und die Kommunistische Partei kontrollierten Weise möglich. Ansonsten war es verboten. Aber etwas Verbotenes existiert ja trotzdem. Ansonsten hätte das Verbot keinen Sinn. In der Sowjetunion waren dies seit Mitte der 1960er Jahre, nach der Abschwächung der totalen Herrschaft unter Stalin, die Dissidenten. Sie wurden dafür bis zum Beginn von Gorbatschows Perestrojka verfolgt, in Straflager gesteckt oder ins Exil gezwungen. Eine der wichtigsten Losungen der ersten Massendemonstrationen 1988 war daher die Abschaffung des 6. Artikels der sowjetischen Verfassung, der die führende Rolle der Kommunistischen Partei festschrieb, womit alles selbstständige gesellschaftliche und politische Handeln außerhalb der Partei illegal war.

Mit der erst allmählichen und dann immer stürmischeren Öffnung der Sowjetunion hin zu demokratischeren Formen von Bürgerbeteiligung explodierte die Gesellschaft geradezu. Unkontrolliert und ungesteuert von Staat und Partei entstand eine große Zahl neuer Zusammenschlüsse. Die Existenz und Tätigkeit nichtstaatlicher oder gesellschaftlicher Organisationen, wie es bis heute in Russland überwiegend heißt, wurde erstmals durch das sowjetische Vereinigungsgesetz vom 9. Oktober 1990 legalisiert und gesetzlich geregelt.[13] Schon im Herbst 1990 berichtete die kommunistische Parteizeitung *Prawda* von mehr als 11 000 vom Staat unabhängigen Organisationen.[14] Die meisten waren sehr klein, oft um einzelne Persönlichkeiten herum gebildet und zerfielen häufig sehr schnell wieder. Es gab wenig Erfahrung, kaum Professionalität und noch weniger Geld.

3 Aufbruch und Abbruch unter Jelzin

Noch vor dem Ende der Sowjetunion rückten viele zivilgesellschaftliche Aktivisten und einige der neuen Gruppen in Vermittlungsfunktionen zwischen dem Staat und der Gesellschaft. Viele der Aktivisten der ersten Stunde, darunter bekannte Dissidenten wie Andrej Sacharow und Sergej Kowaljow gelangten 1989 in den ersten in einigermaßen freien Wahlen bestimmten Obersten Sowjet. Durch persönliche Kontakte mit diesen neuen, nicht kommunistischen Abgeordneten fanden sich viele der jungen und noch unerfahrenen NGOs[15] unvermittelt in einer Situation wieder, in der sie staatliche Stellen direkt berieten, Gesetze schrieben und deren Durchführung überwachten. Als Beispiel soll hier nur das Gesetz über die Rehabilitierung von Opfern politischer Verfolgung erwähnt werden, das am 18. Oktober 1991[16] verabschiedet wurde und fast vollständig von Mitarbeitern der Menschenrechtsgesellschaft *Memorial* geschrieben worden war.

Diese Verflechtung von zivilgesellschaftlichen Initiativen und staatlichem Handeln nahm mit dem Ende der Sowjetunion im nun neu entstehenden russischen Staat weiter zu. Die demokratische Ausrichtung des jungen russischen Staates war in den frühen 1990er Jahren keineswegs sicher. Garant war angesichts eines weiter kommunistisch dominierten Obersten Sowjets der direkt gewählte und damit mit persönlicher demokratischer Legitimität ausgestattete Präsident Boris Jelzin. Im sich schnell abzeichnenden Machtkampf zwischen Jelzin und dem Obersten Sowjet neigten die meisten NGOs Ersterem zu, denn sie sahen in ihm, wie sich zeigte, zu Recht, einen Verbündeten gegen eine Rückkehr zur Sowjetunion. Jelzin wiederum brauchte alle Verbündeten, die er bekommen konnte, um gegen den Obersten Sowjet zu bestehen und an der Macht zu bleiben. Der Putschversuch im August 1991 hatte allen deutlich gezeigt, dass große Teile der alten Partei-, Militär und Geheimdienstnomenklatura nicht gewillt waren, ihren Machtverlust einfach so hinzunehmen. Ein Gruppe aus hohen Parteifunktionären, Geheimdienstlern und Militärs hatte versucht, den damaligen Präsidenten der Sowjetunion Michail Gorbatschow seines Amtes zu entheben, um seinen ihrer Meinung nach falschen Öffnungskurs zu beenden. Sie hatten Militäreinheiten mit Panzern nach Moskau beordert, gaben aber bereits am dritten Tag auf. Boris Jelzin als Präsident der Russischen Sozialistischen Föderativen Sowjetrepublik hatte zivilen Widerstand gegen die Putschisten organisieren können und wurde so zum Held für viele Menschen in Russland.

Nun kam Jelzin auch aus dem Parteiapparat, war Mitglied des Zentralkomitees gewesen und trotz einer gewissen Widerständigkeit beileibe kein Oppositioneller. Viele NGOs unterstützten also den Teil der ehemaligen sowjetischen Nomenklatura, der Demokratie versprach, gegen jenen, der die Sowjetunion erhalten wollte. Das war eine Koalition, wie es sie in vielen postkommunistischen Staaten nach dem Umbruch gab. Und oft wurde sie später weniger für die alten Eliten als vielmehr für die neuen Demokraten zum Problem.

Im Frühjahr 1993 verschärfte sich der Machtkampf zwischen dem Obersten Sowjet und Präsident Jelzin. Ein Bürgerkrieg schien im Sommer 1993 durchaus denkbar. Keine der beiden Seiten war bereit nachzugeben. Als Jelzins Mitte September per *Ukas* den Obersten Sowjet aufzulösen versuchte, antwortete dieser mit der Amtsenthebung des Präsidenten. Jelzin ließ nach einer zweiwöchigen Blockade am 4. Oktober den Parlamentssitz »Weißes Haus« mit Panzern beschießen und seinen zum »Gegenpräsidenten« ausgerufenen Vizepräsidenten Alexander Ruzkoj festnehmen. Es gab viele Tote und bei vielen Menschen blieb große Verbitterung zurück. Dies war ein hässlicher schwarzer Fleck auf der »weißen Weste« der noch jungen Demokratie. Im Dezember 1993 wurde per Referendum eine neue, noch heute geltende Verfassung verabschiedet und ein neues Parlament, die erste Staatsduma, gewählt. [17] Dieser gewaltsame Neuanfang hatte zwei bis heute nachwirkende Folgen: Die Verfassung wird von den meisten Menschen in Russland nicht als legitim anerkannt. Dem liberalen politischen Lager, und mit ihm den NGOs, wird die Beteiligung an Jelzins Gewaltakt zum Vorwurf gemacht.

Der im Dezember 1994 auf Befehl Jelzins begonnene erste Tschetschenienkrieg führte zu einer weiteren Verschlechterung des Verhältnisses zwischen dem Kreml und den NGOs. Vor allem Menschenrechtsgruppen kritisierten von Anfang an den blutigen und unerklärten Krieg und die ihn begleitenden massenhaften Menschenrechtsverletzungen.[18] Noch waren die meisten Massenmedien auf ihrer Seite. Sowohl die eigentlich staatlichen Programme als auch der erst Anfang 1993 gegründete private Fernsehsender *NTW* berichteten überwiegend kritisch über den Krieg. Bei den

Präsidentenwahlen 1996 brachte der ursprüngliche Zweck des ungleichen Bündnisses zwischen NGOs und Kreml die schon stark entfremdeten Verbündeten noch einmal gegen eine mögliche kommunistische Restauration zusammen. Die meisten NGOs unterstützen die Kandidatur Jelzins, um einen durchaus möglichen, ja im Frühjahr 1996 sogar wahrscheinlichen kommunistischen Präsidenten Gennadij Sjuganow zu verhindern.

Eine kleine Gruppe reicher Unternehmer und Bankiers finanzierte Jelzins Wahlkampf, konnte später als Gegenleistung einen großen Teil der Erdöl- und Rohstoffreserven in weitgehend manipulierten Versteigerungen zu Spottpreisen vom Staat kaufen und wurden so zu jenen Superreichen, die, weil sie damals sowohl über Reichtum als auch politische Macht verfügten, »Oligarchen« genannt werden. Jelzin gewann die Wahlen im Mai, trotzdem er noch im Januar mit einer Zustimmungsrate von nur 4 % weit abgeschlagen gewesen war. Dazu war, koordiniert durch den Leiter der Präsidentenadministration Anatolij Tschubajs, eine bis dahin beispiellose PR-Kampagne im ganzen Land entfacht worden. Alle wichtigen landesweit empfangbaren Fernsehkanäle unterstützten Jelzin. Im Fernsehen und in der Presse häuften sich negative Berichte über seinen Gegner Sjuganow. Wahlkampfveranstaltungen Sjuganows wurden behindert und die Folgen seines möglichen Sieges wurden in schwärzesten Farben geschildert.[19]

Die Präsidentenwahl 1996 erzeugte innerhalb einiger NGOs, aber vorerst noch kaum untereinander, eine intensive Diskussion über ihr Verhältnis zu politischen Parteien und der Jelzinschen Präsidentenadministration. Die Mitglieder von *Memorial*, einer der wichtigsten Menschenrechtsorganisationen und Zentrum der Kritik gegen den noch nicht beendeten ersten Tschetschenienkrieg, stritten darüber, ob die Gefahr einer kommunistischen Restauration einen Wahlaufruf für Jelzin trotz des Tschetschenienkriegs rechtfertige oder nicht. Eine Mehrheit entschied sich dafür, zwar nicht zur Wahl Jelzins aufzurufen, aber immerhin vor der Gefahr eines kommunistischen Präsidenten zu warnen. Daraufhin kam es zu einer Reihe von Austritten von Mitgliedern, die einen Präsidenten, der Krieg in Tschetschenien führte, trotz der Gefahr eines Siegs des kommunistischen Kandidaten nicht unterstützen wollten.[20]

Die massive Beeinflussung der Präsidentenwahl von 1996 durch ein Bündnis von politischer Macht und Großunternehmen ist vor allem deshalb bis heute von großer Bedeutung für die Legitimität von Demokratie im Allgemeinen und zivilgesellschaftlichen Organisationen im Besonderen, weil durch diese Eingriffe im Namen der Demokratie und zum Schutz vor erneuter kommunistischer Diktatur fundamentale demokratische Prinzipien verletzt wurden. Zwei Jahre später, im August 1998, machte dieser sich demokratisch nennende Staat mit dem so genannten *Default*, also seiner faktischen Zahlungsunfähigkeit, zudem Bankrott. Im Bewusstsein vieler Menschen in Russland setzte sich die bis heute fortwirkende Überzeugung fest, dass Demokratie nur eine andere, vielleicht ein wenig verschleierte Form autoritärer Herrschaftsausübung ist, zudem eine wirtschaftlich nicht erfolgreiche, wenig effektive und sozial ungerechte. Dazu mag auch die recht einseitige Ausrichtung der zivilgesellschaftlichen Organisationen beigetragen haben. In den 1990er Jahren gab es kaum einflussreiche NGOs, die sich mit wirtschaftlichen und sozialen Fragen beschäftigten. Ausnahmen wie die »Konföderation der Verbraucherschutzgesellschaften Russlands« (KonFOP), die mit der Regierung ein Kompensation für beim 1998er-*Default* entwertete Sparguthaben vereinbaren konnte, wurden in einer breiteren Öffentlichkeit kaum wahrgenommen.[21]

Diese geraffte Schilderung verdeutlicht sehr gut die Bedeutung und die Zerrissenheit der russischen NGOs zu jener Zeit. Sie spielten eine wichtige Rolle beim Ende der Sowjetunion, verbanden sich dann mit den neuen Machthabern, die einen demokratischen Umbau anstrebten, während das Land gleichzeitig Bankrott ging. Im Vergleich zur Politik erträgt die Tätigkeit von NGOs den Spagat zwischen moralischem Anspruch und ihm entgegenstehenden realpolitischen Kompromissen weit weniger. Ihr Einfluss stützt sich eben nicht auf Ämter und die dahinter stehende Macht des Staates, sondern ausschließlich auf ihre Glaubwürdigkeit in der Öffentlichkeit. Diese Glaubwürdigkeit ist ein schwer zu erwerbendes, aber äußerst flüchtiges Gut.[22] Zum Ende der Präsidentschaft Jelzins ignorierten Staat und NGOs sich gegenseitig weitgehend.

Trotz des Entstehens zahlreicher, national und auch international anerkannte NGOs, vor allem in den Bereichen Menschenrechte und Ökologie, im ersten Jahrzehnt nach dem Ende der Sowjetunion blieb ihre Zahl und die der in ihnen engagierten Bürger in Russland im Vergleich zu den älteren Demokratien in Westeuropa und Nordamerika in den 1990er Jahren gering. Dafür gibt es drei Gründe: Partizipation hängt zum ersten auch vom Niveau der wirtschaftlichen Entwicklung der jeweiligen Gesellschaft ab. Bis 1998 sank das russische Bruttosozialprodukt jedes Jahr und erst 2007 wurde wieder das Niveau von 1991 erreicht. Zum zweiten führten die Erfahrungen mit den »mobilisierenden« Formen von Beteiligung in der Sowjetzeit, die keinerlei tatsächliche Einwirkungsmöglichkeiten beinhaltet hatten, sowie mit dem elitären Transformationsprozess, genauer mit seinen zwar formal demokratischen, in der Praxis aber elitären und dysfunktionalen Beteiligungsformen, zu weitgehender Apathie in der Gesellschaft gegenüber politischer Beteiligung überhaupt. Zum dritten gab es noch auf Traditionen aus der Sowjetunion aufbauende vielfältige informelle Netzwerke und eine Kultur der gegenseitigen Hilfe in einer vom Staat separierten und mit ihm nicht interagierenden Sphäre, für die die Bildung von zivilgesellschaftlichen Gruppen und Organisationen nicht notwendig war.[23]

4 Kontrollversuche – Putins erste Amtszeit

Bis zum Amtsantritt des neuen Präsidenten Wladimir Putin hatten sich die russischen NGOs weitgehend frei von staatlichen Einflüssen entwickeln können. Wahrscheinlich war sogar ihr Einfluss auf den Staat größer als umgekehrt. Das sollte sich nun schnell ändern. Putin ging sofort daran, die bis dahin zwar nicht autonom agierenden, aber von unterschiedlichen Machtzentren kontrollierten Bereiche der russischen politischen Öffentlichkeit systematisch dem Kreml zu unterwerfen. Er nannte das, die »Machtvertikale stärken« und eine »Diktatur des Rechts« aufbauen. Hinter diesem Vorgehen stand die Überzeugung, dass der russische Staat in den 1990er Jahren kurz vor dem Zerfall gestanden habe und dass das ursächlich mit der Schwäche der Zentralmacht zusammengehangen habe. Zuerst unterwarf Putin die elektronischen Massenmedien wieder der Kontrolle des Kreml und ging gegen einige der »Oligarchen« vor, die in der zweiten Amtszeit Jelzins die russische Politik in starkem Maße mitbestimmt hatten.[24] Das waren die Anfänge dessen, was ein enger Putin-Berater kurze Zeit später die »gelenkte Demokratie« nennen sollten.[25]

In einem programmatischen Artikel mit dem Titel »Russland an der Schwelle des Jahrtausends« forderte Putin Ende 1999 auch die »Schaffung von Bedingungen, welche die Konsolidierung einer echten Zivilgesellschaft im Land fördern«, als notwendigen Schritt zu einem »starken Staat«, wobei er sich gleichzeitig zum »Aufbau partnerschaftlicher Beziehungen zwischen der Exekutivgewalt und der zivilen Gesellschaft« bekannte.[26] Es gibt zahlreiche weitere Zitate von Putin, in denen dieser in schönen Worten Demokratie und Zivilgesellschaft preist.[27] Nichtsdestotrotz unternahm er direkt nach seinem Amtsantritt erste Versuche, auch die NGOs zu disziplinieren oder korporativ einzubinden. Wichtige und einflussreiche NGOs reagierten darauf mit der Bildung von regionalen und überregionalen NGO-Koalitionen. Die größtenteils aus Vertretern großer Moskauer NGOs bestehende *Narodnaja Assambleja* (etwa: »Volksversammlung«), in der unter anderem *Memorial*, die Moskauer Helsinki Gruppe, die »Stiftung zur Verteidigung von Glasnost« oder die »Sozialökologische Union«

vertreten sind, ist die bekannteste dieser Zusammenschlüsse. Einige ihrer führenden Mitglieder wurden seit Beginn der Präsidentschaft Putin stellvertretend für viele NGOs vom Kreml als Verhandlungspartner anerkannt. Der erste größere Versuch, die NGOs in das staatlich kontrollierte System der so genannten »gelenkten Demokratie« einzufügen, war die Initiative zu einer großen Bürgerversammlung 2001 im Kreml, die anfangs unter Ausschluss von aus Kremlsicht « nicht konstruktiven« (gemeint waren diejenigen, die sich nicht einfach unterordneten) NGOs geplant wurde. Wohl aufgrund von Auseinandersetzungen innerhalb der Präsidentenadministration und weniger aufgrund des Einflusses der NGOs wurde die *Narodnaja Assambleja* im Sommer 2001 dann in die Organisation eines »Bürgerforums« einbezogen.[28] Die Bildung einer staatlich kontrollierten »Vertretung der Zivilgesellschaft« konnte verhindert werden. Am Bürgerforum beteiligten sich Ende November 2001 rund 3 000 NGO-Vertreter und 1 500 Medienvertreter und Gäste aus ganz Russland. Sie diskutierten im Kreml 21 ausgewählte Themen von Armeereform über Flüchtlinge bis zur Umweltpolitik. Zu all diesen Themen sollten – so wurde zwischen den Staatsvertretern und den NGOs vereinbart – »Kommunikationsplattformen« als Diskussionsorte entstehen. Die meisten dieser Plattformen kamen jedoch nicht zustande.[29]

Bereits zuvor, beginnend im Jahr 2000, hatte es Auseinandersetzungen und Verhandlungen zwischen Regierung und NGOs über die neue Steuergesetzgebung gegeben, die Letztere steuerlich mit Gewerbeunternehmen gleichstellte. Die bis dahin geltende Unterscheidung zwischen »kommerziellen« und »nicht-kommerziellen« Organisationen bei der Besteuerung wurde aufgehoben. Trotz der Proteste und Verhandlungen trat der Steuerkodex Anfang 2002 in Kraft. Der mit der Beteiligung der NGOs am Bürgerforum geschlossene Burgfriede zwischen ihnen und dem Kreml hielt bis in den Spätherbst 2003. Zwei Ereignisse führten zur seiner Aufkündigung vonseiten des Kreml: die Verhaftung des Milliardärs und Unternehmers Michail Chodorkowskij und die »Rosenrevolution« in Georgien.

Die Verhaftung Chodorkowskijs beendete die Hoffnung der NGOs auf langfristige und nachhaltige inländische Finanzierungsquellen. Chodorkowskij hatte mit der von ihm gegründeten Stiftung *»Offenes Russland«* begonnen, in großem Maße Projekte von NGOs zu finanzieren, ohne den Kreml zu fragen, wen und was er finanzieren dürfe. Der Umsturz in Georgien wurde von großen Teilen der Machtelite als Niederlage gegenüber dem Westen und als Misserfolg der russischen Politik aufgefasst. In der Wahrnehmung des Kremls spielten von westlichen Geldgebern unterstützte NGOs bei diesem Umsturz, ebenso wie ein Jahr später beim Machtwechsel in der Ukraine, eine entscheidende Rolle. Präsident Putin drückte das am 26. Mai 2004 in seiner alljährlichen Ansprache vor beiden Parlamentskammern so aus: »Es gibt Tausende konstruktiv arbeitende zivilgesellschaftliche Vereinigungen in unserem Land. Aber längst nicht alle orientieren sich daran, die wirklichen Interessen der Menschen zu verteidigen. Für einen Teil dieser Organisationen ist es zur vorrangigen Aufgabe geworden, Finanzierung von einflussreichen ausländischen Stiftungen zu bekommen, für andere, zweifelhafte Gruppen und kommerzielle Interessen zu bedienen. Gleichzeitig interessieren sie die dringendsten Probleme des Landes und seiner Bürger nicht.»[30]

Trotz der zunehmenden Spannungen blieb das Verhältnis zwischen Staat und zivilgesellschaftlichen Organisationen noch eine Weile ambivalent. Während es in einzelnen Fällen, in erster Linie mit Regionalverwaltungen, aber in wenigen Einzelfällen auch mit Behörden der Zentralregierung, durchaus gelang, dauerhafte Arbeitsbeziehungen zu entwickeln, wurde das Handeln der Präsidentenadministration weitgehend von taktischen und strategischen Überlegungen bestimmt. Dieses Verhalten des Kremls den NGOs gegenüber, also sie einerseits als politisch gefährlich darzustellen und andererseits mit ihnen zusammenzuarbeiten, war Resultat in sich widersprüchlicher Handlungsnotwendigkeiten, die sich aus der grundsätzlichen politischen Zielvorgabe der Regierung Putin ergaben, Russland aus der Krise zu führen und dem Land wieder seinen ihm »zustehenden Platz« als Großmacht zu sichern. Denn dies setzte eine umfassende Modernisierung der Wirtschaft (bei zumindest minimaler Zusammenarbeit mit »dem Westen«) voraus. Das sowjetische Wirtschaftssystem hatte sich ja gerade gegenüber der im Westen vorherrschenden liberalen Marktwirtschaft als nicht konkurrenzfähig erwiesen.

Nun erfordern marktwirtschaftliche Systeme ein gewisses Maß an individueller Handlungsautonomie und Eigeninitiative. Man kann auch sagen, sie benötigen Zivilgesellschaft. Die Schwierigkeit lag und liegt aus der Sicht der russischen Herrschaftselite darin, auszutarieren, wie man die damit verbundenen Freiheiten im wirtschaftlichen Bereich gewährt, ein »Übergreifen« auf die politische und gesellschaftliche Sphäre aber weitgehend verhindert. Putin versuchte dieses Problem zu lösen, indem er den staatlichen Zugriff auf die politische Öffentlichkeit monopolisierte. Vor allem im Fernsehen, aber auch in weiten Teilen des Radios und der Presse kontrolliert der Staat, welche politischen Äußerungen und Themen zugelassen werden und welche nicht, welche Personen dort auftauchen dürfen und welche nicht. Das Problem dabei ist jedoch, festzulegen, wo die Grenze gezogen werden soll, welches zivilgesellschaftliche Handeln, welcher

Protest, welches Hinweisen auf gesellschaftliche oder soziale Probleme als Macht gefährdende politische Einmischung interpretiert wird und welches nicht. Wenn dieser Weg aber einmal eingeschlagen wurde, geraten die Handelnden in große Versuchung, die ausgeübte Kontrolle immer weiter zu verschärfen.

Der zivilgesellschaftliche Sektor in Russland hat sich dabei trotz seiner vielen Defizite und der relativ geringen Verankerung in der Bevölkerung und im öffentlichen Bewusstsein als durchaus widerstandsfähig herausgestellt. Dafür lassen sich vier Gründe angeben:

Die zunehmende Kontrolle des politischen Geschehens und die Gleichschaltung der Massenmedien führte beim Kreml zu einem Informationsdefizit in Bezug auf die Lage im Land. Die NGO-Zusammenschlüsse wurden zu durchaus effektiven Informationskanälen in die Gesellschaft, ohne aber eine Machtalternative und damit eine Bedrohung darzustellen.

Die Modernisierung der Gesellschaft als Grundlage der angestrebten »Wiedergeburt« des russischen Staates als Großmacht ist nicht virtuell, sondern nur real möglich. Die NGOs verfügten und verfügen über inhaltliche Kompetenzen in Bereichen, aus denen sich der alte, sowjetisch geprägte Staat zurückgezogen hatte und die der neue russische aufgrund ihrer Modernität nicht oder noch nicht erreicht. Eine Zusammenarbeit mit den NGOs war also auch aus dieser Sicht relativ Erfolg versprechend und relativ ungefährlich.

Die NGOs vermochten während der ersten Präsidentschaft Putins bis 2004 Widersprüche innerhalb der Machtelite zu nutzen. Umgekehrt nutzen wechselnde Teile der Machtelite die NGOs als Instrumente und als mehr unfreiwillige als freiwillige Verbündete im kremlinternen Machtkampf.

Die relativ frei agierenden NGOs ließen sich gegen die Kritik aus dem Westen an den Einschränkungen demokratischer Freiheiten in Russland ins Feld führen.

Durch die zunehmende Kontrolle der Politik, insbesondere des Parteiensystems, und das fast vollständige Fehlen einer vom Kreml nicht kontrollierten politischen Öffentlichkeit sind die russischen NGOs in den Jahren der Präsidentschaft von Wladimir Putin insgesamt in die Rolle von politischen Ersatzparteien gedrängt worden.[31] Oft mussten sie gleichzeitig Opposition, Kommunikationskanal zwischen politischer Elite und Gesellschaft sowie Interessenvertretung sein. Als eine Folge haben sich NGO-Organisationstypen entwickelt, die in westeuropäischen und nordamerikanischen Demokratien fast unbekannt sind und die ständig zwischen dem Staat und der Bevölkerung vermitteln. Teilweise wurden die Kom-

munikationskanäle institutionalisiert, wie etwa mit der 2002 geschaffenen »Kommission für Menschenrechte beim Präsidenten« unter dem Vorsitz von Ella Pamfilowa. Anfang 2004 wurde die Kommission in einen
»Rat zur Mitwirkung an der Förderung der Institute von Zivilgesellschaft
und Menschenrechten beim Präsidenten der Russischen Föderation« umgewandelt. Dem Rat gehörten bis zum Ende der Präsidentschaft Putins
eine Reihe öffentlich bekannter Führungspersonen wichtiger oppositioneller NGOs an.[32]

5 Kontrollierte Zivilgesellschaft – Putins zweite Amtszeit

Nach dem Machtwechsel in der Ukraine zum Jahreswechsel 2004/2005
verschlechterte sich das Verhältnis zwischen dem Kreml und den NGOs
rapide. Direkte Folgen waren die Einrichtung einer staatlich kontrollierten so genannten »Gesellschaftskammer« zum Jahresbeginn 2006 und das
im April 2006 in Kraft getretene neue NGO-Gesetz.[33]

Die Gesellschaftskammer hat als eine Art »Zivilgesellschaftsparlament«
beim Gesetzgebungsverfahren weitreichende Mitwirkungsrechte und soll,
so steht es zumindest im Gesetz, die Exekutive kontrollieren.[34] Dazu steht
allerdings in direktem Widerspruch, wie die Mitglieder der Gesellschaftskammer ausgewählt werden: Ein Drittel wird vom Präsidenten ernannt,
das zweite Drittel von diesem ersten Drittel kooptiert; das letzte Drittel
wird von sieben in den Föderalbezirken einzuberufenden Konferenzen
»gewählt«, ohne dass die Exekutive an bestimmte Verfahren gebunden
ist.[35] Viele NGOs beteiligen sich deshalb aus prinzipiellen Gründen nicht
an der Gesellschaftskammer und weil sie »die Zivilgesellschaft« grundsätzlich
nicht für repräsentativ vertretbar halten.[36]

Mit dem neuen NGO-Gesetz erhielt der Staat – trotz vielfältiger Proteste im In- und Ausland – weitreichende Kontroll- und Sanktionsinstru-
mente gegenüber russischen NGOs und in Russland registrierten und tätigen ausländischen NGOs. Eine neue, dem Justizministerium unterstellte
Behörde, *Rosregistracija*, die ebenfalls für politische Parteien und religiöse
Organisationen zuständig ist, kontrolliert seither die Tätigkeit der NGOs.
Die von Präsident Putin und anderen hochgestellten Vertretern des russischen Staates oft wiederholte Begründung für das neue NGO-Gesetz war
einfach und deutlich: Es gebe Erkenntnisse der Geheimdienste, dass über
NGOs terroristische Organisationen finanziert würden. Das müsse ver-
hindert werden. Außerdem sei es nicht akzeptabel, dass über NGOs ver-

sucht werde, vom Ausland aus Einfluss auf die russische Politik zu nehmen. Das Ziel des Gesetzes ist Kontrolle. Kontrolle vor allem der Geldflüsse aus dem Ausland an russische NGOs, aber auch der Tätigkeit vor allem ausländischer NGOs in Russland überhaupt. Ausländische NGOs mussten sich bis Mitte Oktober 2006 neu registrieren lassen. Das gelang den allermeisten ohne besondere Probleme, wenn auch unter hohen administrativen Anstrengungen. Die ausländischen NGOs müssen seither regelmäßig Finanz- und Sachberichte einreichen und Jahrespläne zur Genehmigung vorlegen.

Das NGO-Gesetz führte bis Mitte 2008 nur in Ausnahmefällen zu direkten staatlichen Repressionen gegenüber russischen NGOs. Probleme bereitet vor allem, dass unterschiedliche Behörden die NGOs nun mit erhöhter Aufmerksamkeit bedenken: Dies bedeutet in einer hoch korrupten Gesellschaft wie der russischen, in der Beschwerde- und Berufungsinstanzen insbesondere gegen staatliches Handeln, etwa Gerichte, nur sehr eingeschränkt funktionieren, vor allem einen erhöhten administrativen Aufwand. Die Registrierungsbehörden setzen verstärkt darauf, die Einhaltung von Bestimmungen etwa des Arbeitsrechts, des Steuerrechts, des Arbeitsschutzes oder des Brandschutzes durch die NGOs zu überprüfen. Mit Beanstandungen in diesem Bereich lassen sich politische Gründe für das staatliche Vorgehen gegen NGOs zumindest teilweise kaschieren.[37]

Anfang 2006 nahm *Rosregistracija* die »planmäßige« Überprüfung[38] von NGOs auf.[39] Dabei moniert die Behörde vor allem angebliche oder tatsächliche formale Gesetzesverletzungen. Die Konsequenz ist auch hier in erster Linie ein erheblicher administrativer Mehraufwand. Direktes politisches Vorgehen gegen eine NGO und Schließungen gab es bisher selten. Offenbar geht es dem Staat eher um Einschüchterung als um Repression. Allerdings funktioniert der russische Staat nicht so monolithisch, wie das nach außen manchmal scheint. Gerade die Rechtlosigkeit führt oft zu einer Art »Privatisierung« staatlichen Handelns für private oder partikulare Interessen. Mit »Privatisierung« ist gemeint, dass formal korrekt ernannte oder gewählte Amtspersonen ihre Stellung im Staat für private Zwecke, zum Beispiel zur Bereicherung, nutzen. So stoßen auch NGOs auf einzelne, auch regionale Behörden, die bei Weitem nicht immer den politischen Wünschen oder Anweisungen von oben folgen. Zum anderen entwickeln auch die Aufsichtsbehörden einen bürokratischen Eigensinn in einer Mischung aus Pflichterfüllung (die politische Führung gibt vor, dass es sich bei den NGOs um potentiell »gefährliche und vaterlandsverräterische Elemente« handelt) und oft auch monetär begründetem Eigeninteresse (Korruption).

Die Angriffe hoher Politiker auf NGOs haben auch nach Inkrafttreten des NGO-Gesetzes kaum nachgelassen. Während der Wahlkämpfe im Vorfeld der Dumawahl im Herbst 2007 und der Präsidentenwahl im Frühjahr 2008 verwahrte sich Wladimir Putin immer wieder in scharfem Ton gegen »Einmischung« von außen in die russische Politik und gegen NGOs, die die Regierung kritisierten, gleichzeitig aber Geld aus dem Ausland bezögen und deshalb, so sein Schluss, für »ausländische Auftraggeber« arbeiteten. In einer Rede Ende November 2007 verglich er diese NGOs mit »Schakalen, die vor ausländischen Botschaften lauern«.[40] Noch als Präsident hatte Putin aber auch mehrfach erklärt, er sei bereit, Änderungen des NGO-Gesetzes zu unterstützen, wenn die NGOs nachweisen könnten, dass und welche Bestimmungen des Gesetzes ihre Arbeit über Gebühr behindern. Doch auf die Stellungnahme zum Beispiel des präsidialen »Rates zur Unterstützung der Entwicklung von Instituten der Zivilgesellschaft und der Menschenrechte« unter Vorsitz von Ella Pamfilowa reagierte Putin ausweichend bis ablehnend. Er zeigte sich nicht überzeugt, dass das Gesetz tatsächlich die NGO-Arbeit behindert.

Eine der ersten Initiativen des gerade gewählten Präsidenten Dmitrij Medwedew war im Mai 2008 eine vorsichtige Kritik an der vom Kreml gesteuerten Gesellschaftskammer, verbunden mit dem Vorschlag, ihre Zusammensetzung und die Regeln der Auswahl ihrer Mitglieder zu ändern. Bereits zuvor, im Februar 2008, noch als Kandidat, hatte er sich bei einem Treffen mit der Gesellschaftskammer über den Zustand der russischen Zivilgesellschaft insgesamt geäußert. Er bemerke, so sagte er, dass es »heute ein reales Defizit im Gespräch zwischen der Gesellschaft, den zivilgesellschaftlichen Kräften und der Staatsmacht gibt«. Die Gesellschaft müsse die Machtorgane dazu zwingen, sich aufmerksamer der Bedürfnisse der Gesellschaft anzunehmen. »Dafür muss man miteinander sprechen und die Staatsmacht zur Ordnung rufen.« Wer an einer Entwicklung der Zivilgesellschaft interessiert sei, müsse, so Medwedew, »darüber ohne falsche Scham in die Kamera sprechen«.[41] Diese Äußerungen Medwedews erinnern sehr an die Worte Putins zu Beginn seiner Präsidentschaft. Man sollte sie ernst nehmen, aber sie müssen nicht unbedingt etwas bedeuten.

6   Fazit

Die russische Zivilgesellschaft und ihre Träger, die in vielen Tausenden Gruppen und Initiativen aktiven Menschen, haben in den vergangenen 20 Jahren eine rasante Entwicklung mit vielen Hochs und Tiefs durchgemacht. Sie hatten großen Anteil an der Befreiung der russischen Gesellschaft von der sowjetischen Herrschaft. Trotzdem oder wohl gerade deswegen haben sich in den 1990er Jahren viele von ihnen nicht von ihrer neu gewonnen Macht korrumpieren lassen, sondern auch die neue, demokratisch legitimierte Machtelite für ihre Fehler und Verbrechen kritisiert. Im neuen Russland standen NGOs bei der Verteidigung individueller und kollektiver demokratischer Rechte immer in der ersten Reihe. Durch die Putinschen Versuche, die NGOs in das System der »gelenkten Demokratie« einzufügen und sie so politisch handzahm zu machen, wurde die russische Zivilgesellschaft gezwungen, politisch erwachsen und professioneller zu werden. Die NGOs mussten sich zusammenschließen, um Angriffe des Staates auf ihre Autonomie und ihre Handlungsfreiheit abzuwehren, und sie mussten ihr Verhältnis zur zu den staatlichen Institutionen klären.

Zivilgesellschaftliches Handeln genießt in Russland zum Ende des Jahrzehnts kein großes gesellschaftliches Prestige. Die Angriffe des Staates haben dazu geführt, dass viele Menschen glauben, NGOs seien generell vom Ausland gesteuert und feindlich gegenüber Russland eingestellt. Gleichzeitig wächst aber in der Bevölkerung der Unmut über verschleppte Reformen, über die Korruption, die unter Putin noch weiter zugenommen hat, und über die mit dem Machtmonopol des Kreml einhergehende Behördenwillkür. An vielen Orten entstehen neue, bisher in Russland weitgehend unbekannte Formen zivilgesellschaftlichen Agierens. Autofahrer protestieren gegen die Willkür der Verkehrspolizei, Wohnungsbesitzer gegen Immobilienspekulation sowie die immer dichtere Bebauung der ohnehin schon überfüllten Städte und die Anwohner von Fabriken wehren sich gegen Produktionsanlagen, die die Umwelt vergiften.[42] Diese Entwicklung erinnert stark an das Entstehen der Neuen Sozialen Bewegungen in den westlichen Industriestaaten in den 1950er und 1960er Jahren. Die Verbindungen und Interaktionen zwischen den etablierten russischen NGOs und diesen neuen »Initiativen von unten« sind noch gering. Bei vielen dieser neuen Initiativen ist die Furcht vor den Ersteren, die sie oft als »politisiert« diffamieren, groß. Doch in der Verbindung der Professionalität der etablierten NGOs mit der unbedingten Legitimität der neuen Initiativen liegt eine große Chance für die weitere Entwicklung der russischen Zivilgesellschaft.

Anmerkungen

1 Zum 1. Januar 2008 gab es nach offiziellen Angaben 227 577 staatlich registrierte Nichtregierungsorganisationen in Russland, http://www.nkozakon.ru/
   publications/ (Zugriff am 29.7.2008). Nicht in dieser Zahl enthalten sind alle
   staatlich nicht registrierten informellen Gruppen.
2 Einen umfassenden und dabei doch knappen Überblick über Theorien zur Zivilgesellschaft gibt: Frank Adloff, Zivilgesellschaft. Theorie und politische Praxis,
   Frankfurt a. M./New York 2005.
3 Hier nur eine kleine und daher subjektive Auswahl: Arendt, Hannah, Vita activa
   oder vom tätigen Leben, München 1981; Jürgen Habermas, Faktizität und Geltung. Beiträge zur Diskurstheorie des Rechts und des demokratischen Rechtsstaats, Frankfurt a. M. 1998; Dieter Gosewinkel/Dieter Rucht/Wolfgang van
   den Daele/Jürgen Kocka (Hrsg.), Zivilgesellschaft – national und transnatio-
   nal (WZB-Jahresbericht 2003), Berlin 2004; Angar Klein, Der Diskurs der Zivilgesellschaft. Politische Hintergründe und demokratietheoretische Folgerungen,
   Opladen 2001.
4 David Lane, Civil Society and the Imprint of State Socialism, in: Forschungsstelle
   Osteuropa, Arbeitspapiere und Materialien, Nr. 67, Mai 2005, S. 7.
5 Habermas (Anm. 3), S. 443.
6 Jürgen Habermas, Strukturwandel der Öffentlichkeit. Untersuchungen zu einer
   Kategorie der bürgerlichen Gesellschaft, Frankfurt a. M. 1990, S. 46.
7 Es gibt im Russischen, wie im Deutschen, für die beiden englischen Begriffe »policy« und »politics« nur das Wort »politika«. Im Gegensatz zum deutschen Begriff
   »Politik« meint »politika« in der Regel aber nur das englische »politics« und nicht
   »policy«. NGOs wirken im Bereich der »policy«, sind also im Russischen nicht
   »politisch«
8 Lane (Anm. 4), S. 15.
9 So sieht es z. B. Herfried Münkler: Ehre, Amt und Engagement. Warum Bürger-
   sinn ein knappe Ressource ist und wie deren Reproduktion gesichert werden kann,
   in: Forschungsjournal Neue Soziale Bewegungen, Jg. 15, 2000, Nr. 2, S. 22–32.
10 Enquete-Kommission »Zukunft des bürgerschaftlichen Engagements«, Bericht:
   Bürgerschaftliches Engagement: auf dem Weg in eine zukunftsfähige Bürgergesellschaft, Opladen 2002, http://dip.bundestag.de/btd/14/089/1408900.pdf (Zugriff am 26.8.2008).
11 Bemerkenswerterweise tat das erst Präsident Putin öffentlich mit seiner Eröffnungsrede auf dem so genannten Bürgerforum am 26. November 2001 im Kreml.
   Sein Vorgänger Jelzin hatte sich darum nie gekümmert.
12 Elke Fein, Zivilgesellschaftlicher Paradigmenwechsel oder PR-Aktion? Zum
   ersten allrussischen »Bürgerforum« im Kreml, in: Osteuropa-spezial 2002, S. 22.
13 Ebd., S. 21.
14 Prawda, 16. Oktober 1990.

15 Trotzdem sich die Bezeichnung »Nepravitel'stvennaja organizacija« (NPO) oder englisch NGO bis heute nicht im russischen Sprachgebrauch durchgesetzt hat, wird sie in diesem Text der Lesbarkeit und Klarheit der Unterscheidung halber benutzt. NGO wurden bis Ende der 1990er Jahre meist als »nekommerčeskie organizacii«, abgekürzt »NKO«, bezeichnet. Heute überwiegt der Begriff »obščestvennye organizacii«.

16 http://www.uic.nnov.ru/hrnnov/rus/nnshr/public/repris.htm (Zugriff, 29.7.2008).

17 Archie Brown: The October-Crisis of 1993: Context and Implications, in : Post Soviet Affaire, 9.1993, Nr. 3, S. 183–195.; Richard Sakwa: Russian Politics and Society, London/New York: Routledge (4. Auflage) 2008, S. 53 ff., 63 ff.

18 So zum Beispiel das Menschenrechtszentrum *Memorial* in einem Bericht über den Umgang mit Gefangenen durch die Truppen der Moskauer Zentralregierung: O. Orlov/A. Cherkasov/S. Sirotkin, Uslovija soderzhanija zaderzhannych v zone vooruzhënnogo konflikta v Chechenskoy Respublike. Obraščenije s zaderzhannymi, http://www.memo.ru/hr/hotpoints/CHECHEN/FILTER/index.htm (Zugriff am 30.7.2008).

19 Hans-Henning Schröder, El'tsin and the Oligarchs. The Role of Financial Groups in Russian Politics Between 1993 and 1998, in: Europe-Asia Studies, Jg. 51, 1999, Nr. 6, S. 957–988.

20 Gespräch des Autors mit Arsenij Roginskij, dem Vorstandsvorsitzender von *Memorial International*, am 18.7.2008.

21 Konfederaciya Obščestv Zaščyty Prav Potrebiteley Rossii, www.konfop.ru.

22 Habermas (Anm. 3), S. 439 f.

23 Lane (Anm. 4), S. 14.

24 So wurde im Sommer 2001 der Besitzer des Fernsehsender *NTW*, Wladimir Gussinskij, gezwungen (*NTW* berichtete auch über den zweiten Tschetschenienkrieg kritisch, dem Putin zur jener Zeit einen großen Teil seiner Popularität verdankte), den Sender an die Medienholding des staatlichen *Gazprom* zu verkaufen. Der Unternehmer Boris Beresowskij, eine Art graue Eminenz in der zweiten Jelzin-Amtszeit, wurde durch eine Anklage ins Londoner Exil gezwungen.

25 Wladislaw Surkow benutzte den Begriff »gelenkte Demokratie« erstmals in einem Vortrag vor Mitgliedern der Kremlpartei *»Jedinnaja Rossija«* am 19.2.2002 bei Moskau, in dem er postulierte, dass das russische politische System der »Handsteuerung« bedürfe. Vgl. Michail Fishman, Poka otdychajet nacija, http://old.polit.ru/printable/471094.html (Zugriff am 29.7.2008).

26 Zitiert nach Fein (Anm. 12), S. 23.

27 Die Website demokratija.ru listet eine beeindruckende Zahl von ihnen auf: http://www.democracy.ru/quotes.php (Zugriff am 30.8.2008.)

28 Eine ausführliche Analyse dieses Prozesses in: Fein (Anm. 12), S. 19–40.

29 Vgl. dazu und zu der nachfolgenden Entwicklung bis 2004: Jens Siegert, NGOs in Rußland, in: Russlandanalysen, Nr. 59, 11.3.2005, http://www.laender-analysen.de.

30 Zitiert nach: Auszug aus der Rede von Präsident Wladimir Putin vor beiden Parlamentskammern am 26. Mai 2004, in: Heinrich Böll Stiftung (Hrsg), Dossier

Demokratie in Russland, http://www.boell.de/alt/index.html?http://www.boell.
de/alt/de/04_thema/2317.html (Zugriff am 30.7.2008)

31 Jens Siegert, Über die Zerstörung des öffentlichen Raums. Der Verlust der Politik
in Putins Rußland, in: Russlandanalysen, Nr. 132, 27.4.2007, http://www.
laender-analysen.de.

32 Siehe auf der Website des Rats zur Mitwirkung an der Förderung der Institute
von Zivilgesellschaft und Menschenrechte: http://sovetpamfilova.ru/.

33 Zur Entstehung des neuen NGO-Gesetzes siehe Jens Siegert, Spezoperazija.
Das neue NGO-Gesetz, in: Russlandanalysen, Nr. 82, 25.11.2005, http://www.
laender-analysen.de.

34 Der Gesetzestext findet sich auf der Website der Gesellschaftskammer: http://
www.oprf.ru/publications/documents/2 (Zugriff am 30.7.2008).

35 Zur Kritik der Gesellschaftskammer siehe: Elke Fein, Potjomkinsches Parlament
und Papiertiger. Die russische Gesellschaftskammer, in: Russlandanalysen Nr. 87,
27.1.2006, http://www.laender-analysen.de.

36 So zum Beispiel *Memorial*, Erklärung zur geplanten »Gesellschaftskammer der
Russischen Föderation«, in Heinrich Böll Stiftung (Hrsg), Dossier Demokratie in
Russland, http://www.boell.de/alt/index.html?http://www.boell.de/alt/de/04_
thema/2317.html (Zugriff am 30.7.2008).

37 So wurde im Frühjahr 2008 die Europäische Universität, eine von der EU-
Kommission geförderte Hochschule in St. Petersburg, von der Brandinspektion
geschlossen und erst einige Monate später nach langwierigen politischen Verhandlungen wieder eröffnet.

38 Eine alljährliche Liste der zur Prüfung vorgesehenen NGOs wird auf der Website von Rosregistrazija veröffentlicht; http://www.rosregistr.ru/index.php?
menu=3017000000 (Zugriff am 30.7.2008).

39 Zu den Auswirkungen des NGO-Gesetzes siehe: Jurij Dzhibladze/Ol'ga
Gnezdilova/Darja Milioslavskaja/Natal'ja Taubina, Doklad »Pervyj god primi-
nennija novogo rossijskogo zakonodatel'stva o HKO: problemy i rekomendacii po
izmenenijam«, http://www.nkozakon.ru/monitoring/5 (Zugriff am 30.7.2008)

40 Zitiert nach: Daniel Brössler, Mit der gewaltigen Macht des Mächtigen, in:
Süddeutsche Zeitung, 1.12.2007, http://www.sueddeutsche.de/ausland/arti-
kel/220/145885/ (Zugriff am 26.8.2009).

41 Zitiert nach: Michail Rubin, Dmitrij Medwedew hat an einer Sitzung der Gesellschaftskammer teilgenommen, in: VIPPERSON.RU, http://www.viperson.ru/
wind.php?ID=276411&soch=1 (Zugriff am 30.7.2008)

42 Vgl. dazu E. Sh./Gontmacher/E. Ju. Shatalova/N.B. Bachmanova/Je.S. L'vova,
Obščestvennyje ob''jedenenija novogo tipa: sozdanije banka dannych, analyz b
perspektivy dal'neyšego razvitija, http://www.zdravros.ru/partners/ (Zugriff am
28.7.2008)

III. Außenpolitik

Dmitrij Trenin

Die Entwicklung der russischen »Westpolitik« und ihre Lehren[1]

Gewöhnlich lässt man die Geschichte der modernen russischen Außenpolitik mit dem Abkommen über die Auflösung der UdSSR in der Beloweshskaja Puschtscha (bei Minsk) im Dezember 1991 beginnen und in formeller Hinsicht ist dies auch richtig. Um aber die Logik der Entwicklung der russischen Außenpolitik zu verstehen, muss man einige Jahre früher ansetzen. Das »Ablegen des Stalinschen Mantels« begann Ende der 1980er Jahre in allen Bereichen der Politik. Deshalb kann man die letzte Periode der sowjetischen Geschichte als im Grunde antisowjetisch und als unmittelbaren Übergang zum postsowjetischen Russland betrachten.

Wenn man versucht, einen symbolträchtigen Wendepunkt in der sowjetischen Außenpolitik ausfindig zu machen, so muss man vermutlich auf die Rede Michail Gorbatschows, der damals noch »nur« Generalsekretär des ZK der KPdSU war, auf der Sitzung der UNO im Dezember 1988 verweisen. Im Unterschied zu all seinen Vorgängern entschied sich Gorbatschow für einseitige konkrete Abrüstungsschritte. Sein gerade erst verkündetes »neues politisches Denken« mit dem dazugehörigen Prinzip der »vernünftigen Hinlänglichkeit für Verteidigung« wurde zur Realität.

Bereits im März 1989 war der Abzug der sowjetischen Truppen aus Afghanistan abgeschlossen. Mit erhöhter Geschwindigkeit wurde die sowjetische Präsenz in der dritten Welt verringert. Im Juni desselben Jahres sprach Gorbatschow in einer Rede vor dem Europarat von Werten, die der von ihm reformierten UdSSR und dem Westen gemeinsam wären. Moskau sagte sich vom wichtigsten Postulat seiner gesamten Außenpolitik seit dem Zweiten Weltkrieg los – von der absoluten Vorherrschaft in Osteuropa. Man unternahm nichts gegen den Machtantritt eines nicht kommunistischen Ministerpräsidenten in Polen und auch später nichts gegen die Welle der »samtenen« (überall, außer in Rumänien) antikommunistischen Revolutionen in den formal zur Union gehörenden Staaten. Den Höhepunkt im europäischen »Herbst des Kommunismus« stellte der Fall der Berliner Mauer dar.

Das Treffen Gorbatschows mit dem Präsidenten der USA George Bush auf Malta Ende November/Anfang Dezember 1989 zog einen Strich unter jene ganze Epoche, die 1945 in Jalta begonnen hatte. Die Teilung Europas war überwunden, jedoch unter der Bedingung des Verzichts Moskaus auf Hegemoniebestrebungen im Osten des Kontinents. Es kam zur Vereinigung von Berlin (im Zuge der deutschen Wiedervereinigung), Deutschlands (bei führender Rolle der Bundesrepublik Deutschland und im Rahmen der NATO) und Europas (auf lange Sicht – im Rahmen der europäischen und euroatlantischen Institutionen). Das Schicksal der Sowjetunion selbst, ihr Platz und ihre Rolle in der Welt blieben ungeklärt, jedoch nicht für lange.

Gorbatschow und seine Mitstreiter hofften, dass es ihnen gelingen würde, die Sowjetunion auf dem Reformweg zu halten, den Einheitsstaat, der sie *de facto* war, in eine moderne Föderation zu transformieren, mit Hilfe des Westens die wirtschaftlichen Schwierigkeiten zu überwinden und in der Welt einen Platz vergleichbar mit dem der USA einzunehmen – im Unterschied zur Zeit des Kalten Krieges sollte dies jedoch nicht in Opposition zu Washington geschehen, sondern man strebte eine Zusammenarbeit mit den USA an, sogar ein »freundschaftliches Kondominium«[2]. Diese Hoffnungen entbehrten aber jeder realen Grundlage und die Politik, die Gorbatschow und seine Anhänger betrieben, entsprach immer weniger den sich verschärfenden Realitäten der inneren und der internationalen Lage.

1 Die 1990er Jahre: Vom Versuch der Integration in den Westen bis zum Scheitern der Beziehungen

Die Russische Föderation, die sich zum Hauptrechtsnachfolger der zerfallenden UdSSR erklärte, setzte die Außenpolitik des »späten« Gorbatschow fort, allerdings in radikalisierter Form. Präsident Boris Jelzin und sein Außenminister Andrej Kosyrew nahmen öffentlich Abstand vom Kommunismus – den Gorbatschow de facto schon abgeschafft hatte. Sie verkündeten den Beitritt Russlands zur Gemeinschaft der friedliebenden Demokratien, sie verzichteten auf die Vorherrschaft in Osteuropa (jetzt in Mitteleuropa umgetauft) und auf die Position des »großen Bruders« im Verhältnis zu den ehemaligen Republiken der UdSSR, die sich über Nacht in unabhängige Staaten verwandelt hatten.

Darüber hinaus betrachteten Jelzin und Kosyrew die nationalen Interessen des neuen Russland als im Prinzip identisch mit den internationalen Interessen der USA und Westeuropas und zielten auf eine formale Integration der Russischen Föderation in die Strukturen der NATO sowie auf einen Bündnisvertrag mit den Vereinigten Staaten. Die Europäische Wirtschaftsgemeinschaft war für sie in diesem Moment von geringerem Interesse. In erster Linie auf Rat des Internationalen Währungsfonds (IWF) und amerikanischer Experten, die von der russischen Regierung als Berater eingeladen worden waren, ging Russland zur Marktwirtschaft über. Auf dem eingeschlagenen Weg erlebte der Kreml alsbald Enttäuschungen. Der Bereitschaft Moskaus, umgehend in die NATO einzutreten, schenkte man in Brüssel einfach keine Beachtung. Der amerikanische Kongress zollte Jelzin stehend Beifall, aber US-Präsident George Bush, Außenminister James Baker und Sicherheitsberater Brent Scowcroft hielten den Abschluss eines Vertrags über ein Bündnis mit Russland angesichts der Beendigung des Kalten Krieges und des Fehlens einer gemeinsamen Herausforderung durch dritte Staaten für unwichtig. Europa wurde tatsächlich schnell zum »gemeinsamen Haus«, von dem Gorbatschow in Straßburg gesprochen hatte – Russland jedoch wurde nicht miteinbezogen. Schließlich verstärkte sich innerhalb Russlands die Kritik am prowestlichen außenpolitischen Kurs. Eine gemeinsame Forderung der kommunistischen, nationalistischen und einiger liberalen Kritiker fand ihren Ausdruck in der Formel »Schutz der nationalen Interessen Russlands«.

Anfangs versuchten der Kreml und das Außenministerium zu manövrieren. Sie behielten die bisherige generelle Ausrichtung der Außenpolitik bei, setzten sich gegen ihre »rot-braunen« Gegner vehement zur Wehr und meldeten den Anspruch Moskaus auf die führende Rolle im GUS-Raum an. Russland setzte seine militärischen Kräfte ein, um das Blutvergießen in Moldawien zu beenden, es griff in die Konflikte in Georgien ein, in den Bürgerkrieg in Tadschikistan und beförderte den Waffenstillstand in Berg-Karabach. Der Westen hinderte Russland nicht daran, in den ehemaligen Randgebieten des Imperiums »für Ordnung zu sorgen«, unterstützte aber auch nicht dessen Ambitionen, die Rolle des Sicherheitsgaranten in der Region zu übernehmen. Zu dieser Zeit war der Westen hauptsächlich mit den militärisch-politischen Folgen des Zerfalls der UdSSR beschäftigt: Verhinderung der Verbreitung von Nuklearwaffen, endgültiger Abzug der nun bereits russischen Streitkräfte aus Ostdeutschland, Ostmitteleuropa und insbesondere aus den baltischen Staaten.

Der Bruch in den Beziehungen zwischen Russland und dem Westen vollzog sich schon 1993, als die US-Administration unter Bill Clinton das von den Führern der Visegrád-Gruppe (Ungarn, Tschechien, Slowakei und Polen) verkündete Ansinnen, der NATO beizutreten, unterstützte. Dies führte zu einer Vertrauenskrise zwischen Moskau und den westlichen Hauptstädten. Der Rückzug der UdSSR aus Osteuropa in den Jahren um 1990 war zwar ein erzwungener Schritt gewesen, in Hinsicht auf die nationalen Sicherheitsinteressen des Landes aber kein kritischer: Zwischen der in Auflösung begriffenen Sowjetunion und den NATO-Mitgliedsländern bildete sich eine breite Zone neutraler Staaten. Am Ende der UdSSR beschloss deren Führung praktisch ein Konzept zur »Finnlandisierung« Osteuropas im Sinne eines effektiveren und weniger kostenintensiven Mittels zur Gewährleistung von Sicherheit und Stabilität in den Beziehungen zum Westen. Damit kam sie jedoch zu spät.

Im Herbst 1993 musste die Führung des neuen Russland, die versucht hatte, die Probleme mit radikaleren Methoden zu lösen – mit der Integration in die Strukturen des Westens –, ihr Scheitern anerkennen. Russland wurde nicht, so wie man es sich ausgerechnet hatte, ein neues Mitglied in der Allianz mit dem informellen Rang eines »Vizepräsidenten«. Im Kreml kam man zu dem Schluss, dass die Länder des Westens, in erster Linie die USA, mit dem Vorantreiben eigener Interessen beschäftigt und nicht dazu bereit seien, Russland als vollberechtigten und schon gar nicht den USA ebenbürtigen Partner anzuerkennen. Es kam die Vermutung auf – bald hatte sie sich in eine Überzeugung gewandelt –, dass man im Westen nicht wirklich an den Erfolg der demokratischen Transformation in Russland glaube und sich gegen den möglichen Machtantritt der Nationalisten oder Kommunisten absichere. Äußerst unangenehm war für Jelzin und später auch für die breite Öffentlichkeit, dass die USA, Deutschland, Großbritannien und Frankreich die Zusage, die sie Gorbatschow, wenn auch nur in mündlicher Form, gegeben hatten, nicht einhielten; zugesagt hatte man, die NATO und insbesondere ihre militärische Organisation nach der Wiedervereinigung Deutschlands nicht zu erweitern Dieser Schritt hinterließ einen tiefen Eindruck bei den russischen Eliten und diente schließlich als Beleg für den Egoismus und die Heimtücke des Westens, der Russland nur für seine eigenen Zwecke benutze.

Den emotionalen Hintergrund für die Veränderung des Klimas in den Beziehungen zwischen Russland und dem Westen bildeten die Kriege auf dem Balkan. In Moskau, wo man den Serben Milošević, den Kroaten Tuđman und den Bosnier Izetbegović für Politiker ähnlichen Kalibers hielt, stellte man mit Erstaunen fest, dass die öffentliche Meinung in Russland sowie den USA und Europa in Bezug auf die aufbrechenden Konflikte mit unterschiedlichen Seiten sympathisierte. Während die von den Amerikanern und Europäern unterstützten Muslime und Kroaten eine gewisse Bereitschaft zur Zusammenarbeit an den Tag legten, blieben sie und die Serben Feinde und während Letztere für russische Nationalisten und Kommunisten zu Helden wurden, waren sie in den Augen des Westens die Hauptschuldigen des Krieges.

Über das Format der Kontaktgruppen versuchte Russland im ehemaligen Jugoslawien eine ausgewogene Behandlung aller kämpfenden Seiten zu gewährleisten, aber dies gelang nicht. Als die Luftstreitkräfte der NATO Angriffe gegen die Stellungen der Serben flogen und die kroatischen Streitkräfte die serbische Krajina »säuberten«, blieb Russland nur der kraftlose Protest. Zudem hatte Moskau keinen ernst zu nehmenden Einfluss auf Belgrad, konnte die bosnischen Serben vor Gewalttaten, ähnlich denen in Srebrenica, nicht schützen und spielte in Dayton und Paris nur eine Statistenrolle. Russische Friedenstruppen schlossen sich der NATO-Operation in Bosnien an, die jedoch unter amerikanischem Kommando stand.

Der Konflikt auf dem Balkan entwickelte sich parallel zum Krieg in Tschetschenien. Dieser 1994 gedankenlos begonnene Krieg, jener ungeschickt durchgeführte, von Grausamkeiten begleitete Feldzug, verstärkte die westliche Enttäuschung über das neue Russland. Das Bild der früheren Supermacht, die mit Gewalt das Streben der freiheitsliebenden Bergbewohner nach Unabhängigkeit unterdrückt und dabei die Freiheits- und Menschenrechte missachtet, fügte sich gut in das Bild von chaotischer Politik und krimineller Privatisierung – von »Raubrittertum«, sozialem Abstieg und sich ausbreitender Armut. Die Popularität Jelzins und der »Demokraten« im Land sank auf einstellige Werte und eine Wiederkehr der Kommunisten bei den Präsidentschaftswahlen 1996 erschien nicht nur wahrscheinlich, sondern praktisch unausweichlich.

Zu der Zeit, als westliche und auch viele russische Medien den Feldzug Moskaus in Tschetschenien verurteilten, kritisierte der Kreml selbst immer schärfer die Pläne zur NATO-Osterweiterung. Ein deutliches Zeichen für die Verschärfung der Politik war die Ablösung von Außenminister Andrej Kosyrew und die Berufung von Jewgenij Primakow zu seinem Nachfolger im Januar 1996; Primakow formulierte die beiden wichtigsten Ziele der russischen Außenpolitik folgendermaßen: Konsolidierung der Russland umgebenden GUS-Länder und die Verhinderung der NATO-Osterweiterung. Ungeachtet der weitgehenden Abhängigkeit Moskaus von Krediten, die vom IWF bereitgestellt wurden, wichen die russischen Ziele von denen des Westens nicht nur ab, sondern standen ihnen konträr gegenüber.

Durch die abermalige Wahl Jelzins, die Niederlage Russlands im ersten Tschetschenienkrieg, die Aufnahme der Russischen Föderation in den Europarat und die Aushandlung einer Kompromisslösung in Bezug auf die militärstrategischen Parameter der NATO-Erweiterung wurde die Konfrontation lediglich vertagt. Im Jahr 1997, als Polen, Tschechien und Ungarn eine Einladung zur Mitgliedschaft in der nordatlantischen Allianz erhielten, wurde Russland in den Klub der führenden Industrienationen aufgenommen, der dadurch zur »Gruppe der Acht« (G8) wurde. Und es gab immer noch die Möglichkeit, dass die russischen Oligarchen, die Jelzins Wiederwahl organisiert hatten und sehr ernste Interessen im Westen verfolgten, eine Verschlechterung der Beziehungen zum Westen nicht zulassen würden.

Der Einbruch des Rubelkurses im Jahr 1998, der zu einer schweren Wirtschaftskrise führte, hatte ernste politische und damit auch außenpolitische Folgen. Hauptaufgabe des Kreml war es nun nicht mehr, die in der Öffentlichkeit in Misskredit geratenen Reformen fortzusetzen und zu vertiefen, sondern die Lage zu stabilisieren und eine Machtübergabe im Rahmen der bestehenden Ordnung zu organisieren. Unter dem Eindruck gegenseitiger Enttäuschungen entfernten sich Russland und der Westen immer weiter voneinander. Die USA nahmen Abstand von Russland, sahen keine Hoffnung für das Land und der IWF gab dem Kreml nach dem Bankrott keine Kredite mehr. Jelzin wiederum distanzierte sich von den jungen Reformern, berief schweren Herzens Primakow zum Ministerpräsidenten und hielt unter den Würdenträgern seines Hofes Ausschau nach einem Nachfolger.

Die Kosovo-Krise geriet gerade in dem Moment in ihre entscheidende Phase, als die russische Führung vollkommen damit beschäftigt war, die erste Krise in der postkommunistischen Geschichte des Landes zu überwinden. Moskau konnte nur vom Rande aus beobachten, wie die USA versuchten, Präsident Slobodan Milošević dazu zu zwingen, die gewaltsame Niederschlagung der separatistischen Bestrebungen der Kosovo-Albaner zu beenden. Nichtsdestotrotz war die emotionale Anspannung in Russland enorm. Als die Clinton-Administration beschloss, gewaltsam gegen die Bundesrepublik Jugoslawien (Serbien und Montenegro) vorzugehen und dafür den Apparat und die Streitkräfte der NATO zu nutzen – unter Umgehung des UN-Sicherheitsrats – empfand man dies in Moskau als faktischen Verlust des Großmachtstatus Russlands. Der internationale Einfluss Russlands brach im Frühjahr 1999 ebenso ein wie der russische Rubel 1998. Darüber hinaus sahen viele Russen in der Intervention der NATO eine Bedrohung für Russland selbst. Die Parallelen zwischen den Zielen und Aktionen der Serben im Kosovo und der Russen in Tschetschenien waren allzu offensichtlich. Das einzige, worauf Russland unter diesen Bedingungen noch bauen konnte, waren seine Nuklearwaffen.

Die berühmte »Wende über dem Atlantik«, als »Primakowsche Schleife« bezeichnet, wurde zum Symbol für das Umschwenken in der russischen Außenpolitik: eine Absage nicht nur an die erwartete Integration in den

Westen, sondern auch an die mehr oder weniger enge Kooperation mit dem Westen. Nicht umsonst ermahnte Jelzin am Vorabend seines Auszugs aus dem Kreml Clinton, er möge »nicht für eine Minute, nicht für eine Sekunde« vergessen, dass Russland über Nuklearwaffen verfüge. Als massenhafte Proteste gegen die Politik der USA und der NATO die Situation anheizten, russische Fallschirmjäger nach Priština verlegt wurden und beinahe mit amerikanischen Streitkräften zusammenstießen und als darüber hinaus der Krieg in Tschetschenien wieder aufflammte, war Jelzin – »der erste russische Demokrat« – praktisch der letzte Garant, der ein Wiederaufleben der Feindseligkeiten zwischen Russland und dem Westen verhindern konnte. So endete das erste Jahrzehnt der »neuen« Beziehungen zwischen Russland und dem Westen, das in einer Atmosphäre utopischer Hoffnungen begonnen hatte, für Russland nicht nur mit einem finanziellen, sondern auch mit einem politischen Zusammenbruch.

2 Die 2000er Jahre: Versuch und Scheitern einer Partnerschaft zwischen Russland und dem Westen

Der neue Präsident Wladimir Putin versuchte, die Beziehungen zum Westen wieder »in Ordnung« zu bringen. Der erste wichtige selbstständige Schritt, den er gegen die Empfehlung einiger seiner eigenen Leute und der Militärs unternahm, betraf die Wiederaufnahme der Beziehungen zur NATO, die wegen der Kosovo-Krise abgebrochen worden waren. Die Ausrichtung auf die NATO war ein zentrales Thema für den »frühen Putin«. Er legte es nicht auf eine vollständige Integration Russlands »in den Westen« an, sondern auf die Bildung eines dauerhaften militärisch-politischen Bündnisses zwischen Russland, Nordamerika und Westeuropa.

Diese politische Linie war schon vor den Terroranschlägen vom 11. September 2001 sichtbar geworden. Putin verfügte die Schließung der Aufklärungszentrale in Lourdes auf Kuba und des Marinestützpunktes in Cam Ranh (Vietnam). Er bereitete sich gründlich auf das erste Treffen mit dem amerikanischen Präsidenten in Slowenien vor und konnte ihn für sich einnehmen. Konsequent nutzte er die Situation und die ihm zur Verfügung stehenden Möglichkeiten und rief George Bush am 11. September über den »heißen Draht« an, um ihm die Unterstützung Russlands zuzusichern. Es scheint, dass die neuen Umstände einen größtmöglich günstigen Einfluss auf die Gründung einer globalen Anti-Terror-Koalition hatten, mit den USA an der Spitze und einer sehr bedeutenden Rolle für Russland.

Im Großen und Ganzen bemühte sich Putin in den Jahren 2000 bis 2002 Brücken nach Amerika und Europa zu schlagen und das angestaute Misstrauen zu überwinden, das seiner Meinung nach darin begründet war, dass man im Westen die Ziele der russischen Politik nicht verstand. Er war zu umfassenden Zugeständnissen bereit. Primakows Ansatz der Multipolarität wurde verworfen. Nicht nur Indien, sondern auch China verblieben an der Peripherie russischer Außenpolitik. Der Pragmatismus kam in Mode. Putin war bereit, sich mit der führenden Rolle der USA in der Welt einverstanden zu erklären, und er hatte weder vor, die amerikanische Position in der Welt zu untergraben, noch wollte er insgesamt Washington an der Verfolgung seiner globalen Politik hindern. Er leistete entschiedene Hilfe bei der Niederschlagung der Taliban in Afghanistan und beschloss, auf den Ausstieg der USA aus dem ABM-Vertrag nicht zu reagieren. Des Weiteren entschied er, den »zeitweiligen« – für die Zeit der Durchführung der Operation in Afghanistan – Aufmarsch amerikanischer Truppen in Zentralasien zu sanktionieren und protestierte nicht gegen das Ausbildungsprogramm der Amerikaner für georgische Streitkräfte.

Im Gegenzug stellte Putin einen Forderungskatalog auf, der wirtschaftliche, finanzielle und politische Fragen berührte. Der entscheidende Punkt in diesem Katalog betraf die von Moskau geforderte Zustimmung der USA zu einer führenden Rolle Russlands in der GUS. Moskau erklärte, dass es nicht vorhabe, die ehemaligen sowjetischen Republiken zu annektieren, zu kontrollieren oder in irgendeiner Weise zu bevormunden. Moskau wolle nur, dass man in diesem Raum nicht störe, anti-russische Kräfte nicht fördere, ausländische Truppen dort nicht stationiere und ohne das Einverständnis Russlands keine neuen Mitglieder in militärische Bündnisse aufnehme. Putin wandte sich in privatem Rahmen persönlich an die NATO-Führung mit der Frage nach dem Beitritt Russlands zur Allianz. Öffentlich sagte er zu dem Thema: »Ja warum denn nicht?«

In einer wirtschaftlich schwierigen Situation leitete Putin eine neue Reformrunde ein, wobei er die Modernisierung Russlands im Kontext seiner Hinwendung zu Europa betrachtete. Nach erfolgten Wirtschaftsreformen und sozialer Transformation sah er ein starkes Russland voraus, das ähnliche grundlegende Eckdaten wie zum Beispiel Deutschland und Frankreich aufweisen würde. Putin war kein »Demokrat«, aber er war auch kein »Anti-Demokrat«. Er urteilte eher nach praktischen Gesichtspunkten. So sollte die Zusammenarbeit mit der Europäischen Union Russland helfen, auf dem Weg der Transformation schneller und mit geringeren Verlusten voranzuschreiten.

Die Zeit zwischen Ende 2001 und Mitte 2002 war eine hoffnungsfrohe Phase, die alsbald mit Enttäuschungen endete. Der sich rasch entwickelnde russisch-amerikanische Dialog ebbte wieder ab, als die USA klaren Kurs auf den Sturz Saddam Husseins im Irak nahmen. Washington lehnte es ab, eine russische »Sonderrolle« im postsowjetischen Raum in welcher Art auch immer zuzulassen. Die Hilfe Russlands im Kampf gegen den internationalen Terrorismus wurde zu einer Pflicht erklärt, die keiner besonderen Gegenleistung bedürfe. Über die »Preislisten« des Kreml lachte man im Weißen Haus hinter vorgehaltener Hand.

Präsident Putin unternahm die Annäherung an die USA gegen die Ratschläge seines Umfelds und entgegen seinen eigenen Instinkten. Er wollte die Situation nutzen, um »besondere Beziehungen« zur wichtigsten Weltmacht herzustellen, und rechnete damit, dass er von den USA im Prinzip das bekommen würde, was seinerzeit auch andere Verbündete erhalten hatten – die Anerkennung und Berücksichtigung der nationalen Interessen Russlands in Washington. Aus heutiger Sicht scheint dieser Ansatz naiv, aber in den Jahren 2001 und 2002 hatte er viele einflussreiche Befürworter in Russland und erfuhr auch in den USA ausdrückliche Unterstützung. Diese Unterstützung erwies sich jedoch als nicht ausreichend.

Das Unvermögen Putins, von den USA entscheidende Zugeständnisse zu bekommen, und, was noch wichtiger ist, das Fehlen einer außenpolitischen Strategie, insbesondere für die Beziehungen zu Amerika, schwächten die Position des russischen Präsidenten. Zu Beginn des Jahres 2003 ließ er sich von denjenigen in Russland und Europa, die auf eine Distanzierung von der Politik Washingtons gegenüber dem Irak bestanden (in erster Linie waren dies Frankreichs Präsident Jacques Chirac und der deutsche Bundeskanzler Gerhard Schröder), einnehmen. Moskau bildete nun gemeinsam mit Berlin und Paris eine Opposition zu Washington – die der damalige Außenminister Igor Iwanow als eine Art neue Entente bezeichnete, die aufgerufen war, die amerikanischen Freunde von unüberlegten Schritten abzuhalten.

Dies gelang nicht und die russisch-amerikanischen Beziehungen nahmen ernsthaften Schaden. Im Unterschied zu den deutsch- und französisch-amerikanischen Beziehungen waren diese nicht durch langjährige Stabilität gefestigt und es gab keinen Vertrauenskredit. Parallel zum Einmarsch der USA in den Irak schärfte der »Fall Chodorkowskij« das Bild, das nach dem 11. September entstanden war. Das Vorgehen der russischen Staatsorgane gegen Chodorkowskij im Jahr 2004 begrub die Hoffnung führender amerikanischer Ölfirmen, durch den Kauf des Unternehmens Jukos in den russischen Markt eintreten zu können. Plötzlich wurde deutlich, wie weit die Positionen Moskaus und Washingtons im von beiden Seiten feierlich verkündeten Energiedialog voneinander entfernt waren: Doch im Kreml dachte man nicht an die Übertragung strategischer Energiebereiche an die Amerikaner, sondern an den Eintritt in den amerikanischen Erdölmarkt!

In der Medienberichterstattung in Amerika und Europa über den »Fall Chodorkowskij« wurde Russland einhellig als ein Staat gebrandmarkt, in dem autoritäre Willkür herrscht, und Putin wurde als boshafter Autokrat an den Pranger gestellt. Bei den Duma-Wahlen im Jahr 2003 verpassten die liberalen und demokratischen Kräfte den Einzug ins Parlament und bei den Präsidentschaftswahlen im Jahr 2004 gab es im Grunde nicht die Möglichkeit, zwischen verschiedenen Kandidaten zu wählen. Die russische Innenpolitik verwandelte sich praktisch zum zentralen Faktor der amerikanischen Beziehungen zu Russland. Die russischen Liberalen, die zunächst mit der Unterstützung Gorbatschows auf die politische Bühne traten, dann Jelzins Fahne folgten und später versuchten – mit einigen Vorbehalten – im frühen Putin einen Modernisierer zu sehen, wandten sich vom Kreml ab und kritisierten schonungslos die aufkommenden autoritären Tendenzen.

Putin seinerseits begann sich immer stärker abzuschotten. In seinem Umkreis gab es immer mehr so genannte »Silowiki« (Vertreter der wichtigen Ministerien und der Geheimdienste). Schon die Geiselnahme im Moskauer Theater an der Dubrowka im Oktober 2002 und die Erstürmung des Theaters, bei der aufgrund mangelnder Zusammenarbeit der Verantwortlichen viele Geiseln starben, veranlasste Putin, den Aktivitäten politischer Emigranten wie des Ex-Oligarchen Boris Beresowskij oder des tschetschenischen Auslandsvertreters Achmed Sakajew mit Misstrauen zu begegnen. Gleiches galt für die Regierungen der Länder, die diese Emigranten aufnahmen – die USA und Großbritannien. Ein erneuter Schlag der Terroristen – die Geiselnahme in einer Schule in Beslan im September 2004, die mit der Erstürmung des Gebäudes und einer noch größeren Zahl von Opfern endete – brachte den Präsidenten dazu, auch innenpolitisch Konsequenzen zu ziehen

Kurz nach der Tragödie in Beslan trat Putin vor die Öffentlichkeit und machte für den Terroranschlag nicht nur islamistische Terroristen verantwortlich, sondern auch den Westen, der diese benutze, um Russland zu schwächen und wichtige Territorien von Russland abzuspalten. Gleichzeitig legte Putin einen Plan für politische Reformen vor, in dem unter anderem die Direktwahl der Gouverneure abgeschafft wurde, was man im Westen umgehend als eine weitere Abkehr Russlands von einem demokratischen Entwicklungskurs einstufte. In der US-amerikanischen und europäischen Öffentlichkeit bestand kein Zweifel, dass »Putins Russland in die falsche Richtung marschierte«.

Im Herbst des Jahres 2004 gerieten Russland und die USA aufgrund der Präsidentschaftswahlen in der Ukraine aneinander. Die »Rosenrevolution« Ende des Jahres 2003 in Georgien und die Studentendemonstrationen für die Absetzung Miloševićs im Jahr 2000, die sich nach ähnlichem Muster entwickelt hatten, hatten in Moskau keine besondere Sorge hervorgerufen, denn weder Milošević noch Schewardnadse galten als prorussische Politiker. Milošević hatte Moskau zudem verärgert und Serbien war für Russland nur von peripherer Bedeutung. Im Jahr 2003 wurden die russischen Friedenstruppen vom Balkan abgezogen. In Bezug auf Georgien hoffte man wiederum, mit der neuen, nach außen hin pragmatischen Führung, besser verhandeln zu können als mit dem »alten Fuchs« Schewardnadse. Die Ukraine aber war ein ganz anderer Fall.

Moskau sah in Viktor Juschtschenko von Beginn an einen westukrainischen Nationalisten, einen Nachfolger Stepan Banderas und Jewgenij Konowalez,[3] die gegen die UdSSR gekämpft hatten. Juschtschenkos Machtantritt bedeutete, dass ein NATO-Beitritt der Ukraine eine reale Möglichkeit wurde und damit auch die Einrichtung amerikanischer Stützpunkte auf ukrainischem Territorium und ein fundamentaler Bruch mit Russland auf allen Ebenen. Um dies zu verhindern, unternahmen Putin und sein Umfeld, zu dem auch der damalige Leiter der Präsidialadministration Dmitrij Medwedew gehörte, »große Anstrengungen« im ukrainischen Wahlkampf und auch bei den Wahlen selbst. Dabei erlitten sie die größte außenpolitische Niederlage in der achtjährigen Amtszeit Putins.

Nach dem beredten Bekenntnis des Polittechnologen Gleb Pawlowskij[4], hätten er und seine Leute den Sieg des Kremlkandidaten Viktor Janukowitsch bei den Wahlen zwar »gesichert«, aber dann sei in der Ukraine die Revolution ausgebrochen, für deren Verhinderung oder gar Niederwerfung die russischen Ressourcen nicht ausgereicht hätten. Den Sieg der »Orange Revolution«, als Wiederherstellung einer tatsächlichen Unabhängigkeit der Ukraine von Russland, feierte man in den USA und Polen, in Westeuropa und Kanada wurde er sehr begrüßt. Bei der russischen Führung war die Stimmung hingegen gedrückt.

Im Kreml zog man es vor, für das weitere Vorgehen nicht die Analyse der Ursachen für die Revolution in den Mittelpunkt zu stellen, sondern die Enthüllung der Ränkespiele der USA und die Durchkreuzung ihrer weiteren Pläne. Man ging davon aus, dass eine »orange« Ukraine im günstigsten Fall ein wichtiger geopolitischer Brückenkopf der USA im postsowjetischen Raum sein würde, der bei der Reduzierung des russischen Einflusses in den Ländern der GUS eine Rolle spielen und die Perspektive auf einen möglichen Stützpunkt implizieren würde. Als ungünstigster Fall galt, dass die Ukraine nur eine Probe, eine »Aufwärmübung« bei der Anwendung neuer Taktiken zur Ablösung politischer Regime sein würde. Jetzt, so fürchtete man in Moskau, würden die Amerikaner, die sich auf Kiew stützen konnten, die politische Übernahme des Kreml vorbereiten und eine proamerikanische Regierung errichten.

Trotz der Abenteuerlichkeit dieses Szenarios, zog man es im Kreml offenbar ernsthaft in Betracht. Doch dann änderte sich die Situation. Zu Beginn des Jahres 2005 war die russische Regierung noch voller Sorge, im Laufe des Jahres jedoch hob sich bereits die Stimmung. Die »farbigen Revolutionen« verblassten schnell. In der Ukraine begann eine permanente politische Krise, in Kirgistan führte die »Tulpenrevolution« zur Absetzung des Präsidenten, aber nicht zur Umorientierung des Landes hin zu den USA, weg von Russland. In Georgien konnte der mit Moskau zerstrittene Micheil Saakaschwili die Kontrolle über Abchasien und Südossetien nicht wiederherstellen. Noch wichtiger war, dass die USA im Irak mit wachsenden Schwierigkeiten zu kämpfen hatten. Schließlich brach der Ölpreis einen Rekord nach dem anderen und die russische Führung, die eine konservative Finanzpolitik verfolgte, bekam dadurch die Möglichkeit, ein »Sicherheitspolster« anzulegen.

Das darauf folgende Jahr 2006 war das Jahr des Vorsitzes Russlands in der G 8. Genau zum Jahreswechsel erreichte jedoch der Gasstreit zwischen Gazprom und auf ukrainischer Seite *Naftogaz Ukrainy* seinen Höhepunkt. Da *Gazprom* in den Verhandlungen keine Fortschritte erzielen und seine Position öffentlich nicht plausibel machen konnte, war das Unternehmen gezwungen, seine Drohungen wahr zu machen – keine weiteren Gaslieferungen an die Ukraine ohne Liefervertrag. Währenddessen lieferte der russische Monopolist weiterhin Gas über ukrainisches Territorium an die europäischen Verbraucher. Wenn die Ukraine nun gezwungen wäre, das für den Export bestimmte Gas abzuzapfen, um den eigenen Bedarf zu decken, so könnte man dadurch eventuell, so dachten die Russen, Verbündete in Europa gewinnen und Kiew »in die Zange nehmen«. Es passierte jedoch genau das Gegenteil.

In den USA und in Europa begann man vom Einsatz der russischen »Energiewaffe« nicht nur gegen die Ukraine, sondern auch gegen die europäischen Länder zu sprechen. Der Ruf Russlands als zuverlässiger Energielieferant, der sich ungeachtet aller Schwierigkeiten seit 1991 immer wieder bestätigt hatte, erwies sich nun als zerstört. Das Thema Energiesicherheit, das der Kreml auf die Tagesordnung des G8-Gipfels in St. Petersburg gesetzt hatte, wurde im westlichen politischen Bewusstsein uminterpretiert hin zur Sicherstellung der Energieversorgung ohne Russland. Die Ukraine aber wurde als Opfer des russischen Drucks im Gaskonflikt gesehen, mit dem sich Russland an den Ukrainern für den Schritt in Richtung Demokratie habe rächen wollen.

Das Ende des Jahres 2006 war überschattet – zunächst vom Mord an der oppositionellen Journalistin Anna Politkowskaja in Moskau und dann vom Tod Alexander Litwinenkos, eines Leibwächters Beresowskijs, der mit Polonium vergiftet wurde. Beide Morde wurden in der Weltpresse umfassend beleuchtet, kommentiert und als Rache Russlands an seinen Gegnern und als Einschüchterung der Opposition interpretiert. Das Image Russlands im Westen entsprach praktisch dem Image der UdSSR im Herbst 1983, als ein sowjetischer Abfangjäger eine südkoreanische zivile Boeing abgeschossen und die Führung der Sowjetunion zunächst jede Beteiligung an dem Vorfall geleugnet hatte.

Offensichtlich war Wladimir Putin von den unablässig sich verschlechternden Beziehungen zum Westen frustriert und entschied sich für eine öffentliche, grundsätzliche Aussprache mit den USA. In seiner Rede auf der Münchner Sicherheitskonferenz im Februar 2007 äußerte er daher nicht ausschließlich harte Kritik an der Politik Washingtons, sondern er formulierte auch Bedingungen, unter denen Russland bereit wäre, mit Amerika zu kooperieren. Dazu zählten: die Anerkennung der politischen Realitäten in Russland und die Nichteinmischung in seine inneren Angelegenheiten, Beziehungen auf gleicher Augenhöhe, Interessenausgleich als Grundlage für die Kooperation. Zur Durchsetzung dieses politischen Kurses unternahm Moskau eine Reihe konkreter Schritte – von der Aussetzung des KSE-Vertrags (Vertrag über die Begrenzung der konventionellen Streitkräfte in Europa) bis zur Wiederaufnahme der Luftpatrouillen an den Grenzen zur USA und den NATO-Ländern – mit dem Ziel, den »Westen zur Partnerschaft zu zwingen«.

Diese Politik hatte keinen Erfolg. Im August 2008 griffen georgische Streitkräfte die südossetische Stadt Zchinwali an und lösten damit einen Gegenschlag russischer Truppen aus. Ungeachtet der nicht enden wollenden Provokationen von beiden Seiten und der kurz vorher durchgeführten Militärmanöver, hatte die russische Führung einen solch groß angelegten Angriff offenbar nicht erwartet. Man verglich die Aktion mit dem 11. September, wobei ein Partner und Quasi-Verbündeter der USA hier in der Rolle *al-Qaidas* erschien. In Moskau gab es im Prinzip keinen Zweifel daran, dass die USA, wenn sie Saakaschwili auch nicht zum Überfall angetrieben hatten, doch auch nichts getan hatten, um ihm Einhalt zu gebieten und letztlich ihre Hände in Unschuld wuschen. Vermutlich war der gefährlichste Moment, als Schiffe der russischen Schwarzmeerflotte vor der Küste Abchasiens Position bezogen und das Flaggschiff der 6. US-Flotte Kurs auf die Küste Georgiens nahm. Die russisch-amerikanischen Beziehungen entwickelten sich erschreckend schnell in Richtung Konfrontation.

3   Von der Westpolitik zur Weltpolitik

Mit dem russisch-georgischen Krieg hat eine neue Etappe in der russischen Außenpolitik begonnen, deren Grundzüge sich in der zweiten Hälfte der 2000er Jahre herausgebildet haben. Nach dem missglückten Versuch einer Integration in den Westen (Gorbatschow und Jelzin) und der gescheiterten Installation eines Mechanismus für reale Partnerschaft mit dem Westen (Putin), schlug Moskau den Weg der offenen Konkurrenz mit jenen ein, die es weiterhin »Partner« nannte, de facto aber als »Konkurrenten« verstand. Die Weltfinanzkrise, die 2008 eingesetzt hat, wird in diesem Zusammenhang als ein Faktor betrachtet, der Veränderungen in der Machtkonstellation und Rollenverteilung in der Welt beschleunigen kann. Man geht in Moskau davon aus, dass sich die Position Russlands – insbesondere durch die Schwächung der USA – verbessern wird.

Noch im Jahr 2003 sagte die Investmentbank Goldman Sachs ein stabiles wirtschaftliches Wachstum und einen stetigen Anstieg des politischen Einflusses der nicht westlichen Länder voraus. Die Analysten der Bank schlugen die Abkürzung *BRIC* vor: Brasilien, Russland, Indien, China – zur Bezeichnung jener Kräfte, die in der Lage sind, die USA, Europa und Japan von ihrer privilegierten Position in der modernen Welt zu verdrängen.

In Moskau wird diese Schlussfolgerung des Berichts ernst genommen. Wenn die Integration in den Westen nicht gelungen ist und sich die gleichberechtigte Partnerschaft mit ihm als Bluff herausgestellt hat, muss man ernsthaft auf Multipolarität setzen; dies umso mehr, als die These von der multipolaren Welt in dem Goldman-Sachs-Bericht eine so umfassende und demonstrative Bestätigung erfuhr. In den internationalen Foren und auf internationalem Parkett positioniert sich Russland immer häufiger als Fürsprecher und sogar intellektueller Führer der »neuen Welle« – der Aufsteigerstaaten Brasilien, Russland, Indien, China. Die Vorstellung von Russland als einem der Machtzentren der Welt impliziert die Schaffung eines »Anziehungsbereichs« rund um Russland, gleichzeitig aber auch die Degradierung der USA zu einer »normalen Großmacht« – einer Großmacht unter dem halben Dutzend globalen »Oligarchen«. Die russische Westpolitik hat sich in eine Weltpolitik verwandelt.

4 Inhaltsanalyse der modernen russischen Außenpolitik

Insgesamt folgte die Außenpolitik Moskaus zwei Jahrzehnte lang einem steinigen Weg. Nach Meinung der russischen Führung hat Russland seine Lehren aus den eigenen Fehlern und Irrtümern gezogen. Diese Lehren kann man entsprechend der Interpretation des Kreml folgendermaßen zusammenfassen:

- Die Welt ist in erster Linie ein Kampfplatz, ein Feld der Rivalität aller mit allen, der harten Konkurrenz um Ressourcen und Märkte. Kooperation ist nicht das Ergebnis emotionaler Impulse von Politikern oder ihres guten Willens, sondern der Rivalität der Akteure, wobei es darum geht, Bedingungen für die zukünftige Zusammenarbeit festzulegen.
- Von entscheidender Bedeutung in der Weltpolitik ist die Wirtschaft. Geschäfte und Geld sind gleichzeitig Antriebskraft und höchster Preis. Bei Geschäften, genau wie im Krieg, sind jene Mittel gut, die zum Sieg führen – hier gibt es keinen Platz für Gefühle. So wie man im modernen Russland gern sagt: »Das ist alles rein geschäftlich, nichts Persönliches«.
- Werte, von denen man im Westen so gerne spricht, sind nicht mehr als der Deckmantel für eine raue Realität, die sich nicht fundamental von der russischen Realität unterscheidet (überall regiert das Geld, der Unterschied liegt allein in der Quantität). Demokratieförderung ist lediglich ein Instrument zur Förderung des westlichen und vor allem des amerikanischen Einflusses.
- Russland ist strategisch auf sich allein gestellt. Es genügt sich selbst. Starke Staaten sind seine Rivalen im Kampf um Einfluss – und kleine Staaten sind Objekt und Ziel dieses Kampfes.
- Russlands entscheidender Konkurrenzvorteil liegt auf absehbare Zeit in den natürlichen Ressourcen, in erster Linie bei Öl und Gas. Die Atomwaffen bleiben der wichtigste Sicherheitsgarant.

Aus dieser Analyse zieht die russische Regierung folgende praktischen Konsequenzen:

- Realpolitik ist die einzig verlässliche Politik. Man muss sie lediglich an die Bedingungen der globalisierten Welt anpassen.
- Russland muss eine Großmacht sein, um weiter bestehen und sich entwi-

ckeln zu können (im Innern geeint, unabhängig auf der internationalen Bühne, seinen Einfluss auf die unmittelbare Umgebung ausweitend, insgesamt also ein eigenständiges Machtzentrum). Andernfalls wird Russland in seine Einzelteile zerrissen.

- Alle Partner sind zugleich Rivalen und jeder Rivale kann unter bestimmten Bedingungen Partner werden. Korrekterweise muss man also die einen wie die anderen als Kontrahenten bezeichnen. In der Beziehung zu jedwedem Kontrahenten darf man nichts für bare Münze nehmen und niemandem blind vertrauen. Rechtlich verpflichtende Verträge sind nötig – andernfalls wird man unweigerlich betrogen.

- Orientierungspunkt für die Außenpolitik sind die nationalen Interessen, die (beim Fehlen einer Nation) als Interesse des regierenden Führungskartells verstanden werden.

- Eben jene Interessen, und nicht angebliche Werte oder konstruierte Ideologien, bestimmen die inhaltliche Ausrichtung der Außenpolitik. Außenpolitisches Handeln – das ist pragmatisches Operieren unter Ausnutzung der unterschiedlichen Interessenlagen. Patriotismus ist – analog einer Ideologie – ein wichtiges Mittel zur inneren Mobilisierung und Gewinnung eines dauerhaften Rückhalts für eine pragmatische Außenpolitik in der Bevölkerung.

- Die öffentliche Meinung im Innern und auf internationaler Ebene wird von den beteiligten Parteien manipuliert. Das Konzept der Reputation ist überholt. An ihre Stelle ist das Image getreten, das je nach Bedarf aufgebaut oder zerstört wird.

- In der modernen Welt muss man zu allen wichtigen Akteuren Beziehungen auf verschiedenen Ebenen unterhalten (offiziell und geheim), ohne dass es wertmotivierte oder ideologisch begründete Ausnahmen geben darf.

- Ziel der russischen Außenpolitik ist es, ein russisches Machtzentrum als Bestandteil der zukünftigen Weltordnung – jener Oligarchie von fünf bis sechs Hauptakteuren – zu schaffen. Im Rahmen dieser multipolaren Welt soll die USA wieder die Position einer »Großmacht unter anderen« einnehmen. Wenn die amerikanische Vorherrschaft in der Welt – so wie die der Sowjetunion und ihres Imperiums – in die Geschichte eingegangen sein wird, können Amerika und Russland letzten Endes reale Partner werden, zum Beispiel indem sie gemeinsam die Vorherrschaft jedes beliebigen anderen Staates verhindern.

5 Kritische Betrachtung der internationalen Erfahrungen Russlands

Die soeben vorgestellte Handlungsanleitung, die sehr schematisch und teilweise zugespitzt ist, erstaunt durch ihren Zynismus. Dieser Zynismus ist jedoch nicht künstlich erzeugt, sondern Resultat leidvoller Erfahrungen. Einige der heutigen außenpolitischen Akteure Russlands hatten sich seinerzeit für den frischen Wind, der von Gorbatschows neuem politischen Denken ausging, begeistert. Sie hofften gemeinsam mit Jelzin auf die Integration Russlands in die westliche Welt zu Bedingungen, die einer Großmacht würdig wären. Der in Putins Kreml herrschende Zynismus ist keine ideologisch bedingte Sicht der Dinge, sondern Ausdruck der verarbeiteten Erfahrungen.

Ein unzweifelhafter Pluspunkt dieses neusten politischen Denkens ist der klare Bruch mit den imperialen Traditionen. Im Machtzentrum, der Zone der privilegierten Interessen, zielt man nicht auf die Wiederherstellung eines imperialen Staates vom Typ des Russischen Reiches oder der Sowjetunion. Weder die erneute Vereinigung mit den Nachbarländern noch deren Beitritt zur oder Kontrolle durch die Russische Föderation sind ein Thema. Ziel ist es, den eigenen Einfluss zu vergrößern, nach dem außenpolitischen Vorbild der wichtigsten Rivalen im postsowjetischen Raum – der USA und der Europäischen Union. Die Welt verändert sich, und Russland ist für seine Position darin selbst verantwortlich.

Ein weiteres Kennzeichen der politischen Praxis des modernen Russland ist der Ökonomismus. Das »Unternehmen Russland« orientiert sich am Gewinnerwerb. Es ist in hohem Maße opportunistisch. Entscheidungen werden zumeist nach dem Kosten-Nutzen-Prinzip gefällt. Der wichtigste Faktor in der russischen Innen- und Außenpolitik, der diese auch ein wenig verständlicher und teilweise vorhersagbarer macht, ist die Tatsache, dass Russland von jenen Leuten regiert wird, die das Land auch besitzen. Deshalb dreht sich in Russland letztlich alles ums Geschäft.

Offensichtlich ist auch, dass die Bedeutung des traditionellen Militarismus in der Außenpolitik abgenommen hat. Dies widerspricht auf den ersten Blick der These von der Vormacht der »Silowiki« in der Putin-Administration, die ihre Position im Grunde auch nach dem Auftritt des Tandems Putin-Medwedew sichern konnten. Man darf dabei nicht vergessen, dass die »Silowiki«, von denen hier die Rede ist, früher in ihrer Mehrzahl bei den Sicherheitsorganen gearbeitet haben. Ihnen ist also grundsätzlich ein ganz anderes Ethos eigen als den Offizieren der Streitkräfte.

Darüber hinaus, und das ist die Hauptsache, agieren sie nicht wie Elemente des »Systems« (wie eine Super-Behörde), sondern als Mitglieder von Gruppen, die im Kampf um konkrete Vorteile miteinander konkurrieren – in erste Linie um Einfluss und Besitz. Putin und Medwedew demonstrieren gern ihre von der UdSSR übernommene strategische Stärke und widmen ihre Aufmerksamkeit der Entwicklung strategischer Nuklearwaffen, wohingegen sich die konventionellen Streitkräfte seit 20 Jahren in beklagenswertem Zustand befinden.[5] Die Armeereform des Verteidigungsministers Anatolij Serdjukow nimmt gerade erst ihren Anfang.

Wenn man die Entwicklung der russischen Außenpolitik bewerten will, darf man den enormen Schock, den Russland beim Übergang vom sowjetischen Kommunismus zum heutigen autoritären Kapitalismus erlitt, nicht unberücksichtigt lassen. Zu dessen Folgen gehören: sowjetische Trägheit und Nostalgie für alles Verlorene, Zählebigkeit der imperialen Traditionen und der Hang zur Revanche in welcher Form auch immer. Dazu gehören auch das notorische Gefühl der »gekränkten Großmacht« und die reale Kränkung durch die USA, die sich »unverdienterweise auf die Fahnen schrieben, den Kalten Krieg gewonnen zu haben«. Des Weiteren zählt dazu: der Aufstieg des Nationalismus aus den Trümmern des imperialen Staates, die fehlende Ausformung einer eigenen Nation, die Abwesenheit von Opposition, während die Intelligenz sich auflöst, sowie die Umdeutung der Rolle des Westens – von der vormaligen Position »das Ausland wird uns helfen« hin zu der Position »Verbündete sind Halunken«.

Wenn man nun wiederum eine Brücke von Medwedew zurück zu Gorbatschow schlagen möchte, kann man leicht zu dem Schluss kommen, dass Moskau in den letzten beiden Jahrzehnten von einem Extrem ins andere verfallen ist. Der naive und teilweise gedankenlose Optimismus wurde eingetauscht gegen einen engen und betont »geerdeten« Pessimismus. Trotz der enormen Komplexität (Finanzflüsse usw.), hat sich das Weltbild in den Köpfen der Führung extrem vereinfacht. Der materielle Faktor wird absolut gesetzt, andere Werte haben ihre Bedeutung verloren. Die russische Führungsschicht ist angesichts ihres unverhohlenen und blinden Egoismus weder in der Lage, die Entfremdung zwischen der Regierung und den Regierten in Russland zu überwinden, noch trägt ihr Verhalten dazu bei, dass der Respekt gegenüber Russland im Ausland zunimmt. Der notorische Pragmatismus – der Sieger über jeden anderen Ansatz – ist orientierungslos. Er kann keine Antwort auf die Frage »Wozu?« geben und auf seiner Grundlage ist es auch nicht möglich, eine an langfristigen Zielen orientierte Strategie auszuarbeiten, die sich auf grundlegende, von der Gesellschaft (einschließlich der Eliten) mitgetragene Werte stützt.

Das Fehlen einer eigentlichen Strategie führt unausweichlich zu einer reaktiven Außenpolitik. Moskau agiert schon seit einigen Jahren aus einer Oppositionshaltung heraus, indem es jeden Schritt Washingtons auf der internationalen Bühne als im Grunde gegen Russland gerichtet versteht und dementsprechend Widerstand organisiert. Das Besessensein von Amerika hat sich zu einer ernsten Krankheit entwickelt, die nur schwer zu kurieren sein wird. Moskau fehlt praktisch eine positive Agenda, es verfügt nur über eine negative. Wenn man einmal die Worthülsen beiseite legt, konzentriert sich die von Moskau vorgeschlagene »neue europäische Sicherheitsarchitektur« auf einige wenige Positionen:

1. keine Erweiterung der NATO um die Länder der GUS, weder die Ukraine noch Georgien dürfen in die Allianz aufgenommen werden;
2. keine amerikanischen Stützpunkte in GUS-Ländern und keine amerikanischen Positionen in der Nähe der russischen Grenze, wie die Raketenabwehrsysteme in Ostmitteleuropa;
3. keine militärische Unterstützung für die Gegner Russlands, insbesondere für das Regime Saakaschwili in Georgien.

Jeder dieser Punkte ist ein ernsthaftes Problem für Russland. Sie verdienen nicht nur eine Diskussion, sie erfordern sie geradezu. All diese Probleme müssen auf die eine oder andere Art gelöst werden, will man die Sicherheit Europas garantieren. Und dennoch führen die Vorschläge Moskaus nicht zu einer »Sicherheitsarchitektur«, und die Annahme, dass nur »rechtlich verpflichtende Verträge« eine tragfähige Konstruktion für die globale und regionale Sicherheit seien, ist naiv.

Paradoxerweise ist die russische Außenpolitik ungeachtet der Mannigfaltigkeit der realen Interessen und des Vorhandenseins formaler Institutionen, die von den herrschenden Elitengruppen zuverlässig kontrolliert werden, stärker zentralisiert als die sowjetische Außenpolitik vor 25 Jahren. Der Kreis, der an der zentralen Entscheidungsfindung beteiligt ist, ist außerordentlich eng. Mit Ausnahme des Präsidenten, des Ministerpräsidenten und einiger in der Öffentlichkeit wenig bekannter Personen treten alle übrigen hochgestellten Persönlichkeiten lediglich als Ausführende der Politik oder als ihre Propagandisten auf. Die Prozesse sind undurchsichtig, Entscheidungsvarianten werden in der Öffentlichkeit nicht diskutiert, die verwendeten Informationen und Analysen stammen fast ausschließlich aus Regierungsquellen und die mächtigsten Medien werden zum propagandistischen Sprachrohr degradiert – all dies führt dazu, dass die Gestalter der Außenpolitik im eigenen Saft schmoren, und auch von ihren Untergebenen schallt ihnen lediglich das Echo der eigenen Einschätzungen entgegen.

20 Jahre nach der Demontage des Eisernen Vorhangs gibt es zwischen dem offiziellen Russland und dem Westen abermals ein Kommunikationsdefizit und ein Verständnisproblem. Dieses Problem ist heute aber anders geartet als noch zu Zeiten der UdSSR. Beamte jeden Ranges fahren häufig und gern nach Europa und Amerika. Bezüglich ihres Lebensstandards und des von ihnen kontrollierten Kapitals gehören die führenden Kreise Russlands zur globalen »Oberschicht« und der dazugehörige Beamtenapparat gehört zur »oberen Mittelschicht«. Diese Leute können einfach nicht anders als auf ihre westlichen Kollegen herabzublicken, die nur von ihrem Gehalt leben, keine weiteren Einkünfte haben und deren Amtszeit zum Beispiel durch Wahlen beendet werden kann. Ein geringer Teil der führenden Kreise spricht fließend Englisch und unterhält nützliche Beziehungen ins Ausland. Aber auch diejenigen, die außer Russisch keine andere Sprache sprechen, sind überzeugt davon, dass sie alles wissen und alles schon gesehen haben. Das Problem jedoch liegt genau in dieser Überzeugung. Das offizielle Russland hat sich abgeschottet und aufgehört zu lernen.

Das Kommunikationsdefizit treibt Russland weniger um als die mangelnde Anerkennung. Von hier rührt die an den Westen gerichtete Forderung nach Ebenbürtigkeit und Gleichberechtigung. Die durch die Energiepreiskonjuktur zu Geld gekommenen »Neureichen« können zwar Schlösser und Paläste kaufen, leiden aber daran, dass sie nicht in die »vornehmen Häuser« eingeladen werden. Dies ist ein in der Geschichte bekanntes Problem, das natürlich lösbar ist – der Preis wäre die Abkehr der Aufsteiger von ihrem bisherigen Lebensstil. In der Regel ist so etwas im Zuge eines Generationenwechsels möglich – im Falle Russlands geht es aber nicht darum.

Die russischen Komplexe müssen unbedingt überwunden werden – der Minderwertigkeitskomplex genauso wie der Überlegenheitskomplex. In der Beziehung zu Stärkeren (USA) muss Russland lernen, den eigenen Kräften zu vertrauen. Es darf Washington nicht blind hinterherrennen und die Fehler anderer Regierungen auf eigene Art wiederholen. Es muss die selbst aufgestellten Prinzipien achten. Man kann nicht gleichzeitig als Verteidiger des internationalen Rechts auftreten und im eigenen Land Rechtsnihilismus praktizieren. Es bringt nichts, Rechtsverletzungen (wie bei der Frage nach dem Status des Kosovo) von einer prinzipiellen Position aus zu verurteilen und dann selbst – der politischen Zweckmäßigkeit folgend – ähnlich geartete Aktionen im Kaukasus durchzuführen.

In der Beziehung zu den »kleinen Brüdern« der internationalen Gemeinschaft muss Russland den Hochmut, der sich oft in einem grobem

Umgang mit diesen äußert, ablegen und diesen Ländern mit einem Maß an Achtung gegenübertreten, das Russland für sich in seinen Beziehungen zu stärken Akteuren anstrebt. Man muss wegkommen von dem verzerrten Blick auf die Welt, in der eine kleine Anzahl von »Souveränen« jeweils von Satelliten umgeben ist. Man muss nicht so sehr die Sicht auf die Geschichte der internationalen Beziehungen revidieren, als vielmehr die Art des Herangehens an Geschichte. Dafür sollte nicht lautstark mit denjenigen gestritten werden, die die Geschichte nach eigener Fasson auslegen, sondern der Zugang zu den Archiven sollte jedem geöffnet werden, der Einsicht wünscht.

Russland muss von extremen Selbsteinschätzungen Abstand nehmen. Russland ist nicht das Gewissen der Menschheit (auch wenn einige russische Denker zweifelsohne von dieser Idee beseelt waren), nicht die Wiege der Weisheit (Pragmatikern liegt diese Auffassung fern) und nicht der intellektuelle Führer (dafür müsste man zunächst das ganze System für Bildung und wissenschaftliche Forschung modernisieren), aber es ist auch kein Land, dessen einziger Beitrag zur Weltgeschichte darin besteht, ein warnendes Beispiel für die gesamte Menschheit zu sein.

Man könnte diese Liste der wichtigen und gleichwohl speziellen Probleme noch lange fortführen. Man muss dabei jedoch klar erkennen: Russland kann erst dann die Anerkennung der weiter entwickelten Länder der Welt erlangen und in ihren Kreis aufgenommen werden, wenn es sein Machtsystem, seine staatlichen und gesellschaftlichen Institutionen an jene in den Ländern Nordamerikas, Europas oder an jene in Japan, Indien, Australien und in anderen Staaten angleicht (identisch müssen sie nicht sein). Die These von der »souveränen Demokratie« hilft hier nicht weiter.

6   Ausblick

Was könnte helfen? Von den äußeren Bedingungen her könnte paradoxerweise die globale Krise hilfreich sein, die im Laufe des Jahres 2008 ihren Anfang nahm. Die Finanzkrise hat Russland bereits davor bewahrt, in eine Auseinandersetzung mit den USA zu geraten, und der Verfall der Preise für Erdgas und Erdöl hilft, die Schieflage in der russischen Wirtschaft zu beheben. Die Krise stellt hohe Anforderungen an die Qualität der staatlichen Leitung sowie an die Wirtschafts- und Sozialpolitik.

Ein anderer ernstzunehmender äußerer Faktor wird die aufholende Wirtschaftsentwicklung Chinas, Indiens und anderer Länder sein, die bisher hinter Russland zurücklagen. Eine nicht zu überschätzende Bedeutung wird auf lange Sicht die geografische und kulturelle Nähe zum vereinten Europa haben, mit seinem zweifellos anziehenden sozialen und politischen Modell. Die sich modernisierenden Länder Ostmittel- und Osteuropas sowie des Baltikums sind besonders hervorzuheben. Wenn die Ukraine auf ihrem weiteren Weg Erfolge bei der Demokratisierung und der Entwicklung von Institutionen verzeichnen kann, so wird die Projektion dieser Erfolge auf Russland einen Einfluss haben, der mit nichts zu vergleichen sein wird.

Der wichtigste innere Faktor ist die Modernisierung, zu der es im Umfeld globaler Konkurrenz keinerlei Alternative gibt. Die russische Führung war in der Finanzkrise 2008/9 abermals gezwungen anzuerkennen, dass ein System, das reguläres Wirtschaften durch Mobilmachung ersetzt, der direkte Weg in den Abgrund ist. Die Sprache der Ökonomie ist heute die einzige, welche die russische Elite dem Rest der Welt näher bringt.

Die Modernisierung Russlands im 21. Jahrhundert darf sich im Unterschied zu der im 20. und 18. Jahrhundert jedoch nicht auf den militärisch-wirtschaftlichen oder den militärisch-administrativen Bereich beschränken. Sie schließt als wichtigste Komponente den allmählichen Aufbau einer modernen Sozial- und Wirtschaftsstruktur ein. Dies erfordert wiederum die Herausbildung demokratischer Institutionen und eine wachsende demokratische Mitwirkung der Bürger bei der Entwicklung des Landes.

Russland ist nicht »verdammt« zur Modernisierung, es hätte auch andere Optionen. Mehr noch, der Übergang zu einer tatsächlichen Modernisierungsagenda wird durch den Widerstand einflussreicher Interessengruppen behindert. Dagegen scheint die Koalition für Modernisierung schwach zu sein, innerlich nicht geeint und von der größtenteils passiven Bevölkerung zu wenig unterstützt. Das Modernisierungsprojekt kann aber auch durch äußere Faktoren behindert werden, zum Beispiel durch den Konflikt mit den USA um die Mitgliedschaft der Ukraine in der NATO, der immer noch möglich ist. Bei einer Zuspitzung der Spannungen zwischen Russland und dem Westen insgesamt könnte die russische Führung der Versuchung erliegen, ein »taktisches Manöver« zu fahren und sich mit Peking zu verbünden (realistisch – als »kleiner Bruder«), wobei ein strategisches Umschwenken hin zu China eher unwahrscheinlich ist.

Wenn man davon ausgeht, dass sich der Modernisierungskurs Russlands in jedem Falle fortsetzen wird, kann man vermuten, dass das heutige »Einzelschwimmen« Moskaus früher oder später beendet sein wird. Zukünftige russische Regierungen, die eine Modernisierungskoalition bilden, werden die heutigen Alleingänge als viel zu teuer bezahlt, ineffektiv und nicht ungefährlich ansehen. Als wichtigste äußere Ressource werden sie Europa betrachten. Russland selbst wird in ihrer Vorstellung nicht ein eurasisches, sondern ein euro-atlantisches Land sein. Der gemeinsame Markt Russlands mit seinen engen Partnern – Kasachstan, Belarus und anderen – wird einen einheitlichen Wirtschaftsraum mit der EU bilden. Die bekannte Formel Romano Prodis »alles teilen, außer die Institutionen« wird sich von einer Losung in Realität verwandeln.

Ein Russland, das sich selbst genügt und sich selbst achtet, wird sich ein breiteres Handlungsfeld erlauben können. Auf dieser Grundlage wird man die Außenpolitik des 21. Jahrhunderts aufbauen können. Die Politik wird sich an der Realität der globalen Gemeinschaft orientieren. Diese ist geprägt durch miteinander verflochtene Ökonomien und Finanzmärkte, den einheitlichen Informationsraum Internet, gemeinsame Sicherheit usw. Unter diesen neuen Bedingungen wird *global governance*[6] von einem Wunsch zur Notwendigkeit. Teilnahme daran wird von der Fähigkeit und der Bereitschaft, zur gemeinsamen Sache einen Beitrag zu leisten und Verantwortung zu übernehmen, abhängig sein. Nicht diejenigen, die die größte Zerstörungskraft besitzen, werden eine führende Rolle in der Welt übernehmen, sondern diejenigen, die den anderen etwas Positives bieten können. Mit anderen Worten, die allgemeine Anziehungskraft und nicht die Schlagkraft der Truppen wird von entscheidender Bedeutung sein.

Russland hat durchaus das Potenzial und genügend historische Erfahrung, um seine Ambitionen mit dem Instrumentarium der »*Soft Power*« durchzusetzen, aber die Erneuerung dieses Potenzials ist von den Fortschritten bei der Bildung einer russischen Nation abhängig, die es bis heute nicht gibt. Die Idee der Nation ist die Idee der Freiheit. Die Bildung einer Nation ist eng verbunden mit der Bildung einer modernen politischen Klasse und einer modernen politischen Kultur. Politische, soziale und wirtschaftliche Faktoren – innere und äußere – sind eng miteinander verflochten. Die Prozesse, von denen hier die Rede ist, sind grundlegend und benötigen viel Zeit. Krisen jedoch haben die Fähigkeit, historische Zeit zu »komprimieren«. Die Transformation Russlands und die Entwicklung seiner Politik gehen weiter.

Anmerkungen

1 Aus dem Russischen von Judith Janiszewski.
2 Kondominium: eigentlich ein Begriff des Völkerrechts, der eine gemeinschaftlich ausgeübte Herrschaft mehrerer Herrschaftsträger über ein Gebiet bezeichnet. Hier

ist er im übertragenen Sinne als kooperiende Supermächte zu verstehen [Anmerkung der Herausgeber].

3   Jewgenij Konowalez (1891–1938) und Stepan Bandera (1909–1959) waren ukrainische Politiker, die sich für eine Unabhängigkeit der Ukraine einsetzten. Konowalez führte nationale ukrainische Einheiten im Bürgerkrieg 1918–1920, Bandera eine antisowjetische Guerilla im Zweiten Weltkrieg [Anmerkung der Herausgeber].

4   In den 1990er Jahren begannen in der russischen Politik Politikberater und spin doctors, eine wachsende Rolle zu spielen. Im Russischen wurden sie »Polittechnologen« genannt. Einer der bekanntesten war der ehemalige Dissident Gleb Pawlowskij, der dem Umfeld der Putin-Administration zugerechnet wird [Anmerkung der Herausgeber].

5   Siehe dazu auch den Beitrag von Hannes Adomeit in diesem Band. [Anmerkung der Herausgeber]

6   *Global governance* (etwa: globale Ordnungs- und Strukturpolitik, »Weltinnenpolitik«) bezeichnet die »Entwicklung eines Institutionen- und Regelsystems und neuer Mechanismen internationaler Kooperation, die die kontinuierliche Problembearbeitung globaler Herausforderungen und grenzüberschreitender Phänomene erlauben«. Vgl. Dirk Messner, Globalisierung, Global Governance und Perspektiven der Entwicklungszusammenarbeit, in: Franz Nuscheler (Hrsg.), Entwicklung und Frieden im 21. Jahrhundert, Bonn 2000, S. 267–294 [Anmerkung der Herausgeber].

Andrej Zagorskij

Russland im postsowjetischen Raum

1 Die neuen unabhängigen Staaten

Ende 1991 entstanden im Prozess der Auflösung der Sowjetunion zwölf neue unabhängige Staaten (NUS)[1]: Belarus, Moldowa und die Ukraine in Osteuropa, Armenien, Aserbaidschan und Georgien im Südkaukasus, Kasachstan, Kirgistan, Tadschikistan, Turkmenistan und Usbekistan in Zentralasien sowie Russland. Im Dezember 1991 gründeten sie die Gemeinschaft Unabhängiger Staaten (GUS)[2] als Rahmen für regionale Kooperation und Integration. Im Gründungsabkommen der GUS wurden folgende Politikbereiche identifiziert, in denen die Gemeinschaft eine Zuständigkeit entwickeln sollte:

• außenpolitische Koordination,
• Bildung eines gemeinsamen wirtschaftlichen Raums und Einführung einer gemeinsamen Zollpolitik,
• Koordination bei der Entwicklung von Transport- und Kommunikationssystemen,
• Umweltschutz,
• Migration,
• Bekämpfung der organisierten Kriminalität.

Das Gründungsabkommen setzte darüber hinaus die Beibehaltung der strategischen Streitkräfte der ehemaligen Sowjetunion unter einem einheitlichen Kommando voraus. Zur Wahrnehmung dieser Aufgaben sollten gemeinsame Institutionen ins Leben gerufen werden. Im Dezember 1991 wurden der Rat der Staatschefs und der Rat der Regierungschefs eingerichtet, die im Konsens über weitere Schritte entscheiden sollten.

Die Realität rechtfertigte aber kaum den Anspruch der GUS, die NUS in einem gemeinsamen regionalen Rahmen zusammenzuhalten. Zwar regelten diese in den Jahren 1992 und 1993 viele Fragen der Rechtsnachfolge der Sowjetunion. Sonst aber war die Entwicklung durch zügige politische und wirtschaftliche Desintegration und Fragmentierung geprägt. Viele NUS hatten wenig gemeinsam außer der Tatsache, dass sie historisch Bestandteil des Russischen Reiches und der Sowjetunion gewesen und zum Zeitpunkt der Auflösung der Sowjetunion weitgehend auf Russland angewiesen waren, das den postsowjetischen Raum wirtschaftlich und sicherheitspolitisch dominierte.

Die *NUS* unterschieden sich auch in ihrer Einstellung zur *GUS* und anderen multilateralen Institutionen im postsowjetischen Raum. Während die Mehrzahl der Staaten Zentralasiens sowie Belarus und Armenien engere bilaterale Beziehungen mit Russland pflegten und sich an den meisten regionalen Kooperationsprojekten beteiligten, standen die Ukraine, Moldowa, Aserbaidschan, Georgien, Turkmenistan und Usbekistan den von Russland dominierten multilateralen Gremien skeptisch gegenüber und sie waren nicht bereit, Souveränität an diese abzugeben. Sie lehnten es konsequent ab, sich an militärpolitischen oder wirtschaftlichen Integrationsprojekten über den freien Handel hinaus zu beteiligen.

Schließlich waren die Entwicklungen im postsowjetischen Raum durch seit Beginn der 1990er Jahre ungeregelte sezessionistische Konflikte in Moldowa, Georgien und Aserbaidschan gekennzeichnet, die auch Potenzial für zwischenstaatliche Konflikte bergen. So befinden sich Armenien und Aserbaidschan seit über 20 Jahren in einem Konflikt über den Status der armenischen Exklave Berg-Karabach. 2008 mündete der Konflikt zwischen Georgien und Südossetien, einer der zwei abtrünnigen georgischen Provinzen, in einen Krieg mit Russland und in die Unabhängigkeitserklärung der beiden Provinzen (Abchasien).

2 Russland als eine *Status quo*-Macht

Die russische Politik gegenüber den Nachfolgestaaten der Sowjetunion entwickelte sich in einem Spannungsverhältnis zwischen dem Anspruch Moskaus auf die Rolle einer Ordnungsmacht im postsowjetischen Raum sowie dem Mangel an geeigneten Mitteln und dem fehlenden politischen Willen, dies umzusetzen. Die ursprüngliche Vision der Integration dieses Raums unter russischer Führung (von der Einführung des freien Handels über die Bildung einer Zollunion hin zur Bildung einer engeren Wirtschaftsunion, mit der die Freizügigkeit von Waren, Dienstleistungen, Kapital und Arbeitnehmer umgesetzt werden soll) wurde immer wieder mit dem Auseinanderleben der neuen Staaten konfrontiert. Moskau versuchte, multilaterale Kooperation innerhalb der *GUS* zu institutionalisieren und zu fördern. Gleichzeitig musste es aber praktische Fragen vorwiegend bilateral mit Einzelstaaten regeln sowie seine knappen Ressourcen für die Bewältigung der Probleme der eigenen Transformation einsetzen. Nicht zuletzt war Moskau nicht bereit, sich selbst den multilateralen Gremien der *GUS* zu unterwerfen und ließ mehrere Vorhaben aus diesem Grund scheitern.

Moskau war zudem zunehmend mit dem Bestreben der anderen *NUS* konfrontiert, ihre Beziehungen über den *GUS*-Rahmen hinaus auszubauen und damit die aus der Sowjetzeit stammende komplexe Bindung an Russland so weit wie möglich zu verringern. Die Erweiterung des Einflusses anderer regionalen Akteure und insbesondere der mögliche Ausbau ihrer machtpolitischen Positionen wurde in Moskau von Anfang an als eine potenzielle Herausforderung seiner Vormachtstellung und Ordnungsrolle betrachtet.

Ursprünglich nahm das russische politische Establishment an, dass diese Herausforderung in erster Linie von der politischen, ethnisch-politischen und/oder religiösen Einflussnahme einer Reihe der im postsowjetischen Raum engagierter Regionalmächte ausgehen würde: der Türkei, des Irans, Saudi-Arabiens, Afghanistans (in den 1990er Jahren noch unter dem Taliban-Regime) sowie Polens und Rumäniens. Insbesondere galt es, eine militärische Präsenz von Drittstaaten in der unmittelbaren Nachbarschaft Russlands auszuschließen. Gleichzeitig ging man davon aus, dass die westlichen Staaten im Interesse der Stabilität die führende Rolle Russlands im postsowjetischen Raum würdigen würden.[3] Mit der Zeit sah Moskau sich aber eher durch die fortschreitende Osterweiterung der NATO, mittlerweile aber zunehmend durch die der EU herausgefordert. In Zentralasien rückte die wachsende Bedeutung Chinas immer mehr ins Blickfeld.

Letztlich sah sich Russland daher vor die Aufgabe gestellt, den nach der Auflösung der Sowjetunion entstandenen *status quo* im postsowjetischen Raum zu bewahren und die weitere Schwächung seines Einflusses in der unmittelbaren Nachbarschaft aufzuhalten.

Am deutlichsten kam der Anspruch Moskaus auf eine Führungsrolle im postsowjetischen Raum in der im September 1995 von Präsident Boris Jelzin verabschiedeten Doktrin der *GUS*-Politik[4] zum Ausdruck. Die *GUS* wurde darin als ein Raum definiert, in dem Russland lebenswichtige Interessen habe, weshalb Moskau eine federführende Rolle in der Gestaltung des neuen regionalen Kooperationssystems behalten müsse. Der Aufbau eines wirtschaftlich und politisch integrierten Staatenbundes wurde zum Hauptziel der russischen Politik erklärt.

Die maßgeblich von Russland geprägten multilateralen Institutionen sollten nach Möglichkeit alle Nachfolgestaaten der Sowjetunion einbinden und auf so viele Kooperationsbereiche wie möglich (von der Wirtschaft über die kollektive Sicherheit bis zur Zusammenarbeit in humanitären Bereichen) ausgedehnt werden. Als Priorität galt dabei die Einbindung der Ukraine, von Belarus und Kasachstan,[5] die über 90 % des Bruttosozialproduktes der *GUS* erwirtschafteten. In diesen drei Nachbarstaaten waren auch die meisten der über 25 Millionen im »nahen Ausland« zurückgebliebenen Russen ansässig. Da aber diese Zielsetzung kaum in kurz- bzw. mittelfristiger Perspektive umsetzbar war, sollte das zuerst mit Belarus und Kasachstan ins Leben gerufene Projekt einer Zollunion einen Integrationskern im postsowjetischen Raum bilden, dem sich graduell weitere *NUS* anschließen sollten. Den Staaten, die sich dazu bereit fänden, wollte Moskau Präferenzen gewähren, wie günstigere Energiepreise oder Staatskredite.

Der im Mai 1992 in Taschkent (Usbekistan) von einer Reihe der *GUS*-Staaten unterschriebene Vertrag über kollektive Sicherheit sollte zu einem Verteidigungsbündnis erweitert werden. 2002 wurde er zu einer »Organisation des Vertrages über kollektive Sicherheit« (OVKS) ausgebaut. Die Teilnehmerstaaten sollten russische militärische Stützpunkte auf dem eigenen Territorium erlauben und auf die Mitgliedschaft in anderen Bündnissen verzichten. Diese Klausel wird in Moskau als eine Verpflichtung interpretiert, die einer Mitgliedschaft in der NATO entgegensteht. Die Mitgliedstaaten des von Russland geführten Bündnisses sollten ebenfalls mit (z. B. wirtschaftlichen) Präferenzen gelockt werden.

Eine multinationale Friedenssicherung sollte durch die *GUS* und unter eventueller Beteiligung der OSZE (Organisation für Sicherheit und Zusammenarbeit in Europa) und/oder der UNO wahrgenommen werden. Voraussetzung dafür war nach den Vorstellungen Moskaus ein »klares Verständnis der Drittstaaten« und internationaler Organisationen davon, dass die *GUS* eine »Zone der Interessen Russlands« sei. Daraus ließ sich der Anspruch Moskaus ableiten, entweder ein Monopol auf Friedensoperationen im Gebiet der *GUS* aufzubauen oder solche im Namen der OSZE oder der UN zu führen.

Weiterhin strebte Russland eine verstärkte Zusammenarbeit in den Bereichen Kultur, Forschung, Bildung und Sport an. Die Verbreitung der russischen Medien, in erster Linie der Empfang der Fernseh- und Rundfunkprogramme, sollte gefördert werden. Russland sollte wieder zum wichtigsten Land werden, in dem Studierende aus den *GUS*-Staaten ihre Fortbildung absolvieren würden, damit die zukünftigen Eliten der anderen *NUS* mit einem positiven Russlandbild aufwüchsen. Die in ihnen lebenden Russen sollten nicht nur unterstützt und gefördert werden, vielmehr sollte die Verletzung ihrer Rechte durch den Entzug von Privilegien bestraft werden.

Die Doktrin der russischen *GUS*-Politik blieb weitgehend realitätsfern. Nicht zuletzt wegen des Anspruchs Moskaus auf die Rolle einer neuen »alten« Ordnungsmacht distanzierten sich mehrere *NUS* von Russland.

Andere Staaten suchten ihre oft formelle Mitgliedschaft in den multilateralen Institutionen im GUS-Raum dazu zu nutzen, um in die Gunst der versprochenen Privilegien zu kommen, ohne sich wirklich einbinden zu lassen. Nicht zuletzt aufgrund der mangelnden Bereitschaft Moskaus, sich diesen Institutionen zu unterwerfen, ist im postsowjetischen Raum kein einziges Integrationsvorhaben erfolgreich umgesetzt worden. Der wirtschaftliche, politische und sicherheitspolitische Einfluss Moskaus ging vielmehr in diesem Raum trotz der Tatsache, dass Russland weiterhin eine relevante Regionalmacht ist, stetig zurück.

Tab. 1: Der Anteil Russlands (1991 und 2007) und der EU (2007) an Exporten und Importen der NUS (in %)

	Exporte			Importe		
	Russland 1991	Russland 2007	EU 2007	Russland 1991	Russland 2007	EU 2 2007
Armenien	63,3	15,1	53,8	44,9	22,7	36,1
Aserbaidschan	53,0	02,8	68,1	45,6	17,5	31,6
Belarus	57,6	36,6	44,0	54,3	60,1	21,9
Georgien	58,3	04,7	33,5	55,5	13,1	30,7
Kasachstan	55,1	11,7	45,1	57,0	34,7	25,3
Kirgistan	45,9	18,4	03,4	49,5	16,5	05,8
Moldowa	42,2	20,8	55,1	41.9	20,0	48,4
Tadschikistan	44,7	08,7	30,1	41,7	21,1	06,8
Turkmenistan	48,4	1,2	5,5	33,9	08,3	15,6
Ukraine	57,1	21,9	30,6	61,7	25,3	44,9
Usbekistan	52,2	24,6	27,7	43,6	26,1	19,9

Quellen: Für 1991: Mir na rubeže tysačiletij (prognoz razvitija mirovoj ėkonomiki do 2015 g.) (Die Welt an der Schwelle des neuen Jahrtausends, Prognose der Entwicklung der Weltwirtschaft bis 2015), hrsg. v. Institut für Weltwirtschaft und Internationale Beziehungen der Russischen Akademie der Wissenschaften, Moskau 2001, S. 197; für 2007: Eurostat.

Der wirtschaftliche Austausch innerhalb der *GUS* verlor für die meisten *NUS* kontinuierlich an Bedeutung, wenn auch in unterschiedlichem Grade. Für die meisten Staaten ist inzwischen die EU zum wichtigsten oder zweitwichtigsten Handelspartner geworden (siehe *Tabelle 1*). Insbesondere für zentralasiatische *NUS* hat in den letzten Jahren die Bedeutung des wirtschaftlichen Austausches mit China zugenommen. Auch im russischen

Handel ging der Anteil der GUS-Staaten nicht weniger dramatisch auf 15 % des Gesamtvolumens (2007) zurück[6] und der Anteil des Handels mit den Staaten der 1995 gegründeten Zollunion hat sich auch mit der Erweiterung zur »Euro-asiatische Wirtschaftsgemeinschaft« (EAWG) mit der damit einhergehenden Verdoppelung des Teilnehmerkreises seit 1995 nicht erhöht, sondern liegt nach wie vor bei ca. 9%.[7] Die Staaten der »Organisation des Vertrages über kollektive Sicherheit« (OVKS) bemühen sich zudem darum, ihre sicherheitspolitische Kooperation über Russland hinaus stärker zu differenzieren, nicht zuletzt durch Kooperation mit den USA und der NATO. Insbesondere nach dem russisch-georgischen Krieg von 2008 ist auch der Anspruch Moskaus auf eine führende Rolle bei der Friedenssicherung und Konfliktregelung im postsowjetischen Raum stark angeschlagen.

3 Wandel und Kontinuität in der russischen Politik

Zwar erscheint die GUS-Doktrin von 1995 von den geschilderten Entwicklungen weitgehend überholt, dennoch weist die gegenwärtige russische Politik ein großes Maß an Kontinuität auf, auch wenn während der zwei Amtszeiten des Präsidenten Wladimir Putin (2000–2008) manche Akzente in Moskau anders gesetzt wurden. Der wichtigste Unterschied besteht darin, dass Russland inzwischen offener eigene Interessen gegenüber den anderen NUS betont und zunehmend die politisch begründeten Präferenzen zurücknimmt.[8] Den deutlichsten Ausdruck fand diese Wende in der Revision der Bedingungen für die Gaslieferungen an die Nachbarstaaten. Sollte ursprünglich mit den günstigen Preisen politische Loyalität der Nachbarstaaten erkauft werden, mussten seit 2006 auch die engsten Verbündeten Russlands, Armenien und Belarus, und nicht nur die Ukraine oder Georgien immer mehr für Gas zahlen.

Die Bedeutung des GUS-Rahmens für die russische Politik wird nicht länger überbewertet. Zwar redet man weiterhin von der Notwendigkeit regionaler Integration, jedoch gilt seit 2000 die Formel, dass Moskau gute Nachbarschaft, strategische Partnerschaft sowie bündnisartige Beziehungen[9] mit den NUS pflege, die sich bereit fänden, auf die Interessen Russlands und auf die Rechte der russischen Bevölkerung in ihren Grenzen Rücksicht zu nehmen. Die GUS selbst sieht man nur noch als ein »Forum für den multilateralen politischen Dialog und als einen Mechanismus für vielfältige Zusammenarbeit, bei dem die Priorität auf die Bereiche Wirtschaft, humanitäre Kooperation sowie Bekämpfung der traditionellen und neuen Herausforderungen und Bedrohungen gelegt wird«.[10]

Viel stärker als in den 1990er Jahren wird auch die Herausforderung des *status quo* im postsowjetischen Raum durch den »Westen« hervorgehoben. Unter anderem wird die Möglichkeit der Stationierung von ausländischen Streitkräften in unmittelbarer Nachbarschaft Russlands als eine Bedrohung der nationalen Sicherheit bezeichnet. So wird auch die Gefahr der Drosselung des Integrationstempos innerhalb der *GUS* gesehen. Zu den Bedrohungen zählen auch die »Bemühungen anderer Staaten«, der Stärkung der Position Russlands in der *GUS* entgegenzuwirken.[11] Die Diskussion über die Aufnahme der Ukraine und Georgiens in die NATO, zunehmend aber auch die Ansätze, durch die »Ostpartnerschaft« eine Reihe der *NUS* enger an die EU zu binden, werden als die mit Abstand wichtigsten Bedrohungen des *status quo* gesehen. Nicht zuletzt aus diesem Grunde formulierte Moskau 2004 die Voraussetzungen, unter denen Russland die Weiterentwicklung der Nachbarschaftspolitik der EU akzeptieren würde. Die Europäische Union sollte die bestehenden von Russland dominierten Mechanismen der Friedenssicherung und Konfliktregelung in der »gemeinsamen Nachbarschaft« sowie die Integrationsprojekte innerhalb der *GUS* respektieren.[12]

Neben neuen Akzenten enthält die aktuelle Strategie Russlands gegenüber der *GUS* die wichtigsten Elemente der *GUS*-Doktrin aus der Jelzin-Zeit. So spricht Dmitrij Medwedew, der Nachfolger Putins im Präsidentenamt seit 2008, von den Regionen, zu denen Russland »privilegierte« Beziehungen pflegt.[13] Die *GUS* gilt als die wichtigste solcher Regionen, wo besonderen Interessen Moskaus Geltung verschafft werden soll. Wie früher geht das russische Establishment davon aus, dass die anderen *NUS* keine nennenswerte Alternative zur Wirtschaftsunion mit Moskau haben und früher oder später darauf zurückgreifen werden.[14] Somit wird auch die Notwendigkeit der Konsolidierung des »Integrationskerns« der *GUS* – der »Euro-asiatische Wirtschaftsgemeinschaft« und der »Organisation des Vertrags über kollektive Sicherheit« – betont.[15] Letztere soll stärker zu einem Verteidigungsbündnis ausgebaut und mit der EAWG (siehe weiter unten) vernetzt werden.[16]

Auch die Förderung und der Schutz der kulturellen, sprachlichen und sozialen Rechte der russischen Bevölkerung in den anderen *NUS* werden zunehmend herausgestellt.[17] Diese soll nicht allein die uneingeschränkte Möglichkeit behalten, in der Schule muttersprachlichen Unterricht zu bekommen, vielmehr soll Russisch auch den Status einer Amtssprache erhalten.

Seit dem starken Anstieg der Erdöl- und Erdgaspreise auf dem Weltmarkt und daraus resultierend der russischen Einnahmen aus den Energieexporten ab Anfang der 2000er Jahre, insbesondere seit 2005, setzte Moskau auf den Ausbau seiner wirtschaftlichen Präsenz in den anderen NUS durch staatliche, aber insbesondere private Investitionen. 2000 bis 2007 wuchsen die jährlichen russischen Investitionen in die GUS-Staaten von 0,1 auf 2,7 Milliarden US Dollar. 49% davon entfielen aber auf Belarus, 19% auf die Ukraine und 17% auf Kasachstan (2007).[18]

Die meisten der Ziele der russischen Politik werden jedoch wie in den 1990er Jahren eher auf bilateraler Ebene als im multilateralen Rahmen verfolgt.

4 Multilaterale Institutionen

Die »Gemeinschaft Unabhängiger Staaten« bleibt die übergreifende Organisation für den politischen Dialog und Kooperationen zwischen den NUS. Nach wiederholten Versuchen, eine alle Teilnehmerstaaten umfassende Wirtschaftsunion und ein Verteidigungsbündnis ins Leben zu rufen, wurde Ende der 1990er Jahre klar, dass sich die GUS trotz Hunderter Abkommen und Dutzender gemeinsamer Ausschüsse nicht zu einer gestaltenden Kraft im postsowjetischen Raum entwickelt hatte. Sie war eher zu einem Gremium für regelmäßige unverbindliche Konsultation, nicht zuletzt auf der Ebene der Staats- und Regierungschefs, geworden. Die Hälfte der Teilnehmerstaaten war nicht bereit, den Integrationsanspruch der GUS mitzutragen. Andere waren von ihrer mangelnden Durchsetzungskraft enttäuscht.

Im Oktober 1997 wurde eine Reform auf die Tagesordnung der Gemeinschaft gesetzt. Die GUS sollte den Schwerpunkt auf wirtschaftliche Kooperation, und zwar auf die Entwicklung des freien Handels legen. Die Reformdebatte hat aber in den letzten zwölf Jahren keine weitgehenden Entscheidungen erbracht. Ein radikaler Reformansatz, den insbesondere Kasachstan entwickelt hatte, setzte auf die Auflösung der meisten multilateralen Gremien. Die Vernetzung der Teilnehmerstaaten über »nationale Koordinatoren« sollte die »verbürokratisierten« interministeriellen Gremien ersetzen und die Kooperationsbereiche sollten auf einige wenige reduziert werden.

Die Mehrheit der Teilnehmerstaaten, darunter Russland, wollte aber radikale Entscheidungen vermeiden und bevorzugte rein kosmetische Veränderungen. Der im Oktober 2007 auf dem Gipfeltreffen in Duschanbe (Tadschikistan) verabschiedete Aktionsplan ist ein weiterer, wohl aber nicht der letzte Kompromiss zwischen den beiden Ansätzen. Zwar hat man in den letzten zehn Jahren die Zahl der von der *GUS* beschäftigten Mitarbeiter bedeutend reduziert und die eigenständigen Sekretariate von Dutzenden der zwischenstaatlichen Ausschüsse im Geschäftsführenden Ausschuss integriert, die Zahl der multilateralen Gremien hat sich jedoch vergrößert, ohne dass deren Effizienz gestiegen wäre.

Ebenfalls unvollendet ist bislang das Projekt der Schaffung einer Freihandelszone zur Umsetzung des Abkommens von 1994 und des Zusatzprotokolls von 1999. Der 2000 vereinbarte Aktionsplan sah vor, dass die beiden Abkommen über die Abschaffung von Einschränkungen des freien Handels baldmöglichst ratifiziert werden. Russland hat aber als einziger *GUS*-Staat das Vertragswerk nicht ratifiziert. Nach einer Reihe von Gesprächen musste letztendlich auf eine multilaterale Übereinkunft über die Abschaffung der Einschränkungen des freien Handels verzichtet und dies bilateralen Absprachen überlassen werden. Die Zahl der Einschränkungen wurde auf diesem Wege zwar reduziert, sie bleiben aber weiter bestehen.

Russland legt den Schwerpunkt der wirtschaftlichen Integrationspolitik somit fast ausschließlich auf die Euro-asiatische Wirtschaftsgemeinschaft. Der Vertrag über die EAWG wurde von Belarus, Kasachstan, Kirgistan, Russland und Tadschikistan 2000 unterzeichnet. 2006 schloss sich Usbekistan der Gemeinschaft an, beantragte aber 2008 wieder seinen Austritt. Der Gründung der EAWG gingen andere Projekte ihrer Teilnehmerstaaten voraus. 1995 beschlossen Belarus, Kasachstan und Russland die Gründung einer Zollunion. 1996 wurde die Gemeinschaft um Kirgistan und 1999 um Tadschikistan erweitert. Damit sollte das im Rahmen der zwölf *GUS*-Staaten gescheiterte Konzept einer Wirtschaftsunion in einem kleineren Kreis umgesetzt werden, dem sich zu einem späteren Zeitpunkt weitere *NUS* anschließen sollten. Die Ziele des Abkommens von 1999 gingen weit über das ursprüngliche Konzept hinaus und sah neben der Entwicklung des freien Handels und der Einrichtung einer Zollunion die graduelle Gestaltung eines einheitlichen Wirtschaftsraums, eines gemeinsamen Marktes und die Einführung einer gemeinsamen Währung der Teilnehmerstaaten vor. Die Integration sollte über den wirtschaftlichen Bereich hinaus auf Forschung und Kultur, außen- und verteidigungspolitische Koordination sowie die Bekämpfung der organisierten Kriminalität und des Terrorismus ausgedehnt werden. Die fünf Staaten hatten zu diesem Zweck eigene Institutionen geschaffen – einen Rat der Staatschefs, einen Integrationsausschuss (Exekutivorgan) sowie einen parlamentarischen Ausschuss –, die parallel zu den *GUS*-Institutionen agieren.

Ursprünglich sollte die Zollunion 1998 vollendet werden. Das weitere Abkommen von 1999 verschob dieses Ziel auf 2002. Doch Kontroversen über die Harmonisierung der Zolltarife, die Bedingungen des Beitrittes zur Welthandelsorganisation (WTO) sowie über andere Fragen verhinderten, dass das Ziel erreicht wurde.

Die im Jahr 2000 von denselben fünf Staaten gegründete EAWG sollte die Ziele des Abkommens von 1999 umsetzen. 2003 beschloss man auf Initiative Kasachstans einen Aktionsplan zu ihrer Vollendung. Die diesbezüglichen Gespräche wurden aber außerhalb der ESWG geführt – zuerst im Rahmen der Vierparteienvereinbarung, die Belarus, Kasachstan, Russland und die Ukraine 2003 über die Entwicklung eines einheitlichen Wirtschaftsraums schlossen. Nachdem 2006 die Ukraine aus dem Projekt ausgeschieden war, entschieden Belarus, Kasachstan und Russland, zuerst eine nur drei Staaten umfassende Zollunion zu gründen, der sich erst später andere EAWG-Mitglieder würden anschließen können. Dieser Beschluss führte zu einer Absonderung der Dreiergruppe von anderen Teilnehmerstaaten. Aber auch die drei verschieben die Vollendung der Zollunion immer wieder – zuerst auf 2008, nun auf 2010. Trotzt Fortschritten bei der Abstimmung des notwendigen Vertragswerks bestehen weiterhin Interessensunterschiede zwischen den Teilnehmerstaaten.

Die EAWG selbst wird zunehmend für regionale Projekte Russlands mit Staaten Zentralasiens genutzt. Es geht um energiepolitische Kooperation, den Ausbau von Transportverbindungen (insbesondere des Pipelinenetzes) von und über Zentralasien sowie um die Optimierung der Wassernutzung und den Ausbau der Wasserkraftkapazitäten in der Region. Gemeinsame Projekte sollen von der russisch-kasachischen Eurasischen Entwicklungsbank gefördert werden.

Seit 2006 steht auch die Initiative Moskaus auf der Tagesordnung, die EAWG enger mit der Organisation des Vertrages über kollektive Sicherheitzu verflechten, um damit Synergien zu erzielen, ohne die Wirtschaftsgemeinschaft mit politischen und sicherheitspolitischen Aufgaben zu überfrachten. Die 2000 institutionalisierte OVKS ging aus einem Vertrag über kollektive Sicherheit von 1992 hervor. Ihr Teilnehmerkreis stabilisierte sich weitgehend Mitte dieses Jahrzehnts und ist größtenteils mit dem der EAWG identisch (alle ihre Teilnehmer bis auf Armenien, inzwischen aber auch Usbekistan sind Mitglied in der EAWG). Die OVKS sollte zu einem kollektiven Verteidigungsbündnis ausgebaut werden. In der Realität ist sie es aber nicht geworden. Sie dient eher als politischer Rahmen für die fortgesetzte militärisch-industrielle Kooperation Russlands mit Belarus und Kasachstan, aber auch mit der Ukraine, die zwar kein Mitglied in der OVKS ist, sich aber an Projekten militärisch-industrieller Kooperation beteiligt. Die OVKS liefert den Rahmen für die Ausbildung der Offiziere der Teilnehmerstaaten in Russland, für gemeinsame militärische Übungen sowie für die Lieferung russischer Waffensysteme an die Teilnehmerstaaten zu ermäßigten Preisen.

Darüber hinaus legt die OVKS seit ihrer Institutionalisierung den Schwerpunkt auf die Bekämpfung von Terrorismus und Extremismus, der organisierten Kriminalität sowie insbesondere des illegalen Drogenhandels in Zentralasien. Insgesamt hat sich die OVKS eher zu einem Bündnis Russlands mit den Staaten Zentralasiens entwickelt, denn Belarus und Armenien bauen ihre Bündnisbeziehungen mit Moskau auf der Grundlage bilateraler Beistandsverträge auf.

Der Unionsstaat von Belarus und Russland gilt als das am weitesten fortgeschrittene Integrationsprojekt innerhalb der *GUS*. Das Projekt begann mit dem Ziel einer Zollunion der zwei Staaten (1995), sollte aber mittels weiterer Verträge zwischen 1996 und 1999 zu einem Unionsstaat ausgebaut werden. Gemeinsame Konferenzen der Staats- und Regierungschefs, ein Ministerrat, eine parlamentarische Versammlung sowie mehrere Ausschüsse sollen diesen vollenden. Doch die Umsetzung der relevanten Verträge stockte in den meisten Bereichen. Insbesondere wegen der unterschiedlichen Vorstellungen über die Entscheidungsfindung in einem Unionsstaat, der die Souveränität der beiden Staaten nicht beseitigt, konnten die Verfassungsakte der Union bislang nicht zur Volksabstimmung vorgelegt werden. Die Bestimmungen der Verträge über die Entwicklung eines gemeinsamen wirtschaftlichen und sozialen Raumes, die Einführung einer gemeinsamen Währung (des russischen Rubels), aber auch über die Vollendung der Zollunion sind nicht umgesetzt worden. Statt zu wirtschaftlicher Integration zu führen, ist das Projekt Unionsstaat mittlerweile zu einer fortwährenden Kontroverse zwischen Moskau und Minsk über die Gaspreise sowie über den Anspruch russischer Konzerne, die wirtschaftlich attraktivsten Firmen der belarussischen Industrie – in erster Linie die Gaspipeline nach Europa, Raffinerien sowie die Dünger produzierenden Betriebe – als Ausgleich für die Schulden gegenüber Russland zu übernehmen, ausgeartet.

Erfolgreich war die Union allein bei der Integration im militärischen und militärisch-industriellen Sektor. In allen anderen Bereichen stagniert sie, nicht zuletzt wegen des schwierigen persönlichen Verhältnisses zwischen dem belarussischen Präsidenten Aljaksandr Lukaschenka und dem ehemaligen russischen Präsidenten und gegenwärtigen Ministerpräsidenten Putin.

5 Ergebnisse und Trends in der russischen *GUS*-Politik

Das Konzept der Integration bzw. der Reintegration des postsowjetischen Raumes dominierte den russischen politischen Diskurs seit den 1990er Jahre. Es widerspiegelte das Bestreben, die anderen *NUS* an Russland zu binden und auf diese Weise den *status quo* und Moskaus führende Rolle in diesem Raum zu bewahren. Moskau versuchte, seine Vorstellung einer Integration der *NUS* über die Schaffung unterschiedlicher multilateraler Strukturen – der *GUS*, der EAWG, der OVKS, dem Einheitlichen Wirtschaftsraum – sowie im Unionsstaat mit Belarus umzusetzen. Doch keines dieser Projekte ist erfolgreich in Gang gesetzt und abgeschlossen worden. Die Tendenz zu einer weiteren Fragmentierung des postsowjetischen Raumes setzte sich kontinuierlich fort, was sich unter anderem in einer zunehmenden Ausdifferenzierung der externen Beziehungen der *NUS* über den Rahmen der *GUS* hinaus widerspiegelt. Dies führte zu zwei wichtigen Konsequenzen für die russische Politik.

1. Der Kreis der Staaten, die Moskau eventuell zum Integrationskern in der *GUS* zählen konnte, wurde immer kleiner. Mit der jüngsten Reduktion des Projektes einer Zollunion auf Belarus und Kasachstan sondern sich die drei Staaten weiter von den anderen *GUS*-Staaten ab. Diese Entwicklung schwächt deutlich die breiteren multilateralen Integrationsansätze im postsowjetischen Raum, ohne dass gleichzeitig die Gewähr besteht, dass die trilaterale Zollunion in absehbarer Zeit, wenn überhaupt, vollendet wird.

2. Moskau musste seine Politik gegenüber den anderen *NUS* zunehmend ausdifferenzieren und eher bilateral oder regional ansetzen. Dabei kristallisiert sich die Tendenz zu einer engeren wirtschaftlichen, energie-, sicherheits- und verteidigungspolitischen Zusammenarbeit zwischen Russland und einer Reihe der zentralasiatischen Staaten heraus. Sie wird ergänzt durch bilaterale, dadurch aber nicht weniger fragile Allianzen mit Belarus und Armenien und eine weitgehend auf energiepolitische Zusammenarbeit reduzierte Kooperation mit Aserbaidschan.

   Am schwierigsten gestalteten sich aber die Beziehungen Russlands mit Georgien und der Ukraine, aber auch mit Moldowa, die offen Moskaus *status-quo*-Politik herausgefordert haben. Der russisch-georgische Krieg im August 2008 und insbesondere die einseitige Anerkennung der Unabhängigkeit der abtrünnigen Provinzen Abchasien und Südossetien durch Moskau hat kein Verständnis bei den anderen *NUS* gefunden. Dies macht die ambivalente Zwischenbilanz der russischen Politik gegenüber den *NUS* deutlich: Zwar ist Russland im postsowjetischem Raum weiterhin eine nicht zu übersehende Regionalmacht, seine Dominanz ist jedoch nicht länger eindeutig und hat Grenzen.

Anmerkungen

1 Die drei baltische Staaten – Estland, Lettland und Litauen – fallen nicht in diese Kategorie. Vom Beginn an war ihr Ziel die Wiederherstellung ihrer 1940 durch die Eingliederung in die Sowjetunion unterbrochenen Staatlichkeit. Aus diesem Grunde beanspruchten sie unter anderem nie die Rechtsnachfolge zur Sowjetunion.

2 Der Teilnehmerkreis der GUS ist kontinuierlichen Veränderungen unterworfen. 1992 trat Aserbaidschan aus, 1993 aber zusammen mit Georgien wieder bei. 2005 reduzierte Turkmenistan seinen Status auf den eines assoziierten Mitglieds, 2008 beantragte Georgien nach dem Krieg mit Russland seinen Austritt.

3 Koncepcija vnešnej politiki Rossijskoj Federacii (Die außenpolitische Konzeption der Russischen Föderation [angenommen am 23. April 1993], in: Vnešn'aja politika i bezopasnost' sovremennoj Rossii. 1991–2002. Chrestomatija v četyrech tomach (Außenpolitik und Sicherheit Russlands. 1991–2002. Chrestomathie in vier Bänden), Band IV. Dokumente, hrsg. v. T.A. Šakleina, Moskau 2002, S. 19–50, hier S. 26 f.

4 Strategičeskij kurs Rossii s gosudarstvami-učastnikami Sodružestva Nezavisimych gosudarstv (Der strategische Kurs Russlands gegenüber den Teilnehmerstaaten der Gemeinschaft Unabhängiger Staaten), erlassen vom Präsidenten Boris Jelzin am 14. September 1995, in: Diplomatičeskij Vestnik (Moskau), 1995, Nr. 10, S. 3–6, http://www.mid.ru/ns-osndoc.nsf/0e9272befa34209743256c630042d1aa/4e3d23b88047 9224c325707a00310fad?OpenDocument (Zugriff am 18.12.2008).

5 Diese Ziele wurden in der Außenpolitischen Konzeption von 1993 formuliert, vgl. Anm. 3, hier S. 25.

6 Kalkuliert nach Angaben des Russischen Föderalen Statistikdienstes/*Rosstat*, http://www.gks.ru/bgd/regl/b08_11/IssWWW.exe/Stg/d03/26-02.htm (Zugriff am 23.11.2008).

7 Kalkuliert nach Angaben von *Rosstat*, vgl. Anm. 6.

8 Obzor vnešnej politiki Rossijskoj Federacii (Übersicht über die Außenpolitik der Russischen Föderation) [abgeschlossen Ende 2006, vom damaligen Präsidenten Putin bewilligt im März 2007]: http://www.mid.ru/ns-osndoc.nsf/0e9272befa 34209743256c630042d1aa/432569fa003a249cc32572ab002ac4dd?OpenDocument# %D0%93%D0%95%D0%9E%D0%93%D0%A0%D0%90%D0%A4%D0%98% D0%A7%D0%95%D0%A1%D0%9A%D0%98%D0%95%20%D0%9D%D0%90 (Zugriff am 15.12.2008).

9 Koncepcija vnešnej politiki Rossijskoj Federacii (Die außenpolitische Konzeption der Russischen Föderation) [angenommen am 28. Juni 2000], in: Außenpolitik und Sicherheit Russlands. 1991–2002 (Anm. 3), S. 109–121, hier S. 116; Koncepcija

vnešnej politiki Rossijskoj Federacii (Die außenpolitische Konzeption der Russischen Föderation [angenommen am 12. Juli 2008], http://www.kremlin.ru/text/docs/2008/07/204108.shtml (Zugriff am 18.7.2008).

10 Ebd.

11 Vgl. u. a.: Koncepcija nacional'noj bezopasnosti Rossijskoj Federacii (Die Konzeption nationalen Sicherheit der Russischen Föderation) [2000], in: Außenpolitik und Sicherheit Russlands. 1991–2002 (vgl. Anm. 3), S. 75–90, hier S. 79.

12 Siehe den Beitrag von Sabine Fischer in diesem Band.

13 Interview Dmitrij Medwedews mit den bundesweiten russischen Fernsehsendern am 31. August 2008: http://www.kremlin.ru/appears/2008/08/31/1917_type63374type63379_205991.shtml (Zugriff am 7.11.2008).

14 Übersicht über die Außenpolitik der Russischen Föderation (2007, vgl. Anm. 8).

15 Ansprache Dmitrij Medwedews im Außenministerium Russlands am 15. Juli 2008, http://www.kremlin.ru/text/appears/2008/07/204113.shtml (Zugriff am 18.7.2008).

16 Die Mitglieder sind fast identisch. Nur Armenien und Usbekistan bleiben der Eurasischen Wirtschaftsgemeinschaft fern.

17 Im Unterschied zu den 1990er Jahren, als die russische Politik darauf abzielte, dass die russische Bevölkerung außerhalb Russlands in ihren jeweiligen Aufenthaltsländern in der GUS verblieb, setzt Moskau gegenwärtig eher, aber weitgehend erfolglos auf die Umsiedlung der russischen Fachkräfte nach Russland.

18 Rossija v cifrach 2008. Kratkij statističeskij sbornik (Russland in Zahlen 2008. Statistisches Handbuch), Russischer Föderaler Statistikdienst/Rosstat, Moskau 2008, S. 438.

Sabine Fischer

Russland und die Europäische Union

Die Beziehungen zwischen der EU und Russland haben seit dem Zusammenbruch der Sowjetunion eine wechselhafte Geschichte durchlaufen, die in den vergangenen Jahren von zunehmenden Spannungen und Konflikten auf bilateraler, regionaler und globaler Ebene gekennzeichnet war. Der russisch-georgische Krieg im August 2008 und die darauf folgende Krise im Verhältnis zwischen Moskau und Brüssel markierten den bislang tiefsten Punkt dieser Entwicklung.

In diesem Beitrag werden die Beziehungen zwischen der EU und Russland seit 1992 untersucht. Im Blickpunkt steht nicht nur die russische Politik gegenüber der EU, sondern auch die bilaterale Ebene, da sonst der Wandel in den Beziehungen kaum verstanden werden kann. Neben der Darstellung der politischen, wirtschaftlichen und gesellschaftlichen Verflechtungen bietet der Beitrag außerdem Erklärungen für die Verschlechterung des Verhältnisses zwischen Russland und der EU seit 2000.

1 Russland und die EU in Dokumenten und Fakten

1.1 Die politischen Beziehungen und ihre rechtlichen Grundlagen

Russland ist der größte Nachbarstaat der EU. Es ist auch der größte Nachfolgestaat der Sowjetunion und Erbe sowohl ihrer Nuklearwaffen als auch ihres Sitzes im Sicherheitsrat der Vereinten Nationen. Somit spielt Russland eine entscheidende Rolle für die globale wie für die europäische Sicherheit. Seit dem Ende des Ost-West-Konflikts hat sich zwischen Russland und der Europäischen Union ein dichtes Netz politischer und gesellschaftlicher Interdependenzen herausgebildet. Auch wirtschaftlich sind Russland und die Mitgliedstaaten der EU so eng verflochten wie noch nie in der Geschichte des europäischen Kontinents. Wie die folgenden Ausführungen verdeutlichen werden, gibt es jedoch trotz – oder möglicherweise gerade wegen – der zunehmenden Interdependenz auch zahlreiche Reibungspunkte, welche die Beziehungen in den vergangenen Jahren zunehmend belastet haben. Wichtige Wendepunkte in den Beziehungen zwischen Russland und dem Westen bzw. der EU waren der Kosovo-Krieg der NATO 1999 und die EU-Osterweiterung 2004.

Russland schloss als erste ehemalige Sowjetrepublik ein so genanntes Partnerschafts- und Kooperationsabkommen (PKA) mit der EU ab. Die EU nutzte Abkommen in den 1990er Jahren, um ihre Beziehungen mit den Nachfolgestaaten der Sowjetunion vertraglich zu gestalten. Anders als die Assoziationsabkommen mit den mittelosteuropäischen Staaten boten die PKA keine Beitrittsperspektive, sondern waren auf die Regelung der Wirtschafts- und Handelsbeziehungen, des politischen Dialogs sowie der technischen Unterstützung der postsowjetischen Transformationen beschränkt.

Das PKA identifiziert Russland als politischen und wirtschaftlichen Transformationsstaat. Artikel 1 des Abkommens legt als zentrales Ziel der Kooperation zwischen den Vertragspartnern die Unterstützung der Entwicklung Russlands hin zu Demokratie und Marktwirtschaft fest. Die demokratische Transformation Russlands soll zu einer Annäherung an die EU und zur Ausweitung eines demokratischen und wirtschaftlich prosperierenden Europa führen. Der Großteil des Abkommens spezifiziert die Wirtschafts- und Handelsbeziehungen zwischen beiden Seiten und legt Ziele fest, deren ehrgeizigstes die Errichtung einer Freihandelszone ist. Das PKA zwischen Russland und der EU ist ein asymmetrisches Abkommen, da es die Anpassung des russischen politischen, wirtschaftlichen und gesellschaftlichen Systems an die Werte, Normen und Regeln der EU impliziert. Wie im Folgenden deutlich werden wird, hat die russische Seite gerade diese Ungleichheit der Vertragspartner in den vergangenen Jahren zunehmend kritisiert.

Brüssel und Moskau schlossen die Verhandlungen über das PKA bereits im Verlauf des Jahres 1994 ab. Nach dem Ausbruch des ersten Tschetschenienkrieges im Dezember desselben Jahres suspendierte die EU jedoch den Ratifizierungsprozess. Das PKA konnte deshalb erst nach Beendigung des Krieges Ende 1997 in Kraft treten und lief Ende November 2007 formal aus. Da sich das Abkommen jedoch jährlich automatisch um ein Jahr verlängert ist die Wahrscheinlichkeit groß, dass es auch für die Dauer der Verhandlungen über ein neues Abkommen als rechtlicher Rahmen der Beziehungen bestehen bleibt.[1]

Seit 1999 ist das Partnerschafts- und Kooperationsabkommen durch eine Reihe von Dokumenten ergänzt und flankiert worden. Diese bauen nicht systematisch aufeinander auf. Vielmehr ist ihre Entstehung dem sich wandelnden regionalen und internationalen Kontext geschuldet. Auch Veränderungen innerhalb der EU und innerhalb Russlands wirkten sich auf die Beziehungen zwischen den Partnern aus und ließen die Notwendigkeit entstehen, die vertraglichen Grundlagen den Realitäten anzupassen.

Im Sommer 1999 veröffentliche der Europäische Rat eine »Gemeinsame Strategie« der EU für Russland, die im Wesentlichen die bereits im PKA festgelegten Ziele und Handlungsfelder widerspiegelt.[2] Die »Gemeinsame Strategie« war zum damaligen Zeitpunkt ein neues außenpolitisches Instrument der EU und hatte somit auch eine wichtige EU-interne Funktion: Sie diente der internen Aushandlung einer gemeinsamen Position aller Mitgliedsstaaten in zentralen außenpolitischen Fragen. Die »Gemeinsame Strategie gegenüber Russland« war darüber hinaus ein kooperatives Signal an die Führung in Moskau, nachdem der Kosovo-Krieg der NATO im Frühjahr desselben Jahres zu einer tiefen Krise im Verhältnis zwischen Russland und dem »Westen« nach dem Zerfall der Sowjetunion geführt hatte.

Die neue russische Führung unter dem damaligen Premierminister Wladimir Putin veröffentlichte in Reaktion auf die »Gemeinsame Strategie« der EU im Herbst 1999 eine »Mittelfristige Strategie der Russischen Föderation (2000–2010)« gegenüber der EU, die sich in einem Punkt deutlich von den russischen EU-Debatten der 1990er Jahre abhebt: Sie betont zwar die zentrale Bedeutung der EU als wichtigstem Kooperations- und Modernisierungspartner Russlands. Gleichzeitig schreibt sie aber fest, dass die Russische Föderation weder nach Beitritt zur noch nach Assoziation mit der EU strebt. Zwar war ein EU-Beitritt nie offizielle russische Politik gewesen, doch spielte die Option in den außenpolitischen Debatten der 1990er Jahre immer eine Rolle. Nun hob die neue russische Führung erstmals ausdrücklich Russlands Eigenständigkeit und Souveränität sowie seine Position als Großmacht in einer multipolaren Welt hervor.

Beide »Strategien« hatten in erster Linie eine symbolische Funktion und kaum reale Auswirkungen auf die bilateralen Beziehungen. Die »Gemeinsame Strategie« der EU wurde nach einer Laufzeit von fünf Jahren nicht verlängert. Die »Mittelfristige Strategie« der Russischen Föderation ist zwar formal noch gültig, spielt aber für die Beziehungen und in der russischen Debatte keine Rolle mehr.

Der nächste qualitative Schritt in den Beziehungen zwischen Russland und der EU war die Aushandlung der »Vier Gemeinsamen Räume« im Vorfeld und nach der Osterweiterung der EU im Mai 2004.[3] Bereits 2001 entstand die Idee eines »Gemeinsamen Wirtschaftsraums« zwischen Russland und der EU. Sie knüpfte an das PKA und das in ihr festgeschriebene Ziel einer Freihandelszone an; der »Gemeinsame Wirtschaftsraum« sollte die ökonomische Kooperation und Integration zwischen der EU und Russland vertiefen. Gleichzeitig wurde mit dem Herannahen der EU-Osterweiterung überdeutlich, dass die EU die Beziehungen zu ihren neuen Nachbarn im Osten auf eine neue Grundlage würde stellen müssen. Etwa um die gleiche Zeit setzte deshalb die Debatte um die Europäische Nachbarschaftspolitik (ENP) ein. Es wurde rasch erkennbar, dass Russland aufgrund seiner Größe und regionalen wie internationalen Bedeutung den Rahmen dieses Konzepts sprengen würde. Die russische Führung zeigte darüber hinaus kein Interesse, in die ENP integriert und mit den übrigen ENP-Staaten auf eine Stufe gestellt zu werden. In einem dialektischen Prozess entwickelte sich deshalb das Konzept der »Vier Gemeinsamen Räume«; es erstreckt sich auf die Bereiche:

1. Wirtschaft,
2. Freiheit, Sicherheit und Justiz,
3. äußere Sicherheit,
4. Erziehung und Wissenschaft.

Im Mai 2005 verabschiedeten beide Seiten so genannte Wegekarten zu den »Vier Gemeinsamen Räumen«, welche Bedingungen und Ziele der sektoralen Kooperation festlegten und so die weitere Entwicklung der Beziehungen strukturieren sollten. Die Verhandlungen über die Wegekarten waren langwierig und von zahlreichen Meinungsverschiedenheiten geprägt. Im Zentrum der Auseinandersetzungen stand der Wertebezug der zu verhandelnden Dokumente. Während das PKA in seiner Präambel Demokratie, Menschenrechtsschutz und Rechtsstaatlichkeit als Wertebasis der Kooperation zwischen Russland und der EU festschrieb, erwies es sich nun als wesentlich schwieriger, einen Konsens über »gemeinsame Werte« herzustellen. Was sich in der »Mittelfristigen Strategie der Russische Föderation für die Beziehungen mit der EU« bereits 1999 angedeutet hatte, prägte auch die Debatten über die »Vier Gemeinsamen Räume«: Die russische Seite beanspruchte eine gleichberechtigte Position in den Beziehungen mit der EU und zeigte sich nicht länger bereit, die Forderung der EU nach Wertegebundenheit und besonders einer Anpassung des russischen politischen, wirtschaftlichen und gesellschaftlichen Systems an die Werte, Regeln und Normen der EU zu akzeptieren. Beide Seiten einigten sich schließlich auf einen expliziten Wertebezug am Beginn der zweiten Wegekarte »Freiheit, Justiz, Sicherheit«. Der Kompromiss löste jedoch den Grundkonflikt nicht, der auch in den Verhandlungen über das Nachfolgeabkommen eine Rolle spielen wird.

1.2   Russland und die EU als Wirtschaftspartner

Parallel zu den politischen Beziehungen entwickelten Russland und die EU enge wirtschaftliche Beziehungen. Die EU wurde in den 1990er Jahren rasch zu Russlands wichtigstem Handelspartner und darüber hinaus zur wichtigsten Quelle für humanitäre Hilfe und technische Unterstützung. Seit der EU-Osterweiterung 2004 wickelt die Russische Föderation über 50 % ihres Außenhandels mit der EU ab. Über 60 % der russischen Exporte in die EU bestehen aus Energieträgern und anderen Rohstoffen. Damit ist die EU der größte Verbraucher russischer Energie, sie nimmt 63 % der Öl- und 65 % der Gasexporte ab.[4] Russland deckt seinerseits 30 % des Öl- und 44 % des Gasbedarfs der EU-Mitgliedsstaaten und ist damit der wichtigste externe Energieversorger der EU. Diese Zahlen sind beeindruckend, sollten aber nicht darüber hinwegtäuschen, dass außerhalb des Bereichs Energie die Wirtschaftsbeziehungen zwischen der EU und Russland wenig differenziert sind. Zwar ist das Handelsvolumen in fast allen Sektoren deutlich gestiegen und hat die Bedeutung Russlands als Handelspartner der EU zugenommen, doch macht sein Anteil am Außenhandel der EU insgesamt nach wie vor nur ca. 6 % bei den Exporten und 10 % bei den Importen aus.[5] Nimmt man die dominante Rolle der Energieträger bei den russischen Exporten und den geringen Anteil der Industrieprodukte hinzu, so ergibt sich ein recht asymmetrisches Bild, in dem Russland die Rolle eines Rohstofflieferanten zufällt.

Die Energiebeziehungen zwischen Russland und der EU sind von komplexer Interdependenz gekennzeichnet, in die auch die zentralasiatischen sowie die westlichen GUS-Staaten einbezogen sind. Russland kontrolliert das Pipelinenetz, über welches die zentralasiatischen Staaten Energieträger in die EU exportieren. Die westlichen GUS-Staaten sind zwar einerseits fast vollständig von russischen Energieexporten abhängig, kontrollieren aber andererseits die Transportrouten in die EU, während Russland immer stärker von zentralasiatischem Gas abhängig ist, um sowohl seine Exportverpflichtungen zu erfüllen als auch die Binnennachfrage abzudecken. Konflikte in diesem Netzwerk haben sich in den letzten Jahren immer wieder politisch und wirtschaftlich auf die EU ausgewirkt. Die russisch-ukrainische Gaskrise Anfang 2009 ist ein besonders eindrückliches Beispiel hierfür. Divergenzen existieren jedoch auch zwischen Russland und Belarus oder Litauen. Der russische Energiesektor selbst leidet unter veralteten Technologien und einer inadäquaten Infrastruktur. Zahlreiche Studien haben in den vergangenen Jahren belegt, dass Russland mittelfristig Schwierigkeiten haben wird, Binnenmarkt und Export zu versorgen.[6]

Hinzu kommt, dass der Energiesektor angesichts subventionierter Binnenmarktpreise unter verzerrten Bedingungen arbeitet und kaum in der Lage ist, dringend notwendige Investitionen und Modernisierungsmaßnahmen vorzunehmen. Während in den vergangenen Jahren die europäische Abhängigkeit von russischen Energielieferungen beständig zugenommen hat, tut sich also hier ein Bereich auf, in dem Russland auf die EU als Modernisierungspartner angewiesen wäre. Bislang gibt es jedoch kaum Fortschritte, weil beide Seiten sich nicht über die Bedingungen einer engeren Kooperation in den Bereichen Produktion, Transport und Energieeffizienz einigen können.

Im Kern der Auseinandersetzung steht die Frage nach der Liberalisierung und Öffnung der jeweiligen Energiemärkte für externe Investoren. Russland hat bis heute die Europäische Energiecharta nicht ratifiziert, unter anderem weil sie eine solche Öffnung vorschreibt.[7] Die EU ist ihrerseits bestrebt, die Energiemärkte ihrer Mitgliedsstaaten vor einer Durchdringung durch staatlich gelenkte Energieunternehmen aus Exportländern zu schützen. Angesichts der zunehmenden politischen Friktionen zwischen Russland und »dem Westen« unterlagen die Energiebeziehungen zwischen Russland und der EU in den vergangenen Jahren darüber hinaus einer starken Politisierung, die nicht dazu beigetragen hat, das Gesprächsklima konstruktiver zu gestalten.

Gleichzeitig werden Russland und die EU im Politikfeld Energie weiter aufeinander angewiesen sein. Zwar hat Moskau die ersten Schritte für einen Ausbau seiner Exportinfrastruktur nach Osten getan, während die EU zunehmend versucht, mit den zentralasiatischen Staaten zu kooperieren. Jedoch wäre eine Umorientierung auf China und andere asiatische Staaten als Hauptabnehmer ausgesprochen langwierig. Die zentralasiatischen Staaten wiederum sind durch langfristige Verträge in die Kooperation mit Russland eingebunden – und können Lieferungen aus Russland darüber hinaus auch quantitativ nicht ersetzen. All dies spricht nicht gegen eine Diversifizierung der Exporte auf der einen und der Importe auf der anderen Seite. Es ist jedoch sehr unwahrscheinlich, dass Russland und die EU auf lange Sicht im Energiebereich voneinander unabhängig werden können.

1.3 Institutioneller Rahmen

Seit dem Inkrafttreten des PKA ist die Institutionalisierung der Beziehungen zwischen Russland und der EU immer weiter vorangeschritten. Zweimal jährlich finden Gipfeltreffen statt, welche die russische Staatsführung sowie die EU-Ratspräsidentschaft und die Spitzen von Kommission und Rat zusammenführen. Ort der Gipfeltreffen ist im Wechsel Russland (im Frühjahr) und der EU-Mitgliedsstaat, der jeweils die EU-Ratspräsidentschaft innehat. 2004 wurden die »Permanenten Partnerschaftsräte« (PPR) ins Leben gerufen. In diesem Rahmen können die für ein bestimmtes Politikfeld zuständigen Minister (Russlands und der EU-Mitgliedsstaaten) in unterschiedlichen Formaten zusammenkommen. Die PPR unterliegen keinem festgelegten Rhythmus und können nach Bedarf einberufen werden. Unterhalb dieser Ebene hat sich ein feinmaschiges Netz von Dialogen und Arbeitsgruppen entwickelt, welche an der Fortentwicklung der Beziehungen und der Umsetzung der »Vier Gemeinsamen Räume« arbeiten. Für den »Gemeinsamen Wirtschaftsraum« gibt es beispielsweise elf Dialogformate,[8] unter deren Dach sich wiederum Arbeitsgruppen gebildet haben.[9] Innerhalb der Dialoge und Arbeitsgruppen treffen sich Experten aus den jeweils zuständigen russischen und europäischen Ministerien, aus den europäischen Institutionen sowie aus der Forschung.

Zwei Russland-EU-Dialoge entstanden früher und außerhalb der »Vier Gemeinsamen Räume«. Der Energie-Dialog wurde 2000 ins Leben gerufen, um drängende Fragen der gemeinsamen Energiebeziehungen zu diskutieren. Auch innerhalb des Energie-Dialogs konnte die russische Seite jedoch nicht dazu bewegt werden, die Europäische Energiecharta zu ratifizieren. Derzeit stagnieren die Gespräche im Rahmen des Energie-Dialogs trotz regelmäßiger Treffen. Im November 2004 wurde die Schaffung des Russland-EU-Menschenrechtsdialogs beschlossen. Er findet zweimal im Jahr statt, in ihm erfolgt jedoch angesichts der zunehmenden Meinungsverschiedenheiten über seinen Gegenstand kaum mehr als ein Austausch feststehender Positionen.

Ein weiteres Kooperationsformat, die »Nördliche Dimension« (ND), existiert seit 2001. Dieser multilaterale Zusammenschluss umfasste, ursprünglich auf finnische Initiative, alle Ostsee-Anrainerstaaten: die EU-Mitglieder Schweden, Dänemark, Finnland, Deutschland und die drei baltischen Staaten sowie die Nichtmitglieder Norwegen, Island und Russland. Seit der Osterweiterung der EU und der Verabschiedung der »Vier Gemeinsamen Räume« ist die ND unter Beteiligung Norwegens und Islands in die regionale Umsetzung der Wegekarten zu den »Vier Gemeinsamen Räumen« integriert.[10] Innerhalb der ND stehen nichtmilitärische Sicherheitsinteressen wie sozioökonomische und ökologische Risiken im Zentrum der grenzüberschreitenden Kooperation. Anders als die meisten außenpolitischen Instrumente der EU räumt die ND den partizipierenden Nichtmitgliedsstaaten begrenzten Einfluss auf Entscheidungsprozesse ein.

Ein Teil der in der ND verwendeten Mittel stammt darüber hinaus von
den Partnerstaaten, also auch aus russischen Quellen. Damit überschreitet
die ND die Grenzen der sonst ausschließlich unilateral angelegten Außenpolitik der EU und erleichterte es so einem nach Gleichbehandlung strebenden Russland sich auf die Kooperation einzulassen. Phasenweise wurde
dieser Aspekt der ND als Modell für die Weiterentwicklung der Beziehungen zwischen der EU und Russland diskutiert. Angesichts wachsender Divergenzen im »harten« sicherheitspolitischen Bereich gerät sie jedoch aufgrund ihrer Konzentration auf »weiche« Sicherheitsprobleme zunehmend
aus dem Blick.

Ein weiteres Feld der Kooperation zwischen Russland und der EU ist
die technische Zusammenarbeit im Rahmen von TACIS und ENPI.[11] In
den 1990er Jahren war Russland der größte Pro-Kopf-Empfänger von
EU-Hilfsgeldern für die ehemalige Sowjetunion. Technische Zusammenarbeit im Rahmen von TACIS war zwar an politische Bedingungen
geknüpft (das so genannte Konditionalitätsprinzip), jedoch wenig fokussiert und auf zahlreiche wirtschaftliche und administrative Sektoren verteilt. Um die Jahrzehntwende wurde das Programm neu justiert und auf
die Unterstützung der staatlichen Regulierungskapazitäten und weitere
Demokratisierungsmaßnahmen konzentriert. Dabei wurde explizit auf die
ersten Reformmaßnahmen der neuen russischen Führung unter Wladimir
Putin Bezug genommen, die mit Hilfe von TACIS-Geldern unterstützt
werden sollten.[12]

In den folgenden Jahren sollten sich jedoch die Bedingungen der technischen Kooperation zwischen Russland und der EU grundlegend ändern.
Zum einen wurden in der Politik der neuen russischen Führung bald
Zentralisierungs- und Entdemokratisierungstendenzen sichtbar, die von
zunehmender Skepsis gegenüber externer Einmischung und einem als solchem wahrgenommenen Souveränitätsverlust begleitet waren. Was als von
Europa und den USA unterstützte Kampagne zur Wiederherstellung von
Staatlichkeit begann, entfaltete sich in der zweiten Amtszeit Wladimir
Putins in Gestalt der Rezentralisierung des föderalen Systems, der Gleichschaltung der Medienlandschaft und zivilgesellschaftlicher Organisationen, der Entmachtung von Föderationsrat und Duma sowie der sukzessiven Einebnung der russischen Parteienlandschaft in einem höchst
ambivalenten Prozess.[13] Die Konditionalitätspolitik der EU im Rahmen
von TACIS und PKA hatte diesem Wandel des makropolitischen Kontextes offensichtlich nichts entgegenzusetzen.

Zum anderen erlebte Russland in derselben Periode einen beispiellosen wirtschaftlichen Aufschwung, der vor allem aus dem drastischen Anstieg der Deviseneinnahmen aus den Energieexporten resultierte. Die gestiegenen Einnahmen versetzten die russische Führung zunehmend in die Lage, Reformmaßnahmen aus Eigenmitteln zu finanzieren, während das Volumen der TACIS-(ENPI-)Gelder konstant zurückging. Entsprechend verringerten sich die ohnehin geringen Möglichkeiten der EU, auf innenpolitische Prozesse in Russland Einfluss zu nehmen. Der russische Staat beglich einen Großteil seiner Schulden bei externen Geldgebern wie dem Internationalen Währungsfonds, der Weltbank und auch der EU und konnte sich zunehmend jeder Form von Konditionalitätspolitik entziehen.

2 Die Krise in den Beziehungen zwischen der EU und Russland

Wie bereits angedeutet gerieten die Beziehungen zwischen Russland und der EU trotz zunehmender politischer und wirtschaftlicher Interdependenz in den zurückliegenden fünf Jahren in eine tiefe Krise, die ihre Ursachen sowohl in den internen Entwicklungen in Russland und der EU als auch in den regionalen Beziehungen im postsowjetischen Raum hat.

2.1 Russlands »souveräne Demokratie« – Implikationen für die EU

Im Rückblick auf die Entwicklung der Beziehungen seit dem Zusammenbruch der Sowjetunion lassen sich unterschiedliche Phasen in der russischen Politik gegenüber der EU als supranationalem Akteur ausmachen. In den 1990er Jahren nahm die russische politische Elite die EU vor allem als mächtigen Wirtschaftsakteur und zentralen wirtschaftlichen Kooperationspartner wahr, konzentrierte sich jedoch in den politischen Beziehungen auf einzelne EU-Mitgliedsstaaten.[14] Die schärfsten politischen Auseinandersetzungen fanden besonders in der zweiten Hälfte der 1990er Jahre im Zusammenhang mit der NATO-Osterweiterung statt. Auf ihrem Höhepunkt, dem Kosovo-Krieg 1999, trat die EU als Vermittlerin auf und brachte Russland zurück an den Verhandlungstisch.

Die erste Administration Putin trat mit dem erklärten Ziel an, die innere Modernisierung Russlands durch eine enge Partnerschaft besonders mit der EU voranzutreiben. Ersten Annäherungsversuchen und dem »Schwenk nach Westen« nach den Terroranschlägen auf das *World Trade Centre* am 9. September 2001 folgte eine kurze Phase, in der die russische Politik sich stärker auf eine politische Kooperation nicht nur mit einzelnen Mitgliedsstaaten, sondern mit Brüssel selbst einzulassen schien. Diese Phase endete jedoch spätestens mit der EU-Osterweiterung, als Konflikte auf allen Ebenen offenkundig wurden. Die russische Politik kehrte zu einem bilateralen Ansatz zurück. Während die russische Politik sich in den 1990er Jahren auf die EU-Mitgliedsstaaten konzentrierte, weil die EU als politischer Akteur kaum wahrgenommen wurde, ist der gegenwärtige Bilateralismus darauf zurückzuführen, dass Brüssel aus russischer Perspektive zunehmend auch als politischer Gegenspieler empfunden wird. Mit einzelnen Mitgliedsstaaten hingegen, darunter der Bundesrepublik Deutschland, hofft Moskau Interessengemeinschaften bilden zu können.

Der russischen Haltung gegenüber der EU liegen Vorstellungen über das Funktionieren des internationalen Systems und der Rolle von Staaten zugrunde, die sich von den in der EU vorherrschenden Ideen wesentlich unterscheiden. Das Konzept der »souveränen Demokratie«, wie es von den politischen Vordenkern des Kreml in den vergangenen Jahren entwickelt worden ist, kondensiert die wesentlichen innen- und außenpolitischen Vorstellungen welche das Handeln der russischen politischen Elite zu Beginn des 21. Jahrhunderts anleiten.[15] Während es nach innen die Rezentralisierung und autoritäre Konsolidierung des politischen Systems rechtfertigt, liegt mit Blick auf die Außenbeziehungen der Schwerpunkt auf dem Begriff der Souveränität. Die derzeit herrschende politische Elite begreift Russland als Großmacht (basierend auf Energieressourcen, aber auch militärischer Stärke), die den Anspruch hat, gleichberechtigt an der Gestaltung der internationalen Beziehungen mitzuwirken.

Der Begriff der Souveränität wird im russischen Diskurs in einem traditionellen Sinne verwendet – und die Einmischung externer Akteure in die inneren Angelegenheiten eines Staates deshalb als illegitim betrachtet. An diesem Punkt ergibt sich der erste Widerspruch zwischen dem russischen Verständnis von staatlicher Souveränität und internationalen Beziehungen einerseits und den Grundannahmen, auf denen EU-Außenpolitik aufbaut, andererseits. Selbst ein wertegebundenes supranationales Gebilde, richtet die EU ihre Außenpolitik darauf aus, die ihr zugrunde liegenden zentralen Werte wie Demokratie, Rechtsstaatlichkeit und Menschenrechte, aber auch eine marktorientierte Wirtschaftsordnung über ihre Grenzen hinaus zu tragen und zu etablieren. Hier kollidieren also nicht nur unterschiedliche Wertvorstellungen, sondern auch der russische Souveränitätsbegriff mit der Idee einer auf demokratischen und marktwirtschaftlichen Wandel ausgerichteten EU-Außenpolitik.

Ein weiterer Widerspruch, der sich aus unterschiedlichen Sichtweisen der Funktion von Staaten im internationalen System ergibt, zeigt sich im Umgang Moskaus mit den EU-Institutionen in Brüssel und den Mitgliedsstaaten. Souveränitätsverzicht, der die Grundlage der Vergemeinschaftungssprozesse innerhalb der Europäischen Gemeinschaften bildet, taucht im russischen Diskurs nicht auf. Entsprechend schwierig ist es für die russische Seite, mit dem kollektiven – und häufig sehr inkohärenten – Akteur EU umzugehen.

Schließlich beansprucht die russische Seite vor dem Hintergrund ihrer neuen Selbstwahrnehmung Gleichbehandlung auf internationaler Ebene, was ebenfalls Auswirkungen auf die Beziehungen zur EU hat. Die russische Kritik am asymmetrischen Charakter des PKA und die Forderung nach seiner Ablösung durch ein Abkommen über strategische Partnerschaft, welches Russland auf eine Ebene mit der EU stellt und nicht zur Anpassung an Normen, Regeln und Werte der EU verpflichtet, wurden in den letzten Jahren immer lauter.

2.2 Russlands »Orangenes Trauma« und die *GUS*

Auch im Bereich der so genannten gemeinsamen Nachbarschaft sind die Spannungen zwischen Russland und der EU spürbar gewachsen. Die EU-Osterweiterung 2004 hat das Gewicht der EU in den westlichen *GUS*-Staaten und im Südkaukasus deutlich gestärkt. Gleichzeitig war Russland darum bemüht, politische und ökonomische Kontrolle über die Region zurückzugewinnen, nachdem es in den Jahren seit dem Zusammenbruch der Sowjetunion große Einflusseinbußen hatte hinnehmen müssen. Während sich die EU in den 1990er Jahren auf Russland konzentrierte und die übrigen postsowjetischen Staaten als Teil der russischen Einflusssphäre betrachtete, hat sich nun zwischen Brüssel und Moskau eine regelrechte Konkurrenz um Einfluss in der Region entwickelt. Diese macht sich bemerkbar, wenn es um die innenpolitische Entwicklung und außenpolitische Orientierung einzelner *GUS*-Staaten geht. Hier sticht besonders das Beispiel der Ukraine heraus, die seit der »Orange Revolution« im Zentrum der Auseinandersetzungen steht. Die »Orange Revolution«, gemeinsam mit den anderen »farbigen Revolutionen« in Staaten der ehemaligen Sowjetunion in den Jahren 2003 bis 2005, gab einen wesentlichen Impuls für die Entwicklung des Konzepts der »souveränen Demokratie«, mit dem sich die russische politische Elite vor ähnlichen Risiken im eigenen Land zu schützen sucht.

Regionale Integration ist ein weiterer Streitapfel zwischen Moskau und Brüssel. Die russische Führung hat in den vergangenen Jahren Versuche unternommen, die übrigen postsowjetischen Staaten in politische, wirtschaftliche und militärische Kooperationsstrukturen einzubinden. Vor allem im Westen der *GUS*, aber auch im Südkaukasus kollidieren diese Bemühungen mit dem Interesse einiger Staaten an einer engeren Anbindung an die EU bzw. die NATO. Schließlich verfolgen beide Seiten sehr unterschiedliche Strategien hinsichtlich der ungelösten Konflikte in Moldowa, Georgien und Aserbaidschan. Russland hat seit dem Ausbruch dieser Konflikte in unterschiedlichem Maße offen die Separatisten in den Konfliktgebieten unterstützt und sich auf diese Weise einen wirkungsvollen Hebel gesichert, um die betroffenen Staaten unter Druck zu setzen. Diese Haltung hat sich nach der Unabhängigkeitserklärung des Kosovo wesentlich verhärtet. Die EU hat in den vergangenen Jahren den Versuch unternommen, vermittelnd in die Konflikte einzugreifen, was von russischer Seite mit großer Skepsis beobachtet wird.

2.3   Inkohärenzen in der Außenpolitik der EU

Die EU ist kein Staat, sondern eine Gemeinschaft von Staaten. EU-Außenpolitik ist deshalb keine Selbstverständlichkeit, sondern Ergebnis hoch komplexer Aushandlungsprozesse. Seit Beginn der 1990er Jahre hat sich das außenpolitische Instrumentarium der EU beständig entwickelt und gewandelt. Dennoch ist EU-Außenpolitik auch heute nicht mit nationalstaatlicher Außenpolitik vergleichbar; sie ist in vielerlei Hinsicht inkohärenter und schwächer. Dies macht sich auch in den Beziehungen mit Russland bemerkbar.

Die Gestaltung der Beziehungen zwischen der EU und Russland obliegt in erster Linie dem Rat der Europäischen Union und damit den EU-Mitgliedsstaaten. Unterschiedliche nationale Positionen haben deshalb wesentlichen Einfluss auf die Entwicklung der Beziehungen. In den 1990er Jahren bestand innerhalb der EU ein relativ stabiler Konsens darüber, dass die EU und ihre Mitgliedsstaaten die demokratischen Transformationsprozesse in Russland unterstützen und Russland auf diese Weise so nah wie möglich an die EU herangeführt werden sollte. Die russische politische Elite stellte diesen Ansatz nicht ernsthaft in Frage, teils aufgrund ihres eigenen pro-westlichen politischen Bekenntnisses, teils aufgrund ihrer Abhängigkeit von westlicher Unterstützung. Wie bereits dargestellt, änderte sich beides zu Beginn dieses Jahrzehnts.

Die zunehmend auf Abgrenzung bedachte russische Politik vertiefte Meinungsverschiedenheiten innerhalb der EU. Der Beitritt der mittelosteuropäischen ehemaligen Ostblockstaaten hat die EU-interne Debatte über die Beziehungen zu Russland um eine neue Dimension erweitert. Viele der neuen Mitgliedsstaaten nehmen gegenüber Russland eine überaus skeptische Haltung ein, die in ihrer sozialistischen und sowjetischen Vergangenheit wurzelt. Für sie ist weniger die (immer unwahrscheinlichere) Demokratisierung und Heranführung Russlands an Europa Programm, sondern die Abgrenzung von Russland und eine Eindämmung russischen Einflusses nicht nur auf ihrem eigenen Territorium, sondern auch in der östlichen Nachbarschaft der EU. Auch in den alten Mitgliedsstaaten ist der Demokratisierungsgedanke in den vergangenen Jahren geschwächt worden. Gleichzeitig verfolgen jedoch viele von ihnen, nicht zuletzt Deutschland, einen pragmatischen Ansatz in den Beziehungen mit Russland, nicht zuletzt, um wirtschaftliche Interessen zu schützen.

Damit tut sich innerhalb der EU ein sehr breites Spektrum von widersprüchlichen Positionen auf. Die Entstehung eines Konsensus, welcher die Grundlage für eine gemeinsame Politik bilden könnte, ist unter diesen Bedingungen sehr schwierig. Gleichzeitig eröffnet die Gespaltenheit der EU dem russischen Bilateralismus Tür und Tor. Sie provoziert ihn jedoch auch, denn in Ermangelung einer gemeinsamen Position hat die EU Russland häufig wenig entgegenzusetzen. Zentrale Problembereiche, zum Beispiel die Energiebeziehungen, die »gemeinsame Nachbarschaft« oder die ungelösten Konflikte, könnten von beiden Seiten effizienter angegangen werden, wenn innerhalb der EU Einigkeit über eine angemessene Politik bestünde. Die Blockade der Verhandlungen über ein neues Abkommen zwischen Herbst 2006 und Juni 2008 ist eine direkte Folge der inkohärenten Politik der EU.

Der Vertrag von Lissabon wird erhebliche Konsequenzen für die institutionelle Basis der »Gemeinsamen Außen- und Sicherheitspolitik« (GASP) der EU haben. Er ist unter anderem darauf angelegt, durch unterschiedliche Maßnahmen die Kohärenz innerhalb der EU zu stärken. Dies ist auch mit Blick auf die Beziehungen zwischen der EU und Russland wichtig, da in den vergangenen Jahren aufgrund der Uneinigkeit der Mitgliedsstaaten und des Wandels in der russischen Politik, aber auch der rasanten Abnahme der Abhängigkeit Russlands von externer Hilfe (die von der Kommission verwaltet wird) die Position der Kommission gegenüber der russischen Regierung erheblich geschwächt wurde. Gleichzeitig bleibt das Prinzip der

Intergouvernementalität in den Entscheidungsprozessen der GASP erhalten – die Außenbeziehungen, und damit auch die Beziehungen mit Russland, werden also von den Positionen der Mitgliedsstaaten geprägt bleiben.

3   Ausblick

Die Verhandlungen über ein neues Partnerschaftsabkommen werden die Beziehungen zwischen Russland und der EU in den kommenden Monaten, möglicherweise Jahren bestimmen. Das Verhandlungsmandat, welches der Europäische Rat 2008 verabschiedete, umfasst alle wesentlichen Bereiche der Beziehungen und birgt damit auch alle Konfliktpotenziale, die sich in den vergangenen Jahren bereits bemerkbar gemacht haben. Zentrale und kontroverse Themen werden die Energiebeziehungen, aber auch die sicherheitspolitische Zusammenarbeit und die Entwicklung einer echten Partnerschaft in der »gemeinsamen Nachbarschaft« sein.

Der Erfolg der Verhandlungen ist zum einen davon abhängig, ob es den EU-Ländern gelingt, sich auf gemeinsame Positionen zu einigen und der russischen Führung geschlossen gegenüberzutreten. Zum anderen bleibt abzuwarten, ob die russische Führung nach einem von nationalistischen und eher konfrontativen Tönen geprägten Wahljahr zu einer Politik zurückkehren kann, welche die EU in erster Linie als Modernisierungspartner begreift. Angesichts der globalen Wirtschaftskrise und des immensen Modernisierungsbedarfs der russischen Volkswirtschaft wäre eine solche Entwicklung durchaus im russischen Interesse. Sie hängt jedoch davon ab, wie sich die Machtgleichgewichte in der neuen russischen Führung entwickeln, und ob der neue russische Präsident tatsächlich in der Lage sein wird, seinen verbalen Fokus auf Rechtsstaatlichkeit und Reform auch in praktische Politik umzusetzen. Russland und die EU sind nach 16 Jahren der Beziehungen politisch, wirtschaftlich und gesellschaftlich zu eng verflochten, um sich voneinander isolieren zu können. Die Frage ist, ob die gegenseitige Interdependenz von permanenten Spannungen gekennzeichnet bleibt oder ob es gelingt, ihre Potenziale zu nutzen und sie in Richtung einer strategischen Partnerschaft zu gestalten.

Anmerkungen

1 Die Verhandlungen über ein neues Abkommen zwischen Russland und der EU sollten bereits im Herbst 2006 beginnen. Sie lagen jedoch zwischen Herbst 2006 und

Frühjahr 2008 auf Eis, weil Polen vor dem Hintergrund eines bilateralen Handels-
konflikts mit Russland das Verhandlungsmandat der EU-Kommission blockierte.
Nach dem russisch-georgischen Krieg im August 2008 beschloss der Europäische
Rat auf einem Sondergipfel im September, die Beziehungen zu Russland einer Revision zu unterziehen und die Verhandlungen für die Dauer dieses Prozesses auszusetzen. Diese Entscheidung wurde im November 2008 revidiert; die Verhandlungen liefen daraufhin im Dezember wieder an.

2 Common Strategy of the European Union on Russia, Official Journal of the European Communities, L 157/1, 24.6.1999, http://eur-lex.europa.eu/pri/en/oj/
dat/1999/l_157/l_15719990624en00010009.pdf (Zugriff am 26.8.2009).

3 Die EU-Osterweiterung bedeutet auch tief greifende Veränderungen in den Beziehungen zwischen der EU und Russland. Die gemeinsamen Grenzen verlängerten
sich erheblich und wurden durch die schrittweise Erweiterung des Schengenraums
für Russland und andere östliche Nachbarstaaten undurchlässiger. Kaliningrad wurde zu einer russischen Exklave innerhalb der EU. Die Bedingungen für Handel und
wirtschaftlichen Austausch zwischen Russland und den Beitrittsstaaten veränderte
sich mit deren Aufnahme in den Gemeinsamen Europäischen Markt. Um der veränderten Lage an ihren Ostgrenzen Rechnung zu tragen entwickelte die EU zwischen 2002 und 2004 die Europäische Nachbarschaftspolitik, ein Format vertiefter
Kooperation, zu dem sie die neuen Nachbarn im Osten und Süden einlud. Russland entzog sich dieser Politik und verwies auf seinen besonderen Status innerhalb
der östlichen Nachbarschaft, welcher eine besondere Beziehung zur EU erfordere.
Ergebnis dieses Aushandlungsprozesses waren die »Vier Gemeinsamen Räume«.

4 Der Anteil der Energieimporte aus Russland variiert in den einzelnen EU-Mitgliedsstaaten stark, abhängig von Energiemix und geografischer Ausrichtung. Während die südlichen EU-Mitglieder (mit Ausnahme von Griechenland) kaum Öl und
Gas aus Russland beziehen, sind die mittelosteuropäischen Mitgliedsstaaten zu fast
100% von russischen Energieimporten abhängig. Allerdings lässt dies nicht zwin-
gend auf ihre politische Haltung zu Russland schließen. EU-Russia Centre Review
V: The Bilateral Relations of EU Member States with Russia, October 2007.

5 EU-27 External Trade with the United States, EFTA Countries, China, Russia,
Japan, South Korea, Canada and Australia, 2006 data, General and Regional Statistics 4/2008, http://epp.eurostat.ec.europa.eu.

6 Siehe dazu den Beitrag von Heiko Pleines in diesem Band.

7 Der Vertrag über die Energiecharta wurde 1994 in Lissabon unterzeichnet und trat
1998 in Kraft. Er regelt die Bedingungen und den Schutz internationaler Investitionen im Bereich Energie und stellt Mechanismen zur Streitschlichtung zur Verfügung. Unterzeichner des Vertrags sind alle EU-Staaten, alle Beitrittskandidaten, die
Balkanstaaten sowie alle GUS-Staaten. Neben Russland haben auch Belarus und
Norwegen den Vertrag nicht ratifiziert.

8 Industrieprodukte; Industrie- und Unternehmenspolitik; Handel; Wettbewerb;
Zoll und Grenzüberschreitende Kooperation; Finanzservice und Makroökonomie;

Energie; Umwelt; Transport; Landwirtschaft, Waldwirtschaft etc.; Interregionale und Grenzüberschreitende Kooperation.

9   Innerhalb des Dialogs »Industrie- und Unternehmenspolitik« beschäftigen sich zum Beispiel Arbeitsgruppen mit Automobilindustrie, Textilindustrie, Bergbau und Metall, Chemieindustrie, Luftfahrtindustrie sowie Klein- und Mittelständischen Unternehmen.

10 http://ec.europa.eu/external_relations/north_dim/index_en.htm (Zugriff am 19.8.2009).

11 Anfang der 1990er Jahre begann die EU, im Rahmen des Tacis-Programms (TACIS: Technical Assistance to the Commonwealth of Independent States) die wirtschaftlichen und politischen Transformationsprozesse in den ehemaligen Sowjetrepubliken finanziell zu unterstützen. Bedingung für Unterstützung ist die Einführung und Einhaltung rechtsstaatlicher und marktwirtschaftlicher Normen und die Annäherung der jeweiligen Rechtssysteme an das Regelwerk der EU *(acquis communautaire)*. Mit der Einführung der »Europäischen Nachbarschaftspolitik« wurde auch ein neues Instrument für die Finanzierung der technischen Zusammenarbeit im Rahmen der Implementierung der ENP-Aktionspläne geschaffen, das so genannte ENP-Instrument, welches 2007 an die Stelle von Tacis trat. Obwohl Russland kein ENP-Partnerstaat ist, wird die technische Zusammenarbeit zwischen Brüssel und Moskau über das ENP-Instrument abgewickelt.

12 Diese Reformprojekte umfassten den föderalen Staatsaufbau, das Steuersystem, den Verwaltungsapparat, den öffentlichen Dienst sowie den Staatshaushalt.

13 Siehe dazu die Beiträge von Margareta Mommsen und Petra Stykow in diesem Band.

14 Erinnert sei an den Versuch Präsident Jelzins, gemeinsam mit Deutschland und Frankreich eine Art europäische Troika ins Leben zu rufen.

15 Siehe dazu den Beitrag von Dimitrij Trenin in diesem Band.

Angela Stent

Die russisch-deutschen Beziehungen zwischen 1992 und 2008[1]

1 Einleitung – Geschichte und Geografie

Seit dem Ende des Kalten Krieges haben sich die russisch-deutschen Beziehungen stark verändert, und seitdem sich Russland vom Zusammenbruch der Sowjetunion erholt hat, ist Berlin für Moskau ausgesprochen wichtig geworden. Auf wirtschaftlichem und politischem Gebiet ist Deutschland für Russland heute der wichtigste westliche Partner. Es waren drei Augenblicke nach 1992, in denen diese bemerkenswerte Entwicklung plastisch illustriert wurde: Im August 1994 nahm Präsident Boris Jelzin bei der Parade zum Abschied der sowjetischen Truppen in Berlin dem Dirigenten der Militärkapelle den Taktstock ab und versuchte den Abschiedsmarsch für die letzten Soldaten, die an der über 40-jährigen Besetzung der DDR beteiligt waren, zu dirigieren. Zu diesem Zeitpunkt war Russland wirtschaftlich schwach und hatte mit den Schwierigkeiten der Transformation zu kämpfen.

Im September 2005 unterzeichneten ein selbstbewusster Wladimir Putin, Präsident eines sich wirtschaftlich dynamisch entwickelnden Landes, und sein Freund Bundeskanzler Gerhard Schröder einen Vertrag über den Bau einer Gas-Pipeline durch die Ostsee, mit deren Hilfe die Gaslieferungen nach Europa erhöht werden sollten und mit der sich gleichzeitig die Abhängigkeit Deutschlands von Energielieferungen aus Russland verstärken wird. Im Juni 2008 entschied sich der frisch gewählte Präsident Dmitrij Medwedew, dessen Land weltweit über die drittgrößten Währungsreserven verfügt, seine erste große außenpolitische Rede in Berlin zu halten. Darin schlug er eine neue euro-atlantische Sicherheitsarchitektur vor, die letztlich auch die NATO und die OSZE ersetzen soll.[2] Auch wenn Medwedew im Unterschied zu Putin keine besonderen persönlichen Verbindungen zu Deutschland hat und auch nicht Deutsch spricht, sieht er Deutschland als zentralen Partner in vielen verschiedenen Bereichen und als eines der westlichen Länder, das Russlands komplexe Situation am besten versteht.

Geschichte und Geografie haben dafür gesorgt, dass Russland und Deutschland stets in enger Verbindung standen. Die Russen haben die

Deutschen immer für ihr technisches Können und ihre kulturellen Leistungen bewundert. Der erste russische Zar, Peter der Große (1689–1725), der mit der Modernisierung des Landes begann, holte viele Deutsche nach Russland, die bei der Entwicklung des Landes, das hinter Europa zurückgeblieben war, behilflich sein sollten. Seine Nachfolgerin Katharina die Große (1761–1796), selbst eine deutsche Prinzessin, gründete eine große deutsche Einwandererkolonie entlang der Wolga, um die rückständige Landwirtschaft zu entwickeln. Darüber hinaus spielte der deutschbaltische Adel eine überproportional wichtige Rolle in der Verwaltung des Russischen Reiches. Im 19. Jahrhundert waren ungefähr ein Drittel der hohen Regierungsbeamten deutscher Herkunft, obwohl die Deutschstämmigen insgesamt nur ungefähr 1 % der Bevölkerung ausmachten.[3] Historisch betrachtet entstand aus dem Fehlen natürlicher Grenzen für Deutschland und Russland sowie der Tatsache, dass sich beide Länder im wirtschaftlichen Bereich gegenseitig ergänzten – Russland exportiert Rohstoffe nach Deutschland und importiert Industriegüter aus Deutschland – eine Beziehung, in der Kooperation und Konfrontation einander ablösten und zeitweilig auch gleichzeitig existierten.

Das Verhältnis zwischen Russland und Deutschland hat in vielerlei Hinsicht die Geschichte des 20. Jahrhunderts bestimmt. Deutschland spielte eine wichtige Rolle bei der Gründung und beim Zusammenbruch der Sowjetunion. Der Rapallo-Vertrag von 1922 schuf die Grundlage für diplomatische Beziehungen zwischen der UdSSR und Deutschland, zu einer Zeit, als die meisten Großmächte das bolschewistische Russland mieden, und er ermöglichte der Sowjetunion den Eintritt in die internationale Politik. Die geheime militärische Kooperation der beiden Länder zwischen 1921 und 1933 versetzte wiederum Deutschland in die Lage, die Restriktionen bezüglich der Wiederbewaffnung, die im Versailler Vertrag von 1919 festgelegt waren, zu umgehen und erleichterte die Modernisierung des sowjetischen Militärs. Der Zweite Weltkrieg, in dem mehr als 25 Millionen sowjetische Bürger starben, eine Million allein während der Belagerung Leningrads durch die deutsche Wehrmacht, hinterließ ein untilgbares Stigma auf dem deutsch-russischen Verhältnis. Bis zum Zusammenbruch der UdSSR war die Außenpolitik Moskaus von dem Bestreben geleitet, einen abermaligen Angriff Deutschlands auf die UdSSR unmöglich zu machen.

Dies war auch ein wichtiges Motiv für die Gründung der sowjetisch dominierten DDR und daraus speiste sich die Vorstellung der sowjetischen Führung, sie müsse alle Regierungen in Osteuropa zwischen der DDR und der Sowjetunion kontrollieren. Sie sollten daran gehindert werden, sich mit Deutschland gegen Russland zu verbünden.[4] Deutschland spielte auch eine Schlüsselrolle bei der Auflösung des Sowjetblocks. Der Fall der Berliner Mauer am 9. November 1989 setzte einen Prozess in Gang, der mit dem Zusammenbruch der DDR und der Sowjetunion endete. Seitdem erwartet Russland, dass Deutschland als sein Fürsprecher in Europa auftritt. Deutschland seinerseits würdigt bis heute, dass Russland die Wiedervereinigung mitgetragen hat, und fühlt deshalb noch immer eine besondere Verantwortung gegenüber diesem Land.

So gibt es drei historische Grundmuster, die die Beziehungen Moskaus zu Berlin auch weiterhin prägen:

1. die zentrale Bedeutung Deutschlands für die ökonomische und politische Entwicklung Russlands und für Russlands Aufstieg zur europäischen Macht;

2. die historische Kooperation der beiden Länder, die oft einen positiven Einfluss auf Russland und seine weiteren Nachbarn hatte; angesichts der engen wirtschaftlichen Verbindungen in den letzten 200 Jahren, spielte Deutschland eine entscheidende Rolle bei der Modernisierung Russlands und bei dem Versuch, das Land als europäische Macht zu stärken, trotz Russlands ambivalentem Verhältnis zu Europa.[5] Russland war über Jahrzehnte der wichtigste Energielieferant für Deutschland und russisches Gas heizt schon seit 40 Jahren deutsche Wohnungen.[6] Aber natürlich haben auch die weniger erfreulichen Kooperationen im 20. Jahrhundert ihre Spuren hinterlassen – die geheime militärische Zusammenarbeit in der Zwischenkriegszeit, der Hitler-Stalin-Pakt von 1939, der es der Sowjetunion ermöglichte, das östliche Polen, die baltischen Staaten und Teile Rumäniens zu besetzen, sowie die Zusammenarbeit der Sowjetunion und der DDR auf Kosten der Bevölkerung Ost- und Ostmitteleuropas;

3. der deutsch-russische Gegensatz, der im 20. Jahrhundert zwei Weltkriege auslöste und der Berlin während des Kalten Krieges zum Kristallisationspunkt der Spannungen zwischen Ost und West machte.

Mit dem Aufstieg des postkommunistischen Russland und dem Bemühen Deutschlands, dieses an die Europäische Union zu binden, werden im 21. Jahrhundert sicher die positiven Aspekte des Erbes überwiegen.

Der Prozess der Wiedervereinigung Deutschlands zwischen 1989 und 1990 hatte ebenfalls Rückwirkungen auf die russisch-deutschen Beziehungen. Die wichtigsten Entscheidungen fällten der sowjetische Präsident Michail Gorbatschow und seine engen Berater gegen die alteingesessenen Deutschland-Experten der Kommunistischen Partei; Gorbatschows Berater bezeichneten diese als »Berliner Mauer«, weil sie gegen die Wiedervereinigung Deutschlands waren und gegen den Beitritt des wiedervereinigten Staates zur NATO.[7] Nach dem Kollaps der Sowjetunion beschuldigten diese »sowjetischen Germanisten« Gorbatschow des Verrats an Russland. Gorbatschow habe versprochen, die Wiedervereinigung werde erst der letzte Schritt in einem langen Prozess zur Überwindung der Teilung Europas sein, in dessen Rahmen auch die Auflösung des Warschauer Paktes und der NATO vollzogen werden würde. Der Warschauer Pakt wurde zwar aufgelöst, aber die NATO überlebte – die Frage nach einer zukünftigen Architektur der europäischen Sicherheit und der Rolle Russlands in Europa blieb unbeantwortet. Medwedews Ruf nach einem neuen europäischen Sicherheitspakt bei seinem Antrittsbesuch in Berlin erinnerte daran, dass Russland glaubt, seine Interessen seien bei den Verhandlungen zur Wiedervereinigung ignoriert worden; diese Vorstellung beeinflusst nach weie vor noch die russische Politik gegenüber Deutschland und Europa.

2 Schlüsselfragen der Jelzin-Ära

Nach dem Zusammenbruch der Sowjetunion, als Russland den schwierigen Weg der postkommunistischen Transformation einschlug, leistete Deutschland die größte wirtschaftliche Unterstützung. Moskau realisierte, dass Deutschlands Dankbarkeit für die Wiedervereinigung und die Sorge, Russlands Schwäche könnte das europäische Sicherheitssystem zum Einsturz bringen, die beiden wichtigsten Ansatzpunkte russischer Einflussnahme waren. Darüber hinaus glaubte Deutschland, die russische Situation wegen der eigenen Erfahrungen nach der Niederlage 1945 besser verstehen zu können als andere Länder. Während Jelzins Amtszeit als Präsident (1992–1999) war Deutschland, obwohl es aufgrund der Wiedervereinigung mit gewaltigen wirtschaftlichen und sozialen Herausforderung zu kämpfen hatte, der stärkere der beiden Partner; es unterstützte die Jelzin-Regierung politisch und wirtschaftlich und trat als Fürsprecher Russlands in der Europäischen Union auf. Diese Asymmetrie im beiderseitigen Verhältnis wurde von der russischen Führung erkannt und manchmal negativ vermerkt. Vier wichtige bilaterale Themen bestimmten die Beziehung in den 1990er Jahren: der Truppenabzug, die Frage der Russlanddeutschen, die wirtschaftliche Zusammenarbeit und die deutsche Unterstützung für Russlands Entwicklung.

Im Jahre 1990 waren 546 000 sowjetische Militärangehörige und ihre Familien in der DDR stationiert. Als Ergebnis der Verhandlungen zur Beendigung der deutschen Teilung erklärte sich Russland einverstanden, die

Truppen innerhalb von vier Jahren abzuziehen. Dieser Abzug stellte eine große logistische Herausforderung für Deutschland und Russland dar. In welches Land sollten diese »sowjetischen« Truppen zurückkehren? Nun, da die ehemalige UdSSR durch 15 unabhängige Staaten ersetzt worden war, wie sollte das Militärpersonal (30 % des Offizierskorps waren etwa ethnische Ukrainer) entscheiden, wo sie hingehörten? Wer würde ihnen Wohnungen zur Verfügung stellen? Der Abzug eines so großen Militärapparate hielt viele Fallstricke bereit.

Die Instabilität des postsowjetischen Russland (die wiederholten Versuche der politischen Gegner, Jelzin abzusetzen; der 1993 vom Kreml angeordnete Angriff auf das Parlament, als die Abgeordneten Jelzin mit bewaffnetem Widerstand drohten) machte der deutschen Regierung ernsthafte Sorgen, da man befürchtete, ein Machtwechsel in Moskau könne zu einer Überprüfung des Truppenabzugs führen. In dieser Situation gelang es Russland, weitere Gelder von Deutschland zu erhalten, um damit den Truppenabzug zu erleichtern. Im Oktober 1990 hatte Deutschland sieben Milliarden DM für Stationierungs- und Rückzugskosten und 7,8 Milliarden DM für den Bau von Wohnungen in den GUS-Ländern versprochen. Bis 1994 erhielt Russland zusätzliche Gelder, von denen jedoch, aufgrund der Korruption auf allen Ebenen des Militärapparates, ein großer Teil verschwand. Angesichts der Probleme ist es bemerkenswert, dass die ganze Operation so glatt verlief.[8] Dieser Erfolg war möglich dank der effizienten deutschen Organisation und der russischen Überzeugung, dass es besser sei zusammenzuarbeiten als den Prozess zu erschweren. Das Gefühl, ungerecht behandelt worden zu sein, und die von einigen Offizieren und Soldaten empfundene Demütigung schürten jedoch die innere Opposition gegen die Politik der Jelzin-Regierung.

Ein weiteres Erbe des Kalten Krieges und Thema der bilateralen Beziehungen während der 1990er Jahre war die Lage der Russlanddeutschen im postsowjetischen Russland. Viele der zwei Millionen Nachfahren jener Siedler, die Katharina die Große nach Russland geholt hatte, und die nach dem deutschen Einmarsch in die UdSSR im Jahre 1941 von der Wolga nach Kasachstan und Sibirien deportiert worden waren, wollten in sowjetischer Zeit in die Bundesrepublik übersiedeln. Westdeutschland ermutigte die Emigration und bot Moskau finanzielle Anreize, um die Auswanderung zu ermöglichen. Angesichts der finanziellen Belastung durch die Wiedervereinigung und aufgrund des nun stärker pluralistischen politischen Systems in Russland, ermunterte Deutschland die über Russland verteilten Russlanddeutschen nach 1991 jedoch, in Russland zu bleiben und in die Wolga-Region zurückzukehren. Allerdings führten der

Widerstand der russischen Bevölkerung gegen die Wiederansiedlung der Deutschen in der Wolga-Region und die Gründung einer Interessenvertretung der Russlanddeutschen zur Verteidigung ihrer Rechte zu wachsenden Spannungen. Viele Russlanddeutsche haben Russland auch nach 1992 verlassen und sich in Deutschland angesiedelt.

Wegen der sowjetischen Zustimmung zur deutschen Vereinigung ging Russland davon aus, dass Deutschland eine wichtige Rolle bei der Wirtschaftshilfe, beim Ausbau des Handels und als Investor in der sich entwickelnden Marktwirtschaft spielen würde. Moskau erwartete auch, dass Berlin seine Partner ermuntern würde, sich in Russland wirtschaftlich zu engagieren. Im Jahre 1992 war Deutschland der wichtigste Geldgeber bei der Russlandhilfe: 52,2 Millionen US-Dollar wurden zur Verfügung gestellt, inkl. 23 Millionen US-Dollar in Form von Krediten und Exportgarantien. In den 1990er Jahren beteiligte sich Deutschland an US-amerikanischen Programmen zur Sicherung und Demontage russischer Nuklearwaffen und zur Sicherung von Nuklearanlagen, um die Gefahr der Proliferation von Nuklearmaterial zu verringern. Deutschland bot arbeitslosen Atomwissenschaftlern Qualifizierungsmaßnahmen an, damit sie alternative Anstellungsmöglichkeiten finden konnten, statt ihr Wissen an Staaten oder nicht staatliche Akteure zu verkaufen, die Nuklearwaffen entwickeln wollten.

Die wirtschaftlichen Beziehungen ergänzten sich auch weiterhin: Russland lieferte Öl, Gas und andere Rohstoffe nach Deutschland und importiert deutsche Fertigprodukte. Die deutsche Privatwirtschaft blieb auf dem russischen Markt stark eingebunden, hielt sich aber während der Jelzin-Ära angesichts fehlender Rechtsstaatlichkeit und des Mangels an funktionierenden Rechtsinstanzen, die die Investitionen hätten schützen können, mit größeren Investitionen zurück. Die dynamischste Periode der Wirtschaftsbeziehungen begann erst nach der russischen Finanzkrise im Jahre 1998, als die russische Wirtschaft sich zu erholen begann.

Angesichts der instabilen Situation in der russischen Politik und des Fehlens effektiver politischer Institutionen in der Jelzin-Zeit, spielten die persönlichen Beziehungen zwischen dem russischen Präsidenten und seinen beiden wichtigsten Gesprächspartnern im Westen – US-Präsident Bill Clinton und Bundeskanzler Helmut Kohl – eine überproportional wichtige Rolle. Obwohl beide Politiker erkannten, dass Jelzin nur unter Vorbehalt als »Demokrat« gesehen werden konnte, glaubten sie, dass er ihre volle Unterstützung verdiene, weil die einzige Alternative die Rückkehr der Kommunisten zur Macht gewesen wäre. Die deutsche Regierung unterstützte Jelzin in seinem Kampf mit dem russischen Parlament bedingungslos und akzeptierte seinen Angriff auf den Kongress der Volksdeputierten im Oktober 1993. Es hieß seine erneute Kandidatur für das Präsidentenamt 1996 gut, trotz der fragwürdigen Handhabung der Wahlen, trotz des Krieges in Tschetschenien und der Beweise für wachsende Korruption in Jelzins engstem Kreis. Für Kohl und Clinton gab es keine Alternative zu Jelzin.

Im letzten Jahr der Präsidentschaft Jelzins gab es Irritationen in den deutsch-russischen Beziehungen, als der neue deutsche Bundeskanzler Gerhard Schröder ankündigte, die »Saunadiplomatie« der Kohl-Jelzin-Ära einer Revision zu unterziehen. Die russische Finanzkrise, der schnelle Wechsel von fünf Ministerpräsidenten zwischen März 1998 und August 1999, Jelzins schlechter Gesundheitszustand und sein unberechenbares Verhalten hatten einen nachteiligen Einfluss auf das deutsch-russische Verhältnis. Darüber hinaus brachten die Erweiterung der NATO um Polen, Ungarn und die Tschechische Republik sowie der Krieg im Kosovo, die jeweils von Deutschland unterstützt und von Russland abgelehnt wurden, weitere Belastungen der bilateralen Beziehungen mit sich. Ende 1999, als Jelzins Präsidentschaft zu Ende ging, die russische Wirtschaft sehr schwach war und Russland sich dem Westen immer stärker entfremdete, waren die deutsch-russischen Beziehungen daher zunehmenden Irritationen ausgesetzt.

3 Die Präsidentschaft Putins, 2000–2008

3.1 Die Schröder-Jahre, 2000–2005

Mit Wladimir Putin wurde ein Mann russischer Präsident, der fünf Jahre für den KGB in der DDR gearbeitet hatte und Deutsch sprach; ein deutscher Autor nannte ihn gar »den ›Deutschen‹ im Kreml«[9]. Bald wurde klar, dass er Deutschland als zentralen Gesprächspartner ansah, obschon seine Erfahrungen in der DDR widersprüchlich gewesen waren. In den autobiografischen Interviews aus dem Jahre 2000, die unter dem Titel »Aus erster Hand« erschienen, betonte er, wie sehr er die Zeit in der DDR genossen habe, in der die Menschen wesentlich besser gelebt hätten als in der UdSSR. Seine Arbeit in Dresden habe aus »ganz normaler Aufklärungsarbeit bestanden: Anwerben von Informanten, Erhalt, Bearbeitung und Weiterleitung von Informationen an die Zentrale.«[10] Das Ende der DDR erlebte er mit gemischten Gefühlen. Es tat ihm leid »um die verlorene Position der Sowjetunion in Europa [...], obwohl mir mein Verstand sagte, dass eine Position, die nur auf Mauern und Grenzzäunen basiert, nicht ewig bestehen kann. Aber ich wollte, dass stattdessen etwas anderes entstehen würde. Doch es gab nichts Neues. Und das tut weh.»[11] Putins Erfahrung mit dem Zusammenbruch der DDR und dem eiligen Abzug der sowjetischen Truppen beeinflussten seine außenpolitischen Ansichten und bestärkten ihn in dem Entschluss, Russlands Position in Europa wiederherzustellen.

Schon früh in seiner Amtszeit machte Putin Deutschland zu seinem wichtigsten Gesprächspartner. Anfänglich verhielt sich Bundeskanzler Gerhard Schröder, wie auch die anderen europäischen Spitzenpolitiker, gegenüber Putin zurückhaltend, der als ehemaliger KGB-Agent einerseits und mit seiner Tätigkeit für den reformorientierten Petersburger Bürgermeister Anatolij Sobtschak andererseits eine »doppelte« Biografie hatte. Obwohl Putin von Anfang an betonte, dass Russland ein europäisches Land sei, und er sich auf andauernde Wirtschaftsreformen und eine weitere Modernisierung Russlands festlegte, brachte er den zweiten Tschetschenienkrieg in Gang und verfolgte das Konzept einer »gelenkten Demokratie«; dieses beinhaltete ein fügsames Parlament und die Gründung einer neuen politischen Partei. Schon wenige Wochen nachdem diese aus dem Boden gestampft worden war, gewann sie eine Mehrheit bei den Duma-Wahlen.

Nichtsdestoweniger wurden sein anfänglicher Einsatz für eine stärkere wirtschaftliche Integration in den Westen, für mehr Effizienz in Politik und Verwaltung und sein Kampf gegen die Korruption von den meisten europäischen Regierungen begrüßt. Doch während Putin die Notwendigkeit unterstrich, die Beziehungen zur EU als Ganzer zu verbessern, konzentrierte er sich auf die bilateralen Beziehungen. Während die Beziehungen zu den USA im Jahr 2000 angespannt waren, stand für ihn die Entwicklung des deutsch-russischen Verhältnisses im Mittelpunkt, denn darin sah er den ersten Schritt zu Wiederherstellung der russischen Großmacht-Position.

Die deutsche Regierung reagierte bald auf die russische Einladung und die Beziehungen erholten sich von den Schwierigkeiten des Jahres 1999. Beide Seiten sprachen von einer »strategischen Partnerschaft«, durch die Russland in Europa integriert und seine Rechtsstaatlichkeit gestärkt werden sollte. Auch die Kontakte zwischen den Zivilgesellschaften wurden intensiviert, wie der Studentenaustausch. Der von Putin und Schröder eröffnete Petersburger Dialog schuf den Rahmen für regelmäßige Treffen zwischen Deutschen und Russen aus verschiedenen Gesellschaftsbereichen. Obwohl Schröder einst Kohl eine übermäßige Personalisierung der deutsch-russischen Beziehungen in der Zeit der Präsidentschaft Jelzins vorgeworfen hatte, räumte er nun ein, »ohne Präsident Putin geht in Russland wenig«[12].

Durch den Terroranschlag auf das *World Trade Center* in New York am 11. September 2001 bekamen die deutsch-russischen Beziehungen zusätzlichen Auftrieb. Putins Unterstützung für die Vereinigten Staaten spiegelte wider, dass Russland sich in Fragen des internationalen Terrorismus zu einem festen Schulterschluss mit dem Westen entschieden hatte. Kurz nach den Anschlägen kam Putin nach Deutschland. Der Besuch stellte einen Meilenstein in den Beziehungen dar. Putin hielt eine historische Rede im frisch restaurierten Berliner Reichstag, der voller historischer Symbolik ist. Dazu gehören nicht zuletzt die Graffiti, die triumphierende sowjetische Soldaten nach der Einnahme von Berlin an die Wände gemalt hatten. Auf Deutsch bedauerte Putin, dass er den Westen nicht nachdrücklicher vor der Möglichkeit einer solchen katastrophalen Attacke wie den Anschlägen auf das World Trade Center gewarnt habe. Er zog eine direkte Verbindung zwischen Al-Quaida und tschetschenischen Separatisten und versprach seine Unterstützung im internationalen Kampf gegen den Terrorismus.

Wiederholt erinnerte er in dieser Rede auch an die historischen Verbindungen zwischen Russland und Deutschland und betonte das gemeinsame Schicksal der beiden Länder: »Russland hegte gegenüber Deutschland immer besondere Gefühle. Wir haben Ihr Land immer als bedeutendes Zentrum der europäischen und der Weltkultur behandelt [...]. Zwischen Russland und Amerika liegen Ozeane. Zwischen Russland und Deutschland liegt die große Geschichte [...]. Ich möchte dazu feststellen, dass die Geschichte genauso wie die Ozeane nicht nur trennt, sondern auch verbindet. [...] Heutzutage ist Deutschland der wichtigste Wirtschaftspartner Russlands, unser bedeutsamster Gläubiger, einer der Hauptinvestoren und maßgeblicher außenpolitischer Gesprächspartner.«[13]

Putin erreichte, dass Deutschland auf die wirtschaftlichen und politischen Beziehungen zu Russland großes Gewicht legte und sich selbst als wichtigsten Fürsprecher Russlands in der Europäischen Union verstand. Nachdem die anfängliche Annäherung zwischen den USA und Russland Ende des Jahres 2002 ins Stocken kam, entwickelte sich aus der deutschen wie russischen Ablehnung der amerikanischen Pläne, den Irak anzugreifen, eine gemeinsame Front gegen den Krieg (mit Frankreich). Die »Koalition der Unwilligen« wurde zwar nicht zu einer Allianz, wie es sich Putin wohl gewünscht hatte, sie stellte aber sicher, dass Russlands Opposition gegen den Krieg nicht zu seiner Isolierung führte. Infolgedessen blühten die bilateralen Beziehungen bis zum Ende der Amtszeit Schröders.

Ab 1992 kamen ungefähr 200 000 Russen nach Deutschland, um dort zu arbeiten und zu leben. Sie bewegten sich zwischen den beiden Ländern und bauten persönliche und geschäftliche Verbindungen auf. Es gab nun vielfältigere Möglichkeiten für Kontakte zwischen den Zivilgesellschaften und verschiedensten Interessenvertretern. Trotz der Kritik in den deutschen Medien an Putins Hinwendung zu einem stärker zentralisierten und weniger demokratischen politischen System und an seinem Bestreben, die unabhängigen elektronischen Medien mundtot zu machen, antwortete Schröder auf die Frage: »Ist Putin ein lupenreiner Demokrat?«, »Ja, ich bin überzeugt, dass er das ist.«[14] Putin honorierte die Unterstützung Schröders, indem er ihn 2005 zum Aufsichtsratsvorsitzenden des Nord-Stream-Konsortiums machte. Diese Gesellschaft betreibt das Projekt einer russisch-deutschen Pipeline, die russisches Gas durch die Ostsee nach Deutschland transportieren soll. Dieses Geschäft vereinbarten Putin und Schröder, als Letztgenannter noch Bundeskanzler war – seit seinem Ausscheiden aus diesem Amt profitiert er davon.

3.2 Der Faktor Energie

Energie ist ein entscheidender Faktor in den deutsch-russischen Beziehungen. Unter Putin wuchs Russland erstmals zu einer großen, global agierenden Wirtschaftsmacht heran, im Wesentlichen dank der stark gestiegenen Energiepreise. Der bedeutendste Erfolg der Präsidentschaft Putins lag im Aufstieg Russlands zu einer Energie-Supermacht, die traditionelle Geopolitik mit Elementen der globalisierten Welt von heute kombinierte, indem sie politische Ziele durch Einsatz von ökonomischer Macht zu erreichen suchte. Russland ist der größte Erdöl- und Erdgasproduzent weltweit und mehr als 90 % der Energieexporte gehen nach Europa. Während des Kalten Krieges war die UdSSR als verlässlicher Gaslieferant für Deutschland bekannt. Unter Putin jedoch wurde Energie zu einer problematischen Angelegenheit in den Beziehungen zwischen Berlin und Moskau, denn *Gazprom* (das Unternehmen ist eng mit dem Kreml verbunden) unterbrach am Neujahrstag 2006 ohne vorherige Warnung die Gaszufuhr nach Europa. Dieser Unterbrechung war ein Streit mit der Ukraine über die Energiepreise vorausgegangen. 80 % des russischen Gases werden über die Ukraine nach Europa transportiert. Deutschland importiert 35 % seines Öls und 40 % seines Erdgases aus Russland und diese Mengen werden nach Fertigstellung der Nord-Stream-Pipeline noch einmal ansteigen. Aber auch innerhalb Deutschlands gibt es Unterschiede, so ist Bayern wesentlich abhängiger von russischem Gas als andere Bundesländer.

Der Lieferstopp für die Ukraine weckte in Deutschland ein Gefühl der Verunsicherung angesichts der Abhängigkeit von russischem Gas und es wurde der Ruf nach einem besseren bilateralen Informationsaustausch über Energiefragen laut. Für Russland war der Lieferstopp letztlich kontraproduktiv, da sich Deutschland nun fragte, ob Russland in der Zukunft seine Energielieferungen auch für politische Einflussnahme nutzen werde. Die russisch-deutschen Energiebeziehungen basieren auf wechselseitiger Abhängigkeit, die allerdings asymmetrisch ist, da Deutschland durch Unterbrechungen der russischen Lieferungen stärker getroffen wird als Russland durch Einbußen bei den deutschen Energieimporten. Deutschland kann nicht glaubwürdig mit einem Importstopp für russisches Gas drohen, wenn dann die Einwohner Münchens in ihren Wohnungen frieren und im Dunkeln sitzen müssen. Russland dagegen kann mit Maßnahmen, die sich auf die Gasversorgung auswirken, drohen und hat dies auch schon getan. Das Paradox der russisch-deutschen Energiebeziehungen liegt darin, dass Deutschland in Zukunft noch abhängiger von russischem Gas sein wird, während es gleichzeitig seine Sorgen über die Folgen dieser Abhängigkeit zum Ausdruck bringt. Da der EU eine gemeinsame Energieaußenpolitik fehlt, kann Russland aus der Konkurrenz der Abnehmerländer in seinen Beziehungen zu Deutschland und anderen europäischen Staaten Vorteile ziehen.[15]

3.3 Die Merkel-Jahre, 2005 – 2008

Als Angela Merkel Kanzlerin wurde, war man in Russland besorgt über einen möglichen Wandel der deutschen Russlandpolitik. Da Merkel in der DDR aufgewachsen ist, jahrzehntelang sowjetische Besatzung selbst erlebt hat und der CDU angehört, erwartete man, dass sie gegenüber Russland eher skeptisch eingestellt sein würde. Obwohl sie mit ihrem öffentlichen Lob für Putin vorsichtiger war und die »Männerfreundschaft« der Putin-Schröder-Jahre endgültig vorbei ist, gab es aber auch nach 2005 große Kontinuität in der Entwicklung der deutsch-russischen Beziehungen. Teilweise war dafür SPD-Außenminister Frank-Walter Steinmeier verantwortlich. Sein Konzept der »Annäherung durch Verflechtung« verpflichtete Deutschland zu einem intensiveren Engagement in Russland. Zudem bezeichneten beide, Steinmeier und die Kanzlerin, die Beziehungen zu Russland als »strategische Partnerschaft«.[16]

Die Kontinuität in den Beziehungen war aber auch das Ergebnis der Lobbyarbeit deutscher Wirtschaftsvertreter, die ein großes Interesse am russischen Markt zeigen. Deutschland ist Russlands wichtigster Handelspartner und der bilaterale Handel wuchs von 18 Millionen US-Dollar im Jahre 2003 auf 52,8 Millionen US-Dollar im Jahre 2007, das sind 9,6 % des gesamten russischen Handels. 80 % der russischen Exporte nach Deutschland entfallen auf Öl und Gas, während der Großteil der Importe aus Deutschland Maschinen und andere Endprodukte umfasst. Im Jahr 2007 betrugen die deutschen Investitionen in Russland 12,6 Millionen US-Dollar. Seit 2008 ist Russland mit seinen wachsenden Staatsfonds in der Lage, ein entscheidender Investor in Deutschland zu werden.[17] So wird die ökonomische Dimension der Verbindungen zwischen beiden Ländern weiterhin enge Kontakte gewährleisten.

Russland sieht Deutschland auch unter Angela Merkel als seinen wichtigsten Fürsprecher bei der Integration in die euro-atlantischen multilateralen Strukturen. Berlin hat schon oft Versuche unternommen, die Verbindungen zwischen der EU und Russland zu verbessern, anfänglich mit dem Partnerschafts- und Kooperationsabkommen von 1994 und dann mit dem Bemühen in den Jahren 2007 und 2008, die Probleme, die bei der Erneuerung des Vertrags auftraten, zu lösen. Deutschland spielte auch eine entscheidende Rolle bei den schwierigen Verhandlungen über den Status Kaliningrads im Vorfeld der Erweiterung der EU um Polen und die baltischen Staaten im Jahre 2004.

Des Weiteren unterstützte Deutschland die Einbeziehung Russlands in die Europäische Außen- und Sicherheitspolitik. Es befürwortete die Einrichtung des NATO-Russland-Rats und bemühte sich um eine Intensivierung der russischen Kontakte zur NATO, weil Russland die NATO-Erweiterung im ehemals sowjetischen Raum als voreilig empfand und ablehnte. Und tatsächlich war Deutschland dann wesentlich daran beteiligt, dass der Ukraine und Georgien auf der Sitzung in Bukarest im April 2008 keine Aufnahme in den *Membership Action Plan* angeboten wurde.[18] Deutschland unterstütze auch die vollwertige Mitgliedschaft Russlands in der G 8 und verschob seinen Vorsitz um ein Jahr, damit Russland 2006 dieses Amt übernehmen konnte. Das G8-Treffen in St. Petersburg war ein Meilenstein für Russland, denn hier konnte das Land zeigen, dass es sich vom wirtschaftlichen Kollaps und der politischen Schwäche der 1990er Jahre erholt hatte und wieder zur Weltmacht aufgestiegen war.

Trotz der Bedeutung, die Deutschland als engster Partner Russlands im Westen hat, hat der Kreml an der deutschen Unterstützung für die amerikanische Politik Kritik geübt und die Parteinahme Deutschlands für die neuen EU-Mitgliedsländer bei ihren Auseinandersetzungen mit Russland verurteilt. Der deutsch-russische Schulterschluss gegen den Irak-Krieg war eher die Ausnahme denn die Regel. Deutschland unterstützte die USA im

Afghanistan-Krieg und stellte Truppen für den NATO-Einsatz zur Verfügung. Es befürwortete die Ausdehnung der NATO nach Ostmitteleuropa und in die baltischen Staaten sowie die Unabhängigkeit des Kosovo und die Stationierung amerikanischer Raketenabwehrsysteme in Polen und Tschechien – Russland war bzw. ist gegen all diese Vorhaben. Auf russischer Seite wird Deutschlands transatlantische Politik daher mancherorts mit Skepsis betrachtet.[19]

Darüber hinaus war Deutschland der Motor der EU-Politik gegenüber den neuen Mitgliedsstaaten, die auch die Ukraine, Belarus, Moldowa und die Staaten des südlichen Kaukasus berührte. Russland betrachtet den postsowjetischen Raum als seine Einflusssphäre und sieht die EU als einen Rivalen im eigenen »Hinterhof«.[20] Obwohl die politische Identität Deutschlands sehr eng mit der EU verwoben ist, hat man sich auch in Zeiten, in denen die Beziehungen Russlands zu einzelnen EU-Mitgliedsländern problematisch waren, für eine Wahrung der Solidarität gegenüber Russland eingesetzt. Als Russland zum Beispiel im Jahr 2007 wirtschaftliche und politische Maßnahmen gegen Estland ergriff, nachdem dort ein sowjetisches Kriegsdenkmal aus dem Zentrum der Hauptstadt Tallinn an den Rand der Stadt versetzt worden war, suchte die deutsche Politik eine Unterstützung Estlands durch die EU sicherzustellen. Andererseits sieht Moskau auch, dass Deutschland sich bemüht, mäßigend auf manche neuen EU-Mitgliedsstaaten einzuwirken, die eine härtere Politik gegenüber Russland befürworten.[21]

4 Deutsch-russische Beziehungen nach dem Präsidentenwechsel in Russland

Wie seine europäischen Partner begrüßte Deutschland den Antritt des 42-jährigen Dmitrij Medwedew im Amt des russischen Präsidenten mit zurückhaltendem Optimismus, in der Hoffnung, dass ein jüngerer, postsowjetischer Politiker, der nicht mit dem Geheimdienst verbunden ist, die Innenpolitik vielleicht liberalisieren und eine weniger harsche Außenpolitik einschlagen würde. Außenminister Steinmeier war der erste offizielle Gast Medwedews nach seiner Wahl. Bevor er nach Russland aufbrach, unterstrich Steinmeier, wie wichtig die Beziehungen zu Russland seien: »Russland ist und bleibt ein unverzichtbarer strategischer Partner, wenn wir eine gesamteuropäische Friedensordnung verwirklichen wollen.«[22] Nach einem neuen Konzept wird Deutschland Russland auf eine »Partnerschaft für Modernisierung« verpflichten, ermutigt durch Medwedews verbale

Verpflichtung, die Rechtsstaatlichkeit und Zivilgesellschaft in Russland zu stärken und die um sich greifende Korruption zu bekämpfen. Der erste ausländische Regierungschef, der Medwedew nach seinem Amtsantritt im Mai 2008 besuchte, war Kanzlerin Merkel. Obwohl Medwedew im Unterschied zu Putin keine persönlichen Beziehungen zu Deutschland hat, sieht auch er in Deutschland den entscheidenden Partner für Russland im Westen. Darüber hinaus ist die russische Außenpolitik unter Medwedew der Politik unter Putin ähnlich, wenn auch mit etwas milderer Rhetorik, da Putin Ministerpräsident ist und an Einfluss kaum verloren hat.

Die erste Reise Präsident Medwedews ins westliche Ausland führte nach Deutschland und er nutzte diese Gelegenheit, um einerseits die Wirtschaft zu umwerben und andererseits in einer Rede eine neue euro-atlantische Sicherheitsarchitektur vorzuschlagen. Sergej Prichodko, sein nationaler Sicherheitsberater, betonte die symbolische Bedeutung der Entscheidung für Deutschland, weil damit die Priorität, die Russland Deutschland einräume, deutlich werde. Er behauptete, dass es keine ernsthaften Probleme in den bilateralen Beziehungen gebe.[23] Den Schwerpunkt legte Medwedew in seiner Berliner Rede am 5. Juni 2008 auf ein neues Sicherheitssystem, basierend auf einem gesetzlich bindenden Vertrag, der das »gesamte euro-atlantische Gebiet zwischen Vancouver und Wladiwostok« abdecken solle. Er fügte hinzu, dass der »Atlantismus als alleiniges historisches Prinzip überholt sei.«[24] Der neue Präsident führte das Argument ins Feld, der Westen habe sein Versprechen nicht gehalten, Russland nach dem Kalten Krieg in eine neue europäische Sicherheitsstruktur einzubinden; damit nahm er einen Standpunkt ein, der vom überwiegenden Teil der politischen Führung Deutschlands geteilt wird. Russland rechnet damit, dass Deutschland eine führende Rolle bei der Gestaltung einer neuen Sicherheitsarchitektur spielen wird.

5   Ausblick

Die deutsche Gesellschaft mag in der Frage gespalten sein, inwieweit Berlin gemeinsame europäische Werte bei der Entwicklung der Beziehungen zu Russland berücksichtigen soll, doch der Großteil der Politiker befürwortet über Parteigrenzen hinweg eine Fortsetzung und Intensivierung des Engagements in Russland. Somit war Putins Deutschlandpolitik, die von seinem Nachfolger fortgesetzt wird, im Wesentlichen erfolgreich und die Perspektive der nächsten Jahre ist die anhaltender enger wirtschaftlicher, politischer und gesellschaftlicher Kontakte. Wenn aber einige Köpfe in der russischen Führung hoffen, dass ein wiedervereinigtes Deutschland, dessen Sicherheit nicht mehr wie zu Zeiten des Kalten Krieges von den USA abhängig ist, zu einer Schaukelpolitik zwischen dem Westen und Russland zurückkehren oder sogar Russland zuneigen könnte, übersehen sie allerdings die zentrale Rolle der Europäischen Union in der deutschen Außenpolitik. Nichtsdestoweniger wird Deutschland in absehbarer Zeit Russlands wichtigster Partner im Westen bleiben und versuchen, die Hardliner unter den Verbündeten zu zügeln. Das Ende des Kalten Krieges und die Integration der ostmitteleuropäischen Länder in die Europäische Union haben die Hauptursachen für die Konkurrenz zwischen Deutschland und Russland beseitigt und eine Phase engerer Zusammenarbeit eingeleitet, die noch Jahrzehnte anhalten wird.

Anmerkungen

1 Aus dem Englischen von Judith Janiszewski

2 Rede bei einem Treffen mit deutschen Politikern, Parlamentariern und Vertretern der Zivilgesellschaft, http://www.kremlin.ru/eng/speeches2008/06/05/2203_type 82912type82914type84779_202153.shtml (Zugriff am 11.7.2008).

3 Walter Laqueur, Russia and Germany, New Brunswick/NJ 1990 (Originalausgabe 1956), S. 53.

4 Angela Stent, Rivalen des Jahrhunderts. Russland und Deutschland im neuen Europa, Berlin 2002, Kapitel 1.

5 Angela Stent, Reluctant Europeans. Three centuries of Russian Ambivalence towards the West, in: Robert Legvold (Hrsg.), Russian Foreign policy in the Twenty-first Century in the Shadow of the Past, New York 2007, S. 393–442.

6 Angela Stent, Wandel durch Handel? Die politisch-wirtschaftlichen Beziehungen zwischen der Bundesrepublik Deutschland und der Sowjetunion, Köln 1983, Kapitel 7.

7 Michail Gorbačev, Žizn i Reformy, Moskau 1995, S. 712–714; Anatolij Černjaev, Šest' let s Gorbačevym, Moskau 1993, S. 305–309.

8 Ulrich Brandenburg, The »Friends« Are Leaving. Soviet and Post-Soviet Troops in Germany, in: Außenpolitik (English Edition) Jg. 44, 1993, Nr. 1, S. 76–88.

9 Alexander Rahr, Wladimir Putin. Der »Deutsche« im Kreml, München 2000.

10 Natalja Geworkjan/Andrej Kolesnikow/Natalja Timakowa, Aus erster Hand. Gespräche mit Wladimir Putin, München 2000, S. 82.

11 Ebd., S. 95.

12 Gerhard Schröder, in: Die Zeit vom 15.12.2001.

13 Wladimir Putin, Rede im Deutschen Bundestag, Wortprotokoll vom 25.9.2001, http://www.bundestag.de/kulturgeschichte/gastredner/putin/putin_wort.html (Zugriff am 18.9.2003).

14 Gerhard Schröder in einem Interview der ARD, zitiert nach Hamburger Abend-
blatt vom 23.11.2002.

15 Siehe auch den Beitrag von Heiko Pleines in diesem Band.

16 Sven C. Singhofen, Deutschland und Russland zwischen strategischer Partnerschaft
und neuer Konkurrenz, Arbeitspapier 169/2007, Konrad Adenauer Stiftung, Berlin
2007.

17 http://www.dgap.org/fi/strategische_regionen/russland/veranstaltungen/archi-
ve/view/1dcef52b1d03366ef5211dcbd85a159819d623e623e.html (Zugriff am
13.7.2008). Siehe auch Aleksej Kuznecov, Propalo Sal'do, in: Rossijskaja Gazeta,
Nr. 134, 25. Juni 2008; http://dlib.eastview.com/sources/article.jsp?id=18298124
(Zugriff am 13.7.2008). Weitere Informationen in den Russlandanalysen Nr. 166,
13.6.2008 und Nr. 144, 12.10.2007, http://www.laender-analysen.de, sowie im Russian Analytical Digest Nr. 34, 2008, http://se1.isn.ch/serviceengine/
FileContent?serviceID=PublishingHouse&fileid=7393BFDD-386A-FC6D-A5FF-
52E70C1FD801&lng=en (Zugriff am 13.7.2008).

18 Der »Membership Action Plan« ist ein offizielles Dokument, das genau festlegt, wel-
che Maßnahmen ein Land zu welchem Zeitpunkt umsetzen muss, um sich für den
NATO-Beitritt vorzubereiten. Allerdings ist die Gewährung eines »Membership
Action Plan« keine Garantie für die spätere Aufnahme in die NATO.

19 Rossijsko-germanskie otnošenija v kontekste mirovoj politike, in: Meždunarodnaja
Žizn', Juli 2006, S. 120–160, http://dlib.eastview.com/sources/article.sp?id-
10025143 (Zugriff am 14.7.2008).

20 Siehe dazu den Beitrag von Andrej Zagorskij in diesem Band.

21 Siehe dazu den Beitrag von Sabine Fischer in diesem Band.

22 Auf dem Weg zu einer europäischen Ostpolitik. Die Beziehungen Deutschlands und der EU zu Russland und den östlichen Nachbarn. Rede von Bundes-
außenminister Steinmeier anlässlich der Podiumsdiskussion bei der Willy-Brandt-
Stiftung, 4.3.2008, http://www.auswaertiges-amt.de/diplo/de/Infoservice/Presse/
Reden/2008/080304-BM-Ostpolitik.html (Zugriff am 14.7.2008). Auch: www.
frankwaltersteinmeier.de/aktuelles/detail/080304_ostpolitik.html (Zugriff am
7.12.2009)

23 Aleksandr Mosjakin, Prezident Rossii priechal očarovyvat' nemcev, in: Biznes i Bal-
tija vom 6. Juni 2008, http://www.bb.lv/index.php?p=1&i=4030&s=9&a=147993
(Zugriff am 14.7.2008).

24 Berliner Rede Dmitrij Medwedews, http://president.kremlin.ru/appears/2008
/06/05/1923_type63374type63376type63377_202133.shtml (Zugriff am
27.5.2009); Presseerklärung Dmitrij Medwedews nach den deutsch-russischen Gesprächen, 5. Juni 2008, http://www.kremlin.ru/eng/speeches/2008/06/05/2135_
type82914type82915_202127.shtml (Zugriff am 14.7.2008).

Hannes Adomeit

Russische Militär- und Sicherheitspolitik

Wenige Monate nach seiner Wahl zum Präsidenten im März 2000 benannte Wladimir Putin auf einer Sitzung des nationalen Sicherheitsrats
eine ganze Reihe von Problemen im russischen Militärwesen: Es würden
zwar »ungeheure Mittel für die Zwecke der Verteidigung und der Sicherheit aufgewendet«, diese aber ineffizient genutzt. Die Ausgabenstruktur
bei den Streitkräften und anderen bewaffneten Kräften könne man »kaum
als optimal« bezeichnen. In vielen Truppenteilen fänden keine Übungen
statt, keine Gefechtsausbildung, Piloten flögen nicht und die Matrosen
führen fast nie aufs Meer hinaus. Eine Modernisierung der Streitkräfte
fände nicht statt. Die Streitkräftestruktur entspreche nicht »den Bedrohungen, mit denen Russland in der nächsten historischen Perspektive konfrontiert« sein werde.[1] Zwischen 1996 bis 2000, stellte er später rückschauend
fest, wurde nicht ein einziges Schiff für die Marine gebaut und erhielten
die anderen Waffengattungen nur 40 Stück neuer militärischer Ausrüstung. Zu Beginn des Tschetschenienkriegs betrug die Anzahl der russischen Streitkräfte »1,4 Millionen Mann; mindestens 65 000 Mann wurden
gebraucht, um die Terroristen wirksam zurückzuschlagen [...] aber die
Anzahl der kampffähigen Truppen der gesamten Armee betrug nur 55 000
Mann – und die waren über das ganze Land verstreut.«[2]
  In der Tat befand sich das russische Militärwesen zu Beginn des neuen
Jahrtausends in einer beklagenswerten Lage. In einigen Bereichen folgte
es traditionellen, auch westlichen Mustern der Militärorganisation, in anderen unterschied es sich deutlich von denen westlicher Länder. Ähnlich
wie in westlichen Ländern ist der Präsident in Russland Oberbefehlshaber
der Streitkräfte im Frieden wie im Krieg. Er ernennt faktisch den Premierminister und den Verteidigungsminister sowie den Generalstabschef und
er führt den Vorsitz im nationalen Sicherheitsrat.[3]
  Im Prinzip hat das Verteidigungsministerium die Aufgabe, das Land auf
den Verteidigungsfall vorzubereiten, auf militärische und andere Sicher-
heitsbedrohungen zu reagieren, Streitkräfte aufzubauen und zu unterhalten, finanzielle und materielle Ressourcen bereitzustellen und zu verwalten, militärische Forschung und Entwicklung voranzutreiben und die
Beschaffung moderner Waffen zu gewährleisten. Im Unterschied zu praktisch allen NATO-Staaten mit Ausnahme der Türkei hatte aber der Generalstab in Russland traditionell eine herausragende Stellung. Er hatte volle

operative Kontrolle über die Streitkräfte und bestimmte im Grunde genommen die Verteidigungspolitik. Ebenfalls im Unterschied zu NATO-Staaten waren die Streitkräfte des Verteidigungsministeriums in fünf Teilstreitkräfte untergliedert – Heer, Marine und Luftwaffe (wie in westlichen Staaten) sowie die Strategischen Raketentruppen und die Luftabwehrkräfte. Das Heer war in sieben Militärbezirke aufgeteilt: Moskau, Leningrad, Nordkaukasus, Wolga, Ural, Sibirien und Fernost, die fast wie eigenständige Verteidigungsministerien operierten. Die Marine umfasste vier Flotten: die Nordflotte, die Pazifische und die Baltische Flotte sowie die Schwarzmeerflotte.

Hauptproblem des Militärwesens in den 1990er Jahren war die Truppe selbst, denn die russische Armee war wie die der Sowjetunion auf einen großen konventionellen und nuklearen Krieg mit der NATO vorbereitet; sie umfasste im Jahre 1992 noch 2,8 Millionen Mann. Die notwendigen Truppenreduzierungen betrafen aber nicht nur die Streitkräfte des Verteidigungsministeriums: Zum Sowjeterbe im militärischen Bereich gehörten auch die ungefähr eine Million Mann der »anderen Truppen«, bewaffnete Organe, die über eine eigene Struktur sowie zum Teil über schwere Waffen verfügten und zu denen Wehrpflichtige eingezogen werden konnten. Zu den wichtigsten und zahlenmäßig stärksten Verbänden dieser Art gehörten die Truppen des Innenministeriums, die Grenztruppen, die Truppen des Föderalen Sicherheitsdienstes (FSB), die Eisenbahntruppen, Truppen der Zivilverteidigung und Truppen der Föderalen Agentur für Regierungskommunikation und Information.

Rechnet man zu diesen Zahlen die annähernd eine Million bei den Streitkräften und den »anderen« Truppen beschäftigten Zivilbediensteten sowie die mehr als eine Million Mann der dem Innenministerium unterstellten Polizeieinheiten und der paramilitärischen Sondereinheiten der Polizei (OMON) hinzu, umfassten die bewaffneten russischen Streitkräfte und Sicherheitskräfte einschließlich der Zivilbeschäftigten nach dem Zusammenbruch der Sowjetunion rund 5,8 Millionen Personen.

Aufgabe einer sinnvollen Militärreform musste es sein, die notwendigen drastischen Truppenreduzierungen im militärischen und Sicherheitsbereich mit umfassenden strukturellen Veränderungen zu verbinden, um auf neue Herausforderungen reagieren zu können. Im westlichen Verständnis und dem einiger Reformer meist aus akademischen Forschungsinstitutionen gehörte dazu auch, die Militärreform mit der demokratischen Entwicklung und dem Aufbau einer Zivilgesellschaft in Einklang zu bringen. Diesem Verständnis entsprechend sollte ein für alle Mal mit der Disziplin und Moral der Truppe untergrabenden Kameradenschinderei aufgeräumt werden. Diese beruhte unter anderem darauf, dass die älteren Jahrgänge der zwei Jahre dienenden Wehrdienstleistenden Privilegien, persönliche Dienstleistungen aller Art, gegenüber den jüngeren geltend machen konnten. Rekruten wurden regelmäßig erpresst, erniedrigt, bedroht, geschlagen und gefoltert. Die Kameradenschinderei war auch einer der wesentlichen Gründe, warum Angaben des Generalstabs zufolge nur rund 9% der der Wehrpflicht unterliegenden Männer im Alter von 18 bis 27 Jahren tatsächlich dienten. Die große Mehrzahl war entweder aus medizinischen Gründen tatsächlich oder mit Hilfe gekaufter Atteste untauglich, nahm legal oder illegal Zurückstellungsgründe in Anspruch, kaufte sich bei willigen Mitgliedern der Kreiswehrersatzämter frei oder ging ins Ausland. Die Anzahl der Fahnenflüchtigen belief sich zu Beginn der Amtszeit Putins auf geschätzte 40000.

Zu den strukturellen Voraussetzung dieses menschenverachtenden Systems gehörte auch, dass es in den Streitkräften kein Unteroffizierskorps gab, das wie in westlichen Staaten zentrale Aufgaben der Ausbildung und der Disziplin in der Truppe hätte wahrnehmen können. Die Offiziere waren dafür nominell zwar verantwortlich, waren sich aber oft für diese Aufgabe zu schade.

Aus all diesen Gründen sah sich der damalige Generalstabschef, Armeegeneral Anatolij Kwaschnin, im Jahre 2002 gezwungen, einzuräumen, dass sich die russischen Streitkräfte in einem »mehr als kritischen« Zustand befänden. Die russische Armee sei »von Diebstahl und Plünderei durchsetzt«, und »falls nicht »außerordentliche Maßnahmen« ergriffen würden, könnte die »negative Situation hinsichtlich der Kampfbereitschaft der Streitkräfte irreversibel werden.»[4]

Nachfolgend werden in einem ersten Schritt die Sicht Putins und der russischen Machtelite bezüglich der angeblich erreichten Veränderungen dargestellt sowie die wichtigsten aufsehenerregenden militär- und sicherheitspolitischen Ankündigungen, Pläne, Programme und Maßnahmen des letzten Jahres der achtjährigen Amtszeit Präsident Putins und der ersten Monate der Politik seines Nachfolgers, Dmitrij Medwedew, vorgestellt. In einem zweiten Schritt wird der Frage nachgegangen, inwieweit die behaupteten Veränderungen und die Ankündigungen der Wirklichkeit entsprechen und, falls ein realer Gehalt feststellbar ist, welche Bedeutung ihm zukommt.

1   Neue Ansätze und Akzente unter Putin

Schon sechs Jahre nach seinem Amtsantritt stellte Putin fest: »Wir haben eine moderne Struktur für die Streitkräfte geschaffen, und die unterschiedlichen [militärischen] Einheiten bekommen jetzt moderne, neue Waffen und Ausrüstung, die die Basis für unsere Verteidigung bis 2020 bilden werden. [...] Die Truppen führen intensive Kampf- und Einsatzübungen durch. Dutzende Feldübungen und weitreichende Seefahrten sind organisiert worden. [...] Als Ergebnis dieser Veränderungen ist der Kampfgeist der Soldaten und Offiziere gestärkt worden und hat sich ihre Moral erhöht. [...] Die Verteidigungsausgaben sind von Jahr zu Jahr gestiegen.«[5] Als Beweis für die behaupteten Veränderungen haben Putin und seine Generale auf folgende Entwicklungen und Vorhaben hingewiesen.

Nuklearstrategische Streitkräfte: Im Juni 2007 testete die russische Marine nach vielen vorherigen Fehlschlägen (nach eigenen Angaben) erfolgreich ihre modernste Interkontinentalrakete, die »SS-NX-30 Bulawa«. Die Rakete kann mehrere, westlichen Schätzungen zufolge bis zu sechs voneinander unabhängige, auf unterschiedliche Ziele programmierbare nukleare Sprengköpfe *(MIRV[6])* tragen. Sie ist für die neue Generation nuklearstrategischer U-Boote der *Borej*-Klasse bestimmt, von denen bis 2015 acht gebaut werden sollen. Der Stapellauf des ersten Bootes dieses Typs »Jurij Dolgorukij« fand im April 2007 statt, es steht aber der Marine bisher operativ noch nicht zur Verfügung. Im November 2007 wurde eine andere seegestützte Interkontinentalrakete bei der Marine in Dienst gestellt, eine modifizierte und modernisierte Variante der »RSM-54 Sinewa«.

Aber auch die landgestützten Systeme sollen modernisiert werden. So testeten die Strategischen Raketentruppen im Dezember 2007 erfolgreich eine neue Version ihrer neuesten Interkontinentalrakete, die »RS-24 Topol-M«. Wie die *Bulawa* kann sie (geschätzt) bis zu sechs nukleare Sprengköpfe tragen. Zu Beginn des Jahres 2008 befanden sich 48 in Silos stationierte und sechs mobile *Topol-M* im Dienst; bis Ende des Jahres wurden noch acht weitere Raketen in Dienst gestellt, womit sich die Anzahl der Raketentruppen-Regimenter auf insgesamt sechs erhöhte. Zudem hat Putin mehrmals die Produktion einer Art strategischer Wunderwaffe angekündigt, einer neuen Rakete, die ihm zufolge nicht nur »extrem zielgenau« ist und mit »mehrfacher Schallgeschwindigkeit« fliegt, sondern auch in der Lage ist, »jegliches Raketenabwehrsystem« zu überwinden, da ihr »Kurs im Flug verändert« werden kann.[7]

Im Dezember 2007 gab die russische Luftwaffe bekannt, dass sie eine modernisierte Version des strategischen Überschall-Bombenflugzeugs Tu-160 *(Blackjack)* einem Flugtest unterzogen habe. Jährlich sollen ein bis zwei Maschinen dieses Typs produziert werden, so dass der strategische Arm der Luftwaffe 2025 bis 2030 über eine Flotte von 30 Bombenflugzeugen verfügt. Im August 2007 haben die russischen Luftstreitkräfte die 1992 nach dem Ende des Kalten Krieges eingestellten Langstreckenflüge strategischer Bombenflugzeuge über atlantische und pazifische Seegebiete in Richtung Vereinigte Staaten wieder aufgenommen – ein Schritt, den Putin damit begründete, dass der unilaterale Stopp der Flüge nach dem Ende der Sowjetunion Russlands Sicherheit beeinträchtigt habe.

Personalstärke und Strukturveränderungen der Streitkräfte: Die russischen Streitkräfte zeichneten sich durch ein hohes Maß an Professionalität und Mobilität aus, stellte Putin nach sechs Jahren als Präsident fest. Er behauptete, dass die dafür notwendigen Truppenreduzierungen schon erfolgt seien und dass nun »bei der Anzahl der Streitkräfte ein Optimum von einer Million Mann« angestrebt werde. Das militärische Kommando- und Mobilisationssystem solle noch weiter verbessert werden. Bis zum Jahre 2011 sollten die konventionellen Streitkräfte über 600 einsatzfähige Einheiten verfügen, wobei der Schwerpunkt auf Einheiten der Luftwaffe, Luftverteidigung und Kommunikation sowie der radioelektronischen Aufklärung und Kriegführung gelegt werden sollte. Dies würde es Russland ermöglichen, bei Bedarf mobile und operativ eigenständige Einheiten schnell in Konfliktgebiete zu verlegen. Zeit- und Berufssoldaten sollten das Rückgrat dieser mobilen Einheiten bilden. Diese Soldaten sollten bereits im Jahre 2008 zwei Drittel der Streitkräfte insgesamt ausmachen. Das würde es auch ermöglichen, die Wehrpflicht auf ein Jahr zu begrenzen.

Militärmanöver: Die von Putin behaupteten Verbesserungen der Einsatzfähigkeit der Streitkräfte haben er und seine Generale auch auf deren verstärkte Übungstätigkeit zurückgeführt. So fanden im August 2007 die bisher größten Militärmanöver der »Schanghai Organisation für Sicherheit« (SOZ) auf russischem Territorium – in der Nähe von Tscheljabinsk im Ural-Gebirge – statt. In Anwesenheit von Putin und des chinesischen Staatschefs Hu Jintao nahmen daran fast 6000 Soldaten teil und es kamen Panzer, Kampfflugzeuge, Raketen, Hubschrauber und Fallschirmspringer zum Einsatz. Im Juli des darauffolgenden Jahres hielten die russischen Streitkräfte im Nordkaukasus umfangreiche Militärmanöver mit 8000

Soldaten, 700 Panzerfahrzeugen und 30 Militärflugzeugen sowie Spezialeinheiten des Innenministeriums ab – offensichtlich eine direkte Vorbereitung auf die im darauffolgenden Monat erfolgte militärische Intervention in Südossetien. Dazu mehr nachfolgend bei der Bewertung der militärischen Aspekte der Intervention.

Als ob die von Putin behaupteten dramatischen Veränderungen dafür die reale Basis lieferten, waren das letzte Jahr der Amtszeit Putins und die ersten Monate der Amtszeit Medwedews von einer ganzen Reihe, zum Teil dramatischen und Aufsehen erregenden militär- und sicherheitspolitischen Ansätzen und Ankündigungen gekennzeichnet:

Verschärfung der Haltung zu den Vereinigten Staaten: Kernpunkt der vielerorts als »dramatisch« bezeichneten Rede Putins auf der 43. Münchner Konferenz für Sicherheitspolitik am 10. Februar 2007 war die Kritik an der Außen- und Sicherheitspolitik der Vereinigten Staaten. Der russische Präsident warf den USA vor, »in jedweder Hinsicht ihre nationalen Grenzen überschritten« zu haben und anderen Ländern ihre Politik »aufzwingen« zu wollen. Wiederum offensichtlich mit Blick auf die USA beklagte er, dass wir »heute Zeuge einer nahezu uneingeschränkten Hyper-Anwendung von Gewalt, militärischer Gewalt, in den internationalen Beziehungen werden, einer Gewalt, welche die Welt in einen Abgrund permanenter Konflikte stürzt«[8]. Bereits im Jahr zuvor hatte der damalige Generalstabschef, Armeegeneral Jurij Balujewskij, bei der Ankündigung einer neuen Militärdoktrin behauptet, die militärische Bedrohung Russlands habe – trotz der Zusammenarbeit mit dem Westen in einigen Bereichen – »nicht nachgelassen«. Die Hauptgefahr käme aus den USA, die »einen Kurs der Weltbeherrschung führen« und danach trachteten, »Gebiete, in denen Russland traditionell präsent war, zu übernehmen«.[9]

Verschärfte Kritik an der NATO und ihrer Osterweiterung: Im Zusammenhang mit der Kritik an den USA verschärfte der Kreml auch den Ton gegenüber der NATO. Vor allem die Osterweiterung des westlichen Bündnisses ist ihm ein Dorn im Auge. Auf der internationalen Sicherheitskonferenz in München im Februar 2007 beispielsweise bezeichnete Putin die Erweiterungsabsichten der NATO als »ernste Provokation«. Auf der NATO-Gipfelkonferenz in Bukarest Anfang April 2008 ging er im Zusammenhang mit der auch dort geführten Diskussion, der Ukraine und Georgien einen Plan zur Aufnahme in die Allianz (*Membership Action Plan, MAP*) anzubieten, noch einen Schritt weiter und sagte: »Wir betrach-

ten die Ankunft eines Militärblocks [an unseren Grenzen], dessen Verpflichtungen zur Mitgliedschaft Artikel 5 einschließt, als eine direkte Bedrohung der Sicherheit unseres Landes.«[10]
Amerikanischen Berichten zufolge soll Putin im NATO-Russland-Rat noch deutlicher geworden sein und die Souveränität der Ukraine in Frage gestellt und davon gesprochen haben, dass bei einem NATO-Beitritt die Krim und die Ostukraine von der Ukraine abgelöst und an Russland angegliedert werden könnten.[11] Der neue Präsident hat ins gleiche Horn gestoßen: Sollte sich die NATO weiter nach Osten erweitern, würde »ernster Schaden« entstehen; die Beziehungen zwischen Russland und der NATO würden »unterhöhlt und für lange Zeit radikal verdorben«.[12] Die Mitgliedschaft der Ukraine in der NATO würde gegen den russisch-ukrainischen Freundschaftsvertrag von 1997 verstoßen, behauptete Medwedew, und Georgiens Mitgliedschaft würde »eine Spirale der Konfrontation« in Gang setzen.[13]

»Gegenmaßnahmen« zum strategisches Abwehrsystem der USA:
Ein weiterer, von Warnungen und Drohungen begleiteter Kernpunkt russischer Kritik, waren die Pläne Washingtons zum Aufbau einer Raketenabwehrstellung in Polen und einer Radarstation in Tschechien als Teil des nationalen strategischen Abwehrsystems der USA. Der Kreml und russische Generale haben argumentiert, dass sich die amerikanischen Stationierungspläne nicht gegen Iran, Nordkorea oder andere mögliche Problemstaaten richteten, sondern gegen Russland. Sie haben diese Pläne mit der Aufstellung sowjetischer Raketen in Kuba im Jahre 1962 und der Stationierung amerikanischer Mittelstreckenraketen (*Pershing-2* und Marschflugkörper) in Europa 20 Jahre später verglichen und gewarnt – so Putin in München – dass ihre Verwirklichung russische »Gegenmaßnahmen« provozieren und unweigerlich zu einem »neuen Wettrüsten« führen würde. Bei einem russisch-amerikanischen nuklearen Schlagabtausch würden die amerikanischen Komponenten der Raketenabwehr in Polen und Tschechien unweigerlich zu Zielen der strategischen Raketentruppen Russlands.
Weitere »Gegenmaßnahmen«, die der Kreml und die Generale ins Spiel brachten, waren die Stationierung von Kurzstreckenraketen im Gebiet Kaliningrad und in Belarus sowie von Mittelstreckenwaffen (Nachfolgesystem der *SS-20*) in Reichweite der amerikanischen Raketenabwehrkomponenten in Ostmitteleuropa, was allerdings einen Ausstieg aus dem sowjetisch-amerikanischen Vertrag zur vollständigen Beseitigung nuklearer Mittelstreckenwaffen (INF-Vertrag) voraussetzt (dazu siehe unten).

»Moratorium« zum Vertrag über konventionelle Streitkräfte in Europa (KSE): Im Dezember 2007 setzte Russland ein »Moratorium« zur Ausführung des Vertrags von 1990 über konventionelle Streitkräfte in Europa und des 1999 unterzeichneten Anpassungsabkommens in Kraft. Der ursprüngliche Vertrag war 1992 in Kraft getreten, das Anpassungsabkommen ist jedoch nur von Russland, der Ukraine, Weißrussland und Kasachstan ratifiziert worden. Putin hatte mit diesem Schritt im Februar 2007 in München gedroht und ihn im Juli in Moskau per Dekret angekündigt. Russland geht es dabei nicht nur darum, Druck auf die NATO-Staaten auszuüben, damit diese das Anpassungsabkommen ratifizieren, sondern es beabsichtigt, das Abkommen umfassend zu revidieren und an angeblich erneut veränderte Bedingungen anzupassen. Aus Sicht der NATO tragen die Vereinbarungen von 1999 aber bereits den veränderten geostrategischen Verhältnissen in Europa Rechnung. Nach Auflösung der Blöcke und der ersten Runde der NATO-Osterweiterung wurden die paritätsorientierten Kernstrukturen des KSE-Vertrags von 1990 durch ein kompliziertes System nationaler und territorialer Obergrenzen ersetzt. Destabilisierende Waffenkonzentrationen wurden unter anderem durch ein striktes Inspektionsregime und strenge Limitierungen von Waffen in kleineren geografischen Räumen ausgeschlossen. Zudem hatte die NATO im Zuge des ersten Tschetschenienkriegs zugestimmt, »Flankenregelungen« zugunsten Moskaus zu verändern.[14]

Die russische Regierung beharrt dennoch auf ihren Forderungen nach Änderungen des KSE-Vertrags und seines Anpassungsabkommens. Mit dem *De-facto*-Ausstieg aus dem Vertragswerk hat sich Russland nun zumindest rechtlich die Möglichkeit eröffnet, ein umfangreiches Aufrüstungsprogramm sowohl für konventionelle als auch für nukleare Waffen in Europa aufzulegen und sich jeglichen Inspektionen und Verifikationen zu entziehen.

Drohungen, das Abkommen über Nuklearraketen mittlerer und kürzerer Reichweite (INF-Vertrag) zu kündigen: Ein anderer Vertrag, den Moskau in Frage gestellt hat, ist – wie erwähnt – das 1987 in Washington geschlossene sowjetisch-amerikanische Abkommen zur vollständigen Abrüstung von Nuklearraketen mittlerer und kürzerer Reichweite. Putin hat darauf hingewiesen, dass dieser Vertrag »keinen universellen Charakter« habe und dass »viele andere Länder über Raketen [mittlerer und kürzerer Reichweite] verfügen, wie beispielsweise Korea, Indien, Iran, Pakistan und Israel, und dass viele andere Länder an diesen Systemen arbeiten und planen, sie als Teil ihres Waffenarsenals einzuführen.«[15] Während der Präsident einen möglichen Ausstieg Russlands aus dem Vertrag nicht als »Gegenmaßnahme« gegen die Stationierung von Systemkomponenten einer amerikanischen Raketenabwehr in Europa bezeichnete, stellten seine Generale dies als eine der möglichen »asymmetrischen Gegenmaßnahmen« hin. Als sei es in Vorbereitung eines derartigen Schritts, hat der ehemalige Verteidigungsminister Iwanow den INF-Vertrag als ein »Überbleibsel des Kalten Krieges« und schlimmsten Fehler nationaler russischer Sicherheitspolitik hingestellt.

Militärische Machtprojektion: Sowohl die politische als auch die Militärführung strebt nach außen die Fähigkeit zur Projektion militärischer Macht an, wie sie in der Sowjetära bestand. So hat der Chef der Marine gefordert, die Flotte in den nächsten 20 Jahren mit bis zu sechs neuen Flugzeugträgern und dazugehörenden Begleitschiffen für die Bildung von Einsatzgruppen bei der Nord- und der Pazifikflotte auszustatten.[16] Wie in Sowjetzeiten will die russische Marine wieder ein Geschwader im Mittelmeer stationieren und sich dabei auf eine Flottenbasis in Latakia in Syrien stützen. Und Berichten in der russischen Presse zufolge plant die Luftwaffe die Stationierung strategischer Bombenflugzeuge vom Typ *Tu-160* und *Tu-95 MC* auf Kuba als eine der Antworten auf den Aufbau von Raketenabwehr-Komponenten der USA in Ostmitteleuropa. Der frühere Kommandant dieser Basis unterstützte die Idee mit den Worten, dass »Russlands Luftflotte daran arbeiten muss, in jedem Winkel dieser Welt präsent zu sein«[17]. Die politische Führung erweckt den Eindruck, als unterstütze sie derartige Ideen. So hat Putin apodiktisch festgestellt: »Es ist notwendig, [unsere militärischen] Positionen auf Kuba und in anderen Ländern wiederherzustellen.«[18]

Anwendung militärischer Mittel im »nahen Ausland«: Im Frühjahr 2008 entsandte das russische Verteidigungsministerium zusätzliche Truppen und Waffen nach Abchasien; ein Schritt, den es als Aufstockung der »GUS-Friedenstruppen« und als Reaktion auf angebliche georgische Truppenkonzentrationen im oberen Kodori-Tal darstellte. In den letzten Jahren hatte die russische Luftwaffe immer wieder den georgischen Luftraum verletzt und im Frühjahr 2008 mehrere unbemannte Aufklärungsflugzeuge Georgiens über Abchasien abgeschossen. Während das Verteidigungsministerium diese Aktionen mit Standarderklärungen wie »georgische Provokation« und »kein russisches Kampfflugzeug befand sich zur Zeit der Vorkommnisse im südlichen Luftraum« begleitete oder für die Abschüsse von Drohnen die »abchasischen Luftverteidigungskräfte« verantwortlich machte, gab es im Juli 2008 erstmals den Flug zweier russischer Kampfjets über Südossetien zu. Das Außenministerium erklärte, Ziel dieser Aktion sei es gewesen, »Hitzköpfe« in Tiflis abzukühlen.[19]

In demselben Monat hielten die russischen Streitkräfte im Nordkaukasus die weiter oben bereits erwähnten umfangreichen Militärmanöver ab. Diese wurden ebenfalls in den Zusammenhang der verschärften Situation in Abchasien und Südossetien gestellt: Eines der Ziele der Manöver sei es, »Probleme zu lösen, die sich mit der Teilnahme von Truppen des [nordkaukasischen] Militärbezirks an Sonderoperationen zur Erzwingung des Friedens in Zonen militärischer Konflikte verbinden«[20]. Diese Probleme wurden offensichtlich den Vorstellungen Moskaus entsprechend einen Monat später mit der massiven militärischen Intervention über Südossetien hinaus ins Kernland Georgiens gelöst.

Bereitstellung von Geldmitteln: Als ob die weitreichenden Vorstellungen über eine Wiedereinnahme der Positionen, welche die militärische Supermacht Sowjetunion innegehabt hatte, auf einer realistischen Basis beruhten und finanziert werden könnten, hat das Verteidigungsministerium für den Zeitraum 2007 bis 2015 ein Programm für die Modernisierung der russischen Streitkräfte und des militärisch-industriellen Komplexes aufgelegt, das rund fünf Billionen Rubel, umgerechnet rund 200 Milliarden US-Dollar, kosten soll.

Die Vielzahl der Drohungen und Demonstrationen, der Pläne und Programme sowie schließlich die militärische Intervention in Georgien werfen die Frage auf, ob tatsächlich grundsätzlich neue Streitkräfte mit modernen Strukturen und moderner Bewaffnung und verbesserter Einsatzfähigkeit und Kampfmoral geschaffen worden sind. Welchen militärischen und politischen Nutzwert haben die angekündigten Maßnahmen und »Gegenmaßnahmen«. Und wie steht es mit den Möglichkeiten, diese zu verwirklichen?

2 Die Wirklichkeit

Die verkürzte Antwort auf diese Fragen muss lauten, dass in einigen Bereichen zwar Verbesserungen erzielt wurden und dass ein Anfang damit gemacht worden ist, auch das Militär an der wirtschaftlichen Erholung des Landes teilhaben zu lassen, dass aber bisher keine grundsätzliche Veränderung bewirkt worden ist. Die erfolgreich durchgeführte militärische Intervention in Georgien ist kein Gegenbeweis gegen dieser These. Ein großer Teil der Pläne und Programme lässt sich mit an Sicherheit grenzender Wahrscheinlichkeit nicht verwirklichen. Die Vorstellung, Russland könne zu einem militärischen Supermachtstatus zurückkehren und die »Positionen wieder einnehmen«, welche die Sowjetunion innehatte, widerspricht klar den wirtschaftlichen Möglichkeiten des Landes – und auch wohlverstandenen russischen Interessen. Vom Standpunkt der politischen und militärischen Führung Russlands aus mögen eine Reihe von Ankündigungen und Maßnahmen vielleicht politischen Nutzwert haben, militärisch sind sie aber von geringem oder keinem Wert. Dies kann im Einzelnen wie folgt begründet werden.

Nuklearstrategische Streitkräfte: Zumindest in gewissem Gegensatz zur Zeit des Kalten Krieges ist die Funktion der nuklearstrategischen Streitkräfte Russlands heute primär nicht militärisch, sie zielt nicht hauptsächlich auf Abschreckung, sondern ist politischer Natur. Diese Kräfte, davon zeigen sich auch kremlunabhängige Militärfachleute überzeugt, »sind die Garantie der Souveränität Russlands«[21]. Washington, so die weitverbreitete Ansicht, »berücksichtigt unsere Interessen nur dann, wenn unsere nuklearstrategischen Streitkräfte einsatzfähig sind und die Zerstörung der USA als Zivilisation durchführbar ist«[22]. Um diese politische Funktion erfüllen zu können, ist es diesen Vorstellungen entsprechend notwendig, dass Russland den USA militärisch ebenbürtig ist. Hier liegt allerdings ein Problem, denn auch unter russischen Fachleuten ist unbestritten, dass die nuklearstrategischen Kräfte Russlands wegen Überalterung der Systeme und schleppender Modernisierung kontinuierlich entwertet worden sind und dass sich dieser Prozess trotz aller angeblichen oder tatsächlichen Modernisierungsbemühungen fortsetzen wird.

Die genauen Prognosen schwanken. Eine Studie russischer Fachleute kommt zum Ergebnis, dass Russland im nächsten Jahrzehnt nicht über mehr als 300 Interkontinentalraketen mit 600 Sprengköpfen verfügen wird. »Wenn dies eintritt«, so die Schlussfolgerung, »wird ein Aggressor in die Lage versetzt, Russlands gesamte nukleare Streitmacht zu vernichten und die wenigen Raketen, die das Land noch starten kann, mit seiner Raketenabwehr zu zerstören.«[23] Diese Folgerung deckt sich mit dem Ergebnis einer Studie amerikanischer Wissenschaftler, der zufolge den USA das gelungen ist, was sie im Zeitalter des Kalten Krieges nie geschafft haben, nämlich die theoretische Möglichkeit, Russland in einem nuklearen Erstschlag zu entwaffnen.[24] Wie übertrieben derartige Schlussfolgerungen auch sein mögen, von militärischer Ebenbürtigkeit mit den USA kann nicht die Rede sein. Oben beschriebene Maßnahmen wie die Wiederaufnahme der Patrouillenflüge der strategischen Bomberflotte oder wiederholte Hinweise auf eine Art strategischer »Wunderwaffe« dürften infolgedessen im Wesentlichen Teil des Bemühens sein, den Anschein nuklearstrategischer Ebenbürtigkeit mit den Vereinigten Staaten zu erwecken, wo diese in Wirklichkeit verloren gegangen ist.

Neuausrüstung der Streitkräfte: Die Einführung neuer Waffensysteme vollzieht sich schleppend und in der Vergangenheit haben sich die Zielvorgaben für die Produktion und Lieferung neuer Waffen immer wieder als übertrieben herausgestellt. Um ein Beispiel aus dem nuklearstrategischen Bereich anzuführen: Im Jahre 1998 kündigte der damalige russische Vizepremier und für die Verteidigungsindustrie zuständige Minister, Jurij Masljukow, an, dass »ab dem Jahr 2000 jährlich mindestens 35–45 *Topol-M*-Raketen« hergestellt würden.[25] Nach diesen Vorgaben müsste Russland am Ende des Jahres 2008 zwischen 280 und 360 *Topol-M* besitzen und nicht nur rund 60 Systeme.

Auch bei den konventionellen Streitkräften gibt es riesigen Nachholbedarf. Eine Momentaufnahme für den Zeitraum 2005 bis 2007 zeigt, dass von einer Neuausrüstung der Armee mit modernen Waffen bisher kaum die Rede sein kann (siehe *Tabelle 1*). Als unrealistisch müssen insbesondere die Pläne der Marineführung eingeschätzt werden, die Kriegsflotte mit bis zu sechs neuen Flugzeugträgern und Begleitschiffen auszurüsten. Diese Folgerung muss man aus der Entwicklung der letzten Jahrzehnte ziehen: In der Sowjetära wurden fünf Flugzeugträger gebaut. Drei von ihnen wurden nach dem Zusammenbruch der Sowjetunion als Schrott verkauft; ein weiteres, die *Admiral Gorschkow*, wurde der indischen Marine geschenkt, allerdings erhielt Russland dafür den Auftrag, den Träger für 1,5 Milliarden US-Dollar umzurüsten; das letzte Schiff, die *Admiral Kusnezow*, ist ein nicht einsatzfähiges Wrack. Bei der Umrüstung der *Admiral Gorschkow* hat es allerdings große Probleme gegeben: Eigentlich sollte der Träger im Jahr 2008 einsatzfähig sein. 2007 teilte der verantwortliche Schiffsbaukonzern *Sewmasch* aber mit, vor 2011 sei mit einer Übergabe nicht zu rechnen und man benötige noch mehrere Milliarden Dollar, um den neuen Termin zu halten.[26] Diese Entwicklung zeigt, dass der militärisch-industrielle Komplex gegenwärtig nicht in der Lage ist, ein Flugzeugträgerbauprogramm in Angriff zu nehmen.

Ein weiteres Problem bei der Umsetzung des Putinschen Rüstungsprogramms für den Zeitraum 2007 bis 2015 hat der ehemalige Präsident selbst angesprochen. Er »hoffe«, dass – bei noch vorzunehmenden organisatorischen Veränderungen im Beschaffungswesen – »eine positive Wirkung auf die Überwindung der Korruption in den Streitkräften ausgeübt wird.«[27] Mit anderen Worten: Es gibt keine direkte Verbindung zwischen der Bereitstellung von Geldmitteln und der »Modernisierung« der Streitkräfte. Oft wird das Geld veruntreut und für Zwecke verwandt, die nicht vorgesehen sind. Aber auch die »drastische« Erhöhung der Verteidigungsausgaben muss, wie unten ausgeführt wird, mit einem kritischen Blick betrachtet werden.

Tab. 1: Waffenlieferungen an die russischen Streitkräfte, 2005 – 2007

2005	2006	2007
7 Su-27SM Kampfflugzeuge	8 Su-34 Kampfflugzeuge	6 Su-34 Kampfflugzeuge
17 T-90 Kampfpanzer	31 T-90 Kampfpanzer	31 T-90 Kampfpanzer
92 BTR-80 Schützenpanzer	40 BMP-2 und 125 BTR-80/90 Schützenpanzer	100 BTR-80/90 und einige BMP-2 und Schützenpanzer
	10 Mi-28N, Ka-50 und Ka-52 Hubschrauber	9 M-28N, Ka-50 und Ka-52 Hubschrauber

Für 2005 und 2007: tatsächliche Lieferungen; für 2006: geplant.

Quellen: Mikhail Barabanov: The Russian Military. Still Saving for a Rainy Day, in: Moscow Defense Brief, Nr. 1, 2005, http://mdb.cast.ru/mdb/1-2005/raf/russian_military/; Andrey Frolov: Russian Defence Procurement in 2007, in: Moscow Defense Brief, Nr. 2, 2007, http://mdb.cast.ru/mdb/2-2007/.

Militärorganisation und Strukturveränderungen: Die russische Armee orientiert sich immer noch an der Vision eines »großmaßstäblichen« Krieges – eine Vorstellung, die sich aus der oben beschriebenen Stilisierung des »Vorrückens der NATO an Russlands Grenzen« speist und im starren Festhalten an einer Massenarmee mit einer Million Mann allein in den Streitkräften des Verteidigungsministeriums ihren Ausdruck findet. Dagegen haben regierungsunabhängige Militärexperten immer wieder darauf hingewiesen, dass die wichtigste Aufgabe einer umfassenden Umstrukturierung der Streitkräfte darin bestehen müsse, die Konsequenzen aus dem Ende des Kalten Krieges und der verringerten Wahrscheinlichkeit eines großen konventionellen Krieges zu ziehen und sowohl konzeptionell als auch organisatorisch auf neue Bedrohungen und Herausforderungen aus dem Süden und Osten zu reagieren. Eines der herausragenden

Konzepte dieser Art war der Vorschlag des Kommandeurs der Luftlandetruppen, Generaloberst Georgij Schpak, als Alternative zu der auf der Wehrpflicht beruhenden Massenarmee 200 000 Mann starke mobile Einsatzkräfte zu schaffen, die auf der Basis der Luftlandetruppen entwickelt und ausschließlich aus Zeit- und Berufssoldaten bestehen sollten. Zusätzlich zu den Luftlandetruppen sollten die mobilen Einsatzkräfte Teile der Landstreitkräfte, der Luftwaffe, der Marine und der Flugabwehr sowie logistische und medizinische Einheiten umfassen. Die Einsatzkräfte sollten fähig sein, innerhalb kurzer Frist auf Bedrohungen entlang den russischen Grenzen zu reagieren.[28]

Aus derartigen Plänen ist nichts geworden. Es hat einige Reorganisationen gegeben, die aber eher den Eindruck kosmetischer Operationen erwecken, statt grundlegenden Wandel einzuleiten. Verschiedene Male wurden Veränderungen, die eingeführt worden waren, wieder rückgängig gemacht. Die folgenden Defizite sind weiterhin erkennbar:

• Eine einheitliche Militärstruktur und Führung wurde nicht geschaffen. Das betrifft auch die nuklearstrategischen Kräfte. So sind Pläne gescheitert, die see-, land- und luftgestützten Komponenten der nuklearstrategischen Kräfte zusammenzufassen und einem neu zu bildenden »Vereinigten Oberkommando der Strategischen Abschreckungskräfte« zu unterstellen.

• Die Umstrukturierung der »anderen« Truppen, insbesondere der Truppen des Innenministeriums, ist nicht vorangekommen. Der Widerstand dieser militärischen Formationen gegen Kürzungen und organisatorische Veränderungen konnte nicht gebrochen werden. Der Wirrwarr von Streitkräften und Sondertruppen mit ihren vielfältigen Aufgabenüberschneidungen besteht weiter.

• Putins Bemühen, durch die Ernennung von Sergej Iwanow als Verteidigungsminister im April 2001, dem ersten Zivilisten auf diesem Posten seit dem Zusammenbruch der Sowjetunion, größere Kontrolle über den mächtigen, aber reformresistenten Generalstab zu gewinnen, war nicht erfolgreich. Dies traf auch für die im Juni 2004 per Gesetz verfügte erhebliche Beschränkung der Rolle des Generalstabs zu. An der herausragenden Stellung dieses Führungsorgans hat sich in der Praxis nicht viel geändert. Allerdings gibt es einige Anzeichen dafür, dass die Ernennung von Anatolij Serdjukow, ein weiterer Nicht-Militär und ehemaliger Chef der Steuerbehörde, zum Verteidigungsminister (Februar 2007) und von General Nikolaj Makarow zum Generalstabschef (Juni 2008) schließlich einen Wandel im Verhältnis der beiden Organe bewirken wird.

- Die sechs Militärbezirke stellen immer noch eine ineffiziente und neuen Herausforderungen nicht entsprechende Struktur da. Diese sind praktisch sechs regionale Verteidigungsministerien, die sich nach wie vor an dem Ziel ausrichten, umfangreiche Mobilisierungsmaßnahmen durchführen zu können.
- Die Truppenstärke von 1,13 Millionen Mann Anfang 2008 und die Planungen, diese auf eine Million zu reduzieren, stellen ein klares Scheitern der im Sommer und Herbst 2000 vom nationalen Sicherheitsrat unter Vorsitz Putins gefassten Beschlüsse dar, denen zufolge die Personalstärke (»Soll«-Stärke) der Streitkräfte im Zeitraum von 2001 bis 2005 um 365 000 Mann verringert und 240 000 Offiziere entlassen werden sollten, davon 30% mit höheren Dienstgraden (Oberst, Oberstleutnant, Major) und 380 der ungefähr 1 400 (!) Generale. Die Kürzungen bei den »anderen Truppen« sollten nach den damaligen Beschlüssen 105 000 Mann betragen. Die Anzahl der Zivilbeschäftigten in den bewaffneten Kräften sollte um 130 000 reduziert werden. Diese Reduzierungspläne wurden nicht ausgeführt. Es sind entweder überhaupt keine oder nur wenige Dienstposten gestrichen worden. Die Zahl der Planstellen bei allen bewaffneten Kräften liegt auch heute noch bei fast zwei Millionen und die der zivilen Dienstposten bei einer Million, wobei die Letzteren mehrheitlich beim Verteidigungsministerium angesiedelt sind und ihre Inhaber oft militärische Aufgaben wahrnehmen. Rechnet man zu diesen Zahlen die mehr als eine Million Mann der ebenfalls dem Innenministerium (MVD) unterstellten Polizeieinheiten und die paramilitärischen Sondereinheiten der Polizei (OMON) hinzu, umfassen Streitkräfte, Sondertruppen und Sicherheitskräfte sowie der in diesen militärischen, paramilitärischen und polizeilichen Formationen tätigen »Zivil«-Beschäftigten rund vier Millionen Dienstposten.
- Ein Unteroffizierskorps, das wie in westlichen Staaten zentrale Aufgaben der Ausbildung und der Disziplin in der Truppe wahrnimmt, ist nicht geschaffen worden.

Zustand der Streitkräfte: Die von Kwaschnin 2002 geforderten »außerordentliche Maßnahmen«, um den »kritischen Zustand«, in dem sich die Streitkräfte befänden, zu beseitigen, sind nicht ergriffen worden. Immer noch wird wenig mehr als ein Fünftel der jeweiligen Kohorte von 18-Jährigen zum Wehrdienst einberufen. Die tatsächlich dienenden Wehrpflichtigen stellen weiterhin eine negative Auslese der Gesellschaft dar: Der typische Eingezogene kommt vornehmlich aus Provinzstädten oder ländlichen Gebieten, hat kein Geld, um sich freizukaufen, verfügt über keine

hinreichende Bildung oder Ausbildung und hat noch nie einen Beruf ausgeübt. Viele von ihnen sind alkohol- und drogenabhängig. Zudem kommt
es immer wieder vor, dass die Kreiswehrersatzämter der Truppe untaugli-
che oder nur bedingt taugliche Wehrpflichtige überstellen; infolgedessen
scheiden 15 bis 20% dieser Rekruten während der ersten Dienstmonate
aus gesundheitlichen, psychischen oder anderen Gründen wieder aus dem
Wehrdienst aus.

Mischsystem statt Berufsarmee: Nicht zuletzt, weil der Wehrdienst
höchst unpopulär ist, hat es immer wieder Pläne gegeben, die Wehrpflich-
tigenarmee auf eine Berufsarmee umzustellen. Dies wurde beispielsweise
im Dezember 2001 von Putin mit der Vorgabe verfügt, diese Umstellung
bis 2010 abzuschließen. Ein entsprechendes Pilotprojekt wurde bei der
76. Garde-Luftlandedivision in Pskow durchgeführt, die gesteckten Ziele
konnten aber nicht erreicht werden: Der Generalstab hatte offensichtlich
die Pläne torpediert, weil ihm daran gelegen war, das Mischsystem aus
Wehrpflicht und Zeit- sowie Berufssoldaten beizubehalten. Alle seinen
Vorstellungen entgegenlaufenden Pläne sind gescheitert. So kann es auch
nicht überraschen, dass ein noch zu erarbeitendes neues Konzept für den
Streitkräfteaufbau die Beibehaltung der Wehrpflicht bis 2030 vorsieht.[29]
Im Januar 2008 ist zwar ein Gesetz in Kraft getreten, das die Wehrpflicht
von 24 auf zwölf Monate verkürzt, dieses wirft aber ganz neue Proble-
me auf.

Demografische Probleme: Verkürzt man die Wehrdienstzeit um die
Hälfte und bleibt alles andere unverändert, muss man die Anzahl der ein-
zuziehenden Rekruten pro Jahr verdoppeln. In den vergangenen Jahren
sind bei den Frühjahrs- und Herbsteinberufungen jeweils insgesamt rund
300 000 Wehrpflichtige für zwei Jahre eingezogen worden. Als Übergang
zur einjährigen Wehrpflicht sind zur Frühjahrs- und Herbsteinberufung
2007 Wehrpflichtige nur jeweils für 18 Monate und ab Frühjahr 2008 für
zwölf Monate dienstverpflichtet worden. Ein einfaches Rechenexempel
zeigt: Wenn die im Herbst 2006 (zweijährige Dienstzeit) sowie im Frühjahr 2007 Einberufenen (eineinhalbjährige Dienstzeit) ihre Dienstzeit im
Herbst 2008 beendet haben, müssen die Kreiswehrersatzämter ab diesem
Zeitpunkt im Herbst und Frühjahr jeweils nicht nur lediglich 150 000,
sondern 300 000 Rekruten einziehen, um die Anzahl von rund 600 000
Rekruten in den Streitkräften zu halten. Nach westlichen Berechnungen
wird es allerdings auch dann, wenn sämtliche Rückstellungsgründe gestrichen werden, nicht möglich sein, mehr als ca. 345 000 Wehrpflichtige im

Alter von 18 Jahren jährlich einzuziehen. Aufgrund der negativen demografischen Situation – der schrumpfenden Anzahl von Männern im Wehrdienstalter – stellt sich die voraussichtliche Entwicklung wie in *Tabelle 2* gezeigt dar.

Tab. 2: Pool 18-jähriger Wehrpflichtiger, 2008 – 2011

	18-Jährige (maximal verfügbar)	Einberufungs- quote (25 %)	Maximaler Zuwachs durch Wegfall der Rückstellungs- gründe	Insgesamt
2008	1 021 248	255 312	90 000	345 312
2009	923 319	250 830	90 000	320 830
2010	816 757	204 189	90 000	294 189
2011	708 689	177 172	90 000	267 172

Quelle: Keir Giles, Where Have all the Soldiers Gone? Russia's Military Plans versus Demographic Reality, Defence Academy of the United Kingdom, Conflict Studies Centre, Russian Series, October 2006, S. 3.

Der Generalstab will das Defizit durch Rückgriff auf noch der Wehrpflicht unterliegende ältere Jahrgänge und die Steigerung des Anteils der in den Streitkräften dienenden Zeit- und Berufssoldaten auf über 70 % im Jahre 2010 ausgleichen. Es ist höchst unwahrscheinlich, dass ihm das gelingen wird.

Verteidigungsausgaben: Es ist kaum zu bestreiten, dass unter Putin der Einfluss der »Silowiki« – der Inhaber von Führungspositionen in den militärisch und sicherheitspolitisch wichtigen Ministerien und Ämtern – auf die russische Politik gewachsen ist. Das trifft vor allem auf den Einfluss ehemaliger und aktiver Mitarbeiter der Geheimdienste zu, weit weniger für die Armee. Dies wird unter anderen daran deutlich, dass es in den beiden Amtszeiten Putins kein überproportionales Wachstum der Ausgaben für die »nationale Verteidigung« gegeben hat. Die Analyse der verfügbaren Daten zeigt, dass die Ausgaben in absoluten Zahlen ausgedrückt zwar rapide gewachsen sind, diese sich von 2000 bis einschließlich 2007 mehr als vervierfacht haben, ihr Anteil am Bruttoinlandsprodukt sich aber lediglich in einer Bandbreite von 2,5 – 2,8 % bewegt hat; auch die Verteidigungshaushalte bis 2010 sehen einen Anteil von nur 2,7 %

vor.[31] Vermutlich sind sogar die realen Zuwachsraten übertrieben, denn die Preissteigerungen im militärischen Sektor waren erheblich höher als in der Gesamtwirtschaft.

Addiert man die Budgetansätze für »nationale Verteidigung« (1,06 Billionen Rubel), »andere« Militärausgaben (0,18 Billionen Rubel), die Ausgaben für die »anderen Truppen« (0,28 Billionen Rubel.) sowie weitere als verteidigungs- und sicherheitsrelevant deklarierte (0,04 Billionen Rubel) und versteckte Posten (0,08 Billionen Rubel) für 2009, kommt man lediglich auf eine Gesamtsumme von 1,6 Billionen Rubel oder umgerechnet 35,1 Milliarden Euro zum gegenwärtigen Wechselkurs. Im Vergleich zum Verteidigungsbudget der USA (2008 *National Defense Authorization*: 648 Milliarden US-Dollar) nehmen sich derartige Größenordnungen, auch wenn man sie kaufkraftbereinigt aufstockt, wie die einer europäischen Mittelmacht, nicht einer militärischen Großmacht oder gar »Supermacht« aus.

Militärische Intervention und Machtprojektion: Die oben zitierten Pläne der Marineführung, die russische Kriegsflotte in den nächsten 20 Jahren mit bis zu sechs Flugzeugträger mit dazugehörenden Begleitschiffen auszurüsten, die Vorstellung der Luftwaffe, »in jedem Winkel dieser Welt präsent zu sein« und Putins Forderung, die militärischen Positionen Russlands »auf Kuba und in anderen Ländern wiederherzustellen«, entbehren jeglichen Realitätsgehalts. Auch bei anhaltend hohen Öl- und Gaspreisen übersteigen die dafür notwendigen Ressourcen die Möglichkeiten der europäischen Mittelmacht Russland. Sollten die »Silowiki«, ihrem bisherigen Verhalten und ihren Interessen entgegen, tatsächlich militärische Aufrüstung zu einem zentralen Anliegen ihrer Politik machen und weit mehr als die bisher vorgesehen Mittel für die Rüstung aufwenden, könnte sich die Geschichte wiederholen und Russland, wie vorher die Sowjetunion, an der verschärften Rüstungskonkurrenz mit dem Westen zerbrechen. Zu schließen ist: Der politische Demonstrationseffekt steht im Vordergrund der Erklärungen über die Wiederherstellung globaler militärischer Präsenz und des Anspruchs, Großmacht, sogar Weltmacht zu sein, die bei jeder Frage »ebenbürtig« und »auf gleicher Augenhöhe« mit den USA, der NATO und der EU einbezogen werden müsse.

Davon scharf zu trennen sind allerdings die russische Politik und die Anwendung von Gewalt im postsowjetischen Raum. Der massive Einsatz der russischen Militärmacht im August 2008 in Südossetien, in Abchasien und im Kernland Georgiens kann als Indiz dafür gewertet werden, dass Russland den postsowjetischen Raum als seine Einflusssphäre betrachtet, aus dem es den Westen – USA, NATO und EU – so weit wie möglich heraushalten will. Der Charakter dieser Politik ist eher der einer imperialen Macht, die an einem *status quo* unter für sie politisch nachteiligen Bedingungen festhalten will. Die Intervention in Georgien war kein Beweis dafür, dass Moskau zu einer offensiven Politik der Wiedereingliederung von Teilen des postsowjetischen Raums über Südossetien und Abchasien hinaus, geschweige denn der Wiederherstellung der Sowjetunion zurückgekehrt ist.

Die erfolgreiche und im Wesentlichen reibungslose militärische Intervention ist auch kein Gegenbeweis gegen die hier vertretene These, dass es keine nennenswerte Strukturveränderungen bei den russischen Streitkräften und den »anderen« Truppen gegeben hat, und kein Beweis, dass Verteidigungsminister Iwanow unrecht hatte, als er 2007 apodiktisch feststellte: »In der Armee gibt es keine Reformen.«[31] Die im Militärbezirk Nordkaukasus stationierte und in Georgien eingesetzte 58. Armee war nicht zuletzt nach den oben erwähnten Militärmanövern im Nordkaukasus gut auf die Intervention vorbereitet. Struktur und operative Einsatzgrundsätze – Luftangriffe und Artilleriefeuer, gefolgt vom Vorrücken der Bodentruppen – entsprachen traditionellen sowjetischen Mustern. In großem Ausmaß Bodentruppen zu bewegen, wäre nur dann nicht notwendig gewesen, wenn die russische Luftwaffe die Fähigkeit besessen hätte, Raketen und Marschflugkörper bei zielgenauer Aufklärung in Echtzeit einzusetzen. Solange es sich bei einem Gegner um schwache Staaten im postsowjetischen Raum handelt und NATO-Truppen einer russischen Intervention keinen Widerstand entgegensetzen, wird auch in Zukunft der militärische Erfolg nicht ausbleiben. Ein Beweis, dafür, dass die russischen Streitkräfte NATO-Standards erreicht haben, war die Intervention in Georgien aber nicht.

3   Fazit

Die von Putin aufgestellte Behauptung, im russischen Militärwesen seien dramatische Fortschritte gemacht und grundsätzlich neue Streitkräfte mit rationalen Strukturen, moderner Bewaffnung sowie verbesserter Einsatzfähigkeit und Kampfmoral geschaffen worden, entspricht nicht der Wirklichkeit. Die Erholung der russischen Wirtschaft unter Putin bewirkte zwar einige Verbesserungen im Militärhaushalt des Landes. Auch sind einige neue Waffensysteme in die Streitkräfte eingeführt worden, allerdings in verschwindend geringer Anzahl. Bisher ist jedoch keine grundsätzliche Veränderung bewirkt worden. Eine an Effizienzkriterien bemessene Militärreform ist nicht vorangekommen. Das betrifft Kernbereiche wie die nach wie vor notwendige umfangreiche Reduzierung der Streitkräfte und Sondertruppen sowie der ihnen zugeordneten Zivilbeschäftigten, die Einführung einer Berufsarmee, den Aufbau von mobilen und flexiblen Einsatzkräften und die Ausstattung der Streitkräfte mit Präzisionswaffen.

Westliche Wahrnehmungen, dass der Einfluss der »Silowiki« auf die Politik in der Ära Putin gewachsen sei, mögen zutreffen. Unzutreffend ist allerdings die davon abgeleitete Vorstellung, diese Gruppierung sei mehr oder weniger homogen, ihre Mitglieder stimmten in ihren Zielen überein, träten geschlossen auf und hätten – wie an der nominellen Steigerung der Militärausgaben unter Putin abzulesen – erfolgreich den Vorrang militärischer Belange in Politik, Wirtschaft und Gesellschaft durchgesetzt. Der analytische Fehler besteht nicht nur darin, dass, wie oben dargestellt, die Verteidigungsausgaben nicht überproportional zum Wirtschaftswachstum gestiegen sind, sondern auch darin, dass ehemalige und aktive Geheimdienstler mit den Militärs in einen Topf geworfen werden. Die mangelnde Trennung der Akteure verwischt die Tatsache, dass die Militärs zwar immer wieder in der Lage waren, Reformen zu bremsen oder ganz zu blockieren, aber nicht, größeren Einfluss auf die Politik zu nehmen.

Die von der politischen und militärischen Führung gepflegte martialische Rhetorik sowie das von ihr bis zum Herbst 2008 gezeigte Selbstbewusstsein beweisen nicht, dass sie dazu neigt, in der Außenpolitik insgesamt wieder stärker militärische Instrumente anzuwenden. Für die Beziehungen Moskaus zu den kleineren Nachbarstaaten, die nicht Mitglied in der NATO sind, wie die Ukraine, Georgien oder die Moldowa, mag das vielleicht zutreffen, nicht aber für das Verhältnis zu den USA und der NATO. Gegenüber diesen Akteuren lässt sich das Säbelrasseln eher als Überspielen einer weiter bestehenden und in einigen Bereichen sich noch verschärfenden militärischen Schwäche deuten.

Zudem hat die globale Finanz- und Wirtschaftskrise die Sinne der russischen Führung für die Wirklichkeit geschärft. Noch im September 2008 gab die politische Führung die Devise aus, diese Krise sei ein Problem der westlichen Volkswirtschaften, Russland sei nur am Rande betroffen, es sei eine »Insel der Stabilität«. Dementsprechend kündigte Putin noch Mitte September 2008 an, dass für Zwecke der nationalen Verteidigung und Sicherheit für das Jahr 2009 fast 2,4 Billionen Rubel, umgerechnet 53,8 Milliarden Euro, zugewiesen würden, was einen Zuwachs von ungefähr 27% bedeute. Mitte Februar 2009 gab allerdings Verteidigungs-minister Serdjukow bekannt, die geplanten Verteidigungsausgaben wür-den um 15% gekürzt.

Vermutlich wird die Finanz- und Wirtschaftskrise Serdjukow auch in seiner Absicht bestärken, endlich mit einer Militärreform, die den Na-men verdient, ernst zu machen. Nach seinen im Oktober 2008 bekannt gewordenen Plänen sollen die 10 000 bis 12 000 Mann starken Divisionen aufgelöst und durch beweglichere Brigaden ersetzt, die aufgeblähten Per-sonalstrukturen auf den höheren Ebenen getrimmt, die chronische Un-terbesetzung der Streitkräfte auf der mittleren Ebene beseitigt und ein professionelles Unteroffizierskorps aufgebaut werden. Es hat ganz den An-schein, als würde sich das Verteidigungsministerium dieses Mal gegen die Widerstände des Generalstabs und der Generalität durchsetzen. Der Pro-zess der Anpassung des russischen Militärwesens an Herausforderungen des 21. Jahrhunderts würde dadurch zum ersten Mal seit der Auflösung der Sowjetunion glaubhaft in Angriff genommen.

Anmerkungen

1 Putin in seiner Eröffnungsrede auf der Sitzung des nationalen Sicherheitsrats vom 11.8.2000; Strategija voennogo stroitel'stva – obščenacional'naja problema. Vystuplenie na otkrytii zasedanija Sovieta bezopasnosti RF, in: Krasnaja zvezda, 18.8.2000.

2 Putin in seiner Jahresbotschaft (poslanie) vor der der Föderalen Versammlung am 10.5.2006, http://www.kremlin.ru/appears/2006/05/10/1357_type63372 type63374type82634_105546.shtml (Zugriff am 24.7.2008).

3 Laut Verfassung schlägt der russische Präsident den Premierminister vor, die Duma muss den Kandidaten bestätigen und der Präsident ernennt ihn. Die Minister wer-den auf Vorschlag des Premierministers vom Präsidenten ernannt. Der Präsident entlässt Premier und Minister, die ein Rücktrittsgesuch stellen müssen. In der Ver-fassungswirklichkeit wird ihnen allerdings vom Präsidenten bei Bedarf nahegelegt, ein entsprechendes Gesuch einzureichen.

4 Generalstabschef Kwaschnin am 30.5.2002, einen Tag vor einer Sitzung des natio-nalen Sicherheitsrats, die sich mit Fragen der militärischen Entwicklung bis zum Jahre 2010 befasste; Rossijskaja armija nachoditsja v kritičeskom sostojanii, in: Ito-gi, 31.5.2002.

5 Putin in seiner Jahresbotschaft (poslanie) vor der der Föderalen Versammlung am 10.5.2006, http://www.kremlin.ru/appears/2006/05/10/1357_type63372-type63374type82634_105546.shtml, (Zugriff am 24.7.2008).

6 MIRV – Multiple independently targetable reentry vehicle.

7 Die ersten Male anlässlich strategischer Manöver im Februar 2004, Zajavlenie Prezidenta Rossii Vladimira Putina na press-konferencii v Plesecke, http://www.fednews.ru/ (Zugriff am 24.11.2008) ; ähnlich Putins Bemerkungen auf einer Tagung der Militärführung am 17.11.2004, Zaklučitel'noe slovo na soveščanii rukovodjaščego sostava Vooružennych Sil Rossii, http://www.kremlin.ru/sdocs/appears.shtml?day =17&month=11&year=2004&value_from=&value_to=&date=&stype=&dayRequ ired=no&day_enable=true&Submit.x=4&Submit.y=3 (Zugriff am 29.4.2009).

8 Rede Präsident Putins und darauf folgende Diskussion am 10.2.2007, http://www.kremlin.ru/appears/2007/02/10/1737_type63374type63376type63377-type63381type82634_118109.shtml (Zugriff am 24.7.2008).

9 Voennaja reforma [sic] ob''javlena bessročnoj. Voenačal'niki obsudili konceptciju i osnovnoe soderžanie voennoj doktriny, in: Nezavisimoe voennoe obozrenie, 26.01.2007 (Zugriff am 25.6.2008).

10 Interfax (russ.), 4. und 5.4.2008; desgl. auf der Webseite des Präsidenten, http://www.kremlin.ru/sdocs/appears4.shtml?day=4&month=04&year=2008&value_from=&value_to=&date=&stype=63380&dayRequired=no&day_ena-ble=true&Submit.x=1&Submit.y=3 (Zugriff am 24.7.2008). Artikel 5 des NATO-Vertrags beinhaltet die Beistandsverpflichtung seiner Mitglieder.

11 Stephen Blank: »Russia versus NATO in the CIS«, Radio Free Europe, 14.5.2008, http://www.rferl.org/featuresarticle/2008/5/D4A03AED-2E1F-408C-933C-AC2EF352ED63.html (Zugriff am 25.7.2008).

12 Russia's President Medvedev Says NATO Expansion Will Undermine Russia's Relations with West, in: International Herald Tribune, 5.6.2008, http://www.iht.com/articles/ap/2008/06/05/news/Germany-Russia-NATO.phpm (Zugriff am 30.10.2008).

13 Medvedev Warns against NATO Entry, BBC Online, 6.6.2008, http://news.bbc.co.uk/2/hi/europe/7439941.stm (Zugriff am 30.10.2008).

14 Die Flankenregionen umfassen die russischen Militärbezirke Nord (früher Leningrad) und Nordkaukasus sowie ein Gebiet im Südwesten der Ukraine. Russland hatte sich im Zusammenhang mit seinem Krieg in Tschetschenien schon einmal über die seiner Auffassung nach diskriminierenden Regelungen beklagt. Im Mai 1996 einigten sich die Vertragsstaaten darauf, die Flankenregelungen zugunsten Russlands zu verändern.

15 Auf der Münchener Sicherheitskonferenz vom Februar 2007.

16 Rossija ukrepit cvoj flot avianosnymi gruppami, in: RosBiznesKonsalting vom 27.7.2008.

17 Aleksandr Majorov: Na Kubu mogut vernut'sja rossijskie voennye samolëty, in: Izvestija (online), 21.7.2008.

18 V. Putin prizval vosstanavit' pozicii Rossii v Kube, in: RosBiznesKonsalting vom 4.8.2008, http://top.rbc.ru/politics/04/08/2008/214034.shtml (Zugriff am 30.10.2008).

19 Erklärung des russischen Außenministeriums vom 10.7.2008, http://www.mid.ru/brp_4.nsf/sps/CCF2BD3D05F81BB1C325748200449D3D.

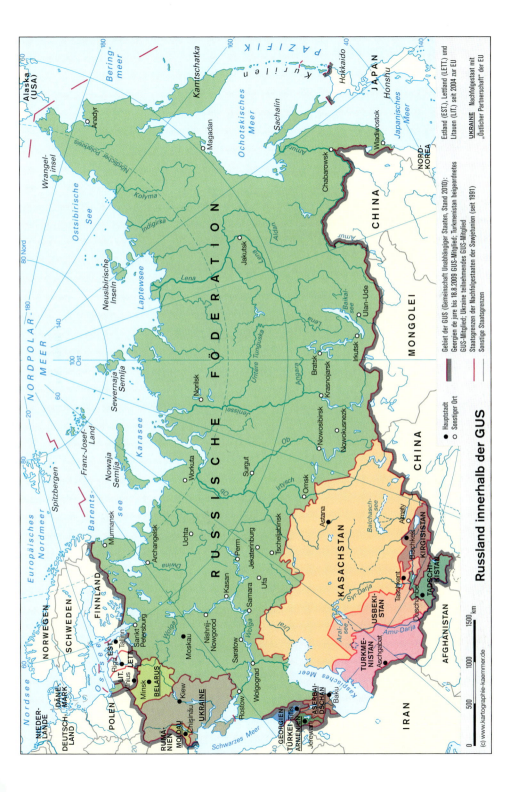

Russland innerhalb der GUS

Estland (EST), Lettland (LETT) und
Litauen (LIT), seit 2004 zur EU

UKRAINE   Nachfolgestaat mit
„östlicher Partnerschaft" der EU

Gebiet der GUS (Gemeinschaft Unabhängiger Staaten, Stand 2010):
Georgien de jure bis 18.8.2009 GUS-Mitglied; Turkmenistan beigeordnetes
GUS-Mitglied; Ukraine teilnehmendes GUS-Mitglied

Staatsgrenzen der Nachfolgestaaten der Sowjetunion (seit 1991)

Sonstige Staatsgrenzen

● Hauptstadt   ○ Sonstiger Ort

0   500   1000   1500 Km

(c) www.kartographie-kaemmer.de

Russland - Physische Übersicht, Grenzen, Verkehr

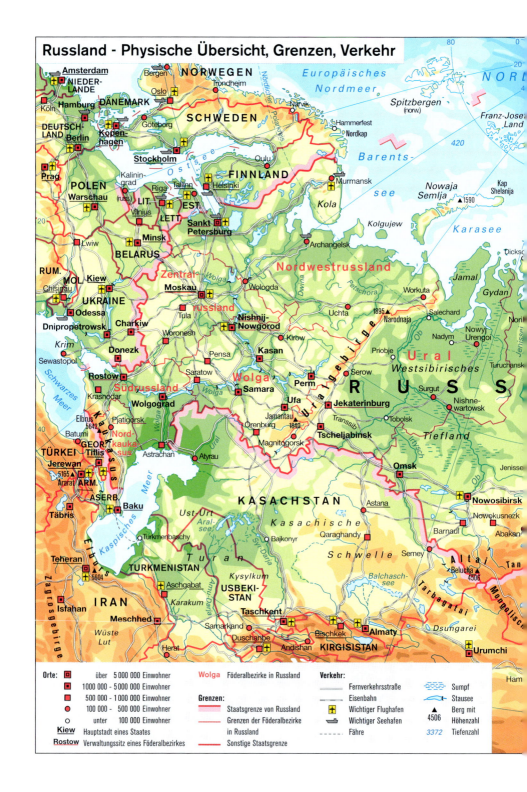

Amsterdam
NIEDER-
LANDE
Köln
Hamburg
DÄNEMARK
DEUTSCH-
LAND
Berlin
Kopen-
hagen
Prag
POLEN
Warschau
LIT.
Vilnius
LETT
Minsk
BELARUS
Lwiw
RUM.
MOL.
Kiew
Chisinau
UKRAINE
Odessa
Dnipropetrowsk
Charkiw
Krim
Sewastopol
Donezk
Rostow
Südrussland
Krasnodar
Wolgograd
Schwarzes
Meer
Elbrus
5642
Pjatigorsk
Batumi
Nord-
kauka-
sus
TÜRKEI
Tiflis
GEOR-
Jerewan
5165
Ararat ARM.
ASERB.
Baku
Täbris
TURKMENISTAN
Teheran
Aschgabat
IRAN
Isfahan
Meschhed
Wüste
Lut
Herat

Bergen
NORWEGEN
Oslo
Trondheim
SCHWEDEN
Narvik
Göteborg
Kopen-
Stockholm
Kalinin-
grad
(russ.)
Riga
Tallinn
EST.
Helsinki
FINNLAND
Sankt
Petersburg
Zentral
Wolga
Moskau
Wologda
Russland
Tula
Nishnij-
Nowgorod
Woronesh
Kirow
Pensa
Kasan
Wolga
Saratow
Samara
Perm
Ufa
Jamantau
Orenburg
1640
Jekaterinburg
Transsib
Tobolsk
Tscheljabinsk
Magnitogorsk
Astrachan
Atyrau
Kaspisches
Meer
KASACHSTAN
Astana
Ust-Urt
Aral-
see
Bajkonyr
Kasachische
Qaraghandy
Turkmenbaschy
Turan
Kysylkum
USBEKI-
STAN
Karakum
Taschkent
Samarkand
Duschanbe
Andishan
Bischkek
KIRGISISTAN
Almaty
Schwelle
Semey

Nördlicher
Polarkreis
Europäisches
Nordmeer
NORD
Spitzbergen
(norw.)
Franz-Josef-
Land
Hammerfest
Nordkap
Barents-
420
Murmansk
see
Nowaja
Semlja
1590
Kap
Shelanija
Kola
Kolgujew
Karasee
Archangelsk
Dwina
Petschora
Jamal
Gydan
Dicks
Nordwestrussland
Workuta
Uchta
1895
Narodnaja
Salechard
Nowyj
Urengoi
Nori
Ob
Priobje
Nadym
Ural
Westsibirisches
Serow
R U S S
Surgut
Nishne-
wartowsk
Turuchansk
Jenissei
Uralgebirge
Tiefland
Irtysch
Omsk
Jenisse
Ob
Nowosibirsk
Nowokusnezk
Barnaul
Abakan
Altai
Tan
Beluicha
4506
Tarbagatai
Mongolisc
Dsungarei
Urumchi
Ham
Balchasch-
see

Legende

Orte:		
▣	über 5 000 000 Einwohner	
▪	1000 000 - 5 000 000 Einwohner	
▪	500 000 - 1 000 000 Einwohner	
●	100 000 - 500 000 Einwohner	
○	unter 100 000 Einwohner	

Kiew Hauptstadt eines Staates
Rostow Verwaltungssitz eines Föderalbezirkes

Wolga Föderalbezirke in Russland

Grenzen:
Staatsgrenze von Russland
Grenzen der Föderalbezirke
in Russland
Sonstige Staatsgrenze

Verkehr:
Fernverkehrsstraße
Eisenbahn
✛ Wichtiger Flughafen
⛴ Wichtiger Seehafen
Fähre

≈≈ Sumpf
Stausee
▲ Berg mit
4506 Höhenzahl
3372 Tiefenzahl

Russland - Administrative Gliederung

NIEDER-
LANDE
Nordsee
NORWEGEN
Europäisches
Nordmeer
N O R
Spitzbergen
(norw.)

DÄNE-
MARK
SCHWEDEN
Franz-Jos
Land

DEUTSCH-
LAND

Kalinin-
grad
(russ.)
POLEN
LETT-
LAND
EST-
LAND
LITAUEN
Sankt
Petersburg
Pskow
Lenin-
grad
FINNLAND
Karelien
Petrosawodsk
Murmansk
Barents-
see
Kolgujew
Nowaja
Semlja
Kara see

BELARUS
Nowgorod
Smolensk
Twer
Archangelsk
Nordwestrussland
Narjan-Mar
Nenzen

RUMÄNIEN
MOLDAU
Brjansk
Zentral-
russland
Wologda
Dwina
Petschora
Komi

UKRAINE
Kaluga
Moskau
Kostroma
Kursk
Orjol
Tula
Wladimir
Iwanowo
Syktywkar
Salechard

Belgorod
Lipezk
Rjasan
Nishnij-
Nowgorod
Kirow
Wjatka
Jamal-Nenzen

Woronesh
Tambow
Pensa
Mordwinien
Saransk
Tscheboksary
Mari El
Joschkar-Ola
Udmurtien
Ischewsk
Chanten
Ural

Simbirsk
Kasan
Tatar-
stan
Perm
Chanty
Mansijsk
und Mansen

Krasnodar
Rostow
Saratow
Uljanowsk
Südrussland
Wolga
Samara
Ufa
Swerdlowsk
Jekaterinburg

Adygeja
Maikop
Stawropol
Wolgograd
Basch-
kortostan
Tscheljabinsk
Tjumen
Sib

Pjatigorsk
Elista
Kalmückien
Orenburg
Kurgan
Astrachan

GEOR-
GIEN
Nord-
kauka-
sus
Omsk

TÜRKEI
ARMENIEN
Dagestan
Machatschkala
Tomsk

ASERBAI-
DSCHAN
Nowosibirsk
Kemerowo

IRAN
Aral-
see
KASACHSTAN
Barnaul
Altai
Abakan
Chakass

TURKMENISTAN
USBEKI-
STAN
Syr-Darja
Balchasch-
see
Gorno-
Altaisk
Altai

Kaspisches Meer
Schwarzes Meer

0   500   1000   1500   2000 km

Föderalstruktur

▭	8 Föderalbezirke

83 Föderationssubjekte

▮	21 autonome Republiken
▮	1 autonomes Gebiet
▮	4 autonome Kreise (Okrug)
▮	9 Regionen (Krai)
▮	46 Gebiete (Oblast)
▮	2 Städte mit föderalem Rang

(c) www.kartographie-kaemmer.de

Wolga Föderalbezirke
Sacha Autonome Einheiten
Amur Nichtautonome Einheiten, abweichend
vom Namen des Hauptortes

Grenzen

— Staatsgrenze von Russland
— Grenzen der Föderalbezirke
— Grenzen der autonomen Einheiten
— Grenzen der nichtautonomen Einheiten
— Sonstige Staatsgrenze

Orte

Moskau Hauptstadt der Russischen Föderation
Rostow Verwaltungssitz eines Föderalbezirkes
Kasan Hauptstadt einer autonomen Republik
Perm Hauptort der sonstigen Einheiten

① Karatschai-Tscherkessien, Tscherkessk
② Kabardino-Balkarien, Naltschik
③ Nordossetien, Wladikawkas
④ Inguschetien, Magas
⑤ Tschetschenien, Grosny

Abkürzungen in Tabell

Rep. = Autonome Rep
Geb. = Gebiet
AK = Autonomer Kre

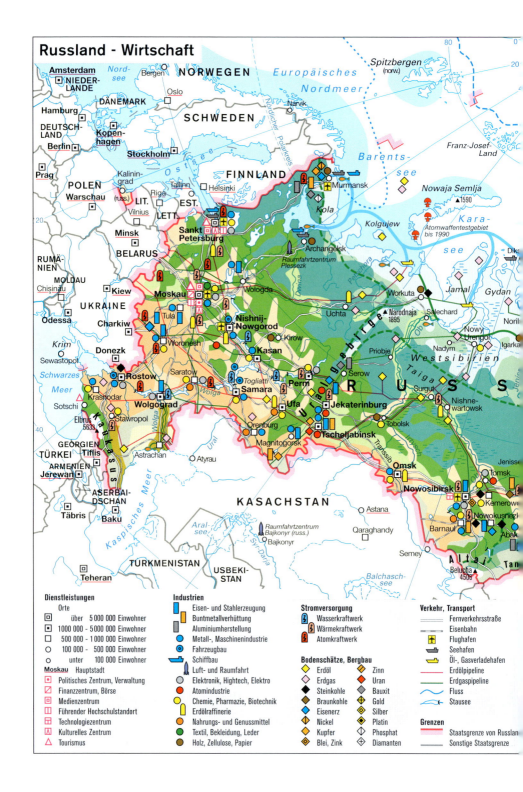

Russland - Wirtschaft

Dienstleistungen

Orte

◉	über 5 000 000 Einwohner
◙	1 000 000 - 5 000 000 Einwohner
☐	500 000 - 1 000 000 Einwohner
○	100 000 - 500 000 Einwohner
○	unter 100 000 Einwohner

Moskau Hauptstadt

- ⊡ Politisches Zentrum, Verwaltung
- ⊠ Finanzzentrum, Börse
- ⊞ Medienzentrum
- ⊟ Führender Hochschulstandort
- ⊞ Technologiezentrum
- ⊠ Kulturelles Zentrum
- △ Tourismus

Industrien

- ▮ Eisen- und Stahlerzeugung
- ▮ Buntmetallverhüttung
- ▮ Aluminiumherstellung
- ● Metall-, Maschinenindustrie
- ◉ Fahrzeugbau
- ⚓ Schiffbau
- 🚀 Luft- und Raumfahrt
- ● Elektronik, Hightech, Elektro
- ● Atomindustrie
- ● Chemie, Pharmazie, Biotechnik
- ● Erdölraffinerie
- ● Nahrungs- und Genussmittel
- ● Textil, Bekleidung, Leder
- ● Holz, Zellulose, Papier

Stromversorgung

- ⚡ Wasserkraftwerk
- ⚡ Wärmekraftwerk
- ⚡ Atomkraftwerk

Bodenschätze, Bergbau

◇	Erdöl	◇	Zinn
◇	Erdgas	◆	Uran
◆	Steinkohle	◈	Bauxit
◆	Braunkohle	✚	Gold
◆	Eisenerz	◈	Silber
◇	Nickel	◈	Platin
◇	Kupfer	◇	Phosphat
◈	Blei, Zink	✛	Diamanten

Verkehr, Transport

- Fernverkehrsstraße
- Eisenbahn
- ✈ Flughafen
- ⛴ Seehafen
- Öl-, Gasverladehafen
- Erdölpipeline
- Erdgaspipeline
- Fluss
- Stausee

Grenzen

- Staatsgrenze von Russland
- Sonstige Staatsgrenze

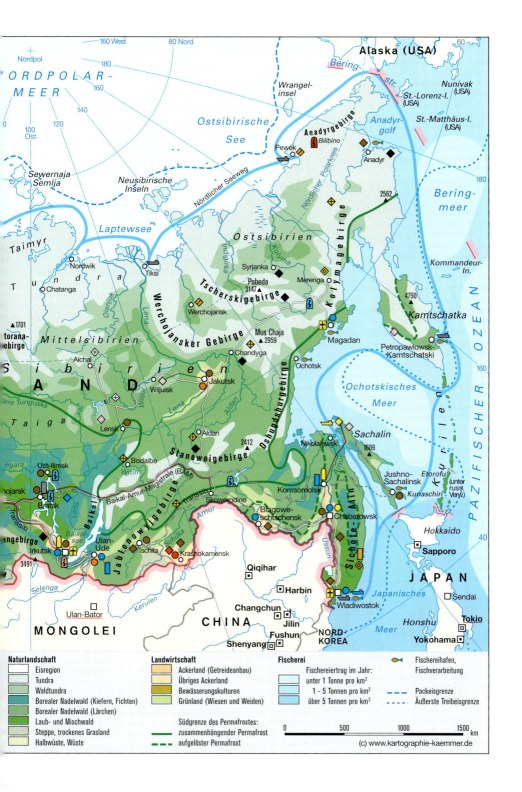

NORDPOL
160 West   80 Nord   Alaska (USA)

NORDPOLAR-MEER
180   *Bering-str.*
160   Wrangel-insel   60
140   St.-Lorenz-I. (USA)   Nunivak (USA)
120   St.-Matthäus-I. (USA)
100 Ost   *Ostsibirische See*   *Anadyr-golf*
0   Anadyrgebirge   Bilibino
Sewernaja Semlja   Pewek   Anadyr

Neusibirische Inseln   *Nördlicher Seeweg*
Laptewsee   *Ostsibirien*   **Bering-meer**
180

Taimyr   2562
Tundra   Nordwik   Tiksi   Syrjanka   Merenga   4750
Chatanga   Tscherskigebirge   Pobeda 3147   Kommandeur-In.
▲1701   Werchojansk   **Kamtschatka**
torana-ebirge   **Mittelsibirien**   Mus Chaja ▲2959   Magadan
Kolymagebirge   Petropawlowsk-Kamtschatski
SIBIRIEN   Aichal   Chandyga   Ochotsk
Wiljuisk   Jakutsk   *Ochotskisches Meer*
Taiga   160
ere Tunguska   Lensk   Aldan   2412
Stanowoigebirge   Sachalin
Bodaibo   Nikolajewsk   1609
Ust-Ilimsk   Baikal-Amur-Magistrale (BAM)   Komsomolsk   Jushno-Sachalinsk   Etorofu (unter russ. Verw.)
Skoworodino   Kunaschiri
nojarsk   Bratsk   Blagowe-schtschensk   Chabarowsk   *Hokkaido*
Baikalsee   Ulan-Ude   Komsomolsk
ngebirge   Irkutsk   Tschita   Krasnokamensk   Sapporo
3491   *Selenga*   *Schilka*   *Amur*   *Ussuri*   **JAPAN**
Qiqihar   Sichote-Alin   Wladiwostok   Sendai
Kerulen   Harbin   *Japanisches Meer*
Ulan-Bator   Changchun   NORD KOREA   *Honshu*   **Tokio**
MONGOLEI   **CHINA**   Jilin   Yokohama
Fushun   Wladiwostok
Shenyang

PAZIFISCHER OZEAN

Naturlandschaft

	Eisregion
	Tundra
	Waldtundra
	Borealer Nadelwald (Kiefern, Fichten)
	Borealer Nadelwald (Lärchen)
	Laub- und Mischwald
	Steppe, trockenes Grasland
	Halbwüste, Wüste

Landwirtschaft

	Ackerland (Getreideanbau)
	Übriges Ackerland
	Bewässerungskulturen
	Grünland (Wiesen und Weiden)

Südgrenze des Permafrostes:
zusammenhängender Permafrost
aufgelöster Permafrost

Fischerei

Fischereiertrag im Jahr:

	unter 1 Tonne pro km²
	1 - 5 Tonnen pro km²
	über 5 Tonnen pro km²

Fischereihafen, Fischverarbeitung

- - - Packeisgrenze
····· Äußerste Treibeisgrenze

0   500   1000   1500 km

(c) www.kartographie-kaemmer.de

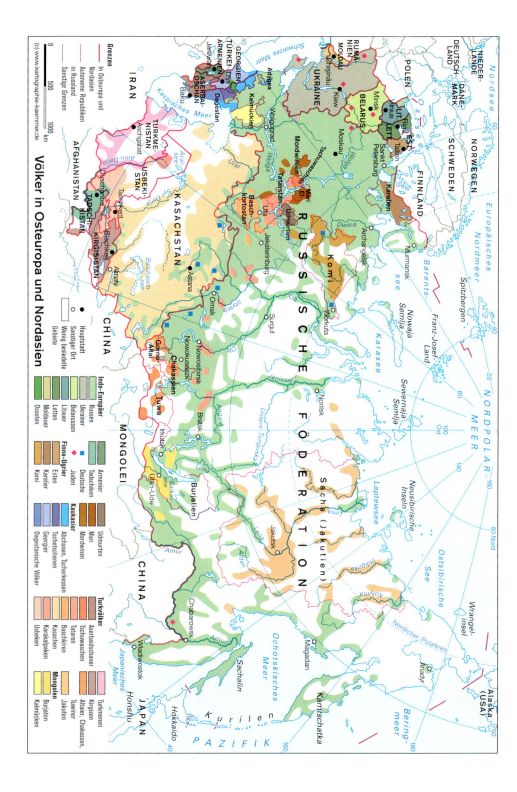

Völker in Osteuropa und Nordasien

Grenzen

In Osteuropa und Nordasien
Autonome Republiken in Russland
Sonstige Grenzen

0   500   1000 km

● Hauptstadt
○ Sonstiger Ort
Wenig besiedelte Gebiete

Indo-Europäer

Russen
Ukrainer
Belarussen
Litauer
Letten
Moldauer
Ossuen

Armenier
Tadschiken

Finno-Ugrier
Esten
Karelier
Komi

♦ Juden

Kaukasier

Abchasen, Tscherkessen
Tschetschenen
Georgier
Dagestanische Völker

Udmurten
Mari
Mordwinen

Turkvölker

Aserbaidschaner
Tschuwaschen
Tataren
Baschkiren
Kasachen
Karakalpaken
Usbeken

Turkmenen
Kirgisen
Altaier, Chakassen,
Tuwiner
Jakuten

Mongolen
Burjaten
Kalmücken

20 So der Sprecher des Oberkommandos der Landstreitkräfte, Igor' Konašenkov, in ITAR-TASS (russ.) vom 15.7.2008.

21 So Boris Nemcov (Erster stellvertretender Premierminister, 1997–1998) und Vladimir Milov (Stellvertretender Energieminister, 2002) in ihrer Studie, Putin – The Bottom Line. An Independent Expert Report, http://www.docstoc.com/docs/520723/nemtsov-bookform, erschienen am 25.7.2008 (Zugriff am 30.10.2008).

22 Viktor Korotčenko in der »Panorama«-Sendung von Radio Majak (Moskau) am 8.7.2007. Korotčenko ist Herausgeber der Zeitschrift Voenno-promyšlennyj kur'er.

23 Institut für nationale Strategie, Itogi s Vladimirom Putinom: krizis i razloženie rossijskoj armii, Moskau, November 2007, S. 32.

24 Keir A Lieber/Daryl G. Press: Nuclear Weapons and Russian Foreign Policy: The Rise of U.S. Nuclear Primacy, in: Foreign Affairs, März/April 2006, http://www.foreignaffairs.com/articles/61508/keir-a-lieber-and-daryl-g-press/the-rise-of-us-nuclear-primacy (Zugriff am 25.7.2008).

25 Maslyukov Calls for Russian Nuclear Rearming, in: Jamestown Foundation Monitor: A Daily Briefing on the Post-Soviet States, 7.10.1998.

26 Interfax (russ.), 1.8.2007.

27 Jahresbotschaft (Anm. 5), 10.5.2006.

28 Oleg Odnokolenko: Desant generala Špaka. V Rossii možet pojavitsja mobil'naja 200-tysjačnaja professional'naja armija, sposobnaja stat' al'ternativnoj nynešnoj polutora-millionnoj, in: Itogi, 2.7.2002.

29 Russia's Army to Rely on Nanotechnology, Draftees till 2030, in: Kommersant', 1.8.2008, http://www.kommersant.com/p-12956/Draft_concept_army/ (Zugriff am 30.10.2008).

30 Julian Cooper: Military Expenditure in the Three-Year Federal Budget of the Russian Federation, 2008–10, University of Birmingham: Centre for Russian and East European Studies (research Working Paper), October 2007, S. 15.

31 Iwanow am 7.2.2007, zit. bei Roger Dermott, Russian Military »Modernizing, Not Reforming – Ivanov«, Eurasia Daily Monitor, 14.2.2007, http://www.jamestown.org/edm/article.php?article_id=2371909 (Zugriff am 25.7.2008). Weiter sagte er: »Fällt der Begriff ›Reform‹, fangen die Leute an zu zittern und zu schlottern.« Lediglich Modernisierungsvorhaben würden in den Streitkräften durchgeführt.

IV. Wirtschaft

Pekka Sutela

Die russische Wirtschaft von 1992 bis 2008 – Entwicklungen und Herausforderungen[1]

In der Sowjetunion fanden nach 1991 drei wesentliche Veränderungen statt: Der sowjetische Staat löste sich auf und Russland trat als sein Haupterbe auf. Das kommunistische Einparteiensystem wurde abgeschafft und ein politisches System eingeführt, das, wenn auch mit gewissen autoritären Tendenzen, grundlegende formale Kriterien einer Demokratie erfüllte. Und drittens entstand, in einem Land, das sechs Jahrzehnte lang zentralistisch geführt worden war, eine spezifische Form von Marktwirtschaft.

1   Die zentral gelenkte Wirtschaft der Sowjetunion

Die sowjetische Wirtschaft befand sich zu Beginn der 1980er Jahre organisatorisch in einem Zustand, der dem der 1930er Jahre sehr ähnlich war: Der größte Teil der Produktionsanlagen und alle natürlichen Ressourcen gehörten dem Staat, die Betriebe waren branchenspezifischen Ministerien untergeordnet. Diese Ministerien agierten als Eigentümer der Wirtschaft, tatsächlich aber unterstanden sie dem Planungsapparat und letztlich auch der Führung der Kommunistischen Partei. Die Wirtschaftspläne sollten kohärent, solide und angemessen sein, in Wirklichkeit aber waren sie häufig lückenhaft, nicht stimmig und allzu oft auch unerfüllbar. Es sollte eine Kommandowirtschaft, also eine strikte, auf Vorgaben und Anweisungen basierende hierarchische Disziplin herrschen. In Wirklichkeit aber gab es ein erstaunlich starkes Element der Verhandelbarkeit, und informelle Kontakte zwischen den Leitern der verschiedenen Betriebe waren sehr wichtig.
Der allgemeine Wirtschaftsplan wurde für fünf Jahre festgelegt. Sein wichtigster Bestandteil war das Investitionsprogramm, während andere Elemente des Fünfjahresplans oft eher Propagandazwecken dienten. In der Praxis wurden die Fünfjahrespläne durch jährliche Regelungen modifiziert, die ihrerseits im Laufe des jeweiligen Jahres verändert werden konnten. Betriebe und Arbeitnehmer wurden vor allem in den 1930er Jahren unter Anwendung von Gewalt dazu gezwungen, die Pläne zu erfüllen oder überzuerfüllen. Später wurden jedoch zunehmend ideelle und teilweise auch materielle Anreize zur Erfüllung der Planziele eingesetzt. Be-

sonders verbreitet waren dabei zum einen Auszeichnungen, etwa als »Held der Arbeit« und zum anderen Gehaltszulagen oder Bonussysteme.

Hauptzweck war es, das geplante mengenmäßige (und nicht etwa ein über den Geldwert oder die Qualität definiertes) Produktionsvolumen zu erreichen, weshalb andere Planziele, die die Produktionskosten und die Produktqualität betrafen, häufig vernachlässigt wurden. Betriebe, Arbeiter und Ministerien hatten damit ein gemeinsames Ziel – die Steigerung des Produktionsvolumens. Dadurch entstanden patriarchalische Beziehungen zwischen den verschiedenen Ebenen der Wirtschaftshierarchie. Die Betriebe arbeiteten dabei unter so genannten weichen Budgetbeschränkungen, d. h. Verluste aufgrund hoher Produktionskosten führten nicht zum Bankrott des Unternehmens, sondern wurden im Rahmen der staatlichen Planwirtschaft aufgefangen. Die Betriebe verließen sich dementsprechend darauf, dass die Wirtschaftsplaner ihre Verluste kompensieren würden, und hatten keinen Anlass, die Produktionskosten zu senken.

Als Ergebnis dieser Konzentration auf Wachstum wurden bestimmte Erzeugnisse und Aktivitäten für wichtiger befunden als andere. Höchste Priorität hatten Investitionen in Produktionsanlagen, in Kombination mit einer extensiven Ausbeutung der natürlichen Ressourcen, die in der Sowjetunion für unerschöpflich gehalten wurden. Von noch größerer Wichtigkeit für die Wirtschaftsplaner war nur die Aufrüstung im Kontext des Kalten Krieges.

Allerdings waren die ökonomischen Prioritäten nur so lange umsetzbar, wie die Struktur der sowjetischen Wirtschaft noch einfach war und komplexe Produktionsprozesse und Hochtechnologien noch keine Rolle spielten. Lange Zeit schien zudem angesichts der ländlichen Arbeitskräftereserven auch der Zustrom von Arbeitern in die urbane Industrie unerschöpflich zu sein. Die Ansprüche der Arbeiter und damit auch die Löhne waren dementsprechend niedrig. Daher konnte die Produktion von Konsumgütern zunächst noch vernachlässigt werden. Im Laufe der Zeit aber, als Arbeitskräfte weniger reichlich vorhanden waren und auch der politische Terror nachließ, wurde diese Politik immer weniger gangbar.

Die Wirtschaftspläne wurden in erster Linie in Mengeneinheiten aufgestellt. Aufgrund der Vielzahl von Produkten und Ressourcen wurden aber die entsprechenden Geldwerte zur Planberechnung benutzt. Dabei gab es zwei Geldarten, die separat behandelt wurden. Im staatlichen Industriesektor, in den Ministerien und Planungsstellen wurde ausschließlich mit Transfergeld operiert. Dieses verwendete man als reine Recheneinheit für Transaktionen, die vom Plan sanktioniert waren, wobei die Rolle der Banken darin bestand, diese Transaktionen zu kontrollieren. Die privaten

Haushalte dagegen waren Teil der monetären Wirtschaft. Gehälter wurden in bar ausgezahlt und genutzt, um Konsumgüter zu kaufen, die in bar bezahlt wurden. Preise und Gehälter in der monetären Wirtschaft wurden zentral festgelegt, wobei es allerdings auf den Lebensmittelmärkten immer in gewissem Umfang auch freie Preise gab.

Es gelang, die sowjetische Wirtschaft von den Weltmärkten abzuschirmen. Der Außenhandel unterlag strikten Kontrollen und die Binnenpreise wichen stark von denen anderer Länder ab. Trotz allem gab es in der Sowjetunion aber nie eine absolut geschlossene Wirtschaft. Hoch entwickelte Produktionsmittel, etwa im Bereich der Computertechnik oder des Maschinenbaus, sowie begrenzte Mengen an Konsumgütern für den Bedarf der Elite wurden stets importiert und mit Rohstoffexporten bezahlt. Die Einnahmen aus den Erdöl- und Erdgasexporten wurden daher besonders wichtig, als die Weltmarktpreise in den 1970er Jahren stark anstiegen.

Zusammenfassend lässt sich sagen, dass für die zentral gelenkte sowjetische Wirtschaft eine Kombination von Anweisungen, Verhandlungen und mengen- sowie industrieorientierten Planungsprioritäten kennzeichnend war. Die sowjetische Wirtschaft war tatsächlich nie im Detail geplant, konnte aber dennoch lange Zeit in ihrer ursprünglichen Form überleben. Die Planungsmethoden konnten natürlich aufgrund der wachsenden praktischen Erfahrung, der Verbesserung mathematischer Methoden und durch den Einsatz von Computern verbessert werden. Besonders bei der Preisregulierung, bei den verschiedenen Anreizen zur Planerfüllung und der Organisation der Planungsbehörden wurde viel experimentiert, fundamentale Veränderungen gab es aber nicht. Das sowjetische Wirtschaftssystem, das ein hohes Wachstum in der Phase der ersten Industrialisierung in den 1930er Jahren und in der Wiederaufbauphase nach dem Zweiten Weltkrieg erzielt hatte und das in der Militär- und Weltraumtechnologie Pionierarbeit leistete, funktionierte mit der Zeit immer schlechter.

2 Untergang des zentral gelenkten Systems

Die Kommandowirtschaft stand zwar in Einklang mit der Politik der Stalin -Ära, aber nicht mit der teilweisen politischen Liberalisierung in späteren Jahren. Die Konsumwünsche der Bevölkerung konnten nicht länger ignoriert werden. Auch die technologische Struktur der Wirtschaft entwickelte sich weiter und wurde komplexer. Dadurch wurde es zugleich immer schwieriger – aber auch immer wichtiger – die komplexen Abhängigkeiten bei der Planung zu berücksichtigen. War es in den ersten Jahren der sowje-

tischen Industrialisierung noch relativ einfach gewesen, die Planziele fest-
zusetzen, schien es nun immer weniger klar zu sein, welche Bereiche vernachlässigt werden konnten. Gleichzeitig wurde immer deutlicher, dass
die verstaatlichte Landwirtschaft nicht in der Lage war, den steigenden
Lebensmittelbedarf zu befriedigen. In den 1970er Jahren konnte dies teilweise durch steigende Einnahmen aus Ölexporten, mit denen der Import
von Konsumgütern finanziert wurde, aufgefangen werden. In den 1980er
Jahren befand sich die sowjetische Wirtschaft aber in einer ernsten Situation, da die Ölpreise plötzlich fielen. Für einen kurzen Zeitraum schien
eine Verschuldung am internationalen Kreditmarkt noch einen Ausweg
darzustellen.

Druck kam aber auch von anderer Seite. Das extensive Wachstum
der Wirtschaft stieß an seine Grenzen, da immer deutlicher zu Tage
trat, dass die Zahl der verfügbaren Arbeitskräfte und auch die natürlichen Ressourcen beschränkt waren. Ein Umschwenken zu einem nachhaltigen Wachstum, basierend auf einer besseren Nutzung der knappen
Ressourcen, erwies sich aber im Rahmen der auf Quantität statt Qualität ausgerichteten Planwirtschaft als unmöglich. Aufgrund der weichen
Budgetbeschränkungen hatten die Betriebe weder das Interesse noch die
Möglichkeit, sich auf Produktivität und Effizienz zu konzentrieren. Im
Rahmen der Planwirtschaft waren daher eine strengere Durchsetzung
der budgetären Restriktionen und mithin ein effektives und nachhaltiges
Wirtschaften unmöglich.

Der technologische Abstand zwischen der Sowjetunion und den entwickelten Wirtschaften der westlichen Länder wurde kontinuierlich
größer. Die Sowjetunion verfügte über große Forschungs- und Ent-
wicklungseinrichtungen, die sich aber zumeist auf die Entwicklung von
militärischer Technologie konzentrierten und demzufolge nur wenige
marktfähige Verbrauchsgüter und zivile Nebenprodukte hervorbrach-
ten. In den 1980er Jahren waren die technologischen Möglichkeiten aber
nicht einmal mehr im militärischen Sektor ausreichend, da die USA das
militärische Wettrüsten auf eine neue Stufe gehoben hatten. Dies beförderte zwar den Kollaps der sowjetischen Wirtschaft, löste ihn aber nicht
aus, denn die fundamentalen Probleme waren tief in den Prinzipien des
Systems verankert.

3 Der ökonomische Misserfolg der Perestrojka (1985–1991)

Mitte der 1980er Jahre gab es aufgrund des Aufstiegs einer neuen Generation sowjetischer Führungskräfte erneute Möglichkeiten für eine Reform der sowjetischen Wirtschaft. Diese neuen Kräfte wollten das alte System nicht abschaffen, sondern verbessern. Zunächst konzentrierten sie sich auf eine politische Liberalisierung des Landes, wodurch die noch verbliebene Legitimation der sowjetischen Herrschaft untergraben wurde. Einige der besten sowjetischen Ökonomen machten unter diesen Bedingungen Ende der 1980er Jahre einen Abstecher in die Politikberatung, sahen sich aber mit einer unerfüllbaren Aufgabe konfrontiert.

Im Bereich der Wirtschaft lag der Schwerpunkt der Bemühungen anfänglich auf einer Beschleunigung des Wirtschaftswachstums, das einen sehr niedrigen Stand erreicht hatte (und, anders als in den offiziellen Statistiken ausgewiesen, vermutlich sogar negativ war). Die wirkliche Inflationsrate, die von der Statistik nur begrenzt erfasst wurde, stieg und die Qualität der Produkte nahm ab. Die Produktionskapazitäten wurden kaum ausgeweitet. Der Einbruch der Einnahmen aus dem Erdölexport konnte durch Anleihen im Ausland nicht kompensiert werden und es wurde immer schwieriger, den Import von Konsumgütern zu finanzieren. Obwohl viele Gehälter aufgrund politischer Entscheidungen stiegen, konnten die Menschen ihr Geld oft nicht ausgeben, weil die Waren, die sie kaufen wollten, zunehmend knapp waren. So entstand ein Kaufkraftüberhang. Dieser Kaufkraftüberhang wurde kontinuierlich größer und er war der Grund für die hohe Inflation, die auf die Freigabe der meisten Preise zu Beginn des Jahres 1992 folgte.

Eine andere unglückliche Entscheidung war die Antialkohol-Kampagne. Sie hatte zwar sicherlich ein ehrenwertes Ziel, aber ein Zehntel der staatlichen Finanzeinnahmen kam aus der Alkoholsteuer. Aufgrund der durch die Kampagne verursachten Steuereinbußen musste der Staat daher entweder mehr Geld leihen, die Geldmenge erhöhen oder seine Ausgaben senken. Am Ende wurde die leichteste, aber eben auch die schlechteste Möglichkeit gewählt: Es wurde mehr Geld gedruckt. Im Ergebnis wuchs der Kaufkraftüberhang weiter, die Regale in den Geschäften waren leer und die Bevölkerung verbittert.

Um die Wirtschaft anzukurbeln, entschied die politische Führung, die ökonomischen Entscheidungskompetenzen zu dezentralisieren, d. h. sie von den Branchenministerien in die Betriebe zu verlagern. Dadurch wurde die Disziplin in den zentralen Planungsbehörden gelockert, ohne dass andere Regulierungsmechanismen eingeführt wurden. Im Ergebnis konnten die Betriebe einerseits aufgrund der weiterhin geltenden weichen Budgetbeschränkungen nicht bankrott gehen, d. h. ihre Verluste wurden aus dem Staatshaushalt beglichen, andererseits war es ihnen angesichts des Kaufkraftüberhangs bei den Konsumenten möglich, die Preise zu erhöhen, und sie konnten Gewinne gegenüber dem Staat verheimlichen. Vergrößert wurden die Manipulationsmöglichkeiten der Betriebe dadurch, dass in der Planwirtschaft zur Vereinfachung des Planungsprozesses in vielen Branchen Monopolunternehmen geschaffen worden waren. Diese konnten außerdem dank ihrer Stellung Preiserhöhungen vornehmen, ohne durch Konkurrenz zu einer Verbesserung ihres Angebots gezwungen zu werden.

Die Reformen der Perestrojka eröffneten den sowjetischen Betriebsdirektoren, die nun die Betriebe real leiteten, neue Möglichkeiten. Sie konnten zum Beispiel umgehend ihre Betriebe privatisieren, was in der Regel zwar legal ablief, *de facto* aber doch auf eine äußerst dubiose Übertragung der Eigentumsrechte auf sie selbst hinauslief. Sie kontrollierten auch die Geldflüsse und Geschäfte ihrer Betriebe. Durch die immer noch geltende Kontrolle der Binnenpreise entsprachen die sowjetischen Preise oft nur einem Bruchteil der Weltmarktpreise – wenn überhaupt bezahlt werden musste. Manager, die vom Staat eine Exporterlaubnis für ihre Produkte erhielten, hatten so praktisch eine Lizenz zum Geld drucken. Sie erwarben Produkte in der Sowjetunion zu staatlich regulierten Niedrigpreisen und verkauften sie im Ausland zum Weltmarktpreis mit immensem Gewinn. Als die politische Kontrolle abnahm und der Glaube an die kommunistischen Ideale schwand, wurde es sehr einfach, Exportlizenzen durch Bestechung zu erhalten. Die Staatsbediensteten versuchten nicht mehr, Gesetz und Ordnung durchzusetzen – sie waren vielmehr damit beschäftigt, sich selbst in Kapitalisten zu verwandeln. Insbesondere die traditionellen informellen Kontakte aus der Planwirtschaft wurden nun besonders nützlich.

Manager konnten aber auch die Produktionsanlagen ihrer Unternehmen verwerten. Die Investitionen wurden dann gewöhnlich gestoppt, die Warenbestände wurden privat verkauft, die Gebäude vermietet und sogar die Maschinen konnten veräußert werden, zur Not als Altmetall. Gewöhnlich aber wollten die Manager ihre Arbeiter nicht loswerden. Das wäre politisch riskant gewesen und hätte gegen die traditionellen paternalistischen Werte verstoßen. Somit blieben nicht nur die Arbeiter, sondern auch ganze Gemeinden direkt abhängig von einzelnen Betrieben, die sehr wenig produzierten und investierten. Hunderte sowjetischer Orte waren existentiell an ein einziges Unternehmen gebunden, das nicht nur Arbeitsplätze und Steuerzahlungen garantierte, sondern auch die kommunale Infrastruktur betrieb. Auch viele größere Städte waren lediglich eine Ansammlung einiger weniger solcher Konglomerate. Da die Betriebe diese Aufgaben mittlerweile oft nicht mehr finanzieren können, den Kommunen aber hierfür das Geld fehlt, stellt dieses Erbe der Planwirtschaft bis heute ein zentrales Problem der russischen Wirtschaft dar.

In der Zeit der Perestrojka wurde ferner versucht, Wettbewerb, Innovationen und Eigeninitiative zu fördern, indem privatwirtschaftliche Aktivitäten in Form von Kooperativen erlaubt wurden. Einige der heute reichsten Russen begannen hier ihre Geschäfte und taten all das, was den alten Staatsbetrieben nicht möglich gewesen war: Sie eröffneten Banken, boten den Konsumenten eine Vielzahl von neuen Dienstleistungen an und importierten z. B. Computer. Die Kooperativen traten damit eine umfassende strukturelle Transformation der russischen Wirtschaft los, die bis zum heutigen Tag noch fortwirkt. Sie untergruben so aber auch die für den sowjetischen Sozialismus wichtige Trennlinie zwischen dem weiterhin planwirtschaftlich organisierten Wirtschaftssektor und den mit Bargeld operierenden privaten Haushalten, da sie einerseits zum Wirtschaftssektor gehörten, andererseits aber nicht in den Planungsprozess einbezogen wurden, sondern »ungeplant« mit den privaten Haushalten Geschäfte tätigten.

4 Das Erbe der 1990er Jahre

Im Herbst 1991 brach die UdSSR zusammen. Nach einigem Zögern holte der russische Präsident Boris Jelzin ein Team von zumeist jungen Ökonomen in die Regierung, die den Auftrag erhielten, Russland zu wirtschaftlichem Wachstum und größerer Wohlfahrt zu führen. Ein Großteil ihrer Arbeit bestand in dem Versuch, die Reste des alten Systems abzuschaffen. Gleichzeitig mussten die Grundlagen für eine Marktwirtschaft gelegt werden.

Da Russland verhältnismäßig spät den Übergang zur Marktwirtschaft vollzog, konnten hier bereits die Erfahrungen mitteleuropäischer Länder wie Polen genutzt werden. Im Mittelpunkt stand ein Ansatz zur Wirtschaftstransformation, der auch als »Washingtoner Konsens« bekannt wurde. Dieser war in der Finanzwelt weithin akzeptiert, wurde aber auch kritisch diskutiert. Der Washingtoner Konsens hat seinen Namen daher, dass verschiedene internationale Finanzinstitutionen (IFI) wie der Internationale Währungsfonds (IWF) und die Weltbank, die ihren Sitz in der US-Hauptstadt haben, die Befolgung der Richtlinien des Konsenses zur Bedingung für Kredite und technische Hilfe erklärten.

Die Unterstützung der russischen Transformation von außen ist bis heute umstritten. Einerseits konnte die auf Finanzhilfen beruhende Unterstützung aufgrund politischer und wirtschaftlicher Beschränkungen keine Schlüsselrolle spielen, auch wenn dies zum Beispiel von den internationalen Finanzorganisationen IWF und Weltbank gewünscht wurde. Andererseits waren die Kredite an bestimmte Bedingungen geknüpft, die die Gleichbehandlung der Empfängerstaaten der Internationalen Finanzinstitutionen (IFI) zum Ziel haben und die Rückzahlung der Kredite sichern sollen. Diese Kreditvereinbarungen boten den westlichen Eignerstaaten der *IFI* die Möglichkeit, Einfluss auf die Politik des Empfängerlandes zu nehmen. In der Praxis der Kreditvergabe an Russland wurden diese Bedingungen aber nicht einfach direkt von den *IFI* diktiert. Sie galten vielmehr als Verhandlungsmasse, da Russland als zu wichtig eingeschätzt wurde, als dass man auf eine Vereinbarung hätte verzichten können. Die Verhandlungen bewegten sich daher zwischen offiziellen Vorgaben und inoffiziellen Zugeständnissen und ähnelten darin dem früheren Tauziehen um die sowjetischen Wirtschaftspläne.

4.1 Liberalisierung

Bezüglich der Wirtschaftsreformen bestand der Washingtoner Konsens aus vier Bereichen: Liberalisierung, Stabilisierung, Privatisierung und Entwicklung marktwirtschaftlicher Institutionen. Der erste Bereich betrifft die Liberalisierung vor allem des Wettbewerbs zwischen Unternehmen, der Preise und der Außenhandelsbeziehungen. Schritte in diese Richtung wurden in Russland bereits in den späten 1980er Jahren unternommen, aber 1992 sollte die Liberalisierung im Sinne einer Anpassung an den Stand entwickelter Marktwirtschaften vollendet werden. Im Prinzip wäre eine solche Liberalisierung natürlich über Nacht umsetzbar gewesen, in der Praxis gab es jedoch einiges zu bedenken: Da waren unter anderem die Marktmacht vieler Monopolunternehmen oder auch der Kaufkraftüberhang, der das Risiko steigender Preise und sinkender Qualität barg.

Gleichzeitig aber bot dieser Kaufkraftüberhang im Zusammenspiel mit der unzureichenden Qualität vieler Güter und Dienstleistungen den neuen Unternehmern sehr gute Geschäftsmöglichkeiten. Die Produktion der in der Zeit der Planwirtschaft bevorzugten Güter ging nicht nur im militärischen Bereich zurück. Dies hatte weitreichende politische, soziale und wirtschaftliche Konsequenzen. Die Löhne sanken, die Armut wuchs und die Arbeitslosigkeit schoss in die Höhe, während das Angebot stieg und

Pekka Sutela, Die russische Wirtschaft von 1992 bis 2008

eine kleine neue Unternehmerschicht reich wurde. Die Lebenserwartung sank drastisch, besonders die der Männer.

Die meisten Preise wurden am 2. Januar 1992 freigegeben. Um einen übermäßigen Preisanstieg zu verhindern, blieb aber die Preiskontrolle vor allem bei den Binnenpreisen für Energie und Nahrungsmittel bestehen. Trotzdem war die Inflation, die auf die Preisliberalisierung folgte, wesentlich höher als erwartet. Das Ausmaß des Kaufkraftüberhangs war unterschätzt worden, d. h. die Bevölkerung hatte viel mehr Bargeld gehortet als angenommen und war bereit, auch deutlich höhere Preise für zuvor knappe Waren zu zahlen. Der Wert des Bargeldes und der Ersparnisse der Bevölkerung fiel drastisch. Zugleich wuchs die Differenz zwischen den Energiepreisen im Binnen- und Außenhandel sogar noch weiter an. Der daraus resultierende unerwartete Exportgewinn wurde hoch besteuert, so dass sich schließlich etwa die Hälfte der föderalen Finanzeinnahmen aus dem Energiesektor speiste. Die Liberalisierung der Energiepreise auf dem Binnenmarkt wurde zwar schon vor einigen Jahren begonnen, sie wird aber frühestens im Jahr 2011 abgeschlossen sein, wenn schließlich auch die Gaspreise zumindest für Abnehmer aus der Wirtschaft frei gebildet werden sollen.

Gleichzeitig ist festzuhalten, dass der Energiesektor die russische Wirtschaft *de facto* subventionierte, indem die Energie im Inland zu billig verkauft wurde.[2] Russland überlebte die 1990er Jahre nicht zuletzt aufgrund der preiswerten Energie, der Kredite der IFI und der von der Sowjetunion geerbten Produktionsanlagen.

Der Wandel in den wirtschaftlichen Außenbeziehungen ging ähnlich ungleichmäßig vor sich. Während ein Großteil des Handels schnell liberalisiert wurde, blieb der Devisenhandel teilweise noch bis 2007 unter staatlicher Kontrolle.

Ein wichtiger Grund für die Verzögerung der Liberalisierungen liegt in der regionalen Struktur des Landes. Als die zentrale Kontrolle in Moskau zusammenbrach, übernahmen die Regionen einen großen Teil der Macht. Dies brachte oft eine Verlangsamung der wirtschaftlichen Liberalisierung mit sich, da die Gouverneure versuchten, das Produktions- und Arbeitskräftepotenzial ihrer Region mit Kontrollen, Subventionen und regionalen Handelsbeschränkungen zu schützen. Die Verbindungen zwischen den regionalen politischen und wirtschaftlichen Eliten waren sehr eng und viel zu oft wurden die Absatzmärkte regional fragmentiert. Etliche russische Regionen verboten zum Beispiel die Lieferung von Getreide in andere Regionen, um in der eigenen Region die Brotpreise senken zu können. Erst im neuen Jahrtausend konnte die Einführung landesweit einheitlicher Wirtschaftregelungen gesichert werden – durch die Rezentralisierung der

Macht in Moskau.[3] Damit ist das Risiko regional fragmentierter Märkte zweitrangig geworden, so dass auf dieser Grundlage in Zukunft eine Regionalisierung von Entscheidungen wieder ins Blickfeld genommen werden kann.

4.2 Inflationsbekämpfung

Der zweite Hauptbereich des Washingtoner Konsenses ist die Preisniveaustabilisierung, also die Bekämpfung der Inflation. Um gut zu funktionieren, braucht eine Marktwirtschaft ein relativ stabiles und vorhersagbares Preisniveau. Andernfalls wären preisbegründete Entscheidungen nur kurzfristiger Natur und würden sich grundsätzlich widersprechen. Darunter würden Produktion, Arbeitsplätze und teilweise auch Investitionen leiden, während kurzfristige und spekulative Aktionen enorme Gewinne bringen können.

Während die Liberalisierung in Russland teilweise eine Erfolgsgeschichte war, schlug die Inflationsbekämpfung in den 1990er Jahren gänzlich fehl. Ein Teil des Problems waren die mangelnden geldpolitischen Kenntnisse vieler Entscheidungsträger. Anstatt die Relevanz einer auf die Stabilität des Preisniveaus ausgerichteten Finanz- und Geldpolitik zu erkennen, erdachten sie Strategien zum Schutz der Betriebe und zur Sicherung der Arbeitsplätze durch eine aufgeblasene Nachfrage. Anstatt die Unternehmen dem Wettbewerb auszusetzen, wurden ihre Verluste durch den Druck neuen Geldes aufgefangen. Aus dieser Sicht waren ein zunehmender Geldzufluss und große Defizite im Staatshaushalt gut für die Wirtschaft. Tatsächlich aber folgten daraus Inflation, Unberechenbarkeit des Marktgeschehens und finanzpolitische Turbulenzen, was sowohl der Wirtschaft beträchtlich schadete, als auch den Wohlstand der Bevölkerung erheblich minderte.

Ein Konsens über die vorrangige Bedeutung von Preisstabilität entwickelte sich nur langsam. Ein stabiler nominaler Wechselkurs, der die Erwartungen der Wirtschaftsakteure stabilisieren sollte, wurde zur zentralen Zielgröße in der Politik erklärt. Der anhaltenden Dollarisierung der Wirtschaft, d.h. der Flucht aus dem Rubel in den amerikanischen Dollar als Parallelwährung sowohl zur Anlage von Ersparnissen als auch als Verrechnungseinheit beim Verkauf langlebiger Konsumgüter, konnte damit aber nicht vorgebeugt werden und die Geldpolitik wurde von der Fiskalpolitik nicht unterstützt. Das Haushaltsdefizit schwankte zwischen 5% und 10% des Bruttoinlandsprodukts (BIP). Man versuchte, das Haushaltsdefizit vor allem über steigende Steuereinnahmen zu senken. Das Steuersystem wurde dadurch sehr komplex und die neue Steuerlast war für viele äußerst schmerzhaft. Steuerhinterziehung nahm zu und die Bedeutung der Schattenwirtschaft wuchs stark an; sie machte schließlich etwa 40% der Gesamtwirtschaft aus. Gleichzeitig verlor Geld zunehmend seine Funktion als Tauschmittel. Auf dem Höhepunkt dieser Entwicklung basierte mehr als die Hälfte der Industrieproduktion auf Barter, also auf verschiedenen Formen des geldlosen Tausches.

Das Haushaltsdefizit wurde in der Folge über die Aufnahme von Staatsschulden finanziert. Die Kredite wurden gern bewilligt, auch von ausländischen Geldgebern, weil ein Zusammenbruch des russischen Staates fast unmöglich schien. Der Staat aber musste immer höhere Zinssätze für seine Anleihen anbieten. Letztlich waren aber auch die höchsten Sätze nicht mehr ausreichend, um das gesamte Defizit zu finanzieren, und der Staat erklärte sich selbst für zahlungsunfähig. Der Rubelkurs brach im August 1998 zusammen. Im Zuge der Krise wurden zahlreiche Banken zahlungsunfähig und wieder verloren viele Menschen ihre Ersparnisse. Nach dem Zusammenbruch gab es keine Alternative zu einer Kürzung der öffentlichen Ausgaben mehr. In den drei Jahren von 1999 bis 2001 wurden diese immerhin auf ca. 11% des BIP gekürzt, eine allerdings im internationalen Vergleich immer noch recht große Summe. Der Haushalt war ausgeglichen, bald darauf stiegen die Exporteinnahmen und sorgten sogar für einen großen Außenhandelsüberschuss.

4.3   Privatisierung

Der dritte Bereich des Washingtoner Konsenses betrifft die Privatisierung. In allen Marktwirtschaften – mit der begründbaren Ausnahme Chinas – befinden sich die Produktionsmittel größtenteils in privaten Händen. Die Jahre der Perestrojka und die spätere Liberalisierung haben das Entstehen neuer privater Unternehmen befördert, aber noch heute ist im internationalen Vergleich gesehen der Anteil kleiner Unternehmen in Russland relativ gering. Zusätzlich zu den »normalen« Sorgen, die Kleinunternehmer in vielen Ländern haben – hohe Steuern und Finanzierungsprobleme –, klagen die russischen Unternehmer über die Willkür der Behörden und einen Mangel an geeigneten Grundstücken. Auch Korruption ist ein großes Problem.

Anders verhält es sich mit der Privatisierung der Staatsbetriebe und im Falle der Landwirtschaft mit der Veräußerung der Kolchosen[4]. Seit 1992 wurden in verschiedenen Transformationsländern unterschiedliche Methoden angewendet. In Russland einigte man sich auf einen politischen Kompromiss: an die erwachsene Bevölkerung wurden Privatisierungsgutscheine verteilt. Sie konnten für den Erwerb von Anteilen an zu privatisierenden Unternehmen eingesetzt oder an andere Personen verkauft werden. Sofern ein Betrieb selbst entscheiden konnte, nach welcher Methode seine Privatisierung durchgeführt werden sollte, wurden am Ende oft »Insider«, also Beschäftigte und vor allem Manager, zu den Mehrheitseignern des privatisierten Unternehmens. Einige kleinere Unternehmen, etwa Dienstleistungsanbieter, wurden durch Verkauf privatisiert.

Nach dieser »Massenprivatisierung« wurden viele sehr große oder schwer zu privatisierende Unternehmen schrittweise verkauft – ein Prozess der noch bis heute anhält. Allerdings haben auch andere Maßnahmen den Anteil des Privateigentums an der Wirtschaft vergrößert. 1995 wurden die so genannten Pfandauktionen durchgeführt, in denen eine kleine Zahl von Unternehmen der Erdöl- und Rohstoffindustrie privatisiert wurde, in einem Prozess, der ganz offensichtlich weder fair noch transparent war. Die Preise, die gezahlt wurden, scheinen aus heutiger Sicht extrem niedrig, aber die Zeiten damals waren politisch turbulent und letztlich war nur eine Handvoll Unternehmen an diesem Prozess beteiligt.

Für Unternehmen, denen Produktionsanlagen nach dem Ende der Sowjetunion fast gratis übertragen wurden, bildeten diese, zusammen mit dauerhaft niedrigen Energiepreisen auf dem Binnenmarkt, die Basis ihrer Wettbewerbsfähigkeit. Studien[5] schätzen, dass die Wettbewerbsfähigkeit zwischen den Regionen und zwischen den Branchen, aber auch innerhalb der Branchen heute sehr unterschiedlich ist. Eine groß angelegte Untersuchung ergab, dass abhängig vom Industriezweig zwischen 10 % und 45 % der Unternehmen derzeit als konkurrenzfähig bezeichnet werden können. Diese Konkurrenzfähigkeit basiert allerdings gewöhnlich auf den gerade erwähnten temporären Vorteilen und kann nicht als Indikator für zukünftige Erfolge angesehen werden. Die Studien zeigen auch, dass neu gegründete Privatunternehmen offenbar am effizientesten arbeiten, gefolgt von den privatisierten Unternehmen. Die verbliebenen staatseigenen Betriebe sind die ineffizientesten.[6]

4.4 Institutionen

Der vierte Bereich des Washingtoner Konsenses konzentriert sich auf die Entwicklung marktwirtschaftlicher Institutionen – von Steuerbehörden über Wettbewerbsregulierungsbehörden bis hin zu privaten Unternehmensberatungen. Es war klar, dass dies langsam vor sich gehen würde – man brauchte ja nicht nur formale Institutionen, die von den staatlichen Behörden einfach eingerichtet oder von Akteuren der Privatwirtschaft gegründet werden können. Wichtiger noch sind für eine gut funktionierende Marktwirtschaft informelle Institutionen. Dazu gehört unter anderem das soziale Kapital, dessen Bestandteile zum Beispiel Vertrauen und Reputation sind. Wie oben beschrieben, verfügte auch die zentral gelenkte sowjetische Wirtschaft über derartige informelle Institutionen. Obwohl sich in den 1990er Jahren viel geändert hat, blieben diese in vielen Formen erhalten. Ein Beispiel ist die weite Verbreitung von Bartergeschäften, anstelle der Bezahlung mit Geld, die in den 1990er Jahren oft auf Grundlage der alten Produktionsketten der Planwirtschaft organisiert wurden. Sie hatten häufig schützenden Charakter, sollten die Teilnehmer vor zu großen Unsicherheiten und Turbulenzen bewahren, trugen aber nicht zum notwendigen Wandel in der Wirtschaft bei.

5 Die Putin-Jahre

Ohne Zweifel hat die russische Wirtschaft seit der Jahrtausendwende gute Jahre erlebt. Sie war eine der am schnellsten wachsenden großen Volkswirtschaften der Welt, mit einem durchschnittlichen Wachstum von fast 7 % jährlich. Das von Präsident Wladimir Putin noch 2000 verkündete Ziel, das BIP innerhalb von zehn Jahren zu verdoppeln, schien zum Ende seiner Amtszeit im Frühjahr 2008 entgegen allen Erwartungen tatsächlich in greifbarer Nähe. Insbesondere in US-Dollar berechnet ist die russische Wirtschaft noch schneller gewachsen, da der Kurs des Rubels, der nach der Krise von 1998 auf sehr niedrigem Niveau lag, sich gegenüber dem relativ schwachen US-Dollar erholt hat.

Der Absatz auf dem russischen Binnenmarkt ist sogar noch schneller gewachsen, da die Nachfrage nach importierten Konsum- und Investitionsgütern mit den steigenden Gehältern wuchs. Wohlhabendere Verbraucher bevorzugen Markenprodukte, hohe Qualität und das breite Angebot des Weltmarkts, das größer ist als das einheimische. In den letzten Jahren sind die russischen Importe, in Euro gerechnet, jährlich um 30 % gestiegen, was sehr viel ist. Bezüglich des BIP ist Russland nun ähnlich groß wie Indien, Südkorea oder Mexiko und nur ein bisschen kleiner als Brasilien. Das Ziel, die Wirtschaft so anzukurbeln, dass Russland bis 2020 zur fünftgrößten Wirtschaftsmacht weltweit und der größten in Europa wird, ist zwar sehr ehrgeizig, scheint aber nicht unmöglich zu sein.

Abb. 1: Die Entwicklung des russischen BIP 1990 bis 2008 (1990 = 100)

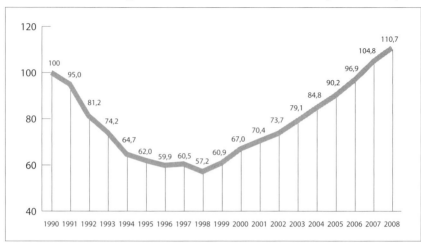

Quelle: Russischer Föderaler Statistikdienst Rosstat, http://www.gks.ru.

*Abb. 2: Russisches BIP pro Kopf (in US-Dollar zu Kaufkraftparität) im inter-
nationalen Vergleich*

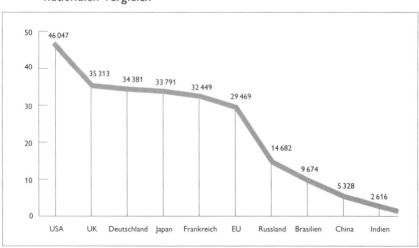

Quelle: Central Intelligence Agency: The World Factbook 2008, https://www.cia.
gov/library/publications/the-world-factbook/rankorder/2001rank.html.

In finanzieller Hinsicht ist der Wandel ebenfalls beeindruckend. In den Jahren 2000 bis 2007 wuchs der Überschuss im föderalen Haushalt von 1,5 % des BIP auf 5,5 %, während die Staatsausgaben für den öffentlichen Sektor von 35 % auf 33,4 % sanken, obwohl die Rolle des Staates in der Wirtschaft kontinuierlich an Bedeutung gewonnen hat. Die Reserven der Zentralbank stiegen von einem Importwert, der acht Monaten entspricht, auf einen Wert von 25 Monaten. Aus dem Nettokapitalabfluss von 25 Mrd. US-Dollar wurde ein Zufluss von 81 Mrd. US-Dollar und die Staatsverschuldung verschwand in Relation zum BIP fast vollständig: Sie fiel von 51 % auf 4 %. Der Dollarisierungsgrad fiel ebenfalls und der Anteil ausländischer Währung an den Spareinlagen verringerte sich von 33 % auf 13 %.

Die größte Errungenschaft der Putin-Jahre ist die volkswirtschaftliche Stabilisierung. Sie konnte durch entschiedene fiskal- und geldpolitische Maßnahmen gesichert werden, die bereits vor Putins Präsidentschaft initiiert worden waren und eine nach 1998 drohende inflationäre Lohnpreisspirale verhinderten. Dies war möglich auf der Grundlage des auf Stabilisierung ausgerichteten Konsenses in der Wirtschaftspolitik, der in den 1990er Jahren formuliert wurde und immer noch in Kraft ist. Die Inflation ist zwar nach wie vor relativ hoch, in der Amtszeit Putins war aber eine Stabilisierung bei ungefähr 9 % bis 14 % zu verzeichnen. Firmen und private Haushalte passten ihre Erwartungen der neuen Situation an, begannen wieder in den Wert des Rubel zu vertrauen und Geld längerfristig anzulegen. Der Inflationsabbau beflügelte so die finanzielle Entwicklung und die Investitionen. Das russische Wachstum basiert in letzter Zeit auf Konsum und vor der Wirtschaftskrise von 2009 sah es so als, als würde das russische Wirtschaftswachstum mit ansteigenden Investitionen noch eine weiteren Pfeiler bekommen. Aber natürlich braucht Russland in Zukunft wesentlich mehr Investitionen.

Die Geldpolitik zielte auch auf den Wechselkurs, wobei der Rubel bislang im Verhältnis zu einem Währungskorb aus Euro und US-Dollar recht stabil und berechenbar gehalten werden konnte. Die Kombination zweier Ziele der Geldpolitik – eine niedrige Inflation und ein stabiler nominaler Wechselkurs – sind zwar konzeptionell unorthodox, aber – angesichts der russischen Geschichte der Dollarisierung – verständlich. Auch recht kleine Änderungen des nominalen Wechselkurses können unter diesen Umständen einen relativ großen Einfluss auf das Verhalten von Haushalten und Firmen haben.

Die Inflationsrate änderte sich im Herbst 2007. Statt wie angestrebt 8,5 % betrug sie 11,9 % und im Frühjahr 2008 lag sie bei fast 15 %. Diese

Entwicklung war Thema intensiver politischer Debatten. Einige Politiker argumentierten, die Inflation wachse mit dem Anstieg der Lebensmittelpreise (wie in anderen Ländern auch), ihr Ursprung sei teilweise bei den Importen, teilweise beim Binnenmarkt zu suchen. Sie könne folglich nicht als Argument gegen eine starke Wachstumspolitik eingesetzt werden. Andere verwiesen auf deutliche Anzeichen für eine generelle Überhitzung der Wirtschaft, insbesondere bei Lohn- und Baukosten, und warnten vor dem Wunsch nach allzu schnellem Wachstum. Sie befürworteten die Beschränkung der Ausgaben im öffentlichen Sektor und zogen eine nominale Aufwertung des Rubel in Betracht. Derartige Debatten beeinflussen die langfristige Politik der neuen Führung und zeigen gleichzeitig, dass das in sowjetischer Tradition stehende Streben nach einer Maximierung des Wirtschaftswachstums immer noch lebendig ist.

Insgesamt war die Produktivitätssteigerung eher verhalten – vergleichbar mit Indien, aber weit hinter China. Die Zahl der internationalen Patentanmeldungen, ein wichtiger Indikator für Innovationen, stagnierte in dieser Dekade auf nicht besonders hohem Niveau und betrug nur ein Viertel der von Finnland eingereichten Patente. Der Abstand zu führenden Ländern wie den USA, Deutschland, Japan und dem aufstrebenden China ist hier enorm.

Wie in vielen anderen von Ressourcen abhängigen Ländern wächst in Russland der so genannte Ressourcen-Nationalismus. Aufgrund der erstarkenden Rolle des Staates im Energiesektor und in anderen Bereichen ist der Anteil des Privatsektors an der Gesamtproduktion des Landes nach Angaben der Europäischen Bank für Wiederaufbau und Entwicklung von 70 % auf 65 % gefallen. In den 1990er Jahren sah es so aus, als ob Russland sich zu einer ressourcenbasierten Wirtschaft entwickeln würde, die besonders offen für ausländische Direktinvestitionen ist. Obwohl sich diese Annahme nicht bewahrheitet hat, ist Russland heute keine besonders abgeschottete Wirtschaft und internationale Ölfirmen sehen das Land immer noch als potentiell wichtige Quelle für neue Rohstofflager, die in der Nordsee und in Indonesien bereits knapp werden.[7]

In anderen als strategisch wichtig erachteten Wirtschaftsbereichen stärkt der Staat seine Position, indem er staatliche Kapitalgesellschaften gründet, wobei in der Regel Holdings eine Schlüsselrolle spielen, die als Dachunternehmen die staatlichen Beteiligungen an einzelnen Betrieben einer Branche zusammenfassen. Dieses Konzept hat sich in Russland durchgesetzt und heute existieren Holdings in vielen verschiedenen Branchen, von der Weltraumtechnik und der Atomkraft bis hin zu Schiffs- und Flugzeugbau. Seine Wirksamkeit ist aber umstritten.

Die russische Wirtschaft bleibt ein schwieriges Umfeld für Unternehmen. Eine Reihe internationaler Vergleichsstudien, die das allgemeine Geschäftsumfeld betrachten und zum Beispiel Bereiche wie Logistik einbeziehen, verorten Russland auf einem der dreistelligen Plätze in ihren Ranglisten. Bei der Korruption schneidet Russland relativ schlecht ab, bei der Konkurrenzfähigkeit besser. Allerdings fällt die Bewertung von Schwellenländern wie Brasilien, China und Indien bei diesen Untersuchungen auch nicht besser aus.[8] Letzten Endes funktionieren ihre und Russlands Wirtschaft schlecht. Deshalb können diese Länder lediglich für einen geringen durchschnittlichen Wohlstand sorgen und diesen auch nicht gerecht verteilen. Einige Untersuchungen, z. B. eine groß angelegte Studie zum russischen Kleinunternehmertum für die Weltbank,[9] belegen eine allgemeine Verbesserung der wahrgenommenen wirtschaftlichen Rahmenbedingungen. Verschiedene Umfragen zeigen, dass die meisten in Russland tätigen ausländischen Unternehmen beabsichtigen, ihre Geschäftstätigkeit auszubauen.

6 Glück allein – oder Politik?

Insgesamt war die russische Wirtschaftsleistung während der Präsidentschaft Putins exzellent. Das Wirtschaftswachstum hat sich trotz verminderter Produktion im Energiesektor beschleunigt. Auch wenn es keinen Zweifel daran geben kann, dass das Putin-Regime in wirtschaftlicher Hinsicht großes Glück hatte, ist der Anteil, den die Politik zum Erfolg beitrug, nicht zu vernachlässigen.

Der wichtigste glückliche Umstand für Russland war der steigende Ölpreis. Im Frühjahr des Jahres 1998 lag er bei lediglich zehn US-Dollar pro Barrel. Zehn Jahre später stieg er kurzfristig bis auf über 140 US-Dollar. Russland kam diese Preissteigerung aber nicht vollständig zugute, da die Ölexporte im schwächelnden US-Dollar abgerechnet wurden, viele der Importe aber im erstarkenden Euro – und dennoch entstand daraus ein unerwarteter Gewinn. Den Ölpreisen folgten die Gaspreise mit Abstand. Die Preise für Metall, ein weiteres russisches Exportgut, stiegen ebenfalls stark.

Der Energiesektor hat vor dem Einbruch der Weltmarktpreise im Sommer 2008 zwei Drittel der russischen Exporteinnahmen gestellt, etwa 40 % der Staatseinnahmen und bis zu 30 % des BIP. Russland muss aber, anders als andere Energie produzierende Länder, eine sehr große Bevölkerung versorgen. Die durch Energieexporte erzielten Einnahmen reichen jedoch

Abb. 3: Warenstruktur der russischen Exporte 2007

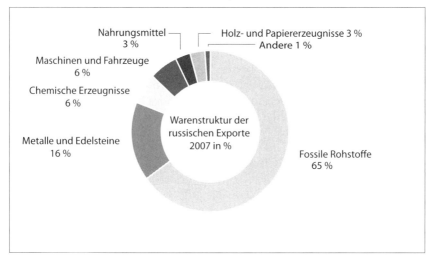

Quelle: Russischer Föderaler Dienst für Statistik.

Abb. 4: Warenstruktur der russischen Importe 2007

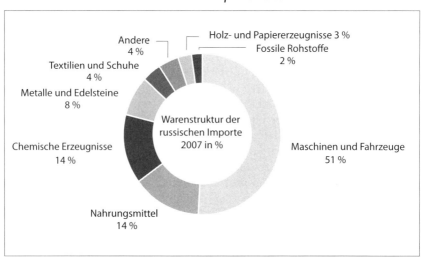

Quelle: Russischer Föderaler Dienst für Statistik.

nicht für die soziale Sicherung aller Russen aus. Russland kann nicht von Energie allein leben. Des Weiteren stellen die Branchen der Energiegewinnung und -verteilung nur 1,5 % der Arbeitsplätze in Russland. Die Schlüsselfrage für die Zukunft lautet also: Wie wettbewerbsfähig werden die anderen 98,5 % der Arbeitsplätze sein? Dies wird den Platz Russlands in der Weltwirtschaft bestimmen und entscheidend für den zukünftigen Lebensstandard der russischen Bevölkerung sein.

Es war ebenfalls ein Vorteil für Putins Russland, dass der entscheidende Institutionen- und Strukturwandel bereits in den 1980er Jahren begonnen hatte. Neue Unternehmen, etwa im Bereich Telekommunikation und Computersoftware, waren vor allem im Dienstleistungsbereich entstanden und diese Entwicklung setzt sich fort. Die wirtschaftlichen Rahmenbedingungen sind ungünstig und die meisten russischen Unternehmen arbeiten ineffektiv, gewöhnlich aber steigern sie ihre Ergebnisse. Letztlich sind Verbesserungen gegenüber früher und nicht das Leistungsniveau der Schlüssel zum Wachstum. Das es besser wird, heißt aber noch lange nicht, dass das Wohlstandsniveau westlicher OECD-Staaten schnell erreicht werden kann.

Die Gesamtproduktion Russlands sank in den 1990er Jahren statistisch gesehen um 40 %. Einige der Produktionskapazitäten erwiesen sich als nutzlos, da es für ihre Produkte keine Abnehmer mehr gab. Viele Produktionsstätten waren bereits veraltet und befanden sich marktwirtschaftlich betrachtet nicht an sinnvollen Standorten. Im Jahre 1998 brach der Rubelkurs ein: von sechs Rubel pro US-Dollar auf 20 bis 25 Rubel pro US-Dollar. Importierte Gebrauchsgüter konnten sich nun nur noch wenige Menschen leisten. Die Wettbewerbsfähigkeit russischer Produkte über den Preis verbesserte sich drastisch und die russischen Unternehmen reagierten mit einer Steigerung des Angebots. Diese Quelle des Wirtschaftswachstums hat ihren Ursprung also ebenfalls in der Zeit vor Putin.

Wirtschaftliches Wachstum unter Nutzung der bereits vorhandenen Produktionsanlagen ist der einfachste Weg, da keine großen Investitionen erforderlich sind. Allerdings ist Wachstum auf der Basis alter Produktionsanlagen eine schlechte Grundlage, um die Wettbewerbsfähigkeit dauerhaft sicherzustellen. Zudem war im Jahr 1999 bereits ein Drittel der Produktionsanlagen in Russland älter als 20 Jahre. Innerhalb von fünf Jahren wuchs dieser Anteil auf über die Hälfte an.

Zusammenfassend lässt sich sagen, dass die Krise der 1990er Jahre einen Konsens in der Wirtschaftspolitik schuf, der nach 1998 dringend benötigt wurde. Eigentümlicher Weise erwies es sich für Putins Russland als vorteilhaft, dass es eine nicht wirklich geldbasierte Wirtschaft erbte. So herrschte im Herbst 1998 in der Industrieproduktion die Barterwirtschaft vor. Das Finanzsystem war kaum entwickelt und der US-Dollar als Zahlungsmittel weit verbreitet. Als die Exportpreise für Öl, Gas und Metall kurz nach der Krise explodierten, flossen mehr und mehr Devisen ins Land. Diese mussten in Rubel konvertiert werden und der Rubelzufluss stieg dementsprechend um bis zu 50 % jährlich. Dieser enorme Zuwachs der Rubelmenge hätte in einer normalen Geldwirtschaft zu Hyperinflation geführt. In Russland aber wuchs die Nachfrage nach Rubel ebenso schnell an, da Barter zunehmend durch Geld ersetzt wurde. Ein weiterer Grund für den großen Rubelbedarf war, dass sowohl für Geldanlagen als auch für Geschäfte zunehmend vom schwächelnden US-Dollar in den erstarkenden Rubel gewechselt wurde. Das Finanzsystem begann sich schnell zu entwickeln, da sowohl Spareinlagen als auch die Kreditaufnahme, insbesondere der Privathaushalte, dynamisch wuchsen.

Die relative makroökonomische Stabilität kann als wichtigste wirtschaftliche Errungenschaft der Putin-Jahre bezeichnet werden. Entscheidend dafür war die Fähigkeit, die enorm angestiegenen Exporteinnahmen intelligent zu nutzen. Nach kurzem Zögern beschloss der Staat in einem ersten Schritt alle Auslandsschulden zu begleichen, was aus russischer Sicht auch das Ansehen vermehrte und die Souveränität des Landes unterstrich. Vor allem aber wurde damit die Kreditwürdigkeit des Landes erheblich gesteigert. Zweitens akkumulierte der Staat die drittgrößten Devisenreserven weltweit, sowie zusätzlich einen Reservefonds, der auf 10 % der russischen Gesamtproduktion beschränkt ist, und einen relativ kleinen Fonds für nationalen Wohlstand. Letzterer ist auf Investitionen ausgerichtet, wird aber vermutlich für die Finanzierung des nationalen Rentensystems verwendet werden, das dringend zusätzliche Geldmittel benötigt. Zum Jahresende 2008 betrugen die russischen Devisenreserven 427 Milliarden US-Dollar, der Reservefonds hatte einen Wert von 137 Milliarden US-Dollar und der Fonds für nationalen Wohlstand belief sich auf 88 Milliarden US-Dollar.

Drittens trug, wie bereits erwähnt, der Einnahmezufluss in hohem Maße zur dringend benötigten Monetarisierung der Wirtschaft, d. h. zur Zurückdrängung der Bartergeschäfte bei und viertens stiegen die Gehälter im öffentlichen Bereich sowie weitere Staatsausgaben, die während der Krise stark zurückgegangen waren. Zurzeit wird diskutiert, welcher Anteil der Einnahmen in Zukunft für Investitionen, insbesondere in Infrastruktur sowie Forschung und Entwicklung, aufgewendet werden soll. Wie sinnvoll eine solche Verwendung der Gelder tatsächlich sein wird, bleibt abzuwarten.

Während der ersten Amtszeit von Präsident Putin bemühte sich die russische Regierung um umfangreiche Reformen. Der so genannte Gref-Plan wurde unter der Leitung des damaligen Ministers für Wirtschaftsentwicklung und Handel, German Gref, erarbeitet. Er enthielt eine Vielzahl institutioneller Maßnahmen: von der Einführung eines einheitlichen Einkommensteuersatzes von 13 % über die Vereinfachung der Unternehmensbesteuerung bis zu Verwaltungsreformen und Maßnahmen im Finanzsektor, die der Stärkung des Kleinunternehmertums dienen sollten. Gleichzeitig wurde die Aufnahme in die Welthandelsorganisation (WTO) aktiv vorangetrieben. Viele dieser und anderer Maßnahmen wurden zumindest teilweise umgesetzt, auch wenn etwa die Verwaltungsreform eher Verwirrung stiftete, als zur angestrebten Entbürokratisierung beizutragen.

Die Politik Putins war nicht konsequent. Mit dem Ende seiner ersten Amtszeit kamen die Reformen zum Erliegen. Einige der vorgeschlagenen Maßnahmen erwiesen sich als falsch konzipiert. Andere Beschlüsse wiederum provozierten soziale Protest, etwa die Monetarisierung der aus sowjetischer Zeit ererbten nicht monetären Leistungen, wie kostenlose Benutzung des öffentlichen Personennahverkehrs oder kostenlose Telefonanschlüsse.[10] Die Bürokratie wurde immer größer und mächtiger und einige Reformen wurden allein dadurch »neutralisiert«. So wurde in Folge der *Jukos*-Affäre,[11] die 2007 mit der Zerschlagung einer der beiden größten privaten Ölfirmen endete, der Firmenbesitz größtenteils wieder unter staatliche Kontrolle gestellt. Dieses Vorgehen demonstrierte den Generalverdacht, unter dem private Großunternehmer, die so genannten Oligarchen, nun standen. Vorrangiges Ziel war es, sie der staatlichen Kontrolle zu unterwerfen – und dies gelang auch. In ähnlicher Weise wurden große Teile der Kompetenzen und Zuständigkeiten, die auf regionaler Ebene angesammelt worden waren, rezentralisiert. Als dann offensichtlich wurde, dass die Weltmarkpreise für Öl und Gas hoch bleiben würden, stieg die Selbstzufriedenheit und viele Reformen erschienen nun weniger dringend.

Russland wollte seinen Großmachtstatus wiederherstellen und gleichzeitig strebte das politische Zentrum in Moskau nach Rückeroberung der Kontrolle über die Privatwirtschaft und die Entscheidungsträger in den Regionen. Die 1990er Jahre wurden immer mehr als Jahre der Schwäche, sogar der Anarchie angesehen – nicht aber als Jahre der Freiheit. Dies galt auch für den wirtschaftlichen Bereich. Die offizielle oder inoffizielle Zustimmung, teilweise sogar die aktive Unterstützung des politischen Zentrums, war jedoch für alle großen und viele der kleineren Initiativen nötig. Dies trug zu wachsender Korruption bei. Gegen Ende dieser Periode wurde der Wunsch vieler Politiker nach Gründung neuer Staatsunternehmen und

Schaffung neuen Staatsbesitzes zunehmend offensichtlich, auch wenn die Entscheidungsträger darüber öffentlich nicht debattierten. Eine Ausnahme von diesem allgemeinen Trend bildet die Elektrizitätswirtschaft.

Aus verschiedenen Gründen haben die Bemühungen um eine WTO-Mitgliedschaft an Schwung verloren und sind Probleme in den Beziehungen zwischen Russland und der EU aufgetaucht. Dennoch muss betont werden, dass die Mehrzahl der vorangegangenen Reformen nicht zurückgenommen wurde.

7 Alte Probleme bleiben aktuell

Ungeachtet aller Erfolge wurden in der Putin-Ära die langfristigen Probleme der russischen Wirtschaft nicht gelöst. Seit dem Beginn der *Jukos*-Affäre 2004 hat sich das Wachstum der Ölproduktion bereits merklich verlangsamt und es wird erwartet, dass sich diese Entwicklung in absehbarer Zeit fortsetzen und das Wachstum im nächsten Jahrzehnt zum Erliegen kommen wird. Ebenso wächst die Gasproduktion nur sehr langsam, wobei unabhängige Produzenten weiterhin ein gewisses Produktionswachstum vorweisen können, während die Produktionszahlen des staatlichen Konzerns *Gazprom* stagnieren. Auch wenn neue Technologien erworben, viel Geld verbraucht und Schulden aufgenommen wurden um Eigentum umzuverteilen, sind die Produktionsinvestitionen insgesamt jedoch immer noch nicht ausreichend. Im Jahre 2005 investierte der Ölsektor drei Mrd. US-Dollar. Für das Jahr 2009 ist eine Summe von 18 Mrd. vorgesehen. Aber nach wie vor kann die russische Wirtschaft nicht allein auf der Basis von Erdöl und Erdgas wachsen. Im Gegenteil – die relative Bedeutung des Energiesektors wird wohl zurückgehen.

Sollten die internationalen Ölpreise nicht noch einmal kräftig anziehen, werden die russischen Exporteinnahmen drastisch fallen. Gleichzeitig sind die Importe zuletzt (in Euro gerechnet) jährlich um ein Drittel gestiegen. Der bereits traditionelle Leistungsbilanzüberschuss wird dahinschwinden. Gleichzeitig wird Russland keine großen Reserven und Investitionsmittel mehr akkumulieren können.

In den Jahren 2006 und 2007 stieg der Kapitalzufluss nach Russland bemerkenswert an. Dies gilt insbesondere für das Jahr 2007, wobei ausländische Direktinvestitionen den Löwenanteil ausmachten. Aber auch kurzfristiges Kapital wurde durch ein überdurchschnittlich günstiges Preisgefüge angezogen. Wenn Russland einer der Hauptempfänger dieses kurzfristigen, teilweise auch spekulativen, Kapitals wird, so wie viele andere große

Schwellenländer es bereits sind, könnte dies eine neue Quelle für makroökonomische Stabilität darstellen. Dies birgt aber, wie der Einbruch der russischen Börse um 70% nach dem Abzug spekulativen Kapitals im Zuge der internationalen Finanzkrise im Herbst 2008 zeigte, auch Risiken.

Es wurde weiter oben bereits betont, dass sich in Russland derzeit ein tief greifender Strukturwandel vollzieht. Dies gilt allerdings nur für den Binnenmarkt. Die Exportstruktur ist heute eher noch stärker auf Rohstoffe ausgerichtet. Die allgemeine Wettbewerbsfähigkeit der russischen Industrie ist gering. Die Produktionsanlagen sind nach wie vor veraltet, Forschung und Entwicklung wird in den Unternehmen kaum Beachtung geschenkt und die Arbeitskräfte sind im Durchschnitt älter geworden. Zumeist basiert die russische Wettbewerbsfähigkeit auf zeitweiligen Kostenvorteilen, die schnell wieder verschwinden können. Russland wird kein Billig-Produktionsland werden, das mit den asiatischen Staaten konkurrieren kann. Wettbewerbsvorteile müssen deshalb in anderen Bereichen erschlossen werden.[12]

Der Erneuerungsbedarf ist dabei groß. Im Langzeittrend ist bereits eine Verschlechterung in fast allen Bereichen sichtbar, angefangen bei der Gesundheit der Bevölkerung und dem Forschungs- und Bildungssystem über die Infrastruktur für Produktion und Dienstleistungen bis zu den Streitkräften. Die Belastung der öffentlichen und privaten Haushalte ist enorm und die Ausgaben werden fast zwangsläufig weiter ansteigen. Gleichzeitig wird es ausgesprochen schwierig sein, die Staatseinnahmen zu steigern, wenn die Energiepreise nicht erneut steigen. Der große Haushaltsüberschuss der letzten Jahre wird verschwinden, und damit ein Tor geöffnet, durch das die Politik nach Russland zurückkehren kann. Die Finanzpolitik kann sich dann nicht mehr auf die Verteilung von Überschüssen konzentrieren, sondern muss effektive Akzente setzen.

Das größte demografische Problem ist die Halbierung der Altersgruppe der 18-Jährigen in einigen Jahren. Dies wird entscheidende Auswirkungen auf den Arbeitsmarkt, das Bildungssystem, die Rentenlast und das Militär haben. Auch die Arbeitskosten werden dadurch weiter steigen. Keine Bevölkerungspolitik kann diese Entwicklung abwenden, zumindest nicht in nächster Zeit. Der nun allmählich sichtbar werdende Anstieg der Geburten ist eine indirekte Folge des Babybooms der späten 1940er Jahre und kein langfristiger Trend. Wenn dann zusätzlich die Lebenserwartung der Männer steigt, was sehr gut möglich ist, wird das Rentensystem, das sich jetzt bereits in einer Notlage befindet, zusätzliche finanzielle Mittel benötigen.

8   Vorbereitung auf die Zukunft

Ähnlich dem zu Beginn der Putin-Jahre konzipierten Gref-Programm, laufen seit 2006 die Arbeiten an einem Wirtschaftsprogramm bis zum Jahr 2020. Ein Entwurf war einzusehen auf www.economy.gov.ru und rief kontroverse Diskussionen hervor. Grundsätzlich berücksichtigt der Entwurf zum so genannten Programm 2020 die bisherigen Erfolge und Probleme. Für einen anhaltenden Aufschwung der russischen Wirtschaft wird es allerdings nicht ausreichend sein, einfach auf dem bereits eingeschlagenen Weg »weiterzutrotten«. Ebenso sollte nicht die gesamte Wirtschaft von Rohstoffen abhängen, auch wenn es möglich wäre, die Wertschöpfung durch diese noch zu steigern. Deshalb wurde beschlossen, dass die Zukunft auf vier I-Wörtern basieren solle: Innovation, Institutionen, Infrastruktur und Investitionen. Nur eine auf Innovationen gestützte Entwicklung kann hohe Wachstumsraten sichern und Russland zur fünftgrößten Wirtschaftsmacht weltweit im Jahre 2020 aufsteigen lassen.

Die Modernität des Ansatzes ist unbestritten. Und dennoch ist er auch problematisch. Das Programm versucht vor allem durch eine Steigerung öffentlicher Ausgaben in allen genannten I-Wörter-Bereichen hohe Wachstumsraten beizubehalten. Dies wird zu einem ernsten Missverhältnis in der Wirtschaft führen. Darüber wird in Russland diskutiert.

Obwohl der Entwurf auch Faktoren wie Wettbewerb und Marktöffnung einbezieht, enthält er grundsätzlich eine lineare Sicht auf Innovationen, die in der russischen Debatte kaum hinterfragt wird. Der Entwurf legt den Schwerpunkt auf den Anstieg der Ausgaben – eine Anhebung des Anteils für Forschung und Entwicklung am BIP um mehr als das Dreifache in nur zwölf Jahren ist vorgesehen – sowie auf die Neugründung von Forschungsinstituten zur Entwicklung von technischen Innovationen. Das ist jedoch allzu einfach. Letztlich kann man auch fragen, ob Innovationen überhaupt der Schlüssel zu Russlands Prosperität sind.

Moderne Theorien des Wirtschaftswachstums teilen Volkswirtschaften in zwei Gruppen, in gut funktionierende und nicht funktionierende. Es gibt jene, in erster Linie die OECD-Länder, die bereits die allgemeine Effektivitäts- oder Technologiegrenze erreicht haben. Diese Volkswirtschaften funktionieren gut und bieten ein hohes Maß an Wohlstand. Aber, um es zu vereinfachen, sie müssen erfinden, experimentieren, neue Produkte, Technologien und Verfahren einführen. Diese Prozesse gehen nur langsam vor sich, sind kostspielig und fehleranfällig. Deshalb wachsen die gut funktionierenden Wirtschaften nur langsam, obwohl sie reich sind. Andererseits sind die nicht gut funktionierenden Wirtschaften noch weit von der Effektivitätsgrenze entfernt. Sie können demzufolge schnell wachsen, indem sie hoch entwickelte Produkte, Technologien und Verfahren einführen, die in anderen Ländern bereits genutzt werden. Dieser Weg – Wachstum durch Nachahmung – war der Schlüssel zum Erfolg in China und Indien, zuvor in Korea und Japan. In der Praxis erfordert der Aufholprozess die Anziehung ausländischer Direktinvestitionen, die Akkumulation ausländischen Fachwissens, aber auch die Verbesserung des Bildungssystems unter anderem durch die Anregung zu Studium und Forschung im Ausland.

Der Entwurf zum Programm 2020 berücksichtigt, dass die russische Wirtschaft zwei grundsätzlichen Herausforderungen gegenübersteht: einem Aufholprozess und Innovationen. Die Chancen durch Nachahmung erfolgreich zu sein, werden aber entschieden heruntergespielt – vielleicht steht Nachahmung einer ehemaligen Supermacht, die ihre Selbstachtung gerade wieder gefunden hat, nicht gut zu Gesicht. Damit besteht jedoch die Gefahr, dass mit dem Entwurf falsche Prioritäten gesetzt werden.

Der Entwurf enthält sehr ambitionierte Wachstumsprognosen, insbesondere im internationalen Vergleich. Das gilt auch für die angenommene demografische Entwicklung. Man geht davon aus, dass Russland im Jahre 2020 mit der richtigen Bevölkerungspolitik und insbesondere wegen der sich am Arbeitsmarkt orientierenden und nach Regionen differenzierten Immigration wieder eine Bevölkerung von 143 Millionen Menschen erreichen kann.

Insgesamt bedeutet der Entwurf eine Rückkehr zu den reformerischen Akzenten des frühen Gref-Programms. Er unterstreicht die Bedeutung von Rechtsstaatlichkeit und Demokratie, einer beschränkten Rolle des Staates in der Wirtschaft, der Stärkung der Zivilgesellschaft, des Kampfes gegen Korruption und bürokratische Willkür, der Integration Russlands in das globale und europäische System, besserer wirtschaftlicher Rahmenbedingungen für Kleinunternehmer und Ähnliches mehr. Darin unterscheidet er sich wesentlich von den Empfehlungen der zweiten Hälfte der Putin-Ära. Es ist daher eine politische Frage, wie sehr die Medwedew-Jahre sich von den Putin-Jahren unterscheiden werden.

Anmerkungen

1   Aus dem Englischen von Judith Janiszewski.
2   Siehe dazu auch den Beitrag von Heiko Pleines in diesem Band.
3   Zur Rezentralisierung der Macht siehe den Beitrag von Wladimir Gelman in diesem Band.

4 Zur Privatisierung der Landwirtschaft siehe den Beitrag von Peter Lindner in diesem Band.

5 Die entsprechenden Studien werden im Beitrag von Ksenia Gonchar in diesem Band vorgestellt.

6 Eine ausführlichere Diskussion der Wettbewerbsfähigkeit der russischen Wirtschaft bietet der Beitrag von Ksenia Gonchar in diesem Band.

7 Siehe dazu auch den Beitrag von Heiko Pleines in diesem Band.

8 Ein Überblick über verschiedene Ranglisten findet sich in: Russlandanalyse, Nr. 156, 8.2.2008, www.laender-analysen.de.

9 http://www.cefir.ru/index.php?l=eng&id=307 und http://web.worldbank.org/WBSITE/EXTERNAL/COUNTRIES/ECAEXT/RUSSIANFEDERATIO-NEXTN/0,,contentMDK:20467889~menuPK:1040995~pagePK:141137~piPK:217854~theSitePK:305600,00.html (Zugriff am 26.5.2009).

10 Vgl. den Beitrag von Jevgenij Gontmacher in diesem Band.

11 Zur *Jukos*-Affäre siehe den Beitrag von Heiko Pleines in diesem Band.

12 Siehe den Beitrag von Ksenia Gonchar in diesem Band.

Ksenia Gonchar

Wettbewerbsfähigkeit und Innovationen in der russischen Industrie[1]

1   Einleitung

Im Jahr 2007 verkündete das russische Statistikamt, dass das Bruttoinlandsprodukt (BIP) erstmals wieder über das Niveau des Jahres 1989 gestiegen sei, d. h., erst jetzt war das Produktionsniveau von vor fast 20 Jahren wieder erreicht. Strukturell und qualitativ werden heute natürlich andere Produkte für andere Märkte hergestellt und häufig mussten neue Produktionsanlagen unter hohem Konkurrenzdruck aus dem Nichts geschaffen werden.

Wenn man die Wettbewerbsfähigkeit der russischen Industrie zu Beginn der Amtszeit von Präsident Dmitrij Medwedew beurteilen möchte, darf man die schwere Wirtschaftskrise nicht vergessen, die dazu führte, dass in den 1990er Jahren in etlichen Bereichen wenig oder gar nicht investiert wurde, vor allem bei der Ausrüstung und Infrastruktur, bei der Qualifizierung der Mitarbeiter und den neuen Technologien. Die Wirtschaft muss die dringendsten Probleme nun umgehend lösen: Es gilt Straßen zu bauen, die Produktionstechnik in den Betrieben zu modernisieren, die Armut in der Bevölkerung zu bekämpfen und Wohnraum instand zu halten. Zudem müssen die Bereiche Wissenschaft und Bildung wieder aufgebaut werden.

Aufgrund dieses Problemdrucks spricht man oft davon, dass sich die russische Wirtschaft an einer Wegscheide befinde. In den letzen 20 Jahren gab es nie so gute Bedingungen für die Entwicklung der Industrie wie heute. Die Nachfrage nach Investitionen ist hoch, Ressourcen sind in ausreichendem Maße vorhanden, Produktionstechnologie und neue Materialien sind auf dem Weltmarkt relativ gut zugänglich. Der Lebensstandard und die Konsumnachfrage innerhalb der Bevölkerung haben sich bereits erhöht, und gleichzeitig ist die Qualität der Nachfrage gestiegen – sie ist nun komplexer, beständiger und zahlungskräftiger. Der Staat hat große Infrastrukturprojekte in Angriff genommen und eine Reform der natürlichen Monopole, d. h. der Monopole in leitungsgebundenen Wirtschaftsbereichen wie Telekommunikation, Strom- und Erdgasversorgung, die beinahe die gesamte verarbeitende Industrie des Landes mit Aufträgen versorgen können, durch-

gesetzt. Den Produzenten werden nun Anreize geboten, ihre Produktionsanlagen zu erneuern und Innovationen einzuführen. In der Zentralbank
und bei der Regierung sind solide Finanzreserven angelegt worden.

2   Wachstums- und Risikofaktoren

Zu Beginn des Jahrtausends machten alle Experten die Importsubstitution,
d. h. die Verdrängung von Importen durch heimische Produktion, die auf
die Rubelentwertung im Jahr 1998 folgte, als Wachstumsquelle aus. Später
nannte man die steigenden Preise für Rohstoffe als Grund für das Wachstum. Heute wächst die russische Wirtschaft aufgrund steigender Produktivität, steigenden Konsums und steigender Produktionsvolumen. Entgegen
düsterer Prognosen, die in den 1990er Jahren eine »Deindustrialisierung«
vorhersagten, wächst die verarbeitende Industrie schneller und effektiver
als die rohstofffördernde Industrie. Trotz der offensichtlich positiven Entwicklungen finden sich aber heute in Aufsätzen und Artikeln zur Wettbewerbsfähigkeit der russischen Industrie Einschätzungen, die noch genau
so pessimistisch sind wie in den Jahren der schwersten Krise. Es werden
internationale Ratings zur Wettbewerbsfähigkeit diskutiert, die Russland
im Jahr 2007 auf Platz 58 von 131 möglichen sehen – zwischen Kroatien
und Panama.[2]
   Auch wenn die Aussagekraft dieser Ratings skeptisch beurteilt werden
sollte, sind sie doch ein beunruhigendes Signal für die geringen Erfolge
bei der Reform der institutionellen Rahmenbedingungen und der sozioökonomischen Entwicklung. Woran liegt das? Wie kann eine nicht wettbewerbsfähige Wirtschaft wie die russische viele Jahre in einem Tempo
wachsen, das nur von China übertroffen wird? Und wie kommt es, dass
eine Industrie, die komplexe Ausrüstungen für Kraftwerke planen und
umsetzen kann, ganz zu schweigen von Flugzeugen und Weltraumsta-
tionen, bei der absoluten Produktivität international dramatisch hinter-
herhinkt? Nach Berechnungen der Weltbank beträgt die durchschnittliche Produktivität in der russischen Industrie nur 40 % des brasilianischen
Niveaus, ein Drittel des südafrikanischen und die Hälfte des polnischen. In
Deutschland ist sie zehnmal so hoch wie in Russland. Russland liegt damit gleichauf mit China und knapp vor Indien, wobei die wesentlich geringeren Arbeitskosten in diesen Ländern berücksichtigt werden müssen.[3]
   Bezüglich der Frage nach den Ursachen des dynamischen russischen
Wachstums können wir feststellen, dass die Verortung Russlands in der
Wettbewerbs-Weltrangliste und der Erdölpreis als Antwort nicht ausrei-

chen. Die Strukturen und die Qualität des russischen Wirtschaftswachstums haben sich seit Mitte der 2000er Jahre geändert. Die Binnennachfrage wuchs aufgrund der Einnahmen aus den Rohstoffexporten. Der mittlere Jahreszuwachs der Binnennachfrage betrug 2000 bis 2004 schon 6% und 2005 bis 2007 mehr als 10%. Die rohstofffördernden Branchen erreichten gegen Mitte des Jahrzehnts ihre natürlichen Wachstumsgrenzen und die wirtschaftlichen Spitzenpositionen wurden von Branchen übernommen, die den Binnenmarkt bedienen, wie etwa Nahrungsmittelindustrie, Holzverarbeitung, Baugewerbe – Produktionszweige also, deren Waren nur schwer durch Importware ersetzt werden können.

Gründe hierfür sind die großen Entfernungen in Russland, die besonderen Vorlieben der Konsumenten, etwa für Autos, die den russischen Straßen gewachsen sind, und die Abhängigkeit von in Russland geförderten Rohstoffen (etwa bei der Benzinproduktion). Zu den Produkten, die nicht so einfach importiert werden können, gehören so zum Beispiel Traktoren, Turbinen und Lkws, die an die russischen Gegebenheiten angepasst sein müssen. Gleichzeitig haben die staatseigenen natürlichen Monopole insbesondere in der Telekommunikation und der Energieversorgung aufgrund technischer Modernisierung eine starke Nachfrage nach Produkten aus der heimischen verarbeitenden Industrie ausgelöst.

Die Stärkung des Rubel seit 1999 erhöhte die Attraktivität des Binnenmarkts für die wettbewerbsfähigsten russischen Unternehmen, die sich während der Wirtschaftskrise auf den Export konzentriert hatten. Interviews mit den Managern einiger Stahlwerke zeigen, dass diese wegen der gegenüber dem Weltmarkt geringeren Transportkosten, der Wettbewerbsfähigkeit über den Preis und der für sie überschaubaren Marktregulierung gern auf den Binnenmarkt zurückkehren würden.[4] Darüber hinaus ist die Investitions- und Innovationspolitik in der Stahlindustrie schon auf den erwarteten Anstieg der Binnennachfrage des Staates (Energiewirtschaft, Infrastruktur) und privater Firmen (Automobilindustrie, Transportmaschinenbau) eingestellt.

Es scheint, dass die sorgenvolle Beurteilung der langfristigen Perspektiven der russischen Wirtschaft ihren Grund in der Unzufriedenheit mit der Qualität des Wachstums hat. Russische Firmen haben es versäumt, sich im Zuge der steigenden Binnennachfrage Wettbewerbsvorteile zu verschaffen und mussten den Binnenmarkt ausländischen Konkurrenten überlassen (siehe *Abbildung 1*). Es war in der Amtszeit von Präsident Wladimir Putin ein nie dagewesener Anstieg ausländischer Investitionen zu verzeichnen[5], und dies verweist bereits auf einen zukünftig sich verschärfenden Kampf um den russischen Binnenmarkt, dessen Ausgang noch nicht absehbar ist.

Abb. 1: Entwicklung des Mengenvolumens in Export, Import und der Industrieproduktion 2000- 2007 (Veränderung in %)

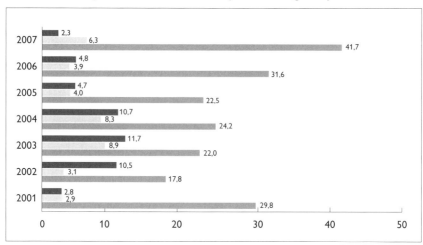

Quelle: Russischer Föderaler Statistikdienst/*Rosstat*); Russischer Föderaler Zolldienst (FTS).

Der zweite kritische Punkt, an dem Russland angreifbar ist, betrifft die schwache Position russischer Unternehmen im Vergleich zu globalen Unternehmen, die auf die Herstellung hochtechnologischer Produkte ausgerichtet sind und damit langfristige Perspektiven für ihre Wettbewerbsfähigkeit aufbauen können. Außer einigen öl- und gasfördernden Unternehmen sowie manchen Stahl- und Telekommunikationsunternehmen ist es keinem russischen Unternehmen gelungen, Teil der weltwirtschaftlichen Firmen-Elite zu werden. Untersuchungen zum Verhalten großer russischer Unternehmen, deren Ergebnisse weiter unten dargestellt werden, zeugen davon, dass sich sogar die innovativen Unternehmen nicht ausreichend darum bemühen, Fachwissen für die Wirtschaft nutzbar zu machen. Das raubt ihnen wiederum die Gelegenheit, nicht monetäre Wettbewerbsvorteile zu erringen, und begrenzt die Möglichkeit beim Preis-Leistungs-Verhältnis konkurrenzfähig zu bleiben. Im Vergleich zu China, Indien und den neuen Industriestaaten in Südostasien ist Russland hier bereits ins Hintertreffen geraten.

Der zunehmende Mangel an qualifizierten Fachkräften und, damit einhergehend, höhere Lohnkosten machen es den russischen Unternehmen schwer, Bereiche zu finden, in denen sie durch im internationalen Ver-

gleich erkennbare Kostenvorteile tatsächliche Wettbewerbsvorteile aufrechterhalten können. Es ist offensichtlich, dass die Erfolge im wirtschaftlichen Konkurrenzkampf auch in mittelfristiger Perspektive nicht so sehr
von den Ausgaben für die verschiedenen Ressourcen abhängen werden als
vielmehr von der Fähigkeit russischer Unternehmen, nicht monetäre Faktoren im Wettbewerb für sich zu nutzen. Dabei geht es vor allem um Pro-
duktivitätssteigerungen, Investitionsanreize und die Förderung von Forschung und Entwicklung.

In *Tabelle 1* sind die Wettbewerbsvorteile und -nachteile der russischen
Industrie zusammengefasst. Sie zeigt, dass der Wettbewerbsvorteil, der
durch Rohstoffvorkommen und relativ niedrige Lohnkosten entsteht, erhalten geblieben ist. Sein Fortbestehen hängt davon ab, wie schnell sich die
Binnenpreise für Energie an die Weltmarktpreise angleichen werden. Die
Vorteile jedoch, die sich aus der Abwertung des Rubel ergaben, sind bereits erschöpft und eine weitere Stärkung der nationalen Währung »straft«
einerseits zwar die Exporteure, gibt aber andererseits jenen Unternehmen
eine Chance, die Rohstoffe und Einzelteile importieren.

Das Investitionsklima in Russland verbessert sich also, im Vergleich
zu anderen Transformationswirtschaften aber relativ langsam; darüber
hinaus behindern die unzulänglichen wirtschaftlichen Rahmenbedingungen die besonders effektiven und wettbewerbsfähigen Unternehmen
am stärksten.

Versuchen wir an der Qualität der Statistiken nicht zu zweifeln und die
Vermutung zu ignorieren, russische Firmen würden ihre Verluste und damit ihre Ineffizienz übertreiben, um Steuern zu hinterziehen. Dann ist es
sehr wahrscheinlich, dass der Abstand zwischen Russland und den entwickelten Ländern der Welt nicht nur mit der technologischen Rückständigkeit zu erklären ist. Auch die Existenz äußerst ineffektiver Unternehmen,
die überleben, weil sie auf geschlossenen regionalen Märkten agieren oder
weil besondere soziale Umstände vorliegen, trägt dazu bei. Ein Beispiel
hierfür ist die einzige Brotfabrik in einer abgelegenen Siedlung, die für
keinen weiteren Investor interessant ist und einfach ohne Reformen weiter produziert. Ihre Verluste wiederum werden vom Staat übernommen,
um die billige Versorgung der Bevölkerung mit Grundnahrungsmitteln
zu gewährleisten. Solche ineffektiven Unternehmen, die um ein Vielfaches
hinter den Branchenführern zurückbleiben, gibt es aber auch in Brasilien
und erst recht in Indien. Sie können also das schlechte Abschneiden Russlands nicht allein erklären.

Tab. 1: Wettbewerbsvorteile und Unzulänglichkeiten der russischen Industrie

Preisliche Wettbewerbsfähigkeit, die vom Wechselkurs der nationalen Währung abhängt	
Vorteile	**Nachteile**
Die Entwertung des Rubel im Jahr 1998 ermöglichte Importsubstitutionen, schuf Wettbewerbsvorteile bei den Ausgaben und den Preisen, wodurch das Wirtschaftswachstum in Gang kam.	2007 erreichte der Rubelkurs wieder das Niveau von 1997 – das Jahr vor der Rubelkrise. Dies verminderte die Wettbewerbsfähigkeit Russlands in Bezug auf Preise und Ausgaben. Steigt der Rubelkurs, wird die Position der Importeure auf dem Binnenmarkt gestärkt und die Position der Nicht-Rohstoffexporteure auf den internationalen Märkten geschwächt.
Arbeitskosten	
Vorteile	**Nachteile**
1999 halbierte sich die Kaufkraft der Löhne im Vergleich zu 1996. 2009 sind die tatsächlichen Lohnkosten in den westlichen Industrieländern zehnmal höher als in Russland.	Die Arbeitskosten wachsen schneller als die Arbeitsproduktivität. Die Ausgaben für Arbeit sind wesentlich höher als in den Konkurrenzländern China, Indien und Malaysia.
	In großen städtischen Ballungsgebieten, in denen sich der Großteil der Industrie konzentriert, haben sich die Gehälter in einigen Berufszweigen stark an die in westlichen Ländern angenähert.
Material-, Energie- und Transportkosten	
Vorteile	**Nachteile**
Niedrige Energiepreise sichern Wettbewerbsvorteile, insbesondere für die Metallindustrie und energieintensive Bereiche der chemischen Industrie. Die übrigen Rohstoffe kaufen die russischen Firmen zu Weltmarktpreisen. Rohstofffördernde Branchen und die Metallindustrie profitierten von steigenden Weltmarktpreisen für ihre Exporte	Der hohe Energieverbrauch aufgrund veralteter Technologien mindert den Preisvorteil. Die Preise für Energie steigen, wenn auch langsamer als bei der ausländischen Konkurrenz.
	Die enorme geografische Ausdehnung des Landes verursacht hohe Transportkosten.
	Schwierige Förderbedingungen lassen die Produktionskosten für Erdöl steigen.

Arbeitsproduktivität	
Vorteile	Nachteile
Außer in der Energiewirtschaft und in einigen Branchen des Maschinenbaus wächst sie in allen Bereichen dank rasch steigender Produktionszahlen und einer aktiven Restrukturierung der Unternehmen; diese ist von Arbeitsplatzabbau und einer Modernisierung der Produktionsanlagen begleitet.	Sie ist im Vergleich zu den wichtigsten Konkurrenzländern immer noch extrem niedrig.

Technologisches Know-how und Innovationen	
Vorteile	Nachteile
Die Industrie konnte ihr Know-how und ihre Schlüsselkompetenzen bewahren, Spitzenwissenschaftler wechselten aus wissenschaftlichen Instituten zu großen Unternehmen. Die Produktionsmittel werden aktiv modernisiert und fortschrittliche industrielle Technologien werden eingeführt.	Ein technologischer Rückstand zu den globalen Spitzenunternehmen bleibt bestehen. Auch wenn die Investitionen stark wachsen, bleibt ihr Umfang immer noch hinter dem tatsächlichen Modernisierungsbedarf zurück. Die meisten Unternehmen setzen auf Produktionsausweitung und Wettbewerbsfähigkeit durch niedrige Kosten.

3   Extreme Unterschiede bei der Wettbewerbsfähigkeit

Fragen wir also umgekehrt, welchen Teil der russischen Wirtschaft man als gefestigt und global wettbewerbsfähig bezeichnen kann. Die Antwort hängt von den Bewertungskriterien und den Untersuchungsobjekten ab. In russischen Expertenkreisen haben sich zwei Betrachtungsweisen etabliert: Die einen berechnen die Wettbewerbsfähigkeit nach Branchen, die anderen nach einzelnen Unternehmen. Zur ersten Schule gehört das Zentrum für volkswirtschaftliche Prognosen, das 2007 eine Bewertung der Wettbewerbsfähigkeit nach Branchen vorgenommen hat, unter Berücksichtigung solcher Kriterien wie 1) Stellung auf dem Welt- und Binnenmarkt, 2) technologisches Know-how der Branche, 3) Wettbewerbssituation auf den Märkten, 4) Versorgung mit Rohstoffen, 5) Attraktivität der Arbeitsplätze, 6) Ausmaß der Schattenwirtschaft. Das wichtigste Kriterium aber ist der Umfang des von einer Arbeitskraft erzeugten Gewinns sowie die Wachstumsrate dieser Kennzahl.[6]

Unter Berücksichtigung dieser Kriterien befinden sich in der Spitzengruppe Branchen, die zusammengenommen mehr als die Hälfte der Industrieproduktion mit 16% der Beschäftigten erzeugen. Dazu gehören die Erdöl- und Erdgaswirtschaft sowie die Metallindustrie. Offensichtlich hängt die führende Position dieser Branchen wesentlich mit den Rohstoffpreisen auf den Weltmärkten zusammen, mit der hohen Konzentration der Produktion und mit einer bedeutenden Verbesserung des Managements in den großen privaten Firmen. Ähnliche Branchenwerte weisen Eisenindustrie, Groß- und Petrochemie sowie Papier- und Zelluloseindustrie auf. Diese Branchen profitieren dank der russischen Rohstoffe ebenfalls von steigenden Exporten und können eine noch größere Wertschöpfung vorweisen. Interessant ist, dass auch die Nahrungsmittelindustrie in dieser kleinen Spitzengruppe vertreten ist, deren gute Bewertung aus der Binnennachfrage und einer schnellen Erneuerung der Produktionsanlagen und der Produktionstechnologie resultiert.

Zu den absoluten Verlierern zählen die Autoren der Studie fast alle Branchen des Maschinenbaus, mit Ausnahme einiger Bereiche der Rüstungsindustrie, und die Leichtindustrie. Diese Branchen gingen wegen technologischer Rückständigkeit und geringer Führungsqualitäten in der großen internationalen Konkurrenz unter. Alle anderen Branchen gehören der mittleren Gruppe an, die sich durch große Unterschiede bei den äußeren und inneren Produktions- und Marktbedingungen auszeichnet. Unter den neuen Hochtechnologie-Branchen sind es die Softwareproduktion und Biotechnologie, die gute Perspektiven haben.

Die Wettbewerbsfähigkeit der Unternehmen soll anhand einer Studie der Moskauer *Higher School of Economics* und der Weltbank näher betrachtet werden.[7] Diese Untersuchung basiert auf einer Umfrage unter Unternehmen aus der verarbeitenden Industrie. Die Ergebnisse zeigen, dass die Unterschiede in der Effektivität und bei anderen Kennzeichen der Wettbewerbsfähigkeit zwischen konkurrierenden Unternehmen innerhalb einer Branche wesentlich größer sind als zwischen Unternehmen aus verschiedenen Branchen. Bei den Unternehmen einer Branche differierte die Produktivität um das 25-Fache im Vergleich zu einer Differenz um das 5- bis 6-Fache bei Unternehmen aus verschiedenen Branchen. In der Leichtindustrie, deren Lage auf den ersten Blick hoffnungslos scheint, haben sich Marktführer entwickelt, die Exportnischen gefunden, die Produktion modernisiert und damit die Produktivität erhöht haben.

Deshalb wurde für die Studie eine Datenaufarbeitung gewählt, die es erlaubt, die wettbewerbsfähigen Unternehmen aller Branchen zu identifizieren und getrennt zu analysieren. Dazu wurde ein kombinierter Indikator angewendet: die Selbsteinschätzung der Wettbewerbsfähigkeit durch die Unternehmen in Abgleich mit statistischen Angaben zur Arbeitsproduktivität im Vergleich zum Mittelwert der jeweiligen Branche. Die Zahlen zeigen, dass ungefähr ein Viertel der großen und mittleren Unternehmen der verarbeitenden Industrie zu den Unternehmen gehören, die im russischen Vergleich wettbewerbsfähig sind. Solche Unternehmen gibt es in allen Branchen, wobei ihr Anteil in der chemischen Industrie merklich höher ist, wie *Abbildung 2* zeigt. Es zeigt sich allerdings auch, dass die Zahl der konkurrenzfähigen Unternehmen zu gering und ihre Führungsposition nicht gefestigt ist, zumal gerade die am besten abschneidenden Unternehmen nicht ausreichend innovativ sind und zu wenig investieren.

Abb. 2: Wettbewerbsfähigkeit der Unternehmen nach Wirtschaftsbranchen

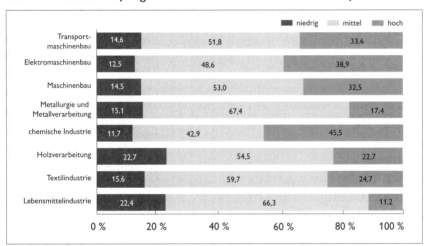

Quelle: eigene Daten (*Higher School of Economics* und Weltbank).

4 Innovationen und Wettbewerbsfähigkeit

Die Innovationstätigkeit der russischen Wirtschaft wird oft als paradox bezeichnet: Die Regierung investiert große Summen in Forschung und Entwicklung, der private Sektor aber imitiert nur, statt Innovationen auf wissenschaftlicher Grundlage anzustreben, und am Ende bleibt als größtes Problem das »verblüffende Missverhältnis zwischen investierten Mitteln und erzielten Ergebnissen«[8].

Die russische Regierung hat beschlossen, zur Förderung von Innovationen ein Entwicklungsmodell anzuschieben, das auf der Neugründung staatlicher Holdinggesellschaften wie *Rostechnologija* und *Rosnanotechnologija* basiert sowie auf dem großzügig finanzierten föderalen Programm »Forschung und Entwicklung in den für die Entwicklung des wissenschaftlich-technischen Bereichs wichtigsten Branchen in Russland von 2007 bis 2012«. Es wurden mit staatlicher Beteiligung zwei *Venture Funds*, d. h. Fonds zur Finanzierung von langfristigen, innovativen Geschäftsideen, gegründet (»Russian Venture Company« und der »Russische Investitionsfonds für Informations- und Kommunikationstechnologie«).

Zur Förderung von Forschung und Entwicklung entstehen auch Technologieparks und technisch-wissenschaftliche Innovationszonen. Dafür wurden im Jahr 2007 schätzungsweise mehr als 40 Milliarden US-Dollar ausgegeben.[9] Mit anderen Worten, der oft wiederholte Vorwurf der Regierungskritiker, der Staat würde zu wenig Innovationen anstoßen und auch zu wenig dafür ausgeben, ist nicht zutreffend: Es wurden praktisch alle Elemente einer staatlichen Förderung von Innovationsprozessen angewandt, die Mittel für Forschung und Entwicklung wurden erheblich aufgestockt und es wurden Anreize für Unternehmen geschaffen, ihre Ausgaben in diesem Bereich ebenfalls zu erhöhen.[10]

Allerdings glaubt niemand, dass diese Ressourcen effektiv eingesetzt werden. Zweifel schürt vor allem die Intransparenz bei den neuen staatlichen Kapitalgesellschaften und die allgemein geringen Ausgaben des Staates für Wissenschaft und Forschung in den vergangenen Jahren. Private Industrieunternehmen sind, trotz ihrer relativ geringen Ausgaben für Forschung (40 % im Vergleich zu den vom Staat investierten 60 % aller Ausgaben in diesem Bereich), wesentlich erfolgreicher. Nach Angaben des Staatlichen Patentamts entfallen auf staatliche Unternehmen, wissenschaftliche Forschungsinstitute, Konstruktionsbüros und Universitäten, die im Wesentlichen die Staatsausgaben für Wissenschaft und Forschung absorbieren, nur 3 % der im Jahr 2006 registrierten Lizenzverträge und der Verträge über Patentabtretungen, im Vergleich zu einem Anteil der nicht staatlichen Unternehmen von 81 %.[11]

Die oben vorgestellte Studie der Moskauer *Higher School of Economics* und der Weltbank zeigt, dass die Innovationstätigkeit in der russischen Industrie höher ist, als die offizielle Statistik angibt. Der Vergleich zwischen Ländern mit mittlerem Einkommensniveau bezüglich einiger Kennziffern zu technologischem Niveau und industriellen Innovationen zeigt, dass russische Unternehmen insgesamt gut mit Informationstechnologien ausgestattet sind, aber bei der Einführung neuer Technologien und bei den Ausgaben für Wissenschaft und Forschung hinter ihren Konkurrenten zurückbleiben (siehe *Tabelle 2*).

Tab. 2: Wichtige Kennziffern des technologischen Niveaus und des Innovationsverhaltens von Industrieunternehmen im internationalen Vergleich (2004; in %)

	Unternehmen mit zertifizierter Einhaltung von Vorgaben der Internationalen Organisation für Normung (ISO)	Unternehmen, die E-Mail für den Kontakt mit Zulieferern und Kunden nutzen	Unternehmen, die ihre Dienste im Internet anbieten	Unternehmen, die in den letzten drei Jahren neue Technologien eingeführt haben	Unternehmen, die in den letzten drei Jahren neue Produkte eingeführt haben	Ausgaben für Wissenschaft und Forschung in % des Umsatzes
Russland	37,9	92,9	51,7	29,5	45,6	0,4
Tschechien	12,5	83,4	83,1	23,2	36,4	0,2
Irland	17,2	86,4	84,8	38,1	62,3	0,7
Korea	17,6	77,4	k.A.	16,2	57	0,1
Brasilien	19,1	92	73,1	36,6	96,3	0,9
China	35,9	k.A.	k.A.	67,9	42,7	2,5
Indien	k.A.	62,1	35,9	31,9	k.A.	0,5

Quelle: eigene Berechnungen nach Daten von *Higher School of Economics* und Weltbank.

Warum sind russische Unternehmen weniger innovativ als ihre Konkurrenten? Es gibt unterschiedliche Erklärungen: 1) Die akuten kurzfristigen Bedürfnisse der Firmen, die sich gerade aus der Krise wieder hocharbeiten, haben Priorität, 2) Innovationen bringen nicht sofort einen sichtbaren Erfolg mit sich, insbesondere wenn sie auf das Experimentieren mit einer Produktlinie beschränkt sind oder allein auf der Erneuerung einzelner Maschinen beruhen. Solche Maßnahmen können isoliert von anderen Zielen und Kompetenzen des Unternehmens kaum die Wettbewerbsposition verbessern. Innovationen können also nur erfolgreich sein, wenn sie zusammen mit anderen wichtigen Maßnahmen in Angriff genommen werden, wenn sie in strategische, organisatorische und Investitionsmaßnahmen integriert sind und beständig verfolgt werden.

Eine der letzten Umfragen unter russischen Unternehmen, die sich den Strategien zur Erhöhung der Wettbewerbsfähigkeit widmet, wurde vom Moskauer *Institute for Economies in Transition* im Jahr 2008 durchgeführt. Sie zeigt, dass Manager den Ankauf neuer Produktionsmittel als wichtigste Maßnahme zur Erhöhung der Wettbewerbsfähigkeit ansehen, an zweiter Stelle stehen die Senkung der Ausgaben und der Anstieg der Produktqualität. Diese Ergebnisse spiegeln zwei wichtige Phänomene wider: das Vorherrschen veralteter Technik in den Unternehmen und den schlichten Mangel an Produktionskapazitäten, deren Wachstum mit der rasch ansteigenden Nachfrage nicht mithalten kann. Steigende Wettbewerbsfähigkeit durch Innovationen – Entwicklung und Herstellung neuer Produkte – wird immer weniger populär: Im Jahr 2008 befanden nur 51 % der Unternehmen dies für wichtig, im Vergleich zu 61 % im Jahr 2006.[12]

5 Kreditaufnahme und Finanzkrise

Die Investitionsmittel für die Ausweitung der Produktionskapazitäten und die Einführung neuer Produkte werden in entwickelten Marktwirtschaften oft über die Finanzmärkte, insbesondere über Kredite und Börsengänge, akquiriert. Die internationale Finanzkrise im Herbst 2008 belastete so auch die weltweite Realwirtschaft und führte zu einer weltweiten Rezession. Die Abhängigkeit der russischen Wirtschaft von den Börsen ist gering, da weniger als 5 % der großen und mittleren Unternehmen hier Kapital aufgenommen haben. Der Einbruch des russischen Börsenindizes um bis zu 70 % betraf deshalb die meisten russischen Unternehmen nicht. Die Kreditaufnahme der russischen Unternehmen ist hingegen beträchtlich. Die Zins- und Tilgungszahlen beliefen sich allein für das 4. Quartal 2008 auf etwa 50 Milliarden US-Dollar. Insbesondere in der Holzwirtschaft, der Erdölverarbeitung, der Landwirtschaft und dem Einzelhandel ergibt sich aus der großen Verschuldung ein erhebliches Konkursrisiko für viele Unternehmen. Bereits stark betroffen von der Zahlungskrise ist der Immobiliensektor, was auch Auswirkungen auf die Bauindustrie haben wird. Viele Unternehmen reagieren auf diese Situation mit der Streichung von Investitionsprojekten.

6 Resümee

Die Untersuchung hat gezeigt, dass sich die Wettbewerbsfähigkeit der russischen Wirtschaft einer einfachen Analyse entzieht. Die nicht wettbewerbsfähigen Teile der Wirtschaft sind aufgrund der steigenden Binnennachfrage und der wachsenden Arbeitsproduktivität schnell gewachsen. Es konnten Marktführer und Nachzügler auf Branchen- und auf Unternehmensebene ausgemacht werden. Unternehmen, die auf dem Weltmarkt konkurrenzfähig sind, gibt es nur wenige und diese sind insbesondere in den Bereichen zu finden, deren Effektivität von natürlichen Ressourcen abhängt. Russland ist ein Land mit hohem Innovationspotenzial und einem niedrigen Niveau bei der tatsächlichen Innovationstätigkeit, in dem nach langer Krise die aktive Modernisierung, d.h. die technische Umrüstung der Industrie, gerade beginnt. Inwieweit diese durch die Finanzkrise des Jahres 2008 verlangsamt wird, ist noch nicht absehbar.

Anmerkungen

1 Aus dem Russischen von Judith Janiszewski.
2 The Global Competitiveness Report 2007–2008. World Economic Forum, http://www.weforum.org (Zugriff am 25.5.2008).
3 The World Bank, The Russian Economic Report 13 (2006), S.18, http://www.worldbank.org.ru.
4 Die Interviews wurden im Jahr 2008 von der Autorin mit finanzieller Unterstützung des Wissenschaftsfonds der Moskauer *Higher School of Economics* geführt.
5 Auch wenn im Zuge der internationalen Finanzkrise zur Jahresmitte 2008 eine Krise der russischen Börse und ein Abzug ausländischen Kapitals bemerkbar war.
6 Centr makroėkonomičeskogo prognozirovanija, Rossijskoe ėkonomičeskoe čudo. Sdelaem sami. Prognoz razvitija ėkonomiki Rossii do 2020 goda, Moskau 2007, S.295–328.

7 Viktorija Golikova/Ksenija Gončar/Boris Kuznecov/Andrej Jakovlev: Rossijskaja promyšlennost' na pereput'e. Čto mešaet našim firmam stat' konkurentosposobnymi, Moskau 2007.
8 OECD Economic Surveys. Russian Federation, Paris 2006.
9 Vedomosti vom 26.05.2008.
10 Siehe dazu auch den Beitrag von Stefan Meister in diesem Band.
11 Rospatent, Godovoj otčet Rospatenta za 2006. Obespečenie pravovoj ochrany ob"ektov intellektual'noj sobstvennosti, http://www.fips.ru/rep2006/r1.htm (Zugriff am 25.5.2008).
12 Die Umfragedaten werden jeweils publiziert im *Monthly Industrial Survey* und veröffentlicht unter www.iet.ru.

Heiko Pleines

Energiewirtschaft und Energiepolitik

1   Einleitung

Russland ist nach Saudi-Arabien der zweitgrößte Erdölproduzent der Welt und noch vor den USA der größte Erdgasproduzent. Russland gehört zudem immer noch zu den fünf größten Kohleproduzenten der Welt. Die Energiewirtschaft ist mithin von zentraler ökonomischer Bedeutung für Russland. Sie hat einen Anteil von einem Viertel am Bruttoinlandsprodukt und trägt damit etwa die Hälfte zur gesamten Industrieproduktion des Landes bei.[1] Gleichzeitig haben Erdöl und Erdgas einen Anteil von zwei Dritteln am gesamten russischen Export. Fast zwei Drittel der russischen Erdgas- und Erdölexporte wiederum gehen in die EU.[2] Dies bedeutet umgekehrt, dass russische Exporte gut ein Viertel des Erdgasverbrauchs und ein Fünftel des Erdölverbrauchs der EU decken.[3] Über den Export bekommt die russische Energiewirtschaft also auch eine außenpolitische Dimension.

Gleichzeitig sind diese Exporteinnahmen entscheidend für die russischen Staatsfinanzen. Bis zu 50 % der Einnahmen des föderalen Staatshaushalts bestanden in den letzten Jahren aus Steuern und Zöllen auf Erdöl und Erdgas. Diese Einnahmen haben es auch ermöglicht, dass Russland in seinem staatlichen Stabilisierungsfonds, der unter Präsident Wladimir Putin eingerichtet wurde, um Rücklagen für zukünftige Projekte zu bilden, von 2004 bis 2008 über 190 Milliarden US-Dollar angesammelt hat, während gleichzeitig die Auslandsschulden um 60 Milliarden US-Dollar abgebaut wurden und die Zentralbank 2008 mit weiteren 550 Milliarden US-Dollar die zweitgrößten Devisenreserven der Welt besaß.[4]

Obwohl Erdöl und Erdgas die russische Energiewirtschaft dominieren, hat Russland auch einen bedeutenden Kohlebergbau, mit einem Anteil von 12 % an der Primärenergieversorgung des Landes, sowie Elektrizitätswerke mit einer Jahresproduktion von über 900 Milliarden kWh, was etwa dem Anderthalbfachen der deutschen Produktion entspricht. Deshalb ist die russische Energiewirtschaft nicht nur wegen ihres ökonomischen Gewichts, sondern auch wegen ihrer Vielfalt ein hervorragendes Beispiel für die zentralen Entwicklungen, Herausforderungen und Widersprüche der russischen Wirtschaft und Wirtschaftspolitik. Die wichtigen Aspekte werden im Folgenden jeweils für Erdöl, Erdgas, Kohle und Strom vorgestellt. Es sind dies die sowjetische Erblast, die Rolle beim Wirtschaftsaufschwung, die außenpolitische Instrumentalisierbarkeit und die Rolle des Staates als Eigentümer.

2 Sowjetische Erblast

In der Sowjetunion begann ähnlich wie in Westeuropa der Aufstieg der Energiewirtschaft mit dem Kohlebergbau und der Elektrizitätswirtschaft. Ab den 1960er Jahren gewann dann Erdöl zunehmend an Bedeutung, in den 1970er Jahren kam Erdgas hinzu.[5] In der sowjetischen Planwirtschaft wurden die Preise für Energie extrem niedrig angesetzt. Sowjetische Industriebetriebe bezahlten für die von ihnen verbrauchte Energie zeitweise weniger als ein Zehntel des Weltmarktpreises. Dementsprechend bestanden keine Anreize, Energie zu sparen. Gleichzeitig waren die Produktionsprozesse in der Energiewirtschaft sehr ineffizient, da die Einstellung verbreitet war, Ressourcen seien ja im Überfluss vorhanden. Nach dem Ende des Sozialismus sah sich die russische Energiewirtschaft deshalb mit einem immensen Restrukturierungs- und Modernisierungsbedarf konfrontiert.

2.1 Kohle

In der Sowjetunion spielte der Kohlebergbau eine Schlüsselrolle bei der Industrialisierung. Infolgedessen war Kohle in den 1950er Jahren mit einem Anteil von über 50 % mit Abstand der wichtigste Primärenergieträger. Mit der zunehmenden Substituierung durch Erdöl und –gas, ermöglicht durch die Erschließung der sibirischen Vorkommen, sank die Bedeutung der Kohle aber seit den 1960er Jahren kontinuierlich. Ihr Anteil am Primärenergieverbrauch lag 2008 bei etwa 15 %.

Der dramatische Bedeutungsrückgang der Kohle wurde jedoch innerhalb der Planwirtschaft weitgehend ignoriert. Der Kohlebergbau wurde subventioniert, und Bergarbeiter galten weiterhin als »Arbeiterelite«. Restrukturierungs- und Modernisierungsmaßnahmen hingegen wurden vernachlässigt. Mit dem Wegfall des staatlichen Schutzes nach dem Ende der Planwirtschaft stürzte der Kohlebergbau deshalb in eine schwere Strukturkrise, wie sie in vielen westlichen Industriestaaten bereits in den 1960er Jahren eingesetzt hatte.

Die Folgen dieser ungünstigen Bedingungen lassen sich an einigen Zahlen demonstrieren. Mitte der 1990er Jahre produzierte ein russischer

Bergmann im Durchschnitt 200 Tonnen Kohle im Jahr, ein britischer hingegen 2 000 und ein US-amerikanischer sogar 4 000 Tonnen. Die Produktionskosten pro Tonne Kohle erreichten zu dieser Zeit in Russland etwa 40 US-Dollar, während der Weltmarktpreis bei 35 US-Dollar lag. Fast alle Kohlezechen erwirtschafteten deshalb Verluste und waren von staatlicher Unterstützung abhängig. In den 1990er Jahren brach die russische Kohleproduktion um ein Drittel ein. Die Krise des Kohlebergbaus hatte auch weitreichende soziale Konsequenzen. Über die Hälfte der Bergleute wurde entlassen. Gleichzeitig sanken die realen (d. h. um die Inflation bereinigten) Löhne im Bergbau deutlich. Da die Kohlebetriebe ferner für einen großen Teil der sozialen Infrastruktur verantwortlich waren, führte ihre Krise auch zum Zusammenbruch von Teilen des Gesundheitssystems, der Kinderbetreuung und des Freizeitangebots.

Aufgrund der regionalen Konzentration von Kohlevorkommen ist der Kohlebergbau grundsätzlich auf wenige Förderregionen beschränkt, die dementsprechend von den wirtschaftlichen und sozialen Folgen der Kohlekrise stark getroffen wurden. So erfolgt allein im Kusnezker Becken *(Kuzbass)* in Sibirien mittlerweile über die Hälfte der Kohleproduktion.[6]

2.2 Erdöl

Die industrielle Erdölproduktion im großen Stil begann in Russland in der südwestlichen Uralregion in den 1950er Jahren. In den 1970er Jahren wurden die Ölvorkommen in Westsibirien erschlossen. Die Bedeutung von Erdöl für die sowjetische Wirtschaft stieg damit deutlich an und der Anteil von Öl am Primärenergieverbrauch betrug zeitweise über 50 %. Die russische Erdölproduktion erreichte Ende der 1980er Jahre ihren Höhepunkt. Mit dem Zusammenbruch der sowjetischen Planwirtschaft kam es zu einem dramatischen Produktionsrückgang von über 40 %. Mitte der 1990er Jahre stabilisierte sich das Produktionsniveau dann. Der Anteil von Erdöl am Primärenergieverbrauch ist aber mittlerweile auf 20 % gesunken.

Die Nachhaltigkeit des Produktionseinbruchs nach dem Ende der Sowjetunion hatte zwei grundlegende Ursachen. Zum einen ging das Investitionsniveau in der Erdölindustrie in den 1990er Jahren deutlich zurück. Die veralteten Förderanlagen erlaubten jedoch keine Produktionsausweitung mehr. Zum anderen waren die erschlossenen Vorkommen, vor allem in Westsibirien, schon weitgehend erschöpft, so dass zur Aufrechterhaltung des Produktionsniveaus dringend neue Vorkommen erschlossen werden müssen. Die Erschließung und Förderung neuer Vorkommen ist jedoch aufgrund der klimatischen und geologischen Bedingungen mit erheblichen Problemen und daraus resultierenden Kosten und zeitlichen Verzögerungen verbunden.[7]

2.3 Erdgas

Die Expansion der sowjetischen Erdgasindustrie begann nach dem Zweiten Weltkrieg vor allem auf der Grundlage ukrainischer Vorkommen. Als die ukrainischen Vorräte zunehmend erschöpft waren, begann in den 1970er Jahren die Erschließung von russischen Vorkommen in Nordwestsibirien. Im Ergebnis stieg die russische Erdgasproduktion von 1970 bis 1990 um etwa das Sechsfache, und Erdgas erreichte am Ende dieses Zeitraums einen Anteil von 50 % am Primärenergieverbrauch Russlands.

Die russische Erdgasproduktion blieb auf Nordwestsibirien konzentriert. In den 1990er Jahren kamen 85 % der russischen Erdgasproduktion allein aus der Jamalo-Nenec Region. Der Produktionsrückgang in der Erdgasindustrie nach dem Zusammenbruch der Sowjetunion war bei Weitem weniger dramatisch als der gesamtwirtschaftliche Produktionseinbruch und im Vergleich zur Erdölindustrie war die Entwicklung relativ stabil. Das Problem der Erdgasindustrie besteht darin, dass die Gasfelder zunehmend erschöpft sind und zur längerfristigen Aufrechterhaltung des Produktionsniveaus dringend neue Vorkommen erschlossen werden müssen.

Die Erschließung und Förderung der Vorkommen nördlich des Polarkreises ist aufgrund der klimatischen Bedingungen dieser Region mit erheblichen technischen Problemen und daher mit hohen Kosten verbunden. Die bereits in der Sowjetunion entwickelten Pläne zur Erschließung der Gasvorräte der Jamal-Halbinsel wurden deshalb erst Ende 2008 in Angriff genommen. Gleichzeitig will die russische Regierung die Erdgasexporte stark ausweiten, was eine deutliche Produktionssteigerung erforderlich macht. Seit Ende der 1990er Jahre ist die russische Gasindustrie nicht mehr in der Lage, alle Lieferverpflichtungen zur erfüllen und muss Gas aus Turkmenistan importieren.[8]

2.4 Strom

Die »Elektrifizierung des ganzen Landes« war eines der vorrangigen Ziele der sowjetischen Planwirtschaft. Da die sowjetische Industrie sehr energieintensiv arbeitete, war der Energieverbrauch ausgesprochen hoch. Die

Stromproduktion wurde dementsprechend bis zum Ende der Sowjetunion fortwährend gesteigert. Der Schwerpunkt lag dabei auf dem Bau von Wärmekraftwerken, die die in Sibirien produzierten fossilen Brennstoffe nutzten. Zusätzlich entstanden in Sibirien große Wasserkraftwerke. Vor allem im europäischen Teil des Landes wurden Atomkraftwerke gebaut. Mitte der 1990er Jahre wurden knapp 70% der Elektrizität in Wärmekraftwerken erzeugt, 20% in Wasserkraftwerken und gut 10% in Atomkraftwerken. Das Leitungsnetz wurde auf eine Gesamtlänge von 2,5 Millionen Kilometern ausgebaut. Der Wirtschaftseinbruch Anfang der 1990er Jahre führte dann aber auch zu einem Rückgang der Stromproduktion. Erst in der zweiten Hälfte der 1990er Jahre kam es zu einer Stabilisierung auf dem Niveau der frühen 1980er Jahre. Mit einem Anteil von über 10% an der Industrieproduktion gehört die Stromwirtschaft aber weiterhin zu den größten russischen Industriebranchen.

Die Stromwirtschaft hatte nach dem Ende der Planwirtschaft einen erheblichen Modernisierungsbedarf. Zum einen arbeitete sie mit einem Wirkungsgrad von weniger als 35% sehr ineffizient, zum anderen wurden die veralteten Kraftwerke zunehmend unzuverlässig. Engpässe bei der Versorgung mit Brennstoff führten zu zusätzlichen Problemen. Folge waren in den 1990er Jahren häufige Stromausfälle. Insbesondere im Fernen Osten kam es im Winter zu regelmäßigen Energiekrisen.[9]

2.5   Ineffizienz und Umweltprobleme

Zusammenfassend lässt sich festhalten, dass die russische Energiewirtschaft eine ineffiziente und zunehmend veraltete Produktionstechnik von der Sowjetunion geerbt hat. Gleichzeitig hatte die Planwirtschaft zu einer Ressourcenverschwendung geführt, die man sich in den 1990er Jahren nicht mehr leisten konnte. Im Ergebnis haben alle Bereiche der Energiewirtschaft einen riesigen Investitionsbedarf. Die Energiestrategie der russischen Regierung schätzt diesen für die Jahre 2010 bis 2015 auf mindestens 60 Milliarden US-Dollar für die Erdölindustrie, 50 Milliarden US-Dollar für die Erdgasindustrie, über 40 Milliarden US-Dollar für die Stromwirtschaft und fünf Milliarden US-Dollar für den (bereits stark reduzierten) Kohlebergbau.

Da in der Planwirtschaft Energie verschwendet wurde, ist Russland immer noch mit energieintensiven Techniken ausgestattet – bis hin zu Heizungen für alle Wohnräume, die ohne Regler in den Wintermonaten automatisch volle Leistung bringen. Die resultierende Energieverschwendung hat beachtliche Ausmaße. Allein die Anwendung von in westlichen Ländern üblichen Technologien könnte so den russischen Energieverbrauch um etwa ein Drittel reduzieren.

Die Produktion von Energie in großem Umfang und mit veralteter Technik hat darüber hinaus fatale ökologische Konsequenzen. Russland ist der weltweit drittgrößte Produzent von Kohlendioxid nach den USA und China. Die Produktion von Atomenergie mit veralteten Reaktoren sowjetischen Typs bedeutet außerdem ein schwer einschätzbares Risiko.[10]

3 Ölboom und Wirtschaftsentwicklung

Die russische Regierung entwickelte für die einzelnen Bereiche der Energiewirtschaft Anfang der 1990er Jahre sehr unterschiedliche Konzepte. Die Erdölwirtschaft wurde in etwa ein Dutzend Unternehmen zerlegt, die größtenteils privatisiert wurden. Der Pipelinebetreiber *Transneft* blieb jedoch unter staatlicher Kontrolle. Die Erdgaswirtschaft wurde komplett in den Konzern *Gazprom* überführt, der teilprivatisiert wurde. Die Unternehmen des Kohlebergbaus und der Stromwirtschaft wurden jeweils in einer nationalen Holdinggesellschaft zusammengefasst. In der Stromwirtschaft kam es dabei zu einer Teilprivatisierung. Auf die fortwährenden Probleme aller Bereiche des Energiesektors reagierte der Staat in den 1990er Jahren mit regelmäßigen Reformplänen zur Änderung der Organisationsstruktur, die jedoch keine durchgreifenden Veränderungen mehr brachten.

Ein starker Anstieg der Erdölpreise, denen die europäischen Erdgaspreise automatisch folgen, ließ dann seit Anfang der 2000er Jahre die Krise der russischen Energiewirtschaft in Vergessenheit geraten. Der Weltmarktpreis für Erdöl, der in den 1990er Jahren zeitweise fast auf 10 US-$ pro Barrel gesunken war, erreichte 2004 bereits 40 US-$, stabilisierte sich dann 2006/07 bei etwa 60 bis 70 US-$ und stieg 2008 kurzfristig sogar auf über 140 US-$. Nach einem kurzfristigen Einbruch auf 40 € stieg er bereits wieder auf das Niveau von 2006/07. Obwohl auch die Preise für andere Energieträger auf dem Weltmarkt stiegen, konnten der Kohlebergbau und die Stromwirtschaft in Russland von dieser Entwicklung nur begrenzt profitieren. Dies liegt vor allem daran, dass sie wegen mangelnder Exportmöglichkeiten weitgehend auf den russischen Binnenmarkt mit seinen niedrigeren Preisen beschränkt sind.

3.1 Produktions- und Exportpotenzial

Entscheidend für die wirtschaftliche Rolle von Erdöl und Erdgas ist, ob es Russland gelingt, die Produktion auszuweiten oder zumindest auf dem jetzigen Stand zu halten. Die russische Regierung hat ehrgeizige Pläne entwickelt, die neben einer Steigerung der Exporte nach Europa die Aufnahme von Lieferungen nach Asien und teilweise auch Nordamerika vorsehen. Im Ergebnis soll der Anteil neuer Abnehmerländer bis 2020 auf fast ein Drittel steigen. Viele Experten befürchten deshalb, dass Russland sich übernimmt und mehr Lieferverträge eingeht als es wird erfüllen können.[11]

Die entsprechenden Risiken lassen sich in geografische und wirtschaftspolitische einteilen. Die geografischen Risiken beziehen sich zum einen auf die Lage der neuen Förderfelder im hohen Norden oder in Ostsibirien. In beiden Fällen muss die erforderliche Infrastruktur unter ungünstigen klimatischen Bedingungen erst geschaffen werden, was kosten- und zeitintensiv ist. Zum anderen ist die Größe der Felder noch nicht bekannt, so dass die Produktion später niedriger ausfallen kann als erwartet. Die wirtschaftspolitischen Risiken wiederum verringern die Attraktivität der erforderlichen großen Investitionen in die Erdöl- und Erdgasproduktion. Zum einen schöpft der russische Staat den größten Teil der Einnahmen aus den gestiegenen Weltmarktpreisen ab, so dass die russischen Unternehmen nur begrenzt von den Rekordpreisen profitierten und damit auch weniger Investitionsmittel zur Verfügung haben. Zum anderen schreckt der Staat ausländische Investoren ab, die neben Finanzmitteln auch moderne Fördertechnik ins Land bringen könnten. Als weiteres Problem wird häufig das staatliche Eigentum an vielen Öl- und Gaskonzernen genannt, welches ein ineffizientes Firmenmanagement zur Folge habe.

Während es also zweifelhaft ist, ob die russische Produktion nachhaltig steigen wird, führt das dynamische Wirtschaftswachstum der Putin-Jahre gleichzeitig zu einer größeren Nachfrage auf dem Binnenmarkt. Der mehrheitlich im Staatseigentum befindliche Erdgaskonzern *Gazprom* etwa hat darauf reagiert, indem er zum einen versucht russische Kraftwerke von Erdgas auf Kohle umzustellen und sich zum anderen langfristige Lieferzusagen der zentralasiatischen Produzentenländer sichert.

Gleichzeitig erfordern die russischen Exportpläne aber nicht nur eine entsprechende Produktion, sondern auch eine umfangreiche Exportinfrastruktur. Die Pipelineprojekte, wie eine Erdgaspipeline durch die Ostsee, eine Erdgaspipeline von Westsibirien über das Altai-Gebirge nach China und eine Erdölpipeline von Ostsibirien in den Fernen Osten für Exporte nach Japan, China und Südkorea, verursachen Kosten in Milliardenhöhe und haben Realisierungszeiten von etlichen Jahren. Die Pläne einer deutlichen Ausweitung der Exporte bis 2020 erscheinen deshalb sehr ambitioniert und dürften sich wohl nur teilweise realisieren lassen. Also wird die Energiewirtschaft, wie auch Pekka Sutela in seinem Beitrag in diesem Band argumentiert, in Zukunft wohl nicht als zentrale Lokomotive der russischen Volkswirtschaft dienen können.

3.2 Die Verwendung der Ölmilliarden

Während die Energiewirtschaft mittlerweile langsamer wächst als die meisten anderen russischen Wirtschaftsbranchen, tragen Erdöl und Erdgas über ihre Zahlungen in den Staatshaushalt weiterhin wesentlich zur russischen Wirtschaftsentwicklung bei. Hohe Deviseneinnahmen aus Rohstoffexporten werden in der wirtschaftswissenschaftlichen Literatur allerdings unter dem Stichwort holländische Krankheit (»*dutch disease*«) auch als Herausforderung für die Wirtschaftspolitik gesehen. Zentrale Probleme sind dabei Inflation und Wechselkurs. Der Zufluss an Geldern aus dem Export führt zu steigenden Konsumausgaben im Inland. In Russland ist so etwa der durchschnittliche Monatslohn von umgerechnet 79 US-Dollar im Jahre 2000 auf 700 US-Dollar im Jahre 2008 gestiegen.[12] Dadurch entstand Inflationsdruck. Der Zufluss an Devisen aus den Abnehmerländern führte gleichzeitig zu einer Aufwertung der heimischen Währung, also des russischen Rubels. Diese Aufwertung verteuerte russische Produkte im Ausland und machte sie damit weniger konkurrenzfähig. Es erhöhte sich das Risiko, dass Rohstoffexporte das einzige weltmarktfähige Produkt des Landes bleiben. Für das bevölkerungsreiche Russland kommt im Gegensatz zu den arabischen Staaten hinzu, dass die Einnahmen aus dem Rohstoffexport nicht ausreichen, um den Lebensstandard der Bevölkerungsmehrheit deutlich zu heben. Für allgemeinen Wohlstand reichen Russlands Erdöl- und Erdgasexporte allein nicht aus.

Die russische Wirtschaftspolitik ist mit diesen Herausforderungen sehr kompetent und weitsichtig umgegangen. Über die Einrichtung eines Stabilisierungsfonds und die Ausweitung der Devisenreserven der Zentralbank hat der russische Staat über 700 Milliarden US-Dollar geparkt und damit ihren Effekt auf Inflation und Wechselkurs neutralisiert. Anstatt populistischem Druck zu folgen und umfangreiche Geschenke an die Wähler zu verteilen, hat der russische Staat seine Auslandsverschuldung konsequent reduziert und einen großen Teil der Gelder als Absicherung in einem Zukunftsfonds angelegt. Dementsprechend konnte die russische Regierung in Reaktion auf die internationale Finanzkrise im Herbst 2008 den russischen Finanzsektor mit staatlichen Geldern stabilisieren und anschließend ein umfangreiches Konjunkturpaket aus den Rücklagen finanzieren.

Zusätzlich werden Gelder in langfristig wichtige Bereiche, wie Bildung, Gesundheit und Infrastruktur, investiert. Während die Neutralisierung der Geldzuflüsse jedoch von einer kleinen Gruppe kompetenter Experten organisiert werden kann, erfolgt die Investition der staatlichen Gelder über die ineffiziente und oft auch korrupte Staatsverwaltung, so dass sich der Erfolg der entsprechenden Projekte bisher in engen Grenzen hält.

4   Energie als Mittel der Außenpolitik

Russland, wie vorher die Sowjetunion, hat bisher keinen Anlass gegeben, an seiner Zuverlässigkeit als Energielieferant für die EU zu zweifeln. Die Abhängigkeit von Russland als zentraler Importquelle für Erdgas und Erdöl ist für die EU trotzdem mit drei wesentlichen Risiken verbunden. Da Erdgas fast ausschließlich über Pipelines transportiert wird, Erdöl aber auch kurzfristig mit Hilfe von Tankern importiert werden kann, gelten diese Risiken in erhöhtem Maße für die Erdgasimporte aus Russland. Hier kann Russland über seine Dominanz die Preise mitbestimmen. Eine zu starke Abhängigkeit von Russland könnte also zu überhöhten Erdgaspreisen führen. Außerdem wäre, wie oben dargestellt, längerfristig ein Lieferausfall aufgrund unzureichender russischer Produktionskapazitäten möglich.[13] Vorrangig ist aber derzeit die Sorge, dass Konflikte zwischen Russland und Transitländern zu vorübergehenden Lieferstopps führen. In diesem Zusammenhang wird Moskau vorgeworfen, die Abhängigkeit von Energielieferungen als außenpolitisches Druckmittel einzusetzen. Das klassische Beispiel hierfür ist die Ukraine.[14]

Die Ukraine ist stark abhängig von russischen Energielieferungen. Gleichzeitig ist sie das wichtigste Transitland für russische Energieexporte. Die gegenseitige Abhängigkeit hat zu einer Pattsituation geführt. Wenn Russland die Lieferungen an die Ukraine stoppt, entnimmt die Ukraine Erdgas aus den Transitpipelines. Der russische Lieferstopp trifft so die EU-Abnehmerländer, die Russland umgehend zwingen, wieder in vollem Umfang zu liefern. Ein solcher Konflikt eskalierte Anfang 2006 – Russland nahm nach drei Tagen die Lieferungen wieder auf – und dann erneut im Januar 2009; dieses Mal hielt der Konflikt länger an und nur durch direkte Intervention der EU wurde ein Kompromiss gefunden.[15]

Pipeline für russische Exporte:
—— Erdölpipeline
– – – geplante Erdölpipeline
—— Erdgaspipeline
– – – geplante Erdgaspipeline
Pipeline für andere Exporte:
—— Erdölpipeline
----- Erdgaspipeline
.... geplante Erdgaspipeline
● Tankerterminal

(C) www.kartographie-kaemmer.de

Ein Problem bleibt jedoch die Preispolitik. Die Nachfolgestaaten der Sowjetrepubliken erhielten lange Zeit russische Energielieferungen zu einzeln ausgehandelten Vorzugspreisen. Im Jahr 2005 beschloss der russische Erdgaskonzern *Gazprom*, von allen ausländischen Kunden Weltmarktpreise zu fordern, verstanden als westeuropäische Preise minus Transitgebühren und Zölle. Der Konzern konnte diese wirtschaftlich motivierte Entscheidung aber nur eingeschränkt umsetzen, denn er musste auf die außenpolitischen Interessen des Landes Rücksicht nehmen. Die Preiserhöhungen erfolgten deshalb sehr ungleichmäßig. Während Belarus, das sich eng an Russland anlehnt, im Jahr 2007 nur einen Preis von 100 US-Dollar pro 1 000 m³ Erdgas bezahlen musste, wurden von der benachbarten Ukraine sowie von Georgien, die beide russlandkritische Regierungen hatten, schon 130 bzw. 235 US-Dollar verlangt. Die baltischen Staaten, die sich mit dem Beitritt zu NATO und EU aus der russischen Einflusssphäre gelöst hatten, bezahlten bereits 240 US-Dollar.[16]

In einigen Fällen hat Russland Lieferungen ausgesetzt. Als Georgien nach einem Machtwechsel einen dezidiert pro-westlichen Kurs einschlug, stellte Russland neben etlichen anderen Sanktionen auch seine Erdgaslieferungen ein. Als Litauen seine staatliche Raffinerie nicht an russische Interessenten, sondern an deren polnische Konkurrenz verkaufte, führten »technische Probleme« des staatlichen russischen Pipelinebetreibers zu einem jahrelangen Lieferstopp.

Zusammenfassend ist zu konstatieren, dass Russland den EU-Markt zuverlässig beliefern will und deshalb vor einer Eskalation des Konflikts mit der Ukraine zurückschreckt. Kleine Nachbarländer ohne Transitpipelines werden jedoch nicht nur über die Preispolitik, sondern auch mit nachhaltigen Lieferstopps unter Druck gesetzt, wenn sie die russische Interessen ignorieren.[17]

5   Der Staat als Eigentümer

Die Erdöl- und Erdgasindustrie wird in den meisten Ländern von staatlichen Firmen dominiert. Staatskonzerne haben einen Anteil von 85 % an der weltweiten Produktion und von sogar über 95 % an den weltweiten Reserven. Bezogen auf die Reserven sind nur vier der 20 größten Erdöl- und Erdgaskonzerne nicht mehrheitlich in Staatsbesitz. Die größte private Ölfirma ist der russische Konzern *Lukoil*, gefolgt von *ExxonMobil* (USA) und *BP* (Großbritannien). Gleichzeitig versuchen immer mehr Förderländer, zuletzt Venezuela und Bolivien, über staatlich gelenkte

Energiekonzerne die Exportgewinne im eigenen Interesse zu nutzen. Auch ein industrialisiertes Land wie Norwegen setzt auf staatliche Energieproduzenten.

Der russische Staat hatte nach dem Ende der Planwirtschaft fast die gesamte Erdölindustrie des Landes privatisiert. Der Anteil des Staates an der russischen Erdölproduktion war so auf unter 15 % gesunken. 2003 kam es dann zu einer Trendwende. Binnen kurzer Zeit übernahm der Staat zwei große private Erdölfirmen und steigerte seinen Anteil an der Erdölproduktion innerhalb von drei Jahren auf fast 40 %.[18]

Vor dem oben dargestellten weltweiten Hintergrund erscheint diese Entwicklung nicht ungewöhnlich. Kritisiert wurde deshalb im russischen Fall vor allem die Vorgehensweise der staatlichen Behörden. Das Musterbeispiel dafür war die *Jukos*-Affäre. Gegen die Eigentümer und Manager des Konzerns wurde in manipulierten Ermittlungsverfahren und Gerichtsprozessen, die rechtsstaatliche Standards in weiten Teilen ignorierten, vorgegangen. Gleichzeitig wurden gegen die damals zweitgrößte russische Erdölfirma *Jukos* manipulierte Steuernachforderungen erhoben, die für zwei Jahre sogar den gesamten Konzernumsatz überstiegen. Da der Konzern die staatlichen Forderungen von 28 Milliarden US-Dollar nicht begleichen konnte, wurde eine Zwangsvollstreckung eingeleitet, bei der als Erstes das zentrale Produktionsunternehmen (und nicht wie eigentlich vorgeschrieben für die Geschäftätigkeit nicht relevante Vermögenswerte) versteigert wurden. Nachdem alle Tochterfirmen zu Vorzugspreisen an staatliche Konzerne gegangen waren, wurde *Jukos* schließlich 2007 in einem Konkursverfahren liquidiert. Die Steuerschulden der *Jukos*-Firmen wurden nach ihrer Übernahme durch Staatskonzerne in der Regel drastisch reduziert.[19]

Die *Jukos*-Affäre zeigt exemplarisch das Instrumentarium des russischen Staates bei der »feindlichen« Übernahme privater Unternehmen: (1) die selektive Anwendung der Gesetze, die einigen Firmen erlaubt, wofür andere bestraft werden, (2) die Manipulation von Ermittlungsverfahren und Gerichtsprozessen und (3) die Diskriminierung der als Eigentümer, Manager oder Anwälte beteiligten Personen durch verschiedene staatliche Behörden. Auch wenn die *Jukos*-Affäre ein Extrembeispiel ist – diese Instrumente kommen häufig zum Einsatz.

Im Falle der Förderlizenz für das Erdgasfeld Kowykta zum Beispiel drohte die zuständige Behörde dem privaten Eigentümer mit Lizenzentzug wegen Nichterfüllung der Klausel über das Produktionsvolumen. Sobald die Firma die Lizenz an den staatlichen Konzern *Gazprom* verkauft hatte, wurde die entsprechende Klausel aus der Lizenzvereinbarung gestrichen. Im Falle eines internationalen Förderkonsortiums auf Sachalin wurden Umweltauflagen benutzt, um den Einstieg von *Gazprom* in das Konsortium zu erzwingen.

Eine wichtige Folge der Übernahme privater Ölfirmen durch den Staat ist deshalb nicht nur ein Anstieg des staatlichen Anteils an der Erdölproduktion, sondern auch eine große Unsicherheit unter privaten Investoren. Sobald staatliche Behörden gegen private Ölfirmen Vorwürfe erheben, beginnen Spekulationen darüber, welche Interessen dahinterstecken und wer die Firma übernehmen möchte. Im Ergebnis werden staatliche Vorschriften weniger als allgemeingültige Regeln denn als Manipulationsinstrument verstanden und private Eigentumsrechte nicht als langfristige Bestandsgarantie gesehen. Dementsprechend gering ist die Bereitschaft, langfristige Investitionen zu tätigen.

Die Schlussfolgerung, der Staat wolle damit grundsätzlich wieder die direkte Kontrolle über die Wirtschaft übernehmen, greift jedoch zu kurz. Das zeigt bereits ein Blick auf die anderen Bereiche der Energiewirtschaft. Der Kohlebergbau wurde seit 1998 privatisiert. Innerhalb von fünf Jahren stieg der Anteil privater Firmen an der Kohleproduktion von 10 % auf 60 % und er wächst seitdem stetig weiter. In der Stromwirtschaft begann unter Präsident Wladimir Putin ein zäher Reformprozess. Ähnlich wie bei den zeitgleich diskutierten Reformen in der EU wurde eine Trennung zwischen Netzbetreibern und Stromproduzenten vollzogen. Während in Russland der landesweite Netzbetreiber unter staatlicher Kontrolle verblieb, wurden die regionalen Stromproduzenten (mit Ausnahme der Atom- und Wasserkraftwerke) weitgehend privatisiert, wobei auch ausländische Investoren zum Zuge kamen. Die Erdgasbranche wiederum wurde nach dem Ende der Sowjetunion in den Konzern *Gazprom* umgewandelt, der unter staatlicher Kontrolle blieb. Hier stockte der Staat seinen Anteil unter Präsident Putin wieder zu einer absoluten Mehrheit auf.

Gazprom ist so auch ein zentrales Beispiel für die Ineffizienz russischer Staatskonzerne. Grundlage für die Misswirtschaft der 1990er Jahre war die Tatsache, dass dem Aufsichtsrat des Konzerns bis 1999 ausschließlich Vertreter der Konzernleitung und der Regierungsorgane angehörten, wobei Vertreter *Gazproms* immer in der Mehrheit waren. Dies war möglich, da die Regierung 1992 einen Unternehmensanteil von 35 % zur treuhänderischen Verwaltung an den Vorsitzenden der Konzernleitung, Rem Wjachirew, übergab. Das Fehlen effektiver Kontrollen gab dem Management die Chance, erhebliche Summen zu unterschlagen und für private Zwecke zu verwenden. Gazprom veräußerte so lukrative Tochterfirmen an die Kinder von Managern und dem Konzern nahestehenden Politikern.

In den 1990er Jahren sollen dem Konzern so jährlich bis zu drei Milliarden US-Dollar entzogen worden sein.[20]

Unter Präsident Putin begann die Regierung die Kontrolle über *Gazprom* zurückzugewinnen. 2001 wurde Wjachirew entlassen und sein Nachfolger im Amt des Konzernleiters, Alexej Miller, holte über Gerichtsprozesse und informellen Druck viele der verschleuderten Tochterfirmen wieder in den Konzern zurück. Trotzdem kam eine Untersuchung des internationalen Investmentfonds *Hermitage Capital Management*, der Anteile an *Gazprom* hält, zu dem Schluss, dass auch in den ersten drei Jahren unter Miller mehr als zwei Milliarden US-Dollar durch Misswirtschaft des Managements verloren gegangen seien. Moniert wurden vor allem überhöhte Honorare für Dienstleistungen und undurchsichtige Finanzflüsse an Zwischenhändler im Gasexport. Derartige Zwischenhändler, teilweise mit Verbindungen zur organisierten Kriminalität, blieben auch unter Miller bis 2008 für die Gasexporte in die Ukraine verantwortlich.

Während Verluste durch Unterschlagungen aber unter Miller deutlich reduziert werden konnten, arbeitet der Konzern weiterhin ineffizient. Obwohl kleine, unabhängige Gasproduzenten sowohl unter der Kontrolle von *Gazprom* über das Pipelinesystem als auch unter bürokratischen Hürden leiden, entwickelten sie sich deutlich besser als der staatliche Riesenkonzern und konnten ihren Anteil an der russischen Erdgasproduktion entschieden ausweiten. Die Analyse von *Hermitage Capital Management* zeigt, dass *Gazprom* für viele Investitionsprojekte überhöhte Preise zahlt. Der Bau eines Kilometers der *Blue-Stream-Pipeline* durch das Schwarze Meer kostete zum Beispiel im russischen Teil etwa doppelt so viel wie im türkischen. Die Kosten, die bei *Gazprom* anfallen, sind in der Regel sowohl im Vergleich mit internationalen als auch mit anderen russischen Erdgasfirmen aufgrund überhöhter Preise und ineffizienter Organisation sehr hoch. Hinzu kommt aus Sicht von *Hermitage Capital Management*, dass *Gazprom* in viele Geschäftsfelder investiert, einschließlich des Aufbaus einer Medienholding und der Übernahme eines Jachthafens, und Investitionen in die Erschließung neuer Vorkommen vernachlässigt.[21]

6 Ausblick

Die Energiewirtschaft hat wesentlich zur wirtschaftlichen Erholung Russlands in den letzten Jahren beigetragen. Der von ihr ausgehende Wachstumsimpuls hat aber seine Kraft verloren. Der finanzielle Beitrag zum Staatshaushalt dürfte hingegen noch für etliche Jahre die Handlungskraft des russischen Staates bestimmen. Zentral für Russlands Entwicklungsperspektive ist deshalb bezogen auf die Energiewirtschaft zum einen, ob es gelingt über die erfolgreiche Erschließung neuer Vorkommen die Erdöl- und Erdgasproduktion zu stabilisieren, und zum anderen, ob längerfristig alternative Wachstumsmotoren gefunden werden können.

Die Regierung hat hier eine ambivalente Rolle gespielt. Einerseits ist sie mit der Herausforderung der Devisenzuflüsse sehr überlegt umgegangen. Andererseits ist sie sowohl mit der Regulierung der Energiewirtschaft als auch mit der Investition der Erdölgelder in sinnvolle Projekte offensichtlich überfordert. Da eine durchgreifende Verwaltungsreform in absehbarer Zeit nicht zu erwarten ist, dürften diese Probleme bestehen bleiben. Dasselbe Manko an Ineffizienz und Korruptionsanfälligkeit stellt sich auch bei der Lenkung staatlicher Energiekonzerne. In beiden Fällen gefährden bürokratische Inkompetenz und Willkür aber auch das privatwirtschaftliche Engagement. Solange Russland keine moderne Verwaltung entwickelt, die allgemeingültigen Regeln folgt, solange werden sowohl staatliche als auch private Firmen Probleme haben. Die Energiewirtschaft ist dafür nur ein Beispiel.

Dementsprechend sollte die Fähigkeit, nicht aber die Bereitschaft, Russlands, seine Energieexporte deutlich auszuweiten, mit Skepsis betrachtet werden. Die finanzpolitische Bedeutung dieser Exporte könnte freilich gleichzeitig einen wichtigen Reformimpuls liefern.

Anmerkungen

1   Aufsätze zu Wirtschaftspolitik und -wachstum finden sich in: Hans-Hermann Höhmann/Heiko Pleines/Hans-Henning Schröder (Hrsg.), Nur ein Ölboom? Bestimmungsfaktoren und Perspektiven der russischen Wirtschaftsentwicklung, Münster 2005.

2   Der deutsche Anteil liegt bei einem Fünftel für Erdgas und gut einem Zehntel für Erdöl.

3   Da in der EU auch Erdgas und Erdöl gefördert werden, liegt der russische Anteil an den EU-Importen höher und beträgt knapp die Hälfte bei Erdgas und ein Drittel bei Erdöl. Für Deutschland liegt der Anteil der russischen Lieferungen beim Erdgas- und Erdölverbrauch bei je etwa einem Drittel.

4   Zahlen zur wirtschaftlichen Bedeutung der Energiewirtschaft liefert neben dem Russischen Föderalen Stastistikdienst/*Rosstat* (www.gks.ru) auch die Weltbank (www.worldbank.org/ru).

5   Zahlen zur russischen Energiebilanz bietet der jährliche BP Statistical Review of World Energy (www.bp.com/statisticalreview).

6 Zur Entwicklung des Kohlebergbaus siehe: Heiko Pleines, Der politische Einfluss der Kohlelobbys in Polen, Russland und der Ukraine. Eine vergleichende Politikfeldanalyse, Arbeitspapiere und Materialien der Forschungsstelle Osteuropa, Nr. 80, Dezember 2006 (www.forschungsstelle.uni-bremen.de).

7 Zur Entwicklung der Erdölwirtschaft siehe: Julia Kusznir, Der politische Einfluss von Wirtschaftseliten in russischen Regionen. Eine Analyse am Beispiel der Erdöl- und Erdgasindustrie, 1992–2005, Stuttgart 2008.

8 Zur Entwicklung der Erdgaswirtschaft siehe Kusznir (Anm. 7).

9 Einen Überblick über die Entwicklung der 1990er Jahre gibt: Kirsten Westphal, Russische Energiepolitik. Ent- oder Neuverflechtung von Staat und Wirtschaft, Baden-Baden 2000.

10 Hierzu ausführlicher die Beiträge in Russian Analytical Digest Nr. 23, 2007, (www. res.ethz.ch/analysis/rad/).

11 Eine prägnante Analyse der Argumente bietet: Roland Götz, Russlands Erdgas und Europas Energiesicherheit, SWP-Studie 2007/S 21, August 2007, http://www.swp-berlin.org/common/get_document.php?asset_id=4234.

12 Siehe dazu auch den Beitrag von Jewgenij Gontmacher in diesem Band.

13 Detaillierte Darstellungen bieten die Beiträge des Bandes: Pami Aalto (Hrsg.), The EU-Russian Energy Dialogue. Securing Europe's Future Energy Supply?, Aldershot 2007.

14 Für den Zusammenhang zwischen russischer Wirtschaft und Politik siehe: Robert Orttung/Jeronim Perovic/Heiko Pleines/Hans-Henning Schröder (Hrsg.), Russia's Energy Sector between Politics and Business, Arbeitspapiere und Materialien der Forschungsstelle Osteuropa, Nr. 92, Februar 2008, http://www.laender-analysen. de/pages/arbeitspapiere/fsoAP92.pdf; Heiko Pleines, Russian energy companies and the enlarged European Union, in: Andreas Wenger/Robert Orttung/Jeronim Perovic (Hrsg), Russian Business Power. The role of Russian business in foreign and security relations, London 2006, S. 47–66.

15 Zum ukrainischen Fall siehe auch Heiko Pleines (Hrsg.), Der russisch-ukrainische Erdgaskonflikt vom Januar 2009, Arbeitspapieren und Materialien der Forschungsstelle Osteuropa Nr. 101 (Februar 2009), http://www.forschungsstelle.uni-bremen. de.

16 Ukraine-Analysen, Nr. 50, 27.1.2009, S. 11, http://www.laender-analysen.de.

17 Ausführliche Analysen bieten die Beiträge im Abschnitt zur Energiewirtschaft in: Wenger/Orttung/Perovic (Hrsg.) (Anm. 14).

18 Heiko Pleines, Developing Russia's Oil and Gas Industry: What Role for the State?, in: Jeronim Perovic/Robert Orttung/Andreas Wenger (Hrsg.): Russian Energy Power and Foreign Relations, New York 2009, S. 71–86.

19 Eine umfassende und prägnante Darstellung der *Jukos*-Affäre bietet: Julia Kusznir, Der Staat schlägt zurück. Wirtschaftspolitische Konsequenzen der *Jukos*-Affäre, in: Osteuropa, Jg. 55, 2005, Nr. 7, S. 75–87.

20 Insider-Informationen präsentierte: Florian Hassel, Alles bleibt in der Familie. Wie die Gasprom-Manager Russlands reichstes Unternehmen ausplündern, in: Frankfurter Rundschau vom 21. Mai 2001, S. 7.

21 Die Studie ist nur auf russisch verfügbar: V. Kleiner, Korporativnoe upravlenie i ėffektivnost' dejatel'nosti kompanii (na primere OAO ›Gazprom‹), in: Voprosy ėkonomiki, Nr. 3, 2006, S. 86–103.

Peter Lindner

Die russische Landwirtschaft
Privatisierungsexperiment mit offenem Ausgang

Die Privatisierung der russischen Landwirtschaft in der ersten Hälfte der 1990er Jahre kann als Musterbeispiel für den Versuch gesehen werden, dem sich anbahnenden wirtschaftlichen Niedergang nicht mit schrittweisen Reformen, sondern durch Anwendung einer »Schocktherapie« zu begegnen. Diese weitverbreitete Metapher brachte bereits zu Beginn der Transformation zum Ausdruck, was später als »Triumphgefühl« des Westens nach dem Ende des Kalten Krieges bezeichnet wurde: Der Sozialismus wurde als eine Krankheit identifiziert, die mit schmerzhaften Mitteln behandelt werden musste und eine Therapie erforderte, die dem Wissen und der Erfahrung von Experten aus dem Westen entstammte; dass den Behandelten selbst das Einsehen in die Notwendigkeit der eingeleiteten Maßnahmen fehlte, durfte deshalb nicht verwundern.

1 Auftakt zur Privatisierung

Die »Schocktherapie für die Landwirtschaft« leitete der damalige Präsident Boris Jelzin zeitgleich mit dem Ende der Sowjetunion im Jahr 1991 ein. Per Regierungserlass Nr. 86 vom 29. Dezember 1991 beendete er sieben Jahrzehnte Kollektivwirtschaft im ländlichen Raum Russlands mit der ultimativen Verfügung: »Die Kolchosen und Sowchosen sind verpflichtet, sich bis zum 1. Januar 1993 zu reorganisieren und ihren rechtlichen Status in Einklang mit dem Gesetz der Russischen Föderation über Unternehmen und unternehmerische Tätigkeit […] zu bringen.« Bis zum Januar 1993 waren immerhin 77 % und bis zum Januar 1994 sogar 95 % aller Betriebe dieser Vorgabe zumindest formal nachgekommen.

Die Hoffnung, dass die russische Landwirtschaft dadurch auf eine neue Grundlage gestellt würde, erfüllte sich jedoch nicht. Hatte der damalige Landwirtschaftsminister Viktor Chlystun im Juli 1993 noch optimistisch von 600 000 bis 650 000 privatbäuerlichen Betrieben gesprochen, die bis Ende des Jahres 1995 entstehen und bei durchschnittlichen Betriebsgrößen von 75 Hektar insgesamt 20 % der landwirtschaftlich genutzten Fläche Russlands bewirtschaften sollten, so waren es tatsächlich lediglich knapp

270 000 Betriebe, die häufig nur auf dem Papier existierten und weniger als 3% zur russischen Bruttoagrarproduktion beitrugen (siehe *Tabelle 1*). Stattdessen dominierten weiterhin große Betriebsformen wie geschlossene Aktiengesellschaften oder Gesellschaften mit beschränkter Haftung sowie Unternehmen, die ihren alten Status vorläufig beibehalten hatten, was aufgrund starker Widerstände gegen die Reorganisation im Verlauf des Jahres 1992 nachträglich gestattet wurde.

Tab. 1: Ausgewählte Indikatoren zum Reorganisationsprozess bei Agrarbetrieben

Rechtlicher Status	Januar 1993	Januar 1994
Gesamtzahl reorganisierter Betriebe, davon:	19 700 (= 77% aller Betriebe)	24 300 (= 95% aller Betriebe)
bisherigen Status beibehalten[1]	7 000 (36%)	8 400 (35%)
»geschlossene« Aktiengesellschaften und Gesellschaften mit beschränkter Haftung	8 600 (44%)	11 500 (47%)
offene Aktiengesellschaften	300 (2%)	300 (1%)
Produktionskooperativen	1 700 (9%)	1 900 (8%)
privatbäuerliche Vereinigungen	700 (4%)	900 (4%)

1 Gemäß Regierungsbeschluss Nr. 138 vom 6.3.1992, der den ausnahmslosen Zwang zur Reorganisation wieder aufhob.
In der Quelle auftretende Differenzen zwischen der Gesamtsumme und der Summe der Einzelwerte sind vermutlich auf Konkurse, Aufspaltung in einzelne privatbäuerliche Betriebe und weitere, nicht berücksichtigte Rechtsformen zurückzuführen. Die in Klammern stehenden Prozentwerte können deshalb nur näherungsweise gelten. Alle Zahlenangaben wurden gerundet.

Quelle: Karen Brooks u. a., Agricultural Reform in Russia. A View from the Farm Level, World Bank Discussion Papers, Nr. 327, Washington, DC 1996, S. 2, http://www-wds.worldbank.org/external/default/WDSContentServer/WDSP/IB/1996/06/01/00 0009265_3961214182933/Rendered/PDF/multi_page.pdf (Zugriff am 26.8.2009).

Als sich diese Entwicklung abzuzeichnen begann, reagierte der damalige Gouverneur von Nishni Nowgorod, Boris Nemzow, indem er einer Tochterorganisation der Weltbank vorschlug, in Zusammenarbeit mit dem Moskauer Agrarinstitut eine Privatisierungskonzeption zu erarbeiten, die tatsächlich zu einer Aufspaltung in kleinere Einheiten führen sollte; sie wurde 1993 und 1994 in fünf Pilotbetrieben erprobt. Das »Nishni

Nowgorod-Modell« fand später Niederschlag in einem »Privatisierungs-handbuch für landwirtschaftliche Kollektivbetriebe«[1], das kostenlos an alle Kolchosen und Sowchosen verteilt wurde, und es ging direkt in die natio-nale Gesetzgebung des Jahres 1994 ein. Echte Breitenwirkung entfaltete es dennoch nie.

2 Der Niedergang der Landwirtschaft

Im Zuge der Privatisierungsmaßnahmen, aber keinesfalls allein dadurch aus-gelöst, erlebte die russische Landwirtschaft einen beispiellosen Niedergang. Die Bruttoagrarproduktion ging bis Ende der 1990er Jahre um 45 % zu-rück; da für die Instandhaltung des Maschinenparks sowie für Dünger und Pflanzenschutzmittel die Mittel fehlten, nahm auch die Produktivität stark ab. Bei einem in etwa gleich bleibenden Anteil von 13 % an der Gesamt-beschäftigung sank der Anteil des Agrarsektors am Bruttoinlandsprodukt im Verlauf der 1990er Jahre von 15 % auf 6 % und viele Betriebe mussten sich auf die Bewirtschaftung der ertragreichsten Böden beschränken, so dass zwischen 20 und 30 Millionen Hektar landwirtschaftliche Nutzfläche brach fielen und verbuschten (zum Vergleich: die gesamte landwirtschaft-lich genutzte Fläche der Bundesrepublik Deutschland betrug im Jahr 2007 nur 17 Millionen Hektar). Am wichtigsten jedoch ist die Tatsache, dass sich im Verlauf der Amtszeit Jelzins die Preise für die Inputfaktoren landwirt-schaftlicher Produktion, wie Saatgut, Dünger oder Erntemaschinen, relativ zu den Outputpreisen, d. h. den Preisen für landwirtschaftliche Produkte, verfünffachten: Nach knapp zehn Jahren Transformation kostete beispiels-weise ein Traktor »Niva«, für den 1990 der Erlös von 33 Tonnen Getreide zu entrichten war, den Gegenwert von 268 Tonnen Getreide.[2]

Nicht alle Betriebe und Regionen waren in gleichem Maße betrof-fen. Vielmehr führten der Wegfall der staatlichen Intervention, durch die schwache Regionen zu Lasten starker gefördert worden waren, und die gestiegenen Entscheidungsbefugnisse auf lokaler Ebene zu einer zu-nehmend divergierenden wirtschaftlichen Entwicklung. Die in Alltags-gesprächen immer wieder zu hörende Aussage »die Reichen werden im-mer reicher, die Armen immer ärmer« ist in dieser Hinsicht durchaus berechtigt.[3] Während dafür jedoch im regionalen Maßstab in erster Linie die unternehmerischen Fähigkeiten und das soziale Kapital der Betriebs-leiter entscheidend waren, spielten im nationalen Maßstab naturräumliche und infrastrukturelle Gründe die wichtigste Rolle.

3 Öffentliche Aufgaben und Nebenerwerbswirtschaften

Insgesamt markieren die oben beschriebenen Veränderungen einen tief greifenden Ausdifferenzierungsprozess des ehedem durch das »Kolchos-System« vereinheitlichten ländlichen Raums, der nicht allein auf den Bereich der Landwirtschaft oder auf ökonomische Faktoren beschränkt blieb. Die Kolchosen waren in sowjetischer Zeit befugt, öffentliche Institutionen und Infrastruktureinrichtungen zu errichten, sofern dies ihren »grundsätzlichen Zielen« diente. Da zu den »grundsätzlichen Zielen« auch ganz allgemein die Verbesserung der Lebensverhältnisse im ländlichen Raum zählte, bestand zumindest potenziell ein enorm weit gefasster Zuständigkeitsbereich, der Wasser-, Abwasser- und Telefonleitungen, das Gas-, Strom- und das Wegenetz sowie Schulen, Kindergärten, dörfliche Ambulanzstationen und lokale Kulturzentren mit Kino, Tanzsaal und Bibliotheken einschloss. Faktisch etablierte sich deshalb eine teils formale, teils informelle Verschränkung von Kolchosen und Gemeindeverwaltungen; dementsprechend hatte die Reorganisation der Betriebe weitreichende Folgen für die infrastrukturelle Versorgung.

Der Verlauf der Privatisierung im ländlichen Raum ist nur vor diesem Hintergrund zu verstehen. Dieselbe Bedeutung besitzt aber noch ein zweiter Bereich: das symbiotische Verhältnis zu den persönlichen Nebenerwerbswirtschaften der Kolchosmitglieder. Wenn in der Literatur über die Landwirtschaft in der Sowjetunion manchmal von einem »dualen Produktionssystem« die Rede ist und betont wird, ein erheblicher Teil der Erzeugnisse sei »privat« produziert worden, so darf dies nicht missverstanden werden: Weder war das System »dual« im Sinn einer strikten Trennung der beiden Bereiche noch kann die Produktion der Hoflandwirtschaften als wirklich »privat« bezeichnet werden, da sie immer in erheblichem Maße von der kostenlosen Inanspruchnahme staatlicher Leistungen, wie der Nutzung von Agrarmaschinen, Dünger, Pestiziden oder tierärztlicher Betreuung, abhängig war, die die Kolchosen zur Verfügung stellten. Im Gegenzug erschienen die Beschäftigten weiterhin an ihren Arbeitsplätzen, hielten kolchoseigenes Vieh vorübergehend in ihren Privatställen oder verkauften Teile ihrer Produktion an die Kolchosen falls bei der Erfüllung der Planvorgaben Probleme auftraten. Dass jede Privatisierungsstrategie, die explizit oder implizit auf eine Aufteilung der Großbetriebe abzielt, dieses Verhältnis neu definieren muss, ist offensichtlich, wurde zu Beginn der 1990er Jahre jedoch kaum in den Blick genommen.

4   Neue Entwicklungslinien

Welche Spuren – jenseits einer formalen »Umetikettierung« der Rechtsform der Betriebe – hinterließ das postsowjetische Privatisierungsexperiment im ländlichen Russland vor dem Hintergrund der umfassenden Versorgungsfunktion der Kollektivbetriebe? Angesichts der schwachen Position des Zentrums nach der Auflösung der Sowjetunion zeichneten sich bald sehr unterschiedliche »Transformationspfade« ab. Sie hingen von regionalen Spezifika – naturräumliche und infrastrukturelle Voraussetzungen zählen ebenso dazu wie die politische Ausrichtung auf Gebietsebene –, vor allem aber von der Person des Betriebsvorsitzenden, seinen Kontakten und unternehmerischen Fähigkeiten ab. Aus dem Kolchossystem, von dem durchaus integrative Wirkungen auf Wirtschaft und Alltag im ländlichen Raum ausgegangen waren, wurden disparate sozial-räumliche Einheiten, die nur noch schwach in übergeordnete Strukturen eingebunden waren. Ausgehend vom landwirtschaftlichen Großbetrieb in der Sowjetunion lassen sich dabei vier Entwicklungsvarianten und zwei Auflösungsprozesse idealtypisch unterscheiden:

• »Verbäuerlichung«, entweder unmittelbar im Rahmen der Reorganisation oder als Prozess einer schrittweisen Erweiterung der persönlichen Nebenerwerbswirtschaften, die mit zunehmender Unabhängigkeit von den nicht oder nur oberflächlich restrukturierten Großbetrieben verbunden ist;

• »Kooperation«, die zum Teil nur in Form einer individuellen Neuaushandlung und schriftlichen Fixierung der existierenden symbiotischen Beziehungen zwischen Großbetrieb und Nebenerwerbswirtschaften besteht, aber auch in die Gründung von Produktionskooperativen münden kann;

• »Haziendisierung« als Akkumulation des Aktienkapitals der reorganisierten Betriebe in den Händen der lokalen Elite; die ehemaligen Kolchosniks sind jetzt als Lohnarbeiter angestellt; wegen der auf den ersten Blick oft uneingeschränkt wirkenden Machtfülle der neuen Eigentümer sowie ihres patrimonialen Führungsverständnisses wird für diese Entwicklung in der Literatur oft auch der etwas unglückliche Begriff »Feudalisierung« verwendet;

• Umwandlung in eine Holdinggesellschaft, entweder in Form einer Übernahme ganzer Betriebe durch Großinvestoren oder durch deren Aufspaltung in voneinander unabhängige Einheiten (Ackerbau, Milch- und Fleischwirtschaft, Landmaschinentechnik usw.) unter dem Dach eines gemeinsamen Managements;

- vollständige Auflösung der Betriebe; dieser Prozess zeichnet sich überall dort ab, wo der ländliche Raum im Zuge von (Sub-)Urbanisierungsprozessen verstädtert oder die Landwirtschaft aufgrund der peripheren Lage aufgegeben wird.

Diese »Entwicklungspfade« beschreiben allerdings eher Grundrichtungen der Veränderung nach der Restrukturierung als in Reinform anzutreffende Typen. Sie schließen sich gegenseitig nicht aus, sondern stellen Prozesse dar, die in den einzelnen Dörfern gleichzeitig ablaufen können, zum Beispiel in Form der Entstehung einiger »echter« privatbäuerlicher Betriebe, einer vertraglich ausgehandelten Kooperation zwischen Großbetrieb und Nebenerwerbswirtschaften sowie einer schrittweisen Übernahme des Unternehmensvermögens durch die ehemalige Kolchosleitung. Bezeichnend ist, dass im Alltagssprachgebrauch ganz unabhängig von rechtlicher Verfasstheit oder tatsächlicher Organisation der Arbeit in den Betrieben noch immer nur von »Kolchosen« gesprochen wird.

5 Interessenvertretung der Landwirtschaft

Die entscheidenden Entwicklungen der 1990er Jahre zusammenfassend lässt sich festhalten, dass dem Rückzug des Staates aus dem ländlichen Raum drei unterschiedliche Ursachenkomplexe zugrunde lagen: geringe finanzielle Spielräume, die fehlende administrative Kontrolle der Regionen durch das Zentrum sowie eine bewusste Orientierung an den Prinzipien des neoliberalen Washingtoner Konsensus.[4] Entscheidend erleichtert wurde er dadurch, dass es auf föderaler Ebene keine dauerhaft einflussreiche Partei oder Organisation gab, die sich für die Interessen der ländlichen Bevölkerung eingesetzt hätte und in der Lage gewesen wäre, den legislativen Prozess zu dominieren.

Auf den ersten Blick scheint diese These der verbreiteten Kritik, »die Agrarlobby« habe eine wirksame Umsetzung der Liberalisierungsmaßnahmen verhindert, zu widersprechen. Doch der – zumindest vorübergehend – tatsächlich wirksame Widerstand gegen Liberalisierung und Deregulierung war vor allem auf der regionalen Ebene und in den Betrieben selbst angesiedelt. Er bestand in erster Linie in der Umgehung oder halblegalen Nichtbefolgung von Reformvorgaben, führte aber nicht zu einer wirksamen Artikulation »agrarischer Interessen« in der nationalen Öffentlichkeit und stand zu den Parteien und Verbänden in Moskau, die unmittelbar auf den Gesetzgebungsprozess Einfluss nahmen, bestenfalls in sehr lockerer Verbindung.

Zudem wurde die Vertretung der Interessen der ländlichen Bevölkerung dadurch erschwert, dass ihre Repräsentanten zutiefst gespalten waren. Auf der einen Seite stand der Dachverband der privatbäuerlichen Betriebe und Kooperativen *(AKKOR)*, der den liberalen Kurs der Regierung grundsätzlich mittrug, sich für die Privatisierung der Kollektivbetriebe und Privateigentum sowie für die freie Veräußerbarkeit landwirtschaftlicher Nutzflächen und eine weitgehende Freigabe der Preise einsetzte. Auf der anderen Seite stand die Agrarpartei mit bis zu 12 % der Sitze in der Duma, die sich als konservativer Anwalt der Interessen der Großbetriebe verstand. Stimmenverluste in den Dumawahlen von 1999 führten zu einer weiteren Schwächung agrarischer Interessen und erzwangen die Wende zu einer »Kooperationsstrategie« der Agrarlobby.[5]

6 Wandel der Agrarpolitik

Bedeutete das Ende der Ära Jelzin auch eine Zäsur für die russische Landwirtschaft? Tatsächlich zeichnen sich seit Ende der 1990er Jahre einige Entwicklungen ab, die diesen Eindruck erwecken. Sie sind jedoch ebenso wie der Niedergang nach der Auflösung der Sowjetunion nicht monokausal, sondern nur im Kontext umfassenderer politischer und wirtschaftlicher Richtungsänderungen zu erklären.

Erste positive Impulse für die Landwirtschaft gingen bereits von der Finanz- und Bankenkrise des Jahres 1998 aus. Zu diesem Zeitpunkt schrieben 85 % der restrukturierten Großbetriebe nicht nur rote Zahlen, sondern waren faktisch zahlungsunfähig. Die massive Abwertung des Rubels um über 60 % innerhalb weniger Monate verteuerte Agrarimporte aus dem westlichen Ausland und führte zu einer Verlagerung der Nachfrage hin zu russischen Lebensmitteln. Zudem hatte sich bereits seit Mitte der 1990er Jahre angedeutet, dass das Vertrauen der Verbraucher in heimische Produkte wieder zunahm. Diese verloren das Image schlechter Qualität, von bloßen »Imitaten« *(poddelka)* und gesundheitlicher Gefährdung, für die Skandale um verunreinigten Wodka als Beleg galten, war immer seltener die Rede und die russische Lebensmittelwerbung knüpfte erfolgreich an den neuen Nationalismusdiskurs an. Als im Frühjahr 2002 der Streit um die Einfuhr von Hühnerfleisch aus den USA eskalierte, hatte sich die Stimmung weithin umgekehrt: Der Westen sah sich mit dem Vorwurf konfrontiert, in erster Linie schwer absetzbare landwirtschaftliche Produkte minderer Qualität nach Russland zu liefern, und protektionistische Bestrebungen innerhalb Russlands firmierten als »Verbraucherschutz«.

Für die Veränderungen wesentlich wichtiger waren aber die Konsolidierung der russischen Staatsfinanzen sowie die Stärkung der Kontrolle des Zentrums über Regionen und Kommunen unter Präsident Putin. Erst damit waren für die föderale Ebene auch die Voraussetzungen gegeben, im ländlichen Raum überhaupt eine aktivere Rolle spielen zu können. Die von Landwirtschaftsminister Alexej Gordejew im Juli 2000 identifizierten »eiligen, vorrangig umzusetzenden Maßnahmen« im Rahmen eines Aktionsplans für die Jahre 2001 bis 2010 spiegeln die Prioritäten dieser neuen Agrarpolitik wider: Restrukturierung der Schulden der Betriebe, »passgenauer Protektionismus« in Form einer aktiven und flexiblen Zollpolitik, Stabilisierung des Getreidemarkts sowohl durch die Zollpolitik wie auch durch aktive Marktintervention, Auflegung eines Programms zur Vergabe zinsvergünstigter Kredite an die Produzenten, Einrichtung eines Fonds für Kredite zum Erwerb von Landwirtschaftstechnik und Bereitstellung von Versicherungsleistungen für die Folgen »naturräumlicher Risiken«.

Im Gegensatz zu vielen Ankündigungen der 1990er Jahre blieben diese Pläne kein reines Lippenbekenntnis. So wurde schon im Herbst 2000 die Agrarbank *Rossel'chozbank* gegründet und 2003 konnten an 3 374 Großbetriebe Kredite mit einem Gesamtvolumen von 377 Millionen Euro vergeben werden; 2004 erweiterte die Bank ihr Tätigkeitsfeld auch auf private Haushalte und deren Nebenerwerbswirtschaften. Waren 1998 nur – je nach Quelle – zwischen 28 % und 42 % der im föderalen Haushalt für die Landwirtschaft vorgesehenen Mittel auch tatsächlich ausgezahlt worden, so erreichte diese Quote bereits im Jahr 2000 über 98 %. Die Regierung begann damit, die Getreidepreise durch Auf- bzw. Verkäufe zu stabilisieren, und 2001 traten neue Importquoten – in erster Linie für Fleisch – in Kraft. Schließlich wurde im Jahre 2001, wiederum vom Landwirtschaftsministerium, ein (unrealistisch) ehrgeiziges Programm zur »sozialen Entwicklung des ländlichen Raums bis 2010« verabschiedet. Im Juli 2002 unterzeichnete Präsident Putin ein Gesetz zur »Umwandlung der Schulden von Agrarproduzenten«, das bis 2004 die Abschreibung von Verbindlichkeiten in Höhe von 812 Millionen Euro und die Restrukturierung von weiteren 1,68 Milliarden Euro Schulden ermöglichte. Auch das komplizierte Steuersystem, mit einer Vielzahl von Steuern und Abgaben für landwirtschaftliche Betriebe,[6] wurde überarbeitet: Seit dem 1. Januar 2004 gibt es nur noch eine pauschale Gewinnsteuer für landwirtschaftliche Betriebe in Höhe von 6 %.

7 Erhöhte Priorität der Landwirtschaft unter Putin

Die ersten Maßnahmen der Regierungszeit Putins brachten sehr deutlich den Vorrang wirtschaftspolitischer Zielsetzungen zum Ausdruck. Sie standen im Kontext des auch in anderen Politikbereichen sichtbar werdenden Bestrebens, weltpolitisch eine neue Rolle zu spielen. Die über die erste Hälfte der 1990er Jahre hinweg umfangreichen Importe von Agrargütern (25 % der Gesamtimporte) sah man in diesem Zusammenhang zunehmend als gefährliche Abhängigkeit und Bedrohung der nationalen Autonomie an. Als Reaktion darauf wurde die »Sicherheit der Nahrungsmittelversorgung« zu einem öffentlichkeitswirksamen Schlagwort[7] und einer politischen Zielvorgabe, die kontinuierlich an Bedeutung gewann. Doch zumindest verbal trat schon bald eine stärker sozialpolitisch ausgerichtete Komponente hinzu. Mitverantwortlich dafür waren sicher auch die Proteste der Rentner und Pensionäre gegen die Umwandlung nicht monetärer in monetäre Leistungen im Frühjahr 2004. Überrascht musste die Regierung das Widerstandspotenzial nicht organisierter Gruppen zur Kenntnis nehmen, die sich als Verlierer der Reformen empfanden, und zu denen zweifellos auch die Bevölkerung des ländlichen Raums zählt. Der Haushaltsentwurf für 2006 mit den höchsten Ausgabensteigerungen im sozialen Bereich zeigte, dass ein »neuer Sozialpakt«[8] auf der politischen Agenda weit nach oben gerückt war.

Seinen wohl deutlichsten Ausdruck fand die veränderte Haltung des Zentrums zum ländlichen Raum in der Ankündigung von vier »nationalen Förderprojekten« im September 2005, für die allein im Jahr 2006 fünf Milliarden Euro bereitgestellt wurden. Neben dem Bildungssektor, dem Gesundheitswesen und der Kommunal- und Wohnungswirtschaft gehörte dazu auch der »agro-industrielle Komplex« mit den vorrangig zu fördernden Teilbereichen »Viehwirtschaft«, »Entwicklung von Kleinbetrieben« und »Wohnraum für Spezialisten im Agrarsektor«; insgesamt stand für diese drei Bereiche allein für die Jahre 2006 und 2007 mehr als eine Milliarde Euro zur Verfügung. Sieht man sich die Zielsetzungen, Maßnahmen und Erfolgsindikatoren dieses Programms genauer an, so wird allerdings auch hier deutlich, dass die Steigerung der ökonomischen Effizienz im Zentrum steht, während die Verbesserung des Lebensstandards eine untergeordnete Rolle spielt oder erwartet wird, dass diese als »Nebenfolge« gewissermaßen von selbst eintritt.

8 Ungelöste Probleme

Für eine abschließende Bewertung des nationalen Projekts »agro-industrieller Komplex« ist es noch zu früh, da zwar Zahlen über den Mittelabfluss, die Vergabe von Krediten und über geplante Projekte verfügbar sind, aber noch unklar ist, wie sich die geförderten Betriebe entwickeln werden. Erste Erfahrungen zeigen jedoch bereits, wo die entscheidenden Probleme liegen: Das wichtigste Förderinstrument ist die Erleichterung des Zugangs zu Krediten, deren Inanspruchnahme nur dann sinnvoll ist, wenn mittelfristig davon ausgegangen werden kann, dass die agrarische Produktion dadurch wirklich profitabel wird. Genau daran aber zweifeln viele Experten und Betroffene im ländlichen Raum. Von der russischen Agrarexpertin Galina A. Rodionowa interviewte Betriebsleiter und Landwirtschaftsexperten aus der Region Kaluga weisen auf folgende Probleme hin:[9]

- Viele der für die ehemaligen Kolchosen gedachten Modernisierungsmaßnahmen, beispielsweise der Neubau von Stallungen, sind so teuer, dass nur große und prosperierende Betriebe die Kredite überhaupt in Anspruch nehmen können.
- Die Bewilligung von Kleinkrediten für die persönliche Nebenerwerbswirtschaft setzt Sicherheiten voraus, die die meisten ehemaligen Kolchosbeschäftigten nicht vorweisen können.
- Die Gefahr, dass die Kosten für landwirtschaftliche Inputfaktoren weiterhin schneller steigen als die Erlöse aus dem Verkauf der Produktion lässt die Inanspruchnahme von Krediten zu einem unkalkulierbaren Risiko werden.
- Die Steigerung der Produktion wird gefördert, ohne dass hinreichend klar ist, an welchen Punkten des Produktionsnetzes in der Vergangenheit die entscheidenden Schwachstellen lagen. So ist es zwar leicht, die Anschaffung von Vieh zu finanzieren, aber es gibt kaum Möglichkeiten, Geld für die Versorgung mit qualitativ hochwertigem Futter zu erhalten.
- Es werden umfangreiche technische und finanzwirtschaftliche Entwicklungspläne verlangt, mit denen die Leitungen der ehemaligen Kollektivbetriebe überfordert sind. Wo unterstützende Beratung verfügbar ist, besteht die Gefahr, dass Vereinbarungen zwischen Banken und Beratern ausgehandelt werden, ohne dass die Betriebe selbst ausreichend informiert und involviert sind.
- Im Bereich »Wohnungswesen« sind kaum substanzielle Veränderungen zu erwarten, weil die bereitgestellten Summen zu gering sind.

Zwar gibt es Anzeichen dafür, dass die russische Landwirtschaft den Scheitelpunkt der Krise überschritten hat, doch vom Niveau der frühen

1990er Jahre oder gar der sowjetischen Zeit ist sie noch weit entfernt. Im Vergleich zu 1992 lag 2006 die Zahl der Rinder für die Fleischproduktion bei 39%, der Milchkühe bei 46%, der Schweine bei 38% und der Schafe und Ziegen bei 33%.[10] Weiterhin sinkt die Zahl der Beschäftigten in der Landwirtschaft, ohne dass ausreichend Kapital zur Verfügung stünde, um diesen Rückgang durch eine stärkere Mechanisierung aufzufangen, und die für den Ackerbau genutzte Fläche nimmt noch immer ab. Etwas besser sieht es bei der pflanzlichen Produktion aus, wo im mehrjährigen Mittel derzeit ca. 80% der Erträge der 1980er Jahre erzielt werden,[11] wobei die Tatsache, dass Russland mittlerweile Getreide exportieren kann, vor allem auf den Rückgang der inländischen Nachfrage nach Futtergetreide zurückzuführen ist. Ein möglicher Beitritt Russlands zur WTO dürfte die Situation zumindest für die Geflügel-, Fleisch- und Milchproduzenten zusätzlich erschweren. Nicht umsonst war es der Bereich »Landwirtschaft«, der trotz seiner ökonomisch eher geringen Bedeutungen ein bilaterales Abkommen mit den USA, das eine Voraussetzung für den Beitritt ist, jahrelang verhindert hatte.

Anmerkungen

1 International Finance Corporation/The Overseas Development Administration (Hrsg.), Land Privatization and Farm Reorganization in Russia, Washington, DC 1995.

2 Einen Überblick über diese Entwicklungen geben: Csaba Csaki u.a., Food and Agricultural Policy in Russia. Progress to Date and the Road Forward, World Bank Technical Papers, Nr. 523, Washington, DC 2002, S. xi, http://www-wds.worldbank.org/external/default/WDSContentServer/WDSP/IB/2002/08/16/000094 946_02070904450555/Rendered/PDF/multi0page.pdf (Zugriff am 26.8.2009); Grigory Ioffe, The Downsizing of Russian Agriculture, in: Europe-Asia Studies, Jg. 57, 2005, Nr. 2, S. 179–208, http://gioffe.asp.radford.edu/Final.pdf (Zugriff am 26.8.2009); Stephen K. Wegren, The Moral Economy Reconsidered. Russia's Search for Agrarian Capitalism, New York u.a. 2005.

3 Für einzelne Regionen: Peter Lindner, Kleinbäuerliche Landwirtschaft oder Kolchos-Archipel? Der ländliche Raum in Russland zehn Jahre nach der Privatisierung der Kollektivbetriebe, in: Geographische Rundschau, Jg. 55, 2003, Nr. 12, S. 18–24, hier S. 21.

4 Vgl. hierzu den Beitrag von Pekka Sutela in diesem Band.

5 Für eine Analyse des politischen Einflusses der russischen Agrarlobby siehe Heiko Pleines, Reformblockaden in der Wirtschaftspolitik, Wiesbaden 2008, S. 116–128.

6 Sergej Gerasin/Aleksandr Nikitin/Alexander Tschepurenko, Steuerlast und Steuerverhalten russischer Wirtschaftsbranchen, Teil III: Besteuerung von Landwirt-

schaft und Kleinunternehmen, Arbeitspapiere und Materialien der Forschungsstelle Osteuropa, Nr. 80, Bremen 2001, http://www.forschungsstelle.uni-bremen.de/images/stories/pdf/ap/fsoAP29.pdf (Zugriff am 26.8.2009).

7 Ioffe (Anm. 2), S. 184.

8 Heiko Pleines, Auf der Suche nach einem neuen Sozialpakt?, in: Russlandanalysen, Nr. 86, 20.1.2006, S. 2–4, http://www.laender-analysen.de.

9 Galina A. Rodionova, Licom k selu, in: Aleksandr M. Nikulin (Hrsg.), Puti Rossii. Preemstvennost' i preryvistost' obščestvennogo razvitija, Moskva 2007, S. 376–389.

10 Stephen K. Wegren, Russian Agriculture and the WTO, in: Problems of Post-Communism, Jg. 54, 2007, Nr. 4, S. 46–59, hier S. 54.

11 Ioffe (Anm. 2), S. 187.

V. Gesellschaft, Alltag, Kultur

Hans-Henning Schröder

Gesellschaft im Umbruch

Schichtung, demografische Entwicklung und soziale Ungleichheit

1 Transformation als gesellschaftlicher Wandel

Siebzehn Jahre nach dem Zusammenbruch der Sowjetunion unterscheidet sich Russlands Gesellschaft in vielen Aspekten von der Gesellschaft in der Sowjetzeit. Die Transformation des politischen und des Wirtschaftssystems hat die soziale Organisation tiefgreifend verändert und in der Konsequenz wurde der soziale Wandel zu einem bestimmenden Element der Transformationsprozesse in den Nachfolgestaaten der Sowjetunion.

Die Auflösung der alten Sozialordnung und, damit verbunden, der Verlust der eigenen gesellschaftlichen Position war die Grunderfahrung der meisten russischen Bürger nach 1991. Die Gesellschaft geriet in Bewegung. Große Bevölkerungsgruppen verarmten nach 1991, die »alten« sowjetischen Mittelschichten zerfielen, dafür gab es Ansätze zur Entstehung einer »neuen Mittelklasse« auf der Basis des Privateigentums. Teile der sowjetischen Nomenklatur[1] verwandelten sich in eine neue Führungsschicht, in die bald auch Reformpolitiker, Unternehmer und Geschäftemacher einer neuen Generation aufstiegen. Diese Vorgänge veränderten die Kräfteverhältnisse innerhalb der Gesellschaft und wirkten auf das System der politischen Institutionen zurück.

In diesem Umbruchprozess waren zwei – scheinbar widersprüchliche – Grundtendenzen erkennbar:
• Einerseits wirkten die sozialen Strukturen der Sowjetzeit fort und prägten die Entwicklung der Gesellschaft im neuen Russland mit. Die Angehörigen der sowjetischen Führungsschicht waren bei der Umverteilung gesellschaftlichen Reichtums in den Transformationsjahren in einer privilegierten Position, die es vielen von ihnen erlaubte, ihre Vorrangposition in das neue wirtschaftliche und politische System hinüberzuretten. Die neue Führungsschicht war partiell mit der »alten Nomenklatur« identisch. Gruppenstrukturen der Sowjetzeit waren wenigstens eine Zeitlang Grundlage für die Bildung von Interessengruppen und Netzwerken im heutigen Russland. Insofern trug die neue Gesellschaft die »Muttermale der alten«.

- Andererseits unterschied sich das neue soziale System in einem grundlegenden Zug von dem der Sowjetzeit: Die Logik der sozialen Hierarchie war eine andere. Anstelle von politisch begründeter Verfügung über Personen und Sachen wurde Besitz zum Kriterium für die Position in der Gesellschaft. Und damit wurde die private Aneignung gesellschaftlichen Reichtums zu einem *movens* im politischen Prozess der Transformationsphase. So entstand im Prozess des Übergangs zur Marktordnung unversehens eine neue Gesellschaft – ein Hybrid aus überkommenen sowjetischen Strukturen und Elementen einer neuen Ordnung. 2008 war diese Entwicklung weit gediehen, doch noch keineswegs abgeschlossen.

2 Soziale Stratifikation 1991 bis 2007

Der Wandel der Gesellschaft begann bereits in den 1970er Jahren, noch in der Breshnew-Zeit. Es bildete sich ein administrativer Markt, jenseits des Plans wurden Ressourcen und Produktionskennziffern zwischen den Bürokratien ausgehandelt, informelle Tauschbeziehungen waren von wachsender Bedeutung. In diesem Prozess bildete sich eine soziale Gruppe heraus, die faktisch über das Staatseigentum verfügte. Der Zugang zu dieser Führungsschicht war über ein System geregelt, in dem neben Bildung vor allem die Stellung in der Hierarchie der Nomenklatur-Positionen eine Rolle spielte. Durch die Wirtschafts- und Sozialreformen, die die Gorbatschowsche Führung seit 1987 in die Wege leitete, wuchs die Möglichkeit, auf Eigentum zuzugreifen. Teile der Nomenklaturelite begannen, sich auf die neuen Bedingungen einzustellen und – unter Nutzung ihrer Vorrangstellung – Besitz zu erwerben. Damit verschafften sie sich in dem sozialen Differenzierungsprozess, der durch die Reformen nun beschleunigt in Gang kam, eine starke Position.

Die Transformation war vor allem – das wird häufig übersehen – ein Umverteilungsprozess, der die sozialen Kräfteverhältnisse grundlegend veränderte. Die Einführung demokratischer Normen öffnete neuen Gruppen den Zugang zur Macht und der Übergang zur Marktwirtschaft mit der Privatisierung von Staatseigentum und einer Liberalisierung von Preisen sowie Kapitalverkehr schuf ein breites Spektrum an Möglichkeiten, sich zu bereichern. Junge Wirtschaftsreformer im Umfeld Jelzins nahmen dies nicht nur in Kauf, sie sahen in der Entstehung einer besitzenden Schicht die Garantie dafür, dass eine Rückkehr zum politischen System der Sowjetzeit nicht mehr möglich sein würde.

Die Daten der russischen Statistikbehörde zeigen deutliche Verschiebungen in den Einkommensverhältnissen (siehe *Abbildung 1*). Da ein großer Teil des Einkommens illegal erzielt und vor Fiskus und offiziellen Stellen geheim gehalten wurde, unterschätzt die Statistikbehörde allerdings den Umverteilungsprozess. Dennoch zeigen ihre Daten, wie im Kontext der politischen und ökonomischen Transformation die Kräfte innerhalb der Gesellschaft neu geordnet wurden. Verfügte das reichste Fünftel der russischen Bevölkerung 1990 über ca. 30% des gesamten Geldeinkommens, waren es 1994 fast 50%. Der *Gini*-Koeffizient, der soziale Ungleichheit misst, stieg im gleichen Zeitraum steil an. Seit 1994 ist der Differenzierungsgrad im Wesentlichen gleich geblieben. Die soziale Ungleichheit, die aus der Umverteilung der gesellschaftlichen Reichtümer zwischen 1990 und 1994 erwachsen war, wurde zur sozialen Normalität.

Abb. 1: Verteilung des Geldeinkommens in der UdSSR und Russland 1990–2007

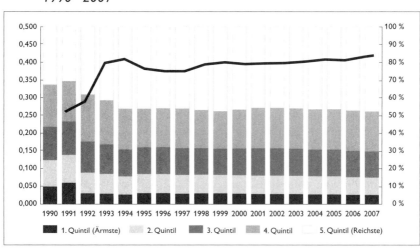

Quelle: Russischer Föderaler Dienst für Statistik.

Indes verlief der Prozess nicht ganz so geradlinig wie die Daten der russischen Statistikbehörde vermuten lassen. Betrachtet man die Veränderungen der Sozialstruktur zwischen 1992 und 2003, so wird deutlich, dass die Umverteilung der »Gründerjahre« 1990 bis 1994 für große Teile der Bevölkerung den sozialen Abstieg bedeutete, der erst in den Putin-Jahren aufgehalten werden konnte.

Abb. 2: Die soziale Gliederung der russischen Gesellschaft im internationalen Vergleich (Umfrage, Selbsteinschätzung)[2]

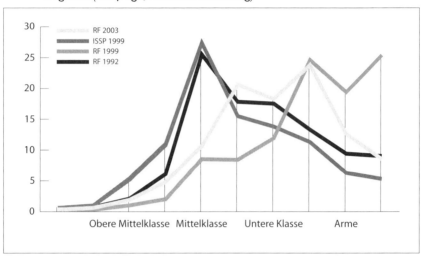

Quelle: Michail K. Gorškov, Nekotorye metodologičeskie aspekty analiza srednego klassa v Rossii, in: Sociologičeskie issledovanija, Nr. 3, 2000, S. 4–12; Institut Kompleksnych Social'nych Issledovanij, Rossijskaja Akademija Nauk (IKSI RAN), Rossijskij srednij klass. Dinamika izmenenij (1999–2003gg.), Moskau 2003, Tab. 1, S. 1/1; The International Social Survey Program: »Social Inequality III« 1999, ZA-Nr. 3430 (CD-ROM), Umfrage in 27 Industrieländern (Durchschnittswert); RF 1992/1999/2003: Umfragen in der Russischen Föderation in den entsprechenden Jahren.

Im Jahre 1992 folgte die Gliederung der Gesellschaft in Russland – ermittelt durch eine Umfrage, in der die Befragten ihre soziale Stellung selbst einschätzen sollten – in etwa der Normalverteilung: eine kleine Oberschicht und eine relativ kleine Schicht armer Menschen bei einer Dominanz der Mittelklasse (siehe *Abbildung 2*, Linie: RF 1992). Diese Formation entsprach im Großen und Ganzen den Strukturen westlicher Industriegesellschaften (Linie: ISSP 1999, 27 Länder). Am Ende der Jelzin-Ära hatte sich die russische Sozialstruktur jedoch stark verändert (Linie: RF 1999): Die Mittelschichten waren »weggebrochen«. Die Masse der Befragten verortete sich nun in der Unterschicht. Im Jahre 2003 – fünf Jahre nach der Finanzkrise 1998[3] und im vierten Jahr der ersten Amtszeit Putins – hatte sich die Situation wieder gewendet. Ein beachtlicher Bevölkerungsanteil nahm eine Besserung der eigenen Lage wahr und ordnete sich wieder

der Mittelschicht zu. Die Sozialstruktur konsolidierte sich – bei fortbestehender sozialer Ungleichheit. Vergleicht man den Grad der sozialen Differenzierung mit dem anderer Länder (siehe *Abbildung 3*), so zeigt sich, dass sich die russische Gesellschaftsstruktur in diesem Punkt deutlich von der europäischer Industriestaaten unterscheidet. Die Gesellschaft der USA allerdings – wie auch die des Iran, der Türkei oder Chinas – weist noch größere Ungleichheiten auf.

Abb. 3: Soziale Ungleichheit in ausgewählten Ländern (gemessen anhand des Gini-Koeffizienten), 2008

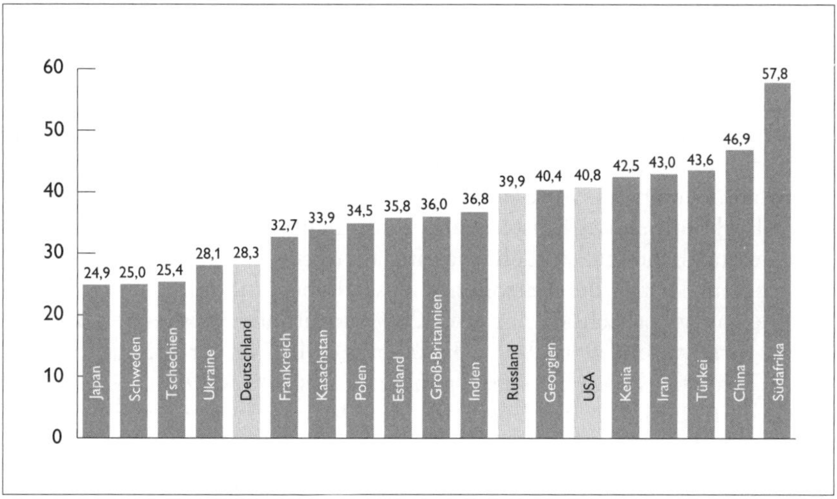

Quelle: Human Development Report 2007 Data, http://hdrstats.undp.org/buildtables (Zugriff am 13.2.2008).

Die vorliegenden Daten erlauben es, den Prozess sozialen Wandels, der nach der Auflösung der Sowjetunion stattgefunden hat, grob zu skizzieren. Die wirtschaftliche Transformation, inklusive Privatisierung des Staatseigentums, Zusammenbruch der industriellen Produktion und extremer Preissteigerungen, führte dazu, dass die sowjetische Mittelklasse zu großen Teilen in die Armut abstieg. Nur eine zahlenmäßig sehr kleine Gruppe profitierte von den Turbulenzen der Übergangszeit, stieg in die Führungselite auf und konnte sich maßlos bereichern. Mit dem Anstieg der Ölpreise, der zeitlich mit dem Beginn der Amtszeit Putins als Präsident 1999/2000 zusammenfiel, verbesserte sich die wirtschaftliche Lage spürbar. Dies erfuhr auch die Masse der in den 1990er Jahren vom sozialen Abstieg Betroffenen; sie fassten nun allmählich wieder Fuß und gewannen an Selbstwertgefühl. Trotzdem war der Abstand zwischen »oben« und »unten«, zwischen »arm« und »reich« weiterhin unverändert groß. Soziale Ungleichheit bleibt ein bestimmendes Element des Gesellschaftsaufbaus im postsowjetischen Russland.

3 Armut als Transformationserfahrung

Wie die Daten zeigen, erfuhr eine Mehrheit der russischen Bevölkerung die Transformation zu Markt und Demokratie als Verschlechterung der eigenen Lebenssituation. Dabei war der Anteil der Menschen, deren Einkommen unter das Existenzminimum rutschte, erschreckend hoch. Auch wenn die Ergebnisse unterschiedlicher Studien zu diesem Thema signifikant voneinander abweichen (siehe *Tabelle 1* und *Tabelle 2*), muss man davon ausgehen, dass Mitte der 1990er Jahre der Anteil der Bevölkerung, deren Einkommen das Existenzminimum nicht erreichte, bei 30 bis 40 % lag. Die Staatliche Statistikbehörde ging allerdings davon aus, dass sich wenigstens ein Drittel der Betroffenen zusätzliche Einkommen verschaffen konnte, so dass tatsächlich nur etwa 20 % unmittelbar existenziell bedroht waren. Das waren 1996 aber weit über 30 Millionen russische Bürger. Diese Zahl stieg während der Finanzkrise des Jahres 1998 noch einmal deutlich an, ging mit der Besserung der Wirtschaftslage seit 2000 dann aber stetig zurück.

Armut war ein Transformationsphänomen, das große Teile der Bevölkerung bedrohte. Allerdings waren nicht alle Gruppen in gleicher Weise betroffen. Am schwierigsten war die Situation für alte Menschen und Invaliden. Rentner etwa gerieten Anfang der 1990er Jahre in eine akute Notlage. In vielen Fällen verfügten sie nicht über die erforderlichen Mittel, um sich ausreichend zu ernähren oder eine angemessene ärztliche Versorgung zu bezahlen (zur Entwicklung der Lebenserwartung siehe auch den Abschnitt »Demografische Entwicklungen« weiter unten). Doch während der Hyperinflation der ersten Transformationsjahre und in der Finanzkrise 1998 mussten auch Durchschnittsfamilien um die Sicherung ihrer Existenz kämpfen. Erst der Wirtschaftsaufschwung, der sich in den Putin-Jahren im Gefolge des Anstiegs der Energiepreise vollzog, stabilisierte die Situation wieder und verringerte die Zahl der Bedürftigen.

Tab. 1: Anteil der Bevölkerung mit einem Einkommen unterhalb des Existenzminimums 1992–1996 (in %)

Informationsquelle	1992	1993	1994	1995	1996
Goskomstat (mit Zusatzeinkünften), offizielle Schätzung			22,4	24,7	22,0
Goskomstat (ohne Zusatzeinkünfte)	33,5	31,5	42,0		34,5
Russia Longitudinal Monitoring Survey	11,1	13,1	17,2	29,5	36,3
ISĖPN (mit Korrektur der Einkommensverteilung)					38,6
ISĖPN (ohne Korrektur der Einkommensverteilung)					44,4

Goskomstat: Staatliche Statistikbehörde; ISĖPN: Institut für sozioökonomische Probleme der Bevölkerung der Akademie der Wissenschaften.

Quelle: L. N. Ovčarova/E. Turuncev/I. Korčagina, Bednost': gde porog? (Al'ternativnye ocenki urovnja maloobespečennosti), in: Voprosy ėkonomiki, Nr. 2, 1998, S. 61–72, hier S. 66.

Tab. 2: Anteil der Bevölkerung unterhalb der Armutsgrenze 1997–2002 (in %)

	1997	1998	1999	2000	2001	2002
Offizielle Berechnungsmethode (2000 geändert)	20,7	23,3	28,3	28,9	27,3	24,2
Von der Weltbank empfohlene Berechnungsmethode	24,1	31,4	41,5	35,9	26,2	19,6

Die Armutsgrenze ist hier definiert durch die Kosten eines »Warenkorbs«, der in der gegebenen Region für den Unterhalt einer Person notwendig ist

Quelle: World Bank, Russian Federation Poverty Assessment, 28. Juni 2004.

Wie sich die Lage der Bevölkerung nach 2001 besserte, lässt sich an Umfrageergebnissen ablesen (siehe *Tabelle 3*).

Nach diesen Daten musste fast ein Viertel der Befragten noch im Mai 2001 um das nackte Überleben kämpfen, weitere 42 % waren zwar nicht in ihrer unmittelbaren Existenz bedroht, doch fehlten ihnen die Mittel, ihre Lebensbedürfnisse einigermaßen angemessen zu befriedigen. Im Laufe der folgenden Jahre besserte sich die Lage zusehends. 2007 war der Anteil derjenigen, die um das »tägliche Brot« kämpfen mussten, auf 12 % und derjenigen, die sich zwar ausreichend ernähren konnten, aber alle anderen Bedürfnisse zurückstellen mussten, auf 33 % gefallen. Die Zahlen zeigen aber auch, dass am Ende der zweiten Amtszeit Putins immer noch nahezu die Hälfte der Bevölkerung nach landläufigem Begriff als »arm« gelten musste, obwohl die existentielle Notsituation überwunden war.

Tab. 3: Zu welcher Bevölkerungsgruppe gehört Ihre Familie? (in %)

	Mai 2001	Mai 2002	Mai 2003	Mai 2004	Mai 2005	Mai 2006	Mai 2007
Wir kommen kaum zurecht, das Geld reicht nicht einmal für Lebensmittel.	23	21	20	18	16	16	12
Für Lebensmittel reicht es, aber der Kauf von Bekleidung ist ein Problem.	42	41	41	38	37	36	33
Das Geld reicht für Lebensmittel und Kleidung, aber der Kauf von langlebigen Konsumgütern ist ein Problem.	28	31	33	35	35	37	43
Wir können uns langlebige Konsumgüter leisten, aber tun uns schwer beim Erwerb wirklich teurer Güter.	6	7	6	9	12	11	11
Wir können uns teure Einkäufe leisten – Wagen, Wohnung, Datscha u. v. a. m.	0	0	0	0	0	<1	<1

Quelle: Umfragen des *Lewada*-Zentrums, http://www.levada.ru./ecincome.html (Zugriff am 17.12.2007); Obščestvennoe mnenie – 2007, Moskau 2007, S. 36. Das Lewada-Zentrum (bis 2003 VICIOM) wurde 1987 gegründet und war das erste sowjetische Meinungsforschungsinstitut. Es ist politisch unabhängig und seine Arbeit wird international anerkannt. Das heutige VICIOM gilt als kremlnah. Vgl. S. 376.

4 Ansätze zur Entstehung einer neuen Mittelklasse

Die Transformationskrise der 1990er Jahre war eine schlechte Voraussetzung für die Entwicklung einer stabilen Mittelklasse (*srednij klass*).[4] Der Differenzierungsprozess der 1990er Jahre hatte gerade die mittleren Einkommensgruppen geschwächt. Mit dem Übergang zur Marktwirtschaft verloren die Strukturen, die in der Sowjetzeit die soziale Stellung bestimmt hatten, ihre Bedeutung, das System der nicht warenförmigen Verteilung von Ressourcen über »geschlossene Läden«, zu denen nur etwa ein Drittel der Bevölkerung Zugang hatte, zerfiel. Positionen in der Partei- und Sowjethierarchie verloren somit ihre Bedeutung, die Planungsbürokratie löste sich auf, Unternehmen gingen in private Hand über, Institute und Universitäten zahlten keine Gehälter mehr. Damit veränderte sich auch die soziale Rangordnung.

Immerhin ist festzustellen, dass in Russland ein Potenzial existiert, aus dem eine Mittelklasse erwachsen kann. Die aus der Sowjetzeit überkommene Sozialstruktur bietet dafür gute Voraussetzungen. Ein großer Teil der Bevölkerung verfügt über eine qualifizierte Ausbildung und in Wirtschaft und Verwaltung gibt es eine breite Schicht mittlerer Manager. Ärzte, Juristen etc. konnten aus dem Angestelltenverhältnis in die Selbstständigkeit wechseln. Nach 1989 begann sich zudem eine Schicht mittelständischer Unternehmer herauszubilden. Ihr Umfang wurde von russischen Sozialwissenschaftlern vor der Finanzkrise vom 17. August 1998 mit etwa 25% der arbeitsfähigen Bevölkerung beziffert. Der Kollaps des Rubelkurses entwertete Einkommen und neu angesammelte Rücklagen und wirkte sich negativ auf den Besitzstand der Mittelklasse aus, deren Anteil nun mit 18% angegeben wurde.[5]

Eine selbstbewusste und stabile Mittelklasse, die auch einen politischen Faktor darstellen könnte, hatte sich in Russland bis 1998/1999 nicht herausgebildet. Zwar gab es Gruppen, aus denen sich eine solche Klasse hätte rekrutieren können, doch waren sie zahlenmäßig vergleichsweise schwach und in ihrem Selbstverständnis wohl auch zu heterogen. Von einer homogenen Gruppe, die sich auch als solche – als Mittelklasse – verstand, konnte also Ende der 1990er Jahre noch keine Rede sein. Der ehemalige Ministerpräsident Primakow kommentierte die Situation 1998 denn auch sarkastisch mit dem Satz: »Leute, die in der Börse mit den Armen wedeln, das ist noch keine Mittelklasse.«[6]

5 Oligarchen und Bürokraten – die neue Führungsschicht

Zur »herrschenden Elite« rechnen die russischen Soziologen seit der ersten Hälfte der 1990er Jahre im Wesentlichen zwei Gruppen: die Inhaber politischer Führungsämter und die Großunternehmer. Auch diese neue, zahlenmäßig kleine Führungsschicht war ein Produkt der Jahre des Umbruchs. Die Art und Weise ihrer Rekrutierung, ihre Zusammensetzung, ihre Weltsicht und ihr Verhalten waren bestimmend für den Verlauf der Transformation. Angesichts der politischen Passivität der verarmten Mehrheit und der Orientierungslosigkeit der Mittelschichten waren es kleine Elitengruppen, die den politischen Prozess und die ökonomische Neuordnung beherrschten. Natürlich stellt sich die Frage, wieweit sich die »neuen« Eliten der Transformationszeit von den »alten« sowjetischen unterschieden, ob der Übergang mit einem Elitenwechsel verbunden war oder ob die sowjetischen Eliten auch den postsowjetischen Prozess beherrschten.

Die Antwort darauf ist nicht einfach. Tatsächlich war bereits in den 1960er und 1970er Jahren ein Pluralisierungsprozess innerhalb der Gesellschaft in Gang gekommen. Die vergleichsweise geschlossene sowjetische Führungselite löste sich auf und zerfiel in konkurrierende Segmente. Die Ausdifferenzierung nach Gruppen, die je nach Branche, Region und Apparat, zu dem sie gehörten, unterschiedliche Interessen verfolgten, setzte sich in den 1980er Jahren verstärkt fort. In den 1990er Jahren führten die politischen und gesellschaftlichen Veränderungen – u. a. die Entmachtung und der Zerfall der KPdSU, die Privatisierung, die Kadererneuerung – die personellen Umbesetzungen – in der Verwaltung und die Institutionalisierung der regionalen Selbstverwaltung – schließlich zu einer Aufspaltung der »alten« sowjetischen Elite: Die Nomenklatur zerfiel in konkurrierende Gruppen, die allerdings noch durch Herkunft, Erfahrungshorizont und mannigfache Netzwerkbeziehungen miteinander verbunden waren.

Zugleich entstand aber in dieser Phase auch eine neue Schicht von Aufsteigern, die sich die Neugestaltung des politischen und des wirtschaftlichen Systems zunutze machte. Der entstehende Markt mit Geldwirtschaft und Kapitalverkehr brachte einen neuen Typus von Geschäftsmann hervor, ebenso wie sich mit der Veränderung des politischen Prozesses ein neuartiger Politikertypus herausbildete. Die »neue« Führungsgruppe rekrutierte sich zunächst weitgehend aus »alten« Eliten. Die Durchsetzung der Reformen nach 1991 bereitete dann das Feld für den Aufstieg neuer Gruppierungen, die alsbald Einfluss auf die Richtung des Transformationsprozesses nahmen.

Auf diese Weise entstand ein Elitenhybrid, dessen Angehörige aber durchaus konsequent ein Ziel verfolgten: die Konsolidierung der eigenen Position. An der Fortentwicklung des demokratischen Systems, dem Ausbau von Rechtsstaat und Bürgergesellschaft sowie der Durchsetzung eines Marktes mit funktionierender Wettbewerbsordnung waren sie nur insoweit interessiert, als dies zur Sicherung ihrer Stellung nützlich war.[7] Insofern sollte man nicht von der Annahme ausgehen, es sei das Ziel der politischen Reformeliten gewesen, westliche Modelle von »Demokratie«

und »Marktwirtschaft« durchzusetzen. Wenigstens ein Teil der neuen Führungsschichten wollte die Ressource Reform lediglich zu Machterwerb und Machterhalt nutzen. Zahlenmäßig war diese Machtelite sehr klein. Die Soziologin Natalja Tichonowa schätzte 2006 die Gruppe der »Reichen« auf insgesamt 5 % der Bevölkerung (obere Mittelklasse 4 %, die »sehr Reichen« 1 %, »Elite und Subelite« ca. 0,5 %).[8]

Tab. 4: Herkunft der »neuen« Elite 1993

Status 1988	Status 1993				
	Gesamte Elite	Staatselite (Politik)	Staatswirtschaftselite	Geschäftselite (Privatsektor)	Kulturelite
Parteinomenklatur	7,1 %	13,7 %	5,2 %	5,5 %	2,2 %
Staatsnomenklatur	8,1 %	21,6 %	3,4 %	2,9 %	3,6 %
Staatswirtschaftsnomenklatur	29,7 %	10,2 %	58,0 %	28,1 %	9,4 %
Kulturnomenklatur	6,1 %	5,5 %	0,0 %	1,1 %	29,7 %
Insgesamt Nomenklatur	**51,0 %**	**51,0 %**	**66,6 %**	**37,6 %**	**44,9 %**
Wirtschaftsmanager	20,9 %	17,6 %	20,3 %	24,5 %	21,0 %
Andere Funktionäre	12,5 %	11,8 %	5,2 %	17,5 %	19,6 %
Insgesamt Verwaltung	**33,4 %**	**29,4 %**	**25,5 %**	**42,0 %**	**40,6 %**
Fachleute (*»professionals«*)	8,4 %	12,5 %	3,1 %	10,6 %	7,2 %
Andere Beschäftigung	4,3 %	5,9 %	2,7 %	5,8 %	1,4 %
Ohne Beruf	2,9 %	1,2 %	2,1 %	4,0 %	5,8 %
Insgesamt andere	**15,6 %**	**19,6 %**	**7,9 %**	**20,4 %**	**14,4 %**
zusammen	100,0 %	100,0 %	100,0 %	100,0 %	99,9 %
Anzahl der Personen N=	958	255	291	274	138

Quellen: Eric Hanley/Natasha Yershova/Richard Anderson, Russia – Old wine in a new bottle. The circulation and reproduction of Russian elites, 1983–1993, in: Theory and Society, Jg. 24, 1995, Nr. 5, S. 639–668, hier S. 657; B. V. Golovačev/L.B. Kosova/L. Chachulina, Formirovanie pravjaščej ėlity v Rossii, in: Monitoring obščestvennogo mnenija. Ėkonomičeskie i social'nye peremeny, Jg. 21, 1996, Nr. 1, S. 32–38, hier S. 37.

Am stärksten waren die ehemaligen Nomenklaturisten nach 1991 im Staatsapparat und in der Staatswirtschaft vertreten, weniger stark in der Privatwirtschaft. Die Transformation hatte also wenigstens partiell zu einer Erneuerung geführt, doch handelte es sich nicht um eine radikale Ablösung der »alten« Eliten, sondern um einen allmählichen Übergang – Beyme bezeichnet den Vorgang ironisch als »sozialverträglichen Elitenwechsel«[9].

Die schon unter Jelzin bestehenden scharfen Gegensätze zwischen den verschiedenen Führungsgruppen setzten sich unter Putin fort, aber es kam nun nicht mehr zu offenen Spannungen. Stattdessen begann der Präsident, die Zusammensetzung der Führungseliten aktiv zu beeinflussen. Durch eine Personalpolitik, die bewusst auf Ex-Kollegen aus den Geheimdiensten und frühere Petersburger Vertraute setzte, veränderte Putin das Profil der föderalen Exekutive. Im Vergleich mit der Jelzin-Zeit war der Anteil der Militärs, aber auch der der Geschäftsleute deutlich gestiegen,[10] während der Anteil der Absolventen von Elitehochschulen und der Inhaber akademischer Grade zurückging (siehe *Tabelle 5*). Mit dem erhöhten Anteil der Militärs hing wohl zusammen, dass in der Exekutive vermehrt Personen tätig waren, die vom Land stammten – auch in der Sowjetunion bot die militärische Laufbahn Leuten außerhalb der Hauptstädte, die nicht zum sowjetischen Establishment gehörten, eine Karrierechance.

Tab. 5: Elitenprofile 1993 und 2002

	Jelzin-Elite (1993)	Putin-Elite (2002)
Durchschnittsalter (Jahre)	51,3	51,5
Frauen (%)	2,9	1,7
Ländliche Herkunft (%)	23,1	31,0
Hochschulbildung (%)	99,0	100,0
Akademischer Grad (%)	52,5	20,9
Militärische Ausbildung (%)	6,7	26,6
Ökonomische, juristische Ausbildung (%)	24,5	25,7
Ausbildung auf Elitehochschule (%)	35,4	23,4
»Landsleute« des Staatsoberhaupts (%)	13,2	21,3
Geschäftsleute (%)	1,6	11,3
Militärs (%)	11,2	25,1

Quelle: Ol'ga Kryštanovskaja, Režim Putina. Liberal'naja militokratija?, in: Pro et Contra, Jg. 7, 2002, Nr. 4, S. 158–180, hier S. 161.

Bemerkenswert ist auch der hohe Anteil der Petersburger: Putin hatte deutlich mehr seiner Vertrauten mit nach Moskau gebracht als Jelzin, der kaum einen Parteikader aus Swerdlowsk (Jekaterinburg) herangezogen hatte. Der Präsident schuf sich damit einen Führungskern, der es erlaubte, die Spannungen zwischen den verschiedenen Elitefraktionen unter Kontrolle zu halten. Die Heterogenität der postsowjetischen Eliten, die Gegensätze zwischen Branchen, konkurrierenden Apparaten, zwischen Personen mit unterschiedlichen Karrierewegen blieben dennoch bestehen.

Allerdings gab es ein Merkmal, worin sich die Angehörigen der verschiedenen Elitefraktionen vom Rest der Gesellschaft unterschieden: In der Regel verfügten sie über ein erhebliches Einkommen und nicht unbedeutenden Besitz. In den Putin-Jahren hatten sich die sozialen Verhältnisse stabilisiert. Der beträchtliche soziale Abstand zwischen Arm und Reich wurde jedoch nicht geringer (siehe oben *Abbildung 1*).

Die so genannten »Oligarchen«, eine Handvoll Personen, die in den 1990er Jahren zu Macht und Reichtum kamen, war aufgrund ihrer Aufstiegserfahrung eng mit der politischen Elite verbunden. Die Politiker und hohen Beamten profitierten ihrerseits vom Aufstieg der neuen Finanzelite und ließen sich von den neuen Reichen großzügig entlohnen. So entstand ein Konglomerat aus Exekutive und Geschäftsleuten, das der postsowjetischen russischen Gesellschaft seinen Stempel aufdrückte.

6 Demografische Entwicklung

Die Verarmung breiter Bevölkerungsschichten im Verlauf der Transformationskrise wirkte sich auch auf die demografische Entwicklung aus. Zwischen 1990 und 2008 verringerte sich die Bevölkerungszahl um 5,4 Millionen Menschen, d. h. um 3,7 %[11] – und dies obwohl zwischen 1992 und 2006 insgesamt 4,2 Millionen Zuwanderer die russische Staatsbürgerschaft erhalten hatten. Der Bevölkerungsrückgang ergab sich aus der dramatischen Abnahme der Geburten- und dem Ansteigen der Sterberate. 1990 wurden auf 1 000 Einwohner 13,4 Geburten registriert. Diese Zahl sank 1996 auf 8,9 und pendelte sich nach 2003 auf einen Wert zwischen 10,2 und 10,4 ein. Dieser niedrige Wert ist für ein Industrieland nicht ungewöhnlich: In Japan lag die Geburtenrate pro 1 000 Einwohner 2008 bei 7,87, in Deutschland bei 8,18. Die USA erreichten immerhin einen Wert von 14,18.[12] Ungewöhnlich hoch war aber die russische Sterberate. Der Wert von 1990 (11,2 auf 1 000 Personen) stieg bis 2002 auf 16,2 und lag damit deutlich über den Daten für Deutschland (2008 – 10,8), Großbritannien (10,05) oder die Vereinigten Staaten (8,27).

Einen gewissen Ausgleich schuf die Zuwanderung. Dieser Prozess war sehr komplex. Einerseits gab es eine Emigrationsbewegung ins »ferne Ausland« (das »nahe Ausland« bezeichnet die ehedem zur Sowjetunion gehörenden Länder), während aus den ehemaligen Sowjetrepubliken in großer Zahl Russen und Nichtrussen zuwanderten.[13] Insgesamt gewann Russland durch die Migrationsbewegung an Bevölkerung. Nach offiziellen Daten, die zweifellos nur einen Teil dieses Prozesses erfassen, waren die Zuwanderungszahlen jedoch nicht hoch genug, um den natürlichen Bevölkerungsverlust auszugleichen (siehe *Tabelle 6*).

Tab. 6: Migrationsbilanz und natürlicher Bevölkerungsverlust in Russland 1992–2005 (in 1000)

	Migrationsbilanz	Bevölkerungsverlust	Differenz
1992	176	-219	-43
1993	430	-750	-320
1994	810	-893	-83
1995	502	-840	-338
1996	344	-777	-433
1997	353	-765	-412
1998	285	-706	-421
1999	165	-929	-764
2000	214	-958	-744
2001	72	-943	-871
2002	80	-935	-855
2003	93	-889	-796
2004	39	-793	-754
2005	107	-843	-736

Quelle: L. Rybakovskij, Demografičeskoe buduščee Rossii i migracionnye processy, in: Sociologičeskie Issledovanija, Nr. 3, (2005), S. 71–81, zitiert nach: Leszek Szerepka, Sytuacja demograficzna w Rosji/Demographic situation in Russia, Prace OSW 24/CES Studies 24. Juli 2006, S. 45.

Die Entwicklung der Geburten- und der Sterberate hatte unmittelbar Auswirkungen auf die Altersstruktur der Bevölkerung. Die Daten zeigen eine zunehmende Überalterung der Gesellschaft. In der Transformationsphase und in den Putin-Jahren nahm der Umfang der arbeitsfähigen Bevölkerung noch nicht ab, zwischen 1990 und 2007 stieg er sogar um etwa sechs Millionen (siehe *Tabelle »Demografische Basisdaten«* im Anhang). Die Geburtenrate war jedoch so gering, dass die Zahl der Arbeitsfähigen nicht gehalten werden kann. Etwa ab 2010, wenn die geburtenschwachen Jahrgänge das 16. Lebensjahr erreicht haben werden, ist mit einem Rückgang der Zahl der verfügbaren Arbeitskräfte zu rechnen.[14] Dies wird Auswirkungen auf das Wirtschaftswachstum haben, wenn nicht durch Änderungen in der Gesundheits- und der Zuwanderungspolitik eine Wende herbeigeführt werden kann.

Ein Indiz für das Versagen der postsowjetischen Gesundheitspolitik ist die Verringerung der Lebenserwartung.[15] Die Lebenserwartung russischer Männer fiel zwischen 1990 und 2003 von 63,7 auf 58,6 Jahre. Bis 2006 stieg sie immerhin wieder auf 60,4 Jahre. Die Lebenserwartung von Frauen war stets höher – 1990: 74,3, 2003: 71,8 und 2006 73,2 Jahre –, doch auch sie lag unter den entsprechenden Werten westlicher Industrieländer. Die politische Führung Russlands, die diese Entwicklung lange ignoriert hatte, reagierte erst spät. 2006 griff Präsident Putin das Thema auf und stellte die demografische Frage in den Mittelpunkt seiner Botschaft an die Föderalversammlung. Er bezeichnete die demografische Krise als das schwerste Problem des modernen Russland[16] und leitete damit eine Kampagne zur Steigerung der Geburtenraten und zur Senkung der Sterberaten ein. Welche Folgen diese Politik zeitigt, die unter seinem Nachfolger Medwedew weiter verfolgt wird, bleibt abzuwarten.

7   Eine ungerechte Gesellschaft?

Der soziale Umbruch, der sich nach 1992 vollzog, hat in Russland eine Gesellschaft geschaffen, die voll innerer Spannungen ist. Der »sozialverträgliche Elitenwechsel«, der große Teile der alten Führungsschicht in Leitungspositionen beließ, verhinderte den Bruch mit der Vergangenheit. Eine ernsthafte Auseinandersetzung mit den Verbrechen, die in der Sowjetzeit, insbesondere in den Stalin-Jahren begangen worden waren, fand nicht statt. Andererseits wurde das Verfahren der Privatisierung, die ein wesentlicher Bestandteil der Transformationspolitik war und das vormals staatliche Eigentum in die Hand weniger überführte, von der Mehrheit der Bevölkerung als zutiefst ungerecht erlebt. Der rasante Anstieg der Kriminalität infolge der Durchsetzung von Geldwirtschaft und Marktbeziehungen tat ein Übriges, um manchen daran zweifeln zu lassen, dass Demokratisierung und Marktwirtschaft eine Wendung zum Besseren bedeuten.

*Abb. 4: Welche Unterschiede zwischen Gruppen und Schichten sind Ihrer
Ansicht von Bedeutung, welche nicht?*

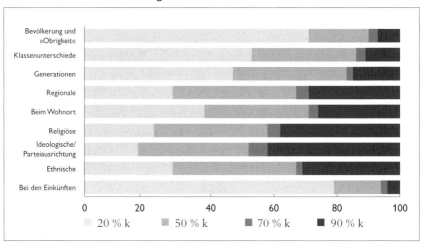

Quelle: Umfrage des VCIOM vom März 2007, http://wciom.ru/novosti/press-
vypuski/press-vypusk/single/4219.html (Zugriff am 20.3.2007). Vgl. S. 368, Tab. 3,
Anm.

Der »ungerechte« Umverteilungsprozess der 1990er Jahre brachte eine Gesellschaftsstruktur hervor, die vor allem durch Ungleichheit gekennzeichnet war. Dies wurde in der Öffentlichkeit auch so wahrgenommen (siehe
Abbildung 4.). Eine Umfrage des regierungsnahen Meinungsforschungsinstitut *VCIOM* vom März 2007 zeigte, wie stark Einkommens- bzw. Klassen-
unterschiede das Gesellschaftsbild bestimmen. Bemerkenswert ist, dass
die Befragten dem Unterschied zwischen Bevölkerung und *»vlast'«* (»die
Macht«, »Obrigkeit«), d. h. dem Elitenkartell an der Spitze, fast dasselbe
Gewicht beimessen, wie den Einkommensunterschieden. Das Konglomerat aus Bürokratie und Oligarchie, das Wirtschaft und Politik dominiert,
wird in der Bevölkerung – durchaus zutreffend – als die neue »herrschende
Klasse« wahrgenommen. Der Übergang zur Marktwirtschaft, die Neuordnung der politischen Strukturen und die Umwälzung der Gesellschaftsord-
nung, die mit beidem verbunden ist, wirkt sich auf die Lebensumstände
und Lebensplanung jedes einzelnen russischen Bürgers unmittelbar aus.
Und diese individuelle Erfahrung ist dafür maßgeblich, wie Konzepte wie
»Demokratie« und »Marktwirtschaft« wahrgenommen werden. Die Mehr-

heit der Bevölkerung hat die Transformation als schmerzhaften Prozess empfunden, der mit sozialem Abstieg und Überlebenskampf verbunden war. Das postsowjetische Gesellschaftssystem gilt ihnen als hochgradig ungerecht, eine Wahrnehmung, die angesichts der existierenden sozialen Unterschiede zu verstehen und durchaus begründet ist.

Anmerkungen

1   Mit dem Begriff »Nomenklatur« wurden in der Sowjetzeit Positionen in Unternehmen und Apparaten bezeichnet, die nur mit Zustimmung der Parteikomitees besetzt werden konnten. Die »Nomenklatur-Listen«, in der diese Funktionen verzeichnet waren, gaben dann der gesamten Führungsschicht ihren Namen.
2   Vgl. dazu insbesondere Rafael Mrowczynski, Im Netz der Hierarchien. Sozialstruktur, informelle Beziehungen und Mittelschicht im entwickelten Sowjetsozialismus, Diss. Universität Hannover 2007.
3   Im August und September 1998 stürzte der Rubelkurs ab; der US Dollar kostete am 5.9.1998 schon 16,99 Rubel im Gegensatz zu 6,43 Rubel am 18.8. In der Folge brachen eine Reihe von Banken zusammen, die Sparer verloren ihre Einlagen, zahlreiche Unternehmen gerieten in Schwierigkeiten, die Preise stiegen massiv an, die Reallöhne sanken erheblich.
4   Der russische Begriff »srednij klass« – wörtlich »Mittelklasse« – ist wohl an das Englische »middle class« angelehnt und bisher nicht eindeutig definiert; weder »Mittelschicht« noch »Mittelstand« oder »Bürgertum« sind adäquate Übersetzungen; aus diesem Grunde wird im folgenden Text der Begriff »Mittelklasse« benutzt; mit der inhaltlichen Bestimmung des Begriffs haben sich die russischen Sozialwissenschaftler in den letzten Jahren intensiv auseinandergesetzt.
5   Michail K. Gorškov/Natal'ja. E. Tichonova/Aleksandr Ju. Čepurenko (Hrsg.), Srednij klass v sovremennom rossijskom obščestve, Moskau 1999, S. 233.
6   Evgenij Primakov, Reformatorstvo dolžno vesti k ukrupleniju gosudarstva, in: Izvestija, 20.11.1998, S. 1.
7   Vgl. Joel S. Hellman, Winners Take All. The Politics of Partial Reform in Postcommunist Transitions, in: World Politics, Jg. 50, 1998, Nr. 2, S. 203–234, hier S. 203 f.; Stefanie Harter/Jörn Grävingholt/Heiko Pleines/Hans-Henning Schröder (Hrsg.), Geschäfte mit der Macht. Wirtschaftseliten als politische Akteure im Rußland der Transformationsjahre 1992–2001, Bremen 2003, S. 14 ff.
8   Natal'ja E. Tichonova, Social'naja stratifikacija v sovremennoj Rossii. Opyt èmperičeskogo analiza, Moskau 2007, S. 63.
9   Klaus v. Beyme, Systemwechsel in Osteuropa, Frankfurt a. M. 1994, S. 181, vgl. zu diesem Zusammenhang auch ebd. S. 190 f.
10 Zur Rolle des Militärs und Geheimdienstler vgl. Jørgen Staun, Siloviki Versus Liberal-Technocrats. The Fight for Russia and its Foreign Policy. Danish Institute

for International Studies. DIIS Report 2007:9, Copenhagen 2007, http://www.diis. dk/graphics/Publications/Reports%202007/diisreport-2007-9.til%20web.pdf (Zugriff am 31.10.2007); Ian Bremmer/Samuel Charap, The Siloviki in Putin's Russia: Who They Are and What They Want, in: The Washington Quarterly, Jg. 30, Winter 2006/2007, Nr. 1, S. 83–92; Bettina Renz, Putin's militocracy? An alternative interpretation of Siloviki in contemporary Russian politics, in: Europe-Asia Studies, Jg. 58, 2006, Nr. 6, S. 903–924.

11 Siehe dazu und zum Folgenden die Daten in der Tabelle »Demografische Basisdaten« im Anhang.

12 Angaben nach dem CIA World Factbook – Version 1.1.2008, https://www.cia. gov/library/publications/the-world-factbook/index.html (Zugriff am 27.7.2008); in Entwicklungsländern und Schwellenstaaten liegen die Werte in der Regel deutlich höher: in Indien bei 22,2, in Pakistan bei 26,93, in Brasilien bei 16,04 und in Tadschikistan bei 27,18.

13 Zur Binnenmigration, auf die hier nicht eingegangen werden kann, vgl. u. a. John Round, Rescaling Russia's Geography. The Challenges of Depopulating the Northern Periphery, in: Europe-Asia Studies, Jg. 57, 2005, Nr. 5, S. 705–727; Anne White, Internal Migration Trends in Soviet and Post-Soviet European Russia, in: Europe-Asia Studies, Jg. 59, 2007, Nr. 6, S. 887–911.

14 Das ist ablesbar an der Alterspyramide, siehe Tabelle »Verteilung der Bevölkerung nach Altersgruppen« im Anhang.

15 Siehe Tabelle »Demografische Basisdaten« und Tabelle »Durchschnittliche Lebenserwartung bei der Geburt« im Anhang

16 Vladimir V. Putin: Poslanie Federal'nomu Sobraniju Rossijskoj Federacii, Moskau 10.5.2006, http://president.kremlin.ru/appears/2006/05/10/1357_type63372type-63374type82634_105546.shtml, (Zugriff am 2.9.2006).

Jewgenij Gontmacher

Sozialpolitik – Entwicklungen und Perspektiven[1]

1 Das sowjetische Erbe

Das sowjetische Sozialsystem war in sich schlüssig und umfassend. Es basierte auf einem demonstrativen Egalitarismus, der Kultivierung bescheidener materieller Ansprüche (in den letzten Jahren der UdSSR nannte man das »Konsumkultur«), einem staatlichen Monopol bei der Bereitstellung und Verteilung praktisch aller sozialen Zuwendungen und Dienste sowie auf der strikten staatlichen Festsetzung der Einkommen. Dadurch waren alle Einkünfte der Bevölkerung transparent und es gab kaum Möglichkeiten, »schwarz« Geld zu verdienen.

Dieses Sozialsystem formte einen Bürger, dessen soziales Verhalten man folgendermaßen charakterisieren kann: Er ist überzeugt, dass alle sozialen Probleme vom Staat gelöst werden müssen (insbesondere bei der älteren Generation verband sich dieser Paternalismus mit politisch korrektem Aktivismus bei der Arbeit und politischer Zuverlässigkeit). Er ist gewöhnt an soziale Nivellierung. Er hat ein starkes Empfinden für »soziale Gerechtigkeit«, verstanden als Gleichheit im Alltag und im Lebensstandard, und er ist schnell neidisch auf reichere und erfolgreichere Mitmenschen. Er ersetzt private Formen der Selbstorganisation durch eine pseudokollektivistische Lebensform, in der die Partei, die Gewerkschaft, das Hauskomitee usw. eine entscheidende Rolle spielen.

Das sowjetische Lebensmodell erstickte buchstäblich jede Eigeninitiative. Die Menschen verlernten, ihr Leben selbst zu bestimmen, auch im sozialen Bereich. Als dann während des Niedergangs der Sowjetunion immer mehr Informationen über westliche Lebensmodelle bekannt wurden, begannen Jugendliche, Menschen mittleren Alters und Großstädter der geheimen Versuchung nachzugeben und richteten ihr Leben wie »drüben« ein. Im sowjetischen Verständnis bedeutete dies vor allem den Wunsch, Inhaber der berühmten Troika – Wohnung – Auto – Datscha – zu sein. Wer darüber nicht verfügte, entwickelte schnell einen Minderwertigkeitskomplex.

Der Staat kontrollierte im Prinzip den Lebensstandard der Bevölkerung. Dafür standen ihm zwei wirksame Umverteilungsmechanismen zur Verfügung: die verbindliche Planung des Anteils der Haushalte am Konsum und ein zentralisierter Staatshaushalt. Das Gehalt aller Arbeiter und Angestellten berechnete sich zum Beispiel nach einem Tarif- und Qualifikationskatalog, in dem jede mögliche Tätigkeit aufgeführt war. Akkordarbeit und Stücklohnprämien wurden erst am Ende der Sowjetepoche systematisch eingeführt und vor allem dann eingesetzt, wenn strategisch wichtige Arbeiten schnell geleistet werden mussten, wie etwa bei der Erschließung von Ölvorkommen in Sibirien oder beim Bau der Baikal-Amur-Magistrale, einer 3 145 km langen Eisenbahnlinie von Sibirien zum äußersten Osten Russlands.

Der Staat organisierte das gesellschaftliche Leben, einschließlich des kostenlosen Gesundheits- und Bildungswesens und des freien Zugangs zu kulturellen Einrichtungen von Bibliotheken über Klubs bis zu Museen. Damit unterschied sich die UdSSR von vielen anderen entwickelten Ländern der Welt. In Verbindung mit strikten Gehaltsvorgaben entstand ein System, das – zumindest innerhalb der damaligen Russischen Sowjetrepublik – keine regionalen Unterschiede im Lebensstandard zuließ.

Es muss an dieser Stelle betont werden, dass die sowjetische Sozialordnung in sich ausbalanciert und stabil war. Diese Ordnung hielt sogar dem fortwährenden Mangel an elementaren Verbrauchsgütern wie Nahrung und Kleidung stand. Sie förderte in keiner Weise den Zerfall der Sowjetunion.

2   Transformation in den 1990er Jahren

Der verbreiteten Meinung, die politische Führung hätte Anfang der 1990er Jahre das Interesse an sozialen Problemen verloren und ihre ganze Aufmerksamkeit der wirtschaftlichen Umgestaltung gewidmet, ist nicht zuzustimmen. Gerade in diesen Jahren bildete sich eine Gesetzgebung heraus, die die Entwicklung der wichtigsten sozialen Bereiche sowie die soziale und wirtschaftliche Lage bestimmter sozial bedürftiger Bevölkerungsschichten, wie Rentner, Invaliden oder Flüchtlinge, im Rahmen der Transformation des Systems neu regelte. Nichtstaatliche Organisationen im sozialen Bereich wurden zugelassen und gesetzlich mit staatlichen Trägern der Sozialpolitik gleichgestellt.

Gleichzeitig veränderte sich die soziale Infrastruktur. Es entstanden für Russland neuartige Verwaltungsorgane im sozialen Bereich und bisher unbekannte Organisationen und Einrichtungen, wie Arbeitsämter, wurden gegründet. Innerhalb der bereits vorhandenen sozialen Strukturen galten nun »neue Spielregeln«. Moderne Sozial- und Informationstechnologien wurden eingeführt, notwendige Datenbanken erstellt, und es entstanden neue Berufe im sozialen Bereich. Es änderten sich auch die Finanzierungsprinzipien im sozialen Sektor. Statt direkter Zuweisungen aus dem Staatshaushalt an die staatlichen Träger der Sozialpolitik gibt es nun eine Pflichtversicherung für alle Bürger, für deren Verwaltung eigenständige staatliche Sozialfonds gegründet wurden. Des Weiteren wurden die Zuständigkeiten unter den Sozialpartnern neu aufgeteilt, so dass im Verlauf der 1990er Jahre schrittweise ein Teil der sozialpolitischen Aufgaben sowie der sozialen Einrichtungen, für die früher die Betriebe zuständig waren, an regionale Organe und die lokale Selbstverwaltung übergeben wurden. Dies betraf die soziale Infrastruktur von Kinderkrippen/-gärten über Freizeitanlagen bis zu Sanatorien.

Diese Veränderungen wurden von neuen gesellschaftlichen Entwicklungen begleitet: insbesondere entstanden soziale Gruppen, die es früher nicht gegeben hatte, etwa Selbständige oder Unternehmer, und in der Privatwirtschaft entstanden neue aussichtsreiche Beschäftigungsfelder, etwa im Finanzsektor oder auch im Bereich privater Gesundheitsversorgung.[2]

Der gesetzgeberische Enthusiasmus in sozialen Fragen ging jedoch von falschen Annahmen aus; er war nämlich von der Überzeugung geleitet, dass Russland die Wirtschaftskrise schnell überwinden werde und damit wesentlich mehr finanzielle Mittel für staatliche Sozialpolitik zur Verfügung stehen würden. Als dies nicht geschah, überstiegen die in den 1990er Jahren gesetzlich zugesicherten Sozialleistungen offenkundig die wirtschaftlichen Möglichkeiten des Landes und wurden zu einem Reizthema in der öffentlichen Debatte.

So fällt die Bilanz der ersten Etappe der Sozialreformen widersprüchlich aus. Einerseits wurden viele neue sozialpolitische Instrumente eingeführt, etwa zur Integration nicht staatlicher Organisationen, zur Finanzierung sozialer Leistungen oder zur Bewältigung neuer Aufgabenfelder wie der Arbeitslosigkeit, und so wurde dieses Politikfeld insgesamt modernisiert. Andererseits standen die formulierten sozialpolitischen Ziele in scharfem Widerspruch zu den finanziellen Möglichkeiten. Nachdem die geweckten Erwartungen nicht erfüllt wurden, war die Bevölkerung unzufrieden und enttäuscht vom Reformprozess.

Im Jahr 1997 verbesserte sich die wirtschaftliche Situation vorübergehend und die Regierung versuchte, erstmals Prinzipien für umfassende Sozialreformen zu formulieren, unter anderem wurde ein Konzept für eine radikale Rentenreform und eine Neustrukturierung der Arbeitsverhältnisse erarbeitet. Diese Bestrebungen wurden jedoch von der Finanzkrise im August 1998 gestoppt. Ein halbes Jahr war die Sozialpolitik allein damit beschäftigt, »Löcher zu stopfen« – aufgelaufene Schulden bei Gehaltszahlungen an Staatsbedienstete sowie bei Renten und Kindergeld mussten beglichen und die Finanzierung der laufenden Arbeit der Gesundheits-, Bildungs- und Kultureinrichtungen gewährleistet werden.[3]

Im Ergebnis kam es in den 1990er Jahren zu keiner Konsolidierung des sozialen Sicherungssystems. Der Wechsel von Präsident Boris Jelzin zu Wladimir Putin und die damit zusammenhängenden politischen Veränderungen sowie die nachhaltige Verbesserung der wirtschaftlichen Situation[4] ermöglichten dann neue Reformansätze in fast allen Bereichen der Sozialpolitik.

3   Bestandsaufnahme der Ära Putin

Trotz der verbesserten staatlichen Handlungsmöglichkeiten und der erklärten Absicht der politischen Führung unter Präsident Putin, die Sozialpolitik grundlegend zu reformieren, war die Bevölkerung zum Ende der Amtszeit Putins mit dem Ergebnis mehrheitlich nicht besonders zufrieden, wie *Tabelle 1* zeigt.

Tab. 1: Inwieweit sind Sie mit der Sozialpolitik zufrieden, die unsere Regierung verfolgt? (Juni 2008; in %)

Ich bin:	
völlig zufrieden	2
größtenteils zufrieden	13
teilweise zufrieden, teilweise nicht	41
größtenteils unzufrieden	27
völlig unzufrieden	13
keine Antwort	4

Quelle: Russisches Meinungsforschungsinstitut *VCIOM*, 29.06.2008, http://wciom.ru/zh/print_q.php?s_id=550&q_id=39519&date=29.06.2008.

Charakteristisch für die heutige Sozialpolitik ist mangelnde Komplexität und Zielgruppenorientierung, wodurch ihre Effektivität eingeschränkt ist. Alle Maßnahmen konzentrieren sich auf die Steigerung der finanziellen Einkünfte der Bevölkerung, wobei die einzelnen Bereiche (Renten,

Unterstützungsleistungen, Gehälter der Staatsangestellten) isoliert voneinander geregelt werden. Ungerechtfertigt groß ist die soziale Ungleichheit. Ungefähr 20% der Bevölkerung leben unterhalb des Existenzminimums und gleichzeitig betragen die monatlichen Einkünfte der obersten 1 bis 2% der Bevölkerung mehrere Millionen Rubel. Die Bevölkerung ist nicht bereit, diese Realitäten der Marktwirtschaft anzunehmen, was die soziale und politische Stabilität gefährdet. Unbefriedigend reguliert sind bisher viele Bereiche der Sozialpolitik, die in anderen entwickelten Ländern grundlegend sind, zum Beispiel die Zahlung von Sozialhilfe an die am wenigsten abgesicherten Schichten der Gesellschaft oder die kostenlose Versorgung sozial schwacher Bürger mit Nahrung und Kleidung.

Bis heute ist auch nicht geklärt, wie man bei der Bereitstellung verschiedener gesellschaftlich relevanter sozialer Dienstleistungen kostenpflichtige Dienste, spezielle Vergünstigungen, Versicherungsleistungen und kostenlose Angebote sinnvoll miteinander verbinden kann. Aus diesem Grund kann ohne schmerzhafte Einschnitte für die Bevölkerung weder das Bildungssystem noch das Gesundheitssystem oder der Kulturbereich umstrukturiert werden, zudem ist es so nicht möglich, Mechanismen zur effektiven Verwendung der Haushaltsmittel für die Bereiche Bildung, Gesundheitssicherung und Kultur zu entwickeln und in Gang zu setzen.

Wenn man die Entwicklungen in den beiden Amtszeiten Putins als Präsident betrachtet, stellt sich die Frage, warum systematische Veränderungen der Sozialpolitik nicht durchgesetzt werden konnten. Warum unterliefen den Politikern so viele Fehler? Dafür gibt es einige Gründe:

• Die Sozialreformen hatten für die Regierung nicht oberste Priorität. Das Hauptaugenmerk lag auf finanzieller Stabilität (Inflationsbekämpfung und Abbau der Staatsverschuldung) sowie der Unterstützung der staatlichen Monopolunternehmen im Energiebereich und Transportwesen.

• Trotz Verabschiedung neuer Gesetze konnten die Zuständigkeiten innerhalb des Sozialsystems auf föderaler Ebene nicht optimal aufgeteilt und die Finanzierung zwischen nationaler, regionaler und kommunaler Ebene nicht zufriedenstellend geregelt werden.

• Die zivilgesellschaftlichen Organisationen (Gewerkschaften, Arbeitgeberverbände, NGOs) waren aufgrund ihrer organisatorischen und finanziellen Schwäche, die unter anderem aus fehlenden Entwicklungsmöglichkeiten in der Sowjetunion und einem schwachen Engagement der Bevölkerung resultiert, nicht in der Lage, konstruktive Vorschläge im Bereich der Sozialpolitik vorzulegen.

• Immer weniger junge Fachleute interessierten sich für Sozialpolitik, da sich denjenigen, die sich mit Finanz- und Wirtschaftsfragen beschäftigen, bessere Karrierechancen boten. Aber auch die Trägheit des Hochschulsystems, das keine Spezialisten für Sozialpolitik ausbildete, trug seinen Teil zu dieser Entwicklung bei.

• Politiker verfielen in blanken Populismus und stellten massenhaft nicht finanzierbare Forderungen auf.

Insgesamt fehlte es an einem umfassenden Dialog zwischen allen sozialpolitischen Akteuren, der Voraussetzung für neue Ideen und konstruktive Vorschläge gewesen wäre. Auch der Versuch, einzelne unpopuläre Reformen, etwa bei den Rentenzahlungen und der Einschränkung nicht monetärer Vergünstigungen (z. B. kostenlose Nutzung des öffentlichen Personennahverkehrs oder kostenloser Telefonanschluss), durchzusetzen, hatte negative Auswirkungen. Somit bestand auch noch im Russland des Jahres 2008 im sozialen Bereich ein Übergangszustand zwischen dem sowjetischen System und dem angestrebten dauerhaft stabilen Modell, dessen Parameter noch nicht klar formuliert sind. Die globale Entwicklung zeigt, dass der »menschliche Faktor« immer mehr zur unerlässlichen Voraussetzung für wirtschaftlichen Aufschwung und sozialen Wohlstand wird. Vor diesem Hintergrund kann eine nachhaltige Sozialpolitik zum Katalysator auch für viele andere Bereiche des russischen Lebens werden.

4 Aktuelle Herausforderungen

Im Folgenden wird ein Überblick über die zentralen Herausforderungen der Sozial- und Arbeitsmarktpolitik gegeben. Dabei wird zuerst gezeigt, welche Probleme sich im Laufe der nächsten etwa 10 Jahre ergeben, wenn keine Reformen durchgeführt werden. Mit dem Entwurf eines solchen Trägheitsszenarios soll aufgezeigt werden, dass Russland keine andere Wahl hat, als Sozialreformen durchzuführen. Abschließend werden zwei idealtypische Reformszenarien präsentiert.

4.1 Arbeitsmarkt

Das Arbeitskräfteangebot verringert sich, da die arbeitsfähige Bevölkerung abnimmt und die Zahl der Invaliden steigt. Des Weiteren ist zu berücksichtigen, dass immer weniger Arbeitsmigranten aus den GUS-Ländern nach Russland zuwandern. Hinzu kommt die stetige Abwanderung kompetenter Wissenschaftler und qualifizierter Arbeitskräfte in den Westen. Beides reduziert die arbeitsfähige Bevölkerung zusätzlich. Somit wird der

Arbeitskräftemangel den wirtschaftlichen Aufschwung immer stärker behindern, damit wird er zu einem grundlegenden Problem der russischen Wirtschaft.

4.2 Bildung

Trotz der Bereitstellung zusätzlicher Gelder für die allgemeinbildenden Schulen und der staatlichen Bemühungen, Lehrergehälter beständig zu erhöhen, wird die Qualität des Schulunterrichts weiter sinken und die meisten Lehrerstellen werden von Frauen im Rentenalter (oder kurz vor der Rente) besetzt. Dementsprechend wird es nicht gelingen, die größer werdende Kluft zwischen einer kleinen Zahl privilegierter Schulen und den restlichen Schulen zu überwinden. Letztendlich wird die Qualität der allgemeinen Schulbildung sinken, und gleichzeitig werden die informellen Zahlungen (»Beiträge« der Eltern zum »Wohl« der Schule und der Lehrer, Bezahlung für Nachhilfe) ansteigen. Wenn die Universitäten einen Rückgang der Studierendenzahlen vermeiden wollen, werden sie gezwungen sein, auch weniger qualifizierte Bewerber zu akzeptieren.

Zusätzlich verschärft der Zusammenbruch des Berufsbildungssystems den Mangel an qualifizierten Arbeitskräften auf dem Arbeitsmarkt. Er wurde insbesondere durch den Übergang der Berufsschulen in die Obhut der Regionen und die Abwerbung von Berufsschülern durch nicht wettbewerbsfähige Hochschulen verursacht. An den meisten Hochschulen werden in zunehmendem Maße qualifizierte Dozenten fehlen – insbesondere für die Fächer Wirtschaft und Recht – und die Qualität der meisten Universitätsdiplome wird noch weiter sinken. Deshalb wird der »beste Teil« der Jugend sich um eine gute Hochschulbildung im Westen bemühen. Das Interesse ausländischer Studierender an Russland wird freilich gegen Null tendieren, wobei neben der schlechten Qualität der Lehre Fremdenfeindlichkeit ein weiterer Belastungsfaktor ist.[5]

Da es kaum Möglichkeiten der Weiterbildung gibt, verschlechtert sich die Lage älterer Arbeitnehmer mit größerem Schulungsbedarf auf dem Arbeitsmarkt zusätzlich, was gleichzeitig den Mangel an qualifizierten Arbeitskräften verstärkt. Diese Tendenzen lassen an Prognosen zweifeln, nach denen die russische Wirtschaft gute Wachstumsperspektiven hat.

4.3   Gesundheitswesen

Das Gesundheitssystem ist *de facto* in vier Bereiche aufgeteilt:
1. kostenlose medizinische Versorgung in begrenztem Umfang und von mäßiger Qualität,
2. kostenlose medizinische Versorgung mit umfangreichen informellen Zahlungen (Korruption) seitens der Bevölkerung für bessere Leistungen,
3. über Zusatzversicherungen finanzierte medizinische Versorgung,
4. eigenfinanzierte medizinische Versorgung (insbesondere im Ausland).
Der zweite und der vierte Bereich werden dynamisch wachsen. Der dritte wird in seiner Entwicklung durch die Zahlungsfähigkeit von Arbeitgebern und Arbeitnehmern begrenzt und der erste Bereich nur den am wenigsten versorgten Bevölkerungsschichten zur Verfügung stehen. Demzufolge werden 15 bis 20% der Bevölkerung von einer guten, kostenlosen medizinischen Versorgung abgeschnitten sein und für mehr als die Hälfte der Bevölkerung (60 bis 65%) wird der Zugang durch Geldmangel begrenzt sein und nur teilweise durch Bestechungszahlungen informell verbessert werden können. Nur 10 bis 15% der Bevölkerung haben – über Zusatzversicherungen und offizielle Bezahlung kostenpflichtiger Leistungen – einen geregelten Zugang zu einer qualitativ hochwertigen medizinischen Versorgung.

Eine noch stärkere Differenzierung der medizinischen Versorgung wird dadurch verursacht werden, dass sich die jungen Leute und ausgebildeten Fachkräfte in erster Linie für den dritten und vierten Bereich entscheiden werden. Auch die Gehaltserhöhungen im Gesundheitsbereich, die mit dem nationalen Projekt »Gesundheit« initiiert wurden, können dies nicht aufhalten, zumal im Zuge der Gehaltserhöhungen auch das Arbeitspensum erhöht wird. Dadurch bleibt weniger Zeit für die inoffizielle Behandlung von Patienten, die nicht das Krankenhaus, sondern über Korruption nur direkt den Arzt bezahlen. Durch Unterfinanzierung und Ärztemangel wird sich die allgemeine Gesundheitsversorgung der Bevölkerung deshalb weiter verschlechtern.

Es wird auch zu einer Differenzierung der Zugangsmöglichkeiten zu qualifizierter medizinischer Versorgung nach Regionen, verschiedenen Siedlungstypen sowie zwischen Stadt und Land kommen. Dies ist besonders bedenklich, weil gleichzeitig gefährliche Krankheiten wie Tuberkulose und Aids, aber auch psychische Krankheiten weiter zunehmen.

Diesem Modell folgend gibt es in der mittelfristigen Perspektive bestenfalls keine positiven Veränderungen am Gesundheitszustand der Bevölkerung und im schlimmsten Fall setzt sich dessen Verschlechterung fort. Dies relativiert den wirtschaftlichen Wohlstand des Landes, und abermals wird damit die Lage auf dem Arbeitsmarkt verschärft.

4.4 Soziale Ungleichheit

Die oben beschriebenen Prozesse der sozialen Differenzierung entlang des Zugangs zu hochwertiger Bildung und Gesundheitsversorgung werden durch die größer werdenden materiellen Unterschiede innerhalb der Bevölkerung verstärkt. Die Unterschiede bei den offiziellen Gehältern sind enorm und Schwarzgeldzahlungen vergrößern diese weiter. Im Bereich der Wirtschaft resultieren diese Einkommensdifferenzen grundsätzlich aus der Aufteilung in erfolgreiche Sektoren (große Staatsmonopole, Rohstoffproduzenten und die damit verbundenen Branchen) und nicht konkurrenzfähige Wirtschaftsbereiche (Leichtindustrie, Landwirtschaft, große Teile des Maschinenbaus und der Rüstungsindustrie). Gleichzeitig muss auf die nach wie vor bestehenden administrativen Hürden bei der Entwicklung des Kleinunternehmertums und die Korruption in diesem Bereich hingewiesen werden. Der Beitrag der kleinen Unternehmen zum Bruttoinlandsprodukt und zur Beschäftigung ist ausgesprochen gering und liegt deutlich unter dem Niveau, das für eine moderne, innovative Volkswirtschaft erforderlich ist. Aber das größte Problem stellen die Gehälter im öffentlichen Bereich (Bildung, Gesundheit, Kultur) dar, wo der Staat als Arbeitgeber fungiert und im Vergleich zur Wirtschaft seine Beschäftigten unterbezahlt.

4.5 Entwicklungstrends

Die Fortschreibung der derzeitigen Trends prophezeit die Marginalisierung der Beschäftigten in nicht konkurrenzfähigen Branchen und im öffentlichen Sektor. Nicht weniger als 20 bis 25 Millionen Menschen werden die Chance auf eine reguläre Beschäftigung verlieren. Die Regierung befürchtet einen sozialen Bruch und ist deshalb gezwungen, die miserablen Löhne in diesen Arbeitsbereichen zu subventionieren, womit sie sich neue finanzielle Verpflichtungen aufbürdet, deren Deckung in immer größerem Maße der wettbewerbsfähige Teil der Wirtschaft über eine höhere Steuerlast übernehmen muss. Das belastet wiederum diesen erfolgreichen Teil der Wirtschaft, denn seine weiteren Entwicklungsmöglichkeiten werden damit eingeschränkt.

Das Loch in der Rentenkasse wird zunehmend mit Mitteln aus dem föderalen Haushalt gestopft. Das Altern der Bevölkerung und die Notwendigkeit, zumindest das bisher erreichte Rentenniveau zu halten, wird früher oder später entweder zur Erhöhung der Sozialabgaben oder zur vorzeitigen Ausgabe der Gelder aus dem Stabilitätsfond, der Einnahmen aus den Energieexporten für zukünftige Generationen verwalten soll, führen. Beide Varianten widersprechen den langfristigen wirtschaftlichen Interessen des Landes.

Eine spürbare Erhöhung der Renten wird aufgrund der angespannten finanziellen Lage des Pensionsfonds in absehbarer Zeit nicht möglich sein. Es ist maximal mit der Sicherung des Realwertes der Renten und des heute unter 30 % liegenden Substitutionskoeffizienten (dieser bezeichnet das Verhältnis zwischen Durchschnittslohn und Durchschnittsrente) zu rechnen. Das bedeutet, dass die meisten allein lebenden Rentner folglich auch weiterhin zu den sozial schwachen Bevölkerungsschichten gehören werden; dies gilt ebenfalls für einen großen Teil der Familien mit minderjährigen Kindern. Neben den sich kontinuierlich erhöhenden einmaligen Zahlungen bei der Geburt eines Kindes und der allgemeinen Unterstützung in den ersten eineinhalb Lebensjahren, gibt es ein monatliches Kindergeld, das sozial schwache Familien erhalten, bis ihre Kinder das 16. Lebensjahr vollendet haben. Dieses wird zukünftig jedoch nicht mehr vom föderalen Zentrum, sondern von den Regionen ausgezahlt, was zur Folge haben wird, dass die Höhe der monatlichen Leistungen je nach Finanzkraft der Region zwischen 70 bis 200 Rubel (ca. zwei bis sechs Euro) betragen wird. Das ist nicht genug für eine halbwegs wirksame Hilfe. Weiterhin wirkt sich negativ aus, dass die staatliche Unterstützung auf finanzielle Hilfen beschränkt ist und die regionalen Organe keine Sachleistungen anbieten können, was bei Kindern aus sozial schwachen Familien aber oft sinnvoll wäre.

Diese sich abzeichnenden Tendenzen begünstigen also nicht die Reduzierung der sozialen Ungleichheit, und zwar weder in Hinsicht auf den Zugang zu Sozialleistungen noch hinsichtlich der Einkommen. Die Struktur der russischen Gesellschaft wird sich also nicht ändern[6]:

- 1 bis 2 % der Bevölkerung sind reich.
- 15 bis 20 % gehören der »Mittelklasse« an (ihre Einkünfte erlauben Spareinlagen, Kreditaufnahmen, Eigentumswohnungen, Auto und Datscha, einen gesundheitsbewussten Lebensstil, Investitionen in die eigene Bildung und die der Kinder, Abschluss zusätzlicher Kranken- und Rentenversicherungen, Urlaubsreisen, Engagement in der lokalen Selbstverwaltung usw.).
- 60 bis 65 % sind Teil der »Übergangsklasse« zwischen Mittelstand und sozial schwacher Schicht (ein Leben von Gehalt zu Gehalt, beschränk-

ter Konsum hochwertiger Lebensmittel und langlebiger Gebrauchsgüter, eher zufälliger Zugang zu hochwertigen Bildungseinrichtungen und Gesundheitsversorgung, hohe Gefahr des Einkommensverlustes und damit des Abstiegs in die Armut).

- 15 bis 20% leben in Armut (Kampf ums Überleben, kein Zugang zu hochwertigen sozialen Leistungen).
- 5 bis 7% gehören der schwächsten sozialen Schicht an (Hunger und Not, Verwahrlosung).

Diese Sozialstruktur kann weder gesellschaftliche Stabilität garantieren noch das gesellschaftliche System legitimieren.

Allgemein lässt sich aus den grundlegenden Tendenzen des Trägheitsszenarios schlussfolgern, dass schon in mittelfristiger Perspektive, also in fünf bis zehn Jahren, soziale Faktoren nicht nur die Dynamik und Qualität des Wirtschaftswachstums behindern, sondern auch die Existenz Russlands als einheitlicher und souveräner Staat gefährden werden. Soziale Reformen auf allen Gebieten sind damit unumgänglich.

5 Reformszenarien

Grundsätzlich lassen sich zwei Reformszenarien vorstellen, ein individualistisches und ein gesellschaftliches. Grundlegende Prinzipien eines »individualistischen« Szenarios sind, dass die Verantwortung für den Wohlstand des arbeitsfähigen Menschen und seiner Familie auf ihn selbst übertragen wird und dass staatliche Sozialleistungen nur an Personen und Familien gezahlt werden, deren Einkünfte aufgrund einer begrenzten Zahl konkreter Ursachen (vor allem wegen Arbeitsunfähigkeit oder vieler minderjähriger Kinder) unter dem Existenzminimum liegen. Arbeitslos gemeldete Personen erhalten nur kurzfristig Sozialleistungen.

Das »gesellschaftliche« Szenario hingegen basiert auf einer intensiveren Einmischung des Staates in die Umverteilung zwischen Reich und Arm, auf der Sicherstellung einer kostenlosen sozialen Grundversorgung in den Bereichen Bildung, Gesundheit und Kultur für alle Bürger, unabhängig von ihrem Einkommen. Das »gesellschaftliche« Szenario bedingt damit eine Steigerung der staatlichen Sozialausgaben in absoluten und relativen Zahlen. Es basiert auf der Mitsprache der Gewerkschaften und anderer nicht staatlicher Organisationen in der Sozialpolitik

Das »gesellschaftliche« Szenario kann mit großer Unterstützung in der Bevölkerung rechnen, insbesondere wenn man es mit populistischen Versprechungen schmückt. Der Erfolg dieses Szenarios ist jedoch eng mit der weltwirtschaftlichen Entwicklung verknüpft. Wenn Russland auch in den nächsten zehn bis zwanzig Jahren von den hohen Rohstoffpreisen profitiert bekommt das Szenario eine reale Basis. Wenn sich aber die Weltwirtschaft für Russland ungünstig entwickelt, wird das »individualistische« Szenario zum einzig möglichen Ausweg.

Anmerkungen

1 Aus dem Russischen von Judith Janiszewski.
2 Zum Wandel der Sozialstruktur siehe den Beitrag von Hans-Henning Schröder in diesem Band..
3 Zur russischen Sozialpolitik in den 1990er Jahren siehe: Sabine Rinck, Lebensstandard und soziale Sicherung, in: Hans-Herman Höhmann/Hans-Henning Schröder (Hrsg.), Russland unter neuer Führung. Politik, Wirtschaft und Gesellschaft am Beginn des 21. Jahrhunderts, Münster 2001, S. 159–169.
4 Siehe den Beitrag von Pekka Sutela in diesem Band.
5 Weitere Informationen zum Bildungssystem bietet der Beitrag von Stefan Meister in diesem Band.
6 Siehe dazu ausführlicher den Beitrag von Hans-Henning Schröder in diesem Band.

Stefan Meister

Bildung und Wissenschaft

1 Die Transformation des Bildungswesens

Das heutige Russland hat sein Bildungssystem von der Sowjetunion geerbt, die eine hoch qualifizierte Bevölkerung besaß und Bildung bis in den letzten Winkel des Landes staatlich finanzierte. Dieses zentral geplante und den Bedürfnissen der Industrie unterworfene Ausbildungssystem geriet in den 1980er Jahren in eine konzeptionelle Krise, die sich im Zuge der veränderten gesellschaftlichen und ökonomischen Anforderungen im postsowjetischen Transformationsprozess zu einer tief greifenden Finanzkrise ausweitete.

Grundlegend für die Transformation auf staatlicher Ebene in Russland waren der Übergang zur Marktwirtschaft, die Schaffung eines föderalen Staates sowie die Pluralisierung des politischen Systems. Diese Prozesse bildeten auch die Rahmenbedingungen für die Reform des Bildungswesens in den 1990er Jahren. In den ersten Reformjahren nach der Auflösung der Sowjetunion sollte durch Dezentralisierung, Demokratisierung und Entideologisierung die Allmacht des Staates im Bildungswesen beendet werden. Gleichzeitig fehlte jedoch eine funktionsfähige Zivilgesellschaft, die die entstandene Lücke hätte schließen können. Der Rückzug des Staates lähmte die Reform des Bildungs- und Wissenschaftssystems.

Erst die staatliche Konsolidierungspolitik unter Wladimir Putin brachte seit 2000 neue Impulse für Veränderungen im Bildungsbereich. Der Staat begann, wieder mehr Mittel für die Bildung zur Verfügung zu stellen, und betrachtete diese als wichtige Stütze im ökonomischen Modernisierungsprozess. Gleichzeitig führten das verstärkte finanzielle Engagement des Staates und die Reformen im Bildungswesen zu einer Einschränkung der Autonomie der Bildungseinrichtungen.

2 Rechtlicher Rahmen und institutionelle Ausgestaltung der Bildungspolitik

Mehr als ein Jahr vor dem Erlass einer neuen Verfassung erfolgte mit dem Gesetz »Über die Bildung« vom 10. Juli 1992 eine grundlegende Neuordnung des Bildungssystems. Ziel war ein radikaler Paradigmenwechsel hin zu mehr Individualisierung, Pluralisierung, Autonomisierung und Privatisierung. Dem Rahmengesetz sollten Spezialgesetze für die einzelnen Bildungsbereiche folgen, deren Ausgestaltung jedoch aufgrund der Krise des Staates auf sich warten ließ. Der Erhalt des einheitlichen Kultur- und Bildungsraumes sollte durch staatliche Bildungsstandards ermöglicht werden. Sie bildeten auch die Grundlage für die staatliche Anerkennung von Abschlüssen und für Leistungsevaluation. Gleichzeitig wurde die Zuständigkeit für Bildungsstandards auf die föderale und regionale Ebene sowie die der Bildungseinrichtung verteilt. Damit sollten sowohl der föderale Staatsaufbau als auch die Autonomie der Bildungseinrichtungen berücksichtigt werden. Eine inhaltliche Ausformung gelang in der Folgezeit jedoch nur auf föderaler Ebene.

Die grundlegenden bildungspolitischen Entscheidungen auf föderaler Ebene erfolgten seit Anfang der 1990er Jahre durch Erlasse des Präsidenten. Die Leitung und Verwaltung der schulischen und beruflichen Ausbildung wurden dem föderalen Bildungsministerium sowie im Primar- und Sekundarbereich den regionalen und lokalen Bildungsverwaltungen unterstellt. Letztere erhielten jedoch nicht die entsprechend notwendigen finanziellen Mittel zugewiesen. Das Staatskomitee für Hochschulbildung wurde im März 1993 als eigenständiges Ministerium aus dem Bildungsministerium herausgelöst und erhielt die Verantwortung für einen Teil der staatlichen Hochschulen, die postgraduale Aus- und Weiterbildung sowie die mittlere Berufsbildung.[1] Im April 1996 erfolgte wieder eine Zusammenlegung des Staatskomitees mit dem Bildungsministerium und dessen Umbenennung zum Ministerium für allgemeine und berufliche Bildung. Im Zentrum des Reformprozesses standen die allgemeinbildenden Schulen und die Hochschulen, insbesondere die beruflichen Schulen wurden vernachlässigt.

3 Finanzkrise und Kommerzialisierung

Haupthindernis für die Fortsetzung der eingeleiteten Reformen stellte der schnelle wirtschaftliche Bankrott des Staates infolge der radikalen Wirtschaftsreformen Anfang der 1990er Jahre dar. Die Steuereinnahmen brachen ein, und so war der Staat nicht mehr in der Lage, die nötigen Mittel für die Bildungseinrichtungen zur Verfügung zu stellen oder Gehälter rechtzeitig zu zahlen. Betrug der öffentliche Anteil der Bildungsausgaben am Bruttoinlandsprodukt (BIP) laut Weltbank 1986 noch 9,6 %, so ging er bis 1990 auf 3,5 % zurück. Der absolute Tiefstand wurde mit 2,9 % des

BIP im Jahr 2000 erreicht.[2] Im Vergleich dazu gaben die OECD-Länder durchschnittlich 5,5 % ihres – zudem höheren – BIP für Bildung aus. Für die Bildungseinrichtungen und ihre Angestellten bedeutete die Finanzkrise eine Bedrohung ihrer Existenz. Die nicht selten unter dem Existenzminimum liegenden Gehälter der Lehrkräfte wurden in den schwierigsten Jahren meist mit mehrmonatiger Verspätung gezahlt. Erhielten Universitätsprofessoren im Jahr 1987 im Durchschnitt 219 % des Lohnes eines Industriearbeiters, waren es 1993 nur noch 62 %.[3] Infolgedessen wanderten Hochschullehrer und Wissenschaftler in besser bezahlte Tätigkeitsfelder in der Wirtschaft oder ins Ausland ab. Zwischen 1991 und Anfang 1994 verließen schätzungsweise 20 000 Lehrkräfte die Hochschulen, und ungefähr 3 000 Wissenschaftler gingen ins Ausland.[4]

Aufgrund der Finanznot des Staates begannen die staatlichen Bildungseinrichtungen, eigene Wege zu gehen, um ihr Überleben zu sichern. Über kommerzielle Tätigkeiten, den so genannten nicht budgetären Bereich, erwirtschaften staatliche Hochschulen seit 2000 mehr als 50 % ihrer Einnahmen selbst. Dazu zählen Studiengebühren, die Vermietung von hochschuleigenen Räumen, Zahlungen von Forschungseinrichtungen für die Nutzung der hochschuleigenen Laborausrüstung, die Erweiterung des Lehrangebots um Weiterbildungskurse sowie Vorbereitungskurse auf die Hochschulaufnahmeprüfungen. Gleichzeitig ging die Zahl der Studierenden, die staatlich finanzierte Studienplätze einnahmen (Budgetstudenten) kontinuierlich zurück (zwischen 1993/94 und 2002/03 von 94 % auf 51 %).[5]

Die Schulen besaßen zwar theoretisch größte Freiheiten, konnten diese jedoch wegen der mangelnden finanziellen Ressourcen nicht nutzen. Der fehlende rechtliche Rahmen führte zu informellen Regelungen und wachsendem Einfluss von Interessengruppen, welche die benötigten Mittel zur Verfügung stellen konnten. Dazu zählten lokale Verwaltungen, die Wirtschaftselite sowie religiöse und ethnische Gruppen. Gebühren wurden zur Normalität, auch wenn laut Gesetz jedem Schüler der kostenlose Schulbesuch zustand. Entscheidend für die Entwicklung der Schulen wurden die Interessen und Kontakte der Schulleitungen und der lokalen Verwaltungen. Somit verstärkten die wachsenden Unterschiede in der regionalen Wirtschaftskraft die Ungleichheit zwischen den Einrichtungen. Infolge der katastrophalen Situation erfasste 1998/99 eine Welle von Lehrerstreiks das Land.

Die Gesamtzahl der Studierenden an den Hochschulen sank aufgrund der schwierigen wirtschaftlichen und sozialen Lage bis Mitte der 1990er Jahre, stieg danach um das Zweieinhalbfache kontinuierlich bis 2006/07 auf 7,3 Millionen an, wie *Tabelle 1* zeigt. Dies lässt sich mit den veränder-

ten sozioökonomischen Bedingungen erklären, vor allem den neuen Anforderungen am Arbeitsmarkt und der Schwierigkeit, ohne Hochschulabschluss einen Job zu erhalten. Dagegen nahm die Zahl der Lehrkräfte nicht
annähernd vergleichbar zu, wie *Tabelle 3* verdeutlicht. Diese Entwicklung
führte zu einer Verschlechterung der sozialen Situation der Lehrkräfte sowie der technischen und materiellen Ausstattung der Hochschulen, was
vor allem auf Kosten der Qualität der Ausbildung ging. Korruption wurde zur Überlebensstrategie, Leistung konnte häufig durch Bezahlung ersetzt werden. Laut Schätzungen von Experten der Moskauer *Higher School
of Economics* geben russische Familien jedes Jahr neun Millionen US-Dollar
für Vorbereitungskurse ihrer Kinder sowie für Zahlungen (»Schmiergel-
der«) an Angehörige von Hochschulen und Prüfungskommissionen aus.[6]

*Tab. 1: Anzahl der Studierenden an staatlichen und nicht staatlichen
Hochschulen (in Tsd.)*

Studienjahr	Studierende insgesamt	Studierende an staatlichen und kom-munalen Hochschulen	Studierende an nicht staatlichen Hochschulen
1990/91	2825	2825	0
1993/94	2613	2543	70
1995/96	2791	2655	136
1999/00	4742	4271	471
2003/04	6456	5596	860
2005/06	7064	5985	1079
2007/08	7461	6208	1253

Quelle: Siehe Tabelle 3, S. 395.

Tab. 2: Anzahl der staatlichen und nicht staatlichen Hochschulen

Studienjahr	Hochschulen insgesamt	Staatliche und kom-munale Hochschulen	Nicht staatliche Hochschulen
1990/91	514	514	0
1993/94	626	548	78
1995/96	762	569	193
1999/00	965	607	358
2003/04	1044	652	392
2005/06	1068	655	413
2007/08	1108	658	450

Quelle: Siehe Tabelle 3, S. 395.

Tab. 3: Anzahl der Lehrkräfte an staatlichen und nicht staatlichen Hochschulen (in Tsd.)

Jahr	Lehrkräfte an staatlichen Hochschulen	Lehrkräfte an nicht staatlichen Hochschulen
1993/94	239,8	3,8
1995/96	239,2	13,0
2000/01	265,2	42,2
2001/02	272,7	46,9
2004/05	313,6	50,7
2007/08	340,4	78,8

Quelle: Russischer Föderaler Dienst für Statistik/*Rosstat*, http://www.gks.ru/bgd/regl/b08_11/IssWWW.exe/Stg/d01/08-10.htm; http://www.gks.ru/free_doc/2006/b06_13/07-41.htm (Zugriff am 26.5.2009).

4 Die Privatisierung von Bildungseinrichtungen

Ein grundlegender Paradigmenwechsel war die Aufhebung des staatlichen Bildungsmonopols und die Zulassung privater Bildungseinrichtungen. Bereits im Januar 1991 wurden mit dem Gesetz »Über Unternehmen und unternehmerische Tätigkeit« die rechtlichen Grundlagen für die Gründung privater Bildungseinrichtungen geschaffen. Ausbildung wurde zwar in diesem Gesetz nicht als Dienstleistung erwähnt, trotzdem gründeten sich erste nicht staatliche Schulen und Hochschulen auf dieser rechtlichen Basis. Das Bildungsgesetz erlaubte das gebührenpflichtige Studium an akkreditierten privaten Hochschulen und führte die Bezeichnung »nicht staatliche Bildungseinrichtung« ein. Zudem wurden Bildungseinrichtungen unterschiedlicher Rechts- und Organisationsform rechtlich gleichgestellt. Für die Zulassung privater Hochschulen blieb die staatliche Akkreditierung als Voraussetzung bestehen, um die Vergabe von staatlich anerkannten Abschlüssen zu ermöglichen.

Private Schulen und Hochschulen gründeten sich zum Teil gegen den erheblichen Widerstand auf staatlicher und gesellschaftlicher Ebene, da mit ihrer Entstehung eine wachsende soziale Differenzierung verbunden wurde. Mit der Auseinandersetzung um knappe Ressourcen, insbesondere um zahlende Studierende, wurden die nicht staatlichen Hochschulen zu Konkurrenten für die staatlichen Einrichtungen. Da letztere anfangs zu langsam auf den sozioökonomischen Wandel und die veränderte

Nachfrage der Studierenden reagierten, kam es bis Mitte der 1990er Jahre zu einem explosionsartigen Anstieg der Zahl privater Hochschulen. Waren bis zum Studienjahr 1993/94 bereits 78 nicht staatliche Hochschulen registriert worden, so stieg ihre Zahl bis 1999/2000 auf 358, wie *Tabelle 2* zeigt. Die Finanzierung privater Hochschulen erfolgte in erster Linie durch Studiengebühren und zu einem geringeren Anteil aus Sponsorengeldern. Aktuell studieren ca. 10% der russischen Studierenden an nicht staatlichen Hochschulen. Dabei bleibt eines der Hauptprobleme dieser Einrichtungen ihre mangelhafte Qualität. Nur etwas mehr als 60% (2003) haben das staatliche System der Attestierung und Akkreditierung erfolgreich durchlaufen und können staatlich anerkannte Abschlüsse vergeben.

Im Schulwesen dagegen gestaltete sich die Privatisierung viel komplizierter. Mit der Übertragung der Verantwortung auf die lokale und regionale Ebene wirkte sich die Finanzkrise in diesem Bereich noch gravierender aus als bei der höheren Bildung. Die materielle Abnutzung der Infrastruktur, fehlende Mittel, um die noch aus der Sowjetzeit stammenden Lehrmaterialien zu ersetzen, sowie die Überlastung und Überalterung der Lehrkräfte waren Ausdruck einer regelrechten Verarmung der Schulen. Positiv war, dass auf lokaler Ebene eine Vielzahl von neuen Schultypen wie Gymnasien und Lyzeen und eine große Zahl nicht staatlicher Schulen mit neuen reformpädagogischen Ansätzen entstanden. Bis 1993 hatten sich 10 856 private Vorschulen und 368 Primar- und Sekundarschulen gegründet. Neue Lehrbücher wurden entwickelt, die Soziologie, Philosophie, lokale Geschichte oder Religion zum Bestandteil des Lehrplans machten.[7]

5 Neue Reformansätze in der Bildungspolitik unter Wladimir Putin

Mit der Wahl Wladimir Putins zum Präsidenten bekam der Wandel im Bildungswesen neue Impulse. Im Zusammenhang mit einer umfassenden Modernisierungspolitik gewann die Bildungspolitik für die neue russische Führung eine Schlüsselrolle. In dem von der russischen Regierung Ende 2001 beschlossenen »Konzept zur Modernisierung der russischen Bildung bis 2010« wird die Reform des Bildungswesens als notwendige Reaktion auf einen umfassenden globalen Wandel bezeichnet. Das nationale Bildungssystem gilt als ein wichtiger Faktor zur Sicherung von Russlands Position unter den führenden Ländern der Welt. Im Einklang mit Präsident Putins Strategie einer Stärkung der gesamtstaatlichen Politik wurde für den Bildungsbereich wieder eine aktivere Rolle des Staates vorgesehen.

Damit reagierte die neue russische Führung auch auf die Forderungen aus der Bevölkerung und der Bildungsgemeinschaft (Mitarbeiter, Leitungspersonal der Bildungseinrichtungen, Bildungspolitiker), die mehr Verantwortung des Staates in diesem Bereich verlangten.

Eher liberale Ansätze spiegeln sich in den handlungsleitenden Prinzipien des Bildungskonzepts wider: Dazu zählen die Individualisierung von Bildungswegen, mehr Selbstverantwortung des Einzelnen, eine breitere Beteiligung der Gesellschaft an der Finanzierung sowie die rechtliche und finanzielle Autonomie der Hochschulen. Das zentrale Ziel der 2001 begonnenen Bildungsreformen ist, die Finanzierung auf Basis von Wettbewerb und Leistung neu zu gestalten und so eine dauerhafte und stabile Budgetierung der Bildungseinrichtungen zu gewährleisten. Der Staat soll nur noch für eine Grundsicherung bei der Ausbildung verantwortlich sein und die Bildungsnachfrager sollen stärker an der Finanzierung von Bildung beteiligt werden. Einerseits ist eine Verdopplung der föderalen Mittel für Bildung innerhalb von zehn Jahren geplant. So stiegen bis 2006 die staatlichen Ausgaben für Bildung laut Weltbank auf 3,8 % des BIP. Andererseits ist die Finanzierung durch private Mittel wie Studiengebühren und selbst erwirtschaftete Gelder explizit vorgesehen. Die Bildungseinrichtungen werden zu mehr Wettbewerb aufgefordert, indem Qualität und Umfang der angebotenen Leistungen über die staatlichen Zuweisungen entscheiden sollen. Gleichzeitig soll die Reform dazu dienen, die Finanzautonomie insbesondere der Hochschulen zu stärken und deren Leistung durch den Markt bewerten zu lassen. Dabei wird den Regionen eine neue Rolle bei der Kontrolle der Bildungseinrichtungen und deren Abstimmung mit dem regionalen Arbeitsmarkt zugewiesen.

6 Das Föderale Zielprogramm von 2005

Die nächste Stufe der aktiven Umgestaltung des Bildungswesens bildete die Entscheidung der Regierung, im Herbst 2003 dem Bologna-Prozess beizutreten. Der Bologna-Prozess soll durch die Vereinheitlichung von Abschlüssen, Bewertungsmaßstäben und der Qualitätskontrolle die internationale Wettbewerbsfähigkeit europäischer Universitäten verbessern. Trotz erheblichen Widerstands aus der Bevölkerung und den Bildungseinrichtungen beteiligt sich Russland an diesem Prozess, da die Regierung so die Wettbewerbsfähigkeit des russischen Bildungssystems fördern möchte. Eng verbunden mit der Integration in den »Einheitlichen Europäischen Bildungsraum« war die Verabschiedung eines »Föderalen Zielprogramms über die

Entwicklung der Bildung von 2006 bis 2010« im Dezember 2005. Die Entwicklung von Humankapital gilt darin als wichtige Grundlage für die Modernisierung der russischen Wirtschaft. Über die Reform des Bildungssektors soll die internationale ökonomische Konkurrenzfähigkeit Russlands gestärkt werden. Die Defizite des russischen Bildungswesens sollen durch die Modernisierung der Inhalte und der technischen Ausstattung, die Verbesserung der Qualität, eine effektivere Verwaltung sowie die Einführung marktwirtschaftlicher Strukturen beseitig werden. Voraussetzungen für die Umgestaltung der ökonomischen Mechanismen sind die wirtschaftliche Selbstständigkeit der Schulen und Hochschulen sowie die Verbesserung der Investitionsbedingungen für den Bildungsbereich. Es wird kritisiert, dass die Hochschulbildung bisher am Arbeitsmarkt vorbei erfolgte. Ein großer Teil der Absolventen nimmt nach Beendigung des Hochschulstudiums keine seiner Ausbildung entsprechende Tätigkeit auf. So arbeiten nur 30% der Abgänger von landwirtschaftlichen Hochschulen und nur 50% der Abgänger Pädagogischer Hochschulen tatsächlich in ihren Fachbereichen.

7 Neuerungen im Schulwesen

Priorität im Schulbereich hat die Erhöhung der materiellen Ausgaben und der Lehrergehälter. Finanzielle Anreize im Rahmen von Wettbewerben und die Ankündigung des neuen Ministerpräsidenten Wladimir Putin, 2009 unter anderem die Lehrergehälter um bis zu 30% anzuheben, sind zumindest erste Schritte in diese Richtung. Die Rückkehr des Staates in das Bildungswesen äußerte sich in der Übertragung der Verantwortung für die Schulen auf die Föderationssubjekte,[8] der Einführung einheitlicher Bildungsstandards und einer Begrenzung der Zahl staatlicher Lehrbücher. Im Zusammenhang mit dieser Politik steht eine teilweise Rückkehr zu sowjetischen Elementen, verbunden mit der Stärkung eines patriotischen Bewusstseins. Dazu zählen eine Neufokussierung des Geschichtsunterrichts mit einer Betonung patriotischer Elemente und einer tendenziell positiven Darstellung der sowjetischen Geschichte, die Wiedereinführung eines militärischen Trainings und die Gründung von Jugendorganisationen. Insbesondere im Umfeld der unter der politischen Führung von Wladimir Putin geschaffenen Partei »*Einiges Russland*« gruppieren sich verschiedenen Jungendorganisationen (»*Junge Garde*«, »*Die Unsrigen*«, »*Die Gemeinsam Gehen*«), die aus staatlichen Mitteln bis zu den Präsidentschaftswahlen 2008 jährlich mehrere Millionen Euro Unterstützung erhielten und in Sommerlagern militärische Trainings durchführten.

Um die Finanzproblematik zu lösen, holte das föderale Zentrum im Juni 2003 die Schulen wieder in seinen Verantwortungsbereich und übertrug deren Finanzierung von der lokalen auf die regionalen Verwaltungen. Gleichzeitig erfolgt die Mittelüberweisung an die lokale Ebene zweckgebunden, damit dort die Gelder für die Schulen nicht zweckentfremdet werden können. Zur Verbesserung der Qualität des Unterrichts wird diskutiert, die staatlichen Schulen der Kontrolle lokaler nicht staatlicher Organisationen zu unterstellen. Falls es zu keiner Verbesserung kommt, könnte eine zweite Gründungswelle bei den nicht staatlichen Schulen einsetzten. Die Zahl der privaten Schulen stagniert seit Mitte der 1990er Jahre auf einem niedrigen Wert.

8 Die berufliche Bildung

In der beruflichen Bildung hat sich auch unter Putin seit 2000 wenig verändert. Da die Absolventen der Fachschulen nicht die Qualifikationen besitzen, die die Unternehmen benötigen, gründen diese eigene Bildungszentren oder bringen existierende Einrichtungen unter ihre Kontrolle. Als Resultat dieser schleichenden Privatisierung gaben Unternehmen für die Ausbildung von Fachpersonal 2005 mit ca. 450 Milliarden Rubel ungefähr genauso viel aus wie der Staat in diesem Bereich. Damit entsteht neben dem staatlichen ein privates Netz an beruflichen Schulen. Anders als in der Sowjetunion ist heute der soziale Status von Abgängern der Berufsschulen weitaus niedriger als der von Hochschulabsolventen.

9 Hochschulzugang

Der Wandel hin zu mehr Wettbewerb und zur Individualisierung von Bildungswegen soll über Bildungsgutscheine, die so genannten *GIFO* (Staatlichen Nominal-Finanzverpflichtungen), erfolgen. Ziel ist es, die pauschale Mittelzuweisung an die Hochschulen durch eine nachfrageorientierte Finanzierung abzulösen. Die Bildungsgutscheine sind an die Ergebnisse einer einheitlichen staatlichen Abiturprüfung *(EGE)* gebunden: Je besser die Prüfungsleistungen der Abiturienten sind, desto weniger müssen sie für ihr Studium selbst zahlen. Mit dem Bildungsgutschein können sie sich an allen Hochschulen Russlands individuell bewerben. Weiterhin finanziert der Staat nach einem Wettbewerbssystem Stipendien für die Studierenden, die dann wiederum das Geld in Form von Studiengebühren an die Hochschulen zahlen. Dies erfolgt über Ausschreibungen von Stipendien für bestimmte Fachbereiche. Das seit Anfang der 1990er Jahre mehrfach angekündigte System für Bildungskredite soll bis 2010 endgültig eingeführt werden. Es ist vorgesehen, dass vom Staat akkreditierte Banken Kredite für ein 5-jähriges Studium bis zu einer maximalen Höhe von 25 000 US-Dollar anbieten und nicht mehr als 10 % Zinsen für diese genommen werden können.[9]

10   Die Reorganisation der Bildungsverwaltung

In der ersten Amtszeit von Präsident Putin konzentrierte sich die Regierung darauf, die Finanzierung der Bildungseinrichtungen auf eine stabile Basis zu stellen; zudem wurde eine Strategie für eine umfassende Bildungsreform ausgearbeitet. Mit Beginn der zweiten Amtsperiode erfolgte im März 2004 eine Umstrukturierung des Bildungsministeriums und unter dem neuen Bildungsminister Andrej Fursenko eine Reorganisation der Verwaltungsstrukturen. Dabei kam es in Verbindung mit der Umwandlung staatlicher Einrichtungen in Dienstleistungsagenturen zur Einführung von neuen Kontroll- und Sanktionsmechanismen. So wurde ein ›Föderaler Dienst für die Aufsicht im Bildungsbereich‹ (›*Federal'naja služba po nadzoru v sfere obrazovania i nauki*‹) eingeführt, dessen Aufgabe in erster Linie darin besteht, die Einhaltung staatlicher Qualitätsstandards an den Bildungseinrichtungen zu überprüfen.[10] Diese Institution ist der Exekutive direkt unterstellt und soll gewährleisten, dass die Bildungseinrichtungen die gesetzlich oder vertraglich festgelegten Verpflichtungen erfüllen. Diese Umstrukturierung war auch eine Reaktion auf den Widerstand der Bildungseinrichtungen gegen die staatliche Reformpolitik.

Die Koordination der Bildungspolitik des Präsidenten sowie die Umsetzung föderaler Beschlüsse erfolgt seit 2004 über die »Föderale Agentur für Bildung«. Sie dient als Auftraggeber für die Ausarbeitung des »Föderalen Zielprogramms«, organisiert Wettbewerbe für Schulen und Hochschulen und fördert die Qualifizierung des pädagogischen Personals. Ein großer Aufgabenbereich der föderalen Agentur ist die Koordination von staatlich finanzierten Projekten im Bildungsbereich. Die wachsenden Einnahmen aus dem Öl- und Erdgasgeschäft ermöglichten es der Regierung, mehr Mittel in bisher vernachlässigte Bereiche von Staat und Gesellschaft zu investieren. So werden die im September 2005 beschlossenen vier nationalen Modernisierungsprojekte für die Bereiche Bildung, Gesundheitswesen, Wohnungsbau und Landwirtschaft seit Anfang 2006 mit erheblichen staatlichen Mitteln gefördert. Die vom damaligen ersten Vizepremier und jetzigen Präsidenten Dmitrij Medwedew beaufsichtigten Projekte dienen dem Ziel, die Qualität der Versorgung in diesen Bereichen zu verbessern und diese den gewandelten gesellschaftlichen Bedingungen anzupassen.

11   Nationales Projekt Bildung

Insbesondere mit zusätzlichen Geldern aus dem »Nationalen Projekt Bildung« soll durch Ausschreibung von Wettbewerben zwischen Bildungseinrichtungen der Mentalitäts- und Systemwechsel gefördert werden. Dieses Projekt ist das zentrale Instrument zur Finanzierung und Stimulierung der Erneuerung des Bildungswesens. Über von den Bildungseinrichtungen entwickelte »innovative Projekte«[11] sollen die Bildungsprogramme modernisiert, die Integration von Bildung und Wissenschaft beschleunigt und neue Finanzierungs- und Verwaltungsmechanismen entwickelt werden. Weiterhin soll durch die Erhöhung der Gehälter für die besten Lehrkräfte die Qualität der Lehre verbessert werden. Die ersten Ausschreibungen zwischen 2006 und 2008 umfassten ein jährliches Budget zwischen fünf und zwanzig Milliarden Rubel. Die zusätzlichen Mittel dienen insbesondere der Erneuerung der technischen Ausstattung, der Modernisierung des Literaturbestandes sowie der Weiterbildung des wissenschaftlichen und administrativen Personals.

Aus den ca. 200 Wettbewerbsteilnehmern der ersten Ausschreibung wurden im Frühjahr 2006 insgesamt 17 Hochschulen ausgewählt, die innerhalb von zwei Jahren zusätzliche Mittel in Höhe von 220 bis 970 Millionen Rubel erhalten. Insgesamt 6000 Schulen bekamen 2006 und 2007 zusätzliche Mittel in Höhe von bis zu einer Million Rubel. Ebenso erhielten ca. 10 000 der besten Lehrer des Landes höhere Gehälter[12] und mehr als 50 000 Schulen einen Internetzugang und die dazugehörige technische Ausstattung.

12   Steuerung der Bildungspolitik

Seit 2000 versucht die russische Regierung, über strategische Reformkonzepte die Bildungspolitik wirksamer zu steuern und durch neue Bildungsstandards den einheitlichen Bildungsraum zu stärken. Gleichzeitig überträgt Moskau die Verantwortung für zentrale Bereiche des Bildungssystems der regionalen Ebene. So wurden seit 2006 Kriterien zur Bewertung der Tätigkeit der Gouverneure erarbeitet. Dabei geht es um die Möglichkeiten der föderalen Regierung, die sozioökonomische Situation in den Regionen besser zu beeinflussen. Anhand von 43 Indikatoren soll die Effizienz der Arbeit der Gouverneure und die Verwendung der regionalen Budgetmittel für öffentliche Dienstleistungen überprüft werden. Die Qualität der Ausbildung in den Bildungseinrichtungen einer Region als ein Bewertungskriterium soll »Schlussfolgerungen über die Professionalität der Verwaltung der Subjekte der Russischen Föderation« ermöglichen. Damit kann die föderale Regierung die regionalen Administrationen für die Ausbildungsqualität in ihren Regionen zur Verantwortung ziehen. Da die regionale Exekutive vom Präsidenten eingesetzt wird, besteht das Ziel darin, über solche Indikatoren einzuschätzen, ob die regionalen Verwaltungen erfolgreich arbeiteten und die jeweiligen Gouverneure ihren Posten für eine weitere Amtszeit behalten können. Ziel soll es sein, zwischen den Regionen einen Leistungswettbewerb zu stimulieren. Hinzu kommen Überlegungen, Hochschulen von besonderer regionaler Bedeutung insbesondere im pädagogischen Bereich in die alleinige Verantwortung der Regionen zu übergeben. Gerade pädagogische Hochschulen bilden in erster Linie Personal für die Region aus und spielen damit eine besondere Rolle für die regionale Entwicklung.

Grundsätzlich kritisiert die Regierung die zu hohe Zahl an Hochschulen, deren Ausbildung größtenteils von geringer Qualität ist. Aufgrund der demografischen Krise geht die Zahl der Schüler seit Jahren zurück. Gab es 1997 in Russland noch 22 Millionen Schüler, so reduzierte sich ihre Zahl nach Angaben des Bildungsministeriums bis 2008 auf 13 Millionen. Bis 2010 wird die Zahl der Studierenden an Hochschulen nach Berechnungen des Bildungsministeriums um 50% zurückgehen, was zu wachsender Konkurrenz zwischen den Einrichtungen führen wird.[13] Aus diesem Grund begann das Bildungsministerium zum Studienbeginn 2007 mit einer Begrenzung von Budgetplätzen in Fächern, deren Absolventen auf dem Arbeitsmarkt wenig nachgefragt werden. Dazu zählen vor allem die »Boom-Fächer« der 1990er Jahre wie Wirtschafts-, Rechts- und Politikwissenschaften. Weiterhin ist die Schließung bzw. der Zusammenschluss von Hochschulen vorgesehen.

13 Neuregulierung der Autonomie der Bildungseinrichtungen

Entgegen den Aussagen in den Regierungskonzepten fehlten in der überarbeiteten Variante des Bildungsgesetzes vom 1. Januar 2005 wichtige Bestimmungen zur Gewährleistung der Finanzautonomie der Bildungseinrichtungen. Dazu zählen die freie Verfügung über nicht beanspruchte Budgetmittel, selbst erwirtschaftete Gelder und Eigentum sowie die kommerzielle Beteiligung an Firmen. Um unabhängiger von staatlichen Zuweisungen zu sein und effizienter wirtschaften zu können, benötigen die Bildungseinrichtungen mehr Entscheidungsspielraum bei Investitionen mit selbst erwirtschafteten Geldern und zudem eine Verringerung des Steuersatzes für erwirtschaftete Gewinne, der zurzeit wie bei kommerziellen Unternehmen 24% beträgt. Hinzu kommt, dass 2007 die Wahl der Rektoren durch die Hochschulen abgeschafft wurde und seitdem eine Attestierungskommission, die von staatlichen Vertretern dominiert wird, die Kandidaten für dieses Amt aufstellt. Insbesondere die Rektoren hatten sich in den letzten 15 Jahren eine gewisse Unabhängigkeit gegenüber dem Staat erworben, blockierten jedoch die Bildungsreformen der Regierung. Da für die nächsten Reformschritte, insbesondere die Vereinigung von leistungsstarken mit schwachen Hochschulen, die Zustimmung der Rektoren benötigt wird, könnte diese Reform dem Ziel dienen, den Widerstand der Rektoren zu brechen.

Dagegen erhalten die Hochschulen mit der Einführung neuer staatlicher Bildungsstandards mehr Autonomie im Bereich der Ausbildungsprogramme. Zentrale Neuerungen sind die Begrenzung der Anzahl an Spezialisierungen innerhalb von Studiengängen, mehr Autonomie der Hochschulen bei der Auswahl von Bildungsprogrammen[14] und die Verringerung der wöchentlichen Stundenzahl. Parallel zur klassischen fünfjährigen Diplomausbildung wird seit Herbst 2007 flächendeckend das zweistufige BA/MA-System eingeführt und somit ein entscheidender Schritt zur Umsetzung des Bologna-Prozesses vollzogen. Weiterhin erhalten die Hochschulen mit der Einführung neuer Bildungsstandards die Möglichkeit, bis zu 70% ihrer Bildungsprogramme selbstständig auszugestalten; bisher waren es zwischen 20 und 40%.

14 Wissenschaft

14.1 Struktur und Transformation

In der Sowjetunion erfüllte die Wissenschaft drei grundlegende Aufgaben: Zwei Drittel der Wissenschaftler arbeitete dem Militär-Industriellen-Komplex zu, ein Viertel arbeitete in der angewandten Forschung, die der Steigerung der Produktion diente, und der Rest war in der Grundlagenforschung tätig. Die zivile Wissenschaft war in einen akademischen und einen branchenspezifischen Teil der Industrie sowie die Hochschulwissenschaft unterteilt. Das höchste Prestige hatte dabei die Akademie der Wissenschaften (AdW), die ähnlich wie die militärischen Forschungseinrichtungen über eine hervorragende Ausstattung und hoch qualifizierte Fachkräfte verfügte. An den Hochschulen, deren Hauptaufgabe die Lehre war, spielte die Forschung dagegen nur eine sekundäre Rolle. Der Bereich der Forschung war daher an den Hochschulen unzureichend finanziert und schlecht ausgestattet.

Das Zentrum des sowjetischen Wissenschaftsbetriebs bildete die AdW mit ihren 17 Bereichs- und drei Regionalabteilungen. Zu ihr gehörten 300 Institute und Laboratorien und sie war für die Grundlagenforschung zuständig. Während die Sowjetunion auf dem Gebiet der technischen Innovationen im nicht militärischen Bereich oder in den Humanwissenschaften weltweit kaum eine Rolle spielte, war sie in der Waffentechnik, Mathematik, Biochemie, Physik und Raumfahrt führend. Noch 1994 bezeichnete die OECD das wissenschaftliche Potenzial Russlands als die zweitwichtigste Ressource des Landes nach den Rohstoffen.

In keinem anderen öffentlichen Bereich sanken die staatlichen Ausgaben während der 1990er Jahre so stark wie in der Wissenschaft. Die Mittel wurden um das 18-Fache auf deutlich weniger als 1 % des BIP im Jahr 2000 reduziert. Gleichzeitig gingen mit der einsetzenden Wirtschaftskrise die Aufträge aus der Industrie radikal zurück.

14.2 Die Neustrukturierung von Forschung und Lehre

Die staatliche Reformpolitik seit 2000 hat auch grundlegenden Einfluss auf die Situation in der Wissenschaft, jedoch war hier der Widerstand gegen Neuerungen noch stärker als im Bildungsbereich. Das staatliche Budget der AdW hat sich in den letzten sechs Jahren vervierfacht. Trotz mehrerer Versuche der Regierung die Struktur der AdW zu reformieren, konnte diese bisher Dank ihres Einflusses eine Systemreform verhindern. Somit hat sich die traditionelle Trennung von Forschung und Lehre erhalten und die Versuche der Regierung, die Forschung an den Hochschulen zu stärken, wurden erfolgreich blockiert. Wenn dort Forschung stattfindet, dann fast ausschließlich an staatlichen Einrichtungen. Privaten Hochschulen fehlt einerseits die Erfahrung, andererseits sind die Kosten für wettbewerbsfähige Forschung zu hoch. Zurzeit forschen nur 16% der russischen Hochschullehrer. Aufgrund der Unterfinanzierung im Bereich der Forschung hat diese ihre Spitzenposition auch in den technischen und naturwissenschaftlichen Bereichen eingebüßt. Hinzu kommt eine Überalterung des Personals und der Mangel an Nachwuchs: Im Jahr 2007 waren über 50% der Angehörigen der AdW über 50 Jahre alt, und die Zahl wissenschaftlicher Mitarbeiter zwischen 30 bis 49 Jahren hat sich von 1991 bis 2005 von 55% auf 35% verringert.

Deshalb ist eine grundlegende Reform des gesamten Wissenschaftssystems unumgänglich. Die Regierung fördert die Integration von Wissenschaft und Hochschule anhand von zwei Modellen: Zum einen sollen von den Akademieinstituten ausgehend große Forschungszentren entwickelt werden, an deren Arbeit Wissenschaftler aus den Hochschulen beteiligt sind. Zum anderen werden durch die Verschmelzung mehrerer Hochschulen föderale Forschungsuniversitäten geschaffen, die das intellektuelle und technische Potenzial ihrer wissenschaftlichen Einrichtungen besser nutzen sollen. Sie sollen besser auf die sozialen und ökonomischen Herausforderungen reagieren können, indem sie Bildung, Wissenschaft, die Entwicklung neuer Produkte sowie deren Vermarktung vereinen. Mit dieser Politik ist die Absicht verbunden, neue starke Akteure auf dem nationalen und internationalen Bildungs- und Wissenschaftsmarkt zu etablieren. Ausgestattet mit zusätzlichen Budgetmitteln und Autonomierechten sollen diese föderalen Universitäten als Mischung aus staatlichen und privaten Strukturen mittelfristig zu Konkurrenten westlicher Prestigeuniversitäten bei Bildung und Forschung werden.[15]

14.3 Staatliche Innovationspolitik

Der Staat spielt weiterhin in der Wissenschafts- und Innovationspolitik die zentrale Rolle, da er 70% der Gesamtausgaben für Forschung und Entwicklung aufbringt. Jedoch fehlt es bisher sowohl an einer Abstimmung mit der Industrie als auch an einer koordinierten Einführung neuer Förderelemente. Die Bedeutung russischer High-Tech-Produkte auf dem Weltmarkt ist mit weniger als 1 % verschwindend gering.[16] Deshalb ist eines der Hauptziele des neuen russischen Präsidenten Medwedew die Förderung von Innovationen. Hauptprobleme im Bereich Technologietransfer sind die ungenügende Entwicklung von Risikokapital, unterentwickelte Rechtsinstitutionen, eine wenig abgestimmte staatliche Politik in den Bereichen intellektuelles Eigentum und Technologietransfer, geringe Wissenschaftsförderung, Fachpersonalmangel und eine staatliche Steuerpolitik, die kleine innovative Unternehmen behindert. Problematisch ist außerdem, dass sich russische Unternehmen zu wenig an der Finanzierung der Wissenschaft beteiligen.[17]

Bereits im Dezember 2005 verabschiedete die Regierung eine Strategie zur Förderung von Wissenschaft und Innovation, in deren Rahmen die Ausgaben für diese Bereiche bis 2010 auf 2 % des BIP steigen sollen. Gleichzeitig ist geplant, den Anteil der nicht staatlichen Mittel für Forschung um 55 % zu erhöhen. Als Pilotprojekt wurde per Präsidentenerlass im April 2008 das Moskauer Kurtschatow-Institut zum nationalen Wissenschaftszentrum aufgewertet, das die russische Wirtschaft im Bereich Nanotechnologie unterstützen soll. Zentrales Element zur Förderung von Innovationen ist die Einrichtung von Technologieparks. In diesen sollen Unternehmen hochtechnologischer Wirtschaftszweige wie Nano-, Bio- und Informationstechnologie, Forschungseinrichtungen sowie Hochschulen gemeinsam innovative Produkte entwickeln und diese selbst vermarkten. Der Staat fördert die Gründung von Technologieparks durch die teilweise Finanzierung ihrer Infrastruktur. Allein für 2007 waren hierfür staatliche Mittel in Höhe von 2,1 Milliarden Rubel vorgesehen.

Weitere neue Akteure in den Bereichen Wissenschaft und Technologie entstehen seit 2007 durch den Zusammenschluss mehrerer staatlicher Unternehmen zu Staatsholdings. So erfolgte im Militärbereich die Gründung der Staatsholding *Rostechnologii*, die international konkurrenzfähige Produkte im Bereich der Hochtechnologie entwickeln soll. Dabei soll dieses Unternehmen durch Staatsaufträge Zugang zu enormen staatlichen Budgetmitteln erhalten. Es bleibt fragwürdig, ob solch eine riesige Monopolstruktur nicht eher Bürokratie und Korruption fördert und die Stimulation von Innovation behindert.

15 Resümee und Ausblick

Die russische Regierung hat in den letzten Jahren endlich damit begonnen, ernsthafte Reformen im Bereich von Bildung und Wissenschaft einzuleiten. Dazu zählen im Bildungsbereich die Neuordnung der Finanzmechanismen, neue Kriterien und Instrumente zur Qualitätskontrolle, die Reduzierung von Unterrichtsinhalten und -stunden sowie die Stimulierung von Wettbewerb zwischen Bildungseinrichtungen. Größtes Problem bleibt weiterhin die Ausbildungsqualität, die sich in einem wachsenden Mangel an Fachkräften in der Industrie bemerkbar macht und so negative Auswirkungen auf das Wirtschaftswachstum haben könnte. Ebenso gefährdet sie die Internationalisierung des russischen Bildungswesens: Laut Welthandelsorganisation werden jährlich auf dem Weltmarkt für Bildung zwischen 50 und 60 Milliarden US-Dollar verdient. Von dieser Summe entfallen ca. 25 % auf die USA, 10 % auf Deutschland und weniger als 0,4 % auf Russland. Die Beteiligung am Bologna-Prozess soll über international anerkannte Abschlüsse Abhilfe schaffen, könnte aber durch den schleppenden Reformprozess behindert werden. Dagegen fördert der forcierte Ausbau des Internets an Schulen und Hochschulen die Integration in die internationale Wissensgemeinschaft und hilft die Defizite in der Literaturbeschaffung zu mindern.

In der Wissenschaft behindert die Dominanz des Staates und das geringe Interesse der Industrie an Investitionen eine erfolgreiche Innovationspolitik. Hier ist es nötig, die Struktur der AdW zu reformieren und eine Integration von Wissenschaft und Hochschule weiter zu fördern. Grundsätzlich sollte die Transparenz bei der Ausschreibung von Projekten verbessert und Wettbewerb nicht durch die Schaffung weniger großer Akteure behindert werden. Entscheidend für die nächsten Jahre ist, das Prestige von Wissenschaftlern und Lehrkräften zu verbessern und durch mehr Autonomie, Flexibilität und Wettbewerb die Verjüngung des Personals zu erreichen. Dies wird auch Einfluss auf die Qualität und Leistungsfähigkeit von Bildung und Wissenschaft in Russland haben.

Anmerkungen

1 Als Berufsschulen gelten technische Fachhochschulen (Spezialhochschulen zur Vorbereitung von Spezialisten für verschiedenen Branchen der Volkswirtschaft) , Colleges (postsekundäre Bildungseinrichtung mit zweijährigen Studienprogramm zur Vorbereitung auf einen Beruf) und berufliche Schulen (Bildungseinrichtung der beginnenden beruflichen Bildung ohne direkte Spezialisierung).
2 Quelle: World Bank, Russian Federation, Data Profile, http://ddp-ext.worldbank.org/ext/ddpreports/ViewSharedReport?REPORT_ID=9147&REQUEST_TYPE=VIEWADVANCED (Zugriff am 5.5.2009).

3 Viktor Sadovničij, Otečestvennaja vysšaja škola i rossijskaja gosudarstvennost', in: Alma Mater, Nr. 6, 1998, S. 3–12, hier S. 8.
4 Eduard Mühle, Die »Entsowjetisierung« der russischen Hochschule. Historische Voraussetzungen, Anliegen und Verlauf der Hochschulreform in Russland seit 1985, Bonn, Hochschulrektorenkonferenz 1995, S. 86.
5 Vgl. A. S. Zaborovskaja u. a. (Hrsg.), Vysšee obrazovanie v Rossii. Pravila i real'nost', Moskva 2004, S. 20 f.
6 Vgl. Christine Teichmann, Nachfrageorientierte Hochschulfinanzierung in Russland. Ein innovatives Modell zur Modernisierung der Hochschulbildung, HoF-Arbeitsberichte, Nr. 1, 2004, S. 15 sowie dies., Akademische Ausbildung in Russland an staatlichen Hochschulen. Auf Kosten des Staates oder gegen Gebühren, in: Russland-Analysen, Nr. 162, 18.4.2008, S. 2–13, http://www.laender-analysen.de.
7 Vyacheslav Karpov/Elena Lisovskaya, Educational Change in time of Social Revolution, in: Ben Eklof/Larry E. Holmes/Vera Kaplan, Educational Reform in Post-Soviet Russia. Legacies and Prospects, 2005, S. 23–55, hier S. 39.
8 Die Russische Förderation als föderaler Staat untergliedert sich in derzeit 83 Föderationssubjekte (Regionen).
9 Dolgovaja Vyška, in: Kommersant' Den'gi, Nr. 13, 7.4.2009.
10 Položenie o Federal'noj službe po nadzoru v sfere obrazovaija i nauki, 17.6.2004, http://www.obrnadzor.gov.ru/polojenie_FS/ (Zugriff am 11.4.2007).
11 Zum Beispiel hat die Moskauer Staatliche Technische Universität u. a. mit einem Projekt zur Einrichtung eines Lehr-wissenschaftlichen Zentrums zur Einführung von Forschung im Bereich Nanotechnologie im Rahmen der ersten Ausschreibung eine zusätzliche staatliche Finanzierung erhalten.
12 Jährlich werden 10 000 Lehrer ausgezeichnet, die einmalig eine Geldüberweisung erhalten oder deren Gehälter erhöht werden. Auswahlkriterien sind u. a. die Verbesserung der Lernleistung der Schüler dieser Lehrer in den letzten drei Jahren, der Einsatz von moderner Informationstechnologie im Unterrichtsprozess sowie die Teilnahme an Weiterbildungen. Prioritäres Projekt Bildung, Qualität der Ausbildung, http://www.rost.ru/projects/education/ed2/ed23/aed23.shtml (Zugriff am 5.5.2009).
13 Natal'ja Savickaja, Oglašeny kontrol'nye cifry priema v vuzy na 2007 god, in: Nezavisimaja Gazeta vom 12.1.2007, http://www.ng.ru/education/2007-01-12/9_budget.html.
14 Ein Studium in Russland besteht aus mehreren Komponenten. Diese wurden bisher in erster Linie durch das Bildungsministerium festgelegt und sollen nun stärker durch die Hochschulen bestimmt werden.
15 Im Jahr 2007 war keine russische Universität in der Rankingliste der 200 besten internationalen Universitäten des anerkannten *Times Higher Education Supplement* vertreten.

16 2005 hat die EU einen Anteil am weltweiten Export von High Tech Produkten von 18 %, die USA 17 %, China 15 % und Japan 8 %. Tomas Meri, Statistics in Focus, Science and Technology, Nr. 7, 2008, http://www.eds-destatis.de/en/downloads/sif/sf_08_007.pdf (Zugriff am 27.8.2009).

17 Zu Wettbewerbsfähigkeit und Innovationspolitik vgl. den Beitrag von Ksenia Gonchar in diesem Band.

Lew Gudkow

Die politische Kultur des postsowjetischen Russland im Spiegel der öffentlichen Meinung[1]

1   Der institutionelle Rahmen politischer Kultur

Die aktuellen politischen Anschauungen der Russen – ihre kollektiven Mythen, Illusionen, Hoffnungen, Ängste, Phobien und Vorurteile eingeschlossen – sind bedingt durch die Prozesse des langsamen Verfalls des sowjetischen totalitären Systems. In anderen Ländern Mittel- und Osteuropas traten Ende der 1980er Jahre gesellschaftliche Gruppen und Kräfte, die an einer radikalen Transformation der sozialistischen Regime interessiert waren, klar hervor und sie orientierten sich an westeuropäischen Entwicklungsmodellen. Der Zerfall des kommunistischen Systems in Russland dagegen vollzog sich vor dem Hintergrund einer allgemeinen Passivität der Bevölkerung und ohne einflussreiche Elitengruppen, die in der Lage gewesen wären, der Bevölkerung ein neues Modell für den sozialen und politischen Aufbau des Landes anzubieten.

Gewöhnlich erklären die Politikwissenschaftler das Scheitern der Sowjetunion mit der sinkenden Effizienz der Plan- und Verteilungswirtschaft, die dem ruinösen Rüstungswettlauf nicht mehr standhielt, mit dem wachsenden technologischen Rückstand des Landes gegenüber dem Westen und mit dem Fall der Weltmarktpreise für Öl in den 1970er Jahren. Dadurch war es der Führung des Landes nicht mehr möglich, den Lebensstandard der Bevölkerung auf einem annehmbaren Niveau zu halten, von einer Anhebung ganz zu schweigen. Folge dieser Entwicklungen war eine Schwächung der zentralen Kontrolle der kommunistischen Nomenklatur[2] über Gesellschaft und Wirtschaft, wodurch sich die Konkurrenz unter den verschiedenen Gruppen und Fraktionen innerhalb der herrschenden Elite verstärkte. Doch weder die Krise des Imperiums, noch die Entwertung der kommunistischen Ideologie oder die chronische Armut der Bevölkerung reichen für sich genommen zur Erklärung für das Ende des sowjetischen Regimes aus und noch weniger für das Erscheinen neuer Modelle sozialer Organisation von politischer Führung und Verwaltung.

Vor dem Zusammenbruch der UdSSR waren die Blutgefäße des sozialen Aufstiegs sklerotisch – verkalkt und stark verengt. Diese Störung war nach dem Ende des Massenterrors entstanden, als es zu einer verdeckten Dezentralisierung des totalitären Herrschaftssystems kam (insbesondere an der Peripherie, in den neuen Republiken). Der Abbau der Repressionen und die Aufhebung des Zwangscharakters der Arbeit, die mit dem Ende der Stalin-Zeit einhergingen, nahmen den Menschen zwar die Angst, doch wurde an Stelle der Motivierung durch Furcht kein anderes, positives System der Belohnung für ihre Arbeit installiert. Mit den wachsenden Spannungen innerhalb der Führungsorgane und dem Sinken der Lenkungseffizienz erodierte die Kontrolle des Staates über Sozialstruktur und Bevölkerungsmobilität. Das führte zu zahlreichen Störungen in der Arbeit von Schlüsselinstitutionen wie Politbüro, Parteiapparat und Planungsbürokratie. Doch der eigentliche Auslöser für die Auflösung der Leitungsstrukturen war das Fehlen einer institutionalisierten Ordnung bei der Übergabe der Macht von einer Gruppe an die nächste. Es waren die Spaltung in der Parteiführung und Gorbatschows Versuche, sich von den alten Funktionären der Breshnew-Zeit zu befreien, die erst zu einer Paralyse des Systems und dann zu seinem Zusammenbruch führten.

Nach dem gescheiterten Komplott von KGB-Führung (Komitee für Staatssicherheit) und Armee und dem Versuch, Gorbatschow im August 1991 mit Gewalt abzusetzen, um den ursprünglichen Zustand wieder herzustellen, war das Ende des sowjetischen Systems besiegelt. Allerdings bedeutete die Abschaffung der UdSSR nicht die Beseitigung der totalitären Institutionen (ihrer Verfassungsprinzipien). So scheiterten alle Versuche, die Massenwehrpflichtarmee sowjetischen Typs zu reformieren.[3] Die Struktur und die Funktionen des Gerichts, der Miliz, der Staatsanwaltschaft und anderer »Organe zum Schutz der öffentlichen Ordnung« wurden nicht angetastet: Ihre Hauptaufgabe bestand darin, die Interessen der staatlichen Bürokratie auf unterschiedlichen Ebenen zu schützen und die Autonomie der Zivilgesellschaft zu unterdrücken.[4] Das Bildungssystem (Mittel- und Oberschule, Universitäten) blieb praktisch genau so strukturiert wie zu sowjetischer Zeit, d. h. die soziale Elite wurde in den alten Institutionen geformt und die Gesellschaft sowie jeder Einzelne lebte nach alten Mustern weiter.[5] Darüber hinaus begann man unter Putin (während des zweiten Tschetschenienkrieges) das staatliche Propagandasystem wieder aufzubauen und zu Zensur, Kontrolle der Medien und Lenkung der öffentlichen Meinung zurückzukehren.[6]

Der politische Raum Russlands zerfiel nach dem Scheitern des Putsches gegen Gorbatschow und nach dem Verbot der KPdSU, die das Monopol auf alle Personalentscheidungen im Lande hatte, in viele kleinere und grö-ßere Nomenklaturfraktionen, aus denen sich neue politische Parteien und Bewegungen von föderaler und regionaler Bedeutung entwickelten. Von Beginn an erwuchs das Parteienspektrum in Russland nicht aus sozialen und politischen Massenbewegungen, sondern aus den zerfallenden Macht-strukturen. Einzelne Fraktionen traten in einen heftigen Kampf um Macht und Kontrolle über das staatliche Eigentum, das zur Privatisierung freige-geben war. Sogar die verhältnismäßig großen politischen »Parteien«, die bei den ersten freien Wahlen im Jahre 1993 auftauchten (aus fast 130 re-gistrierten Organisationen traten sechs bis acht Parteien und Wahlblöcke hervor), versuchten nicht die Interessen bestimmter Bevölkerungsgruppen zu vertreten, sondern präsentierten sich zunächst ohne klares Profil. Nach dem Jahr 2000 aber erwiesen sie sich als sehr effektive »Politikmaschinen« zur Mobilisierung von Massenunterstützung für diejenigen, die bereits an der Macht waren (oder sie verloren hatten, wie die Kommunisten).

Politische und wirtschaftliche Reformen, die unter der Führung von Ministerpräsident Jegor Gajdar in den Jahren 1992/1993 begonnen worden waren, peitschte man nun in Windeseile durch, d.h. sie wurden der Ge-sellschaft als Ausnahmemaßnahmen präsentiert, die aufgrund der aktuel-len Situation – der drohenden nationalen Katastrophe – nötig seien (und so wurden sie teilweise von den Verfassern auch verstanden). Dieses Vorgehen ließ keinen Raum für eine öffentliche Diskussion der bevorstehenden Maßnahmen, ja nicht einmal für eine halbwegs klare Darlegung des neuen Programms. Die Bürger wurden mit der Tatsache eiliger Veränderungen konfrontiert. Deren Sinn blieb ihnen aber oft verborgen und die Folgen der Neuerungen konnten sie nicht abschätzen. Die Menschen waren ge-zwungen, diese Reformen hinzunehmen und ihnen mit der berühmten russischen Leidensfähigkeit zu begegnen.

Die große Masse der Bevölkerung hatte deshalb keine Vorstellung von möglichen Alternativen zum politischen und wirtschaftlichen Aufbau des Landes. Man erwartete im besten Falle eine gemäßigte Form des sowje-tischen Regimes (»Sozialismus mit menschlichem Antlitz«). Die Menschen waren den chronischen Warenmangel leid und hofften darauf, dass neue, »ehrliche und anständige« politische Führer all die sozialen Probleme be-wältigen würden, die die Sowjetregierung trotz aller Versprechungen nicht gelöst hatte. In erster Linie ging es um die Erhöhung des Lebens-standards. Aber statt eines Bemühens um »Gerechtigkeit bei der Umver-teilung materieller Güter« und des Kampfes gegen die Privilegien der Machthaber, erlebten die Menschen eine schlagartige Verringerung ih-res Lebensstandards, die sich bis ins Jahr 2000 fortsetzte.[7] Die Bevölkerung war enttäuscht von den Reformern, die sich selbst »Demokraten« nannten, und demzufolge auch von der »Demokratie« insgesamt. Resultat dieser Entwicklung war die Entfremdung der Massen von der Politik, schwindendes Interesse an den Vorgängen im Land, äußerst geringes Vertrauen zu den meisten sozialen Einrichtungen, Orientierungslosigkeit und allgemeine Apathie.

Die Macht ist im neuen Russland – wie in sowjetischer Zeit, so auch während der 1990er Jahre und mehr noch in Putins Verwaltungsreform – von »oben nach unten« strukturiert. Die Verabschiedung der neuen Verfassung 1993, der eine Serie erbitterter Auseinandersetzungen zwischen Jelzin und den Kommunisten, den Anhängern der schwindenden sowjetischen Nomenklatur, vorangegangen war, änderte daran nichts Wesentliches. Die oberen Etagen der Staatsführung rekrutieren neue Mitglieder für die Machtelite und kooptieren sie, wobei sie sich ausschließlich von eigenen Interessen leiten lassen. Die Mitarbeit in der Regierung ist also weder von der Zugehörigkeit zu einer Partei noch vom Wahlsieg einer bestimmten Partei abhängig. Sie hängt allein vom guten Willen des Hausherren ab – des Präsidenten.

Demzufolge waren der Charakter der Staatsführung, der Gang der Veränderungen im Lande sowie der wirtschaftlichen und politischen Reformen, eventuelle autoritäre Modernisierungsszenarien eingeschlossen, dem Ziel des Machtzuwachses untergeordnet und alle Maßnahmen sollten dazu dienen, die Macht derjenigen zu erhalten, die dem engsten Kreis des amtierenden Präsidenten angehörten. Nicht zuletzt war die Umverteilung von Eigentum ein entscheidendes Moment.

Bis zum Ende der 1990er Jahre war die zentrale Macht in Russland insgesamt noch relativ schwach und gezwungen, verschiedenartige Koalitionen und Verbindungen mit Gegnern und Konkurrenten einzugehen, in erster Linie mit den regionalen Eliten. Die Schwäche der sich am Westen orientierenden gesellschaftlichen Bewegungen und die Zersplitterung sowie erbitterte Konkurrenz unter den neuen »demokratischen Parteien« zwangen Jelzin und sein Umfeld Unterstützung bei Institutionen zu suchen, die reale Macht besaßen – bei der Armee, der Polizei und den Sicherheitsdiensten. Die regionalen Administrationen und die Machtministerien (*Silowiki*) stammten aus der zweiten und dritten Riege der sowjetischen politisch-wirtschaftlichen Nomenklatur, die eigene politische, wirtschaftlich-unternehmerische oder persönliche Interessen verfolgte. Die »Regionalfürsten«, die in ihren »Ländereien« als Alleinherrscher auftraten, konnte man keineswegs als »Demokraten« oder »Liberale« bezeichnen. Die meisten ihrer Ansichten waren explizit antidemokratisch und konservativ-nationalistisch (insbesondere in den ehemaligen autonomen Gebieten: Tatarstan, Baschkirien, Jakutien, in den Republiken des Nordkaukasus oder im Gebiet Primorje im Fernen Osten). Allein die große Zahl der regionalen »Barone« (ehemalige Sekretäre der Gebietskomitees der KPdSU) führte in gewisser Weise zu einem politischen und ideologischen Pluralismus, zu Parteienvielfalt sowie Unabhängigkeit der Medien und wurde zur Voraussetzung freiheitlicher Strukturen.

Um diese Situation zu ändern, brauchte Putin den Krieg in Tschetschenien und die Einführung eines »Ausnahmezustands«, der es ihm erlaubte, die Politik der »Stärkung der Machtvertikale«[8] und der Beseitigung der Unabhängigkeit gesellschaftlicher und politischer Organisationen von der föderalen Macht einzuleiten. Als Vorwand für die Einführung der Zensur und die Kadersäuberung in den Medien, insbesondere beim Fernsehen, – die Entfernung unliebsamer Journalisten – diente der Kampf gegen den Mythos »internationaler Terrorismus« und den Separatismus im Kaukasus. Darauf folgte eine zwangsweise Renationalisierung privater Medienunternehmen (heute befinden sich 93 % aller Fernsehkanäle unter Kontrolle der föderalen oder regionalen Behörden, die übrigen Sender sind in privater Hand und haben kommerzielle Interessen und bieten vor allem Unterhaltung.

Nach der Geiselnahme von Beslan im September 2004 wurden die regionalen Gesetzgebungen vereinheitlicht, die finanzielle Abhängigkeit der Regionen vom Zentrum verstärkt, die Wahl der regionalen Gouverneure abgeschafft und die finanzielle sowie politische Autonomie der Regionen liquidiert. Gleichzeitig wurden überregionale Kontrollgremien eingerichtet – Administrationen großer Föderalbezirke, die jeweils einige Regionen und autonome Republiken vereinigen – und die lokale Selbstverwaltung abgeschafft.[9] Schließlich wurde durch Novellierung des Parteiengesetzes[10] ein strenger Selektionsmechanismus für gesellschaftliche und politische Organisationen installiert. Zudem sicherte sich die Administration die Kontrolle über den gesamten Wahlprozess, so dass die Arbeit oppositioneller Kandidaten und ihre Teilnahme an den Wahlen unmöglich gemacht wurde, ebenso jedwede Initiative zur Durchführung von Referenden. Mit anderen Worten – der Weg in die Duma stand nur der Nomenklatur Putins offen.

Im Ergebnis stand die Bevölkerung vor der Wahl: Reformen, Freiheit und faktische Armut oder Hoffnung auf Stabilität, Ordnung und Einkommenszuwächse, auch wenn dafür mit der Beschränkung der ohnehin unzureichenden Rechte und Freiheiten bezahlt werden muss. Es erwies sich, dass die Vorstellungen der Bevölkerung bezüglich des sozialpolitischen und wirtschaftlichen Aufbaus nun primitiver und weniger modern waren als am Vorabend des Zusammenbruchs der kommunistischen Herrschaft. Die Masse der Menschen verfügte am Ende des sowjetischen Systems über keine eigenen Ressourcen, war also gezwungen, der politischen Führung zu vertrauen, die versprach, das staatliche System der sozialen Absicherung beizubehalten sowie eine kostenlose Gesundheitsversorgung und kommunale Dienstleistungen bereitzustellen, ungeachtet der sich beständig verschlechternden Qualität dieser Dienste.

Staatlich-paternalistische Strukturen sind im chronisch depressiven Umfeld kleiner Städte und Dörfer, in denen mehr als 60 % der Bevölkerung leben, stärker verbreitet als in den größeren Städten, zum Beispiel den Metropolen Moskau, St. Petersburg, Nishni Nowgorod, Jekaterinburg oder Perm. Hier entwickelte sich die Marktwirtschaft sehr schnell und es formierten sich gesellschaftliche und politische Gruppen sowie eine von der politischen Macht relativ unabhängige soziale Infrastruktur. In den Umfragen des Lewada-Zentrums gab ein Viertel (24 %) der Befragten an, dass ihr Leben vollständig vom Staat abhänge (dies sind hauptsächlich ältere Leute, Rentner und Invaliden, die keine anderen Einkommensquellen haben außer ihren Renten und der staatlichen Unterstützung).

Dabei hofft die Bevölkerung kaum darauf, dass die staatliche Führung sich »um die Bedürfnisse der Menschen kümmern wird« (nicht soll!); derartigen Illusionen hängen weniger als ein Fünftel der Russen an, nämlich 17 %. Die absolute Mehrheit – 62 % der Befragten – verlässt sich nur auf sich selbst. Jedoch bedeutet dieses Ergebnis nicht, dass die Bevölkerung das Prinzip der Eigenverantwortung hochhält. Er bringt nur zum Ausdruck, dass die Befragten klar sehen, wie wenig der Staat heute in der Lage ist, den sozialen Verpflichtungen nachzukommen, die er in der Sowjetzeit übernommen hatte. Auch 2007 waren zwei Drittel der Bevölkerung Russlands der Ansicht, dass der Staat sich um die Sicherung des Existenzminimums, die Versorgung mit Arbeit, Wohnungen usw. kümmern müsse (siehe *Tabelle 1*).

In den 15 Jahren nach dem Zerfall der UdSSR fand, ungeachtet aller offensichtlichen Veränderungen im gesellschaftlichen und politischen Leben keine Loslösung des Staates von der Gesellschaft statt (auch nicht der Gesellschaft vom Staat), es gab weder eine Autonomisierung noch eine Differenzierung der sozialen Institutionen nach Struktur und Funktion – gesellschaftliche Gruppen gewannen kein Eigenleben und kein soziales Profil. Das Modell einer totalitären Beziehung zwischen Gesellschaft und Staat, das kaum grundsätzlich überdacht und als solches erkannt worden war, verblieb im allgemeinen Bewusstsein praktisch unberührt von Zweifel und Reflexionen.

Tab. 1: Wie sollten die Aufgaben zwischen Staat und Bürger verteilt sein?
  (in % der Befragten)

Der Staat sollte ...	2001	2006	2007
sich so wenig wie möglich in das Leben und die wirtschaftlichen Aktivitäten seiner Bürger einmischen	6	4	7
für alle die gleichen Spielregeln aufstellen und darauf achten, dass diese auch eingehalten werden	19	25	24
sich um all seine Bürger kümmern und ihnen ein würdiges Existenzniveau sichern	71	63	66
keine Antwort	4	8	3

N = 1600 [N bezeichnet hier und im Folgenden das *sample* – die Anzahl der Befragten. Anmerkung der Herausgeber].

2 Das Demokratieverständnis der Russen

Noch eineinhalb Jahrzehnte nach Annahme der neuen, nominell demokratischen Verfassung der Russischen Föderation 1993, haben die Vorstellungen der Russen von Demokratie einen wirren, widersprüchlichen und amorphen Charakter. Auf die Frage: »Herrscht im heutigen Russland Demokratie?«, verteilten sich die Antworten der Befragten folgendermaßen: »ohne Zweifel ja« – 4 %, »es gibt sie teilweise« – 33 %, »das wird sich noch herausstellen« – 33 %, »in der letzten Zeit gibt es sie immer weniger« – 20 % (10 % gaben keine Antwort).[11]

Tab. 2: Was denken Sie, braucht man derzeit in Russland?
  (in % der Befragten)

	sicher nötig	in gewissem Maße nötig	absolut nicht nötig	keine Antwort
Ordnung	93	2	1	4
Freiheit	70	14	9	7
Demokratie	49	19	19	13
Liberalismus	20	23	34	24

Fast zwei Drittel der Bevölkerung haben keine klare Vorstellung davon, welches politische System heute in Russland herrscht und welches wünschenswert wäre. Als bevorzugtes politisches Modell für Russland nennt

eine relative Mehrheit das »sowjetische System« (35 %, vor allem alte und
wenig gebildete Menschen sowie Bewohner der Provinz), das »derzeitige
System« nennen 27 % der Befragten (eher junge Leute und Menschen
mittleren Alters, mit mittlerer Bildung). Eine »Demokratie nach westlichem Modell« wünschen sich nur 18 % (darunter viele Studenten und
Menschen mit höherer Bildung). Besonders unsicher sind die Russen bei
der Wahl des zu bevorzugenden Wirtschaftssystems: das derzeitige, »ge-
mischte« System halten 47 % der Befragten für das »beste«, die »Planwirtschaft« – 24 %, die »Marktwirtschaft« – 15 %. Umso stärker der Befragte
die aktuelle politische Führung unterstützt, umso anziehender scheint
ihm die bereits installierte Ordnung im Lande. Wenn man die Anhänger
der Kommunisten nicht mitzählt (dazu gehören hauptsächlich Rentner,
für die ein niedriges Bildungsniveau und die Beschränktheit ihres Infor-
mationshorizontes charakteristisch ist), kommt man zu dem Schluss, dass
auch unter den politisch stärker engagierten Menschen, die beabsichtigten an den Parlamentswahlen 2007 teilzunehmen, keine klare Linie
herrscht (siehe *Tabelle 3*).

*Tab. 3: Welches politische System erscheint Ihnen besser? Welches Wirt-
schaftssystem würden Sie gern verwirklicht sehen?*

Voraussichtlich gewählte Partei	Einiges Russland	KPRF	Gerechtes Russland	LDPR	Jabloko	SPS
Politisches System						
Sowjetisches System	31	81	32	44	22	4
Derzeitiges System	35	6	22	25	3	26
Westliche Demokratie	17	5	19	21	38	40
Wirtschaftssystem						
Marktwirtschaft	16	5	9	16	34	37
Gemischt	53	37	40	46	47	44
Planwirtschaft	17	50	28	26	19	19

Oktober 2007, N = 1600, in % der Befragten, die vorhaben an den Wahlen teilzunehmen; es werden nur die Aussagen der Anhänger der zentralen politischen Parteien
und Blöcke angeführt; diejenigen, die nicht antworteten oder nicht beabsichtigten zur
Wahl zu gehen, wurden nicht einbezogen.

Die beiden am stärksten abweichenden Positionen werden einerseits re-
präsentiert von den Anhängern der Kommunisten (KPRF) und der Partei
Shirinowskijs (LDPR), die nostalgische Gefühle für die Sowjetzeit hegen
(Letztere in geringerem Maße) und andererseits von den Demokraten
(*Union der rechten Kräfte/SPS* und *Jabloko*), die jedoch wesentlich weniger
konsolidiert und in ihrer Position nicht so festgelegt sind.

*Tab. 4: Womit verbindet sich in Ihrer Vorstellung vorrangig das Wort »Demo-
kratie«?*

Positive Bedeutung	%	Negative Bedeutung	%
Gerechtes System der Staats-führung, an dem alle Bürger mit gleichen Rechten betei-ligt sind	27	Leeres Gerede, Demagogie	19
Garant für die Einhaltung der Rechte und Freiheiten der Bürger durch den Staat	27	Das ist ein Staatsaufbau für »normale Länder«, aber nicht für Russland.	12
Möglichkeit, die Macht auf allen Ebenen zu kritisieren	13	Chaos, Unordnung, Anarchie	11
Gewaltenteilung und Rechen-schaftspflicht der Staatsorgane gegenüber den Bürgern	9	Leitungssystem, das seine In-effektivität in Russland bereits bewiesen hat	10
Freie Konkurrenz politischer Parteien um die Gunst der Wähler	9	Fehlen einer starken Hand in der Führung des Landes, Auf-splitterung der Verantwort-lichkeiten	8
Summe der Antworten	85	Summe der Antworten	60

Summe der Antworten beträgt mehr als 100%, da die Befragten mehrere Varianten
nennen durften, die Antworten wurden geordnet, 10% gaben keine Antwort.

Dieses Ergebnis ist nicht zufällig, denn die Vorstellungen der russischen
Öffentlichkeit von Demokratie speisen sich aus drei Quellen: entweder aus
nebulösen Ideen zum politischen Umbau, die während der Perestrojka zirkulierten (gerechte Ordnung, Kritik an den Machthabern muss möglich
sein u. Ä.) oder aus den Enttäuschungen während der Krisenjahre in postkommunistischer Zeit (»Chaos«, »Demagogie«, »Verantwortungslosigkeit«).
Nur ein sehr kleiner Teil der Befragten versteht unter Demokratie das, was
diese und was das demokratische System als solches ausmacht: Gewaltenteilung, gegenseitige Kontrolle, Konkurrenz der Parteien um die Gunst

des Wählers, politische Verantwortung und eine Parteienregierung, die bei ausgesprochener Unzufriedenheit der Wähler tatsächlich abtritt. Zu den 9 bis 12% mit diesen Vorstellungen gehören die Menschen mit der höchsten Bildung und die einkommensstarken Gruppen der städtischen Bevölkerung, Menschen, die gut informiert sind und jene, die im Ausland waren und mit eigenen Augen gesehen haben, wie die Menschen in anderen Staaten leben.

Die meisten positiven Assoziationen, die die Befragten mit Demokratie verbinden (siehe *Tabelle 4*), beziehen sich auf das Verlangen nach »Gerechtigkeit« (im Sinne eines paternalistischen Staates, der die gleiche materielle Ausgangssituation für alle Bürger schafft, nicht im juristischen Verständnis) oder auf die Idee eines Rechtsstaats, der jedoch nicht unbedingt »demokratisch« sein muss. Positiv assoziiert wird auch die unvermeidliche Absage an das Privilegiensystem und die Möglichkeit zur freien (= straffreien) Kritik an der politischen Führung – eine Ansicht, die sich seit Gorbatschows Perestrojka gehalten hat.

3 Russisches Mehrparteiensystem und Wahldemokratie

Die Verfassung von 1993 wurde unter Aufsicht Jelzins erarbeitet. Zur Durchführung der Reformen wurden dem Präsidenten beinah zarische Befugnisse verliehen. Später, nach der Übernahme des Präsidentenamts durch Putin, wandte sich dieser Teil der Verfassung gegen die »Demokratie« selbst und gegen die Reformpolitik. Die übereilte Annahme der unzureichend durchdachten und juristisch schwach abgesicherten Verfassung sowie die Ankündigung freier Wahlen inmitten des Zusammenbruchs des totalitären Regimes, führten dazu, dass die Interessen der breiten Masse, der konservativsten und unwissendsten Schichten und Bevölkerungsgruppen die öffentliche Meinung bestimmten, die angesichts der heftigen Wirtschaftskrise allein das physische Überleben im Blick hatten und deren gesellschaftspolitische Ansichten eine Mischung aus gewöhnlichem russischen Großmachtnationalismus und Autoritarismus waren.[12] Die »Demokratie« die in Russland entstand, fußte auf einer mechanischen Übertragung anderswo entlehnter Modelle politischer Organisation auf eine Gesellschaft, die die Werte und Normen der Freiheit, des Rechts und der menschlichen Autonomie nicht kannte und auf völlig anderen kulturellen, moralischen und menschlichen Grundlagen basierte. Es war eine Demokratie ohne die nötige institutionelle und kulturelle Ausformung.

Das Mehrparteiensystem wurde ähnlich der politischen Führung aufgebaut: »von oben nach unten«. Es war das Ergebnis der Spaltung und Fragmentierung der sowjetischen Partei- und Wirtschaftsnomenklatur. Die Parteien entstanden nicht aus Massenbewegungen. Selbst die Parteien, die Jelzins Reformen unterstützten (Gajdars »Demokratische Wahl Russlands«, Jawlinskijs »Jabloko«, die »Demokratische Partei Russlands«, später die »Union der rechten Kräfte« und andere), erklärten den Übergang zu Demokratie und Marktwirtschaft sowie den Aufbau eines Rechtsstaates zu ihren Zielen und nicht die Vertretung sozialer Interessen konkreter Gruppen oder bestimmter Meinungen der besser gebildeten und politisch engagierten oder nach Westen orientierten Schichten der Gesellschaft. Sie waren nicht bestrebt die amorphen gesellschaftlichen Kräfte zu konsolidieren oder in politische Bewegungen umzuformen. Sie bemühten sich nicht darum, den Wählern ihre Wahlprogramme näher zu bringen und die Strategien ihres politischen Handelns verständlich zu machen.

Die Einstellung zu Parteien beruhte in Russland auf einer ganz anderen Basis, und es wurden auch andere Mobilisierungsmechanismen angewendet. Die Stimmabgabe bei den Wahlen stellte die Zustimmung (Akklamation) zur einen oder anderen Fraktion der Nomenklatur dar, aufgrund von Erwägungen, die häufig gar nicht mit materiellen Interessen oder den Ideen von Wählergruppen verbunden waren. Die politischen Parteien unterschieden sich schon nach dem ersten Wahlzyklus (1993–1996) nicht mehr in ihren Wahlprogrammen, da diese einen rein deklarativen Charakter hatten (alle Parteien traten für den »Markt« ein, für den »Sozialstaat«, für die »Diktatur der Gesetze« u. Ä.). Die potenziellen Wähler entschieden sich nicht für eine Partei, weil sie die unterschiedlichen Strategien politischen Handelns, die bewertet und diskutiert hätten werden können, rational abgewogen hatten. Sie trafen ihre Wahl eher aufgrund vager Vorstellungen von Macht und Einfluss der konkreten Parteiführer in der aktuellen Machtkonstellation und aufgrund durch populistische Propaganda beförderter Illusionen über deren persönliche politische Einflussmöglichkeiten. Die Schwäche der Institutionen in Russland kommt vor allem in dieser auf einzelne Persönlichkeiten und persönliche Motive der wichtigen Akteure orientierten Vorstellung der Bevölkerung von Politik zum Ausdruck.

Bei allen Dumawahlen der Jahre 1993 bis 2007 konnte der Wähler nicht mehr tun, als deutlich zu machen, ob er die Staatsmacht oder ihre Widersacher unterstützte. Eigentlicher Kern war stets nur der Kampf zwischen zwei Fraktionen innerhalb der Nomenklatur: der »alten« und der »neuen« Elite. Das gesamte politische Leben in Russland war in den letzten 15 Jahren geprägt von Auseinandersetzungen um Machterhalt und Machtübergabe. Institutionell abgesicherte Regeln für den politischen Wettbewerb, und ein Bewusstsein politischer Verantwortung, die einen geordneten Regierungswechsel ermöglichen konnten – all dies fehlte völlig. Themen wie die Modernisierung des Landes, die Durchführung von Reformen sowie die Außen- und Sozialpolitik dienten oft nur als Vorwand, um den eigenen Machtanspruch zu legitimieren, und stellten keine realen Handlungsvorlagen dar.

Die »Wahlen« unter Polizeistaatsbedingungen, die in den 2000er Jahren stattfanden, sowie die Fixierung des Großteils der Bevölkerung auf den Staat bedingten die demonstrativ hohe Beteiligung der breitesten Bevölkerungsschichten.[13] In Russland bedeuten Wahlen heutzutage die administrativ organisierte Mobilisierung der am wenigsten fortschrittlichen Bevölkerungsgruppen (Landbevölkerung, Bewohner kleiner und mittlerer Städte), die am stärksten der Vorstellung eines staatlichen Paternalismus anhängen; dadurch kann der Wahlsieg der jeweiligen »Partei der Macht«, der herrschenden Nomenklaturfraktion und der von ihr geschaffenen behelfsmäßigen und zeitweiligen Koalitionen gesichert werden, die aufkommende Proteststimmungen einbinden sollen. Die Rolle der Wahl-»Demokratie« besteht in einer krisenhaften, aber nicht modernisierten Gesellschaft in der Sanktionierung eines autoritären Herrschaftssystems, das seine früheren Legitimationsquellen (Missions- oder Expansionsideologie) verloren hat.

Die Politik der »Reformatoren« (so nannten sie sich zumindest selbst) zielte nicht nur auf die Privatisierung des staatlichen Eigentums und die Formierung einer neuen Gesellschaftsschicht als Stütze der neuen, auf Markt, Privateigentum und parlamentarischer Demokratie basierenden russischen Ordnung, sie sollte auch deren Erhalt sichern. Um dies zu erreichen, suchten die »Reformatoren«, ihre Gegner zu beseitigen und ein politisches Umfeld ohne Wettbewerb zu schaffen. Diese Tendenzen im politischen Leben Russlands wurden bereits nach den zweiten Dumawahlen (1995) und den Präsidentenwahlen (1996) sichtbar, die noch in Übereinstimmung mit der Verfassung abgehalten wurden.[14] Damals wurden erstmals besondere politische Techniken zur Manipulation der öffentlichen Meinung angewandt und administrative Ressourcen, d. h. Druck der Regionalverwaltung auf Medien, Wähler und Bewerber, zur Durchsetzung der gewünschten Kandidaten genutzt. Es zeigte sich bald, dass die der Form nach klassisch-liberale Verfassung, die nominelle Gewaltenteilung, der Parlamentarismus und die Menschenrechte allein dekorativ-rhetorischen Charakter hatten. Die »Demokratie« existierte nur auf dem Papier und überdauerte kaum eine Wahlperiode.

Ab 1999 (d. h. nach der schweren Finanzkrise des Jahres 1998) gelang es, die Akzeptanz der »Rechtmäßigkeit« der russischen Führung und der von ihr durchgesetzten politischen Ordnung zu erreichen – und zwar durch zwei Strategien: a) durch einen eklektischen Traditionalismus, der die sowjetische Vergangenheit und die russische Gegenwart miteinander verbindet und b) durch die Schaffung einer Atmosphäre, die den Menschen suggeriert, es gäbe keine Alternative zu den derzeitigen Machthabern.

Nach dem Machtantritt Putins wurde der Traditionalismus (die »russische Idee«, »Russlands besonderer Weg«) als Mittel eingesetzt, um die Transformationsperiode (1991–1998) – und damit die Reformideen selbst sowie mögliche sozialpolitische Innovationen – zu diskreditieren. Die Präsidialverwaltung bewertete die Jahre unter der Führung Jelzins als Zeit des Zerfalls, des Chaos und der Krise,[15] deren Überwindung zur Devise der gesamten Politik Putins wurde. Die Kreml-Administration lehnte alle Veränderungsszenarien ab, die von der Opposition vorgeschlagen wurden. Indem die staatliche Propaganda unterschiedliche Konzepte miteinander verband – dazu gehörten die imperiale Ideologie (zaristischer Militarismus und sowjetisches Großmachtstreben), die Vorstellung von einer ethnisch-konfessionellen Exklusivität und Überlegenheit des russischen Volkes, der Siegeskult um den Zweiten Weltkrieg und die traumatische Erfahrung des Zerfalls der UdSSR[16] – wurden antiwestliche Stimmungen angeheizt, der Isolationismus verbreitet und ein kompensatorischer, dem Selbstschutz dienender russischer Nationalismus gefördert.

In Kombination mit der vorsichtigen Rehabilitierung Stalins brachte die Putin-Administration die kritische Auseinandersetzung mit der Vergangenheit Schritt für Schritt zum Erliegen und verdrängte alles, was mit dem sowjetischen Terror in Zusammenhang steht, aus dem kollektiven Gedächtnis. Stattdessen erschienen der KGB und andere repressive Organe, aber auch so archaische Institutionen wie die Armee und die Kirche als die letzten Bastionen nationaler Werte. Die demokratischen Parteien wurden von Putins Regime als Agenten des Westens und der heimischen »Oligarchen« diskreditiert. Die »Regierung der Reformatoren« wurde für den Zerfall der UdSSR verantwortlich gemacht und damit auch für das drastische Sinken des Lebensstandards der Bevölkerung in den 1990er Jahren. Das Regime Putin diskreditierte aber nicht nur sie, sondern auch zivilgesellschaftliche Organisationen, insbesondere jene, die mit westlichen Stiftungen in Verbindung standen. Die Angst vor den »bunten Revolutionen« (Massenaufmärsche gegen korrupte Regime, wie etwa in der Ukraine, in Georgien und Kirgistan) veranlasste die russische Regierung, die Arbeit aller unabhängigen Organisationen und Medien zu blockieren oder zu unterdrücken. Das diente zur Warnung an eine potenzielle Opposition, und gleichzeitig hatte man einen Vorwand, sie öffentlich anzuprangern oder gar strafrechtlich zu verfolgen.

Doch ohne die Imitation von Demokratie und zivilgesellschaftlichen Formen, wäre der Propagandakrieg gegen die Demokraten wenig erfolgreich gewesen. In diese Richtung wirkten auch das russische Parlament, das seine politische Bedeutung verloren hatte, und andere Institutionen, die von der Präsidialverwaltung vollständig abhängig waren: Gerichte unterschiedlicher Ebenen, servile Massenmedien, die öffentliche und freie Diskussionen imitierten[17], die vom Präsidenten ernannte Gesellschaftskammer sowie die Generalstaatsanwaltschaft, die auf Initiative der politischen Führung Strafsachen wegen »Extremismus«, »Korruption«, »Verleumdung führender Politiker« in die Wege leitete.

In Reaktion auf den Niedergang des Politischen (Entwicklung politischer Zielvorstellungen, Wettbewerb, Verantwortung) schwand das Interesse der Bevölkerung an der Politik und wuchs das Misstrauen gegenüber den zentralen Institutionen, die die alltägliche Ordnung im Leben der Bevölkerung bestimmten und dazu aufgerufen waren, deren Interessen zu schützen: Vor allem herrscht Misstrauen gegenüber den Gewerkschaften, den Parteien, der Miliz und den lokalen Behörden (siehe *Tabelle 5*). Die Schwäche der Institutionen provoziert wiederum illusorische Hoffnungen auf eine Einmischung der höchsten Instanz – des Präsidenten, der Ordnung und Gerechtigkeit herstellt und alle möglichen praktischen Probleme löst. Damit erfüllt der Präsident (zusammen mit zwei weiteren symbolischen Institutionen – Kirche und Armee) eine ungemein wichtige Kompensationsfunktion für die kollektive Identität.

Das außerordentlich geringe Vertrauen in Politiker und in politische Parteien korreliert mit der allgemeinen Gleichgültigkeit gegenüber der Arbeit der Abgeordneten im Parlament und mit dem fehlenden Verständnis für den Sinn ihrer Arbeit. Nur ein sehr kleiner Teil (5% der Befragten) sagt, dass er gut über die Tätigkeiten der Abgeordneten im Parlament informiert sei, 50% der Befragten haben davon nur eine sehr allgemeine und vage Vorstellung und 45% wissen gar nichts darüber.

Die Gleichgültigkeit und das Desinteresse in der Bevölkerung unterscheiden sich deutlich von der Haltung in der ersten Hälfte der 1990er Jahre, als das Interesse an der Politik noch sehr groß war und die Parlamentssitzungen live im Fernsehen übertragen wurden. Teilweise erklärt sich dies damit, dass nach allgemeiner Überzeugung weder die Abgeordneten noch die Parteien ihre Versprechen einhalten (dies sagten 75% der Befragten). Erstere würden sich nicht um die Lösung nationaler Probleme und auch nicht um ihre politischen Aufgaben kümmern, sondern nur ihre persönlichen Karrieren und materiellen Interessen verfolgen. Die Russen denken (September 2007), dass »die Politiker nur nach Macht streben, um sich zu bereichern und Karriere zu machen« (43 %).

Tab. 5: In welchem Umfang verdienen Ihrer Meinung nach die folgenden Institutionen Vertrauen? (in % der Befragten)

	Volles Vertrauen	Teilweises Vertrauen	Kein Vertrauen
Präsident	58	28	6
Kirche	40	21	11
Armee	26	35	23
Medien	24	43	20
FSB (Inlandsgeheimdienst)	23	29	18
Behörden des Gebietes/ der Republik	20	36	30
Föderale Regierung	19	39	25
Lokale Behörden	17	34	38
Staatsanwaltschaft	14	32	25
Gericht	14	31	29
Miliz	14	34	38
Föderationsrat	13	36	23
Staatsduma	12	42	31
Gewerkschaften	11	25	29
Politische Parteien	6	29	38

September 2006, N = 2100; geordnet nach der Antwort »Volles Vertrauen«; die Angabe »keine Antwort« ist nicht angeführt.

Es gibt noch andere weitverbreitete Meinungen, die uns erklären, warum die Menschen der Politik nicht vertrauen: »bei uns haben die Politiker und Abgeordneten nie gegenüber dem Volk Rechenschaft abgelegt und wollen dies auch nicht« (27 %), »sie vertreten nur die Interessen der Macht und der großen Kapitalgesellschaften, aber nicht der einfachen Leute« (16 %), »sie sind gewohnt zu betrügen« (15 %). Nur eine sehr kleine Gruppe der Befragten versucht, die Untätigkeit der Abgeordneten damit zu rechtfertigen, dass »sie ja versuchen würden etwas tun, aber nicht könnten« oder »die Bürokraten sie daran hindern« (6 – 7 %). Einige erklären, dass die Abgeordneten »in unserer Situation im Prinzip einfach nichts tun können«, dass »sie sich mit anderen wichtigen Dingen beschäftigen, die mit den einfachen Leuten nichts zu tun haben«.

Themen, die den Menschen wirklich Sorgen bereiten, die sie umtreiben, sind: Fragen der materiellen Versorgung, Armut, Überleben, Arbeit und angemessenes Gehalt, Sicherheit, Schutz vor Verbrechern auf den Straßen und in den Wohnhäusern. Nach Meinung der meisten Russen werden diese Probleme heute von den Machthabern ignoriert und sind auch nicht Thema politischer Diskussionen im Fernsehen.[18]

Tab. 6: Vorwürfe der Bevölkerung an die Regierung (in % der Befragten)

	1999	2001	2003	2005	2007	2008
Kann den Preisanstieg nicht aufhalten	25	47	48	48	51	57
Kümmert sich nicht um die sozialen Belange der Bevölkerung	16	33	45	39	42	37
Ist nicht in der Lage, den Menschen Arbeit zu beschaffen	18	29	27	36	30	25
Ist korrupt	3	17	20	21	23	27
Kann den Produktionsrückgang nicht stoppen und Wirtschaftsprobleme nicht lösen	20	24	21	26	21	23
Kämpft nicht effektiv genug gegen Kriminalität	22	26	20	20	23	22
Kann die Bürger nicht vor Terroristen schützen und nicht für ihre Sicherheit sorgen	10	14	20	22	13	8

N = 1600; es werden nur die Antworten angeführt, die mindestens 20% der Befragten in einem Jahr gaben.

Die politische Führung und die Behörden zeichnen sich nach Meinung der russischen Bevölkerung durch Selbstgenügsamkeit und Losgelöstheit von der Gesellschaft aus. Die Bevölkerung ist lediglich die Ressource, das Eigentum der Führung. Deshalb kann man nicht von einem Gleichgewicht zwischen Bürgern und Bürokraten sprechen. Der Apparat versteht sich in erster Linie als eine bürokratische Maschine, die den Willen des Präsidenten ausführt. Weder gesetzgebende Organe noch Gerichte oder Massenmedien verfügen in den Augen der Russen über eine halbwegs eigenständige Bedeutung und Autorität.

Tab. 7: Welche Rolle spielt im gesellschaftlichen und politischen Leben des
Landes …? (in % der Befragten)

	Summe der Antworten »große Rolle« und »bedeutende Rolle«	Summe der Antworten »keine Rolle und »unwichtige Rolle«	Keine Antwort
Präsident	68	9	23
Große Finanzmagnaten, Banker, »Oligarchen«	60	16	24
Präsidialverwaltung	57	16	27
Medien	51	18	31
Geheimdienste	45	14	41
Regierung	44	17	39
Streitkräfte	40	26	34
Gouverneure	40	24	36
Direktoren großer Kapitalgesellschaften	37	26	37
Generalstaatsanwaltschaft	33	23	44
Gerichtsorgane	32	27	41
Kirche	31	37	32
Föderationsrat	30	21	49
Staatsduma	30	31	39
Politische Parteien	22	38	40
Intellektuelle Elite	16	47	37
Gewerkschaften	9	66	25

Februar 2006, N = 1600

Die Verteilung der Antworten in *Tabelle 7* zeugt davon, dass das politische
System in Russland typische Züge einer totalitären Herrschaft aufweist.
Organisationsprinzip ist eine äußerst zentralisierte, ungeteilte und in Gestalt eines »Führers« personalisierte Macht, die sich in erster Linie auf nicht
verfassungsmäßige Herrschaftsorgane (die Präsidialadministration) und auf
die politische Polizei (Geheimdienste) stützt, die der Kontrolle durch Gesetze, Gerichte und das Parlament enthoben sind. Die Führung stützt sich
auf ein *de facto* monopolisiertes Propaganda- und Agitationssystem, auf die
Streitkräfte, die Vertreter der zentralen Macht in den Provinzen und auf

die Direktoren und Eigentümer der großen Kapitalgesellschaften und Unternehmen (diese Vorstellung ist ein Überbleibsel aus der Planwirtschaft, in der der Staat die Güter umverteilte). Mehr als die Hälfte der Menschen ist überzeugt, dass die Politik Putins ausschließlich die Interessen des Geheimdienstes zum Ausdruck bringt. Nichtsdestotrotz heißen 72 bis 85 % der Befragten die Politik Putins gut und vertrauen ihm.

Die politische Führung steht praktisch außerhalb jeder Kontrolle, da die Autorität der Repräsentationskörperschaften zu gering ist, wie die Befragten völlig zu Recht angeben. Zumindest die Handlungsfähigkeit dieser Organe wird von der Bevölkerung stark angezweifelt (der Teil der Befragten, der keine Antwort gibt oder den Organen Bedeutung und Macht abspricht, ist wesentlich größer als der Teil der Befragten, der ihnen eine gewisse Rolle im politischen Leben des Landes zuspricht). Politische Parteien, Gewerkschaften sowie die intellektuelle und kulturelle Elite (Intelligenzija) haben nach Meinung der Befragten heute keinen wesentlichen Einfluss. Auch die Gerichte und die lokalen Parlamente ordnen sich den föderalen oder regionalen Behörden unter, sie sind korrupt und in ihrem Handeln eingeschränkt.

Tab. 8: Wird in Ihrer Stadt/Ihrem Bezirk die gesetzgebende Versammlung oder das Gerichtssystem von Organen der Exekutive kontrolliert? (in % der Befragten)

	Legislative	Judikative
Ist völlig unabhängig	5	8
Wird von der Regierung kontrolliert	11	12
Wird von lokalen Organen kontrolliert	21	17
Ist korrupt; mit Geld kann man vorteilhafte Entscheidungen herbeiführen	31	37
Keine Antwort	35	31

Juli 2006, N = 1600, (die Summe der Antworten beträgt mehr als 100 %, da die Befragten zwei oder mehr Antworten geben konnten).

In der Wahrnehmung eines großen Teils der Bevölkerung gibt es zur herrschenden Elitengruppe keine Alternative. Dem steht das Konzept der Oligarchen[19] als Antipoden des Inhabers der höchsten Macht gegenüber; sie werden in der öffentlichen Meinung als mächtige und dunkle »Feinde« dämonisiert, als böse Kraft, die der des Präsidenten beinahe gleichkommt.

So wie die Forderung nach Unabhängigkeit der Gerichte oder nach Autonomie der regionalen »Parlamente«, stellt auch die Diskussion um die

»Möglichkeiten einer freien Presse« oder um die »politische Opposition« für die Russen etwas Künstliches dar und bereitet ihnen Schwierigkeiten bei der Beurteilung: 44% finden, dass die Medien in Russland frei von staatlicher Kontrolle sind, 47% finden das nicht; 40% schätzen, dass oppositionelle Parteien und Akteure in Russland reale Chancen haben, ihre Positionen und Interessen zu vertreten, 39% sehen das nicht so.

4 Handlungsoptionen, Einflussmöglichkeiten und Verantwortung der Bürger

Die Gleichgültigkeit der überwältigenden Mehrheit der russischen Bevölkerung gegenüber der Politik wächst mit der Erkenntnis, dass die eigenen Einflussmöglichkeiten sehr gering sind. Im Durchschnitt betrug in den 2000er Jahren der Anteil der Leute, die sich für Politik interessierten 37%, derer die sich nicht dafür interessierten 62%. Eine noch stärker apolitische Einstellung zeigt die Jugend, für die die neuen Lebensbedingungen (Marktwirtschaft, Reisefreiheit, Internet u. Ä.) etwas Selbstverständliches darstellen. Sie können sich nicht vorstellen, dass diese Dinge zu sowjetischer Zeit keine Selbstverständlichkeit waren. Anders verhält es sich bei den Menschen im Rentenalter. Sie bekommen den Zerfall des sozialen Absicherungssystems viel stärker zu spüren, bewerten die aktuellen Veränderungen entschieden negativ und verfolgen mit großer Aufmerksamkeit die aktuelle Politik. Aber weder die eine noch die andere Bevölkerungsgruppe will am gesellschaftlichen und politischen Leben aktiv teilnehmen. In erster Linie sind sie daran nicht interessiert, weil sie politisches Engagement für eine sinnlose Beschäftigung halten. Die Wirkungsmöglichkeiten sind aus ihrer Sicht sehr gering (siehe *Tabelle 9, 10* und *11*). Diese Meinung teilen sogar diejenigen, die das jetzige Regime unterstützen und für die heutige »Partei der Macht« stimmen; die Unterschiede zwischen den Anhängern der die Regierung unterstützenden Parteien und der Opposition sind dabei statistisch unbedeutend (siehe *Tabelle 12*).

Tab. 9: Wie sehr interessiert Sie Politik? (in % der Befragten)

	Durch-schnitt	18 bis 24 Jahre	25 bis 39 Jahre	40 bis 54 Jahre	55 Jahre und älter
Sehr	15	12	11	14	22
Mittelmäßig	37	32	38	41	35
Wenig oder gar nicht	47	55	50	43	42
Keine Antwort	1	1	1	–	1

Juni 2006, N = 1600.

Tab. 10: Wären Sie selbst bereit eine aktivere Rolle in der Politik zu spielen? (in % der Befragten)

	Durch-schnitt	18 bis 24 Jahre	25 bis 39 Jahre	40 bis 54 Jahre	55 Jahre und älter
Wäre bereit	18	24	20	20	13
Wäre nicht bereit	77	70	67	77	81
Keine Antwort	5	6	13	3	6

Januar 2006, N = 1600.

Tab. 11: Können Menschen wie Sie Einfluss nehmen auf staatliche Entscheidungen (durch Beteiligung an Wahlen, öffentlichen Aktionen und Demonstrationen, Diskussionen u.Ä.)? (in % der Befragten)

	Im Land	In Ihrer Stadt, Ihrem Bezirk
Ja	15	23
Nein	83	75
Keine Antwort	2	2

Februar 2006, N = 1600.

Die ausschließliche Ausrichtung der Gerichte, der Miliz, der Parteien, Gewerkschaften und anderer sozialer Institutionen auf die Interessen der herrschenden Gruppe und nicht auf die Bedürfnisse der Menschen sowie der fehlende Schutz der Bürger vor der Willkür der Behörden macht der Allgemeinheit die eigene Hilflosigkeit bewusst.[20] Das »Doppeldenken« ist damit die wichtigste Konstante der politischen Kultur Russlands. Es schwächt das Protestpotenzial, behindert die Konsolidierung der politischen Opposition und macht unterwürfiges Verhalten gegenüber den Machteliten zu einer Norm, die die Mehrheit der Bevölkerung akzeptiert.

Tab. 12: Was meinen Sie, haben Sie persönlich irgendeinen Einfluss auf das politische und wirtschaftliche Leben in Russland?
(in % der Befragten)

	Durch-schnitt	Einiges Russland	KPRF	Gerechtes Russland	LDPR	Jabloko	SPS
Habe Einfluss	15	19	7	4	18	14	5
Habe keinen Einfluss	81	78	92	95	76	86	95
Keine Antwort	4	5	3	2	3	0	0

Oktober 2007, N = 1600.

Das Misstrauen der Russen gegenüber den Politikern erhöht den Wert informeller Beziehungen unter den »eigenen Leuten« (familiäre, freundschaftliche, nachbarschaftliche Kreise), die sich im Gegensatz zu den formellen Beziehungen durch besondere Wärme, Vertrautheit, Zuverlässigkeit und Unterstützung auszeichnen. Aus dem persönlichen Charakter dieser Gemeinschaftsbeziehungen entsteht ein Geflecht von Verbindungen, das nach dem Umfang gegenseitiger Verantwortung und Hilfe gestaffelt und rein partikularistischer Natur ist und damit weit entfernt von öffentlicher Moral und Recht. Es geht hier nicht um irgendeinen mythischen, »ursprünglichen« rechtlichen Nihilismus in der russischen Gesellschaft, sondern darum, dass traditioneller Autoritarismus,[21] der sich auf eine von niemandem kontrollierte Bürokratie stützt, die Gesetze entwertet, selbst wenn diese gut ausgearbeitet sind.

Nur 3% der Befragten gehen davon aus, dass es im heutigen Russland niemanden gibt, der »über dem Gesetz« steht. Die absolute Mehrheit denkt, dass vor allem die »Träger der Staatsgewalt selbst und die Beamten« die Gesetze übertreten (59%), ebenso die »Menschen die in der letzten Zeit reich geworden sind, über viel Geld verfügen, mit dem sie die Behörden und die Gerichte kaufen können« (52%), ebenso die »Politiker«, die »Abgeordneten und Führer der Partei der Macht« (41%), die *»Silowiki«* (Miliz, FSB u. a. – 41%) und auch die »Unternehmer« (34%). Schließlich denken 16%

der Befragten, dass im modernen Russland weder die Führung noch die Bürger die Gesetze beachten – eine Meinung, die soziologischen Untersuchungen zufolge am ehesten der Wirklichkeit entspricht. Unterschiedliche ideologische Positionen verursachen in dieser Hinsicht kaum Differenzen: Etwas besser geschützt vor bürokratischer Willkür fühlen sich die Wähler der Partei »*Einiges Russland*« (34%, der Durchschnitt lag bei 25%), nur sehr wenig geschützt fühlen sich die Wähler von »*Jabloko*« (9%) und »*Gerechtes Russland*« (8%).

Tab. 13: Warum kontrolliert die Mehrheit der Bürger Russlands nicht das Handeln der Macht und warum hat sie keinen entscheidenden Einfluss auf dieses Handeln? (in % der Befragten)

Die Beamten interessiert nur die Meinung ihrer Vorgesetzten, sie ignorieren die Meinung und Bedürfnisse der gewöhnlichen Leute.	48
Die Exekutive informiert die Bürger nur sehr spärlich über ihr Handeln.	29
Wahlen, Referenden, freie Diskussionen spielen eine immer kleinere Rolle im öffentlichen Leben.	27
Die Leute kümmert wenig, womit sich die Staatsorgane beschäftigen.	18
Die Leute hoffen, dass sich die Behörden auch ohne besondere Einflussnahme der Bürger um ihre Bedürfnisse kümmern.	17
Andere Antwort	1
Keine Antwort	7

Februar 2006, N = 1600; Summe der Antworten ist größer als 100%, da Mehrfachantworten möglich waren.

Tab. 14: Warum fühlen Sie sich vom Gesetz nicht geschützt? (in % der Befragten)

Die Gesetze gelten nicht für alle, es gibt zu viele Leute, die denken sie stünden über dem Gesetz (Machthabende, Silowiki u. Ä.).	34
Alle sind korrupiert, ich kann auf eine ehrliche und objektive Untersuchung meiner Angelegenheit vor Gericht nicht hoffen.	31
Die Gesetze werden von den Leuten, die an der Macht sind frei ausgelegt.	28
Die Gesetze ändern sich ständig.	17
Die Menschen haben keine Mittel, um auf die Macht einzuwirken.	15

Antworten sortiert nach Häufigkeit.

Die Frage nach den Einflussmöglichkeiten der Bürger, die in den soziologischen Erhebungen gestellt wurde, ruft bei den Befragten sichtlich Ratlosigkeit hervor (siehe *Tabelle 15*). Die meistgenannte Antwort lautet: »Es gibt keine Möglichkeiten auf die Führung einzuwirken« (41 %; zusammen mit der Reaktion »keine Antwort«, die im Kern ja dasselbe besagt, stellen sie sogar 53 %). In der Gesellschaft dominiert eine passive Anerkennung des Fakts, dass die Exekutive niemandem verantwortlich ist.

Tab. 15: Können die Bürger Russlands das Handeln der Führung beeinflussen und wenn ja, auf welche Art und Weise? (in % der Befragten)

Nein, sie haben keinerlei Möglichkeiten, das Handeln der Führung zu beeinflussen.	41
Man kann sich an den Europäischen Gerichtshof für Menschenrechte wenden.	19
Man kann sich ans Fernsehen, Radio, Zeitungen wenden oder seine Texte im Internet publizieren.	18
Man kann sich an ein russisches Gericht wenden.	17
Man kann Protestaktionen, zivilen Ungehorsam, Versammlungen oder Demonstrationen organisieren.	14
Man kann Briefe und Petitionen an die Führungsorgane schreiben.	13
Man kann sich an seinen Abgeordneten wenden.	10
Man kann eine gesellschaftliche Organisation gründen oder sich aktiv in entsprechenden Organisationen einbringen.	9
Keine Antwort	12

Diese Auffassung vom sozialen Aufbau der Gesellschaft ist die Kehrseite des staatlichen Paternalismus. Sie ist deshalb gerade für ältere Leute, schlecht versorgte und wenig gebildete Menschen charakteristisch, für die Bewohner von Dörfern und kleinen Städten. Die Bereitschaft zum Handeln – von der »Anrufung des Gerichtshofs in Straßburg«, über Protestkundgebungen und Engagement in gesellschaftlichen Organisationen bis hin zu alten sowjetischen Handlungsmustern (Beschwerden an Zeitungen oder Briefe und Petitionen an die Führung schreiben, sich an den Abgeordneten wenden) – zeichnet die besser gebildeten Menschen mit höherem Status aus. Im Übrigen sollten auch deren Antworten eher als deklarativer Ausdruck der eigenen ideologischen Anschauung gewertet werden, denn als Hinweis auf reales Verhalten. Bei den sozial schwachen und benachteiligten Bevölkerungsgruppen ist aber nicht einmal diese Anschauung vorhanden. Sie können jede Form der administrativen Willkür nur »ertragen« oder passiv hinnehmen.

Die Mehrheit der Russen steht der Arbeit nicht staatlicher Organisationen, die die Grundlage einer Bürgergesellschaft bilden, gleichgültig gegenüber. Sie vertrauen ihnen wenig und sind nicht bereit, sie zu unterstützen. Mehr als 90% der Befragten (nach Angaben einer Untersuchung zur Zivilgesellschaft in Russland 1999–2006, die das Lewada-Zentrum durchgeführt hat) sind in keiner einzigen gesellschaftlichen oder Nichtregierungsorganisation engagiert, weder in einer wohltätigen noch in einer anderen Organisation. Das Maximum an Initiative und Engagement der Bürger Russlands ist die Teilnahme an schulischen Elternkomitees (2%), die Mitgliedschaft in Sport- oder Freizeitvereinen (2%), in Veteranenorganisationen (1,5%), in Sammler- und Liebhaberklubs oder Jugendverbänden (mehr als 1%) und in religiösen Vereinigungen (weniger als 1%).

Sogar die Mitglieder und Anhänger bestimmter Jugendgruppen (zum Beispiel Fußballfans) stellen im Großen und Ganzen weniger als 1% der Bevölkerung. Nach eigenen Angaben der Befragten nehmen an den Aktivitäten von Gewerkschaften oder Menschenrechtsorganisationen 0,2% bis 0,3% der erwachsenen Bevölkerung teil (diese Zahl ist statistisch unbedeutend). 80% der Russen sind nicht bereit, eine der genannten nicht staatlichen Organisationen zu unterstützen, auch nicht mit einmaligen Geldspenden.

5 Probleme bei der Übergabe der Macht und die Präsidentschaftswahlen 2008

Für totalitäre und posttotalitäre Regime erscheint das Problem der Aufrechterhaltung, Erneuerung und Anpassung der Herrschaftsstrukturen samt Wechsel und Übergabe der Macht unlösbar, weil das ganze System vertikaler Machtorganisation so aufgebaut ist, dass jede mögliche alternative Autorität, jeder Wettbewerb um Macht und Einfluss, die Entstehung paralleler Kanäle der Kaderauswahl und die Dezentralisierung der politischen Führung verhindert werden. Deshalb waren gerade die Momente des Machtwechsels in der sowjetischen und postsowjetischen Geschichte Russlands stets Perioden schwerer politischer Krisen – so war es bereits Mitte der 1920er Jahre, als sich in der Führung der kommunistischen Partei ein Kampf auf Leben und Tod um das Erbe Lenins entwickelte, dann wiederholten sich dieselben Probleme nach dem Tod Stalins. Auf den Tod Breshnews folgte eine Phase der Ungewissheit und der schwachen Führer, die mit dem Machtantritt Gorbatschows und der Perestrojka beendet wurde. Gorbatschows Absetzung infolge des missglückten Putsches von 1991 und der darauf folgende Zerfall der UdSSR erschwerten dann die Etablierung des Jelzin-Regimes. Es erhielt weder eine handfeste Legitimation noch Anerkennung in der Gesellschaft, was wiederum – unter Putin – eine autoritäre Herrschaft herbeiführte.

In jeder dieser Krisen, hervorgerufen durch den Machtwechsel, sahen sich die Klans und Schattengruppierungen[22] in der höheren Führung veranlasst, mehr oder weniger radikale Maßnahmen zur Beseitigung von Konkurrenten einzusetzen. Der Wechsel in der höchsten Führung zog Kadersäuberungen und Wechsel in der machtnahen Elite, der Nomenklatur auf höherer und mittlerer Ebene, nach sich. Die kurzen Perioden dieser Machtkrisen sind die einzigen Zeiten, in denen soziale Veränderungen möglich sind, solange die Machtstrukturen noch nicht konsolidiert sind und es noch gewisse Wahlmöglichkeiten gibt. Die Veränderungen in der Führung selbst sind charakterisiert durch das Interesse am Machterhalt, d.h. durch Diskreditierung oder Bekämpfung von Opponenten. Deshalb können solche Machtwechsel der Reformierung des Systems durchaus dienlich sein (durch Kampf gegen »Reaktionäre und Konservative« aus der alten Führung – so war es unter Chruschtschow, Gorbatschow, Jelzin), aber sie können auch die Konservierung des Regimes zur Folge haben (Stalin, Breshnew, Putin).

Im Jahre 1988, als die ersten allgemeinen repräsentativen Umfragen unseres Instituts, damals noch *WZIOM*, heute Lewada-Zentrum, durchgeführt wurden, war die öffentliche Meinung aufgrund eines erwarteten Machtwechsels in einem »aufgeregten Zustand«, die Menschen waren ausgesprochen unzufrieden mit der Situation und unterstützten die neue Politik der »Demokratisierung und Perestrojka«, die von Gorbatschow ausgerufen wurde. Mithin war es eine Zeit der Kritik am Stalinismus, am sozialistischen Umverteilungssystem, am Monopol der KPdSU u.a. Doch nach unseren Untersuchungen hat sich in den letzten 20 Jahren die Zahl der Menschen mit autoritärer Einstellung beinahe verdoppelt, während die Angst vor der Konzentration der Macht in den Händen eines »Führers« – ursprünglich entstanden aus den Erfahrungen mit dem sowjetischen Terror und dem repressiven Staat – zurückging (die Zahl sank um das Zweieinhalbfache; siehe *Tabelle 16*). Der Verzicht auf die Bürgerrechte und die Abgabe der Verantwortung an einen Diktator wird von der Schwächung des Widerstands gegen antidemokratische Tendenzen begleitet. Die illusionären Erwartungen an eine »starke Hand« haben erkennbar zugenommen und die Gesellschaft zeigt sich weniger immun gegen das Konzept der Alleinherrschaft.

Tab. 16: Mit welcher der folgenden Aussagen über die politische Führung in Russland stimmen Sie am ehesten überein? (in % der Befragten)

	1989	1994	2006	2007
Unser Volk braucht immer eine »starke Hand«.	25	35	42	45
Es gibt bestimmte Situationen (z. B. jetzt), in denen alle Macht in einer Hand konzentriert werden muss.	16	23	31	29
Man sollte es in keinem Falle zulassen, dass alle Macht in die Hände eines Menschen gelegt wird.	44	23	20	18
Keine Antwort	15	19	7	8
Zahl der Befragten (N)	1500	3000	1600	1600

Putin spielt vor allem eine symbolische Rolle als fürsorglicher Landesvater – nicht als wirklicher Politiker. Deshalb richtet sich auch aller Unmut über die politische Führung gegen die Regierung. Deshalb waren – wie *Tabelle 17* zeigt – die Umfragewerte der Ministerpräsidenten in der Amtszeit Putins als Präsident zeitweise nur halb so hoch wie die des Präsidenten, der sich als »teflonbeschichtete« politische Figur erwies, frei von Verantwortung gegenüber der Gesellschaft.

Tab. 17: Befürworten Sie die Arbeit...? (in % der Befragten)

	2001	2002	2003	2004	2005	2006	2007	2008
Putins als Präsident	69	75	73	79	66	80	79	86
der Ministerpräsidenten	42	42	37	44	29	51	46	56

N = 1600, April des entsprechenden Jahres.

Die Konzentration der Macht in den Händen Putins hält die absolute Mehrheit der Russen (im Durchschnitt seiner Amtszeit von 2000 bis 2007 – 62%) für eine positive Entwicklung (»das dient dem Wohl Russlands«). Wesentlich weniger Menschen, nämlich 23% vertreten eine gegenteilige Meinung (»das bedeutet für das Land nichts Gutes«). Die symbolische Konzentration der Macht in den Händen des ersten Mannes im Staate widerspricht nicht dem Verständnis der Bevölkerung von Demokratie (wobei »Demokratie«, wie bereits erwähnt, nicht zu den wichtigsten Werten der Russen zählt; zumeist ziehen sie ihr die »Ordnung« vor: 69% gegenüber 18%, N = 1600, Mai 2005). Die autoritäre Komponente ist in den Augen der russischen Bevölkerung eine nationale Besonderheit der »vaterländischen Demokratie«. Russland braucht eine »besondere Demokratie«, sagen zwei Drittel der Befragten (Mai 2005, N = 1600; 21% denken, dass eine demokratische Ordnung »nicht zu Russland passt«).

Die Besonderheiten dieser »vaterländischen Demokratie« bestehen erstens in der führenden Rolle des Staates im politischen, sozialen und wirtschaftlichen Leben und zweitens in der »Konzentration der Macht« in den Händen einer Person. Unter Berücksichtigung dieser Tatsachen kann man die Antworten der Russen auf die Frage »Welche politische Ordnung gilt heute in Russland?« verstehen (Februar 2006, N = 1600). 33% der Befragten glauben, dass »sich derzeit im Lande Demokratie entwickelt«, 29% glauben dass »ein Verlust der Ordnung und ein Anwachsen der Anarchie vor sich geht«, 7% glauben, dass »ein Regime wie vor der Perestrojka aufgebaut wird«, 5% glauben dass »eine Diktatur errichtet wird«.

Die Situation im Herbst 2007 – vor den Wahlen zur Staatsduma im Dezember 2007 und den Präsidentschaftswahlen im März 2008 – zeichnete sich durch große Einfachheit aus, da jede Möglichkeit für eine freie Konkurrenz politischer Parteien und Präsidentschaftskandidaten beseitigt war. Seit dem Machtantritt Putins empfanden die Menschen die Lage im Lande als stabil und vor diesem Hintergrund spielten sich auch die letzten Wahlen ab. Das neue Stabilitätsempfinden setzt sich aus verschiedenen Komponenten zusammen. Die wichtigsten sind: das Wirtschaftswachstum, das nach der Krise 1998 begann, als die von der Regierung Gajdar initiierten Wirtschaftsreformen anfingen, Früchte zu tragen; die hohen Ölpreise sowie die Einführung einer strengen Zensur der Massenmedien durch die Putin-Administration (vor allem beim Fernsehen), die dafür sorgte, dass keine unerwünschten oder die Bevölkerung beunruhigenden Nachrichten veröffentlicht bzw. gesendet wurden.

Obwohl die Erhöhung des Lebensstandards bei weitem nicht einheitlich vor sich geht, wird sie doch von allen sozialen Schichten wahrgenommen. Die am stärksten bemerkbaren Veränderungen betreffen die beiden Endpunkte der sozialen Wohlstandsskala: die Gehälter der Gutsituierten steigen und die Gruppe der Ärmsten verkleinert sich. Zur ersten Gruppe kann man ungefähr 15 bis 20% der Bevölkerung zählen, auf die der Löwenanteil des Einkommenszuwachses entfällt (60%). Diese Gruppe wächst praktisch nicht, aber ihr Lebenswandel ändert sich deutlich. Gleichzeitig hat sich die Zahl der Menschen in absoluter Armut (deren Einkünfte nicht für eine ausreichende Ernährung reichen) von 28% im Jahre 1999 auf 10 bis 14% in den Jahren 2007 bis 2008 verringert. Das Einkommen der 10% der Bevölkerung mit dem höchsten Einkommen ist nach offiziellen Angaben 15-mal höher als das der 10% am unteren Ende; nach Angaben unabhängiger Experten ist es 26- bis 27-mal so hoch.

Diese enormen Unterschiede sind der Grund für Sozialneid und chronische Unzufriedenheit. Grundlage des im Sommer 2008 (vor der Finanzkrise) allgemein verbreiteten Gefühls von Stabilität war nicht so sehr die Erwartung, dass sich der eigene Lebensstandard in nächster Zeit verbessern wird, sondern eher die Beruhigung der Gesamtsituation: Krisen, wie es sie in den 1990er Jahren gab, wurden nicht erwartet. Die Politik der Führung wird also aufgrund von Hoffnungen und der Einstellung »schlimmer wird's schon nicht« bewertet und nicht nach »es wird besser werden«.

Die Entscheidung über die Übergabe der Macht von Putin an seinen Nachfolger (und dementsprechend über das eine oder andere Programm zur Entwicklung des Landes und die Ziele der nationalen Politik) wird nach Einschätzung der Russen von einem sehr engen Kreis von Machthabern getroffen. Die Wahl der Kandidaten ist vorherbestimmt und findet ausschließlich im Interesse der bereits erwähnten Klans statt, die heute über alle Machtmittel verfügen. Alle Abläufe und Vorgänge bei den Wahlen sind lediglich politische Dekoration. Man will den Anschein und die Illusion eines realen politischen Kampfes aufrechterhalten, dieser Überzeugung waren im Januar 2008 54% der Befragten. Nach den Präsidentschaftswahlen Anfang März waren es schon 80% der Befragten. Der nächste Präsident Russlands konnte nur derjenige werden, auf den der Finger Putins zeigte und das heißt, dass diese »Wahl« mit dem alltäglichen Leben der Bevölkerung nichts zu tun hatte.

Da die Wähler in der Realität bei den Wahlen keine wirkliche Auswahl und sich mit der traditionellen Willkür ausgesöhnt haben, wird sich die allgemeine Einstellung zu Putin auch auf seinen Nachfolger übertragen. In Russland geht man davon aus, dass der neue Präsident die Politik Putins fortführen wird. Die öffentliche Meinung war im Frühjahr 2008 bezüglich der Frage unsicher, wie man diese unklare Situation der geteilten Macht regeln könnte: Fast die Hälfte der Befragten (47%) fände es wünschenswert oder sogar nötig, die Macht in vollem Umfang an den neuen Präsidenten zu übergeben. Aber von Anfang an hat Putins Klan eine tief gestaffelte Verteidigung aufgebaut, um dies zu verhindern. Dazu gehört die Verteilung der Kompetenzen zwischen Präsident und Regierung sowie die Besetzung von Schlüsselpositionen in Regierung und

Präsidialadministration mit Vertrauten Putins. All dies machte die Pläne einer umfassenden Machtübertragung unrealistisch. Bereits Ende April/ Anfang Mai 2008 war der Großteil der Russen der Ansicht, dass die reale Macht bei Putin verbleiben (als »dritte Legislaturperiode Putins«) und der neue Präsident vollständig von ihm abhängig sein werde.

Tab. 18: Wird Dmitrij Medwedew nach seiner Wahl zum Präsidenten selbst-
ständig handeln oder von Wladimir Putin und seiner Entourage kont-
rolliert werden? (in % der Befragten)

	Februar 2008	April 2008
Er wird selbstständig handeln.	19	22
Er wird unter der Kontrolle Wladimir Putins und seiner Entourage handeln.	63	67
Keine Antwort	18	11

N = 1600.

Anmerkungen

1 Aus dem Russischen von Judith Janiszewski. Die im Text zitierten Daten ent-stammen Meinungsumfragen, die das Lewada-Zentrum, dessen Mitarbeiter Lew Gudkow ist, durchgeführt hat. Wenn nicht anders erwähnt, stammen die Zahlen aus dem Jahr 2008.

2 Mit »Nomenklatur« wurden in der Sowjetzeit Positionen in Unternehmen und Apparaten, die nur mit Zustimmung der Parteikomitees besetzt werden konn-ten, bezeichnet. Die »Nomenklatur-Listen«, in der diese Funktionen verzeichnet waren, gaben dann der gesamten Führungsschicht ihren Namen; vgl. Tat'jana P. Koržichina/Jurij J. Figatner, Sovetskaja nomenklatura: stanovlenie, mechanizmy dejstvija, in: Voprosy istorii, Nr. 7, 1993, S. 25–38; Boris Lewytzkyj, Die Nomen-klatur. Ein wichtiges Instrument sowjetischer Kaderpolitik, in: Osteuropa, 1961, S. 408–412 [Anmerkung der Herausgeber].

3 Aleksandr Gol'c/Armija Rossii, Odinadcat' poterjannych let, Moskau 2004; Lev Gudkov, Massovaja identičnost' i institucional'noe nasilie. Armija v postsovetskoj Rossii, in: Vestnik obščestvennogo mnenija, Nr. 2, 2003, S. 35–51; siehe auch den Beitrag von Hannes Adomeit in diesem Band.

4 Lev Gudkov/Boris Dubin/Anastasija Leonova, Milicejskoe nasilie i problema »poli-cejskogo gosudarstva«, in: Vestnik obščestvennogo mnenija, Nr. 4, 2004, S. 31–47.

5 Lev Gudkov/Boris Dubin/Anastasija Leonova, Obrazovanie v Rossii. Privlekatel'nost', dostupnost', funkcii, in: Vestnik obščestvennogo mnenija, Nr. 1, 2004, S. 35–55.

6 Boris Dubin, Media postsovetskoj épochi. Izmenenie ustanovok, funkcii, ocenok, in: Vestnik obščestvennogo mnenija, Nr. 2, 2005, S. 22–29.

7 Verglichen mit dem Jahr 1990 – dem letzten friedlichen Jahr im sowjetischen System – verringerten sich die Einkünfte der Bevölkerung in den 1990er Jahren, insbesondere nach der Krise von 1998, um 40 bis 50 %. Der vorherige Lebensstandard konnte erst im Jahre 2003 wieder erreicht werden. Die Konjunktur der Weltenergiepreise wurde zur materiellen Voraussetzung für Putins autoritäre Herrschaft.

8 »Machtvertikale« bezeichnet in der russischen Diskussion der Putin-Zeit eine Organisation von Herrschaft, die dem Präsidenten die Durchsetzung seiner Anweisungen bis hinunter an die Basis erlaubt. [Anmerkung der Herausgeber]

9 Siehe dazu den Beitrag von Wladimir Gelman in diesem Band.

10 Siehe dazu auch den Beitrag von Petra Stykow in diesem Band.

11 Januar 2006, in % der Befragten (N = 1600 im Alter von 18 Jahren oder älter). Die Daten der Umfragen von 2006 werden hier als Basis genommen, um dauerhafte Stimmungen in der Bevölkerung aufzuzeigen. In den darauffolgenden Messungen war der Einfluss der Propagandamaschine, die wegen der Parlaments- und Präsidentenwahlen in den Jahren 2007 und 2008 angeworfen wurde, bereist bemerkbar. Hier und im Folgenden, wenn nicht anders vermerkt, werden Daten allrussischer, repräsentativer Umfragen des Lewada-Zentrums verwendet.

12 Unter diesem Gesichtspunkt waren die Siege der Shirinowski-Partei bei den Dumawahlen 1993 und Putins bei den Präsidentschaftswahlen im Jahre 2000 durchaus nicht zufällig.

13 Deshalb erreichte die Präsidialverwaltung bei den letzten Wahlkämpfen (2007/2008) unter Anwendung aller Mittel wie Erpressung der Wähler, direkte und indirekte Nötigung, Bestechung u. Ä., eine Wahlbeteiligung von mindestens 70 %. Ein solch hoher Prozentsatz war nötig um den Anschein von Legitimität des Systems zu erwecken.

14 Die Wahlen von 1993 kann man nicht als »normal« betrachten, denn sie wurden zwei Monate nach den bewaffneten Zusammenstößen in Moskau zwischen den Anhängern des abgesetzten Obersten Sowjets einerseits sowie der Armee und den Sicherheitsdiensten, die gegenüber Präsident Jelzin loyal waren, andererseits, durchgeführt.

15 Eben darauf bezog sich auch Putins Charakterisierung des Zusammenbruchs der UdSSR als »größte Katastrophe des 20. Jahrhunderts«.

16 Zur konservativen legitimierenden Rolle des Neotraditionalismus in autoritären Regimen, die die missionarische Ideologie oder die politische Religion totalitärer Regime ablöste, vgl. Juan José Linz, Totalitäre und autoritäre Regime, Berlin 2000.

17 Der Moderator einer politischen Talk-Show drückte es in einem privaten Gespräch so aus: »Sie können frei reden über alles, außer über Putin, den Fall Chodorkowskij und den Tschetschenienkrieg.«

18 Die Antworten der Befragten auf die regelmäßig gestellte Frage »Was beunruhigt sie am meisten in letzter Zeit?« sind stets einheitlich: Den ersten Platz nimmt seit

vielen Jahren die Antwort ein, »der Preisanstieg bei Lebensmitteln, anderen Waren und Dienstleistungen und bei den Wohnungen« (bei der letzten Umfrage im April 2006 waren es 81%), an zweiter Stelle folgt »Kriminalität in der Stadt und der Region« (37%) und an dritter »drohende Arbeitslosigkeit« (36%).

19 In der russischen Diskussion wird mit dem Begriff »Oligarchen« eine kleine Gruppe Unternehmer und Finanzleute bezeichnet, die sich in der Phase der Privatisierung mit der Unterstützung der Politik extrem bereichert haben. Dazu gehören etwa Michail Chodorkowskij und Boris Beresowskij. [Anmerkung der Herausgeber]

20 Vgl.: »Welche der folgenden Aussagen trifft am ehesten auf das heutige Russland zu?« (Februar 2006, N = 1 600): »Die Bürger kontrollieren das Handeln der politischen Führung« 2%, »Die politische Führung kontrolliert das Handeln der Bürger« 21%, »Bürger und die politische Führung kontrollieren sich gegenseitig« 7%, »Weder die politische Führung noch die Bürger kontrollieren den jeweils anderen« 30%, »Bürger und politische Führung hintergehen einander« 31% (keine Antwort 10%).

21 »Autoritarismus« bezeichnet einen Typ traditioneller autoritärer Herrschaft (Diktatur), der sich jedoch vom »Totalitarismus« durch eine Reihe von Merkmalen unterscheidet (u.a. begrenzten Pluralismus und Fehlen einer einheitlichen Ideologie). [Anmerkung der Herausgeber]

22 Mit Begriffen wie »Klan« und »Schattengruppierung« bezeichnet der Autor die informellen Gruppen innerhalb der Herrschaftseliten. Dazu zählen etwa Angehörige bestimmter Apparate wie die *Silowiki*, Vertreter von Banken und Großunternehmen (Oligarchen) und die Anhänger einzelner Führungspersonen. [Anmerkung der Herausgeber]

Thomas Bremer

Die orthodoxe Kirche als gesellschaftlicher Faktor in Russland

Die Russische Orthodoxe Kirche (ROK) ist heute die mit Abstand größte Religionsgemeinschaft in Russland.[1] Sie ist eine autokephale[2], d. h. selbstständige Kirche in der orthodoxen Kirchengemeinschaft. Das bedeutet, dass sie die gleichen Glaubensinhalte vertritt wie die anderen orthodoxen Kirchen, aber ihre inneren Angelegenheiten unabhängig regeln kann. All diese Kirchen feiern den gleichen Gottesdienst (der sich nur durch die Liturgiesprache unterscheidet) und verstehen sich als *eine* Kirche, auch wenn es außer gelegentlichen Treffen der Oberhäupter kaum Formen gibt, in denen sie alle gemeinsam agieren. Gläubige einer orthodoxen Kirche können Gottesdienste in einer anderen orthodoxen Kirche besuchen und dort die Sakramente empfangen. Eine solche Kommuniongemeinschaft besteht mit anderen Kirchen nicht.

Die ROK ist seit der Unabhängigkeit der Russischen Föderation zu einer äußerst gewichtigen gesellschaftlichen Einrichtung geworden. Die enormen Verluste an Gläubigen und Einrichtungen (Kirchen, Gemeinden, Klöster, Ausbildungsstätten u. a.), die sie in der Sowjetzeit erlitt, hat sie zu einem großen Teil wieder ausgleichen können. Ihre Beziehung zu den staatlichen Behörden und Einrichtungen sowie ihre Stellung in der russischen Gesellschaft sind in vieler Hinsicht ungeklärt. In der Kirche selbst wird wenig über diese Fragen nachgedacht.

1 Die ROK in der Gegenwart

Über die Zahl der Angehörigen der ROK lassen sich keine genauen Angaben machen, da es keine Statistik gibt, sondern nur Schätzungen, die zwischen 50 und 135 Millionen Gläubigen schwanken. Allerdings sind zu einigen Organisationsstrukturen Zahlenangaben erhältlich.[3] Danach verfügt die ROK heute über 156 Bistümer (1988: 67), von denen sich allerdings ein großer Teil im Ausland befindet (etwa 45 in der Ukraine, 12 in Belarus, 13 in weiteren Staaten der GUS und im Baltikum sowie zehn in westlichen Ländern). Dazu kommen die zehn Bistümer der »Russischen Orthodoxen Kirche im Ausland«, einer Gründung der Emigration, die sich

2007 mit der ROK wiedervereinigt hat, doch noch über eine eigene Organisationsform verfügt.

In der ROK gibt es 30 544 Geistliche in 29 141 Gemeinden (1988: 6 893), und es existieren heute 769 Klöster (1988: 21). Die Kirche unterhält mehr als 11 000 Sonntagsschulen, die vor allem der Katechese dienen; in der UdSSR war eine solche Tätigkeit völlig verboten. Zur Ausbildung des Klerus dienen 87 Hochschulen und Seminare (1988: 5). Die Zahl der Priester und Gemeinden steigt weiter; die akademischen Einrichtungen müssen Zulassungsbeschränkungen und Eignungstest durchführen, da die Zahl der Interessenten größer als die der Studienplätze ist.

An der Spitze der Kirche steht der Patriarch. Dieses Amt wird seit Februar 2009 von Kirill I. (geb. 1946) bekleidet. Er leitet die ROK allerdings nicht alleine, sondern mit dem Synod, einem Gremium aus 12 Bischöfen und dem Patriarchen. Der Synod trifft sich regelmäßig und entscheidet über alle anstehenden Fragen des kirchlichen Lebens, so auch über die Ernennung neuer Bischöfe. Für bestimmte Gebiete (Außenbeziehungen, Ausbildung, Publikationen u. a.) unterhält der Synod Kommissionen und andere Institutionen. In unregelmäßigen Abständen von mehreren Jahren tritt die Vollversammlung der Bischöfe zusammen. Sie legt die grundsätzlichen Richtlinien für die Arbeit und das Leben der Kirche fest. Außerdem kann sie das Statut der Kirche verändern und Heiligsprechungen vornehmen. Das oberste Gremium der Kirche, das sich aber faktisch nur zur Wahl eines Patriarchen trifft, ist das Landeskonzil. Es besteht aus allen Bischöfen sowie einer großen Anzahl von Priestern und Laien.

Die ROK ist in Bistümer unterteilt, die ein je abgegrenztes Territorium haben und an deren Spitze ein Bischof steht; bei wichtigen Bistümern hat er den Titel Erzbischof oder Metropolit. Die Bistümer wiederum sind unterteilt in Pfarreien (Gemeinden), in denen Priester und Diakone wirken. Während es in den größeren Gemeinden (in Städten) oft mehrere Geistliche gibt, ist in Dörfern zumeist ein Priester für die Pfarrei zuständig. Die Priester werden heute in der Regel in einem Seminar, einer Lehranstalt auf Fachschulniveau, ausgebildet, einige haben auch eine Hochschulbildung. In der Sowjetunion wurden häufig Männer ohne theologische Bildung geweiht, die sich dann oft in einem Fernstudium theologische Kenntnisse aneigneten. In den ersten Jahren nach dem Ende der Repressionen wurden viele Akademiker verschiedener Fachrichtungen, die sich der Kirche und dem Priestertum zuwandten, ordiniert. Der Klerus der orthodoxen Kirchen ist in der Regel verheiratet. Bischöfe jedoch müssen immer unverheiratet sein und werden aus dem Mönchsstand gewählt. Die Orthodoxie lehnt die Ordination von Frauen ab.

Die Hauptaufgabe der Priester ist die Leitung der Gemeinde, die Durchführung der regelmäßigen Gottesdienste und der Kasualien wie Taufen, Eheschließungen oder Beisetzungen. In vielen Gemeinden stehen ihnen engagierte Laien zur Seite, die sich etwa um soziale Belange oder die Durchführung der religiösen Unterweisung für Kinder und Jugendliche kümmern. Auch sind die Ehefrauen der Priester oft in der Gemeinde aktiv, vielfach als Leiterinnen des Kirchenchores. Die Priester genießen in der Regel ein hohes gesellschaftliches Ansehen. Sie werden von den Gemeinden bezahlt, wobei Spenden und Gaben bei gottesdienstlichen Anlässen (etwa Haussegnungen) einen wichtigen Teil der Einkünfte darstellen.

Die ROK versteht sich als multinationale Kirche, die über ein »kanonisches Territorium« verfügt. Es erstreckt sich über die Staaten der ehemaligen Sowjetunion mit der Ausnahme von Armenien und Georgien, wo es eigene orthodoxe Kirchen gibt. Als ihre Mitglieder betrachtet die ROK die orthodoxen Gläubigen auf ihrem kanonischen Territorium sowie diejenigen außerhalb dieses Gebiets, die zur ihr gehören wollen. Das Konzept vom kanonischen Territorium war heftig umstritten, als es vor einigen Jahren propagiert wurde, da in einigen Gebieten (Ukraine, Estland) andere orthodoxe Kirchen konkurrierende Zuständigkeiten reklamieren und da die katholische Kirche in diesem Konzept eine Einschränkung ihrer Aktionsmöglichkeiten in Russland gesehen hat.[4]

2 Historische Prägung

Das 20. Jahrhundert brachte für die ROK eine Reihe von einschneidenden Veränderungen mit sich, die die Lage der Kirche mehrfach entscheidend veränderten und die sie bis heute prägen. Der Anfang des Jahrhunderts sah die ROK als Organisation, die völlig unter der Kontrolle des zaristischen Staates stand. Das Amt des Patriarchen war seit den Reformen Peters des Großen zu Beginn des 18. Jahrhunderts abgeschafft. Die Leitung der Kirche lag in der Hand eines Gremiums unter einem »Oberprokuror«, einem kaiserlichen Beamten mit erheblichen Vollmachten. Der oft wenig gebildete Klerus war in einer schwierigen Lage und wurde wenig respektiert. Zwischen der Intelligenz und der Kirche lagen Welten. Lediglich in zwei Bereichen sah es etwas besser aus: Die theologische Wissenschaft gelangte vor allem in den historischen Fächern zu einer gewissen Blüte und die monastische Spiritualität hatte bei vielen Laien einigen Einfluss.

Verschiedene Versuche, im Reformjahr 1905 Änderungen auch in der Kirche herbeizuführen, scheiterten, so dass die ROK von den politischen

Entwicklungen des Jahres 1917 in diesem »trostlosen Zustand«[5] überrascht wurde. Die Abschaffung der Monarchie und des Staatskirchentums in der Februarrevolution führte dazu, dass die ROK auf einem »Landeskonzil«, der höchsten gesetzgebenden Versammlung der Kirche, beschloss, das Patriarchenamt wieder einzuführen und viele der 1905 geplanten Reformen zu verwirklichen. Die Wahl des ersten Patriarchen nach mehr als 200 Jahren fiel mit der Oktoberrevolution zusammen, so dass die neuen Umstände die Verwirklichung der Reformen nicht zuließen. Vielmehr wurde die Kirche von den neuen Machthabern massiv unterdrückt, indem Kleriker verhaftet und getötet, die kirchlichen Schulen abgeschafft und jede Beziehung des Staates mit der Kirche gelöst wurde. Dadurch wurde die ROK fast an den Rand ihrer physischen Existenz gebracht. Insgesamt kamen in der Zeit zwischen der Revolution und dem 2. Weltkrieg mehrere Zehntausend Amtsträger der ROK ums Leben, darunter fast alle Bischöfe. Am Vorabend des Krieges waren gerade vier Bischöfe im Amt, vor der Revolution waren es etwa 160 gewesen.

Die Haltung des Sowjetstaats gegenüber der Kirche änderte sich mit Kriegsbeginn, da der Staat für den Abwehrkampf gegen die deutschen Truppen auf die Unterstützung der ROK angewiesen war. Die Kirche erhielt die Erlaubnis, einige wenige Priesterseminare wieder zu öffnen, eine Zeitschrift zu publizieren und neue Bischöfe zu installieren. In der Folgezeit wurde die ROK nicht mehr so wie vor dem Krieg verfolgt, ja sie konnte sogar in sehr engen Grenzen aktiv sein, doch stand sie unter strikter Kontrolle der staatlichen Behörden. Jede Ernennung eines Priesters oder Bischofs musste genehmigt werden, jede Art von Religionsunterricht oder religiöser Unterweisung (außer in der Familie) war verboten. Die Kirchenleitung war angewiesen, gegenüber dem Staat illoyale Amtsträger zu sanktionieren, also etwa in die Provinz zu versetzen, und sich von Dissidenten zu distanzieren. Das konnte nicht ohne Zusammenarbeit mit den Behörden abgehen. Dafür gab es einen »Rat für religiöse Angelegenheiten beim Ministerrat der UdSSR«, doch auch die Institutionen des KGB beschäftigten sich mit Kirchenbelangen, vor allem dann, wenn sie als »antisowjetische Tätigkeiten« wahrgenommen wurden.

Die Lage der Kirche änderte sich erneut durch die Perestrojka, die seit Mitte der 1980er Jahre das Leben im Lande in vieler Hinsicht prägte. Im Bereich der Kirche (und überhaupt auf dem Gebiet der Religion) wirkte sich die neue Politik wohl am meisten aus. Die staatlichen Beschränkungen wurden aufgehoben und die ROK konnte Aktivitäten entwickeln, die ihr bisher untersagt waren. Es wurden neue Bistümer und Gemeinden gegründet, Kirchen und Kapellen gebaut, Publikationen verlegt, die Kirche war in Schulen und in den Medien präsent, und Religion wurde zu einem positiv besetzten Begriff in Russland. In den Jahren nach dem Zerfall der UdSSR, im unabhängigen Russland, ging diese Entwicklung noch weiter. Die Kirche genießt in der Öffentlichkeit großes Vertrauen, viele Menschen bezeichnen sich als religiös und als orthodox. Nachdem mehrere Generationen lang die atheistische Erziehung ausdrückliches Bildungsziel des Staates gewesen war, überrascht diese Entwicklung.

Die verschiedenen Epochen und Entwicklungen des 20. Jahrhunderts haben die ROK in zweierlei Richtung geprägt, die fast entgegengesetzt erscheinen: Zum einen wird betont, dass die Kirche in der Sowjetzeit ein Martyrium durchlaufen hat. Inzwischen wurden zahlreiche Menschen heiliggesprochen, die unter dem Sowjetregime ums Leben gekommen sind, und es wurde ein eigener Feiertag für sie geschaffen (24. Januar). Tatsächlich hat in der Zeit zwischen den Weltkriegen eine Kirchenverfolgung stattgefunden, die wohl nur mit der in der Antike verglichen werden kann. Auch werden heute in kirchlichen Äußerungen zahlreiche gesellschaftliche Missstände mit den Lebensumständen in der Sowjetunion in Zusammenhang gebracht; dem kommunistischen System wird also eine große gesellschaftliche Nachhaltigkeit zugeschrieben.

Zum anderen aber haben sich Vertreter der Kirche dadurch kompromittiert, dass sie mit den staatlichen Stellen zusammengearbeitet und dabei oft persönliche Vorteile für wichtiger erachtet haben als das Wohl ihrer Kirche. Bei einigen Bischöfen dieser Zeit scheint es deutlich zu sein, dass sie vom KGB in die Kirche eingeschleust wurden, damit der Geheimdienst Informationen von innen erhalten konnte. In Russland ist es offiziell nicht möglich, die Geheimdienstakten einzusehen. Daher ist man hier auf Vermutungen und Rückschlüsse angewiesen. Doch ist auffällig, dass die ROK keinerlei Versuche unternommen hat, die Rolle ihrer Oberhirten der Zeit der UdSSR zu beleuchten. Niemand aus der Kirchenleitung wurde seines Amtes enthoben und es gab weder eine Untersuchungskommission noch sonst eine Art der Aufarbeitung.

Diese beiden Richtungen des Umgangs mit der kommunistischen Vergangenheit, die als kaum kompatibel erscheinen, sind jedoch in der Praxis keinesfalls unvereinbar: Während die ROK immer wieder das Martyrium betont, das sie in den Verfolgungen erlitten hat, ertönen zugleich Stimmen, die die jetzige Situation im Land und auch die internationalen Beziehungen, etwa die Vormachtstellung der USA und den geschwundenen Einfluss Russlands, kritisieren und lobende Worte für die Vergangenheit finden. Aus dieser Kombination sind auch die politischen Bündnisse zwischen Kommunisten und national-orthodox orientierten politischen

Kräften zu erklären, die es vor allem in den ersten Jahren nach dem Ende der UdSSR gab.

Es sei noch angefügt, dass das Verhalten der Kirchenvertreter während der Sowjetzeit nicht einfach zu bewerten ist. Offenbar war für viele Bischöfe die Anerkennung der Sowjetmacht als legitime Regierung der einzige Weg, das Überleben der Kirche zu sichern. Aktiven Widerstand gegen das Regime gab es in den Jahrzehnten nach dem 2. Weltkrieg im Klerus nur sehr vereinzelt. Die Dissidentenbewegung der 1970er und 1980er Jahre hatte kaum Kontakte zur Kirche. Die Forderung, die Kirche hätte offenen Widerstand leisten sollen, ist vor allem im Westen sowie in Russland nach dem Ende der UdSSR erhoben worden. Patriotische Empfindungen und ein Gefühl des Stolzes auf die Sowjetunion, der es ja auch gelungen war, in vielen Bereichen eine Modernisierung durchzuführen, haben weiterhin dazu beigetragen, dass die Regierung von der ROK keine Opposition zu erwarten hatte. Nach dem Ende des Sowjetregimes war es dann einfacher, den Opferaspekt zu betonen, den das kirchliche Leben in der Zeit der UdSSR natürlich auch zeigte. Jedenfalls widersprechen sich die beiden Positionen in der Praxis nicht; ein kritischer Umgang mit der Vergangenheit ist für die ROK bis heute kein Thema.

3 Die Beziehung der ROK zum russischen Staat

Nach dem Ende der Sowjetunion war die ROK in der Lage, die Beziehung zum Staat neu zu gestalten. Trotz der heftigen und blutigen Verfolgungen hatte die Kirche nach anfänglicher Zurückhaltung die sowjetische Regierung als legitim anerkannt (1927) und als die Wehrmacht 1941 die UdSSR angriff, reagierte die ROK noch vor Stalin mit einem Aufruf an ihre Gläubigen, das Land zu verteidigen. Obgleich das Regime sie fast vernichtet hätte, betrachtete die ROK es als die legitime Macht im Staat und sie war nicht bereit, sich mit einer fremden Macht zu verbünden, um es zu stürzen.

Die Beziehungen zwischen Staat und Kirche sind heute formal durch das Religionsgesetz geregelt, dass 1997 verabschiedet wurde.[6] Das Vorgängergesetz stammte aus dem Jahr 1990, also aus der Blütezeit der Perestrojka, und gewährte den Religionsgemeinschaften große Freiheiten. Das neue Gesetz wurde restriktiver formuliert; es definierte vier traditionelle Religionen (Orthodoxie, Islam, Judentum und Buddhismus), deren legale Existenz anerkennt wurde und denen große Privilegien gewährt wurden. Andere Religionsgemeinschaften können auch legal bestehen, müssen sich aber registrieren lassen, bevor sie einen gesicherten Status erlangen. Dabei haben die Behörden große Auslegungsmöglichkeiten. So zeigte die Erfahrung, dass es an manchen Orten kaum Schwierigkeiten für Gemeinden anderer Kirchen gab, woanders hingegen große Probleme. Die legale Anerkennung hat Folgen für die Aktivitäten von Religionsgemeinschaften, insbesondere für das Mieten oder den Erwerb von Grundstücken und Gebäuden.

Zu den gesetzlichen Beschränkungen treten weitere Probleme, die die nicht traditionellen Religionsgemeinschaften haben. So sind gerade bei den christlichen Kirchen viele Amtsträger Ausländer. Katholische Priester und Ordensleute kommen häufig aus Polen, Lateinamerika oder anderen Ländern. Seit 2008 bereitet ihnen die neue Visagesetzgebung große Schwierigkeiten, da Ausländer, wenn sie sich ein Vierteljahr im Land aufgehalten haben, das nächste Vierteljahr außerhalb Russlands verbringen müssen.[7] Für den Staat wäre es einfach, die Ausnahmen, die es für ausländische Firmen und andere Einrichtungen gibt, auch auf die Kirchen zu übertragen. Doch gibt es bislang keine Aussichten, dass dieses Problem gelöst würde.

Zuweilen wird der ROK vorgeworfen, dass sie solche Situationen für sich ausnütze, ihre guten Beziehungen zu den Behörden nicht nutze und so den anderen Kirchen gegenüber unsolidarisch sei. Nicht nur auf der Ebene der Staats- und Kirchenführung, sondern auch auf der lokalen Ebene gibt es oft ausgezeichnete Beziehungen zwischen Vertretern beider Seiten. Dennoch lässt sich nicht belegen, dass diese Tatsache zu einer von der ROK beabsichtigten Benachteiligung der anderen Kirchen und Religionsgemeinschaften führt. Oft wird man mit einer Art vorauseilenden Gehorsam der lokalen Autoritäten zu rechnen haben.

Diese enge Beziehung zum Staat, unabhängig von dessen Einstellung zu Kirche und Religion, hat in der Orthodoxie eine gewisse Tradition. Im byzantinischen Reich, von dem Russland das Christentum übernommen hat, galt der Kaiser als der Schutzherr der Kirche, die ihrerseits loyal zur Herrschaft des Kaisers stand. Hier gab es keinen Gegensatz zwischen beiden Bereichen. Dieses Modell, das oft mit dem griechischen Wort *symphonia* bezeichnet wird, wurde für Russland übernommen; die Großfürsten bzw. Zaren betrachteten die Kirche gleichsam als Teil ihres Herrschaftssystems. Die ROK lebte also seit vielen Jahrhunderten in einem Staat, in dem die Orthodoxie Staatsreligion war und erhebliche Privilegien genoss. Die kommunistische Verfolgung traf sie daher völlig unvorbereitet, das gilt eigentlich auch für die Zeit der Unabhängigkeit seit dem Ende der UdSSR. Abgesehen von den wenigen Monaten zwischen den beiden Revolutionen 1917 war auch die Konfrontation mit einer liberaleren und pluralistischeren Gesellschaft, die mit der russischen Unabhängigkeit auf die ROK zukam, eine völlig neue Erfahrung für die Kirche. Sie hatte keine Gelegenheit, sich darauf adäquat vorzubereiten und etwa Konzepte für eine solche Situation zu entwickeln.

Das besondere Verhältnis der ROK zum Staat wird an einigen Beispielen deutlich sichtbar. So ist etwa der Patriarch, der auch im staatlichen Protokoll einen hohen Rang einnimmt, bei wichtigen staatlichen Anlässen (wie der Vereidigung des Präsidenten) stets anwesend. Solche Anlässe werden von Gottesdiensten in einer der Kreml-Kirchen begleitet, die der Patriarch zelebriert, und genießen auch in der Kirche hohe Aufmerksamkeit.[8] Die ROK hat Zugang zu praktisch allen staatlichen Einrichtungen; zum Teil sind die Beziehungen zwischen ROK und Staat durch formelle Abkommen geregelt, zum Teil sind sie faktisch einfach vorhanden. So können Priester heute in der Militärseelsorge tätig sein, es gibt Priester und häufig auch Kapellen in Krankenhäusern, Gefängnissen, Bildungseinrichtungen oder bei der Polizei. Die ROK ist ihrerseits bestrebt, ihre Loyalität gegenüber dem Staat zu beweisen. Ein illustratives, wenn auch etwas skurriles Beispiel hierfür ist die Feier einer orthodoxen Liturgie auf dem Nordpol; der Bischof der ROK, der diese im April 2008 abhielt, war mit Hilfe der Armee dorthin gelangt. Man kann diesen Akt durchaus als Unterstützung der russischen Ansprüche auf die Arktis sehen. In ähnlicher Weise unterstützt die ROK auch den Kurs Russlands in der Kosovo -Frage.

Für den russischen Staat stellt die Kirche eine Institution dar, die ihm Legitimität verleiht. Einerseits wird Religiosität grundsätzlich als positiv gesehen, so dass die Nähe von staatlichen Akteuren und Institutionen zur Kirche diesen in der Bevölkerung zu einem besseren Image verhilft. Andererseits gilt die Orthodoxie als spezifisch russische Form des Christentums; Katholizismus und Protestantismus werden als »fremde« Religionen empfunden, auch wenn es heute eine nicht geringe Anzahl von ethnischen Russen gibt, die zu einer der westlichen Konfessionen konvertiert sind. Wer heute also in Russland seine Zugehörigkeit zur orthodoxen Kirche herausstellt, macht damit deutlich, dass er zu russischen Traditionen steht. Orthodoxie wird mit all dem gleichgesetzt, was Russlands Größe symbolisiert: Zusammenhalt gegen eine vermeintliche Bedrohung von außen, Auserwähltheit und eine besondere Rolle Russlands, Fähigkeit zu höchsten Leistungen auf allen Gebieten. So wird eine Gemeinschaft zwischen allen Russen, Mächtigen und Beherrschten, konstruiert, die zugleich der theologischen Konzeption der ROK entspricht.

Der jetzige Patriarch, Kirill I., bestätigte diese Sichtweise im Sommer 2005, also noch vor seiner Wahl: »Im Unterschied zum Westen bedeutet unsere Demokratie nicht Teilung und Wettbewerb [gemeint sind Gewaltenteilung und Wettbewerb von Ideen, Th. B.], sondern vielmehr Einheit und Übereinstimmung.»[9] Danach ist die russische (»unsere«) Demokratie also eine andere als die im Westen und die allgemeine Übereinstimmung wird als wichtiger Grundsatz verstanden. Das entspricht der Vorstellung, die seit dem 19. Jahrhundert in Russland präsent ist. Die Slawophilen, Vertreter einer wichtigen philosophischen Richtung, stellten damals ein System von Eintracht, das es angeblich im historischen Russland gegeben habe und das von Übereinstimmung zwischen allen Schichten geprägt gewesen sei, der westlichen Aufteilung in Klassen und Schichten entgegen. Einheit und Zusammenhalt haben also seither im russischen Denken einen besonderen Platz, und zwar als Spezifikum Russlands und der russischen Gesellschaft. Insofern überrascht es nicht, dass diese Vorstellung heute wieder verwendet wird.

Damit soll nicht abgestritten werden, dass es natürlich unter den heutigen Gläubigen der ROK eine große Mehrheit gibt, die sich aus innerer Überzeugung oder aus Herkommen, aber nicht um vermeintlicher Vorteile willen zu ihr bekennt. Die Kirche ist in erster Linie eine religiöse Institution und für ihre Angehörigen spielen politische, staatliche und gesellschaftliche Interessen zumeist wohl kaum eine Rolle. Die Leitung der Kirche hingegen muss agieren, um den Platz der ROK in Staat und Gesellschaft festzulegen. Nichthandeln ist hier nicht möglich bzw. wäre auch eine Positionierung.

Die ROK hat im Jahr 2000 in einem Dokument deutlich gemacht, welche Haltung sie gegenüber dem Staat einnimmt.[10] In dieser programmatischen Schrift gibt sie eine ausführliche theologische Begründung ihrer Sicht der Beziehungen zwischen Staat und Kirche, wobei sie die *symphonia* als Ideal ansieht. Sie betont die Loyalität von Kirche und Gläubigen gegenüber dem Staat, allerdings auch die Pflicht zur Verweigerung des Gehorsams, wenn der Staat Glaubensabfall oder eine Tat, die eine schwere Sünde darstellt, verlangt.

4 Die ROK in der modernen russischen Gesellschaft

In den vorangegangenen Ausführungen über die Beziehung zwischen ROK und Staat ist schon angedeutet worden, dass die Kirche in Russland auch eine wichtige gesellschaftliche Funktion hat, insofern sie ein Identität stiftender Faktor für die russische Nation ist, ein Phänomen, zu dem sich zu bekennen als positiv wahrgenommen wird. Daher ist es für die ROK auch relativ einfach, sich in der Gesellschaft als Vertreterin und Verfechterin russischer Interessen darzustellen. Umfragen zeigen, dass die Kirche hohes Vertrauen besitzt, jedenfalls mehr als politische oder staatliche Einrichtungen wie Parteien oder die Armee: 41 % der Befragten gaben 2007 an, dass sie volles Vertrauen in Kirchen und Religionsgemeinschaften haben.[11] Bei diesen Umfragen zeigt sich auch, dass die Befragten sich einen Einfluss der Kirche vor allem in Bezug auf Werte wünschen, die gesellschaftlich vermittelt werden sollen. Man glaubt also, dass es für die Gesellschaft positiv wäre, wenn die Kirche größeren Einfluss hätte. Zurückhaltender ist man allerdings bei der Frage, ob sich die staatlichen Behörden von ihren religiösen Überzeugungen leiten lassen sollten: Nur 29 % antworteten mit »ja« oder »eher ja«, während sich 58 % für eine ablehnende Haltung entschieden.

Dieser Befund einer positiven Haltung zur Religion widerspricht nicht der Tatsache, dass insgesamt nicht viele Menschen in Russland ihre religiösen Überzeugungen auch praktizieren. Eine im Februar 2009 durchgeführte Umfrage ergab, dass von den Bürgern Russlands, die sich selbst als »orthodox« bezeichneten, nur 12,9 % mehr als ein Mal im Monat die Kirche besuchen. Auf die Frage, ob man die eigenen Kinder religiös erziehe (oder einmal erziehen wolle), antworteten nur 26,5 % der Bevölkerung mit »ja«, 57,3 % aber mit »nein« (der Rest hat keine Kinder oder gab keine Antwort). Nur 8,2 % der Russen, die verheiratet sind, haben auch eine kirchliche Ehe geschlossen. Und nur sehr wenige Getaufte, 8, 4 %, empfangen das Abendmahl öfter als einmal pro Jahr. Dennoch sagen 72,6 % der Bevölkerung Russlands, sie seien orthodox.[12] Allerdings ist darauf hinzuweisen, dass in nicht orthodoxen Kontexten die Umfrageergebnisse ähnlich widersprüchlich sind. Auch in Deutschland mit dem Kirchensteuersystem oder in skandinavischen Ländern mit der Tradition der Staatskirchen ist die Zahl der Menschen, die sich als »katholisch« oder »evangelisch« bezeichnen, viel höher als die der Kirchgänger.

Ein besonderes Phänomen in Russland ist also, dass es einen hohen Grad an Religiosität und Wertschätzung der Kirche gibt, dies aber nicht bedeutet, dass die Menschen ihr Leben nach kirchlichen Vorschriften führen. Dieses Phänomen hat man »Orthodoxie jenseits der Kirchenmauern« genannt. Dazu kommt, dass es viele religiöse Menschen gibt, die zugleich abergläubische Praktiken befolgen, an Wahrsagerei, Horoskope, übersinnliche Erscheinungen und Ähnliches glauben. Das ist so stark verbreitet, dass sogar der 2008 verstorbene Patriarch Aleksij II. schon warnend darauf hinwies.

Ein weiterer Indikator für die Verankerung der ROK in der russischen Gesellschaft ist die Diskussion um den Religionsunterricht. In Russland gibt es keinen konfessionellen Religionsunterricht, der also in der Schule, aber in der inhaltlichen Verantwortung der Kirchen bzw. Religionsgemeinschaften erteilt würde. Auch hier zeigt sich, dass die Bevölkerung hinsichtlich der Vorstellung von schulischem Religionsunterricht unentschlossen ist: Während sich 2008 eine Mehrheit von 60% für das Fach Religionskunde, also eine neutrale, nicht konfessionell geprägte Darstellung von Religion, in der Schule aussprach, wenn es von Eltern und Schülern gewünscht wird, waren nur 12% der Befragten für konfessionellen Religionsunterricht.

Dafür wird seit einigen Jahren in einigen Schulen ein Fach namens »Grundlagen der orthodoxen Kultur« angeboten, das jedoch nur ein Wahlfach ist. Dieser Unterricht ist aus verschiedenen Gründen dennoch sehr umstritten. Allein schon die Benennung des Fachs impliziert, dass die russische Kultur (allein) auf orthodoxen Grundlagen beruht. Auch wenn die Bedeutung der Orthodoxie für die Entwicklung der russischen Kultur nicht bestritten werden kann, so finden doch Schüler und Eltern, die anderen Religionsgemeinschaften angehören, ihre Traditionen in diesem Unterricht nicht wieder. Dazu kommt, dass die bisher zur Verfügung stehenden Lehrbücher kritisch zu sehen sind.[13] Vor allem wird bemängelt, dass sie fast katechetischen Charakter haben, also keine neutrale Information über Religion und orthodoxe Kultur anbieten, sondern eher die kirchliche Lehre vermitteln wollen. Außerdem ist nicht klar, woher das Lehrpersonal kommen soll. Seit einigen Jahren wird an russischen Hochschulen das Fach »Kulturologie« angeboten,[14] das Geschichte und Kultur Russlands (mit einem starken Akzent auf der orthodoxen Prägung des Landes) zum Inhalt hat und dessen Absolventen wohl als geeignete Unterrichtspersonen für das neue Schulfach verstanden werden.

Insgesamt zeigt sich also, dass die ROK in der russischen Gesellschaft wieder eine stabile Position besitzt; sie ist jedenfalls stärker als die der Religion in westeuropäischen Ländern, und der in anderen Transformationsstaaten vergleichbar. Offensichtlich ist nach dem Ende der repressiven und religionsfeindlichen Systeme das Bedürfnis entstanden, zu den Werten und Traditionen der Vergangenheit zurückzukehren. Eine ungebrochene Kontinuität kann es hier natürlich nicht geben. Ob die Kirchen und damit auch die ROK auf diese Situation angemessen reagieren können, wird sich zeigen müssen.

5 Die Beziehung der ROK zu anderen Kirchen und Religionsgemeinschaften

Die ROK ist die größte Glaubensgemeinschaft in Russland, aber neben ihr gibt es noch eine Reihe anderer staatlich anerkannter (»registrierter«) Religionsgemeinschaften. Von den christlichen Kirchen müssen hier die katholische Kirche, die evangelisch-lutherischen Kirchen und eine Reihe von Freikirchen (vor allem Baptisten) genannt werden. Die bedeutendste nicht christliche Religion und die zweitgrößte Glaubensgemeinschaft ist der Islam; alle anderen Religionen wie Judentum und Buddhismus haben nur sehr geringe und dann auch meistens nur regionale Bedeutung.

Hinsichtlich der anderen Religionsgemeinschaften gibt es eine gewisse historische Kontinuität, wonach ihre Mitglieder zumeist nicht Russen sind, sondern anderen Nationalitäten angehören; die Muslime etwa sind in der Regel Tataren, Baschkiren, Tschetschenen und Angehörige anderer Kaukasusvölker. In der Geschichte gab es zwar Versuche der orthodoxen Kirche, Muslime und andere nicht christliche Völker dem Christentum zuzuführen, die jedoch nicht erfolgreich waren. Die ROK akzeptierte mit der Zeit die Existenz anderer Religionen im Russischen Reich, soweit diese mit anderen Nationen verbunden waren. Der Übertritt von der Orthodoxie zu einer anderen Glaubensgemeinschaft war verboten, doch Tataren und Tschetschenen etwa konnten islamisch bleiben.

Bis heute ist das Verhältnis zum Islam vor allem ein nationales Problem. Die Beziehungen zwischen den beiden Religionsgemeinschaften selbst sind relativ gut, jedenfalls besser als in vielen anderen Staaten. Der russische Patriarch und der tschetschenische Mufti haben während der Tschetschenienkriege wiederholt zum Frieden aufgerufen – Zeichen dafür, dass die Religionsführer miteinander kommunizieren können, aber auch dafür, dass hier die Religionen in erster Linie für Nationen stehen, nicht primär für Glaubensgemeinschaften.

Anders verhält es sich mit den übrigen christlichen Kirchen. Die katholische Kirche hat traditionell Gläubige, die Polen, Litauer, Ukrainer, Deutsche (bzw. deren Nachkommen) sind. Inzwischen bekennt sich aber auch eine ganze Reihe Russen zur katholischen Kirche, manche die von der ROK konvertiert sind, andere, die areligiös erzogen wurden und nun erstmals zum Glauben gefunden haben. Die meisten Katholiken in der UdSSR waren aber nicht römisch-katholische, sondern griechisch-katholische (»unierte«) Christen in der westlichen Ukraine, deren Kirche 1946 verboten wurde und nur im Untergrund existieren konnte. Nach

1988 wurde sie wieder legalisiert; Hunderttausende Gläubige verließen die ROK, zu der sie zwischenzeitlich gehört hatten, und wandten sich (wieder) der griechisch-katholischen Kirche zu.[15] Für die ROK bedeutete das einen enormen Verlust, zumal aus der Westukraine die meisten Kandidaten für das Priesteramt gekommen waren.

Auch wenn diese Verluste inzwischen ausgeglichen werden konnten, so erhebt die ROK doch weiterhin den Vorwurf, die katholische Kirche verfolge eine bewusste Taktik, um die Orthodoxie in Russland zu dezimieren. Dazu gehöre die Expansion in der Ukraine ebenso wie der Aufbau kirchlicher Strukturen in Russland und die bewusste Abwerbung von orthodoxen Gläubigen, die als »Proselytismus« bezeichnet wird. Mit der Wahl Papst Benedikts XVI. verbesserte sich die Situation ein wenig, ein Hinweis darauf, dass auch die polnische Herkunft von Johannes Paul II. von der ROK negativ gesehen wurde. Die Beziehungen zwischen katholischer Kirche und ROK stehen also auch unter nationalen Vorzeichen, zumal ein großer Teil des katholischen Klerus in Russland aus Polen stammt. Mit einem deutschen Papst, der noch dazu im Ruf steht, der konservativen Richtung in der katholischen Kirche anzugehören, sieht man sich auf einem besseren Weg.

Eine solche Interpretation wird auch dadurch gestützt, dass die ROK häufig ihre Übereinstimmung mit der katholischen Kirche in vielen ethischen, gesellschaftlichen und politischen Fragen betont. Die beiden Kirchen werden dann als diejenigen dargestellt, die in einem Europa, das von Liberalismus, Sittenlosigkeit und Beliebigkeit gekennzeichnet ist, als einzige noch die christlichen Werte und Prinzipien vertreten. Die früher guten Beziehungen zu den protestantischen Kirchen im westlichen Europa sowie zu den Anglikanern und den Altkatholiken wurden seitens der ROK eingefroren, als diese Kirchen im Laufe der letzten Jahre begannen, Frauen als Amtsträgerinnen zuzulassen, homosexuelle Lebensgemeinschaften durch eine Segnung oder einen anderen Akt kirchlich anzuerkennen oder offen homosexuell lebende Amtsträger zu akzeptieren. In all diesen Fragen gibt es eine Übereinstimmung mit der katholischen Kirche.

In der evangelisch-lutherischen Kirche in Russland waren lange Zeit Balten bestimmend: Letten, Esten sowie Deutsche und Finnen waren vornehmlich Angehörige dieser Kirche. Inzwischen hat sie viele Russen als Mitglieder gewonnen. Doch wird das interessanterweise von der ROK nicht in der Weise als ein Problem gesehen wie bei den Katholiken. Die Beziehungen zwischen beiden Kirchen können als korrekt, wenn auch nicht als besonders eng gelten. Die lutherische Gemeinschaft in Russland ist inzwischen in zwei Kirchen organisiert, von denen eine der deutschen, die andere der finnischen Tradition entstammt.

Die Baptisten in Russland kommen ursprünglich auch aus der kirchlichen Tradition deutscher Siedler, doch gehören ihnen heute mehrheitlich Russen an, zumal viele der Deutschstämmigen inzwischen in die Bundesrepublik ausgewandert sind. In der Zeit der Sowjetunion waren sie in zwei Gruppen gespalten, die offiziellen »Verbandsbaptisten« (deren Gemeinden einem vom Staat akzeptierten Dachverband angehörten) und die unabhängigen, aus sowjetischer Sicht illegalen Baptisten. Diese Unterscheidung und die unterschiedliche Behandlung durch die Behörden prägt das russische Baptistentum bis heute. Wegen der großen Konzentration auf die individuelle Frömmigkeit und auf die einzelne Gemeinde sowie der damit zusammenhängenden Vernachlässigung übergemeindlicher Aktivitäten spielen die Baptisten gesellschaftlich keine große Rolle.

Die Beziehungen der ROK zu diesen anderen Religionsgemeinschaften zeichnen sich somit durch zwei Charakteristika aus: Zum einen liegen nach wie vor alte nationale (echte oder vermeintliche) Zugehörigkeiten über den religiösen Zugehörigkeiten, so dass die Beziehungen zwischen den Nationen letzten Endes auch die interreligiösen bestimmen. Zum anderen erhebt die ROK trotz ihrer Selbstbeschreibung als multinationaler Kirche gerade bei den Russen den Anspruch auf religiöse Exklusivität: Auch wenn man die Gewissensfreiheit und die Konversion Einzelner nicht in Frage stellt, so versteht man doch die traditionelle Orthodoxie der Russen als Programm auch für die Zukunft; die Evangelisierung der Russen sei Sache der ROK und nicht die anderer Kirchen. Das Konzept vom kanonischen Territorium entspricht dieser Vorstellung.

6 Schlussbetrachtung

Was lässt sich aus dem Gesagten für die Zukunft der ROK sagen? Ohne Zweifel stellt die russische Orthodoxie ein attraktives Angebot für viele Menschen dar; das lässt sich auch daran sehen, wie viele Westeuropäer von dieser Kirche fasziniert sind. Liturgie, Spiritualität, Ikonenfrömmigkeit und viele weitere Elemente ziehen die Angehörigen anderer Kirchen, ja oft auch Nichtgläubige in ihren Bann. In Russland selbst kommt das identitätsstiftende Element hinzu, das die Orthodoxie beinhaltet. Die enge Beziehung zum Staat wird hierbei eigentlich nur von einer Minderheit im Lande sowie von ausländischen Beobachtern als Problem gesehen. Aus diesen Gründen ist nicht zu erwarten, dass die ROK bald an Attraktivität verliert; auch die geringe Zahl der Kirchenbesucher ändert das nicht.

Dennoch werden mittelfristig ähnliche Säkularisierungsprozesse wie in Westeuropa auch auf Russland und damit auf die ROK zukommen. Die Religion wird nicht zu einer reinen Privatangelegenheit werden, wie das ja auch im Westen nicht der Fall ist, aber es werden sich langsam die Milieus auflösen, in denen praktizierte Orthodoxie eine Selbstverständlichkeit ist. Dieser Prozess wird wohl nicht sehr bald einsetzen, aber er wird kommen. Eine anhaltende staatliche Unterstützung oder der mögliche Entzug dieser Unterstützung wird daran kaum etwas ändern. Die Frage, wie sich die ROK dieser Entwicklung gegenüber verhalten wird, ist von größter Wichtigkeit für ihre Zukunft. Sie wird einen Weg finden müssen, die gesellschaftlichen Veränderungen im Lande und in der Welt zu akzeptieren und mit ihnen umzugehen, ohne ihre eigentliche Sendungen zu verraten. Dabei wird sie eine Haltung zur Moderne entwickeln müssen, die ihr das gestattet. Nur so wird sie wohl in der Lage sein, die Entwicklung Russlands längerfristig positiv zu gestalten.

Anmerkungen

1 Allgemein zu Rolle und Entwicklung der Russischen Orthodoxen Kirche vgl. Thomas Bremer, Kreuz und Kreml. Kleine Geschichte der orthodoxen Kirche in Russland, Freiburg 2007; Peter Hauptmann/Gerd Stricker (Hrsg.), Die orthodoxe Kirche in Rußland. Dokumente ihrer Geschichte (860–1980), Göttingen 1988; Kathrin Behrens, Die Russische Orthodoxe Kirche: Segen für die »neuen Zaren«? Religion und Politik im postsowjetischen Rußland (1991–2000), Paderborn u. a. 2002.

2 Der Begriff bedeutet eigentlich »mit eigenem Oberhaupt« und gilt für 14 orthodoxe Kirchen im Nahen Osten, in Osteuropa und in Südosteuropa. Davon zu unterscheiden ist die »Autonomie«, die eine Kirche mit semi-selbstständigem Status bezeichnet.

3 Die folgenden Angaben stammen von der offiziellen Website der ROK, www.mospat.ru, und datieren vom Juni 2008. Zum besseren Vergleich sind die Zahlen aus dem Jahr 1988 in Klammern hinzugefügt.

4 Vgl. Johannes Oeldemann, The Concept of Canonical Territory in the Russian Orthodox Church, in Thomas Bremer, Religion and the Conceptual Boundary in Central and Eastern Europe. Encounters of Faiths, Basingstoke 2008, S. 229–236.

5 Konrad Onasch, Grundzüge der russischen Kirchengeschichte, Göttingen 1967 (= Die Kirche in ihrer Geschichte, Bd. 3, Lieferung M, 1. Teil), S. M125.

6 Der Text findet sich in deutscher Übersetzung in: Osteuropa, Jg. 48, 1998, Nr. 7, S. A274–A286. Vgl. dazu auch Gerd Stricker: Das neue Religionsgesetz in Rußland, in: Osteuropa, Jg. 48, 1998, Nr. 7, S. 689–709.

7 http://www.kirchen-in-osteuropa.de/archiv/04112502.htm#3 (Zugriff am 28.07.2008).

8 Die Zeitschrift des Patriarchats, *Žurnal Moskovskoj Patriarchii*, hat in der Juni-Nummer 2008 auf der zweiten Umschlagseite ein Farbfoto des Patriarchen mit dem Ehepaar Medwedew, das unmittelbar nach der Inauguration des Präsidenten in der Kirche aufgenommen wurde.

9 In: http://www.kirchen-in-osteuropa.de/archiv/05080402.htm#19 (Zugriff am 28.07.2008).

10 Eine deutsche Übersetzung in: Die Grundlagen der Sozialdoktrin der Russisch-Orthodoxen Kirche: deutsche Übersetzung und Kommentar, hrsg. von Josef Thesing und Rudolf Uertz, St. Augustin 2001.

11 Umfrageergebnisse bei www.levada.ru/religion.html (Zugriff am 22.4.2009) sowie (auszugsweise) in deutscher Übersetzung in Russlandanalyse, Nr. 165, 30.5.2008, S. 5–9, http://www.laender-analysen.de. Vgl. die Ergebnisse bei http://wciom.ru/ (Zugriff am 22.4.2009) zu Fragen des religiösen Lebens, die teilweise auch in englischer Sprache publiziert sind. Die im Folgenden angeführten Umfrageergebnisse sind diesen Publikationen entnommen.

12 Die Ergebnisse dieser Umfrage wurden im Juni-Heft 2009 der Zeitschrift »Osteuropa« publiziert.

13 Vgl. hierzu Gerd Stricker, Ein abstruses Programm, in: Herder Korrespondenz, 61. Jg., 2007, Nr. 12, S. 634–629 sowie Joachim Willems, Religiöse Bildung in Russlands Schulen, Münster 2006.

14 Vgl. hierzu Jutta Scherrer, Kulturologie – Russland auf der Suche nach einer zivilisatorischen Identität. Göttingen 2003.

15 Vgl. Thomas Bremer: Konfrontation statt Ökumene. Zur kirchlichen Situation in der Ukraine, Erfurt: 2001(= Erfurter Vorträge zur Kulturgeschichte des orthodoxen Christentums, 1).

Uwe Halbach
Islam in Russland

Wie in einigen Ländern der Europäischen Union bilden Muslime auch in Russland die zweitgrößte Glaubensgemeinschaft. Sie rangiert ihrer Mitgliederzahl nach hinter der Russisch Orthodoxen Kirche (ROK), aber vor den jüdischen und buddhistischen Glaubensgemeinschaften. Diese vier Konfessionen erhielten 1997 eine gesetzliche Bestätigung ihres Status als *traditionelle Religionen* in der Russischen Föderation. Im Unterschied zu westeuropäischen Ländern ist die muslimische Gemeinde hier nicht überwiegend durch Einwanderung in zurückliegenden Jahrzehnten entstanden. Muslimische Volksgruppen wie die Tataren oder die nordkaukasischen Bergvölker sind nicht in die Russische Föderation eingewandert, sondern Russland ist im Zuge seiner kolonialen Expansion zu ihnen gekommen. Sie sehen mit dem gleichen Recht wie ethnische Russen das heutige russische Staatsterritorium als ihre historische Heimat. Repräsentanten der Tataren, der mit 5,5 Millionen Angehörigen größten muslimischen Nationalität des Landes, legen Wert auf die Feststellung, dass der Islam an der Wolga einige Jahrzehnte früher zur herrschenden Religion geworden ist als das orthodoxe Christentum bei den Ostslaven durch die Taufe des Kiever Fürsten Wladimir im 10. Jahrhundert. Im Nordkaukasus hat sich der Islam am frühesten in Dagestan verbreitet. Andere Völker dieser Region wurden später, teilweise erst im 17. und 18. Jahrhundert, zum Islam bekehrt und standen vorübergehend unter dem Einfluss christlicher Missionare aus dem Südkaukasus.

Nach dem Ende der Sowjetunion wuchs auch die Zahl muslimischer Einwanderer aus südlichen GUS-Staaten. Einige Millionen Tadschiken, Usbeken und Aserbaidschaner entflohen den wirtschaftlichen Problemen ihrer Heimatländer und suchten Arbeit im ökonomisch besser gestellten Russland. Die Zahl der russischen Muslime wird offiziell mit 14,5 Millionen angegeben. Andere Quellen, so offizielle Vertreter der islamischen Gemeinde, sprechen von mehr als 20 Millionen. Aus Meinungsumfragen geht eine niedrigere Zahl »gläubiger« Muslime hervor. Hier kommt die Uneindeutigkeit der Definition von »Muslimsein« in Russland zum Ausdruck: Geht es um die Zuordnung zu Nationalitäten, die im Laufe der Geschichte zum Islam übergetreten sind? Oder geht es um die bei Volkszählungen nicht erfasste individuelle Glaubenshaltung?

Die Mehrzahl der Muslime lebt im europäischen Teil Russlands, in St. Petersburg, Moskau und anderen Metropolen in zentralen und südlichen Landesteilen. Als die historischen »islamischen Massive« gelten die Wolga-Ural-Region im Inneren und die kaukasische Peripherie Russlands. Beide Regionen sind politisch, kulturell und wirtschaftlich unterschiedlich stark in die Russische Föderation integriert. Die Wolgaregion blieb trotz der Autonomiebestrebungen der Republik Tatarstan in der ersten Hälfte der 1990er Jahre ein integraler Bestandteil Russlands. Muslimische Tataren und Baschkiren stehen in enger Berührung zur russischen Bevölkerung dieser Region. Intellektuelle in Kasan – wie der als Berater des tatarischen Präsidenten fungierende Rafael Chakimow – verweisen auf »den europäischen Charakter des tatarischen Islam« und auf die von Tataren ausgegangene Modernisierungs- und Bildungsbewegung unter den Muslimen des Zarenreichs, die bis Mittelasien ausstrahlende Djadiden (Erneuerer) – Bewegung im 19. und frühen 20. Jahrhundert. Dagegen galt der Nordkaukasus schon in der zaristischen und sowjetischen Vergangenheit als eine mit dem übrigen Russland nur schwach verbundene Kolonialperipherie. Eine stark vom Islam geprägte Region wie Dagestan stand bis an die Schwelle zur Sowjetzeit in kultureller Verbindung zur islamisch-arabischen Welt des Vorderen Orients.[1] In der ersten Hälfte des 19. Jahrhunderts ging von hier jahrzehntelanger Widerstand muslimischer Bergvölker *(gorcy)* unter der Führung von Imamen wie Schamil und unter der Parole des *»ghazavat«* *(Jihad)* gegen das Vordringen Russlands in den Kaukasus aus.

1   Konfliktlinien im Prozess religiöser »Wiedergeburt«

Religiöse »Wiedergeburt« war in der nachsowjetischen Entwicklung im gesamten GUS-Raum nicht konfliktfrei. Die Konfliktlinien verlaufen allerdings nicht primär *zwischen* den traditionellen Religionen oder ihren geistlichen Verwaltungen, in Russland etwa zwischen der ROK und den islamischen Würdenträgern. »Während die Orthodoxe Kirche Gläubige aus verschiedenen Nationalitäten umfasst, sieht sie doch in den Russen ihre Hauptgemeinde. Die überwältigende Mehrheit der russischen Muslime sind dagegen Angehörige nichtslawischer Ethnien. Das gegenseitige Einverständnis, nicht auf das ethnische Territorium der anderen auszugreifen, ermöglicht es beiden Glaubensgemeinschaften, dort zu kooperieren, wo es gemeinsame Werte zu betonen gilt«[2] – so bei der Verteidigung »traditioneller Werte« gegenüber »Verwestlichung«. Offizielle Vertreter der ROK und des Islam sind sich auch einig, wenn es darum geht, vor Missionsbemühungen aus dem Ausland und aus nicht traditionellen Glaubensgemeinschaften in Russland zu warnen. Im Karikaturenstreit von 2005 stand die

ROK an der Seite islamischer Gemeindeführer. Beide stellten den Respekt vor der Religion vor das Recht auf Meinungsfreiheit. Russische Islamexperten sehen eine wachsende, sich von westlichem Liberalismus abgrenzende Koalition zwischen dem offiziellen Islam, der orthodoxen Kirche und dem Staat.

Gleichwohl sind auch Konflikte zwischen den Glaubensgemeinschaften festzustellen. Die ROK wurde besonders in der Amtszeit von Präsident Wladimir Putin (2000–2008) zu einer zentralen »nationalen Institution« Russlands aufgewertet. Die drei kleineren »traditionellen Kirchen« standen diesem Prozess skeptisch gegenüber. Im Sommer 2007 warnten Mitglieder der Akademie der Wissenschaften in einem offenen Brief an Präsident Putin vor einer »Klerikalisierung der Gesellschaft«. Sie beklagten die Einmischung der Kirche in viele Bereiche des öffentlichen Lebens, besonders ihr Ausgreifen in das Bildungswesen des Landes. In mehreren Föderationssubjekten wurde das Unterrichtsfach »Grundlagen der orthodoxen Kultur« in den Schulen eingeführt. Vertreter der muslimischen Öffentlichkeit schlossen sich dieser Klage an. Rawil Gainutdin, der Vorsitzende eines überregionalen Rats der Muftis, bezeichnete die Bildungspolitik der ROK als den Versuch, Muslime, Juden und Buddhisten in die Position der »jüngeren Brüder« zu versetzen.[3] Zudem hat in der russischen Öffentlichkeit die Fremdenfeindlichkeit zugenommen, die sich besonders gegen »Südländer« und damit oft gegen Staatsbürger oder Migranten muslimischer Konfession richtet.

Stärker traten aber Reibungen innerhalb der muslimischen Gemeinschaft zutage, so zwischen »traditionellen« und »fundamentalistischen« Varianten »islamischer Wiedergeburt« in nachsowjetischer Zeit. Da gerieten »Islame« unterschiedlicher Provenienz und Ausrichtung in Konflikt.

Zum einen wurde ein *traditionelles Brauchtum* lokaler und ethnischer Prägung, mit dem der Islam die sowjetische Periode überlebt hatte, von fundamentalistischen Strömungen herausgefordert. Besonders im Nordkaukasus war dieser Zusammenprall heftig. Auf der einen Seite stand ein *religiöser Traditionalismus*, der besonders von Organisationsformen und Riten einiger hier verbreiteter Sufi-Orden und religiöser Bruderschaften geprägt war. Auf der anderen denunzierten Propagandisten eines »reinen Islam« alles als heidnisch, was nicht strikter koranischer Überlieferung entspricht. Zu dem von ihnen angegriffenen Praktiken gehörte die im Nordkaukasus verbreitete Verehrung lokaler Heiligengräber.

Der Konflikt verlief zwischen den Generationen. Verfechter des »reinen Islam« fanden besonders unter jungen Muslimen Resonanz, die die religiösen Traditionen ihrer Eltern als verfälscht und von der sowjetischen

Vergangenheit deformiert betrachteten. Damit geht ein Konflikt zwischen einer *klerikalen* und einer *»protestantischen«* Variante islamischer »Wiedergeburt« einher. Für Erstere stehen die Religionskader der aus sowjetischer Zeit stammenden Geistlichen Verwaltungen der Muslime oder *Muftiate*. Der Prozess islamischer Wiedergeburt ging oft an der offiziellen Geistlichkeit vorbei, die wegen ihrer Regimetreue in der Sowjetzeit bis heute unter dem Ruf eines »Islam von Gnaden des KGB« leidet und religiösen Herausforderungen durch Fundamentalisten intellektuell wenig entgegenzusetzen hat. Neue Moscheen und religiöse Schulen wurden oft außerhalb ihrer Zuständigkeit und Kontrolle eingerichtet. In einigen Gebieten wie in Dagestan[4] hat die staatliche Unterstützung für die offizielle Geistlichkeit in Auseinandersetzungen mit denjenigen, die ihre Autorität herausforderten, eine Klerikalisierung befördert, die den säkularen Charakter des Föderationssubjekts in Frage stellt.

Zum anderen kollidierten einheimische Formen islamischer Praxis mit ausländischen Kräften, die Einfluss auf die »islamische Wiedergeburt« im *GUS*-Raum nahmen. Zu den Herausforderern des »Klerus« gehörten junge Imame aus Russland, dem Kaukasus und Zentralasien, die ihre religiöse Ausbildung nicht selten im islamischen Ausland erhalten hatten, darunter in Saudi Arabien und den streng sunnitischen Golfstaaten. Arabische Termini wie *Hizb ut-Tahrir al-Islami* (Islamische Befreiungspartei), der Name eines politisch besonders in Zentralasien aktiven islamistischen Netzwerks, und *Wahhabiten* verweisen auf Einflüsse, die von außen in diesen Raum eindrangen. In Konflikt gerieten dabei auch universale Ausrichtungen islamischer »Wiedergeburt« (Kalifatsbewegungen) mit solchen, die sich mit nationalen und subnationalen Identitäten verbinden. Der Nordkaukasus wurde vor allem im Umfeld des zweiten Tschetschenienkriegs seit 1999 zu einem Aktionsfeld für *Jihad*-Kämpfer und Propagandisten aus verschiedenen Teilen der islamischen Welt.

Konflikte entfalteten sich aber auch innerhalb der offiziellen geistlichen Verwaltungen, von denen es in sowjetischer Zeit in Russland zwei gab: eine in Ufa, der Hauptstadt der heutigen Republik Baschkortostan, für die Muslime im europäischen Teil Russlands und in Sibirien und eine in Bujnaksk, später in Machatschkala (Dagestan) für die Muslime im Nordkaukasus. Sie sind Produkte der russischen Islampolitik seit Katharina der Großen. In sowjetischer Zeit waren sie Instrumente, mit denen der Staat Kontrolle über die religiösen Aktivitäten muslimischer Sowjetbürger ausüben wollte. Im Zuge der Auflösung der Sowjetunion und der Autonomie- und Souveränitätsparade in den nationalen Gebietseinheiten der Russischen Föderation kam es auch zu einer Aufgliederung der beiden geistlichen Verwaltungen. Heute existieren etwa 60 regionale und ethnische Muftiate, zwei überregionale Verwaltungen, ein Koordinationszentrum der Muslime des Nordkaukasus und eine Zentrale Geistliche Verwaltung, deren Einfluss sich viele lokale Gemeinden allerdings entziehen.

Auf dieser Ebene brach ein Zwist zwischen den Muftis aus, der teilweise bizarre Formen annahm. So lagen der »Obermufti« Talgat Tadschuddin, der höchste islamische Würdenträger in Russland, und sein Gegner Scheich Rawil Gainutdin in heftigem Streit. Tadschuddin steht seit 1980 dem Muftiat in Ufa, der »Zentralen Geistlichen Verwaltung der Muslime«, vor. Gainutdin leitet die »Verwaltung der Muslime des europäischen Teils Russlands« in Moskau. Die beiden bekanntesten Muftis konkurrierten um die Gunst staatlicher Behörden und die Nähe zur politischen Macht, um die Unterstellung lokaler islamischer Gemeinden angesichts unklarer Verwaltungszuordnung und nicht zuletzt um finanzielle Mittel, die aus dem Ausland, vor allem aus Saudi Arabien, zur Unterstützung »islamischer Wiedergeburt« nach Russland flossen. Dabei brachten sie auch ideologische Differenzen ins Spiel. Tadschuddin warf seinem Moskauer Konkurrenten vor, fundamentalistischen Strömungen anzuhängen, während dieser ihn als einen Abkömmling der sowjetischen Religionsnomenklatur beschimpfte.[5]

2 Wahhabitische Expansion?

Schon vor dem 11. September 2001 gipfelte ein Bedrohungsbild aus Islamismus, Separatismus und Terrorismus in alarmistischen Aussagen russischer Politiker. So warnte der damals noch neue Präsident Putin im Jahr 2000: »Wenn extremistische Kräfte die Oberhand im Kaukasus gewinnen, wird sich diese Infektion über die Wolga ausbreiten auf andere Republiken. Wir haben dann entweder die vollständige Islamisierung Russlands oder müssen uns mit dessen Teilung in verschiedene unabhängige Staaten abfinden«.[6] Dabei wurde das Schlagwort »Wahhabiten« zur Chiffre für alle von den Behörden und der offiziellen Geistlichkeit als »militant und extern gesteuert« wahrgenommen Strömungen islamischer »Wiedergeburt«. Es verweist auf die am »reinen Islam« der Prophetenzeit orientierte, extrem puristische Lehre des Ibn Adb al Wahhab auf der arabischen Halbinsel des 18.Jahrhunderts. Sie wurde zur ideologischen Grundlage saudischer Dynastie- und Staatsbildung. Dabei hat dieses Schlagwort in Russland aber eine diffuse Bedeutung angenommen, die über den historischen Wahhabismus weit hinausgeht. Es steht für alles, was als radikalislamistisch oder gar terroristisch-jihadistisch angesehen wird.

Der Leiter einer muslimischen Gemeinde im Nordkaukasus äußerte sich dazu folgendermaßen: Er räumte ein, dass es islamistische Unruhestifter in seiner Gemeinde gibt, fügte aber hinzu: »Wir haben noch ein anderes Problem. Wenn jemand das rituelle Gebet korrekt vollzieht, nicht trinkt, nicht raucht, nicht flucht, dann hält man ihn für einen Wahhabiten. Heute hält sich jeder Milizionär für einen Spezialisten für Wahhabismus«.[7] Hier wird ein Problem angesprochen, das den Diskurs über islamistischen Extremismus im postsowjetischen Raum prägt: die fehlende Unterscheidung zwischen 1) religiös aktiven und observanten Muslimen, 2) politisch aktiven, aber gewaltlosen Islamisten und 3) militanten »Jihadisten«. Aus der undifferenzierten Wahrnehmung resultierten staatliche Aktionen, die einer Radikalisierung mitunter eher den Boden bereiten als sie einzuschränken. Im Nordkaukasus führten in einigen Föderationssubjekten in den späten 1990er Jahren die lokalen Staatsorgane in Kooperation mit der offiziellen Geistlichkeit einen »Krieg gegen den Wahhabismus«, der viele junge Muslime in das Lager militanter Kräfte trieb.

Tatsächlich sind islamistische Kräfte, die allen angeblichen Verfälschungen eines »reinen Islam« mit äußerster Intoleranz begegnen, in verschiedenen Teilen des GUS-Raums, darunter auch in Regionen der Russischen Föderation von Tatarstan bis Dagestan, aufgetreten. Statt mit dem Schlagwort »Wahhabismus« sind sie mit dem korrekteren Terminus »Salafismus« zu bezeichnen. Dieser Terminus steht generell für eine Orientierung an religiösen Normen aus der Frühzeit des Kalifats, aus der Zeit der »rechtgeleiteten Vorfahren« (*al ahl as salaf*). Er bezeichnet einen rigiden religiösen Purismus, nicht unbedingt *Jihad* und militanten Glaubenskampf. Aber einige Gruppen aus diesem Spektrum nahmen besonders im Nordkaukasus den bewaffneten Kampf gegen staatliche und religiöse Machtorgane auf, die ihnen ihrerseits den Krieg erklärt hatten.

3 »Islamisierung« des Tschetschenienkonflikts

Seit Mitte der 1990er Jahre wurde das Thema Islam in Russland vorrangig mit Extremismus und Separatismus assoziiert. Der Konflikt mit Tschetschenien, bis dahin als politischer Sezessionskonflikt wahrgenommen, wurde nun zunehmend »islamisiert« – und zwar auf beiden Konfliktseiten. Auf der einen, der tschetschenischen Seite, wurde der Widerstand gegen russische Oberherrschaft im Nordkaukasus vom »nationalen Befreiungskampf« mehr und mehr zum *Jihad* verschoben. Auf der anderen Seite wurde das Bild, das sich die Russen von den Muslimen in ihrem Hoheitsbereich machten, gewissermaßen »tschetschenisiert«: Russlands Blick auf seine eigenen Muslime ging nun zunehmend durch das Prisma der Gewalt im Nordkaukasus. Muslimische Intellektuelle wie der Rektor der Moskauer Islamischen Universität beklagten die islamophobe Darstellung des Tschetschenienkriegs in russischen Medien und in offiziellen politischen Statements als eine ernsthafte Gefahr für das bislang noch weitgehend intakte Zusammenleben unterschiedlicher Glaubensgemeinschaften in Russland.[8]

Zu Beginn (1991–1994) spielte die Berufung auf den Islam für die »tschetschenische Revolution« eine untergeordnete Rolle. In der militärischen Konfrontation mit den russischen Streitkräften seit Ende 1994 aber erfolgte eine stärkere Besinnung auf die islamischen Grundlagen des »ghazavat« (Jihad) im 19. Jahrhundert. Zudem strömten Jihad-Kämpfer aus anderen Teilen der islamischen Welt in den Nordkaukasus. Bekannt wurde vor allem der in Saudi Arabien geborene Emir Chattab, der ausländische Truppenteile in Tschetschenien kommandierte und für Moskau zur Symbolfigur für die Beteiligung des internationalen Terrorismus am bewaffneten tschetschenischen Widerstand wurde. Über das Ausmaß dieser »Internationalisierung« haben russische Stellen fragwürdige Angaben gemacht. Laut Angaben des Inlandgeheimdienstes FSB vom Sommer 2001 sollen die »Bandenformationen«, gegen die föderale Streitkräfte in Tschetschenien kämpften, in der Mehrheit aus »ausländischen Terroristen und Islamisten« bestanden haben.

Derartige Angaben wurden auch von russischen Kaukasus- und Islamexperten als Propaganda bezeichnet. Sie dienten dem Zweck, den Krieg in Tschetschenien als Russlands Beitrag zur Abwehr des globalen islamistischen Terrorismus darzustellen und internationale Kritik an den massiven Menschenrechtsverletzungen gegenüber der Zivilbevölkerung Tschetscheniens, die mit diesem Krieg einhergingen, abzuwehren.

Die Entwicklung in Tschetschenien selbst trug seit 1996 zur Islamisierung bei. Feldkommandeure aus dem ersten Tschetschenienkrieg gingen immer stärker in Opposition zum 1997 gewählten Präsidenten Maschadow, der die säkular-nationalistische Position der »tschetschenischen Revolution« vertrat und eine Verständigung mit dem Kreml suchte. In Anknüpfung an historische Vorbilder wie den »ersten Kaukasuskrieg« im 19. Jahrhundert verkündeten diese Kommandeure um Schamil Bassajew den Jihad gegen die russische Oberherrschaft und lieferten mit Übergriffen auf die Nachbarrepublik Dagestan im August 1999 Moskau einen Anlass für die Wiederaufnahme von Militärmaßnahmen. Jihad und islamischer Staat waren freilich nie die Option der Bevölkerungsmehrheit der Muslime im Nordkaukasus. Auch in Dagestan identifizierten sich damit laut Meinungsumfragen nur eine kleine Minderheit unter den 2,5 Millionen Einwohnern. Der überwiegende Teil der Bevölkerung stand der pankaukasischen *Jihad*-Propaganda tschetschenischer Akteure und ihrer dagestanischen Verbündeten ablehnend gegenüber.

Gleichwohl verbreiteten sich seit dem Ende der 1990er Jahre militante Netzwerke in einigen Teilrepubliken des Nordkaukasus. In Dagestan trat die *Schariat-Jama'a* hervor, in Kabardino-Balkarien war es eine Gruppe namens *Jarmuk*, die für etliche Terroranschläge in der Region verantwortlich war und gegen die ihrerseits brutal vorgehenden staatlichen Machtorgane kämpfte. Teils hing dies sie mit dem bewaffneten Widerstand in Tschetschenien zusammen, teils mit lokalen Missständen und Ursachen. Die Jahre 2002 bis 2004 bildete den Höhepunkt eines sich auf den *Jihad* berufenden Terrorismus, der mit massenhaften Geiselnahmen wie der an einer Schule in Beslan (Nordossetien) Entsetzen hervorrief. Nach 2005 änderte sich das Bild. Mit der weitgehenden militärischen Zerschlagung des Widerstand in Tschetschenien, dem Überlaufen der bewaffneten Widerstandskämpfer, die in die Streitkräfte der lokalen pro-russischen Machthaber aus dem Kadyrow-Klan integriert wurden, und ersten Schritten zum Wiederaufbau der in zwei Kriegen völlig zerstörten Republik trat Tschetschenien in der russischen und internationalen Berichterstattung über den Nordkaukasus etwas zurück. Im Prozess der »Normalisierung« und »Tschetschenisierung« in der einstigen Kriegszone berufen sich die lokalen Machthaber verstärkt auf den Islam. Der starke Mann in Grosny, Ramsan Kadyrow, greift für die Festigung seiner persönlichen Macht, die Organisation des Personenkults um ihn und die Definition eines mit der Zugehörigkeit zur Russischen Föderation verträglichen tschetschenischen Nationalbewusstseins gezielt auf den traditionellen Islam zurück und erhält dafür Rückendeckung aus Moskau. So wird »islamische Wiedergeburt« auf kontroverse Weise und durch diverse Kräfte definiert und genutzt.

Anmerkungen

1 Natalja Gontscharova, Russische Muslime in Tatastan und Dagestan. Zwischen Autonomie und Integration, in: Markus Kaiser (Hrsg.), Auf der Suche nach Eurasien, Bielefeld 2004, S. 226–247.
2 John Elliott/Amy Beavin, Russia. Religious Tolerance, in: Transitions Online, 13 November 2007, http://www.tol.cz/look/TOL/article.tpl?IdLanguage=1&IdPublication=4&NrIssue=244&NrSection=4&NrArticle=19149 (Zugriff 20.8.2009).

3 Wladimir Miljutenko, Der Streit zwischen Physikern und Klerikern, in: Wostok, Jg. 53, 2008, Nr. 1, S. 90–93.

4 Paul Lies, Ausbreitung und Radikalisierung des islamischen Fundamentalismus in Dagestan, in: Egbert Jahn (Hrsg.) Studien zu Konflikt und Kooperation im Osten, Bd. 17, Berlin 2008; Frédérique Longuet-Marx, Le Daghestan. Islam Populaire et Islam Radical, in: Islam au Caucase, Cahiers d'Etudes sur la Méditerranée Orientale et le Monde Turco-Iranien, Nr. 38, 2004, S. 73–112.

5 Uwe Halbach, Rußlands Welten des Islam, SWP-Studie S 15, Berlin, April 2003, S. 23–25.

6 Zitiert nach Amy Waldman, Shackles Off. Russia's Muslims Are Still Chafing, in: New York Times com.article, 9.11.2001, http://www.nytimes.com/2001/11/09/world/shackles-off-russia-s-muslims-are-still-chafing.html (Zugriff am 26.8.2009).

7 Každy milicioner' – specialist po vachchabizmu, in: Gazeta Juga, Nal'čik, 30.5.2002.

8 Marat Murtazin, Muslims and Russia: War or Peace?, in: Central Asia and the Caucasus, Nr. 1, 2000, http://www.ca-c.org/journal/eng-01-2000/17.murtazin.shtml (Zugriff am 19.8.2009)

Elisabeth Cheauré

Frauen in Russland

Frauen bzw. Mädchen stellen in Russland traditionell die Mehrheit der Bevölkerung. Seit den 1920er Jahren beträgt der weibliche Bevölkerungsanteil zwischen 53 und 55% der Gesamtbevölkerung. Am 1. Januar 2008 lebten in der Russischen Föderation 65,7 Millionen Männer (46,3%) und 76,2 Millionen Frauen (53,7%). Die Gleichberechtigung von Mann und Frau ist in der Verfassung garantiert.

Angesichts dieser Situation scheint eine gesonderte Darstellung der sozialen Gruppe »Frauen« eigentlich nicht mehr gerechtfertigt. Allerdings sprechen soziologische Erhebungen eine andere Sprache. Eine im Jahr 2002 in Moskau und St. Petersburg sowie in zwölf Regionen durchgeführte umfassende qualitative Studie[1] macht deutlich, in welchen Bereichen nach Einschätzung der Frauen überhaupt von Gleichberechtigung von Männern und Frauen gesprochen werden kann (siehe *Tabelle 1*).

Die Ergebnisse zeigen, dass die befragten Frauen mehrheitlich nur in wenigen Bereichen eine *tatsächliche* Gleichberechtigung bzw. Gleichstellung der Geschlechter erkennen und zwar bezeichnenderweise bei den Bildungsmöglichkeiten, in der Freizeitgestaltung und auch in der Familie. Hinsichtlich der Beschäftigungsmöglichkeiten, vor allem aber auch bei der Bezahlung werden Männer ebenso wie bei der politischen Mitsprache eindeutig bevorzugt.

1 Zwischen Tradition und Emanzipation

Wenn im Folgenden versucht wird, den Gründen für diese Einschätzungen nachzuspüren, so sind zunächst folgende Prämissen zu formulieren:

1. Die heutige Lebenssituation russischer Frauen ist nur vor dem Hintergrund der Entwicklungen in der Sowjetunion zu beschreiben und zu verstehen.
Die Revolution von 1917 bedeutete – vor allem auf ideologischer Ebene – auch im Hinblick auf die Geschlechterverhältnisse eine Revolution. Die »Befreiung der Frau« aus ihren traditionellen, »bourgeoisen« Rollenzuschreibungen zählte schon im 19. Jahrhundert zu den festen Programmpunkten marxistisch geprägter Gruppierungen und führte nach der bolschewistischen Revolution tatsächlich zu einem fundamentalen Umbruch,[2]

Tab. 1: Einschätzungen russischer Frauen, in welchen Lebensbereichen sie die gleichen Rechte wie Männer besitzen und in welchen nicht (in % der Befragten)

	Gleiche Rechte	Mehr Rechte bei Männern	Mehr Rechte bei Frauen	Schwer zu sagen
Bei den Möglichkeiten, eine Berufsausbildung zu erhalten	71,8	17,1	0,9	10,3
Bei den Möglichkeiten, einen der Ausbildung entsprechenden Arbeitsplatz zu erhalten	31,7	57,8	1,4	9,2
Bei den Möglichkeiten, überhaupt einen Arbeitsplatz zu erhalten	35,2	52,5	1,3	11,0
Bei der Bezahlung der Arbeit	29,3	55,0	1,2	14,4
In der Behandlung durch offizielle (staatliche) Organe	37,3	23,6	4,6	35,5
In der Familie	59,0	19,8	11,0	10,2
Bei der Möglichkeit, sich in der Freizeit zu erholen	53,0	35,5	3,8	7,8
Bei der Möglichkeit, sich im Urlaub zu erholen	63,4	24,5	2,6	9,5
Bei der Möglichkeit, am öffentlichen Leben der Gesellschaft teilzunehmen	47,4	27,3	3,3	22,0
Bei der Möglichkeit, am politischen Leben teilzunehmen	24,9	52,7	0,7	21,7

Quelle: M. K. Gorškov/N. E. Tichonova (Hrsg.): Ženščina novoj Rossii. Kakaja ona? Kak živet? K čemu stremitsja?, Moskau 2002, S. 100.

zumindest in den ersten Jahren und zumindest auf dem Papier. Problemlose Ehescheidungen, die Anerkennung nicht registrierter Lebensgemeinschaften, legale Schwangerschaftsabbrüche, neue Modelle der Kinderbetreuung und -erziehung sollten schlagartig die jahrhundertealten patriarchalischen und vor allem von der orthodoxen Kirche geprägten Strukturen zerschmettern sowie völlig neue Formen des Zusammenlebens von Männern und Frauen garantieren.

Die Forderung nach der »Befreiung der Frauen«, die auf ideologischer Ebene trotz aller politischen Umschwünge (insbesondere in der Stalinzeit) formal nie zurückgenommen wurde, führte in der Praxis zu jenem Typus der »Sowjetfrau«, der – je nach ideologischer Brille – entweder weltweit als Inbegriff der modernen, emanzipierten Frau des 20. Jahrhunderts gelten konnte oder als Sinnbild einer durch eine Doppelbelastung und extreme Mangelwirtschaft potenzierten Form der Ausbeutung kritisiert wurde. Tatsächlich kann man von eine »Quasi-Gleichstellung« im öffentlichen Bereich bei einer gleichzeitigen Beibehaltung traditioneller Geschlechterarrangements im privaten Bereich sprechen.

2. Die Transformationsprozesse der jüngsten Vergangenheit werden sowohl von alten wie auch von neuen Gender-Diskursen begleitet und zum Teil auch bestimmt.

Der fundamentale Umbruch und die Transformationsprozesse in den 1990er Jahren zogen einschneidende politische und zum Teil wirtschaftliche Konsequenzen nach sich. Außerdem wurde verstärkt und grundsätzlich über Geschlechterrollen und -stereotypen diskutiert. Dabei wurden nicht nur sowjetische Traditionen, Ideologien und Lebensmodelle hinterfragt bzw. verworfen, sondern auch unterschiedliche westliche Denkmodelle, Diskurse und politische Konzeptionen übernommen. Die sowjetischen Traditionen wirken allerdings zweifelsohne bis heute weiter, allerdings gewinnen sowohl religiös, insbesondere orthodox geprägte Familienmodelle und auch Weiblichkeitskonzeptionen an Bedeutung. Damit verbunden sind Geschlechterkonzeptionen, die hierarchische Beziehungen zwischen Männern und Frauen als natur- und gottgegeben festschreiben und Frauen primär mit Mütterlichkeit assoziieren.[3]

In den 1990er Jahren wurde das in kommunistischer Zeit favorisierte Emanzipationsmodell – wie alle Werte und Ziele der Sowjetepoche – zumindest zeitweilig massiv in Frage gestellt. Bereits zu Beginn der Perestrojka hatte Gorbatschow im Zuge seiner Reformideen fast nebenbei und wohl eher unbewusst ein neues Geschlechtermodell angeboten, indem er zum Wohl des Landes scheinbar fortschrittlich vorschlug, die Frauen wieder ihrer »natürlichen Bestimmung« zuzuführen.[4]

Zugleich aber wurde das postsowjetische Russland mit einer Flut neuer Diskurse, Theorien, Medien, politischer Ideen und ökonomischer Modelle (z. B. Demokratisierung, Marktwirtschaft) sowie Moden überzogen. Für die Geschlechtermodelle erwiesen sich dabei die Medien (insbesondere Fernsehen und einschlägige Hochglanzmagazine) und Werbung als besonders relevant; sie propagierten – ganz den westlichen Vorbildern verpflichtet – entweder tendenziell sexualisierte Frauenbilder (»Ware Frau«) oder machten sich für jene feministischen Strömungen stark, die seit dem 2. Weltkrieg im Westen entstanden waren. In jedem Fall aber waren Medien und Werbung ebenso wie auch die wissenschaftlichen Diskurse über Gender-Konstruktionen vom Phänomen der »Gleichzeitigkeit von Ungleichzeitigem« geprägt, d h. verschiedene, im Westen sich weitgehend kontinuierlich entwickelnde Denkmodelle (z. B. vom Feminismus hin zu *Gender Studies* und *Queer Studies*) wurden in Russland zeitgleich und in einer durchaus verstörenden anachronistischen Weise übernommen.[5]

Besondere Bedeutung kommt in diesem Kontext allerdings auch der Orthodoxie zu, die im Zuge der Implosion der kommunistischen Ideologie nicht nur für viele zu einer neuen persönlichen Orientierung wurde, sondern sich durchaus auch zu einem wichtigen Bestandteil der neuen Staatsideologie entwickelte. Die Schriften der orthodoxen Kirche zur Bedeutung der Familie und Rolle der Frau in der Gesellschaft, die mit beachtlichem publizistischen Aufwand vor allem in den kircheneigenen Kiosken vertrieben werden, tragen – zumindest aus westlicher Sicht – stark patriarchale Züge.

3. Die russische Frau existiert nicht.

Schriftstellerinnen, Künstlerinnen, Sängerinnen, Wissenschaftlerinnen, Unternehmerinnen, Tennisstars, Jet-Set-Damen, schrille Mädchenbands à la t.A.T.u., Prostituierte, Ingenieurinnen, arme Rentnerinnen, Hausfrauen … das Bild russischer Frauen ist ebenso vielfältig wie widersprüchlich, belegt aber vor allem eines: Die russische Frau gibt es nicht und es hat sie mit Sicherheit auch in der scheinbar homogenen Sowjetgesellschaft nicht gegeben. Es gibt dennoch gute Gründe, die russische Gesellschaft aus der Perspektive der Geschlechterdifferenz zu betrachten und im Sinne der theoretischen Ansätze der *Gender Studies* die Geschlechterverhältnisse insgesamt und damit auch die – oft unterschiedliche – Lebenssituation und die Wertvorstellungen von Frauen und Männern in den Blick zu nehmen.

2 Demografische Situation 2008[6]

Wie bereits einleitend ausgeführt, leben gegenwärtig in der Russischen Föderation über 10,5 Millionen mehr Frauen bzw. Mädchen als Männer bzw. Jungen, wobei sich ein Übergewicht des weiblichen Bevölkerungsanteils erst ab dem 30. bis 34. Lebensjahr ergibt, das sich in der Folge der Alterskohorten dann aber kontinuierlich steigert. Während in der Vergangenheit diese zahlenmäßig auffallende Disproportionalität zwischen Männern und Frauen in der Gesamtbevölkerung häufig mit den spezifischen Auswirkungen der beiden Weltkriege, mit den Revolutionsereignissen von 1917 und ihren bekannten Folgen (z. B. »Säuberungen« bzw. Repressionen, von denen in der Mehrzahl Männer betroffen waren) erklärt wurde, so wird als Grund für die heutigen Zahlen vor allem die unterschiedliche Mortalitätsrate bzw. Lebenserwartung von Männern und Frauen angeführt. So betrug die Lebenserwartung für im Jahr 2006 geborene Mädchen 72,23 Jahre, für Jungen 66,37 Jahre.[7] Dabei sind kleine Unterschiede zwischen Land- und Stadtbevölkerung zu erkennen: Im ländlichen Bereich liegt die Lebenserwartung für Männer etwas höher.

Wie die offizielle Statistik für das Jahr 2006 ausweist, liegt in der Gesamtbevölkerung die Sterblichkeitsrate für Männer vor allem ab dem 20. bis 24. Lebensjahr deutlich höher als die der Frauen (auf 1 000 Personen kommen in dieser Jahrgangskohorte 4,3 Todesfälle von Männern gegenüber 0,9 von Frauen). Die Mortalitätsrate der Männer ist für manche Alterskohorten fast viermal so hoch wie die der Frauen.[8] Der Blick auf die Mortalitätsraten von Männern zeigt auch, dass Frauen die zum Teil traumatischen psychosozialen, ökonomischen und gesundheitlichen Folgen der Transformationsprozesse (z. B. Arbeitslosigkeit) der 1990er Jahre etwas besser verarbeiten konnten als Männer.[9] Daraus ergibt sich vor allem für die Altersgruppe der nicht mehr arbeitsfähigen Menschen ein signifikanter Überhang an Frauen, so liegt etwa bei den über Siebzigjährigen das Männer-Frauen-Verhältnis bei 3:7. Dies bedeutet, dass in Russland das Alter und damit auch die Altersarmut »weiblich« ist.

3 Politische Partizipation und feministische Bewegungen

Anders als man es in den 1990er Jahren hätte annehmen können, ist die institutionalisierte politische Sphäre in Russland kaum von Frauen geprägt, obwohl sie die Mehrzahl der Wahlberechtigten stellen. Die Spitzenpositionen im Land sind zum allergrößten Teil von Männern besetzt, unter den Ministern der Russischen Föderation finden sich mit der Ministerin für Gesundheitswesen und soziale Entwicklung sowie der Ministerin für Wirtschaftsentwicklung seit September 2007 immerhin zwei Frauen. Die in den 1990er Jahren zu verzeichnenden relativ starken politischen Ambitionen und auch Erfolge mancher Frauengruppierungen – so erreichte die Partei *Frauen Russlands* bei der Duma-Wahl 1993 immerhin 8,13 % der Sitze, um dann freilich in Bedeutungslosigkeit zu versinken –

haben sich offenbar abgeschwächt.[10] Dieser Sachverhalt kann z. T. durch die politische und ökonomische Entwicklung Russlands in den letzten 15 Jahren erklärt werden, die nach den zum Teil chaotisch verlaufenden 1990er Jahren mit der Präsidentschaft Putins eine weitgehende Konsolidierung der politischen Kräfte nach sich zog, womit offensichtlich die patriarchalischen Strukturen wieder gestärkt wurden.

Was die reale Partizipation von Frauen in der Politik angeht, setzte man also durchaus sowjetische Traditionen fort bzw. fiel sogar dahinter zurück. So wurde hinsichtlich der neuen Eliten in Russland für die Jelzin-Ära ein Frauenanteil von 2,9 % und für die Putin-Ära nur noch von 1,7 % errechnet.[11] Das Stereotyp »Politik – das ist keine Frauensache« ist damit in Russland noch immer wirksam und kann – zumindest nach Auffassung der renommierten Moskauer Gender-Forscherin Soja Chotkina[12] – auch als Indikator für den schlechten Zustand des russischen Staates gewertet werden, der weder die sozialen Probleme noch den Bevölkerungsschwund in den Griff zu bekommen scheint.

Allerdings werden die neuen Möglichkeiten der Partizipation in Nicht-Regierungs-Organisationen (*Non Governmental Organizations*, NGOs) von Frauen besser genutzt. Hier ergriffen sie in stärkerem Maße als Männer die Möglichkeiten, die der Systemwandel bot. Frauen dominieren in den NGOs zahlenmäßig und leiten diese auch etwa zur Hälfte.[13] Dies kann aber nicht darüber hinwegtäuschen, dass die Gleichstellung von Männern und Frauen auf politischer Ebene noch lange nicht erreicht ist. So kann sich – der Befragung von 2002 folgend – nicht einmal die Hälfte der Frauen vorstellen, eine Frau als russische Präsidentin zu haben, wobei erstaunlicherweise die Akzeptanz für ein solches Szenario bei Armen und Menschen mit niedrigen Einkommen sogar etwas höher liegt (siehe *Tabelle 2*).

Dabei hat der Kampf der Frauen um Gleichberechtigung, Gleichstellung und politische Partizipation in Russland eine lange Tradition, wenn man sich etwa die sozialistisch inspirierten Emanzipationsdiskurse in der zweiten Hälfte des 19. Jahrhunderts in Erinnerung ruft. Die bolschewistische Revolution von 1917 setzte bekanntlich hinsichtlich egalitärer Geschlechter- und Reproduktionsmodelle radikale Zeichen, so etwa die Liberalisierung des Ehe- und Abtreibungsrechts. Diese Regelungen wurden freilich unter Stalin schon nach kurzer Zeit wieder zurückgenommen; auf ideologischer Ebene wurde nunmehr der neue Typus der »Sowjetfrau« propagiert.[14] Das von der KPdSU theoretisch entwickelte und auf dem Papier auch politisch durchgesetzte Modell einer absoluten Gleichberechtigung von Männern und Frauen erwies sich allerdings in der alltäglichen Praxis als Chimäre. Auch wenn es zum Beispiel auf allen politischen Ebenen durchaus weibliche Deputierte gab, so lag die reale politische Macht ausschließlich in den Händen von Männern, was in dem gerontokratisch anmutenden Politbüro der KPdSU augenfällig war.

Tab. 2: Inwieweit können sich Frauen unterschiedlicher Einkommensgruppen einen Mann oder eine Frau als Präsident bzw. Präsidentin Russlands vorstellen? (in % der Befragten)

	Gruppen nach Einkommen			
	Arme	Mit niedrigem Einkommen	Mit mittlerem Einkommen	Mit hohem Einkommen
Mann	52,6	57,1	65,1	64,7
Frau	46,8	40,6	33,7	31,7

Quelle: Gorškov/Tichonova (Siehe *Tabelle 1*), S. 90.

Doppelbelastung und Mangelwirtschaft zogen neue Formen der Ausbeutung von Frauen nach sich, was in Natalja Baranskajas berühmter Erzählung *Woche um Woche* (1969) seinen literarischen Niederschlag fand. Eine Ende der 1970er Jahre in Leningrad entstandene, zahlenmäßig sehr überschaubare Frauengruppe, die in *Samizdat*-Publikationen (d. h. in inoffiziell verbreiteten Texten) die Lüge von der »emanzipierten Sowjetfrau« entlarvte und etwa auch die entwürdigende medizinische Versorgung von Frauen thematisierte, wurde von den Behörden zerschlagen; ihre Mitglieder mussten zum Teil in Exil gehen.[15]

Nach der Perestrojka und dem Zusammenbruch der Sowjetunion können die 1990er Jahre als »Gender-Jahrzehnt« gelten, dessen Blüte allerdings zu Beginn des neuen Jahrtausends schon wieder vorbei zu sein scheint. Manche, insbesondere wissenschaftliche Kreise wurden in den 1990er Jahren von westlichen feministischen Diskussionen und Publikationen inspiriert und sahen nicht zuletzt auch aufgrund finanzieller Unterstützung aus dem Westen nun endlich die Chance gekommen, die tatsächlichen Disproportionalitäten in den Geschlechterverhältnissen aufzudecken und neue Modelle anzuregen. In der Folge entstanden im ganzen Land zahlreiche Frauengruppen und Gender-Zentren, die sich auf wissenschaftlicher, politischer oder sozialer Ebene betätigten, angefangen von einer zeitweilig durchaus erfolgreichen Partei »Frauen Russlands« über hoch renommierte Akademieinstitute und Universitätseinrichtungen, einschlägige »Sommerschulen« bis hin etwa zu Selbsthilfegruppen und den »Soldatenmüttern«, die ihre Stimme für ihre Söhne in der russischen Armee und gegen die Kriege in Afghanistan und Tschetschenien erhoben.

Auf der anderen Seite zeigte sich, dass in Russland allein schon das Ansinnen, Geschlechterverhältnisse zu überdenken, als Provokation und als der russischen Kultur »fremd« empfunden wurde. Die Begriffe »Feminismus« und »Gender« wurden nicht selten mit »Lesben« assoziiert und diskreditiert. Diese Haltung belegt, dass die »natürliche« Geschlechterordnung vor allem auch moralisch überhöht wurde. Patriarchalisch geprägte Denkmuster von der angeblich naturgegebenen Funktion des Mannes als »Ernährer« und »Herr« und der der Frau als »Hüterin des häuslichen Feuers« hatten darüber hinaus nicht nur alle politische Rhetorik der Sowjetzeit überstanden, sondern wurden im Zusammenhang mit einer neu zu konstruierenden »russischen Identität« diskutiert. Indem die Sowjetzeit insgesamt in breiten Kreisen negativ bewertet wurde, mussten angesichts der sowjetischen Entwicklung auch die weiblichen Emanzipationsforderungen als überholt gelten (»Feminismus – den hatten wir schon!«).

Mehr noch: Die Diskussionen um die Gleichberechtigung von Männern und Frauen sowie insbesondere die egalitären Geschlechtermodelle wurden ursächlich mit der desaströsen gesellschaftlichen, politischen und wirtschaftlichen Entwicklung Russlands während der Sowjetherrschaft in Beziehung gesetzt. Insbesondere von orthodox geprägten Kreisen – aber durchaus auch innerhalb der feministischen Diskurse selbst – wurden gerade die Geschlechter*unterschiede* herausgestellt und traditionell-patriarchalische Familienmodelle propagiert (siehe Abschnitt 6). Die sowjetische Gleichstellungspolitik, die im Ergebnis eher geschlechtliche Zwitterwesen (»Hermaphroditen«) hervorgebracht habe, wurde sogar zum »Sündenfall der Menschheit« erklärt.[16]

Diese Diskussionsprozesse bildeten den Hintergrund für die zum Teil radikalen sozialen Entwicklungen, welche die Transformationsprozesse insbesondere auch für Frauen nach sich zogen (z. B. Anstieg der Arbeitslosigkeit von Frauen; zunehmende Beschäftigung von Frauen in Niedriglohnbereichen; negative Auswirkungen von Schutzbestimmungen für Frauen). So war die Einführung marktwirtschaftlicher Prinzipien von einem Wiedererstarken biologistisch begründeter bipolarer Weiblichkeits- und Männlichkeitskonstruktionen begleitet, so dass Chotkina für diese Zeit von einer »Renaissance des Patriarchats« spricht. In der Krise habe man nicht innovative Modelle gewählt, die neue Wege eröffnen, sondern ganz im Gegenteil auf alte Ideen zurückgegriffen.[17]

4   Ausbildung und Arbeitswelt

Die Gleichberechtigung der Geschlechter ist zwar in der Verfassung der Russischen Föderation ebenso festgeschrieben wie in anderen wichtigen Gesetzen. Auch im »Arbeitskodex« finden sich einschlägige Paragrafen, die Diskriminierungen explizit untersagen. Die Realität zeigt jedoch ein anderes Bild, indem vor allem Einkommen und symbolisches Kapital nicht gleichmäßig und ungerecht verteilt sind. Dies ist umso bemerkenswerter, als die Ausbildung der Frauen im Schnitt wesentlich besser ist: Unter den Hochschulabsolventen sind 54 % Frauen und 46 % Männer.[18]

Folgt man Soja Chotkina und anderen russischen Forscherinnen, so ist die Arbeitswelt für russische Frauen heute in zunehmendem Maße durch Vorurteile und traditionelle Zuschreibungen von »Männlichkeit« und »Weiblichkeit« geprägt, d. h. Frauen werden als »schwaches Geschlecht« mit Gender-Stereotypen wie Abhängigkeit, Emotionalität, Mangel an Zielstrebigkeit und Entschlussfreudigkeit usw. assoziiert. Dementsprechend sind auch in Wirtschaft, Verwaltung und Bildungssektor die meisten der Führungspositionen von Männern besetzt, auch wenn die tatsächliche Arbeit häufig von Frauen in stellvertretenden Positionen geleistet wird. Die sprichwörtlich verbreitete Vorstellung, dass die Frau der »Hals« sei, durch den der (männliche) »Kopf« erst in die richtige Richtung gelenkt werde, findet dadurch ihre Bestätigung. Zu den »männlichen« Aufgaben zählt darüber hinaus – zumindest theoretisch –, »Ernährer der Familie« zu sein und Frau und Kind(er) finanziell zu versorgen.[19]

Diese sehr bürgerlich anmutenden Gender-Stereotypen sind offenbar bei vielen auf einer unbewussten Ebene präsent und trotz der sowjetischen Erfahrungen mit einer faktisch erzwungenen Arbeitspflicht für Männer und Frauen im kollektiven Gedächtnis stark verankert. Mehr noch: Seit dem Zusammenbruch der Sowjetunion avancierten diese Stereotypen – vor allem in kirchlichen Kreisen – zum Zeichen moralischer Erneuerung oder aber auch – bei »neuen Russen« – wirtschaftlichen Erfolgs (»Ich bin reich genug, dass meine Frau nicht arbeiten muss.«). Das Modell des »männlichen Ernährers« geht allerdings oftmals an der gesellschaftlichen Realität vorbei, wenn man die hohe Mortalitätsrate von Männern, die kontinuierlich ansteigenden Scheidungsraten und vor allem auch die hohe Zahl von unehelichen Geburten berücksichtigt.

Die Auswirkungen dieser Gender-Stereotypen sind heute gerade im Bereich der Arbeitswelt offensichtlich. Während die unbezahlte Haushaltsarbeit praktisch vollständig auf den Schultern der Frauen liegt, haben bei einer Umfrage 80 % der Arbeitgeber bestätigt, bevorzugt Männer einstellen zu wollen. Ein erster Blick auf die Beschäftigungsrate von Frauen scheint solche Aussagen nicht zu bestätigen, denn der Anteil von Frauen an den Arbeitslosen ist etwas geringer. Allerdings gilt es zu differenzieren: So liegt die Zahl der arbeitslosen Frauen mit mittlerer Ausbildung oder Hochschulabschluss verhältnismäßig höher.[20] Auch die Zahl der staatlich registrierten arbeitslosen Frauen und vor allem auch jener Frauen, die auf die (ohnehin sehr bescheidene) staatliche Arbeitslosenhilfe angewiesen sind, ist mit etwa 65 % gegenüber 35 % bei den Männern extrem hoch.[21] Die Arbeitssuche zieht sich für Frauen länger hin (7,9 Monate für Männer; 8,6 Monate für Frauen).[22]

Schutzmaßnahmen für Frauen während der Schwangerschaft und nach der Entbindung, tendenziell höhere Krankheitsraten und der Arbeitsausfall durch Betreuung von kranken Familienangehörigen werden unter marktwirtschaftlichen Bedingungen von Unternehmen zunehmend als »Last« empfunden, die man als vermeidbar ansieht. Gerade die einseitig auf den weiblichen Schultern lastenden familiären Aufgaben ziehen aber noch weitere Folgen nach sich: Frauen sind im Hinblick auf Arbeitsplätze und Arbeitseinsätze weniger mobil und können aus zeitlichen Gründen auch nur bedingt an Weiterbildungsmaßnahmen teilnehmen. Dies führt in der Arbeitswelt tatsächlich zu Diskriminierungen und der typischen »sozialen Pyramide«[23], in der Frauen trotz ihrer besseren Ausbildung tendenziell weniger Karrieremöglichkeiten haben, in schlechter bezahlten Branchen tätig sind und insgesamt weniger verdienen. Unter den Selbstständigen liegt der Frauenanteil bei etwa 35 %.[24]

Es sind vor allem die finanziell wenig attraktiven Branchen des Bildungs- und des Gesundheitswesens sowie die sozialen und administrativen Berufsfelder, in denen ein Frauenanteil von etwa 80 % zu verzeichnen ist (siehe *Tabelle 3*), wobei sich hier die sowjetische Tradition nahtlos fortsetzt; bereits in der Sowjetunion wurden diese Felder »feminisiert« und die Beschäftigten entsprechend niedriger entlohnt: »Die Einkünfte von Lehrerinnen, Erzieherinnen, Krankenschwestern, Textilarbeiterinnen, Stanzerinnen, Packerinnen, Sekretärinnen, Putzkräften erlauben höchstens, nicht an Hunger zu sterben.«[25]

Tendenziell sind auch wesentlich mehr weibliche Beschäftigte im öffentlichen Dienst tätig, der tendenziell schlechtere Löhne zahlt. Diese Tatsache hat auch Auswirkungen auf das Arbeitslosengeld (dessen Höhe 2003 im Schnitt bei 64 % der entsprechenden Zahlungen für Männer lag)[26] sowie die Rentenzahlungen und ist der Hauptgrund für die weitverbreitete (Alters-)Armut von Frauen.

Tab. 3: Frauenanteil in ausgewählten Berufsfeldern (in % der Befragten)

	2000	2005
Gesundheits- und Sozialwesen	82,4	82,3
Bildungssektor, darunter mittlerer Dienst (*Specialisty srednego urovnja*)	79,0 89,6	79,1 91,8
Dienstleistungen in Hotels und Restaurants	83,9	77,5
Kommunale, soziale und persönliche Dienstleistungen	52,0	70,1
Finanzdienstleistung	65,1	65,5

Quelle: Rossijskij statističeskij ežegodnik 2006, Statističeskij sbornik, Moskau 2006, S. 139, 141 sowie eigene Berechnung.

Zu der *horizontalen* Segregation der Arbeitsplätze, d. h. der Verteilung der Geschlechter nach bestimmten Berufen und Berufsfeldern, tritt auch noch die *vertikale*, die Hierarchien und Aufstiegsmöglichkeiten beinhaltet. Da statistische Daten zu den hierarchischen Strukturen in einzelnen Berufsbranchen und Beschäftigungsfeldern kaum existieren (mit Ausnahme einer Publikation mit dem Titel »Männer und Frauen in Russland. Kleine statistische Sammlung« aus dem Jahre 2000), können nur exemplarische Beispiele angeführt werden. So verlaufen in russischen Forschungseinrichtungen, Universitäten und Hochschulen die hierarchischen Linien eindeutig nach Gender-Kriterien. Bei einem Anteil der Frauen am fest angestellten Personal der Universitäten und Hochschulen von 48 % waren im Studienjahr 1999/2000 nur 5 % der Rektorate mit Frauen besetzt, nur jeder vierte Lehrstuhlinhaber war eine Frau (was allerdings noch immer weit über den Zahlen für Deutschland liegt!), während fast zwei Drittel der schlecht bezahlten Lektorate und Assistenturen von Frauen ausgeübt wurden. Dieses Verhältnis setzt sich in den Wissenschaftsorganisationen fort. 2002 lag der Frauenanteil unter den korrespondierenden und den ordentlichen Mitgliedern der Russischen Akademie der Wissenschaften bei bescheidenen 2,8 %, wobei im Präsidium keine Frau vertreten war.[27]

5 Soziale Lage und allgemeine Lebenszufriedenheit von Frauen

Im Jahr 2004 erhielten etwa 27 % der Bevölkerung ein Arbeitseinkommen, das lediglich zur Deckung des Existenzminimums reichte und zum Teil darunter lag. »Feminisierte Branchen« (so etwa die Bereiche Kunst und Kultur, der Bildungsbereich, die Leichtindustrie sowie der Handel) waren dabei zu etwa 40% betroffen. Was dies insbesondere für alleinerziehende Mütter bedeutet, liegt auf der Hand. Die russische Soziologin Natalja Rimaschewskaja geht davon aus, dass etwa 14 Millionen erwerbstätige Frauen am oder unter dem Existenzminimum leben, und verbindet damit auch den Anstieg von Alkoholismus und Prostitution. Weitere 17 Millionen ältere und alte Frauen können nach Rimaschewskaja kaum von ihren niedrigen Renten leben.[28] Dass die durchschnittlichen Renten tatsächlich fast ein Viertel unter dem Existenzminimum liegen, belegen die Zahlen für 2007: Bei einem definierten Existenzminimum von 3847 Rubel/Monat lag die durchschnittliche Rentenzahlung in Höhe von 3086 Rubel/Monat nur bei 80% des Existenzminimums.[29] Eine weitere Gruppe verarmter Frauen ist nach Rimaschewskaja in Familien mit chronisch kranken und behinderten Kindern zu finden (etwa 4 Millionen).

Rechnet man diese drei Gruppen zusammen, kommt man auf 35 Millionen Frauen, deren Einkommen am oder unter dem Existenzminimum liegt; das entspräche somit fast der Hälfte der weiblichen Gesamtbevölkerung.[30] Diese Zahlen sind nur grob geschätzt und können anhand der offiziellen Statistiken, die selten genauer nach Geschlecht differenziert sind, nicht im Einzelnen nachvollzogen werden. Dennoch sprechen alle Daten dafür, dass tatsächlich Frauen in viel stärkerem Maße von Armut betroffen sind als Männer.

Die bereits erwähnte große Studie von 2002 belegte sehr deutlich, dass die persönliche Lebenszufriedenheit von Frauen unmittelbar an die materiellen Lebensbedingungen geknüpft ist (siehe *Tabelle 4*). Fast 60% aller Frauen, die als »arm« gelten müssen, bezeichneten ihr Leben explizit als »schlecht«, wobei die Situation auf dem Land noch problematischer ist als in der Stadt. Der Anteil armer und gering versorgter Frauen liegt in dörflichen Regionen bei fast zwei Drittel.

Die soziale Lage der russischen Frauen lässt sich jedoch nicht nur an materiellen Indikatoren messen. Die Antworten auf Fragen nach Hoffnungen, Ängsten und spezifischen Problemen zeichnen hier ein differenzierteres Bild. Die umfassende Befragung des Jahres 2002 belegt ein beachtliches Spektrum von Problemen, denen sich russische Frauen ausgesetzt sehen bzw. zu diesem Zeitpunkt ausgesetzt sahen, wobei auch hier die schlechte materielle Versorgung als Haupthindernis für eine befriedigende Lebenssituation gelten muss (siehe *Tabelle 5*). Hier liegen auch die größten Ängste der Frauen. Für nicht wenige ist schon der Erwerb von Schuhen und Kleidung ein Problem und jede sechste Frau bekommt nicht die erforderliche medizinische Versorgung. Fast ein Drittel der Frauen beklagt sich über Probleme bei der Wohnsituation. Dies ist verständlich, denn die Details der Befragung zeigen, dass nur etwa die Hälfte der befragten Frauen über eine eigene, abgeschlossene Wohnung verfügt. Die anderen wohnen in Zimmern, in Wohnheimen, bei Verwandten oder Eltern. Bemerkenswert ist sicherlich auch, dass – zumindest nach diesen Daten – jede fünfzehnte Familie von Alkoholismus oder Drogensucht betroffen ist und jede zehnte Frau sich schutzlos Gewalt ausgesetzt sieht.

Tab. 4: Bewertung des eigenen Lebens von Frauen mit unterschiedlichen Einkünften pro Familienmitglied (in % der Befragten)

	Arme	Schlecht Versorgte	Mittelmäßig Versorgte	Gut Versorgte
Gut	5,1	12,9	23,0	40,3
Befriedigend	38,8	43,9	44,9	43,9
Schlecht	57,1	43,2	32,1	15,8

Quelle: Gorškov/Tichonova (Siehe *Tabelle 1*), S. 24.

Diese problematischen Lebenssituationen haben auch psychologische Auswirkungen: Fast ein Drittel der Frauen lebte – zumindest im Jahr 2002 – »an der Grenze«, womit offenbar psychische Ausnahmezustände gemeint sind, und nur jede vierte Frau konnte von sich behaupten, »ausreichend komfortabel« zu leben. Erschreckend viele Frauen ließen jedoch erkennen, dass sie nur mit Mühe die Fassade aufrechterhalten: Über 70% der Frauen hatten oft oder zumindest manchmal das Gefühl, »so nicht mehr weiter leben zu können«, und 87% empfanden das, was um sie herum geschah, als »ungerecht«. Diese deutlich erkennbare depressive Stimmung wird durch die Tatsache unterstrichen, dass drei von vier Frauen meinten, dass ihr Schicksal niemanden interessiere.[31]

Wenn jede zehnte Frau in der angeführten Befragung angibt, ihre Lebensqualität leide, weil es keinen Schutz vor Gewalt gebe, so sollte dies zu denken geben. Auch in dieser Hinsicht lohnt ein genauerer Blick. Die Befragung von 2002 zeigt, dass Gewalt und Angst vor Gewalt zur Lebensrealität vieler russischen Frauen gehören, auch wenn 80% angeben, bislang keine Gewalt erlitten zu haben. 4,3% und damit fast jede zwanzigste Frau hat in der Familie gewaltsame Akte erlebt, fast doppelt so vielen, 8,3% der befragten Frauen, ist Gewalt auf der Straße widerfahren. Und immerhin jede hundertste Frau erfuhr Gewalt von Seiten staatlicher Organe. Gewalt auf der Straße, außerhalb der Familie, betrifft vor allem jüngere Frauen, während die mittlere Altersgruppe (26 bis 40 Jahre) Gewalt vor allem in der eigenen Familie erlebt: Jede dritte bis vierte Frau dieser Altersgruppe beklagte entsprechende Erfahrungen.[32]

Tab. 5: Wesentliche Gründe dafür, warum Frauen ihr Leben als relativ schwierig empfinden (in % der Befragten)

Keine Möglichkeit, sich mit Freunden und Verwandten auszutauschen	4,0
Keine Möglichkeit, die Kinder unterzubringen	4,5
Einsamkeit	5,7
Alkoholismus und Drogensucht bei einem Familienmitglied	6,6
Schlechte Ernährung	6,9
Veränderung der gesellschaftlichen Lage	7,0
Schutzlos gegenüber Gewalt	10,8
Probleme mit Kleidung und Schuhen	12,6
Probleme, medizinische Hilfe zu bekommen	16,9
Mangel an Zeit	17,3
Geben an, ganz gut (normal) zu leben	17,9
Gesundheitliche Probleme	23,5
Familiäre Probleme	25,0
Fehlen von Möglichkeiten, Freizeit gut zu verbringen	25,5
Fehlen sozialer Unterstützungen	26,8
Probleme mit der Arbeit	27,6
Probleme mit dem Wohnraum	29,4
Schlechte materielle Lage	49,6

Quelle: Gorškov/Tichonova (Siehe *Tabelle 1*), S. 29.

Die Transformationszeit mit ihren Stressfaktoren insbesondere für das »starke Geschlecht« hat auch in dieser Hinsicht Folgen gezeigt: 72 % der Frauen meinen, dass es in den zurückliegenden zehn Jahren schwieriger geworden sei, sich vor Gewalt zu schützen. Allerdings scheinen keine genaueren statistischen Daten über Gewalt in Familien vorzuliegen. Dass die Gewalt in erster Linie von Männern ausgeht, kann allerdings aus der allgemeinen Kriminalitätsrate erschlossen werden: Für das Jahr 2007 haben sich die registrierten Straftaten insgesamt im Verhältnis von etwa vier zu eins auf Männer (ca. 82 %) und Frauen (ca. 18 %) verteilt.[33]

Die genannten Gründe für Gewalt gegenüber Frauen in der Familie sind dabei aufschlussreich: 12,8 % aller gewalttätigen Konflikte entstehen durch Alkohol- oder Drogensucht. In der Forschung wird die Ansicht vertreten, dass Handgreiflichkeiten in privater Umgebung mit größerer Wahrscheinlichkeit zum Tode führen als an öffentlichen Orten. Ein Drittel aller Tode in Russland könne direkt oder indirekt mit Alkohol in Verbindung gebracht werden.[34] Viele Ausbrüche von Gewalt in der Familie können auch unter »Störung der Gender-Ordnung« subsumiert werden: eine spezifische Eifersucht, weil einer der Ehepartner mehr im Leben erreicht habe (12,0 %) oder über bessere Einkünfte verfüge (11,4 %). Erotisch begründete Eifersucht oder Ehebruch stehen mit 10,4 % erst an vierter Stelle der genannten Gründe. Allerdings glaubt nur jede vierte der befragten Frauen, dass sie *rechtlich* gegen Gewalt wenigstens einigermaßen befriedigend abgesichert sei.

Diese Aussagen zu Gewalt beziehen sich mit großer Wahrscheinlichkeit auch auf sexuelle Gewalt bzw. Vergewaltigung und damit auf einen weitgehend tabuisierten Bereich, der auch wissenschaftlich kaum bearbeitet ist, zumal dieses Thema in sowjetischer Zeit nicht wirklich angesprochen werden durfte. Erst die 1990er Jahre mit ihrer »diskursiven Revolution«[35] griffen das Thema wenigstens im Ansatz auf. So weist etwa die russische Genderforscherin Elena Zdravomyslova darauf hin, dass sexuelle Gewalt nach wie vor kaum gerichtlich verfolgt wird und sexuelle Gewalt gegenüber Frauen in Russland vor allem in gemischt-ethnischen Beziehungen – aber nicht nur in diesen – als »Bestrafung für die Übertretung der herrschenden Gender-Konventionen« zu interpretieren sei. Es werde damit »eine Grundregel des bestehenden kulturellen Paradigmas« verletzt, die »mit vollem Recht als patriarchalisch« zu bezeichnen sei.[36] Eine Gesellschaft wie die postsowjetische, die durch eine Zunahme an Gewalt insgesamt geprägt ist, zeigt auch die Tendenz, sexuelle Gewalt als eine fast alltägliche Erscheinung zu marginalisieren, die juristisch selten sanktioniert und im Zweifelsfall auf das »provozierende Verhalten« der Opfer selbst zurückgeführt wird.

Hinsichtlich des gesundheitlichen Befindens von Frauen ist die Datenlage scheinbar paradox: Auf der einen Seite schätzen russische Frauen subjektiv ihren Gesundheitszustand schlechter ein als Männer, auf der anderen Seite können Frauen im Schnitt von einer deutlich längeren Lebenserwartung ausgehen als Männer (Zahlen für 2006: 60,37 Jahre für Männer und 73,23 Jahre für Frauen). Tatsächlich zeigen die offiziellen Statistiken, dass vor allem Mehrfacherkrankungen bei Frauen statistisch häufiger auftreten,[37] wobei es durchaus Unterschiede gibt: So leiden Männer dreimal so häufig an Tuberkulose wie Frauen, während bei Frauen geschlechtsspezifische Erkrankungen im Zusammenhang mit Schwangerschaften, Schwangerschaftsabbrüchen und Fehlgeburten dominieren. So waren etwa im Zusammenhang mit Schwangerschaften 41,5 % der Frauen (2005) von Anämie betroffen, was für eine schlechte Ernährungssituation spricht. Dementsprechend wurden 2005 40,7 % der Kinder bereits krank geboren (1980 waren es 7,9 %, 1990 14,8 %)[38] und es ist zu befürchten, dass der beängstigende Anstieg nur zum Teil auf bessere Diagnosemöglichkeiten zurückzuführen ist.

6   Liebe, Sexualität, Familie

Die Gesellschaft im heutigen Russland ist insgesamt durch eine Tendenz zur Individualisierung und Pluralisierung geprägt. Dies spiegelt sich nicht nur darin, dass sich neue Verhaltensmodi auch für »private« Felder wie Liebe und Sexualität entwickelt haben, sondern auch darin dass – insbesondere durch den Einfluss der Medien – neue Diskurse entstanden sind, die auch die Entwicklung der Gesellschaft beeinflusst haben. Es wäre also eine verkürzte Argumentation, den seit den 1990er Jahren massiven Rückgang der Geburtenrate allein mit der unsicheren Lebenssituation und materiellen Schwierigkeiten zu erklären.

Welche Auswirkungen haben nun diese zum Teil widersprüchlichen Entwicklungen – auf der einen Seite neue, von größerer sexueller Freiheit geprägte Geschlechterbeziehungen, auf der anderen Seite ein eher traditionelles, den Mutter-Mythos fortschreibendes Frauenbild – für das Liebesverhalten von Frauen, ihre Partnerwahl und ihre Reproduktionsfreudigkeit? Untersuchungen wie die Befragung von 2002 zeigen, dass russische Frauen nach wie vor nicht nur die Hoffnung haben, einen Lebenspartner zu finden, sondern auch die große Liebe. Etwa die Hälfte der befragten Frauen meinte, diese bereits gefunden zu haben, etwa jede vierte Frau sieht diesbezüglich hoffnungsvoll in die Zukunft. Nur eine geringe Zahl der Frauen gibt an, dass dies nicht zu ihren Lebensplänen zähle (siehe *Tabelle 6*).

Die »große Liebe«, der russische Frauen diesen hohen Stellenwert einräumen, ist mit konkreten Erwartungen an den Mann verbunden (siehe *Tabelle 7*).

Die Hierarchie der Kriterien spiegelt ein traditionelles Männerbild wider, das von Ambivalenzen geprägt ist: zum einen wird der rationale, starke und materiell eine solide Zukunft versprechende Mann gesucht. Zum anderen zeigt die relativ prominente Positionierung der Alkohol-

Problematik ebenso wie die geringe Bedeutung der emotionalen Beziehung zu Kindern, dass dieser Befund eines eher traditionellen Männlichkeitsbildes, das bereits zu Beginn der Transformationszeit Gültigkeit hatte, auch durchaus negativ belegt ist.[39] Dennoch gibt es augenscheinlich auch Veränderungen der Geschlechterbeziehungen.

Tab. 6: Selbsteinschätzung von Frauen hinsichtlich ihrer Suche nach der großen Liebe (in % der Befragten)

Habe die große Liebe schon gefunden.	50,1
Ich habe die große Liebe noch nicht gefunden, aber ich werde das schaffen.	27,2
Ich würde gerne die große Liebe finden, aber ich werde es wohl nicht schaffen.	17,0
Das gehört nicht zu meiner Lebensplanung.	4,5

Quelle: Gorškov/Tichonova (Siehe *Tabelle 1*), S. 37.

Tab. 7: Wichtige Eigenschaften eines »idealen Mannes«, aus der Sicht russischer Frauen (Mehrfachnennungen möglich; in % der Befragten)

Verstand, Intellekt	36,7
Physische Kraft, Gesundheit	36,0
Fähigkeit, die materielle Versorgung sicherzustellen	34,1
Keine ernsthaften schlechten Eigenschaften (Alkohol usw.)	28,6
Selbstbewusstsein	23,1
Treue in Liebesbeziehungen	21,9
Gefühl für Humor	17,6
Sexuelle Attraktivität	17,0
Anziehendes Äußeres	15,7
Güte	13,4
Liebe zu Kindern	12,7
Anderes	< 10

Quelle: Gorškov/Tichonova (Siehe *Tabelle 1*), S. 42.

Wie Igor Kon – im Übrigen fast der Einzige, der sich bereits in sowjetischer Zeit wissenschaftlich an das Thema Sexualität herangewagt hatte – formulierte, besteht die wichtigste Tendenz der Transformationszeit darin, dass sich »das sexuell-erotische Verhalten« endgültig »von der reproduktiven Biologie emanzipiert« hat.[40] Diese Entwicklung hat mehrere Implikationen: die zumindest im Ansatz vollzogene Enttabuisierung gleichgeschlechtlicher Liebe, eine gewisse Akzeptanz »unnormaler« sexueller Praktiken, aber auch typischer Formen der sexuellen Beziehungen junger Menschen wie die »serielle Monogamie«, eine Veränderung von Moralvorstellungen hin zu liberaleren Formen und insgesamt eine Tendenz zu frühen sexuellen Erfahrungen Jugendlicher; allerdings werden junge Frauen heute zu einem späteren Lebenszeitpunkt schwanger als früher (siehe *Tabelle 8*).

Tab. 8: Alterskoeffizienten bei Geburten sowie Geburtenrate (ausgewählte Jahre)

Jahre	Geburten pro Jahr auf 1 000 Frauen, im Alter von							Durchschnittliche Zahl der Kinder, die von einer Frau geboren werden
	< 20	20−24	25−29	30−34	35−39	40−44	45−49	insgesamt 15−49	
1980−81	43,6	157,6	102,0	52,0	18,8	4,6	0,4	60,1	1,9
1990	55,0	156,5	93,1	48,2	19,4	4,2	0,1	55,2	1,9
1995	44,8	112,7	66,5	29,5	10,6	2,2	0,1	35,9	1,3
2000	27,4	93,6	67,3	35,2	11,8	2,4	0,1	32,1	1,2
2003	27,6	95,1	78,3	44,1	16,0	2,7	0,1	36,5	1,3
2006	28,6	85,8	78,2	46,8	18,7	3,1	0,1	37,7	1,3

Quelle: http://www.gks.ru/bgd/regl/b08_11/IssWWW.exe/Stg/d01/05-02.htm (Zugriff am 20.9.2008).

Tab. 9: Einschätzung darüber, wie sich für Frauen in den letzten zehn Jahren die Möglichkeiten verändert haben, Kinder großzuziehen und auszubilden (in % der Befragten)

Kinder großzuziehen und auszubilden	Einkommensverhältnisse			
	Arme	Niedriges Einkommen	Mittleres Einkommen	Hohes Einkommen
Wurde leichter	0,6	2,3	2,2	7,9
Wurde schwieriger	94,2	89,8	82,7	79,9

Quelle: Gorškov/Tichonova (Siehe *Tabelle 1*), S. 58.

Die Zahlen belegen, dass der zahlenmäßig größte Einbruch bei den Geburten bei Frauen bis zum 25. Lebensjahr zu verzeichnen ist und sich danach etwas abschwächt. Insgesamt hat sich die Geburtenrate seit Ende der 1950er Jahre etwa halbiert. Im Durchschnitt kamen auf eine Frau seit 1995 1,3 Kinder, wobei dies offenbar nicht der gewünschten Kinderzahl entspricht: Der Befragung von 2002 zufolge wünschen sich fast 55% der Frauen zwei Kinder, weitere 21% sogar drei und mehr Kinder. Für die geringere Kinderzahl scheint vor allem die Verschlechterung der Lebensverhältnisse verantwortlich zu sein (siehe *Tabelle 9*).

Die Entwicklung hin zu einer geringeren Kinderzahl sowie neuen Formen der Geschlechterbeziehungen und auch des Sexualverhaltens ist sicherlich in den Metropolen und Großstädten besonders augenfällig, aber auch im ländlichen Raum sind entsprechende Tendenzen zu beobachten. Es gibt außerdem gute Gründe anzunehmen, dass die relative Freizügigkeit im Hinblick auf pornografische Darstellungen, wie sie im Fernsehen und in den Printmedien zu beobachten sind, Auswirkungen auf das Sexualverhalten haben.[41] Viele Menschen im ländlichen Raum fühlen, dass sich ihre Lebensumstände seit dem Zusammenbruch des Staatssozialismus wesentlich verschlechtert haben, hinzu kommt der Eindruck, dass auch im Bereich der Liebesbeziehungen und des Familienlebens die traditionellen Werte an Bedeutung verloren haben: Nicht nur im ländlichen Raum nimmt die Zahl vorehelicher sexueller Beziehungen und unehelicher Geburten zu. Auch die Tendenz zu nicht registrierten Lebensgemeinschaften (*graždanskij brak*) ist offensichtlich, hinzu kommt die in westlichen Medien ebenfalls viel thematisierte Prostitution, die auf dem Land spezifische Formen der Gelegenheitsprostitution annehmen kann (z. B. das Phänomen *»guljaščie po vinu«*, worunter zum größten Teil verheiratete Frauen subsumiert werden, die ihren Körper für Getränke und Essen verkaufen).[42]

Das Problem der Prostitution, insbesondere auch der Zwangsprostitution und des internationalen Frauenhandels ist – zumindest was die russischen Frauen betrifft – vor dem Hintergrund schwierigster sozialer Lebensbedingungen zu sehen. Die russische Forscherin N. W. Chodyrowa befragte Prostituierte, die zunächst eine Tätigkeit im Ausland gesucht hatten, dann aber zur Prostitution gezwungen wurden: Lediglich jede sechste der Frauen hatte zuvor einschlägige Erfahrung, 37% der Frauen hatten Kinder zu versorgen, wobei zwei von drei Frauen alleinerziehend waren. 30% der befragten Frauen hatten keine Unterstützung von ihren Eltern, weil diese tot oder alkoholabhängig waren. Zwar waren 16% der Frauen verheiratet, aber praktisch ausnahmslos mit Männern, die große finanzielle Probleme hatten oder alkoholabhängig waren.[43] Dass Prostituierte nicht nur im 19. Jahrhundert, sondern wieder verstärkt in der Perestrojka-Zeit und in der Gegenwart zum Gegenstand von literarischen Texten gewählt und diese Texte durchaus auch ideologisch überfrachtet werden, indem sie »Gedanken zu Russland, zur Männlichkeit und zum Westen«[44] ausdrücken sollen, soll nicht unerwähnt bleiben. Der realen, blanken Not sowie dem Zwang, der viele Frauen in die Prostitution treibt, werden solche Darstellungen kaum gerecht.

Aber häufig sind auch die Geschlechterbeziehungen in den Familien selbst durch die politischen Umbrüche erschüttert: Unter der Sowjetherrschaft lag trotz der Berufstätigkeit der Frauen, die zum Teil hoch qualifizierte Tätigkeiten ausübten, die Hausarbeit und die Kindererziehung fast ausschließlich in ihren Händen.[45] Den Männern kam zwar auf diskursiver Ebene die Rolle des »Familienernährers« zu, ihre tatsächliche Rolle im Familienleben war aber eher marginal. Für diese Situation wurde bekanntlich der Begriff des »Sowjetmatriarchats« entwickelt, womit unter anderem auch die Tatsache kritisiert wurde, dass sowohl die häuslichen wie auch die öffentlichen Erziehungsaufgaben unter weitestgehendem Ausschluss der Männer geleistet wurden. In psychoanalytisch geprägten Erklärungsmustern wurden auch der weitverbreitete Alkoholismus und die hohe Gewaltbereitschaft russischer Männer mit der Dominanz russischer Mütter und Lehrerinnen in Verbindung gebracht: Die Abwesenheit väterlicher Figuren verhindere die ödipale Triangulierung im Freudschen Sinne und damit die Reifung der Männer zu unabhängigen, verantwortlich handelnden Persönlichkeiten; sie blieben im Grunde schwache, unselbstständige »Muttersöhne«.[46] Die psychologisch angespannte Situation russischer Männer bzw. Familienväter verschärfe sich in dieser Hinsicht während der Transformationszeit noch, wenn sie von Arbeitslosigkeit betroffen waren.

Die hohen Scheidungsraten (siehe *Tabelle 10*) belegen, dass die »große Liebe« nicht immer von Dauer ist. Mittlerweile liegen die jährlichen Scheidungsraten bereits bei mehr als der Hälfte der Eheschließungen.

Tab. 10: Eheschließungen und Scheidungen

	Eheschließungen (in Tsd.)	Scheidungen (in Tsd.)	Eheschließungen (auf 1 000 Einwohner)	Scheidungen (auf 1 000 Einwohner)
1995	1075,2	665,9	7,3	4,5
2000	897,3	627,7	6,2	4,3
2003	1091,8	798,8	7,6	5,5
2006	1113,6	640,8	7,8	4,5
2007	1262,6	685,9	8,9	4,8

Quelle: http://www.gks.ru/bgd/regl/b08_11/IssWWW.exe/Stg/d01/05-06.htm (Zugriff am 20.9.2008).

In der Regel werden die Kinder bei Scheidungen der Mutter zugesprochen; zusammen mit dem Anstieg der unehelichen Geburten erhöht dies den Anteil der allein für ihre Kinder verantwortlichen Frauen. Die Situation wird dadurch erschwert, dass die traditionell die Kinder miterziehende *Babuschka*, die Großmutter, nicht mehr selbstverständlich zur Unterstützung einspringt, sei es aus Gründen der Binnenmigration, sei es aus der Notwendigkeit, selbst noch erwerbstätig zu sein, um den Lebensunterhalt zu sichern.

Grundlage der innerfamiliären Beziehungen und auch der Liebesdiskurse sind neben den materiellen Rahmenbedingungen in erster Linie unterschiedliche, zum Teil widersprüchliche Frauenbilder und Weiblichkeitskonzeptionen, die sicherlich die Lebensrealität der Frauen in gewisser Weise beeinflussen. In zahlreichen Medien, insbesondere in der Werbung und nicht zuletzt auch durch das neu entstandene Genre der Hochglanz-Frauenzeitschriften werden diese augenscheinlich sehr unterschiedlichen Rollenmodelle transportiert, die von der idealen Hausfrau über die sexuell attraktive Geliebte bis hin zu karriereorientierten Business-Lady reichen. Allerdings: Im Selbstverständnis russischer Frauen scheinen nach wie vor traditionelle Modelle von Weiblichkeit und vor allem von Mütterlichkeit zu dominieren, die ihre Vorstellungen von »idealer Weiblichkeit« prägen (siehe *Tabelle 11*).

Tab. 11: Wichtigste Eigenschaften einer »idealen Frau« aus der Sicht von Russinnen (Mehrfachnennungen möglich; in % der Befragten)

Anziehendes Äußeres	47,3
Liebe zu Kindern	43,9
Hausfraulichkeit	37,0
Güte	22,4
Treue in Liebesbeziehungen	21,8
Selbstbewusstsein	21,6
Sexuelle Attraktivität	18,7
Leichter Charakter	17,6
Verstand, Intellekt	16,9
Physische Kraft, Gesundheit	11,4
Keine ernsthaften schlechten Eigenschaften (Alkohol usw.)	7,8
Gefühl für Humor	6,0
Fähigkeit, die materielle Versorgung sicherzustellen	5,2
Härte	2,4

Quelle: Gorškov/Tichonova (Siehe *Tabelle 1*), S. 47.

Die Ergebnisse entsprechen dem im russischen Alltag immer wieder zu beobachtenden Bestreben russischer Frauen, sich – weitgehend unabhängig von materiellen Voraussetzungen – besonders attraktiv zu kleiden und zu präsentieren und sich als »weiblich« zu stilisieren. Zu diesem »Weiblichkeitsmuster« passt auch die besondere Liebe zu Kindern und damit die Mütterlichkeit, die ebenso wie die hausfraulichen Fähigkeiten das Idealbild einer russischen Frau vervollkommnen. Bemerkenswert ist sicherlich auch die Tatsache, dass der Wunsch, für das finanzielle Auskommen selbst sorgen zu können, verhältnismäßig gering ausgeprägt ist. Es ist anzunehmen, dass hier der Wunsch nach einem »starken männlichen Versorger« mitschwingt.

7 Zusammenfassung

Frauen in Russland sind heute in allen Berufsfeldern und gesellschaftlichen Bereichen vertreten und dabei durchaus erfolgreich. Die Verfassung garantiert die Gleichberechtigung von Männern und Frauen. Frauen stellen traditionell die Bevölkerungsmehrheit, sind aber durch den Zusammenbruch der Sowjetunion, die Transformationsprozesse und den Übergang zur Marktwirtschaft in besonderer Weise betroffen. Davon zeugen nicht nur der erhebliche Rückgang der Geburtenrate und der starke Anstieg der Scheidungsraten, sondern auch zahlreiche qualitative Befragungen, die eine deutliche Verschlechterung der Lebenssituation für Frauen spiegeln. Die Veränderungen in den Lebensverhältnissen von Frauen betreffen auch den Arbeitsmarkt, denn das Risiko von Ausfallzeiten durch Schwangerschaft, Erziehungsurlaub und Pflege von Angehörigen führt nicht selten dazu, dass Frauen trotz ihrer besseren Ausbildung nicht mit der gleichen Selbstverständlichkeit eingestellt werden wie Männer. Das im Durchschnitt deutlich geringere Einkommen von Frauen bedeutet niedrigere Pensionen für ältere Frauen, die damit ein hohes Risiko der Altersarmut tragen.
Traditionell-patriarchalische Auffassungen über die Geschlechterverhältnisse in der Gesellschaft insgesamt dürften neben der erheblichen Alltagsbelastung von Frauen auch der Grund dafür sein, dass Frauen nur sehr selten auf politischer Ebene agieren, während die Beteiligung in NGOs wesentlich höher liegt. Offenbar sah bzw. sieht man in den offiziellen politischen Strukturen zu wenig Gestaltungsspielraum. Die Blütezeit feministischer Aktivitäten und entsprechender Frauengruppen scheint allerdings schon vorbei zu sein. Hierbei kann durchaus auch eine Verbindung

zur aktuellen Diskussion um die »russische nationale Identität« gesehen werden, die ein bestimmtes, von traditionellen Vorstellungen geprägtes Bild von »der russischen Frau« und eine besonders ausgeprägte Form von »Weiblichkeit« favorisieren.

Insgesamt sind die Diskussionen um die Geschlechterverhältnisse von mehreren, zum Teil sehr widersprüchlichen Diskursen geprägt:

1. das sowjetische Emanzipationsmodell, das weitgehend diskreditiert erscheint;
2. das durch westlichen Einfluss vermittelte, sehr ambivalente Weiblichkeitsbild in den Medien;
3. die von der orthodoxen Kirche propagierten, eher restaurativen Frauenrollen und Familienmodelle.

All diese Diskurse prägen die Lebenswirklichkeit von Frauen, wobei sicherlich graduelle Unterschiede zwischen dem städtischen und dem ländlichen Raum bestehen. Allerdings reichen die bisher vorliegenden Untersuchungen zu Frauen in Russland bei Weitem nicht aus, um in dieser Hinsicht differenziertere Aussagen treffen zu können. Dies gilt auch für weitere Fragestellungen, so etwa nach der sozialen Schicht und dem Bildungsstand, dem Grad der politischen Reflexion, nach der Generation bzw. dem Alter u. a. m. Obwohl mittlerweile eine Fülle von einschlägigen Arbeiten vorliegt, ergeben sich daraus interessante Perspektiven für die weitere Forschung.

Anmerkungen

1 M. K. Gorškov/N. E. Tichonova (Hrsg.), Ženščina novoj Rossii. Kakaja ona? Kak živet? K čemu stremitsja? Moskau 2002. Im Januar 2002 wurden unter der wissenschaftlichen Leitung des IKSI *(Institut kompleksnych social'nych issledovanij)* an der Russischen Akademie der Wissenschaften (RAN), finanziert unter anderem auch durch westliche Fonds, 1406 repräsentativ ausgewählte Frauen zu ihrer Lebenssituation, ihren Wertvorstellungen und ihren Zukunftserwartungen befragt.

2 Fannina W. Halle, Die Frau in Sowjetrußland, Berlin 1932; Rochelle L. Goldberg, The Russian Woman's Movement, 1859–1917, Rochester u. a. 1976; Gail W. Lapidus, Woman in Soviet Society. Equality, Development, and Social Change, Berkeley u. a. 1978; Linda Edmondson, Feminism in Russia, 1900–1917, Stanford/Cal. 1984; G. A. Tiškin, Ženskij vopros v Rossii, 50–60 gg. XIX veka, Leningrad 1984; Barbara Holland (Hrsg.), Soviet Sisterhood. British Feminists on Woman in the USSR, London/Bloomington, 1985; Mary Buckley, Woman and Ideology in the Soviet Union, New York 1989; Kristine von Soden (Hrsg.), Lust und Last. Sowjetische Frauen von Alexandra Kollontai bis heute, Berlin 1990; Francine

Plessix-Gray, Drahtseilakte. Frauen in der Sowjetunion – Begegnungen in der Zeit der Perestroika, München 1990; Joachim Hohmann (Hrsg.), Sexualforschung und -politik in der Sowjetunion seit 1917, Frankfurt a.M. 1990; Richard Stites, The Woman's Liberation Movement in Russia. Feminism, Nihilism, and Bolshevism, 1860–1930, Oxford 1990; Lynne Attwood, The New Soviet Man and Woman. Sex Role Socialization in the USSR, Bloomington, 1991; Wendy Z. Goldman, Woman, the State, and Revolution. Soviet Family Policy and Social Life, 1917–1936, Cambridge 1993; Anna Köbberling, Zwischen Liquidation und Wiedergeburt. Frauenbewegung in Russland von 1917 bis heute, Frankfurt a.M./New York 1993; Barbara E. Clements, Daughters of Revolution. A History of Woman in the USSR, Arlington Heights 1994; Carmen Scheide, Verstaatlichung der Emanzipation? Frauen der Sowjetzeit, 1917–1941, München 1996; Barbara E. Clements, Bolshevik Woman, Cambridge 1997; Britta Schmitt, Zivilgesellschaft, Frauenpolitik und Frauenbewegung in Russland von 1917 bis zur Gegenwart, Königstein/Ts. 1997; Pietrow-Ennker, Bianka, Rußlands »neue Menschen«. Die Frauenemanzipationsbewegung von den Anfängen im 19. Jahrhundert bis zur Oktoberrevolution, Frankfurt a.M./New York 1999; Arja Rosenholm, Gendering Awakening. Feminity and the Russian Woman Question of the 1860s, Helsinki 1999; Linda Edmondson, Die Lösung der Frauenfrage. Emanzipation, Mütterlichkeit und Staatsbürgerschaft in der frühen Sowjetgesellschaft, in: Ute Gerhard (Hrsg.), Feminismus und Demokratie. Europäische Frauenbewegung der 1920er Jahre, Königstein/Ts. 2001, S. 16–37; Wendy Z. Goldman, Woman at the Gates. Gender and Industry in Stalin's Russia, Cambridge u.a. 2002; Louise E. Luke, Die marxistische Frau. Sowjetische Varianten, in: Ernest J. Simmons (Hrsg.), Der Mensch im Spiegel der Sowjetliteratur, Stuttgart 1956, S. 41–135; Xenia Gasiorowska, Women in Soviet Fiction, 1917–1964, Madison u.a. 1968; Elsbeth Wolffheim, Die Frau in der sowjetischen Literatur, 1917–1977, Stuttgart 1979; Barbara Heldt, Terrible Perfection. Women and Russian Literature, Bloomington 1987.
Für detaillierte Recherchen vgl. die Datenbank »Russische Kultur und Gender Studies« am Slavischen Seminar der Universität Freiburg, http:\\www.2.slavistik.uni-freiburg.de\slavlit\de\.

3 E.B. Mezenceva, Gendernye stereotipy v predstavlenijach pravoslavnych verujuščich, in: I B. Nazarova/E.V. Lobza (Hrsg.), Gendernye stereotipy v sovremennoj Rossii, Moskau 2007, S. 187–218.

4 Elisabeth Cheauré, Feminismus à la russe. Gesellschaftskrise und Geschlechterdiskurs, in: dies. (Hrsg.), Kultur und Krise. Rußland 1987–1997, Berlin 1997, S. 151–178, hier: S. 151.

5 So wurde etwa der feministische »Klassiker« von Simone der Beauvoir, Le deuxième sexe (1949), erst nach den Publikationen der hoch komplexen Arbeiten von Judith Butler ins Russische übersetzt.

6 Zur Entwicklung 1990 bis 2007 vgl. auch Tab. 6 im Beitrag von Hans-Henning Schröder.

7 Vgl. dazu den Beitrag von Hans-Henning Schröder in diesem Band.

8 http://www.gks.ru/bgd/regl/b07_13/IssWWW.exe/Stg/d01/04-26.htm (Zugriff am 20.9.2008).

9 Vgl. z.B. V.M. Nilov, der genaues Zahlenmaterial für die Entwicklung in der Republik Karelien und bei der indigenen Bevölkerungsgruppe der Wepsen vorlegt (V.M. Nilov, Ėtničeskie aspekty problemy gendera i zdorov'ja, in: Gendernye stereotipy v sovremennoj Rossii, S. 123−131, hier S. 129).

10 Susanne Kratz/Alina Žvinklienė, Zwischen Staatspräsidentialismus und Staatsfeminismus. Frauen in den Parlamenten Russlands und Litauens, in: Osteuropa, 53. Jg., 2003, Nr. 5, S. 647−661.

11 Vgl. den Beitrag von Hans-Henning Schröder in diesem Band, Tab. 5.

12 Zoja Chotkina, Stereotypy i diskriminacija na rynke truda, in: Gendernye stereotipy v sovremennoj Rossii, S. 49−60, hier S. 53.

13 Gesine Fuchs/Eva Maria Hinterhuber, Demokratie von unten? Unverfasste politische Partizipation von Frauen in Polen und Russland, in: Osteuropa, 53. Jg., 2003, Nr. 5, S. 704−719, hier S. 714.

14 Vgl. Anm. 2.

15 Eine Übersicht über die Publikationen der Gruppe bietet der Almanach »Marija« (Petrozavodsk: Izd. Petrozavodskogo Univ., 1990) sowie die Publikation »Ženščina i Rossija« (Paris 1980). Dtsch. Übersetzungen u. a. unter dem Titel »Frau und Russland« (München 1980).

16 Cheauré (Anm. 4), S. 164; vgl. auch dies., »Eine Frau ist eine Frau…« Beobachtungen zur russischen Feminismus-Diskussion, in: Christine Engel/Renate Reck (Hrsg.), Frauen in der Kultur. Tendenzen in Mittel- und Osteuropa nach der Wende, Innsbruck 2000, S. 129−140.

17 Chotkina (Anm. 12), S. 55 f.

18 Ženščiny i mužčiny Rossii, Moskau 2004, S. 97.

19 Chotkina (Anm. 12), S. 49 f., 53 f.

20 N.M. Rimaševskaja, Gendernye stereotipy i logika social'nych otnošenij, in: Gendernye stereotipy v sovremennoj Rossii, S. 7−22, hier S. 12.

21 Rossijskij statističeskij ežegodnik 2006. Statističeskij sbornik, Moskau 2006, S. 139.

22 Ženščiny i mužčiny Rossii, 2004, S. 130; I.J. Jonuškajte, Dinamika bezrabotnicy v gody reform: Gendernyj aspekt, in: M.E. Baskakova (Hrsg.), Gendernoe neravenstvo v sovremennoj Rossii skvoz prizmu statistiki, Moskau, S. 91−129, hier S. 107.

23 Rimaševskaja (Anm. 20), S. 10.

24 Ženščiny i mužčiny Rossii (Anm. 22), S. 97.

25 L. Ržanicina, Rabotajuščie ženščiny v Rossii v konce 90-ch, in: Voprosy ėkonomiki, 2000, Nr. 3, S. 46−53, hier S. 51.

26 Ženščiny i mužčiny Rossii (Anm. 22), S. 108.

27 Marina Kašina, Gendernaja segregacija v zanjatosti: Mechanizmy sozdanija i posledstvija (na primere instituta nauki i vysšej školy), in: Gendernye raznočtenija. Materialy IV mežvuzovskoj konferencii molodych issledovatelej »Gendernye otnošenija v sovremennom obščestve: global'noe i lokal'noe«. SPb. 2005, S. 7−14, hier S. 8.

28 Rimaševskaja (Anm. 20), S. 15 f.

29 http://www.gks.ru/bgd/regl/b08_11/IssWWW.exe/Stg/d01/07-01.htm (Zugriff am 20.9.2008).

30 Rimaševskaja (Anm. 20), S. 15 f.

31 Zenščina novoj Rossii, 2002, S. 34.

32 Ebd., S. 78.

33 http://www.gks.ru/bgd/regl/b08_11/IssWWW.exe/Stg/d01/11-02.htm (Zugriff am 20.9.2008).

34 William Alex Pridemore, Die Rolle des Alkohols bei gewaltsamen Toden in Russland, Russland-Analysen, Nr. 161, 14.3.2008,, S. 2–6, hier S. 2, http://www.laender -analysen.de.

35 Anna Rotkirch, The Man Question. Love and Lives in Late 20th Century Russia, University of Helsinki, Department of Social Policy Research Report, Nr. 1, Helsinki 2000.

36 Elena Zdravomyslova, Seksual'noe nasilie: Rekonstrukcija ženskogo opyta. Ėsse, in: E. Zdravomyslova/A. Temkin (Hrsg.), V poiskach seksual'nosti, Sankt Peterburg 2002, S. 316–337, hier S. 327.

37 I. B. Nazarova, Gendernye stereotipy primenitel'no k individual'nomu zdorov'ju, in: Gendernye stereotipy v sovremennoj Rossii, S. 96–122, hier S. 96.

38 Rossijskij statističeskoe ežegodnik 2006. Statističeskij sbornik, Moskau 2006, S. 277.

39 Elisabeth Cheauré/Christine Engel, Russin sucht Russen. Wertvorstellungen und Rollenzuweisungen in Moskauer Heiratsanzeigen, in: Osteuropa, 42. Jg., 1992, Nr. 5, S. 410–430.

40 Igor' Kon, Čelovečeskie seksual'nosti na rubeže XXI veka, in: V poiskach seksual'nosti, S. 24–46, hier S. 25.

41 Ljudmila Erochina, Pornografija i problema ravenstva, in: Gendernye raznočtenija (Anm. 27), S. 97–104.

42 Ol'ga Simonova, Vzaimootnošenija polov v sovremennoj rossijskoj derevne: »Ran'še takogo ne bylo« ili »Vsjako bylo i ran'še«, in: Gendernye raznočtenija (Anm. 27), S. 236–242, hier S. 239.

43 N. V. Chodyrova, Sovremennye debaty o prostitucii: Gendernyj podchod, Sankt Peterburg 2006, S. 99; vgl. auch das Sonderheft der Zeitschrift Osteuropa (2006, Nr. 6), das unter dem Titel »Mythos Europa. Prostitution, Migration, Frauenhandel« dieses Thema umfassend behandelte.

44 Eliot Borenstein, Nation im Ausverkauf. Prostitution und Chauvinismus in Russland, in: Osteuropa, 56. Jg., 2006, Nr. 6, S. 99–121, hier S. 120.

45 Vgl. ausführlicher z. B. S. G. Ajvazova, Kontrakt »rabotajuščij materi«: Sovetskij variant, in: M. M. Malyševa (Hrsg.), Gendernyj kalejdoskop, Moskau 2001, S. 291–309.

46 Sonja Margolina, Russland: Die nichtzivile Gesellschaft, Hamburg 1994 (Kapitel »Das sowjetische Matriarchat: Gleichberechtigung in der Destruktivität«, S. 54–79; »Der sowjetische Mann: Die ewige Pubertät«, S. 80–100); Regine Nohejl, Ljudmila

Petruševskajas Erzählung »Slučaj bogorodicy« und die These vom Sowjetmatri-
archat. Versuch einer psychoanalytischen Deutung, in: Zeitschrift für Slawistik,
45. Jg., 2000, Nr. 2, S. 173–184; Michail Ryklin/Ivailo Ditschew, Katastroika, in:
Lettre International, Nr. 14, 1991.

Ulrich Schmid

Alltagskultur und Lebensstil

1   Kulturnorm und Ausdrucksfreiheit

Die russische Alltagskultur hat sich seit dem Zusammenbruch der Sowjetunion grundlegend verändert. Zuvor gab es einen weitgehenden gesellschaftlichen Konsens darüber, was »Kultur« war, und vor allem auch darüber, was nicht zur »Kultur« gehörte.[1] Zentrale Bedeutung kam dem ursprünglich stalinistischen Konzept der »Kultiviertheit« *(kul'turnost')* zu, das die herrschende Ideologie in den Alltag übersetzte.[2] Wer »kultiviert« war, konnte sich vom Pöbel unterscheiden – über den diskursiven Umweg der *kul'turnost'* baute die Sowjetgesellschaft wieder genau jene innere Stilhierarchie auf, die zuvor als *bourgeois* diffamiert worden war.[3] Dabei ist die Frage, inwieweit dieses Kulturverständnis von oben dekretiert wurde und welchen Anteil die individuelle Verinnerlichung der Geschmackspräferenzen an der konkreten Ausgestaltung des sowjetischen Lebens hatte, schwierig zu entscheiden. Für die 1930er Jahre muss man von einem erheblichen offiziellen Druck ausgehen, der mit der Verpflichtung auf die Stilrichtung des sozialistischen Realismus faktisch eine Gleichschaltung der Kultur bedeutete. Die Lenkungsaktivitäten richteten sich auf die gesamte symbolische Ordnung der neuen Gesellschaft – vom individuellen Lebensstil über den öffentlichen Diskurs bis zum künstlerischen Design.

Bemerkenswert ist dabei das hohe persönliche Engagement Stalins. Das Einwirken des Diktators auf das Kunstgeschehen ging bisweilen so weit, dass er eigenhändig Theaterstücke modifizierte, Romanmanuskripte korrigierte und Drehbücher bearbeitete.[4] Favorisiert wurden Erlösungsgeschichten, die nach einem einfachen Schema gestrickt waren: Ein junger Mann fängt in einer Fabrik an, stößt mit seinen Aufbauideen auf Widerstand, erhält von einem Mentor Zuspruch und triumphiert am Schluss mit seiner staatstreuen Idee.[5] In spätsowjetischer Zeit hatte sich diese kulturpolitische Linie so weit etabliert, dass die Kulturbehörden nur noch in Ausnahmefällen in den offiziellen Betrieb eingreifen mussten. Um so lauter waren dann aber die Affären, die den Burgfrieden störten: Boris Pasternak musste 1958 nach einer massiven Hetzkampagne auf den Nobelpreis verzichten, die Schriftsteller Andrej Sinjawskij und Julij Daniel wurden 1966 zu langen Lagerhaftstrafen verurteilt, Alexander Solshenizyn wurde 1969 aus dem Schriftstellerverband ausgeschlossen, im Jahr 1974 walzten Bull dozer eine Underground-Kunstausstellung platt und 1980 wurden die Autoren des privat verlegten Almanachs »*Metropol'*« Opfer von Repressionsmaßnahmen. Die Schere im Kopf hatte sich als Kontrollinstrument bewährt.

Der Konsens über »Kultur« ging aber über Inhalt und Stil offizieller Kulturprodukte weit hinaus. Wie Klaus Mehnert schon in den 1950er Jahren beobachtete, war die Sowjetgesellschaft nach einer avantgardistisch-revolutionären Phase in ihr bürgerliches Zeitalter eingetreten.[6] Besonders deutlich ließ sich diese paradoxe »Verbürgerlichung« an der Gestaltung des privaten Lebensraums ablesen. Sowjetische Wohnungen glichen einander nicht nur in der Raumaufteilung, sondern auch in der Inneneinrichtung wie ein Ei dem anderen. Furnierte Pressspanregale mit einigen Klassikerausgaben, Teppiche an den Wänden, überall gehäkelte Deckchen und folkloristische Nippes, die obligate Wohnwand mit dem herunterklappbaren Bett – die Vorstellungen über häusliche Gemütlichkeit ließen sich auf einen relativ großen gemeinsamen Nenner bringen.

Erst in den 1990er Jahren hielt der *Euroremont* (Wohnungsrenovierung nach europäischem Standard) Einzug in Russland. Ohne die tristen Mietskasernen äußerlich zu verändern, stattete man die Wohnungen mit Einbauküchen und modernen Badezimmern aus, verlegte Parkett und baute Doppelglasfenster ein. Durch diese Errungenschaft erhielt die Privatwohnung den Rang eines wichtigen Distinktionsmerkmals: Die Transformationsgewinner renovierten ihre Lebensräume nach westlichem Vorbild, die Verlierer behielten gezwungenermaßen den sowjetischen Wohnstandard.

Mit dem Zusammenbruch der Sowjetunion haben sich auch die Vorstellungen von *kul'turnost'* verändert – oder zumindest nach Alter aufgespalten. Die ältere Generation hält noch an sowjetischen Normvorstellungen über anständige Kleidung, dezente Körperhaltung und richtiges Verhalten fest. In diesem Kontext gilt es etwa als »kulturlos«, kurze Hosen zu tragen, die Beine beim Sitzen in der Metro übereinanderzuschlagen oder in öffentlichen Räumen laut zu sprechen.

Die jüngere Generation schert sich um solche Regeln nicht und richtet ihr Auftreten in der Gesellschaft nach wechselnden Modetrends aus. Einen wichtigen Einfluss haben dabei westliche Vorbilder – so hat sich der amerikanische *Street Style* auch in der Kleidung der russischen Jugend durchgesetzt. Die bekannten internationalen Modelabels wie *Dolce & Gabana* oder *Armani* sind besonders beliebt, das Tragen von chinesischen Fälschungen ist verpönt. Allerdings gibt es auch deutliche kulturelle Unterschiede zwischen der westlichen und der russischen Mode. Gerade die weiblichen Kleidungsnormen sind in Russland weniger restriktiv. Toupierte Haare, starkes Make-up, Lederstiefel mit hohen Absätzen und Minirock gelten in einem europäischen Kontext oft als ordinär, während ein solches Auftreten in Russland kaum entsprechende Assoziationen hervorruft. Im Gegenteil: Ein sorgfältiges, nach westlichen Vorstellungen sogar übertriebenes Styling markiert in Russland Zugehörigkeit zur neuen Oberschicht, die sich nach dem Zusammenbruch der Sowjetunion herausgebildet hat.

2 Fernsehen

Auch noch in der späten Sowjetzeit verkündeten russische Intellektuelle stolz, dass die Literatur nach wie vor das Leitmedium der russischen Kultur sei. Dieser anachronistische Zustand hat sich nach 1991 grundlegend verändert. Mit dem Wegfall der staatlichen Kontrolle hat die Literatur erheblich an Relevanz verloren. Mit einem Schlag waren alle *Samizdat*- und *Tamizdat*publikationen erlaubt; illegale Druckerzeugnisse, die entweder im Selbstverlag oder im Ausland erschienen waren, konnten nun frei zirkulieren. Lesen war mit keinem Risiko mehr verbunden und mithin weitgehend uninteressant geworden.

Heute wird das russische Mediensystem sehr einseitig vom Fernsehen dominiert.[7] In 98,9 % aller Haushalte läuft der Fernseher ununterbrochen.[8] Die Printkultur ist hingegen nur wenig entwickelt. Zwar schossen zu Beginn der »wilden« 1990er Jahre Zeitungen und Zeitschriften wie Pilze aus dem Boden, viele Titel gingen jedoch angesichts der harten Bedingungen des Marktes schnell wieder ein.

Die jüngste Vergangenheit hat auch gezeigt, dass die hoch gesteckten Erwartungen vieler westlicher Beobachter sich als Illusionen entpuppt haben. Nach ihren Vorstellungen hätten sich die russischen Medien nach amerikanischem Vorbild zu einer vierten Gewalt entwickeln müssen. Dabei wurde aber oft außer Acht gelassen, dass zum einen die kulturellen Rahmenbedingungen in Russland ganz anders sind als im Westen und dass zum anderen auch die westlichen Medien nicht gegen politische Einflussnahme resistent sind.[9]

In Russland gibt es nur noch eine überregionale Fernsehstation, die nicht staatlich geführt wird oder einem staatsnahen Konzern gehört. Der Kanal STS wird vom Oligarchen Michail Fridman kontrolliert, hat sich aber auf leichte Unterhaltung spezialisiert. Die politischen Nachrichtensendungen bieten daher in der Mehrzahl Hofberichterstattung. Vor allem Präsident Putin war täglich in den Informationsbulletins präsent. Besonders beliebt waren neben staatsmännischen Auftritten auch Homestorys, etwa über Putins Hunde oder seinen Besuch eines Boxrings mit dem belgischen Actionstar Jean-Claude Van Damme.[10]

Generell lässt sich festhalten, dass das russische Fernsehen weit davon entfernt ist, ausgewogen über innen- und außenpolitische Themen zu berichten.[11] Das ist umso gravierender, als das Fernsehen in Russland faktisch ein weitgehendes Informationsmonopol innehat. Alle russischen Präsidentschaftswahlen seit 1996 haben vor diesem Hintergrund stattgefunden. Im Vorfeld der Wahlen gab es deshalb in den Medien keine Auseinandersetzung zwischen kontroversen Positionen. Dem Volk wurde der Kandidat des Kremls vorgestellt und das Volk wählte ihn mit Zustimmungsraten, von denen Politiker im Westen nur träumen können. Bereits 1994 hatte der Medienwissenschaftler Slavko Splichal für dieses Phänomen das Schlagwort der »Italianisierung« geprägt: In Russland gebe es wie in Italien eine starke staatliche Kontrolle über die Medien, die Eliten aus Politik und Medien seien eng miteinander verbunden, schließlich existiere in beiden Ländern kein verbindlicher ethischer Kodex für Medienschaffende.[12]

Die Soziologen Lew Gudkow und Boris Dubin weisen darauf hin, dass das russische Fernsehen zu Beginn des 21. Jahrhunderts eine eigene Welt schaffe, die parallel zu den wenig entwickelten Organisationsformen des sozialen Lebens existiere und das Fehlen einer Zivilgesellschaft kompensiere. Letztlich funktioniere die TV-Ersatzrealität als eine Art »Leierkasten«, der illusorische Rituale des gesellschaftlichen Zusammenhalts immer aufs Neue inszeniere. Gerade die ständige Wiederholung des gleichen Inhalts erwecke beim Rezipienten den Eindruck erhöhter Authentizität des Berichteten: Durch die Bestätigung von Bekanntem verfestigten sich informationelle Klischees zu einer bestimmten politischen Haltung. Dabei komme es zu erstaunlichen Inkonsistenzen: Obwohl in Befragungen eine überwältigende Mehrheit Detailinformationen wie etwa zur Höhe der Verluste der Armee im zweiten Tschetschenienkrieg keinen Glauben schenke, vermindere solche Skepsis keineswegs die grundsätzliche Unterstützung der Bevölkerung für die offizielle Kreml-Politik in Südrussland.[13] Aus dieser Diagnose ist der traurige Schluss zu ziehen, dass sich in Russland bisher keine kritisch informierte »Öffentlichkeit« im Sinne Habermas' bilden konnte.[14]

Neben politischer Rücksichtnahme werden die Programmpolitik der russischen Fernsehstationen vor allem durch ihre kommerziellen Werbeeinnahmen bestimmt. Nach ersten ungeschickten Gehversuchen erreichte die russische Werbeindustrie bald den westlichen *state of the art*.[15] Allerdings führte die Übersättigung durch Werbespots bald zu raffinierteren

Werbemethoden. Die Berichterstattung über Firmen und Produkte wurde zu einem gegenseitigen Geschäft: Der Hersteller eines Konsumguts bezahlt nicht selten bares Geld für redaktionelle Sendezeit und die Fernsehstation kann durch solche Aufträge ihr Budget aufbessern. Manchmal übernimmt der Auftraggeber auch gleich die Herstellung der Sendung: So gibt es in St. Petersburg eine Sendung über Computerneuheiten, die von einer Vertriebsfirma produziert wird, welche sich dabei natürlich selbst ins Rampenlicht stellt. In Moskau organisiert eine führende Universität eine Quizsendung, deren Gewinner ohne Aufnahmeprüfung ein Studium beginnen können. Sowohl die Jury als auch der Moderator sind Professoren dieser Universität.[16]

Welch extremes Ausmaß die Machtkämpfe um Sendezeiten und Werbemonopole angenommen haben, zeigte in aller Deutlichkeit die Ermordung des Geschäftsführers des ersten Kanals *ORT*, Wladimir Listew, im Jahr 1995. Er hatte ein Moratorium für Werbung angekündigt, bis »ethische Standards« für den Verkauf der Werbezeit ausgearbeitet seien.[17] Die Affäre Listew sorgte in Russland für großes Aufsehen. In Journalistenkreisen wurde der Mord als Menetekel aufgefasst, der allen Publizisten die Gefährlichkeit ihres Berufs vor Augen führte.[18]

Nicht nur in der Werbung, sondern auch in der Programmgestaltung zeichnete sich in den 1990er Jahren eine zunehmende Verwestlichung des Publikumsgeschmacks ab. Zunächst deckte das postsowjetische Fernsehen vor allem die Unterhaltungsbedürfnisse der Zuschauer, die von der offiziellen Sowjetkultur als »dekadent« oder »bourgeois« abqualifiziert worden waren. Dabei ist in erster Linie an Telenovelas wie *Santa Barbara* oder *Maria* zu denken, die aus den USA und Lateinamerika importiert wurden. Die Rubelkrise vom August 1998 gab den pragmatischen Ausschlag für die Entscheidung, zu Eigenproduktionen überzugehen – in den frühen 1990er Jahren hatte das russische Fernsehen für die zweimalige Ausstrahlung einer mexikanischen Soap-Episode die ansehnliche Summe von 15 000 US-Dollar bezahlt (amerikanische Serien waren sogar noch teurer).[19] Seit dem Jahr 2000 wurden in Russland über 180 Serien produziert. Das Spektrum ist denkbar breit. Zunächst griff man auf die Populärliteratur zurück und verfilmte etwa Die *Gräfin de Monsoro* (*Grafinja de Monsoro*) (1997) von Alexandre Dumas.[20] Der Vorteil dieses Titels lag auch darin, dass er eine Art kulturelle Mimikry betrieb und eine lateinamerikanische Herkunft vortäuschte. Später waren solche Camouflagen nicht mehr nötig.

Aktuelle Filme spielen im Russland der Gegenwart und setzen sich in dramatischer Überzeichnung mit den Alltagsproblemen der Durchschnittsbürger auseinander.[21] Ein gutes Beispiel bietet die Serie *Sag immer »immer«*

(*Vsegda govori »vsegda«*), die bereits zwei Fortsetzungen gefunden hat (2003, 2. Staffel 2004, 3. Staffel 2006). Der Titel signalisiert in aller Deutlichkeit, dass hier das traditionelle James Bond-Heldentum (*Never say never again*) auf den Kopf gestellt wird: Eine junge Hausfrau und Mutter hat ihr häusliches Glück in einer russischen Provinzstadt gefunden. Als das Unternehmen, in dem sie einer Teilzeitarbeit nachgeht, Bankrott macht, wird sie unschuldig ins Gefängnis gesperrt. Ihr Mann verlässt sie, die Kinder werden ihr weggenommen. Gerettet wird die Protagonistin durch ihr außergewöhnliches Zeichentalent, mit dem sie einen Wettbewerb gewinnt. In Moskau beginnt sie eine neue Karriere, die nichts mit ihrem beschaulichen Provinzglück gemein hat.

Dasselbe Aschenputtelmotiv bildet das Rückgrat zahlreicher weiterer nationaler Serien; in der Produktion *Ein Jackpot für Aschenputtel* (*Džek-pot dlja Zoluški*) (2004) erscheint es sogar im Titel. Viele Russen erkennen hier allerdings nicht nur Märchenelemente, sondern auch Reminiszenzen an bekannte Propagandafilme aus der Sowjetzeit. Zu nennen ist hier in erster Linie der Film *Der helle Weg* (*Svetlyj put'*) (1940), der den Aufstieg einer einfachen Weberin in höchste Parteiämter nachzeichnet. Für diesen Film war ursprünglich sogar der Titel *Aschenputtel* (*Zoluška*) vorgesehen.

Neben den klassischen Melodramen wie *Himmel und Erde* (*Nebo i zemlja*) (2003), *Ein Platz an der Sonne* (*Mesto pod solncem*) (2004), *Zum Star verurteilt* (*Obrečennaja stat' zvezdoj*) (2005) oder *Die Prinzessin und der Bettler* (*Princessa i niščij*) (2006) erfreuen sich vor allem Serien, die in der Zarenzeit spielen, hoher Beliebtheit, so etwa *Die Liebe des Imperators* (*Ljubov' imperatora*) (2003) und *Arme Nastja* (*Bednaja Nastja*) (2003, 2. Staffel 2006). Möglicherweise springt hier die russische Soapindustrie auf den Erfolgszug der historisierenden *Fandorin*-Romane auf, die den Schriftsteller Boris Akunin berühmt gemacht haben.[22]

Es scheint, dass der Bedeutungsverlust der Literatur durch die russischen Fernsehserien wieder kompensiert wird. Dabei geht es um mehr als um eine Verschiebung im Mediensystem. Die Intendanten der Sender buhlen um die Gunst der russischen Intelligencija, die dem Fernsehen gegenüber traditionell skeptisch eingestellt ist.[23] In den letzten Jahren sind viele Verfilmungen von Romanklassikern entstanden, die Unterhaltung mit einem höheren Bildungsanspruch verknüpfen. Zu diesem Genre gehören die Serienfassungen von *Der Idiot* (*Idiot*) (2003), *Anna Karenina* (*Anna Karenina*) (2004), *Doktor Schiwago* (*Doktor Živago*) (2005), *Ein Held unserer Zeit* (*Geroj našego vremeni*) (2005), *Der Meister und Margarita* (*Master i Margarita*)« (2005) und *Verbrechen und Strafe* (*Prestuplenie i nakazanie*) (2006). Sogar neuere Romane wie Wasilij Aksenows *Moskauer Saga* (*Moskovskaja Saga*) (2003) oder

Anatolij Rybakows *Die Kinder des Arbat* (*Deti Arbata*) (2004) sind mittlerweile als Fernsehserien verfilmt worden. Die Literaturbegeisterung der russischen Serienproduzenten erstreckt sich sogar auf das Leben einzelner Autoren. Voraussetzung ist hier natürlich eine schicksalsträchtige Biografie mit stürmischer Liebe und tragischem Tod – was im Falle von *Esenin* (2005) und *Michel Lermontov* (*Mišel' Lermontov*) (2006) eindeutig gegeben ist.

Schließlich ist noch auf die kulturelle Adaption erfolgreicher amerikanischer Serien hinzuweisen. So kopiert etwa die russische Serie *Liga der betrogenen Ehefrauen* (*Liga obmanutych žen*) (2005) das Erfolgsrezept von *Sex and the City* (1998) und *Desperate Housewives* (2004). Allerdings überwiegen immer noch Serien mit rein russischen Sujets wie etwa *Polizeiposten* (*Uˇcastok*) (2003), in der die Sorgen und Nöte eines Provinzmilizionärs dargestellt werden.

Für das amerikanische Format der Sitcom war der Weg nach Russland steinig. Nach den fehlgeschlagenen Versuchen, die erfolgreichen Serien *Friends* und *Married with Children* für den russischen Markt umzusetzen, gelang erst 2004 mit *Meine wunderbare Nanny* (*Moja prekrasnaja njanja*) einer russischen Sitcom der Durchbruch. Es handelt sich dabei um eine Adaption der amerikanischen Serie *The Nanny* (1993–1999) mit Fran Drescher in der Titelrolle. Der entscheidende Fortschritt lag darin, dass es den Autoren der Nanny-Serie gelang, eine spezifisch nationale Note einzubringen: Die Komik verdankt sich zu einem guten Teil den kulturellen Differenzen, denen die Protagonistin als provinzielle Ukrainerin in der Großstadt Moskau ausgesetzt ist.[24]

Auch im Bereich der Spielshows setzt das russische Fernsehen durchaus eigene Akzente. Zwar findet man Klone der meisten westlichen Formate von *Talking* über *Casting* bis zu *Dating*. Allerdings konnte sich etwa *Big Brother* in Russland nur bedingt durchsetzen: *Hinter Glas* (*Za steklom*) wurde nur kurz auf TV6 gezeigt, bevor der Sender 2002 geschlossen wurde.[25] Möglicherweise sind die Fernsehzuschauer in Russland sensibilisierter für die ethischen Implikationen von *Big Brother* als im Westen – die ständige gegenseitige Überwachung und Denunziation hatte zur Ausbildung eines streng gehüteten Privatbereichs geführt, den man nur für die engsten Freunde öffnete.

Viel erfolgreicher ist deshalb die Reality-Show *Haus 2* (*Dom 2*), die von Ksenija Sobtschak moderiert wird. Junge Männer und Frauen bauen gemeinsam ein Haus, das populärste Paar erhält schließlich das neue Eigenheim. Dabei stehen jedoch nicht die Insassen der beiden Wohngemeinschaften im Vordergrund des Interesses, sondern die glamouröse Moderatorin, die den Spielteilnehmern lebenspraktische Verhaltensratschläge erteilt.[26] Ksenija Sobtschak, die Tochter des unter mysteriösen Umständen verstorbenen Petersburger Bürgermeisters Anatolij Sotschak, bedient sich oft einer spezifisch russischen spöttischen Ironie *(stёb)*; mit ihrer Medienpräsenz als Salonlöwin stellt sie eine Moskauer Dublette von Paris Hilton dar.

Die Glücksradshow *Feld der Wunder* (*Pole čudes*) mit Leonid Jakubowitsch ist seit 1990 im Programm. Das im Westen mittlerweile völlig aus der Mode gekommene Konzept der Sendung bedient die trivialen Konsumwünsche der russischen Bevölkerung auf ideale Weise. Der Höhepunkt des Spiels wird durch eine schwarze Kiste markiert, in der sich entweder ein hoher Geldpreis oder aber nur ein Kohlkopf befindet. Die Teilnehmer kommen aus allen Nachfolgestaaten der Sowjetunion und gehören in der Regel nicht zu den Intellektuellen. Damit gibt sich das *Feld der Wunder* einen betont volkstümlichen und sowjetnostalgischen *touch*.[27]

Neben den traditionellen Sendungen gibt es neuerdings auch originelle Mischformen. Zu nennen ist hier vor allem das Projekt *Rublevka live!* des Senders *NTV*, das Elemente einer Fernsehserie mit denen einer Reality-Show verbindet. Die Protagonisten sind prominente Reiche, die mit einer fiktiven Ausgangssituation konfrontiert werden und dann ohne Drehbuch eigenständig eine Lösung finden müssen. Zu den eingesetzten Handlungselementen gehören Erpressungen, Intrigen, Eifersuchtsszenen usw. Als Darsteller treten Starlets auf wie Putins Hofmaler Nikas Safronow,[28] der Salonzauberer Jurij Longo, der russische Prof. Grzimek Nikolaj Drosdow, der Filmschauspieler Wladimir Konkin oder der Starfriseur Sergej Swerew. An entscheidenden Punkten können die Zuschauer über Internet und SMS den weiteren Gang der Handlung beeinflussen. Die Sendung läuft unter dem treffenden Slogan »Das ist kein Märchen, das ist das Leben im Reality-Stil«. Mit dem Konzept von *Rublevka life!* befriedigen die Macher verschiedene Bedürfnisse der durchschnittlichen Medienkonsumenten: Zum einen erhalten diese Gelegenheit ihr voyeuristisches Verlangen auszuleben, zum anderen finden sie sich in der komfortablen Situation wieder, mit ihrem Mobiltelefon auf das Glamourleben der Stars der zweiten Garde einwirken zu können. Der Fernsehzuschauer spielt also gewissermaßen per Fernbedienung Schicksal und kann sich an den Reichen für seine eigene Unterprivilegierung rächen.

3 Internet

In der zweiten Hälfte der 1990er Jahre setzten die russischen Intellektuellen große Hoffnungen auf das neue Medium Internet, das ihnen als Garant einer demokratischen und innovativen Gegenwartskultur erschien. Als Höhepunkt der Internetbegeisterung darf das Jahr 1998 gelten. Alle Formen der Internetkommunikation wurden intensiv genutzt: Man legte Textsammlungen an, installierte Netzkunstwerke und diskutierte in Chats. Mittlerweile hat sich eine erste Ernüchterung breit gemacht: Die User sind hauptsächlich auf die großen Ballungszentren verteilt; von einer flächendeckenden Versorgung mit ADSL ist das Land noch weit entfernt. Im Jahr 2008 benutzten gerade mal 29% der russischen Bevölkerung regelmäßig das Internet (in Deutschland waren es 65%).[29] Die IT-Versorgung des Landes ist daher eine der obersten Prioritäten der Regierung Medwedew/Putin.

Generell lässt sich sagen, dass der ursprüngliche Versuch der Behörden, das Internet durch eine Reihe von Maßnahmen zu kontrollieren (SORM 1995 und SORM-2 1999, *Sistema Operativno-Rozysknych Meroprijatij*, System operativer und investigativer Aktivitäten), einer pragmatischen Haltung gewichen ist. Möglicherweise bedeutet der Kurswechsel aber auch einfach eine Kapitulation vor dem schieren Umfang des russischen Internetverkehrs, der unmöglich überwacht werden kann.[30] Allerdings gaben die bunten Revolutionen in Georgien und in der Ukraine Rufen nach intensivierter Kontrolle des »Runet« neue Nahrung. Im Jahr 2005 warnte ein hoher Nachrichtendienstoffizier den russischen Föderationsrat vor der Meinungsmacht des Internets und empfahl eine bessere Überwachung bis hin zur amtlichen Registrierung der User. Dieser Vorschlag rief im Internet einen Sturm der Entrüstung hervor, der allerdings gepaart war mit dem Spott über die Unkenntnis des FSB (*Federal'naja Služba Bezopasnosti*, Föderaler Sicherheitsdienst), der mit Sowjetmethoden ein überaus agiles Medium disziplinieren wolle.[31]

Die misstrauische Haltung des FSB speist sich aus dem Verdacht, hinter der freien Berichterstattung einzelner Nachrichtensites stünden andere Interessen. In der Tat ist es ein offenes Geheimnis, dass etwa *gazeta.ru* dem ehemaligen Oligarchen Michail Chodorkowskij nahesteht oder *grani.ru* vom im Londoner Exil lebenden Magnaten Boris Beresowskij finanziert wird. Allerdings ist auch die Regierung nicht passiv. Populäre Sites wie *russ.ru, lenta.ru, vesti.ru, smi.ru, inosmi.ru* wurden mit der Hilfe des allgegenwärtigen Fonds für effektive Politik *(FÉP)* des putinnahen *Spin Doctors* Gleb Pawlowskij gegründet.[32] Auch zwischen dem liberalen Informationsportal *polit.ru* und dem *FÉP* gibt es eine Verbindung: Dessen Chefredakteur Andrej Lewkin arbeitete vor seiner Ernennung für Pawlowskij. Neuerdings hat sich sogar der Schriftsteller und Webaktivist Maxim Kononenko auf die Seite der Regierung geschlagen – er veröffentlichte auf seiner Website *idiot.ru* eine eigene Deutung des Skandals um Marina Litwinowitsch, die Assistentin des Oppositionsführers Garri Kasparow, die im Juni 2006 angeblich von eigenen Leuten zusammengeschlagen worden sei, damit die Schuld nachher Putin in die Schuhe geschoben werden konnte.

Bei Kononenko ist allerdings nicht klar, ob es sich hier um eine ernst zu nehmende politische Position handelt oder um reine Provokation, die auch den Stil seiner Website dominiert.[33] Solche Angebote sind in Russland äußerst populär. Zu nennen ist hier in erster Linie *udaff.com*, das etwa 20000 Besucher pro Tag verzeichnet. In substandardisierter Sprache und rudimentärer Orthografie bietet *udaff.com* eine politisch höchst unkorrekte Version eines Newsportals. Es erlaubt den Usern, weiterhin einem sowjetischen Rollenmuster zu folgen: Die Besucher sind oft Angehörige des gehobenen Mittelstands, die in anspruchsvollen Berufen arbeiten. Die Lektüre von *udaff.com* wird nicht als Ausbruch aus dieser Rolle wahrgenommen, sondern gehört zu einer Doppelidentität. Konformes und deviantes Verhalten gehen Hand in Hand.[34] So konnten auch Intellektuelle während der Sowjetzeit in ihrer beruflichen Tätigkeit das System stützen und zugleich im privaten Bereich verbotene Bücher lesen.

Die wichtigsten russischen Websites sind die Suchmaschinen *Yandex* und *Rambler* sowie der Maildienst *Mail.ru*. Eine besondere Stellung nimmt *livejournal.com* ein, das in Russland unter der Abkürzung *žž (živoj žurnal)* bekannt ist. Hier sind besonders viele russische User aktiv, die ein virtuelles Tagebuch führen. Die einzelnen Accounts sind untereinander verlinkt; es bilden sich immer neue Gemeinschaften, die miteinander in einem intensiven Dialog stehen.[35] Ähnliches gilt für die russischen Versionen von *Facebook*: *odnoklassniki.ru* und *vkontakte.ru* bieten gut ausgebaute Plattformen für eine Selbstpräsentation. Dabei müssen die User selbst Texte eingeben, wenn sie Zugang zu anderen Einträgen erhalten wollen. Auf diese Weise stimuliert die Software ein starkes Wachstum der präsentierten Inhalte. Vor allem Studierende nutzen solche virtuellen Treffpunkte, um sich über ihre Interessen auszutauschen. Die meisten User bleiben dabei innerhalb ihres angestammten Freundeskreises; die Plattformen dienen allenfalls dem Auffinden ehemaliger Klassenkameraden.

Wie in westlichen Gesellschaften übt die *»social software«* mittlerweile einen weitgehenden Einfluss auf die Lebensbedingungen vieler Jugendlicher aus: Man lebt in seinem Freundeskreis wie ein Prominenter unter ständiger medialer Beobachtung – wichtige private oder sogar intime Neuigkeiten wie Flirts, Trennung oder Stellenwechsel werden sofort auf den entsprechenden Websites kommuniziert.

4   Zeitschriften

In den vergangenen Jahren hat sich in Russland ein breites Spektrum an Publikumszeitschriften herausgebildet. Für alle möglichen Zielgruppen, differenziert nach Geschlecht, Alter und sozialem Status, gibt es spezifische Periodika. Besonders umfangreich ist das Angebot für Frauen. Die Regenbogenpresse ist mit Titeln wie *Hello* oder *7 Tage* (*7 dnej*) vertreten. In diesen Heften dominieren Homestorys von Prominenten und Starlets. Für ein etwas gehobeneres Publikum gibt es Hochglanzzeitschriften wie *Der Hausgeist* (*Domovoj*) oder *Die Karawane* (*Karavan*), in denen Mode, Kosmetik, Lebensfragen und Kunst behandelt werden. Schließlich sind in diesem Segment auch die russischen Ausgaben der führenden Modezeitschriften wie *Vogue* oder *Cosmopolitan* zu nennen. Bestimmte Themen werden hier direkter angegangen als in den westlichen Schwesterpublikationen. So gibt es etwa im russischen *Cosmopolitan* eine eigene Sex-Rubrik, in der erotische Ratschläge erteilt werden.

Ähnliches gilt *mutatis mutandis* für die russische Ausgabe von *Good Housekeeping*, die den pathetischen Titel *Häuslicher Herd* (*Domašnij očag*) trägt. Die Ausrichtung auf ältere, konservativere Leserinnen zeigt sich schon darin, dass hier Sexualität tabu ist und durch Themen wie Familie oder Wohnen ersetzt wird. Die traditionelle Rollenteilung von Mann und Frau wird in verschiedenen Artikeln immer wieder gepriesen. Repräsentativ ist etwa ein Statement der Chefredakteurin Marina Winogradowa: »Weshalb werden der Frau heute in aufsässiger Weise alle traditionellen Orientierungen weggenommen? Zu ihrem eigenen Wohl? Wer gewinnt, wenn sie nur noch an ihre Selbstverwirklichung und an ein sattes Leben denkt – nicht für ihn, sondern für sich selbst? [...] Es scheint, dass irgendwo im kosmischen Mechanismus eine sehr wichtige Feder gesprungen ist. Die Magnetfelder haben sich verschoben, das Klima, die Begriffe. Aber auch in dieser zukünftigen Welt gibt es Frau und Mann. Ob er nun nebenan schnarcht, auf einem Schimmel dahergaloppiert oder einfach nur zu Fuß geht – das größte Glück besteht darin, ihn zu treffen.«[36] Prosaischer als der *Häusliche Herd* kommt die Zeitschrift *Familienbudget* (*Semejnij bjudžet*) daher, die hauptsächlich Konsumtipps gibt.

Bei den Männerzeitschriften dominieren die russischen Ausgaben der westlichen Formate *Playboy* und *Maxim* mit der üblichen Ausrichtung auf Autos, Action und Frauen. Schon kurz nach dem Zusammenbruch der Sowjetunion etablierte sich allerdings mit *Andrej* ein genuin russisches Männermagazin auf dem Markt. Diese Publikationen bedienen die Interessen des metrosexuellen Mannes, der in der Stadt wohnt, überdurchschnittlich verdient und seinen sozialen Status durch entsprechendes Konsumverhalten dokumentiert.

5 Literatur

Die russische Literatur des beginnenden 21. Jahrhunderts unterscheidet sich nicht nur deutlich von der Sowjetliteratur, sondern auch von der der 1990er Jahre. Allerdings sollte man diesen Prozess nicht als Abfolge von isolierten Stadien betrachten, sondern als Evolution mit innovativen und konservativen Tendenzen, die ineinandergreifen und sich zu einem relativ heterogenen Gesamtbild zusammenfügen.

Dabei sind stilistische und strukturelle Aspekte zu berücksichtigen, die sich freilich gegenseitig beeinflussen. Die alten sowjetischen Verlage haben sich entweder aufgelöst oder fristen ein marginales Dasein. Den aktuellen Buchmarkt dominieren vier Moskauer Verlage, die alle zu Beginn der 1990er Jahre gegründet wurden: *Ėksmo, AST, Olma-Press* und *Terra*. Zusammen publizieren sie jährlich 1000 bis 1800 Titel mit einer Gesamtauflage von 23 bis 38 Millionen. Im Jahr 2006 stammten 23 % der russischen Buchproduktion von *Ėksmo, AST* folgte auf dem zweiten Platz mit knapp 10 %.[37] Gleichzeitig sinken bei den meisten Titeln die Auflagenzahlen. Im Jahr 2001 erreichten nur 2,3 % aller neuen Bücher eine Auflage von über 50 000 Exemplaren, während 35,5 % eine Auflage zwischen 500 und 5000 Exemplaren hatten.

Diese Entwicklung – mehr Titel, aber kleinere Auflagen – stellt keine russische Besonderheit dar, sondern lässt sich im globalen Maßstab beobachten. Spezifisch russisch ist allerdings die weitverbreitete Strategie, den Autorennamen als Markenzeichen einzusetzen und Bücher in Serien mit einem hohen Wiedererkennungswert zu vermarkten.[38] Das vielleicht deutlichste Beispiel dafür bietet Erfolgsautor Boris Akunin. Der Schriftsteller Grigorij Tschchartischwili publizierte im Jahr 1998 unter diesem Pseudonym seinen ersten Kriminalroman, der im Zarenreich des ausgehenden 19. Jahrhunderts spielt. Sein Detektiv, der scharfsinnige und elegante Staatsrat Erast Fandorin, wurde schnell zur Kultfigur eines breiten Lesepublikums.

Die verbindliche Stilrichtung des sozialistischen Realismus begann sich in der offiziellen Sowjetliteratur spätestens seit den 1980er Jahren aufzulösen. Vorreiter einer neuen, anspruchsvollen Prosa waren Jurij Trifonow, Andrej Bitow und Wladimir Makanin. In ihren Texten versuchten sie, die geforderte gesellschaftskritische Perspektive mit einer modernen, ja postmodernen Schreibweise zu verbinden.

1990 erklärte Viktor Jerofeew in einem Aufsehen erregenden Artikel in der *Literaturnaja gazeta* die Sowjetliteratur für tot. Seine besondere Verachtung galt dem politischen Engagement sowjetischer Autoren für mehr bürgerliche Freiheiten. Als deutlichstes Beispiel für diesen Habitus verwies Jerofeew auf Jewgenij Jewtuschenko, der dem Schriftsteller die moralische Rolle eines öffentlichen Gewissens zugewiesen hatte. Jerofeew hielt dieser Position sein eigenes Credo entgegen: Ein Dichter, der wie Jewtuschenko mehr sein wolle als ein Dichter, sei schon weniger als ein Dichter. Jerofeew wollte die Literatur als rein ästhetisches Geschäft verstanden wissen: Ein literarischer Text dürfe nicht zu einem politischen Traktat werden. Im gleichen Zug hob er auch die räumliche Trennung der Autoren in Russland und in der Emigration als literaturhistorisches Unterscheidungskriterium auf und erklärte Alexander Solshenizyn zu einem Autor der Sowjetliteratur, weil er auf den Staat fixiert bleibe und in seinen Texten Stilmittel des »sozialistischen Realismus« anwende.

In den 1990er Jahren ließen sich im Wesentlichen drei Stilrichtungen in der postsowjetischen Literatur beobachten. Zum einen hielt sich eine realistische Tradition, etwa in Georgij Wladimows *Der General und seine Armee* (*General i ego armija*, 1994). Des Weiteren entwickelte sich eine prominente postmoderne Schreibweise, deren bekannteste Vertreter Viktor Pelewin und Wladimir Sorokin sind. Schließlich ließ sich eine neosentimentalistische Strömung feststellen, der vor allem Autorinnen wie Viktoria Tokarewa, Ljudmila Ulizkaja oder Ljudmila Petrutschewskaja zuzuordnen sind.[39]

In der Ära Putin ändert sich das Bild ein weiteres Mal. Die Gegenwartsprosa findet zu anspruchsvollen Erzähltexten zurück, die sich mit der Problematik des russischen Alltags auseinandersetzen. So leuchtet etwa der russische Internetpionier Wladimir Tutschkow (geb. 1949) die Seelen der millionenschweren »neuen Russen« aus. Mit rabenschwarzem Humor zeichnet er ein absurdes Bild der 1990er Jahre. Gleichzeitig wird aber deutlich, dass sich hinter Tutschkows literarischen Übertreibungen eine schreckliche Wahrheit verbirgt: Der Killerinstinkt, der den stiernackigen »biznesmeny« den Aufstieg zu Macht und Reichtum ermöglicht hat, ist nachgerade zum Leitprinzip der demoralisierten postsowjetischen Gesellschaft geworden.

Tutschkow interessiert sich vor allem für die »Mechanik« menschlichen Zusammenlebens in einer von Geld beherrschten Welt – die technische Metapher beschreibt die Verhältnisse sehr genau: Alle Ideale sind von einem nüchternen Kalkül abgelöst worden, die Handlungen der Menschen greifen ineinander wie Zahnräder einer großen Maschine. Damit verschwindet nicht nur die Moral, sondern auch die Tragik aus Tutschkows Texten: Man weint weder den Tätern noch den Opfern der blutigen Machtkämpfe eine einzige Träne nach. Allerdings bleibt einem auch das Lachen in der Kehle stecken: Zu sehr gleicht die russische Geschäftswirklichkeit dem kafkaesken Zerrbild, das Tutschkow in seiner lakonischen Prosa präsentiert.

Im Jahr 2001 landete die Jungautorin Irina Deneshkina (geb. 1981) mit *Komm* (*Daj mne*) einen Publikumserfolg ersten Ranges. Es gelang ihr, den Slang der russischen Jugend überzeugend in ihren pubertären Erzählungen einzufangen. Allerdings waren ihre Texte zu wenig gehaltvoll, als dass sie sich als ernstzunehmende Autorin in der russischen Gegenwartsliteratur hätte etablieren können. Künstlerisch anspruchsvoller war der Debutroman *Das Hemd* (*Rubaška*, 2004) aus der Feder des Schauspielers und Regisseurs Jewgenij Grischkowez (geb. 1967). Der stark kolloquial gefärbte Text wird durch ein Hemd zusammengehalten, das der Ich-Erzähler am Morgen anzieht und am Abend wieder auszieht. Dadurch gelingt es Grischkowez, die klassische dramatische Einheit von Zeit, Ort und Handlung durch einen erzählerischen Trick auf den Bereich des Romans zu übertragen.

Ein bislang unbekanntes Genre führt Oksana Robski (geb. 1968) in die russische Literatur ein. In ihrem Roman *Babuschkas Töchter* (*Casual*, 2005) beschreibt sie die glamouröse Welt der neuen Russen in einem süffigen Cocktail aus Krimi und Klatsch. Neben weiteren süßlichen Romanen aus der Welt der Schönen und Reichen legte sie gemeinsam mit Ksenija Sobtschak (geb. 1981, s. o. S. 500) das Buch *Wie heirate ich einen Millionär* (*Zamuž za millionera, ili brak vyšego sorta*, 2007) vor. Darin geben die beiden Lifestyle-Beraterinnen Tipps und Hinweise, wie eine russische Frau die erotischen Schwachstellen eines Oligarchen ausnützen kann.

Zu dieser machiavellistischen Prosa der Frau gibt es durchaus ein männliches Gegenstück. Ilja Stogow (geb. 1970) wurde mit dem Roman *Machos weinen nicht* (*Mačo ne plačut*, 1999) bekannt. In seiner Achselschweißprosa porträtiert er männliche Lebenswelten wie die Bar oder den Klub. In einem lakonischen Stil schildert er Frauen in seinen Texten vorwiegend als Lustobjekte.

Auch die beiden Literaturstars der 1990er Jahre, Viktor Pelewin und Wladimir Sorokin, haben sich den veränderten Bedingungen angepasst.[40] Zu Beginn des neuen Jahrtausends hat Sorokin eine Fantasy-Trilogie verfasst, die eine apokalyptische Wiedergeburt einer besseren Menschheit zum Thema hat. Handlungsbildend ist die dramatische Bewegung einer »Bruderschaft des Lichts«. Nachdem sich 23 000 Brüder und Schwestern gefunden haben, planen sie die Ausrottung der Normalsterblichen – in ihrer Diktion: der »Fleischmaschinen«. Am Schluss der Trilogie gelingt es allerdings zwei Menschen, die Bruderschaft zu besiegen: Als Adam und Eva erschaffen sie eine neue, bessere Menschheit. Von den drei Bänden *Eis* (*Led*), »*Bro* (*Put' Bro*) und »*23 000*«, erschienen allerdings nur die ersten beiden als Einzelausgaben, eine separate Publikation hätte den letzten Teil unverständlich bleiben lassen.

Aufsehen erregte Wladimir Sorokin im Jahr 2006 mit seiner Zukunftsvision *Der Tag des Opritschniks* (*Den' opričnika*), der das Leben eines allmächtigen Staatspolizisten im tyrannischen Russland des Jahres 2027 beschreibt. Möglicherweise bewegte eine Aktion der regierungsnahen Jugendorganisation »*Gemeinsamer Weg*« im Jahr 2002 Sorokin zur Wahl eines solch politischen Themas. In publikumswirksamen Auftritten wurden seine postmodernen Romane eingesammelt und an ihn »zurückgeschickt«; überdies stellte die Jugendorganisation eine gigantische WC-Schüssel in Moskau auf und warf seine angeblich pornografischen Bücher in einem symbolischen Akt hinein. Sorokin nutzte diese Angriffe, um sich als verfolgter Schriftsteller zu stilisieren, und bedient nun mit seinem neusten Roman, der die russische Zukunft sinnfällig mit der brutalen Regierungszeit Iwans des Schrecklichen gleichsetzt, das westliche Klischee eines faschistoiden neuen Russland.

Ganz allgemein lässt sich in der neuesten russischen Literatur eine Tendenz zur Politisierung beobachten. Dabei macht sich ein starker patriotischer Ton bemerkbar, der sich häufig mit rabiatem Antiamerikanismus paart. So verglich etwa die Lyrikerin Junna Moriz (geb. 1937) die Nato-Bombenangriffe auf Jugoslawien im Frühjahr 1999 in ihrem antiwestlichen Poem *Sterne des Serbentums* (*Zvezda serbstvi*) mit dem Vulkanausbruch von Pompeji. Sie verfasste sogar im Jahr 2006 mit *Nun* (*Teper'*) eine rührselige Elegie auf den Tod von Slobodan Milošević: »Nun hat Milošević, der heilige Märtyrer, die Höhle der teuflischen Carla [gemeint ist die damalige Chefanklägerin am internationalen Strafgerichtshof für das ehemalige Jugoslawien Carla del Ponte; U. S.] verlassen, nun hat er den Haag verlassen mit der Einfachheit, deren Wesen darin besteht, den direkten Weg zum Gericht einzuschlagen, aber zu Gott.« Eine ähnlich feindliche Einstellung gegenüber den USA wird in Pawel Krusanows (geb. 1961) Roman *Das amerikanische Loch* (*Amerikanskaja dyrka*) sichtbar; er schildert in hämischem Ton eine tief greifende Versorgungskrise und das Auseinanderbrechen der Vereinigten Staaten.

Amerika ist jedoch nicht der einzige Feind nationalistischer Schriftsteller in Russland. Einen besorgniserregenden Erfolg erzielte Jelena Tschudinowa (geb. 1959) mit ihrem Roman *Die Moschee der Pariser*

Notre-Dame (*Mečet' Parižskoj Bogomateri*, 2005). Diese apokalyptische Zukunftsvision spielt im Europa – genauer: im Eurabien – des Jahres 2048. Der Islam ist in der EU zur Staatsreligion erhoben worden, die Pariser Kathedrale Notre-Dame dient als Moschee. Die wenigen verbleibenden Christen werden verfolgt und in Gettos zusammengepfercht. Eine Handvoll Aufständischer lehnt sich gegen den Islam auf, besetzt Notre-Dame, weiht die Kirche zum katholischen Tempel und sprengt sich schließlich mit dieser in die Luft. Tschudinowas Groschenroman liegt mittlerweile auch in einer serbischen Übersetzung vor und hat eine Auflage von 38 000 Exemplaren erreicht. Die Autorin macht aus ihrer Islamophobie keinen Hehl: In einem Interview der *Prawda* bezeichnet sie den Islam als Sklavenreligion.[41] Die muslimische Frau sei die Sklavin ihres Mannes und eine Sklavin können nur Sklaven gebären. Die Muslime hätten keine innere Ehre, alles erschöpfe sich im äußeren Ansehen. Der Islam sei für Russland deshalb ein noch gefährlicherer Feind als die USA: Die amerikanische Bedrohung könne höchstens zu einer neuen Unterdrückung wie in der Sowjetzeit führen, während der Islam die russische Seele zersetze.

6 Kino

Das russische Filmbusiness durchlief nach dem Zusammenbruch der Sowjetunion eine ähnliche Durststrecke wie der Literaturbetrieb. Die Zahl der jährlich produzierten Filme sank zwischen 1990 und 1995 von 300 auf 46. Im selben Zeitraum mussten sechs von sieben Kinos ihre Türen schließen; und auch die wenigen überlebenden Filmtheater konnten in den späten 1990er Jahren nur 3 bis 8 % ihrer Sitze füllen.[42] Die allgemeine Katerstimmung verschwand erst nach 2000. Erste Vorboten eines neuen Selbstbewusstseins des russischen Kinos waren der *Oscar* für Nikita Michalkows Drama aus der Stalinzeit *Die Sonne, die uns täuscht* (*Utomlennye solncem*, 1994) und der breite Publikumserfolg von Aleksej Balabanows Gewaltepos *Der Bruder* (*Brat*, 1996), das am Filmfestival in Sotschi mit zwei Preisen für den besten Film und den besten Schauspieler ausgezeichnet wurde.[43]

Das neue russische Kino lässt sich relativ einfach in Massenproduktionen und künstlerische Filme, die bewusst auf eine publikumswirksame Ästhetik verzichten, aufteilen. Der bekannteste Film des Massenkinos ist zweifellos Timur Bekmambetows *Wächter der Nacht* (*Nočnoj dozor*, 2004), der mittlerweile bereits über die Fortsetzung *Wächter des Tages* (*Dnevnoj dozor*, 2006) verfügt. Dieser Fantasyfilm spielt im heutigen Moskau und unterlegt der russischen Realität eine manichäische Weltsicht. Die Armeen des Guten und des Bösen halten einen prekären Waffenstillstand: Am Tag wird Russland von den lichten Kräften kontrolliert, in der Nacht von den dunklen. Die »*Wächter der Nacht*« gehören der guten Armee des Tages an und kontrollieren die Einhaltung der Regeln. *Wächter der Nacht* wurde an der Kinokassen die erfolgreichste russische Produktion aller Zeiten. Dieses sensationelle Einspielergebnis verdankt sich nicht nur der attraktiven mythischen Erklärung der russischen Misere im Filmplot, sondern vor allem aufwendigen Spezialeffekten. Der Film zitiert die Ästhetik fast aller Hollywood-Blockbuster, die ein ähnliches Thema aufweisen. Die Kampfszenen sind von *Star Wars* und *Matrix* inspiriert, das Thema des verfolgten kleinen Jungen stammt aus den *Terminator*-Filmen, die vorgeschichtlichen Episoden sind nach dem Vorbild von *Conan* oder *Excalibur* gestylt.

Einen Mittelweg zwischen Kommerz und Kunst sucht Nikita Michalkow. In seinem monumentalen Film *Der Barbier von Sibirien* (*Sibirskij cirjul'nik*, 1998) knüpft er an David Lean an, der in seinem epischen Kino immer wieder versucht hatte, Weltgeschichte und individuelles Schicksal miteinander zu verbinden. Nikita Michalkow spielt in diesem Film selbst den autoritären Zaren Alexander III., der als Inbegriff russischer Tugenden auftritt. Der positive Held (Oleg Menschikow) ist ein impulsiver Offiziersschüler, der mit der offiziellen Militärhierarchie in Konflikt gerät. Wie bereits in *Die Sonne, die uns täuscht* werden genuin russische Charaktereigenschaften auf das männliche Schauspielerpaar Menschikow und Michalkow verteilt; dieses Tandem verkörpert das moralische und emotionale Vorbild des russischen Mannes, den allerdings gerade wegen seiner unbedingten Aufrichtigkeit ein tragisches Schicksal ereilt. Die Verherrlichung Russlands verbindet sich bei Michalkow mit einer kritischen Abwertung des Westens. Der »*Barbier von Sibirien*« ist eine Baumfällmaschine, mit der ein verrückter englischer Erfinder den heiligen sibirischen Wald zerstört. In diesem Motiv dreht Michalkow das traditionelle Vorurteil des »verrückten« Russen um und wendet es gegen den Westen: Der wahre Wahnsinn ist nicht die ausschweifende russische Seele aus Dostoewskijs Romanen, sondern der technische Machbarkeitswahn und der ökonomische Fetischismus des Westens.[44]

Michalkow ist auch in seinem neusten Film *12* (2007) dem nationalen Thema treu geblieben. In seinem Remake von Sidney Lumets Geschworenendrama *12 Angry Men* (1957) wird der abgeschlossene Raum zur Metapher für Russland. Die bunte Schar der Geschworenen ist ein Mikrokosmos der Gesellschaft: Unter ihnen befinden sich ein Georgier, ein Ukrainer, ein Intellektueller, ein Jude, ein Proletarier, ein Antisemit und ein Spekulant. Die Schicksalsgemeinschaft muss über die Schuld eines tschetschenischen Jungen befinden, der angeblich seinen Adoptiv-vater, einen russischen Offizier, getötet hat. Durch den mutigen Einspruch eines Einzelnen wird der Junge freigesprochen – die multinationale russi-sche Föderation hat sich als gerecht und solidarisch erwiesen. Michalkow selbst spielt in diesem Film den Vorsitzenden der Geschworenenbank, der sich zunächst als harmloser Künstler tarnt, sich jedoch am Ende des Films als Geheimdienstoffizier zu erkennen gibt. Durch diese Volte zeigt Michalkow, dass der demokratische Prozess in Russland einer autoritativen Steuerung im Verborgenen bedarf, wenn er denn gelingen soll.

Scharfe Kritik hat sich Michalkow im Jahr 2007 durch seine servile Ge-burtstagsadresse an Putin eingehandelt. In einem 20 Minuten langen Video stellte er den Werdegang des Präsidenten dar und dankte ihm dafür, dass er Russland wieder zu einer Supermacht auf dem Weltparkett gemacht habe. Michalkows filmische Gratulation wurde mit peinlichen Grußbotschaf-ten sowjetischer Künstler an Breshnew verglichen. Allerdings entspricht Putins Politik wohl tatsächlich Michalkows Überzeugungen; man darf hier deshalb kaum von Opportunismus sprechen, sondern muss von einer politischen Affinität zwischen beiden ausgehen. Allerdings wäre es falsch zu glauben, dass sich Michalkow Putin unterordnet. Aus seiner Perspektive verhält es sich umgekehrt: Michalkow führt seinen Familienstammbaum auf illustre Vorfahren wie Alexander Puschkin, Leo Tolstoj und Wladimir Odoewskij zurück und sieht sich mithin als Inkarnation der russischen Kultur. Putin ist für Michalkow der energische Selfmademan, der aber der ideellen Führung bedarf.

Aleksej Balabanow hatte mit *Brat* und *Brat 2* zwei Kultfilme gedreht, in denen ein naiv-sentimentaler Held seiner Wahrheit mit roher Gewalt zum Durchbruch verhilft. Beide Filme waren ursprünglich als Parodien auf die intellektuelle Armut, die moralische Verrohung und den kruden Antiamerikanismus der russischen Gesellschaft konzipiert, wurden vom Publikum jedoch als neues, genuin russisches Persönlichkeitsideal aufge-nommen. Balabanows nächste Filme beschäftigten sich ebenfalls mit den negativen Begleiterscheinungen der postsowjetischen Transformation: In *Leute und Missgeburten* (*Pro urodov i ljudej*, 1998) zeigte er die Frühzeit des Pornogeschäfts in Russland, *Der Krieg* (*Vojna*, 2002) brachte als russische Variation auf *Rambo* einen Rückkehrer aus dem Tschetschenienkrieg auf die Leinwand, der ein Leben ohne regelmäßiges Töten nicht mehr aushal-ten kann und in den Krieg zurückkehrt.

Balabanows neuster Film *Fracht 200* (*Gruz 200*, 2007) will eine Antwort auf die umfassende Demoralisierung der russischen Gesellschaft geben.

Der Regisseur fragt: »Wir morden, wir kaufen und wir verkaufen alles, sogar Freunde, und nur die Knete hat für uns eine Bedeutung. Keine Moral, keine Kultur, keine Religion. Nichts davon spielt für uns bei der Gestaltung des täglichen Lebens eine Rolle. Warum?«[45] *Fracht 200* ist eine Parabel auf die absolute Demoralisierung der russischen Gesellschaft: Ein Postbeamter entführt ein junges Mädchen, dessen toter Freund als »Fracht 200« – so der militärische Kode für die Rückführung eines gefallenen Soldaten – nach Russland kommt. Der Film spielt in der trostlosen Wohnung der wahnsinnigen Mutter des Entführers, die gebannt auf den Fernsehschirm starrt und das Drama um ihren verbrecherischen Sohn, das verängstigte Entführungsopfer und den toten jungen Mann gar nicht mitbekommt.

Einen internationalen Erfolg konnte Andrej Swjaginzew mit seinem symbolistischen Familiendrama *Die Rückkehr* (*Vozvraschtschenie*, 2003) verbuchen. Die Low-Budget-Produktion wurde auf dem Filmfestival von Venedig mit zwei goldenen Löwen ausgezeichnet. Der Plot erinnert in seiner Einfachheit an einen antiken Mythos: Nach langer Zeit taucht der Vater zweier heranwachsender Jungen auf und nimmt sie auf einen Bootsausflug mit. Der Vater behandelt seine Söhne mit unerbittlicher Strenge und versagt ihnen jede Anerkennung, obwohl er sie liebt. Am Ende werden die Knaben schuldig am Tod ihres Vaters. Die visuelle Ausdruckskraft verdankt dieser Film nicht zuletzt der kargen Handlungsszenerie im Norden Russlands, die als Seelenlandschaft des Vaters lesbar wird.

Im Jahr 2007 drehte Swjaginzew den Film *Die Verbannung* (*Izgnanie*), der ebenfalls das Scheitern eines Familienprojekts zum Thema hat: Ein Mann zieht mit seiner Frau und den beiden Kindern von der Stadt aufs Land, wo er sich eine ruhige und idyllische Existenz aufbauen will. Allerdings wird der Rückzugsort zur Verbannung, weil die erhoffte Zweisamkeit in einem Chaos von Missverständnissen und Schuldzuweisungen untergeht. Einer ganz ähnlichen Bildsprache wie Swjaginzew bedient sich der sibirische Theaterregisseur Iwan Wyrypaew in seinem Debutfilm *Euphoria* (*Ejforija*, 2006). Dieser Film kommt ebenfalls fast ohne Plot und ohne Konversation aus. Eine Eifersuchtsgeschichte, die mit Mord und Selbstmord endet, wird ohne psychologische Introspektion in landschaftlich ergreifenden Bildern erzählt.

Ebenfalls 2006 entstand der Film *Die Insel* (*Ostrov*) des Regisseurs Pawel Lungin. Auch hier ist das Setting von entscheidender Bedeutung: Im Mittelpunkt des Films steht ein Mönch, der Kranke heilen kann. Der Protagonist ist allerdings ein Gottesnarr, der sich den hierarchischen Regeln des klösterlichen Zusammenlebens nicht fügt. Der Film wurde aufgrund seiner moralischen Botschaft kritisiert, gleichwohl erreichte er ein breites

Publikum, das vor allem die patriotische Imprägnierung des Plots schätzte. Auch die orthodoxe Kirche bewarb den Film als Inbegriff einer genuin russischen Religiosität.

Innerhalb von kurzer Zeit gelang es Aleksandr Sokurow, im russischen Kino die Reputation eines neuen Tarkowskij zu erwerben. Er arbeitet mit einer intensiven Bildsprache und greift auch politisch relevante Themen auf, die er allerdings nicht einer rein intellektuellen Analyse unterzieht. Sokurow hat die ersten drei Filme einer geplanten Tetralogie über Herrscherfiguren des 20. Jahrhunderts fertiggestellt: Bereits gedreht sind *Der Moloch* (*Moloch*, 1999) über Hitler, *Taurus* (2000) über Lenin und *Die Sonne* (*Solnce*, 2005) über den japanischen Kaiser Hirohito. Furore gemacht hat Sokurow mit *Die russische Arche* (*Russkij kovčeg*, 2002), einem Film, der an einem einzigen Tag mit einer Spezialkamera in einer Einstellung gedreht wurde. Sokurows Grundidee besteht in der Verräumlichung der russischen Geschichte: Der Kameramann geht durch die Eremitage in St. Petersburg – in jedem Saal findet er eine historische Szene aus der Zarenzeit vor. Der Titel suggeriert, dass die russische Kultur auf einer Arche die bolschewistische Sintflut überstanden hat. Zu dieser nationalistischen Selbstermächtigung der russischen Kultur gehört auch die triumphale Schlussszene, die den Stardirigenten Walerij Gergiew mit seinem Orchester inmitten eines rauschenden Balls zeigt.

7 Musik

Die russische Popmusikszene weist neben der üblichen Beeinflussung durch den englischsprachigen Mainstream auch einen deutlich konturierten Bereich von russischen Produktionen auf. Russische Bands singen in der Regel auf Russisch; auch der Stil ihrer Songs imitiert weniger die westliche Popmusik, sondern steht vielmehr in der Tradition legendärer sowjetischer Rockbands wie »*Aquarium (Akvarium)*«, »*Zeitmaschine (Mašina vremeni)*«, »*DDT*« usw.

Eine Besonderheit der sowjetischen und postsowjetischen Musik ist die so genannte »Estrade«.[46] Diese Musikrichtung entspricht etwa dem deutschen Schlager, der mit eingängigen Melodien, simpler Instrumentierung und kitschigen Texten ein großes Publikum erreicht. Als bekannteste Vertreterin der Estrade darf die Sängerin Alla Pugatschewa (geb. 1949) gelten, die in den 1970er und 1980er Jahren in der Sowjetunion und im Ausland Erfolge feierte. Ihr Erfolgsrezept bestand in der Mischung von Rhythmen des westlichen Rocks und Pops mit Melodien aus der russischen Volksmusik. Heute pflegt als eine der prominentesten Sängerinnen Pugatschewas Tochter Kristina Orbakajte (geb. 1971) den Musikstil ihrer Mutter.

Nach dem Zusammenbruch der Sowjetunion erweiterte sich das Spektrum der Popmusik schnell. Neben die traditionelle Schlagermusik traten neue Stilrichtungen wie *House, Hip Hop* oder *Techno*. Russische Teens bevorzugen allerdings in der Regel eine Mischung aus *Dance* und *Rock*, die etwa von der Gruppe »*Ivanuški International*« gespielt wird. Eine eher marginale Rolle spielt der russische Rap, der von Bogdan Titomir vertreten wird.

Ein wichtiges Forum für den russischen Pop ist der jährliche Eurovision Song Contest, bei dem Russland in den Jahren 2000, 2003, 2006 und 2007 in die vordersten Ränge vorrückte und 2008 gewann. Im Jahr 2000 erreichte die tatarische Sängerin Alsou mit dem Lied »*Solo*« den zweiten Platz. Ihr Album *19* aus dem Jahr 2002 verkaufte sich über eine halbe Million Mal. Ihr Musikstil ist stark vom westlichen Pop geprägt, 2005 ging Alsou sogar mit der irischen Boygroup »*Westlife*« auf eine Tournee. 2003 konnte das Mädchenduo »*t.A.T.u*« mit dem dritten Rang einen Achtungserfolg verzeichnen. Allerdings verdankt sich der Erfolg von »*t.A.T.u.*« nicht in erster Linie der musikalischen Leistung. Von Anfang an gab Produzent Iwan Schapowalow dem Verhältnis zwischen den beiden Sängerinnen das sorgfältige Design einer lesbischen Beziehung. Heftiges Petting bei jedem öffentlichen Auftritt wurde von nun an das Markenzeichen von »*t.A.T.u.*« Diese Strategie war so erfolgreich, dass sie sogar von Madonna kopiert wurde: Bei der Verleihung der *MTV Music Awards* im Jahr 2003 küsste sie Britney Spears und Christina Aguilera.[47]

2006 belegte Dima Bilan beim Eurovision Song Contest den zweiten Platz, 2008 wurde er mit dem Song »*Believe*« Sieger. Auch Dima Bilan ist das Produkt eines gezielten Imagemaking. Erfolg hatte er zunächst als Mädchenschwarm; im vergangenen Jahr durchlief er ein Rebranding, das ihn der Stilrichtung Fashion-Glamour-Rock zuordnen soll. Die neue Ausrichtung zeigt sich deutlich in seinem neusten Videoclip *Zeit-Fluss* (*Vremja reka*): Statt tanzender Sängerinnen bekommen die Fans nun den sorgfältig gekleideten Star selbst in einer eindrucksvollen Naturkulisse zu sehen. Damit soll auch ein innerer Reifungsprozess visualisiert werden, mit dem Bilan ein erwachsenes Publikum ansprechen will. Im Jahr 2007 gelangte die russische Girlgroup »*Silber*« (*Serebro*) auf den dritten Platz des Wettbewerbs. Die drei Sängerinnen treten als Pop-Klone auf, mit gleicher Frisur und ähnlicher Kleidung. Auch ihre offiziellen Videoclips spielen mit der Spiegelung der Identitäten, die austauschbar werden. Damit will diese Popgruppe aus der Retorte offensichtlich das Identifikationsangebot für ein junges weibliches Publikum erhöhen. Die Leadsängerin Jelena Temnikowa bildet den Kern der Gruppe, sie lernte den Produzenten Maxim Fadeew während ihrer Teilnahme an der zweiten Staffel der Casting Show »Star Fabrik« (Fabrika zvezd) im Jahr 2003 kennen. Es ist wahrscheinlich, dass sich »Serebro« als ebenso kurzlebig erweisen wird wie t.A.T.u.

Wie uniform die meisten Sänger und Gruppen der russischen Popmusik sind, offenbart etwa die hohe Übereinstimmung in Musik und Auftreten bei den männlichen Interpreten Walerij Meladse und Dima Bilan oder bei den Girl-Groups »Serebro« und »Via Gra«. Dass die Netzwerke in der russischen Pop-Industrie effizient funktionieren, zeigt etwa die Tatsache, dass Walerij Meladses Bruder Produzent von »Via Gra« ist. Es ist deshalb auch wenig erstaunlich, dass »Via Gra« gemeinsam mit Walerij Meladse Songs eingespielt hat.

Anspruchsvollere Popmusik stammt etwa von der Gruppe »Nächtliche Scharfschützen« (Nočnye snajpery). Spiritus rector ist Diana Arbenina (geb. 1974), die fast alle Lieder der Gruppe selbst verfasst hat. Arbenina gibt die Texte zu ihren Liedern als Poesiebände heraus und unterstreicht damit die Wichtigkeit der literarischen Dimension. Die baschkirisch-tatarische Sängerin Semfira Ramasanowa produziert viele ihrer Videoclips mit der Regisseurin Renata Litwinowa, die im Jahr 2004 mit dem bildstarken Spielfilm Die Göttin (Boginja: Kak ja poljubila) bekannt wurde. In der Presse kursieren auch Gerüchte über ein lesbisches Verhältnis der beiden Künstlerinnen. Semfira komponiert ihre Songs selbst.

Wie bei Arbenina haben Semfiras Lieder einen literarischen Anspruch. Damit stehen sie deutlich in der Nachfolge des sowjetischen Autorenlieds, das allerdings faktisch aus der aktuellen russischen Musikszene verschwunden ist. Entwickelt hatte sich das Autorenlied nach Stalins Tod, als die ästhetische und literarische Unzulänglichkeit der offiziellen Kultur sozialistischen Realismus offensichtlich wurde. Stilbildend war hier ein musikalischer Minimalismus, der neben der Solo-Singstimme nur eine einfache Gitarrenbegleitung zuließ. Der Grund für diese ungeschriebene Regel lag im Primat des Wortes: Das Autorenlied lebte weniger von der Melodie als vom Text. In diesem Sinne muss es als gesungene Poesie gewertet werden. In den 1950er Jahren debütierten Bulat Okudshawa und Nowella Matweewa. Ihre Lieder wurden vor allem über Tonbandaufnahmen verbreitet und erhielten so bald in der ganzen Sowjetunion Bekanntheit. In den 1970er Jahren genoss Wladimir Wysozkij eine unerhörte Popularität, die sich vor allem seiner markanten Stimme und den philosophischen Texten seiner Lieder verdankte.[48]

Der Grund dafür, dass das Autorenlied so stark an Bedeutung verloren hat, liegt wahrscheinlich im allgemeinen Relevanzverlust der Lyrik nach der Aufhebung der staatlichen Kontrolle über Musik und Literatur. Das durchaus gespannte Verhältnis zwischen den Liedermachern und dem Staat hat sich nach dem Zusammenbruch der Sowjetunion normalisiert.[49] Der Rock-Veteran Boris Grebenschtschikow sprach sich sogar öffentlich für Putins autoritäre Politik aus. Bereits 2003 hatte der legendäre Gründer der Gruppe *»Akvarium«* aus den Händen des russischen Präsidenten den Orden *»Für Verdienste um das Vaterland«* der vierten Stufe erhalten.

8 Mode

In der sowjetischen Modewüste entwickelten sich nach dem Zusammenbruch der kommunistischen Einheitskultur immer mehr Styling-Oasen. Als einer der ersten westlichen Designer eröffnete Gianni Versace 1992 auf dem *Kuzneckij most* in Moskau eine Modeboutique, die enormen Erfolg bei der neureichen Kundschaft hatte. Ein russisches Model sagte 1996: »Wenn man beobachtet, wie sich die Leute in Moskau anziehen, dann bekommt man den Eindruck, dass es auf der Welt nur zwei Modeschöpfer gibt: Versace und Chanel.«[50] Bald folgten die anderen führenden Modehäuser und etablierten sich ebenfalls auf dem russischen Markt. Es galt in den 1990er Jahren lange als chic, nur westliche Kleidung zu tragen; die russische Produktion hielt man für minderwertig und provinziell. Die Westfixierung der russischen Mode führte sogar dazu, dass der Geschäftsmann Anatolij Klimin mit *»Tom Klajm«* ein Label schuf, das zwar westlich klang, aber durch und durch russisch war.[51]

Die russischen Modedesigner verhielten sich zunächst konservativ. So verzichteten sie etwa erst um das Jahr 2000 auf Achselpolster, die in der westlichen Mode bereits 1990 aufgegeben worden waren.[52] Schon während der Perestrojka-Zeit machte Slawa Saizew mit Kreationen auf sich aufmerksam, die volkstümliche Kostümelemente mit dem Stil der Haute Couture verbanden.

Mittlerweile ist Walentin Judaschkin (geb. 1963) der bekannteste russische Designer, der auch zahlreiche Staatsaufträge ausführte: Er entwarf Uniformen für die Olympiamannschaft, für *Aeroflot* und für die Armee. Seine Modeschauen sind oft einem historischen Thema gewidmet und spielen mit geschichtlichen Analogien, wie die Kollektionen *»Fin de siècle«* (1999) oder *»Reise von Moskau nach Petersburg«* (2003), die dem 300jährigen Gründungsjubiläum der Stadt an der Newa gewidmet war. Überdies hat *Judaschkin* auch das Label *VY* für junge Mode eingerichtet. In jüngster Zeit hat sich das Angebot des Modehauses »*Valentin Yudashkin*« weiter differenziert: Es gibt nun auch ein Parfum, eine Schmucklinie und Tafelbesteck.

Ebenfalls stark auf die russische Geschichte ausgerichtet ist der Designer Igor Tschapurin (geb. 1968), der auch die Kostüme für Oleg Menschikows erste unabhängige Theaterproduktion *Verstand schafft Leiden* (*Gore ot uma*, 1999) schuf. In dieser Inszenierung von A. S. Griboedows berühmtem Drama orientierte sich Tschapurin an der historischen Mode des 19. Jahrhunderts, übertrieb aber die Stilelemente deutlich. In seinen Kollektionen versucht er, russische und westeuropäische Elemente geschmackvoll miteinander zu kombinieren.[53] Wichtig ist ihm aber die russische Kulturtradition: Nicht Wodka und Kaviar, sondern Chagall und Kandinsky sollen die ersten Assoziationen für Russland werden.[54]

Als letzte bekannte Modedesignerin ist Tatjana Parfenowa (geb. 1956) anzuführen, die – anders als die zuvor genannten Modeschöpfer – ihre Basis nicht in Moskau, sondern in St. Petersburg hat. Sie lässt sich von der multinationalen Kultur der russischen Föderation inspirieren und kombiniert in ihren Schöpfungen burjatische, tatarische und tschuwaschische Stilelemente. Dieser Eklektizismus schlägt sich bei Parfenowa auch in der Wahl ihrer Materialien nieder: Sie arbeitet mit Seide, Baumwolle und Wolle.[55]

Zwischen der Welt der Mode und der Welt der Macht gibt es enge Verbindungen. Die neue First Lady Swetlana Medwedewa ist bekannt für ihr Interesse an der Haute Couture, sie ist überdies eng mit Walentin Judaschkin befreundet. Die Partnerin des Oligarchen Roman Abramowitsch, der in London lebt und gleichzeitig Gouverneur des Autonomen Bezirk der Tschuktschen im äußersten Nordosten der Russischen Föderation ist, gehört zu den aufstrebenden Sternen der russischen Modewelt: Dascha Schukowa (geb. 1981) hat das Luxuslabel *Kova&T* gegründet, das zwar teuer ist, aber eher für einen lässigen Casual-Stil steht.

Nach 2000 erreichte eine sowjetische Retrowelle Russland. Olga Soldatowa schmückte ihre Kollektionen mit Sowjetsternen aus, Denis Simatschew verwendete den Schriftzug *CCCP* überall auf seinen T-Shirts, Nina Neretina und Donis Pupis ließen sich von Gagarins Astronautenanzügen inspirieren. Deutlich orientiert sich auch Ilja Schijan in einer Lederjacken-Kollektion an der sowjetischen Vergangenheit. Seine Modelle gleichen Proletariern, Metroarbeitern und Testpiloten.[56]

Diese Reminiszenzen sollten keineswegs als Sowjetnostalgie gedeutet werden. Sie sind stilistische Zitate, die durch andere Symbole ersetzt werden können. So erregte etwa Denis Simatschew im Jahr 2002 Aufsehen mit einem sehr teuren T-Shirt, auf dem Putins Portrait aufgedruckt war, ein Jahr später präsentierte er ein Sweatshirt mit *Tscheburaschka*, einem sowjetischen Comiccharakter aus den 1960er Jahren, der heute bei japanischen Schulmädchen Kult ist.[57]

9. Jugendkultur

In der späten Sowjetzeit artikulierten sich die jugendlichen Ansprüche auf einen autonomen Lebensstil jenseits des kommunistischen Jugendverbands *Komsomol* immer deutlicher. 1987 dominierten die »*neformaly*« die gesellschaftliche Berichterstattung in den sowjetischen Medien. Die Behörden bezeichneten mit diesem Begriff informelle Vereinigungen, die sich außerhalb der Parteistrukturen für bestimmte Anliegen einsetzten. Diese Ziele mussten nicht unbedingt politisch sein, *neformaly* konnten sich auch einfach als Liebhaber einer Rockgruppe oder eines Musikstils zusammenschließen.[58] Das Spektrum der *neformaly* war sehr breit und reichte von Heavy Metal über Hip-Hop bis zu den Hippies.[59] Der *Komsomol* versuchte, Einfluss auf die *neformaly* zu nehmen und sie in seine eigene Organisation zu integrieren – allerdings ohne nennenswerten Erfolg.[60]

Auch die *gopniki* oder *ljubery* waren Gruppierungen, die sich nicht um die offizielle Sowjetkultur scherten. Die *gopniki* standen gleichzeitig in direktem Gegensatz zu den *neformaly* und können als eine Vorform der heutigen Skinheads (allerdings ohne nationalistische Ideologie) gedeutet werden.[61] Sie vertraten einen Kult der körperlichen Gewalt und trugen meist Trainingsanzüge und Bürstenschnitt. Ihre Ideologie beruhte auf einer Romantisierung der Kriminalität.[62]

Aus offizieller Sicht stellten natürlich sowohl die *neformaly* als auch die *gopniki* und *ljubery* unerwünschte gesellschaftliche Erscheinungen dar. Auch nach dem Ende der Sowjetunion entschied sich die Kreml-Führung unter Putin bereits sehr früh für den Einsatz von Polittechnologien im Bereich der staatlichen Jugendarbeit. Zunächst wurde versucht, einen »jungen« Ableger der Regierungspartei »*Einiges Russlands*« (*Edinaja Rossija*) mit einer traditionellen Organisationsform ins Leben zu rufen. Am 9. September 2000 wurde die Partei »*Jugendliche Einheit*« (*Molodežnoe edinstvo*) gegründet. Allerdings zeigte sich bald, dass die Jugendpartei nicht die erhoffte Breitenwirkung entfaltete. Daran änderte auch die im November 2005 erfolgte sowjetnostalgische Umbenennung in »*Junge Garde des einigen Russland*« *(Molodaja gvardija edinoj Rossii)* wenig.[63]

Deshalb fasste man gleichzeitig unkonventionellere und effizientere Formen der politischen Aktivierung der jungen Generation ins Auge. Im Juli 2000 wurde die Bewegung »Gemeinsamer Weg« (Iduščie vmeste) als regionale Organisation registriert, ein Jahr später als bundesweite Organisation in der Russischen Föderation. Der »Gemeinsame Weg« erregte Aufsehen vor allem durch die spektakuläre Inanspruchnahme des öffentlichen Raums. Am 7. November 2000 fand die erste Demonstration zur Unterstützung des Präsidenten statt. Außerdem marschierten in Moskau Prostituierte für den Generalstaatsanwalt Jurij Skuratow, der Putin in seinem Kampf gegen die Oligarchen unterstützt hatte und wegen einer Sexaffäre entlassen worden war, und eine US-amerikanischen Flagge wurde öffentlich verbrannt, als der Kreml-Verwalter Pawel Borodin in New York verhaftet wurde.

Der »Gemeinsame Weg« erwarb sich in der westlichen Berichterstattung bald den Beinamen »Putinjugend«, weil die Aktivisten in der Regel T-Shirts mit einem Putin-Porträt trugen. In Interviews stritten die Verantwortlichen des »Gemeinsamen Wegs« eine finanzielle Unterstützung des Kremls immer ab und verwiesen auf das Sponsoring von Banken und Unternehmen, die aber angeblich anonym bleiben wollen. Allerdings erhielten die Demonstrationsteilnehmer laut inoffiziellen Informationen 50 Rubel bar in die Hand; bei mehreren Tausend Demonstranten ergeben sich Summen, die nicht durch einfaches *Fundraising* erwirtschaftet werden können.[64]

Im Jahr 2004 geriet der »Gemeinsame Weg« in eine Krise. Ein Kadermitglied wurde der illegalen Verbreitung von pornografischen Videos überführt, außerdem gab es Finanzdebatten zwischen der Petersburger Sektion und der Moskauer Zentrale. Hinzu kam die zunehmend negative Berichterstattung über die provozierenden Aktivitäten des »Gemeinsamen Wegs«. Vor diesem Hintergrund entschied der Kreml zu Beginn des Jahres 2005, den »Gemeinsamen Weg« durch eine neue Organisation mit dem Namen »Unsere/Die Unsrigen (Naši)« abzulösen. Der eigentliche Grund waren aber die »bunten« Revolutionen in Georgien und der Ukraine, deren Erfolg sich in erheblichem Maß einer politisch mobilisierten Jugend verdankte.[65] Das Ziel der Transformation des »Gemeinsamen Wegs« in die *Unsrigen* bestand erklärtermaßen im Aufbau einer Massenbewegung, die bis zu 250 000 junge Menschen umfassen und zu einem für die Regierung positiven politischen Klima für die Wahlen 2008 beitragen sollte. Kaum war allerdings das Ziel erreicht, zirkulierten in den Medien bereits Gerüchte, dass der Kreml die Finanzierung der *Unsrigen* eingestellt habe.

Die Politisierung der jungen Generation musste unter durchaus schwierigen Bedingungen realisiert werden. Eine Umfrage der »*Stiftung Öffentliche*

Meinung« (FOM) im Juni 2005 ergab, dass die 18- bis 35-Jährigen im Vergleich mit älteren Bevölkerungssegmenten überdurchschnittlich oft eine apolitische Haltung einnehmen. Es wurden Fragen mit Positionen verschiedener »Härte« gestellt: Glauben Sie, dass sich Menschen Ihres Alters für Politik interessieren? Haben Sie mitunter den Wunsch, sich an Demonstrationen oder anderen politischen Aktionen zu beteiligen? Bei den Antworten schwankten die Ablehnungsraten zwischen 60 und 70%.[66]

Es wäre allerdings falsch, aus diesem Befund zu schließen, dass nationale Themen bei der Jugend auf keinerlei Resonanz stoßen würden. Im Gegenteil: Im Bewusstsein der jungen Generation gibt es eine deutliche Unterscheidung zwischen »Staat« *(gosudarstvo)* und »Vaterland« *(otečestvo)*. Politische Partizipation in demokratischen Prozessen und emotionales Engagement für Russland stellen zwei getrennte Bereiche im Bewusstsein der Jugend dar. Russland erscheint im Bewusstsein der Jugendlichen im Vergleich zum Westen zwar oft als wirtschaftlich rückständig, zeichnet sich aber durch eine »höhere Kultur« und »intensivere Gemeinschaft« aus.[67]

Genau bei der Schaffung dieses nationalen »Wir«-Gefühls setzt die Deutungsarbeit der *Unsrigen* an. In einzelnen Werbevideos wird gezeigt, wie Russland von allen übrigen Weltmächten im Überlebenskampf um die Ressourcen der Zukunft bedroht werde. Nur wenn alle den Präsidenten unterstützen, könne Russland wieder zu seiner angestammten Größe zurückfinden.

Eine ähnliches Politikinterpretation findet man beim kremlnahen Polittechnologen Gleb Pawlowskij (geb. 1951), der am 18. Juni 2005 in Sankt Petersburg vor den *Unsrigen* eine Rede hielt. Den offizielle Umgangston Russlands mit Lettland und der Ukraine kritisierte er als zu »höflich«, gleichzeitig wagte er die Aussage, dass die Sowjetunion im 20. Jahrhundert »das konsequenteste antifaschistische Imperium der Welt« gewesen sei. Den naheliegenden Einwand, dass der Hitler-Stalin-Pakt kaum zu dieser Einschätzung passe, wischte er mit den Worten weg, dieses »in der Tat problematische« Ereignis halte man den Russen mit trotziger Hartnäckigkeit vor. Auch das sowjetische Wirtschaftsmodell habe sich zwar als Sackgasse erwiesen, das heiße aber nicht, dass der Weg falsch gewesen sei. Russland stehe seit je mit seinen weltverbessernden Visionen in Konkurrenz zu den USA, die von einem ähnlichen Missionsgedanken beseelt seien, aber natürlich ganz andere Rezepte predigten. Für Pawlowskij ist also nicht das Sowjetregime die Katastrophe, sondern sein Zusammenbruch. Die Ideologen der *Unsrigen* plädieren vor dem Hintergrund eines Staatsdarwinismus, in dem immer wieder die Rede von »Konkurrenz«, »Überleben« und »Sieg« ist, für eine Rückkehr Russlands zum Supermachtstatus der Sowjetunion.

Die Schlüsselthemen der *Unsrigen* stellen das Ergebnis sorgfältiger polit-technologischer Überlegungen dar. Die herausragende Bedeutung, die sie der Rolle der Sowjetunion im Zweiten Weltkrieg beimessen, entspricht dem Geschichtsbild einer Bevölkerungsmehrheit der Russen. In Serienuntersuchungen zu der Frage nach den wichtigsten Ereignissen des 20. Jahrhunderts für Russland führte der »Sieg im Großen Vaterländischen Krieg 1941–1945« jeweils mit deutlichem Vorsprung die Nennungen an (1989: 77%, 1994: 73%, 1999: 84%). An zweiter Stelle stand die Oktoberrevolution (1989: 63%, 1994 und 1999: 49%).[68] Der Sieg über Hitlerdeutschland stellt das einzige noch kohärenzbildende Element des Generationenvertrags in Russland dar: In allen anderen Bereichen haben die Älteren in der Augen der russischen Jugendlichen versagt.

Lew Gudkow hat bei der Analyse der nationalen Identität der Russen darauf hingewiesen, dass sich dieses Selbstbild nicht als System bestimmter Merkmale beschreiben lasse und auch nicht auf persönlicher Erfahrung beruhe. Vielmehr sei die russische Identität eine »negative«: Sie konstituiere sich aus der Ablehnung des Fremden, des Bedrohlichen, das für die eigene Misere verantwortlich gemacht werde. Dieser Prozess beruhe nicht auf persönlicher oder kollektiver Erfahrung, sondern sei das Resultat einer kognitiven Sozialisierung – d. h. die Bewertungsmuster werden durch den öffentlichen Diskurs vorstrukturiert.

Vor diesem Hintergrund erscheint die Verbindung von Kriegserinnerung und der gefühlsbetonten Reanimation eines faschistischen Feindbilds als geschickte PR-Strategie der *Unsrigen*. Die Jugendorganisation vereinnahmt jene Themen für sich, die ohnehin schon einen zentralen Ort im Bewusstsein der Russen einnehmen. Gleichzeitig verleihen die *Unsrigen* ihren Mitgliedern eine nationale Identität, die hauptsächlich auf der Abgrenzung von »Feinden« beruht. Dabei wird die komplexe politische Realität radikal auf zwei Pole reduziert: Dem verteufelten »Faschismus« steht die Lichtgestalt Putin gegenüber, der mutig und entschlossen das Otterngezücht von links und rechts abwehrt. Dieses simple Orientierungsraster wird zur Grundlage der gesamten politischen Tätigkeit der *Unsrigen*. Es ist bezeichnend, dass das Manifest der Jugendorganisation fast vollständig auf Inhalte verzichtet. Man findet kein Wort zu Wirtschaftspolitik, Sozialpolitik oder Bildungspolitik, nur ein Bekenntnis zu Putin. Sein Name ist das einzige Programm. Putin erscheint als Garant der Abwehr aller fremden Einflüsse, die von den *Unsrigen* unter der Kampfparole »Faschismus« zusammengefasst werden. Gudkow weist darauf hin, dass die negative Identität der Russen die Nachfrage nach »populistischen, pseudocharismatischen Figuren wie Putin« erst hervorbringe.[69]

Neben den vom Kreml gesponserten Jugendorganisationen gibt es heute in Russland noch eine ganze Reihe weiterer Gruppierungen, die allerdings in der Regel durch keine institutionelle Klammer zusammengehalten werden. Die Herausbildung der einzelnen Formationen folgt zwar über weite Strecken dem westlichen Vorbild; die russische Jugendkultur verfügt aber über spezifische Voraussetzungen, die sich auch im gesellschaftlichen Verhalten niederschlagen. Wichtig ist dabei vor allem die Labilität der Strukturen der postkommunistischen Transformationsgesellschaft. Es fehlen materielle Sicherheit und tradierte Werte. Gleichzeitig verleitet die hohe soziale Mobilität junge Menschen oft zu einem Risikoverhalten, das mit hohen Anerkennungsprämien lockt, mit dem sie sich aber gleichzeitig am Rand der Legalität bewegen. Für Luxusgüter des Alltagslebens gleiten die Jugendlichen oft in Kleinkriminalität ab. Geld ist der höchste Wert der Jugend – in einer Umfrage aus dem Jahr 2002 führt diese Kategorie mit 43,8 % aller Nennungen die Statistik an, weit abgeschlagen folgt an vierter Stelle die Bildung mit 23,9 %.[70]

Russische Jugendliche finden ihre Gemeinschaftserlebnisse oft in Fußballfanklubs. Bei wichtigen Mannschaften gliedern sich die Fans sogar in Untergruppen: So verfügt *Spartak Moskau* etwa über die *»Red-white hooligans«*, die *»Gladiatoren« (gladiatory)*, die *»Ostfront« (vostočnyj front)* und die *»Nordfront« (severnyj front)*. Als Dachorganisation fungieren die *»Rechten« (pravye)*, die nicht nur für die »Wellen« im Stadion verantwortlich sind, sondern auch die Straßenkämpfe mit den Fans der gegnerischen Mannschaft organisieren.

Auch die Motorradklubs in Russland sind in zwei Gruppen geteilt. Auf der einen Seite gibt es die *»Biker« (bajkery)*, die über genügend Geld verfügen, um sich ein prestigeträchtiges Motorrad leisten zu können. Auf der anderen Seite bauen sich ärmere Motorradfans (*»motociklisty«*) ihr Fahrzeug aus Ersatzteilen zusammen und sind auf ihre mechanischen Fertigkeiten stolz. Der Unterschied zwischen den beiden Gruppen zeigt sich auch an den Treffen: Während die *»Biker«* etwa für ihre Beifahrerinnen einen Schönheitswettbewerb mit dem Titel *»Miss nasses T-Shirt«* veranstalten, organisieren die Motorradfahrer gemeinsame Ausfahrten ohne Animationsprogramm.

Mit etwa fünfjähriger Verspätung ist auch die Raverkultur nach Russland gekommen. Seit den 1990er Jahren finden in den urbanen Zentren groß angelegte Nachtpartys mit psychedelischer *Acid House* Musik statt.[71] Allerdings lässt sich hier ebenfalls eine spezifische Verschiebung beobachten: Die Raves entstanden in Großbritannien und es waren Kinder aus der Unterschicht, die diese Kultur begründeten. In Russland besuchen Raver in der Regel teure Nachtklubs, in denen der Eintritt 20 US-Dollar und mehr kostet, dazu kommen alkoholische Getränke zu Barpreisen. Aus diesem Grund ist die Rave-Kultur eher auf die *Jeunesse dorée* beschränkt, die vor allem in den großen Städten lebt.[72]

Kaum mehr von Bedeutung sind in Russland die Punks, die in den 1980er Jahren innerhalb der Untergrundrockszene dem offiziellen sowjetischen Kultursystem den extremsten Widerstand entgegensetzten. Mit dem Wegfall aller ästhetischen Imperative haben die Punks den Angriffspunkt ihres Protests verloren und bilden nur noch eine jugendliche Stilformation unter vielen anderen.[73]

Allerdings wird in jüngster Zeit gerade die Subkultur der Punks, Gothics und Emos zunehmend als Bereich staatlicher Regulierung wahrgenommen. Die fantastischen Kleider, bizarren Frisuren und gespenstisch geschminkten Gesichter dieser Jugendgruppen widersprechen den immer noch von sowjetischen Kulturnormen geprägten Vorstellungen des politischen Establishments. Im Sommer 2008 hat die Duma-Kommission für Jugendfragen dem Plenum einen Gesetzesentwurf vorgelegt, der Piercings und Tätowierungen bei Jugendlichen unter Strafe stellen will. Der Vorschlag weist nicht zuletzt auch eine antiwestliche Spitze auf: Der importierte Körperschmuck ist nach Ansicht der Abgeordneten mit den Werten der russischen Kultur unvereinbar.[74]

Anmerkungen

1   Vadim Volkov, The concept of »kul'turnost'«. Notes on the Stalinist Civilizing Process, in: Sheila Fitzpatrick (Hrsg.), Stalinism. New Directions, London 2000, S. 210–230.

2   Svetlana Boym, Common Places. Mythologies of Everyday Life in Russia, Cambridge/Mass./London 1994, S. 105.

3   Sheila Fitzpatrick:,The Cultural Front. Power and Culture in Revolutionary Russia, Ithaca 1992, S. 216 f.

4   Evgenij Gromov, Stalin. Vlast' i iskusstvo, Moskau 1998, S. 207.

5   Katerina Clark, The Soviet Novel. History as ritual, Chicago/IL 1981, S. 256–260.

6   Klaus Mehnert, Der Sowjetmensch. Versuch eines Porträts nach 13 Reisen in die Sowjetunion 1929–1959. Stuttgart 1958, S. 122.

7   Birgit Beumers/Natalya Rulyova/Stephen Hutchings (Hrsg.), The post-Soviet Russian media. Conflicting signals, London/New York 2009.

8   S. V. Tolmačeva/L. V. Genin, Reklama glazami molodeži, in: Sociologičeskie issledovanija, Nr. 4, 2007, S. 56–60, hier S. 57.

9   Ulrich Schmid, Russische Medientheorien, Bern 2005, S. 76.

10 Rosalinde Sartorti, Politiker in der russischen Ikonographie. Die mediale Inszenierung Vladimir Putins, in: Bianka Pietrow-Ennker (Hrsg.), Kultur in der Geschichte Russlands und der Sowjetunion. Räume, Identitäten, Lebenswelten, Göttingen 2006, S. 333–348.

11 Olessia Koltsova, News media and power in Russia, London 2006.

12 Slavko Splichal, Media beyond Socialism. Theory and Practice in East-Central Europe, Boulder/CO 1994, S. 145 f.

13 Lev Gudkov/Boris Dubin, Fernsehen im Russland am Ende der 1990er Jahre. Das Medium als Kommunikationsverfahren, in: Ivo Bock/Wolfgang Schlott/Hartmute Trepper (Hrsg.), Kommerz, Kunst, Unterhaltung. Die neue Popularkultur in Zentral- und Osteuropa, Bremen 2002, S. 207–219.

14 Jürgen Habermas, Strukturwandel der Öffentlichkeit. Untersuchungen zu einer Kategorie der bürgerlichen Gesellschaft, Darmstadt/Neuwied 1962.

15 Ekaterina Sal'nikova:‚Entdeckung eines neuen Lebens. Fernsehwerbung in der ersten Hälfte der 1990er Jahre in Russland, in: Bock/Schlott/Trepper (Anm. 13), S. 301–317.

16 Olessia Koltsova, News Production in Contemporary Russia. Practices of Power, in: European Journal of Communication, Jg. 16, 2001, Nr. 3, S. 315–335, hier S. 325.

17 Olga Yartseva, Médias, pouvoirs et industries, in: Kristian Feigelson/Nicolas Pelissier (Hrsg.), Télérévolutions culturelles. Chine, Europe centrale, Russie, Paris/Montréal 1998, S. 213–224, hier S. 220.

18 John Downing, Internationalizing Media Theory. Transition, Power, Culture, London 1996, S. 133 f.

19 Elena Prokhorova, Can the Meeting Place Be Changed? Crime and Identity Discourse in Russian Television Series of the 1990s, in: Slavic Review, Jg. 62, 2003, Nr. 3, S. 512–524, hier S. 516.

20 Vera Zvereva, Televizionnye serialy. Made in Russia, in: Kritičeskaja massa, Nr. 3, 2003, http://magazines.russ.ru/km/2003/3/zvereva.html (Zugriff am 11.5.2009).

21 Vera Dubickaja, Teleserialy na ėkrane i v postsovetskoj mifologii, in Sociologičeskie issledovanija, Nr. 9, 1996, S. 79 f.; Elena Prokhorova, Fragmented Mythologies. Soviet TV Mini-Series of the 1970s, Diss. Pittsburgh 2003, http://etd.library.pitt.edu/ETD/available/etd-06062003-164753/unrestricted/prokhorova_etd2003.pdf (Zugriff am 26.8.2009); Daniil Dondurej, Naši serialy predlagajut žit' včera, in Ogonek, Nr. 4, 2004, http://www.ogoniok.com/archive/2004/4872/45-14-17/ (Zugriff am 26.8.2009); David MacFayden, Literature Has Left the Building: Russian Romance and Today's TV Drama, in Kinokultura, Nr. 8, 2005, http://www.kinokultura.com/articles/apr05-macfadyen.html (Zugriff am 26.8.2009), Vera Zvereva, Zakon i kulak. Rodnye milicejskie teleserialy, in Novoe Literaturnoe Obozrenie, Nr. 78, 2006, http://magazines.russ.ru/nlo/2006/78/zver20.html (Zugriff am 26.8.2009).

22 Andrea Zink, Spiel mit der Geschichte – Die Krimis von Boris Akunin, in: Osteuropa, Nr. 9, 2006, S. 109–120.

23 Stephen Hutchings, Russian Literary Culture in the Camera Age. The Word as Image. London 2004, S. 174.

24 Stephen Hutchings, Television and Culture in Putin's Russia: Remote Control, London 2009.
25 Birgit Beumers, Pop Culture Russia! Media, Arts, and Lifestyle, Santa Barbara/ Denver/Oxford 2005, S. 36.
26 Klaus-Helge Donath, Das Kreml-Syndikat, Berlin 2008, S. 16.
27 Hutchings (Anm. 24).
28 Alexandra Engelfried, Das Porträt des Präsidenten. Putin zwischen Kunst, Kult und Kommerz, in: Osteuropa, Nr. 10, 2007, S. 51−66.
29 Oprosy Internet v Rossii/Rossija v Internete. Vypusk 23, Vesna 2008, http:// bd.fom.ru/report/map/int0802 (Zugriff am 26.8.2009).
30 Anna Bowles, The Changing Face of the RuNet, in: Henrike Schmidt/Katy Teubener/Natalja Konradova (Hrsg.), Control + Shift. Public and Private Usages of the Russian Internet, Norderstedt 2006, S. 21−33.
31 Henrike Schmidt/Katy Teubener, Russisches Internet (RuNet). Utopie, Polit-Technologie und schwarze Magie, http://parapluie.de/archiv/pakt/runet/ (Zugriff am 11.5.2009)
32 Neuerdings wird unter dieser Domain auch ein Monitoring der amerikanischen Wahlen angeboten, http://states2008.russ.ru.
33 Henrike Schmidt/Katy Teubener, Update Public Sphere September 2007, http:// www.ruhr-uni-bochum.de/russ-cyb/library/texts/en/control_shift/Schmidt_Teubener_Public_Sphere_Update.pdf (Zugriff am 11.5.2009).
34 Olga Goriunova, »Male Literature« of Udaff.com and Other Networked Artistic Practices of the Cultural Resistance, in: Schmidt/Teubener/Konradova (Hrsg.) (Anm. 30), S. 177−197.
35 Eugene Gornyj, A Creative History of the Russian Internet, Diss. London 2006, S. 228−275, http://www.ruhr-uni-bochum.de/russ-cyb/library/texts/en/gorny_creative_history_runet.pdf (Zugriff am 26.8.2009).
36 Marina Vinogradova, Pis'mo redaktora, in: Domašnij očag, Nr. 3, 2008, S. 8.
37 Sergej Čuprinin, Russkaja literatura segodnja. Bol'šoj putevoditel', Moskau 2007, S. 116.
38 Birgit Menzel, Writing, Reading and Selling Literature in Russia 1986−2004, in: Stephen Lovell/Birgit Menzel (Hrsg.), Reading for Entertainment in Contemporary Russia. Post-Soviet Popular Literature in Historical Perspective, München 2005, S. 39−56, hier S. 51 f.
39 Mark Lipovetsky, Literature on the Margins. Russian Fiction in the Nineties, in: Studies in 20th Century Literature, Nr. 24, 2000, S. 139−168; N. N. Shneidman, Russian Literature 1988−1994. The End of an Era. Toronto 1995.
40 Mark Lipovetsky, Vladimir Sorokin's »Theater of Cruelty«, in: Marina Balina/Nancy Condee/Evgeny Dobrenko (Hrsg.), Endquote. Sots-Art Literature and Soviet Grand Style, Evanston 2000, S. 167−192.
41 http://www.pravda.ru/culture/2005/4/9/21/19669_chudinova.html (Zugriff am 11.5.2009).

42 Miroslava Segida/Sergej Zemljanuchin, Domašnjaja sinemateka. Otečestvennoe kino 1918–1996, Moskau 1996, S. 6.
43 Susan Larsen, In Search of an Audience. The New Russian Cinema of Reconciliation, in: Adele Marie Barker (Hrsg.), Consuming Russia. Popular Culture, Sex, and Society, Durham/London 1999, S. 192–216, hier S. 200.
44 Susan Larsen, National Identity, Cultural Authority, and The Post-Soviet Blockbuster: Mikhalkov and Balabanov, in: Slavic Review, Jg. 62, 2003, Nr. 3, S. 491–511.
45 Igor Petrov, Russland sieht »Fracht 200« und erschaudert, in: Die Welt, 5.1.2008.
46 Elizaveta D. Uvarova (Hrsg.), Èstrada Rossii. XX vek, Moskau 2004.
47 Mirja Lecke, Exportschlager! Die russische Mädchenband t.A.T.u, in: Osteuropa, Nr. 5, 2007, S. 125–136.
48 Dmitrij Sucharev, Avtorskaja Pesnja. Antologija, Ekaterinburg 2002.
49 Sabrina P. Ramet (Hrsg.), Rocking the State. Rock Music and Politics in Eastern Europe and Russia, Boulder/CO 1994; Artemij Troitsky, Rock in Russland. Rock und Subkultur in der UdSSR, Wien 1989.
50 Aleksandr A. Vasil'ev, Russkaja moda. 150 let v fotografijach, Moskau 2004, S. 412.
51 Ebd., S. 413.
52 Ebd., S. 406.
53 Beumers (Anm. 25), S. 361.
54 Viv Groskop, How Russia's Super Rich Are Buying Cool, in: The Observer, 13.1.2008, http://lifeandhealth.guardian.co.uk/fashion/story/0,,2237837,00.html (Zugriff am 26.8.2009).
55 Beumers (Anm. 25), S. 362.
56 Svetlana Paderina, Russian Fashion Hits the Catwalks, in: Moscow Times, Nr. 30, 2007, http://www.mnweekly.ru/lifestyle/20070802/55265279.html (Zugriff am 26.8.2009).
57 Erin Arvedlund, In Russia. Class for the Masses, in: The New York Times, 11.4.2004, http://query.nytimes.com/gst/fullpage.html?res=9903E4D61238F932A25757C0A 9629C8B63&sec=&spon=&pagewanted=all (Zugriff am 11.5.2009).
58 Fran Markowitz, Coming of Age in Post-Soviet Russia, Urbana/IL 2000, S. 132.
59 Hilary Pilkington/Elena Starkova, »Progressives« and »Normals«. Strategies for Glocal Living, in: Hilary Pilkington/Elena Omel'chenko/Moya Flynn/Ul'yana Bliudina/Elena Starkova, Looking West. Cultural Globalization and Russian Youth Cultures. University Park/PA 2002, S. 101–132, hier S. 108 und S. 114.
60 Hilary Pilkington, Russia's Youth and its culture. A nation's constructors and constructed, London 1994, S. 89–193.
61 Jelena Omeltschenko, Russländische Jugendszenen um die Jahrtausendwende oder »Prolos« gegen »Alternative«, in: Kultura, Nr. 2, 2005, S. 3–8 und http://diabler.narod.ru/gop.html (Zugriff am 11.5.2009).
62 V. A. Bobacho/S. I. Levikova, Social'no-političeskie aspekty molodežnoj subkul'tury, in: Vestnik moskovskogo universiteta, Serija 12: Političeskie nauki,

Nr. 2, 1996, 2, S. 35−45, hier S. 41 f.

63 Andrej Lošak, Partii zelenych, in: Ogonek, Nr. 41, 2005, S. 18−26, hier S. 23.

64 Vgl. hierzu die Diskussionsrunde von *Radio Svoboda* vom 10. Juli 2002, http://www.svoboda.org/ll/russia/0702/ll.071002-1.asp (Zugriff am 11.5.2009).

65 Jens Siegert, Politische Jugendorganisationen und Jugendbewegungen in Russland, in: Russlandanalysen, Nr. 83, 2.12.2005, S. 2−10, hier S. 4, http://www.laender-analysen.de.

66 Političeskij potencial i političeskaja aktivnost' molodeži. http://bd.fom.ru/report/cat/polit/int_pol/dd052222 (Zugriff am 11.5.2009).

67 Hilary Pilkington, Blick nach Westen? Kulturelle Globalisierung und russische Jugendkulturen, in: Berliner Debatte, Nr. 5/6, 2000, S. 153−162, hier S. 156.

68 Lev Gudkov, Pobeda v vojne. K sociologii odnogo nacional'nogo simvola, in: Ders., Negativnaja identičnost'. Stat'i 1997−2002 gg, Moskau 2004, S. 20−58, hier S. 21.

69 Lev Gudkov, K probleme negativnoj identifikacij, in: Ders., Negativnaja identičnost'. Stat'i 1997−2002 gg. Moskau 2004, S. 262−299, hier S. 269.

70 Ol'ga M. Karpenko/I. A. Lamanov, Molodež' v sovremennom političeskom processe v Rossii, Moskau 2006, S. 42.

71 Alexei Yurchak, Gagarin and the Rave Kids. Transforming Power, Identity and Aesthetics in Post-Soviet Night-Life, in: Barker (Hrsg.) (Anm. 42), S. 76−109.

72 V. A. Lukov, Osobennosti molodežnych subkul'tur v Rossii, in: Sociologičeskie issledovanija, Nr. 10, 2002, S. 79−87.

73 O. Aksjutina, Pank v Rossii 90-ych: Protest ili tovar?, in: Filosofskie nauki, Nr. 4, 2003, S. 32−50.

74 Klaus-Helge Donath, Für Russlands Jugend brechen harte Zeiten an, in: NZZ am Sonntag, 13.7.2008, S. 6.

Anhang

Statistische Daten

Tab. 1: Indikatoren der russischen Wirtschaftsentwicklung 1999–2009

	1999	2000	2001	2002	2003	2004	2005	2006	2007	2008	2009
BIP (Veränderung zum Vorjahr; in %)	6,4	10,0	5,1	4,2	7,3	7,2	6,4	6,9	8,1	5,6	-7,4
Anlageinvestitionen (Veränderung zum Vorjahr; in %)	5,3	17,4	10,0	2,8	12,5	11,7	10,7	13,5	21,1	9,1	-18,4
Güterexporte (in Mrd. USD)	75,6	105,0	101,9	107,3	135,9	183,5	245,3	304,5	355,2	471,8	294
Güterimporte (in Mrd. USD)	39,5	44,9	53,8	61,0	76,1	97,4	125,3	163,9	223,1	292,0	185
Handelsbilanz (in Mrd. USD)	24,6	46,8	33,9	29,1	35,4	59,5	84,4	96,1	78,3	102,3	48
Außenschuld (in Mrd. USD)	130,8	115,5	102,0	95,7	96,9	95,7	70,1	43,2	35,8	28,2	28,4
Währungsreserven (in Mrd. USD)	12,5	27,9	36,6	47,8	76,9	124,5	168,4	303,0	476,4	427,1	439
Inflationsrate (Verbraucherpreise; in %)	37	20	19	15	12	12	11	9	12	13	9
Wechselkurs RUR/USD	27,00	28,16	30,14	31,78	29,45	27,75	28,78	26,33	24,55	29,38	30,19
Arbeitslosenquote (ILO Methode; in %)	12,4	9,9	8,7	9,0	8,7	7,6	7,7	6,9	6,1	7,8	8,1
Monatlicher Durchschnittslohn (in USD)	62	79	111	142	180	237	301	408	550	608	663

Quellen: Russischer Föderaler Statistikdienst/Rosstat, http://www.gks.ru (Zugriff am 6.9.2009); Russische Zentralbank, http://www.cbr.ru (Zugriff am 6.9.2009); Bank of Finland Institute for Transition Economies,BOFIT, http://www.bof.fi/bofit (Zugriff am 6.9.2009).

Tab. 2: Bevölkerungsentwicklung in Russland und der Sowjetunion 1897–2009 (in Mio.)

	Russisches Reich	UdSSR		Russische Föderation
	Grenzen von 1914	Grenzen von 1921	Grenzen von 1945	Grenzen von 1992
1897	128,20			67,50
1898	127,70			
1899	129,70			
1900	131,90			
1901	134,20			
1902	136,40			
1903	138,80			
1904	141,20			
1905	143,70			
1906	145,50			
1907	147,80			
1908	150,50			
1909	153,00			
1910	155,30			
1911	157,50			
1912	160,20			
1913	163,70			
1914	165,70			89,90
1915				
1916				
1917				91,00
1918				
1919				
1920				88,20
1921				
1922				
1923				
1924				
1925				
1926				92,70
1927		148,656		

Tab. 2: Bevölkerungsentwicklung in Russland und der Sowjetunion
1897 – 2009 (in Mio.)/Fortsetzung

	Russisches Reich	UdSSR		Russische Föderation
	Grenzen von 1914	Grenzen von 1921	Grenzen von 1945	Grenzen von 1992
1928	151,622			
1929	154,687			
1930	157,432			
1931	159,841			
1932	161,851			
1933	162,902			
1934	156,797			
1935	158,167			
1936	160,134			
1937	162,500			103,90
1938	165,492			
1939	188,794			108,40
1940	192,598			110,10
1941				
1942				
1943				
1944				
1945				
1946				
1947				
1948				
1949				
1950				
1951			178,55	102,90
1952			181,60	
1953			184,78	
1954			187,98	
1955			191,00	
1956			194,42	112,30
1957			197,90	
1958			201,41	

Tab. 2: Bevölkerungsentwicklung in Russland und der Sowjetunion
1897–2009 (in Mio.)/Fortsetzung

	Russisches Reich	UdSSR		Russische Föderation
	Grenzen von 1914	Grenzen von 1921	Grenzen von 1945	Grenzen von 1992
1959			204,93	117,50
1960			208,83	
1961			212,37	120,80
1962			216,29	
1963			220,00	
1964			223,46	
1965			226,67	
1966			229,63	127,20
1967			232,24	
1968			234,82	
1969			237,17	
1970			239,47	130,10
1971			241,72	
1972			243,89	
1973			246,33	
1974			248,67	
1975			250,93	
1976			253,33	134,70
1977			255,61	
1978			257,92	
1979			260,14	137,60
1980			262,44	
1981			264,47	139,00
1982			266,60	
1983			268,84	
1984			271,24	
1985			273,84	
1986			276,29	143,80
1987			278,78	
1988			281,69	
1989				147,40

Tab. 2: Bevölkerungsentwicklung in Russland und der Sowjetunion
1897 – 2009 (in Mio.)/Fortsetzung

	Russisches Reich	UdSSR		Russische Föderation
	Grenzen von 1914	Grenzen von 1921	Grenzen von 1945	Grenzen von 1992
1990			286,72	148,00
1991				148,50
1992				148,70
1993				148,70
1994				148,40
1995				148,30
1996				148,00
1997				147,50
1998				147,10
1999				146,70
2000				145,50
2001				144,80
2002				145,20
2003				145,00
2004				144,20
2005				143,50
2006				142,80
2007				142,20
2008				142,00
2009				

Quelle: Rossijskj Statističeskij Ežegodnik 1995, M. 1995, S. 17; 1996, M. 1996, S. 37; M. 1999, S. 54; http://www.gks.ru/scripts/free/1c.exe?XXXX00F.1.7.1/080170R (Zugriff am 9.10.2001); http://www.gks.ru/scripts/free/1c.exe?XXXX51F.1.1.7.1/010140R (Zugriff am 14.10.2001); Naselenie Sovetskogo Sojuza 1922 – 1991, Moskau 1993, S. 48. Demografičeskij ežegodnik Rossii 2009, Moskva: Rosstat 2009, S. 24; http://www.gks.ru/doc2009/demo.zip (Zugriff 1. Januar 2010).

Tab. 3: Demografische Basisdaten

	1990	1996	2001	2002	2003	2004	2005	2006	2007
Bevölkerungszahl (in Tsd.; 1. Jan)									
Ganze Bevölkerung	147 665	148 292	146 304	145 649	144 964	144 168	143 474	142 754	142 221
Stadt	108 736	108 311	107 072	106 725	106 321	105 818	104 719	104 105	103 778
Land	38 929	39 981	39 232	38 924	38 643	38 350	38 755	38 649	38 443
Arbeitsfähige Bevölkerung (in Tsd.; 1. Jan)									
Noch nicht arbeitsfähig	36 101	33 615	28 387	27 274	26 115	25 014	24 095	23 317	22 718
Arbeitsfähig (Männer 16–59, Frauen 16–54 Jahre)	83 943	84 540	88 040	88 515	89 206	89 896	90 218	90 328	90 152
Nicht mehr arbeitsfähig	27 621	30 137	29 877	29 860	29 643	29 258	29 161	29 109	29 351
Lebenserwartung (Jahre)									
Ganze Bevölkerung	69,2	65,8	65,2	65,0	64,9	65,3	65,3	66,6	
Männer	63,7	59,6	58,9	58,7	58,6	58,9	58,9	60,4	
Frauen	74,3	72,4	72,2	71,9	71,8	72,3	72,4	73,2	
Auf 1000 Einwohner kommen:									
Geburten	13,4	8,9	9,0	9,7	10,2	10,4	10,2	10,4	10,4
Todesfälle (insgesamt)	11,2	14,2	15,6	16,2	16,4	16,0	16,1	15,2	
darunter: Kinder bis zu einem Jahr (auf 1000 Lebendgeburten)	17,4	17,4	14,6	13,3	12,4	11,6	11,0	10,2	
Natürlicher Zuwachs, natürliche Abnahme	2,2	–5,3	–6,6	–6,5	–6,2	–5,6	–5,9	–4,8	
Eheschließungen	8,9	5,9	6,9	7,1	7,6	6,8	7,5	7,8	
Scheidungen	3,8	3,8	5,3	5,9	5,5	4,4	4,2	4,5	
Migrationsverlust, -gewinn	1,9	3,5	1,9	1,6	0,6	0,7	0,9	1,1	

Quelle: Staatlicher Statistikdienst Goskomstat, http://www.gks.ru/bgd/regl/b07_13/IssWWW.exe/Stg/d01/04-01.htm (Zugriff am 27.7.2008).

Tab. 4: Lebenserwartung bei der Geburt (Jahre)

Jahre	Gesamtbevölkerung			Stadt			Land		
	Alle	Männer	Frauen	Alle	Männer	Frauen	Alle	Männer	Frauen
1896–1897 (50 Gouvernements des Europäischen Russland)	30,54	29,43	31,69	29,77	27,62	32,24	30,63	29,66	31,66
1926–1927 (Europäischer Teil der SFSR)	42,93	40,23	45,61	43,92	40,37	47,50	42,86	40,39	45,30
1958–1959	67,91	62,99	71,45	67,92	63,03	71,48	67,84	62,86	71,30
1961–1962	68,75	63,78	72,38	68,69	63,86	72,48	68,62	63,40	72,33
1970–1971	68,93	63,21	73,55	68,51	63,76	73,47	68,13	61,78	73,39
1980–1981	67,61	61,53	73,09	68,09	62,39	73,18	66,02	59,30	72,47
1990	69,19	63,73	74,30	69,55	64,31	74,34	67,97	62,03	73,95
1995	64,52	58,12	71,59	64,70	58,30	71,64	63,99	57,64	71,40
2000	65,34	59,03	72,26	65,69	59,35	72,46	64,34	58,14	71,66
2001	65,23	58,92	72,17	65,57	59,23	72,37	64,25	58,07	71,57
2002	64,95	58,68	71,90	65,40	59,09	72,18	63,68	57,54	71,09
2003	64,85	58,55	71,84	65,35	59,00	72,18	63,42	57,29	70,86
2004	65,27	58,89	72,30	65,81	59,38	72,65	63,76	57,55	71,27
2005	65,30	58,87	72,39	65,99	59,52	72,86	63,44	57,19	71,07
2006	66,60	60,37	73,23	67,29	61,03	73,70	64,73	58,67	71,89
2007	67,50	61,40	73,90						

Quelle: Angaben von Rosstat http://www.gks.ru/bgd/regl/b07_13/IssWWW.exe/Stg/d01/04-23.htm; http://www.gks.ru/free_doc/2008/demo/osn/05-08.htm (Zugriff am 11.1.2008).

Tab. 5: Verteilung der Bevölkerung nach Altersgruppen (in Tsd., 1.1.2008)

Alter (Jahre)	Gesamtbevölkerung			Stadt			Land		
	Alle	Männer	Frauen	Alle	Männer	Frauen	Alle	Männer	Frauen
Gesamtbevölkerung 1.1.2008	142009	65717	76292	103773	47518	56255	38236	18199	20037
Darunter im Alter von:									
bis zu 1 Jahr	1598	822	776	1114	573	541	484	249	235
0–4 Jahre	7449	3827	3622	5265	2707	2558	2184	1120	1064
5–9 Jahre	6481	3317	3164	4451	2280	2171	2030	1037	993
10–14 Jahre	6894	3522	3372	4633	2369	2264	2261	1153	1108
15–19 Jahre	10207	5206	5001	7028	3567	3461	3179	1639	1540
20–24 Jahre	12764	6459	6305	9612	4804	4808	3152	1655	1497
25–29 Jahre	11475	5744	5731	8864	4399	4465	2611	1345	1266
30–34 Jahre	10493	5191	5302	8031	3942	4089	2462	1249	1213
35–39 Jahre	9702	4779	4923	7301	3571	3730	2401	1208	1193
40–44 Jahre	9804	4726	5078	7151	3393	3758	2653	1333	1320
45–49 Jahre	11955	5632	6323	8739	4015	4724	3216	1617	1599
50–54 Jahre	10948	4970	5978	8113	3581	4532	2835	1389	1446
55–59 Jahre	9350	4077	5273	7085	3015	4070	2265	1062	1203
60–64 Jahre	4898	2017	2881	3783	1539	2244	1115	478	637
65–69 Jahre	6602	2429	4173	4731	1722	3009	1871	707	1164
über 70 Jahre	12987	3821	9166	8986	2614	6372	4001	1207	2794

Quelle: Angaben von Rosstat, http://www.gks.ru/free_doc/2008/demo/nas-pol08.htm (Zugriff am 21.10.2008).

Tab. 6: Nationalität und Beherrschung der russischen Sprache

	Insgesamt (in Tsd.)		Anteil an der Gesamtbevölkerung (in %)
	Nationalität	Russischsprechende	
Insgesamt	145 164,0	142 571,0	100,00
Russen	115 868,0	115 585,0	79,82
Tataren	5 558,0	5 339,0	3,83
Ukrainer	2 943,0	2 936,0	2,03
Baschkiren	1 674,0	1 581,0	1,15
Tschuwaschen	1 637,0	1 585,0	1,13
Tschetschenen	1 361,0	1 128,0	0,94
Armenier	1 130,0	1 113,0	0,78
Mordwinen	845,0	839,0	0,58
Belorussen	815,0	813,0	0,56
Awaren	757,0	656,0	0,52
Kasachen	655,0	644,0	0,45
Udmurten	637,0	625,0	0,44
Aserbajdschaner	621,0	587,0	0,43
Marijner	605,0	588,0	0,42
Deutsche	597,0	596,0	0,41
Kabardiner	520,0	483,0	0,36
Osseten	515,0	496,0	0,35
Darginer	510,0	450,0	0,35
Burjaten	445,0	429,0	0,31
Jakuten	444,0	388,0	0,31
Kumyken	423,0	384,0	0,29
Inguschen	412,0	361,0	0,28
Lesginen	412,0	371,0	0,28
Komi	293,0	289,0	0,20
Tuwiner	244,0	207,0	0,17
Juden	230,0	229,0	0,16
Georgiern	198,0	195,0	0,14
Karatschaer	192,0	182,0	0,13
Zigeuner	183,0	176,0	0,13
Kalmyken	174,0	173,0	0,12
Moldawier	172,0	171,0	0,12
Lakzen	156,0	147,0	0,11

Tab. 6: Nationalität und Beherrschung der russischen Sprache/Fortsetzung

	Insgesamt (in Tsd.)		Anteil an der Gesamtbevöl- kerung (in %)
	Nationalität	Russischsprechende	
Koreaner	148,0	146,0	0,10
Kosaken	140,0	140,0	0,10
Tabasaraner	132,0	115,0	0,09
Adygeer	129,0	123,0	0,09
Komi- Permjaken	125,0	123,0	0,09
Usbeken	123,0	120,0	0,08
Andere	3 141,0		2,16
Keine Angabe	1 458,0	481,0	1,00

Quelle: Daten der Volkszählung 2002, http://www.gks.ru/PEREPIS/t5.htm (Zugriff am 2.8.2004).

Tab. 7: Russlands Regionen im Überblick: Zentrale Kennzahlen (1.1.2008)/

Region	Hauptstadt	Fläche (in 1000 km²)	Einwohner (in Tsd.)	Durchschnittl. Monatseinkommen pro Kopf (in Euro)	Anteil am russischen BIP (2006; in %)
Russland insgesamt	Moskau	17098,2	142008,8	376,5	100
Nordwestlicher Föderalbezirk					
Republik Karelien	Petrosawodsk	180,5	690,7	370,2	0,39
Republik Komi	Syktywkar	416,8	968,2	476,4	0,95
Gebiet Archangelsk	Archangelsk	589,9	1271,9	404,6	0,93
Gebiet Wologda	Wologda	144,5	1222,9	362,8	0,93
Gebiet Kaliningrad	Kaliningrad	15,1	937,4	349,3	0,45
Gebiet Leningrad	St. Petersburg	83,9	1633,3	362,3	1,19
Gebiet Murmansk	Murmansk	144,9	850,9	514,2	0,70
Gebiet Nowgorod	Nowgorod	54,5	652,4	299,2	0,33
Gebiet Pskow	Pskow	55,4	705,3	245,7	0,22
Stadt Sankt Petersburg	St. Petersburg	1,4	4568,1	467,3	3,64
Autonomer Bezirk der Nenzen	Narjan Mar	176,8	42	957,5	0,27

Tab. 7: Russlands Regionen im Überblick: Zentrale Kennzahlen (1.1.2008)/Fortsetzung

Region	Hauptstadt	Fläche (in 1000 km²)	Einwohner (in Tsd.)	Durchschnittl. Monatseinkommen pro Kopf (in Euro)	Anteil am russischen BIP (2006; in %)
Russland insgesamt	Moskau	17 098,2	142 008,8	376,5	100
		Zentraler Föderalbezirk			
Gebiet Belgorod	Belgorod	27,1	1 519,1	291,3	0,81
Gebiet Brjansk	Brjansk	34,9	1 308,5	228,9	0,37
Gebiet Wladimir	Wladimir	29,1	1 449,5	260,1	0,50
Gebiet Woronesch	Woronesh	52,2	2 280,4	249,4	0,73
Gebiet Iwanowo	Iwanowo	21,4	1 079,6	233,1	0,24
Gebiet Kaluga	Kaluga	29,8	1 005,7	301,3	0,38
Gebiet Kostroma	Kostroma	60,2	697	254,1	0,24
Gebiet Kursk	Kursk	30	1 62,5	248,0	0,45
Gebiet Lipezk	Lipezk	24	1 168,8	302,6	0,84
Gebiet Moskau	Moskau	45,8	6 672,8	448,3	4,21
Gebiet Orjol	Orjol	24,7	821,9	240,0	0,28
Gebiet Rjasan	Rjasan	39,6	1 164,5	272,7	0,46
Gebiet Smolensk	Smolensk	49,8	983,2	267,2	0,36
Gebiet Tambow	Tambow	34,5	1 106	219,8	0,35
Gebiet Twer	Twer	84,2	1 379,6	279,6	0,56
Gebiet Tula	Tula	25,7	1 566,3	278,1	0,64
Gebiet Jaroslawl	Jaroslawl	36,2	1 315	312,9	0,70
Stadt Moskau	Moskau	1,1	10 470,3	644,9	23,08

Tab. 7: Russlands Regionen im Überblick: Zentrale Kennzahlen (1.1.2008)/Fortsetzung

Region	Hauptstadt	Fläche (in 1000 km²)	Einwohner (in Tsd.)	Durchschnittl. Monatseinkommen pro Kopf (in Euro)	Anteil am russischen BIP (2006; in %)
Russland insgesamt	Moskau	17098,2	142 008,8	376,5	100
Südlicher Föderalbezirk					
Republik Adygeja	Maikop	7,8	441,2	223,7	0,09
Republik Kalmykien	Elista	74,7	285,6	196,8	0,06
Bezirk Krasnodar	Krasnodar	75,5	5 121,8	287,8	2,09
Gebiet Astrachan	Astrachan	49	1 000,9	277,4	0,38
Gebiet Wolgograd	Wolgograd	112,9	2 608,8	269,3	1,12
Gebiet Rostow	Rostow am Don	101	4 254,4	265,6	1,51
Föderalbezirk Nordkaukasus					
Republik Dagestan	Machatschkala	50,3	2 687,8	157,6	0,53
Republik Inguschetien	Nasran	3,6	499,5	218,3	0,04
Republik Kabardino–Balkarien	Naltschik	12,5	891,3	203,3	0,19
Republik Karatschajewo-Tscherkessien	Tscherkessk	14,3	427,4	210,5	0,10
Republik Nordossetien-Alanija	Wladikawkas	8	702,4	212,8	0,19
Republik Tschetschenien	Grosny	15,6	1 209	281,6	0,13
Bezirk Stawropol	Stawropol	66,2	2 705,1	243,0	0,80

Tab. 7: Russlands Regionen im Überblick: Zentrale Kennzahlen (1.1.2008)/Fortsetzung

Region	Hauptstadt	Fläche (in 1 000 km²)	Einwohner (in Tsd.)	Durchschnittl. Monatseinkommen pro Kopf (in Euro)	Anteil am russischen BIP (2006; in %)
Russland insgesamt	Moskau	17 098,2	142 008,8	376,5	100
		Föderalbezirk Wolga			
Republik Baschkortostan	Ufa	142,9	4 052,8	306,7	2,27
Republik Mari El	Joschkar-Ola	23,4	703,2	233,5	0,19
Republik Mordwinien	Saransk	26,1	840,4	225,4	0,25
Republik Tatarstan	Kasan	67,8	3 762,8	319,1	2,72
Republik Udmurtien	Ishewsk	42,1	1 532,7	272,8	0,73
Republik Tschuwaschien	Tscheboksary	18,3	1 282,6	242,9	0,41
Gebiet Kirow	Wjatka	120,4	1 413,2	247,9	0,43
Gebiet Nishnij Nowgorod	Nishij Nowgorod	76,6	3 359,8	285,6	1,71
Gebiet Orenburg	Orenburg	123,7	2 119	268,3	1,34
Gebiet Pensa	Pensa	43,4	1 388	239,0	0,41
Bezirk Perm	Perm	160,2	2 718,2	335,9	1,76
Gebiet Samara	Samara	53,6	3 172,8	333,0	2,20
Gebiet Saratow	Saratow	101,2	2 583,8	254,8	0,90
Gebiet Uljanowsk	Uljanowsk	37,2	1 312,2	235,3	0,45

Tab. 7: Russlands Regionen im Überblick: Zentrale Kennzahlen (1.1.2008)/Fortsetzung

Region	Hauptstadt	Fläche (in 1000 km²)	Einwohner (in Tsd.)	Durchschnittl. Monatseinkommen pro Kopf (in Euro)	Anteil am russischen BIP (2006; in %)
Russland insgesamt	Moskau	17 098,2	142 008,8	376,5	100
Föderalbezirk Ural					
Gebiet Kurgan	Kurgan	71,5	960,4	249,3	0,30
Gebiet Swerdlowsk	Jekaterinburg	194,3	4 395,6	385,1	2,94
Gebiet Tjumen	Tjumen	1 464,2	3 373,4	795,2	11,70
Gebiet Tscheljabinsk	Tscheljabinsk	88,5	3 511	329,1	1,98
Autonomer Bezirk der Chanten und Mansen	Chanty-Mansijsk	534,8	1 505,2	898,6	7,33
Autonomer Bezirk der Jamal-Nenzen	Salechard	769,3	542,8	1 040,0	2,44

Tab. 7: Russlands Regionen im Überblick: Zentrale Kennzahlen (1.1.2008)/Fortsetzung

Region	Hauptstadt	Fläche (in 1000 km²)	Einwohner (in Tsd.)	Durchschnittl. Monatseinkommen pro Kopf (in Euro)	Anteil am russischen BIP (2006; in %)
Russland insgesamt	Moskau	17098,2	142 008,8	376,5	100
Sibirischer Föderalbezirk					
Republik Altaj	Gorno-Al-tajsk	92,9	207,1	259,2	0,05
Republik Burjatien	Ulan–Ude	351,3	959,9	317,7	0,41
Republik Tuwa	Kyzyl	168,6	311,6	292,9	0,07
Republik Chakassien	Abakan	61,6	537,3	315,8	0,23
Bezirk Altai	Barnaul	168	2508,5	214,6	0,75
Bezirk Krasnojarsk	Krasnojarsk	2366,8	2890,4	430,4	2,63
Gebiet Irkutsk	Irkutsk	774,8	2507,7	382,7	1,45
Gebiet Kemerowo	Kemerowo	95,7	2823,5	348,1	1,51
Gebiet Nowosibirsk	Nowosibirsk	177,8	2635,6	337,5	1,29
Gebiet Omsk	Omsk	141,1	2018	312,3	1,11
Gebiet Tomsk	Tomsk	314,4	1035	395,8	0,84
Gebiet Tschita	Tschita	431,9	1118,9	337,0	0,39
Autonomer Bezirk der Burjaten von Aginsk	Aginskoje	19,6	76,4	244,1	0,03

Tab. 7: Russlands Regionen im Überblick: Zentrale Kennzahlen (1.1.2008)/Fortsetzung

Region	Hauptstadt	Fläche (in 1 000 km²)	Einwohner (in Tsd.)	Durchschnittl. Monatseinkommen pro Kopf (in Euro)	Anteil am russischen BIP (2006; in %)
Russland insgesamt	Moskau	17 098,2	142 008,8	376,5	100
Föderalbezirk Fernost					
Republik Sacha (Jakutien)	Jakutsk	3 083,5	951,4	541,6	0,92
Bezirk Primore	Wladiwostok	464,3	345,7	367,1	0,24
Bezirk Chabarowsk	Chabarowsk	164,7	1 995,8	438,0	0,94
Gebiet Amur	Blagowe-schtschensk	787,6	1 403,7	371,3	0,88
Bezirk Kamtschatka	Petro-Kamtschatskij	361,9	869,6	608,3	0,41
Gebiet Magadan	Magadan	462,5	165,8	649,6	0,13
Gebiet Sachalin	Jushno-Sachalinsk	87,1	518,5	645,4	0,73
Jüdisches Autonomes Gebiet	Birobidshan	36,3	185,6	336,7	0,08
Autonomer Bezirk der Tschuktschen	Anadyr	721,5	50,3	875,9	0,07

Quelle: Russischer Föderaler Dienst für Statistik/Rosstat, http://www.gks.ru/doc_2008/rusfig/rus08.zip (in Tsd.; 1. Jan).

Tab. 8: Ergebnisse der Dumawahlen 1993, 1995, 1999, 2003 und 2007

Parteien und Wahlvereinigungen					Stimmanteile (in %)				
1993	1995	1999	2003	2007	1993	1995	1999	2003	2007
Agrarpartei	Agrarpartei		Agrarpartei	Agrarpartei	7,99	3,78	–	3,64	2,31
	Unser Haus Russland	Unser Haus Russland			–	10,13	1,20	–	–
Jabloko	Jabloko	Jabloko	Jabloko	Jabloko	7,86	6,89	5,93	4,30	1,59
Russlands Wahl	Demokratische Wahl Russlands-Vereinigte Demokraten	Union der Rechten Kräfte	Union der Rechten Kräfte	Union der Rechten Kräfte	15,51	3,86	8,52	3,97	0,96
Demokratische Partei Russlands					5,52	–	–	–	–
KPRF	KPRF	KPRF	KPRF	KPRF	12,40	22,30	24,29	12,61	11,59
LDPR	LDPR	Block Shirinowskij	LDPR	LDPR	22,92	11,18	5,98	11,45	8,15
PRES					6,73	–	–	–	–
Frauen Russlands	Frauen Russlands	Frauen Russlands			8,13	4,61	2,05	–	–
		Vaterland-Ganz Russland	Einiges Russland	Einiges Russland	–	–	13,33	37,57	64,26
		Einheit (»Bär«)	»Heimat«		–	–	23,32	9,02	–

	Parteien und Wahlvereinigungen					Stimmanteile (in %)				
	1993	1995	1999	2003	2007	1993	1995	1999	2003	2007
					Gerechtes Russland	–	–	–	–	7,76
	Gegen alle/Andere Parteien	Gegen alle Listen	Gegen alle Listen	Gegen alle Listen	Listen	12,94	2,77	3,30	4,70	–
		Andere Parteien	Andere Parteien	Andere Parteien	Andere Parteien		34,48	12,07	12,73	2,29
Parteien unterhalb der 5%-Grenze						12,94	49,50	18,62	29,34	8,25
Wahlbeteiligung						54,37	64,38	60,43	55,60	63,66

Quellen: Kommersant, 21.12.1999, S. 1; http://www.fci.ru/gd99/vb99_int/default.htm (Zugriff am 23.12.1999); Bjulleten' Central'noj izbiratel'noj komissii Rossijskoj Federacii, 1994, Nr. 1 (12), S. 34–80; http://www.izbirkom.ru/izbirkom_proto-kols/sx/page/protokol2 (Zugriff am 9.12.2003); http://www.vybory.izbirkom.ru/region/region/izbirkom?action=show&root=1&tvd=100100021960186&vrn=100100021960181&region=0&global=1&sub_region=0&prver=0&pronetvd=null&vibid=100100021960186&type=233 (Zugriff am 3.12.2007).

Tab. 9: Ergebnisse der russischen Präsidentenwahlen 1991 – 2008

a) Präsidentenwahlen (RSFSR) am 12.6.1991

Namen der Kandidaten	Stimmen	in %
Bakatin	2 719 757	3,42
Jelzin	45 552 041	57,30
Shirinowskij	6 211 007	7,81
Makaschow	2 969 511	3,74
Ryschkow	13 395 335	16,85
Tulejew	5 417 464	6,81
Gegen alle	1 525 410	1,92
Residuum	1 707 715	2,15
Wahlbeteiligung		74,66

Quelle: Angaben der Zentralen Wahlkommission, http://www.fci.ru/archive/vyb91.htm (Zugriff am 29.5.2000).

b) Präsidentenwahlen am 16.6. und 3.7.1996

Namen der Kandidaten	1. Wahlgang 16.6.96, Amtliches Endergebnis 20.6.1996		2. Wahlgang 3.7.96, Amtliches Endergebnis 9.7.1996	
	Stimmen	in %	Stimmen	in %
W. Brynzalow	123 065	0,16		
Ju. Wlasow	151 282	0,20		
M. Gorbatschow	386 069	0,51		
B. Jelzin	26 665 495	35,28	40 208 384	53,82
W. Shirinowskij	4 311 479	5,70		
G. Sjuganow	24 211 686	32,03	30 113 306	40,31
A. Lebed	10 974 736	14,52		
A. Tulejew[1]	308	0,00		
S. Fedorow	699 158	0,92		
M. Schakkum	277 068	0,37		
G. Jawlinskij	5 550 752	7,34		
Gegen alle	1 163 921	1,54	3 604 550	4,83
Wahlbeteiligung		69,80		68,89

[1] A. Tulejew hatte seine Kandidatur vor dem Wahltag zurückgezogen, dennoch wurden 308 Stimmen für ihn abgegeben. Quelle: S. 549

Quelle: Angaben der Zentralen Wahlkommission, http://ww.fci.ru/prz_1996/sx/ art/290362/cp/1/br/290361/discart/290362 (Zugriff am 12.8.2003); http://ww.fci. ru/prz_1996/sx/art/290363/cp/1/br/290361/discart/290363 (Zugriff am 12.8.2003).

c) Präsidentenwahlen am 26.3.2000

Namen der Kandidaten	Stimmen	in %
S. Goworuchin	328 723	0,44
U. Dshabrailow	78 498	0,10
W. Shirinowskij	2 026 513	2,70
G. Sjuganow	21 928 471	29,21
E. Pamfilowa	758 966	1,01
A. Podbereskin	98 175	0,13
W. Putin	39 740 434	52,94
Ju. Skuratow	319 263	0,43
K. Titow	1 107 269	1,47
A. Tulejew	2 217 361	2,95
G. Jawlinskij	4 351 452	5,80
Gegen alle	1 414 648	1,88
Wahlbeteiligung		68,64

Quelle: Angaben der Zentralen Wahlkommission, http://www.fci.ru/prez2000/ default.htm (java:pr_r00.htm; Zugriff am 7.4.2000).

d) Präsidentenwahlen am 14.3.2004

Namen der Kandidaten	Stimmen	in %
S. Glasjew	2 850 063	4,10
O. Malyschkin	1 405 315	2,02
S. Mironow	524 324	0,75
W. Putin	49 565 238	71,31
I. Chakamada	2 671 313	3,84
N. Charitonow	9 513 313	13,69
Gegen Alle	2 396 219	3,45
Wahlbeteiligung		64,32

Quelle: Angaben der Zentralen Wahlkommission, http://pr2004.cikrf.ru/etc/svod.xls (Zugriff am 25.3.2004).

e) Präsidentenwahlen am 2.3.2008

Namen der Kandidaten	Stimmen	in %
Bogdanow	968 344	1,30
Shirinowskij	6 988 510	9,35
Sjuganow	13 243 550	17,72
Medwedew	52 530 712	70,28
Wahlbeteiligung		69,71

Quelle: Angaben der Zentralen Wahlkommission, http://www.vybory.izbirkom.
ru/region/region/izbirkom?action=show&root=1&tvd=100100022249920&vrn=1
00100022176412&region=0&global=1&sub_region=0&prver=0&pronetvd=null&-
vibid=100100022249920&type=226 (Zugriff am 11.3.2008).

Kurzbiografien der wichtigsten Akteure

ABRAMOWITSCH, ROMAN [ABRAMOVIČ, ROMAN ARKAD'EVIČ]
Roman Abramowitsch (*24.10.1966 in Saratow) studierte am Moskauer Gubkin-Institut für Petrochemie und Gasindustrie. Bereits während seines Studiums, das er nicht abschloss, war er im Handel tätig. 1992–1995 gründet er eine Reihe von Unternehmen. Seit 1994 baut er gemeinsam mit anderen den Erdölkonzern *Sibneft* auf. 1996 wurde er Direktor der Moskauer Filiale, 1999 gehörte ihm die Hälfte des Konzerns. 2007 kontrollierte er über das in Großbritannien registrierte Unternehmen *Millhouse Capital* 80% von *Sibneft*, 50% des Unternehmens »*Russisches Aluminium*« und 25% von *Aeroflot*. Seit 1999 gehört Abramowitsch der Duma an, 2000 wurde er zum Gouverneur von Tschukotka gewählt. Er gilt als einer der reichsten Männer Russlands. Abramowitsch besitzt den Londoner Fußballklub »Chelsea«.

ALEKPEROW, VAGIT [ALEKPEROV, VAGIT JUSUFOVIČ]
Vagit Alekperow (*1.9.1950 in Baku) machte 1974 seinen Abschluss am Petrochemischen Institut in Baku und arbeitete danach in der Erdöl- und Erdgasindustrie, zuletzt als Generaldirektor des Erdgaskonzerns *Kogalymneftegaz*. 1990–1992 war er Stellvertretender und Erster Stellvertretender Minister für Öl- und Gasindustrie der UdSSR. Seit 1992 ist er Präsident des Mineralölkonzerns *Lukojl*.

CHODORKOWSKIJ, MICHAIL [CHODORKOVSKIJ, MICHAIL BORISOVIČ]
Michail Chodorkowskij (*26.6.1963 in Moskau) studierte am Moskauer Mendelejew-Institut und machte 1986 seinen Abschluß als Ingenieur-Technologe. 1986–1987 war er Stellvertretender Komsomolsekretär des Mendelejew-Instituts und übernahm 1987 die Leitung des »*Zentrums für wissenschaftlich-technisches Schöpfertum der Jugend – Stiftung für Jugend-Initiative*« *(NTTM)*, eines quasi-privatwirtschaftlichen Komsomol-Unternehmens. In Verbindung mit der Arbeit bei *NTTM* nahm Chodorkowskij ein Studium am Plechanow-Institut für Volkswirtschaft auf, das er 1988 abschloß. 1990 kaufte die »*Kommerzielle Innovationsbank*« dem Exekutivkomitee des Moskauer Sowjets die Firma *NTTM* ab und benannte sich in *MENATEP-Invest* um. Chodorkowskij wurde Generaldirektor von *MENATEP* und 1991 ihr Vorstandsvorsitzender. Im Jahr 1992 wurde er Vorsitzender des Investitionsfonds zur Förderung der Brennstoff- und Energieindustrie mit den Rechten eines Stellvertretenden Energieministers und im März

1993 kurzzeitig Stellvertretender Energieminister. 1995–1997 erwarb *MENATEP* bei den *»loans for shares«*-Auktionen 45 % der Aktien des Mineralölunternehmens *Jukos*.

Im September 1995 fasste *MENATEP* ihre Industriebeteiligungen in der Holding *»Rosprom«* zusammen, deren Führung Chodorkowskij übernahm. Die *»Assoziation zum Schutz der Investorenrechte«* ernannte ihn im Dezember 2001 zum besten Manager des Jahres. Die Forbes-Liste der reichsten Leute der Welt führte ihn Anfang 2003 für Russland auf Platz 1 und weltweit auf Platz 26. Am 25. Oktober 2003 wurde Chodorkowskij verhaftet und unter der Anklage des schweren Betrugs, der Steuerhinterziehung, der Urkundenfälschung und der Zufügung von Eigentumsschäden durch Irreführung und Vertrauensmissbrauch verhaftet. Am 31. Mai 2005 wurde er zu neun Jahren Freiheitsstrafe verurteilt, die in der Folge auf acht Jahre reduziert wurde. Die Strafe verbüßt er in Tschita, seine Anträge auf vorzeitige Entlassung wurden bis 2008 alle abgelehnt. Am 3. März 2009 wurde ein zweites Strafverfahren gegen ihn eröffnet.

TSCHUBAJS, ANATOLIJ [ČUBAJS ANATOLIJ BORISOVIČ]
Anatolij Tschubajs (*16.6.1955 in Borisov, Gebiet Minsk) studierte am Leningrader Ingenieur-technischen Institut und promovierte 1983 über vervollkommnete Leitungs- und Planungsmethoden. 1983–1985 gehörte er einem informellen Kreis *»Junger Ökonomen«* an, in dem die Transformation zum Markt vorgedacht wurde. Im November 1991 wurde er Vorsitzender des Staatskomitees zur Verwaltung des Staatseigentums und war für die Privatisierung Russlands verantwortlich. 1996 organisierte er die Wiederwahl Jelzins, im Juli desselben Jahres wurde er zum Leiter der Präsidialadministration ernannt. Im März 1997 wurde er Finanzminister und Erster Stellvertretender Ministerpräsident. Im März 1998 aus diesen Ämtern entlassen übernahm er im April die Leitung des russischen Strommonopolisten *RAO EES Rossii*. In den folgenden Jahre reorganisierte er den russischen Strommarkt und löste das Strommonopol auf. Seit September 2008 führt er die Russische Korporation für Nanotechnologie. Tschubajs gehört zu den wichtigsten Finanziers der Partei *»Union der Rechten Kräfte«*.

DERIPASKA, OLEG [DERIPASKA, OLEG VLADIMIROVIČ]
Oleg Deripaska (*2.1.1968 in Dserschinsk, Gebiet Gorkij/Nishnij Nowgorod) studierte an der Moskauer Lomonossow-Universität Physik, arbeitete aber bereits während des Studiums 1990–1992 als Finanzdirektor eines Investitionsunternehmens und als Broker an der Moskauer Warenbörse. 1994 wurde er Generaldirektor des Sajansker Aluminium-

werks. In dieser Funktion schuf er einen integrierten Aluminiumkonzern. 2000 wurde er Generaldirektor der Gesellschaft *»Russisches Aluminium«* *(RUSAL)*, des weltweit größten Aluminiumproduzenten. Deripaska ist Aufsichtsratsvorsitzender der Holding *Basowyj Element*. Die Forbesliste 2008 führte ihn als reichsten Russen mit einem Vermögen von 28 Milliarden US Dollar auf.

IWANOW, SERGEJ [IVANOV, SERGEJ BORISOVIČ]
Sergej Iwanow (*31.1.1953 in Leningrad) absolvierte 1973 ein Dolmetscherstudium an der Leningrader Staatsuniversität, danach eine Ausbildung an der KGB-Hochschule in Minsk, die er 1976 abschloss. 1976–1977 war er in der 1. (Kader-)Abteilung des Leningrader KGB tätig, wo er Wladimir Putin kennenlernte. Danach besuchte er das Andropow-Institut des KGB, an dem er 1981 seinen Abschluss machte. Von 1981 bis 1991 gehörte Iwanow der 1. Hauptverwaltung des KGB an. Unter anderem war er in London, Helsinki und Kenia tätig. Nach der Auflösung des KGB 1991 arbeitete er bis 1998 im *»Dienst der Auslandsaufklärung« (SVR)*, am Schluss als Direktor der Europa-Abteilung. Auf Vorschlag Putins, damals Direktor des Inlandsgeheimdienstes *FSB*, wechselte Iwanow als Stellvertreter Direktor und Leiter der Abteilung Analyse, Prognose und strategische Planung zum *FSB*. Am 15. November 1999 wurde er in Nachfolge Putins von Jelzin zum Sekretär des Sicherheitsrats ernannt. Am 28. März 2001 ernannte Präsident Putin ihn zum Verteidigungsminister. 2007 wurde er Stellvertretender Ministerpräsident. Iwanow galt lange als möglicher Nachfolger Putins, musste jedoch Dmitrij Medwedew weichen. In der Administration Putin-Medwedew hat er das Amt des Ersten Stellvertretenden Ministerpräsidenten inne.

KADYROW, RAMSAN [KADYROV, RAMZAN ACHMADOVIČ]
Ramsan Kadyrow (*5.10.1976) ist der Sohn Achmat Kadyrows, des ersten Präsidenten der von Russland unterstützten Tschetschenischen Republik. Während des ersten Tschetschenienkriegs (1994–1996) kämpfte er auf Seiten der Unabhängigkeitsbewegung, ging aber 1999 mit seinem Vater zu den Russen über. Nach der Wahl seines Vaters zum Präsidenten wurde er Chef des präsidentiellen Sicherheitsdienstes und baute eigene paramilitärische Strukturen auf. Nach der Ermordung seines Vaters am 9. Mai 2004 wurde er zum Ersten Stellvertretenden Ministerpräsidenten Tschetscheniens ernannt, mit der Zuständigkeit für die Sicherheitsdienste. 2006 ernannte ihn der tschetschenische Präsident Alu Alchanow zum Ministerpräsidenten, 2007 wurde Ramsan Kadyrow selbst Präsident.

KOSAK, DMITRIJ [KOZAK, DMITRIJ NIKOLAEVIČ]
Dmitrij Kosak (*7.11.1958 in Kirowograd, Ukraine) studierte Rechtswissenschaften an der Leningrader Staatsuniversität; er schloss sein Studium 1985 ab. Danach arbeitete er in der Staatsanwaltschaft. 1990 wurde er Stellvertretender Leiter der Rechtsabteilung des Exekutivkomitees des Leningrader Sowjets (Stadtverwaltung), 1994 Vorsitzender des Rechtskomitees des Petersburger Bürgermeisteramtes, 1996 Vizegouverneur von Petersburg und im August 1999 Erster Stellvertretender Vorsitzender des Regierungsapparats. Im Mai 2000 wurde er Stellvertretender Leiter der Präsidialverwaltung. 2000–2002 war er zuständig für Justiz-, Verwaltungs- und andere Reformen, im September 2004 wurde er zum Präsidialbeauftragten des Südlichen Föderalbezirks und zum Vorsitzenden der Föderalen Kommission für den Nordkaukasus ernannt. Im Zuge der Regierungsumbildung im Herbst 2007 kehrte Kosak nach Moskau zurück und übernahm das Ministerium für Regionalentwicklung. Dieses Amt hat er auch nach dem Präsidenten- und Regierungswechsel im Mai 2008 inne. Im Oktober 2008 wurde er zum Stellvertretenden Ministerpräsidenten und Sonderbeauftragten für die Durchführung der Winterolympiade 2014 in Sotschi ernannt.

KUDRIN, ALEXEJ [KUDRIN, ALEKSEJ LEONIDOVIČ]
Alexej Kudrin (*12.10.1960 in Dobel, Lettland) schloss 1983 sein Studium der Wirtschaftswissenschaften an der Leningrader Staatsuniversität ab. Anschließend war er am Institut für sozialökonomische Probleme der Akademie der Wissenschaften tätig, wo er mit Tschubajs zusammenarbeitete. 1988–1989 promovierte er am Institut für Ökonomie der Akademie der Wissenschaften. 1990 wurde er Stellvertretender Leiter des Komitees des Leningrader Stadtexekutivkomitees für Wirtschaftsreformen, 1992 Vorsitzender Hauptverwaltung Finanzen des Petersburger Bürgermeisteramtes. 1993 wurde er zudem Präsident der Sankt-Petersburger Bank für Rekonstruktion und Entwicklung. 1996 wurde er zum Stellvertretender Leiter der Präsidialadministration, 1997 zum Ersten Stellvertretenden Finanzminister ernannt. Im Januar 1999 wurde Kudrin Erster Stellvertretender Vorsitzender des Strommonopolisten *EES Rossii*. Im Juni des gleichen Jahres wurde er Erster Stellvertretender Finanzminister, im Mai 2000 Finanzminister und Stellvertretender Ministerpräsident. Von 2004 bekleidete er nur das Amt des Finanzministers, 2007 wurde er zusätzlich wieder Stellvertretender Ministerpräsident. Diese Positionen hat er auch nach dem Präsidenten- und Regierungswechsel im Mai 2008 inne.

LAWROW, SERGEJ [LAVROV, SERGEJ VIKTOROVIČ]
Sergej Lawrow (*21.3.1950) studierte am Moskauer Staatsinstitut für Internationale Beziehungen *(MGIMO)* und machte dort 1972 seinen Abschluss. Er war im diplomatischen Dienst der UdSSR tätig und hatte Posten in Sri Lanka und bei der UN in New York inne. Im Moskauer Außenministerium arbeitete in der Abteilung für internationale Organisationen, zu deren Leiter er 1988 aufrückte. 1992–1994 war er Stellvertretender Außenminister, 1994–2004 Ständiger Vertreter Russlands bei der UN. Seit 2004 ist er Außenminister.

LUSHKOW, JURIJ [LUŽKOV JURIJ MICHAJLOVIČ]
Juri Lushkow (*21.9.1936 in Moskau) absolvierte das Gubkin-Institut für Petrochemie und Gasindustrie. 1964–1986 arbeitete er in Forschungseinrichtungen der Energiewirtschaft, zuletzt als Generaldirektor der Wissenschaftlichen Produktionsvereinigung *Neftechimavtomatika*. 1987 wurde er auf Anregung Boris Jelzins zum Ersten Stellvertretenden Vorsitzenden des Moskauer Exekutivkomitees ernannt. 1991 übernahm er das Amt eines Stellvertretenden Bürgermeisters von Moskaus. 1992 wurde Lushkow von Jelzin zum Moskauer Bürgermeister ernannt und in der Folge viermal (1996, 1999, 2003, 2007) in Wahlen bestätigt. Seine zweite Frau, die Unternehmerin Jelena Baturina, gilt als die reichste Frau Russlands.

MEDWEDEW, DMITRIJ [MEDVEDEV, DMITRIJ ANATOL'EVIČ]
Dmitrij Medwedew (*14.9.1965 in Leningrad) studierte Rechtswissenschaften an der Leningrader Staatsuniversität *(LGU)*, machte 1987 sein Examen und schlug zunächst die Hochschullaufbahn ein. 1990 promovierte er in Zivilrecht und lehrte in der Folge bis zum Jahr 1999 an der Juristischen Fakultät der *LGU*. Neben seiner akademischen Tätigkeit beriet er in der ersten Hälfte der 1990er Jahre das Komitee für Auswärtiges beim Petersburger Bürgermeisteramt. Das Komitee wurde zu dieser Zeit von Putin geleitet, dem Medwedew direkt zuarbeitete. Im Jahr 1999 ging er nach Moskau. Im Januar 2000 wechselte Medwedew in die Präsidialadministration, deren Stellvertretender Leiter er wurde. Im Präsidentschaftswahlkampf Anfang 2000 leitete er den Wahlkampfstab Putins. Im Juni 2000 wurde er zum Ersten Stellvertretenden Leiter der Präsidialadministration ernannt. 2001 betraute ihn Putin mit der Durchführung der Reform des öffentlichen Dienstes. Am 28. Juni 2002 wurde Medwedew zum Vorsitzenden des Aufsichtsrats des Erdgasmonopolisten *Gazprom* gewählt. Am 30. Oktober 2003 wurde er Leiter der Präsidialadministration. Am 14. November 2005 löste Präsident Putin Medwedew als Leiter der

Präsidialverwaltung ab und ernannte ihn zum Ersten Stellvertretenden Ministerpräsidenten mit Zuständigkeit für die nationalen Projekte. Gemeinsam mit Sergej Iwanow galt er als möglicher Putin-Nachfolger. Am 10. Oktober 2007 gab Putin Medwedews Kandidatur für das Präsidentenamt bekannt. Am 7. März 2008 wurde er mit 70,28% der Stimmen zum russischen Präsidenten gewählt.

MORDASCHOW, ALEXEJ [MORDAŠOV, ALEKSEJ ALEKSANDROVIČ]
Alexej Mordaschow (*26.9.1965 in Tscherepowez) schloss sein Studium am Leningrader Ingenieur-ökonomischen Institut 1988 mit Auszeichnung ab und arbeitete danach als Ökonom für das Tscherepowezer Hüttenkombinat. Mordaschow organisierte die Umwandlung des Kombinats in die Aktiengesellschaft *Sewerstal*, die er bald kontrollierte. Seit 1996 ist er Generaldirektor des Stahlkonzerns *Sewerstal*, seit 2002 dessen Vorstandsvorsitzender. Nach Angaben der Forbesliste 2008 beträgt sein Vermögen 34,5 Milliarden US Dollar.

POTANIN, WLADIMIR [POTANIN, VLADIMIR OLEGOVIČ]
Wladimir Potanin (*3.1.1961 in Moskau) absolvierte eine Ausbildung für internationale Wirtschaft am Moskauer Staatsinstitut für Internationale Beziehungen *(MGIMO)*. 1983–1990 arbeitete er in der sowjetischen Außenhandelsgesellschaft. 1990 gründete er das Außenwirtschaftsunternehmen *Interros*, dessen Präsident er wurde. 1992–1993 war er Vizepräsident und Präsident der *MFK-Bank*, 1993 wurde er Präsident der *Onexim-Bank*. 1998 wurde Potanin Präsident und Vorstandsvorsitzender der Holding *Interros*, die aus dem Zusammenschluss von Interros, des Mineralölkonzerns *Sidanko* und des Buntmetallkonzerns *Norilskij Nikel* entstand. Bei der Teilung des Unternehmens kam es 2007 zu einem langwierigen Konflikt mit seinem Partner Michail Prochorow. Die Forbesliste 2008 gab Potanins Vermögen mit 19,3 Milliarden US Dollar an.

PUTIN, WLADIMIR [PUTIN, VLADIMIR VLADIMIROVIČ]
Wladimir Putin (*7. Oktober 1952 in Leningrad/Sankt Petersburg) studierte Rechtswissenschaften an der Leningrader Staatsuniversität. Nach dem Examen trat er in den sowjetischen Geheimdienst KGB ein und war dort in der Ersten Hauptverwaltung (Auslandsaufklärung) tätig. Er spezialisierte sich auf deutschsprachige Länder und arbeitete unter anderem in der DDR. 1990 wurde er als Oberstleutnant in die KGB-Reserve entlassen und nahm beim Rektor der Leningrader Staatsuniversität den Posten eines Assistenten für internationale Fragen an. Noch im selben

Jahr holte der im Mai 1990 zum Vorsitzenden des Leningrader Stadt-
sowjets gewählte Reformer Anatolij Sobtschak Putin als Berater zu sich.
Im März 1994 stieg Putin zum Ersten Stellvertretenden Vorsitzenden der
Stadtverwaltung auf. 1995 beauftragte Sobtschak ihn, die Petersburger
Filiale der Partei »*Unser Haus Russland*« zu organisieren und die Kampagne
dieser Partei bei den Dumawahlen im Dezember 1995 zu leiten. Nach
Sobtschaks Niederlage bei den Bürgermeisterwahlen gab Putin seinen
Posten in der Stadtverwaltung auf und ging im Juni 1996 als Stellvertreter
des Leiters der Allgemeinen Abteilung in der Präsididalverwaltung nach
Moskau. Dort war er unter anderem für die Liegenschaften im Ausland
zuständig. In dieser Zeit promovierte er am Petersburger Bergbauinstitut
mit einer Arbeit über »Strategische Planung der Reproduktion der regionalen Mineral- und Rohstoffbasis unter den Bedingungen der Herausfor-
mung der Marktwirtschaft«.

Am 26. März 1997 wurde Putin auf Empfehlung von Alexej Kudrin
zum Stellvertretenden Leiter der Präsidialadministration und Leiter der
Hauptkontrollabteilung ernannt. Am 25. Mai 1998 stieg er zum Ersten
Stellvertretenden Leiter der Präsidialadministration auf, wurde aber schon
am 25. Juli zum Direktor des Inlandsgeheimdienstes *FSB* ernannt. Am
29. März übernahm er – zusätzlich zu seiner Funktion im *FSB* – das Amt
eines Sekretärs des nationalen Sicherheitsrats. Am 16. August 1999 wählte
die Staatsduma ihn auf Vorschlag Jelzins zum Ministerpräsidenten. Als
Jelzin am 31. Dezember 1999 sein Amt niederlegte, übernahm Putin ver-
fassungsgemäß die Funktion des amtierenden Präsidenten. Am 26. März
2000 wurde er im 1. Wahlgang zum Präsidenten der Russischen Föderation gewählt. Im Jahr 2004 wurde er im Amt bestätigt. Putin genießt bei
Eliten und bei der breiten Bevölkerung auch nach seinem Wechsel in das
Amt des Ministerpräsidenten (2008) hohes Ansehen.

SCHAJMIJEW, MINTIMER [ŠAJMIEV MINTIMER ŠAPIROVIČ]
Mintimer Schajmijew (*20.1.1937 in Anjakowo, Tatarische ASSR) studierte am Kasaner Landwirtschaftsinstitut und arbeitete ab 1959 als Ingenieur
auf einer Reparatur- und Traktorenstation, später als Abteilungsleiter von
Selchostechnika, einer Behörde, die für Agrartechnik zuständig war. Ab
1967 wechselte er in den Apparat der KPdSU und stieg dort zum Sekretär
des Gebietskomitees von Tatarstan (1983–1985) auf, wurde dann Vorsitzender des Ministerrats der Tatarischen ASSR (1985–1989), um 1989
als Erster Parteisekretär an die Spitze des tatarischen Parteiapparats zurückzukehren. Am 12. Juni 1991 wurde er zum Präsidenten der Republik
Tatarstan gewählt, ein Amt, das er auch 2009 noch innehat. Unter der

Führung Schajmijews handelte die Republik in Verhandlungen mit der Jelzinschen Führung erheblich Autonomierechte heraus, darunter auch die Verfügung über die Bodenschätze der Republik. Innerhalb von Tatarstan etablierte er ein stabiles, autoritäres Regime. Ende März 2010 tritt er nicht mehr zur Wahl des Gouverneurs an. Nachfolger wird sein bisheriger Ministerpräsident Rustam Minnichanow.

SETSCHIN, IGOR [SEČIN, IGOR' IVANOVIČ]
Igor Setschin (*7.9.1960 in Leningrad) studierte Romanistik an der Leningrader Staatsuniversität und arbeitete nach dem Examen als Militärdolmetscher im Ausland, unter anderem in Angola und Mosambique, wo die Sowjetunion mit Unterstützung Kubas Stellvertreterkriege führte. Nach seiner Rückkehr war er in der Auslandsabteilung der Leningrader Universität tätig, ab 1988 im Exekutivkomitee des Leningrader Sowjets. Dort machte Putin ihn 1990 zum Leiter seines Sekretariats. 1996 folgte Setschin Putin nach Moskau in die Präsidialverwaltung. Er übernahm die Leitung des Regierungssekretariats, als Putin 1999 Ministerpräsident wurde, und wechselte im März 2000, nach Putins Wahl zum Präsidenten, als Stellvertretender Leiter in die Präsidialverwaltung. Am 12. Dezember 2002 beförderte Putin ihn zum Generalleutnant. Im August 2003 übernahm Setschin den Vorsitz des Aufsichtsrats des Erdölkonzerns *Rosneft*. 2004 wurde er Stellvertretender Leiter der Präsidialadministration. Am 12. Mai 2008 wurde er zum Stellvertretenden Ministerpräsidenten ernannt. Setschin gilt als führender Vertreter der *Silowiki* in der Umgebung Putins, obwohl er offiziell nie Mitarbeiter des KGB war.

SERDJUKOW, ANATOLIJ [SERDJUKOV, ANATOLIJ ÉDUARDOVIČ]
Anatoli Serdjukow (*8.1.1962 im Bezirk Krasnodar) beendete 1984 die Leningrader Handelshochschule als Diplom-Ökonom. Nach dem Wehrdienst arbeitete er ab 1985 als Manager in einem staatlichen Leningrader Möbelunternehmen, ab 1993 als Marketingdirektor. 1995–2000 war er Generaldirektor der *Möbelmarkt AG*. Im Oktober 2000 wurde Serdjukow zum Stellvertretenden Leiter der Interregionalen Inspektion des Steuerministeriums in Sankt Petersburg ernannt (verantwortlich für die größten Steuerzahler). 2000 promovierte er als Ökonom und anschließend 2001 auch als Jurist an der Staatlichen Petersburger Universität. Ab 2001 leitete er die Petersburger Verwaltung des Steuerministeriums. Als das russische Steuerministerium im Zuge der Regierungsumbildung 2004 als Steuerbehörde in das Finanzministerium eingegliedert wurde, wurde Serdjukow Leiter des Föderalen Steuerdienstes. Am 15. Februar 2007 wurde er zum

Verteidigungsminister ernannt, ein Amt, das er auch nach dem Präsidenten- und Regierungswechsel behielt.

SURKOW, WLADISLAW [SURKOV, VLADISLAV JUR'EVIČ]
Wladislaw Surkow (*21.9.1964 in Solnzewo, Gebiet Lipezk) studierte zunächst am Moskauer Institut für Stahl und Legierungen und am Moskauer Kulturinstitut, ohne einen Abschluss zu erlangen. 1983–1985 leistete er seinen Wehrdienst ab, danach arbeitete er unter anderem als Dreher, als Leiter eines Amateurtheaters und verdiente Geld mit Übersetzungen. 1988 – das Gorbatschowsche Genossenschaftsgesetz ließ nun quasi private Betriebe zu und Surkow war 24 Jahre alt – übernahm er in einer neugegründeten Jugendkooperative die Position eines »Managers für die Verbindungen zu den Auftraggebern«. Bald stand Surkow an der Spitze der Marketingagentur »*Metapress*«, die faktisch dem Finanzinstitut »*MENATEP*« gehörte, an dessen Spitze wiederum Michail Chodorkowskij stand. 1992 trat Surkow in die Geschäftsführung von »*MENATEP*« ein und wurde kurze Zeit danach Chef der Werbe- und Kommunikationsabteilung. Bis 1996 leitete er die Öffentlichkeitsarbeit von »*MENATEP*«. Von dort wechselte er im März 1996 zu »*Rosprom*«, um 1997 zur *Alfa-Bank* zu wechseln, deren Erster Stellvertretender Vorsitzender er wurde. Damit war er von einem Oligarchen – Michail Chodorkowskij – zum nächsten – Michail Fridman – übergegangen. 1998 übernahm er das Amt des Stellvertretenden Generaldirektors der *ORT* (des größten Fernsehsenders, der an sich staatlich war, aber zu diesem Zeitpunkt von einem Konsortium von Finanzleuten kontrolliert wurde). Am 3. August 1999 wurde Surkow, der vorher schon als Berater des Leiters der Präsidialadministration tätig gewesen war, zum Stellvertretenden Leiter der Präsidialadministration ernannt. In dieser Funktion wurde er zu einer Schlüsselfigur der Innenpolitik: Er gilt als treibende Kraft hinter der Reorganisation des russischen Parteiensystems und Organisator der Wahlsiege bei den Dumawahlen 2003 und 2007. Am 15. Mai 2008 ernannte Medwedew ihn zum Ersten Stellvertretenden Leiter der Präsidialadministration.

SCHUWALOW, IGOR [ŠUVALOV, IGOR' IVANOVIČ]
Igor Schuwalow (*14.1.1967 in Blibin, Gebiet Magadan) arbeitete zunächst als Laborant in einem Forschungsinstitut und diente 1985–1987 in den sowjetischen Streitkräften. Danach nahm er das Studium der Rechte an der Moskauer Lomonossow-Universität auf, das er 1992 abschloss. 1992–1993 war er Attaché in der Rechtsabteilung des Außenministeriums und wechselte dann in das Anwaltsbüro *ALM-Konsalting* über, das von

Alexander Mamut (bald einer der großen Finanzmagnaten) geleitet wurde. Nebenbei gründete er 1995 eine Immobilienfirma und 1996 ein Handelsunternehmen. 1997 wechselte er in den Staatsdienst über und wurde Abteilungsleiter im Staatskomitee zur Verwaltung des Staatseigentums. Im Januar 1998 wurde er Stellvertretender Minister für Staatseigentum, im Mai desselben Jahres Vorsitzender des Russischen Fonds für Föderales Eigentum. Im Mai 2000 ernannte der damalige Ministerpräsident Kasjanow ihn zum Leiter des Regierungsapparats im Range eines Ministers. Im Mai 2003 wechselte Schuwalow als »Gehilfe des Präsidenten« in die Präsidialadministration, wurde im Oktober einer der Stellvertretenden Leiter und erhielt bei der Restrukturierung der Präsidialadministration im März 2004 wieder die Position eines Präsidentengehilfen. Schuwalow ist Aufsichtsratsvorsitzender von »Sowkomflot«. Am 12. Mai 2008 wurde er zum Ersten Stellvertretenden Ministerpräsidenten ernannt.

SHIRINOWSKIJ, WLADIMIR [ŽIRINOVSKIJ, VLADIMIR VOL'FOVIČ]
Wladimir Shirinowskij (*25.4.1946 in Alma-Ata, Kasachische SSR) studierte 1964–1970 Türkisch am Institut für orientalische Sprachen an der Moskauer Lomonossow-Universität. 1970–1972 leistete er seinen Wehrdienst in der Politverwaltung des Transkaukasischen Wehrbezirks. 1973–1975 arbeitet er beim Sowjetischen Komitee zur Verteidigung des Friedens, danach im Dekanat der Hochschule der Gewerkschaftsbewegung. 1990 gründete er die *Liberaldemokratische Partei Russlands (LDPR)* und wurde ihr Vorsitzender. Die *LDPR* ist eine Partei mit rechtsextremer und nationalpatriotischer Ausrichtung, die bei den ersten Dumawahlen 1993 mit fast 23 % der Stimmen einen Überraschungserfolg verbuchte und stärkste Partei wurde. Seit 1993 ist er Abgeordneter der Duma, bis 2000 war er Fraktionsvorsitzender der *LDPR*. 2000 wurde er zum Stellvertretenden Dumavorsitzenden gewählt. Shirinowskij kandidierte bei den russischen Präsidentenwahlen 1991, 1996, 2000 und 2008. Er agiert erfolgreich mit populistischen Parolen in der Öffentlichkeit und inszeniert sich als Oppositionsführer, im Parlament unterstützt seine Partei jedoch durchgehend die Politik von Putin und Medwedew.

SJUGANOW, GENNADIJ [ZJUGANOV, GENNADIJ ANDREEVIČ]
Gennadij Sjuganow (*26.6.1944 im Gebiet Orjol) absolvierte die physikalisch-mathematische Fakultät des Pädagogischen Instituts in Orjol und arbeitete als Lehrer und Dozent. Von 1967 an war er im Komsomol, dem kommunistischen Jugendverband, tätig, 1972–1974 als Erster Sekretär des Gebietskomitees des Komsomol in Orjol. 1974–1983 arbeitete er im

Apparat der KPdSU, zuletzt als Leiter der Propaganda-Abteilung des Gebietskomitees von Orjol. 1983 wechselte er in den Apparat des ZK und arbeitete dort bis 1989 in der Propaganda-Abteilung, 1989–1990 als Stellvertretender Leiter der Ideologischen Abteilung. Nach der Wende 1991 und dem Jelzinschen KP-Verbot war er zunächst in verschiedenen linken Organisationen tätig. 1993 wurde er zum Mitglied des Zentralen Exekutivkomitees der Kommunistischen Partei der Russischen Föderation (KPRF) und zu dessen Vorsitzenden gewählt. Seitdem steht er an der Spitze der KPRF. Seit Dezember 1993 ist er Abgeordneter der Duma. 1996, 2000 und 2008 kandidierte er bei den Präsidentenwahlen.

Webadressen

Name	Webadresse	Annotation
Moscow Times	http://www.moscowtimes.ru	Englischsprachige Tageszeitung, die seit 1992 in Moskau erscheint; informiert über Innen- und Außenpolitik, Wirtschaft, Sport, Kultur. In der Tendenz unabhängig-kritisch. Dort schreiben auch namhafte russische Liberale.
Moskauer Deutsche Zeitung	http://www.mdz-moskau.eu/	Deutschsprachige Wochenzeitung aus Moskau mit Berichten über Politik, Wirtschaft und Kultur, Reportagen aus der Provinz und Veranstaltungshinweisen; die Artikel sind in einem online-Archiv recherchierbar
russland.RU	http://russland.ru/	Internetzeitung mit aktuellen Nachrichten und Hintergrundinformationen zu Politik, Wirtschaft, Wissenschaft und Kultur; seit 2007 Betreiber des Videoportals www.russland.tv, das deutschsprachige Clips zur Tagespolitik und Dokumentationen anbietet.
russland-aktuell.RU	http://www.aktuell.ru/	Internetzeitung, Stadtjournal und Reiseführer mit aktuellen Informationen und Analysen aus ganz Russland; Lokalseiten zu Moskau, St. Petersburg und Kaliningrad; das Archiv ist kostenpflichtig.
Russia – Johnson's Russia List – CDI	http://www.cdi.org/russia/johnson/default.cfm	E-Mail-Newsletter, der täglich die russlandbezogene Nachrichten aus englischsprachigen und russischen Medien sammelt. Die russischen Artikel sind ins Englische übersetzt. Neben Pressematerial veröffentlicht die JRL auch Artikel und Kommentare ihrer Leser. Das Projekt wird unterstützt vom World Security Institute und der Carnegie Corporation.

Name	Webadresse	Annotation
Radio Free Europe/ Radio Liberty	http:// www.rferl.org/ section/Russia/161.html	Auf der englischsprachigen Webseite des in 28 Sprachen ausgestrahlten Radiosenders gibt es vor allem aktuelle Informationen zur russischen Innen- und Außenpolitik. Ein interessanter Blog (The Power Vertical) diskutiert die Ereignisse und Entscheidungen des Kreml.
Russia in Global Affairs	http:// eng.globalaffairs.ru	Englischsprachige Version der vierteljährlich erscheinenden Zeitschrift des Moskauer Europainstituts, die als Volltext im pdf-Format verfügbar ist. Die Beiträge befassen sich mit Sicherheits-, Wirtschafts- und soziale Fragen im internationalen Zusammenhang. Zu den Autoren gehören namhafte russische und ausländische Wissenschaftler und Politiker .
Russland-Analysen	http:// www.laender-analysen. de/russland/	Informationsdienst der Forschungsstelle Osteuropa (Bremen) mit Analysen und Statistiken zu aktuellen Themen, zumeist aus den Gebieten Politik, Wirtschaft und Gesellschaft. Die bisher erschienenen Ausgaben sind in einem online-Archiv mit Themenindex recherchierbar.
Deutsche Botschaft Moskau	http:// www.moskau.diplo.de/ de/Startseite.html	Die Website der Deutschen Botschaft in Moskau informiert über die deutsch-russischen Beziehungen und deutsche Aktivitäten in Russland. Sie bietet auch einen täglichen Newsletter mit deutschem Pressedienst an, der abonniert werden kann. Ferner enthält sie Hinweise für deutsche Staatsangehörige (Passangelegenheiten, konsularische Angelegenheiten etc.).

Name	Webadresse	Annotation
DGO Deutsche Gesellschaft für Osteuropakunde e. V.	http://www.dgo-online.org	Website des Fachverbands der deutschen Osteuropaforschung; die DGO ist Herausgeber der Zeitschrift »Osteuropa«; die Inhaltsverzeichnisse mit Zusammenfassungen der Beiträge sind einsehbar.
Deutsch-Russisches Forum	http://www.deutsch-russisches-forum.de	Das DRF sucht den gesellschaftlichen Dialog mit Russland und organisiert die nicht staatliche Zusammenarbeit über Konferenzen, Seminare und Workshops, die sich vor allem an Entscheidungsträger und junge Führungskräfte richten. Es betreibt ein Kulturportal (http://www.kulturportal-russland.de/) und ist Mitorganisator des »Petersburger Dialogs«.
Osteuropa-Netzwerk	http://www.osteuropa-netzwerk.de	Das Netzwerk ist ein Portal für den gesamten Osteuropabereich. Es bietet einen Zugang zu einschlägigen Linksammlungen, Datenbanken, Mailinglisten und Veranstaltungskalendern; nach Regionen/Ländern und Themen geordnet.
Deutsch-Russische Auslandshandelskammer (AHK)	http://www.russland.ahk.de	Die Website der AHK in Moskau bietet Information, Networking und Kontaktvermittlung für die deutsche und die russische Wirtschaft.

Weiterführende Literatur

I. Landeskundliche Grundlagen und historisches Erbe

Russlands Geografie
Landschaftszonen, Bodenschätze, Klimawandel und Bevölkerung

»*Grünbuch« Politische Ökologie im Osten Europas*. Themenheft der Zeitschrift Osteuropa, Jg. 58, 2008, Nr. 4–5.

IPCC. *The Physical Basis*. Contribution of Working Group I to the Fourth Assessment Report of the Intergovernmental Panel on Climate Change, Cambridge 2007.

SHAHGEDANOVA, MARIA (Hrsg.), *The Physical Geography of Northern Eurasia*, Oxford 2002.

SHAW, DENIS J. B., *Russia in the Modern World*. A New Geography, Oxford 1999.

STADELBAUER, JÖRG, *Umweltprobleme in den GUS-Staaten und ihre globale Dimension*, in: Geographische Rundschau, Jg. 50, 1998, Nr. 5, S. 306–313.

Das Erbe: Von der Sowjetunion zum neuen Russland

ALTRICHTER, HELMUT, *Kleine Geschichte der Sowjetunion 1917–1991*, 2. Aufl., München 1991.

GORZKA, GABRIELE/SCHULZE, PETER W. (Hrsg.), *Auf der Suche nach einer neuen Identität. Russland an der Schwelle zum 21. Jahrhundert*, Bremen 1998.

HILDERMEIER, MANFRED, Geschichte der Sowjetunion 1917–1991. Entstehung und Niedergang des ersten sozialistischen Staates, München 1998.

HÖHMANN, HANS-HERMANN/SCHRÖDER, HANS-HENNING (Hrsg.), *Russland unter neuer Führung. Politik, Wirtschaft und Gesellschaft am Beginn des 21. Jahrhunderts*, Münster 2001.

KAPPELER, ANDREAS, *Russische Geschichte*, München 1997.

PLAGGENBORG, STEFAN (Hrsg.), Handbuch der Geschichte Russlands, Bd. 5: 1945–1991. *Vom Ende des Zweiten Weltkrieges bis zum Zusammenbruch der Sowjetunion* (2 Teilbände), Stuttgart 2002/2003.

II. Politisches System

Das politische System unter Jelzin – ein Mix aus Demokratie, Oligarchie, Autokratie und Anarchie

ASLUND, ANDERS, *Russia's Capitalist Revolution. Why Market Reform succeeded and Democracy failed*, Washington, DC 2007.

ARON, LEON, *YELTSIN: A Revolutionary Life*, New York 2000.

BATURIN, J. M. U. A. (Hrsg.), *Épocha El'cina. Očerki političeskoj istorii, hrsg. von einem Autorenkollektiv*, Moskau 2001.

BOS, ELLEN/MOMMSEN, MARGARETA/STEINSDORFF, SILVIA VON (Hrsg.), *Das russische Parlament. Schule der Demokratie?*, Opladen 2003.

BROWN, ARCHIE/SHEVTSOVA, LILIA (Hrsg.), *Gorbachev, Yeltsin, and Putin. Political Leadership in Russia's Transition*, Washington, DC 2001.

GAJDAR, JEGOR, *Entscheidung in Rußland. Die Privatisierung der Macht und der Kampf um eine zivile Gesellschaft*, München/Wien 1995.

GORBATSCHOW, MICHAIL, *Erinnerungen*, Berlin 1995.

HARTER, STEFANIE/GRÄVINGHOLT, JÖRN/PLEINES, HEIKO/SCHRÖDER, HANS-HENNING (Hrsg.), *Geschäfte mit der Macht. Wirtschaftseliten als politische Akteure im Rußland der Transformationsjahre 1992–2001*, Bremen 2003.

HEINEMANN-GRÜDER, ANDREAS, *Der heterogene Staat. Föderalismus und regionale Vielfalt in Rußland*, Berlin 2000.

JELZIN, BORIS, *Auf des Messers Schneide. Tagebuch des Präsidenten*, Berlin 1994.

Ders., *Mitternachtstagebuch. Meine Jahre im Kreml*, Berlin/München 2000.

MORRISON, JOHN, *Boris Jelzin, Retter der Freiheit*, Berlin/Frankfurt a. M. 1991.

Die autoritäre Konsolidierung des politischen Systems in der Ära Putin

COLTON, TIMOTHY J./MCFAUL, MICHAEL, Reinventing Russia's Party of Power. *»Unity« and the 1999 Duma Election*, in: Post-Soviet Affairs, 16. Jg., 2000, Nr. 3, S. 201–224.

GEL'MAN, VLADIMIR, *From »Feckless Pluralism« to »Dominant Power Politics«? The Transformation of Russia's Party System*, in: Democratizatsiya: The Journal of Soviet Democratisation, 14. Jg., 2006, Nr. 4, S. 545–561.

MCFAUL, MICHAEL/STONER-WEISS, KATHRYN, *The Myth of the Authoritarian Model, in: Foreign Affairs*, 87. Jg., 2008, Nr. 1, S. 68–84.

SAKWA, RICHARD, *The 2003–2004 Russian Elections and Prospects for Democracy*, in: Europe-Asia Studies, Jg. 57, 2005, Nr. 3, S. 369–398.

Ders., *Regime Change from Yeltsin to Putin: Normality, Normalcy or Normalisation?*, in: ROSS, CAMERON (Hrsg.), *Russian Politics under Putin*, Manchester 2004, S. 17–36.

STYKOW, PETRA, *Gesellschaft als staatliche Veranstaltung? Unternehmerverbände und Staat in Rußland*, in: Osteuropa, 56. Jg., 2006, Nr. 9, S. 25–42.

WHITE, DAVID, *Victims of a Managed Democracy? Explaining the Electoral Decline of the Yabloko Party*, in: Demokratizatsiya: The Journal of Post-Soviet Democratization, 15. Jg., 2007, Nr. 2, S. 209–229.

Föderalismus, regionale Politik und kommunale Selbstverwaltung in Russland

HAHN, GORDON M., *The Impact of Putin's Federative Reforms on Democratization in Russia*, in: Post-Soviet Affairs, Jg. 19, 2003, Nr. 2, S. 114–153.

HEINEMANN-GRÜDER, ANDREAS, *Der heterogene Staat. Föderalismus und regionale Vielfalt in Rußland*, Berlin 2000.

Ders.: *Putins Reform der föderalen Strukturen. Vom Nachtwächterstaat zum Etatismus*, in: Osteuropa, Jg. 50, 2000, Nr. 9, S. 979–990.

PEROVIC, JERONIM, *Die Regionen Russlands als neue politische Kraft. Chancen und Gefahren des Regionalismus für Russland*, Bern u.a. 2001.

ROSS, CAMERON, *Local Politics and Democratization in Russia*, London/New York 2009.

STONER-WEISS, KATHRYN, *Resisting the State. Reform and Retrenchment in Post-Soviet Russia*, New York 2006.

WIEST, MARGARETE, *Russlands schwacher Föderalismus und Parlamentarismus. Der Föderationsrat*, Münster 2003.

Brennpunkt Nordkaukasus

HALBACH, UWE, *Nordkaukasus-Porträt einer spannungsreichen Region*, in: GUMPPENBERG, MARIE-CARIN VON/STEINBACH, UDO (Hrsg.), *Der Kaukasus. Geschichte-Kultur-Politik*, München 2008, S. 54–79.

DERS./KAPPELER, ANDREAS (Hrsg.), *Krisenherd Kaukasus*, Baden-Baden 1995, S. 245–263.

KAPPELER, ANDREAS, *Russland als Vielvölkerreich. Entstehung, Geschichte, Zerfall*, München 1992, S. 141–154.

LIES, PAUL, *Ausbreitung und Radikalisierung des islamischen Fundamentalismus in Dagestan*, in: JAHN, EGBERT (Hrsg.), *Studien zu Konflikt und Kooperation im Osten*, Bd. 17, Berlin 2008.

MANGOTT, GERHARDT (Hrsg.), *Brennpunkt Südkaukasus. Aufbruch trotz Krieg, Vertreibung und Willkürherrschaft?*, Wien 1999.

PEROVIC, JERONIM, *Am Abgrund. Fehlentwicklung im Nordkaukasus*, in: Osteuropa, Jg. 56, 2006, Nr. 7, S. 33–55.

SCHORKOWITZ, DITTMAR, *Postkommunismus und verordneter Nationalismus. Gedächtnis, Gewalt und Geschichtspolitik im nördlichen Schwarzmeergebiet*, Frankfurt a.M. 2008.

Rechtswesen und Rechtskultur

BURNHAM, WILLIAM/MAGGS, PETER B./DANILENKO, GENNADY M., *Law and Legal System of the Russian Federation*, 3. Aufl., Huntington, NY 2004.

FELDBRUGGE, FERDINAND/SHARLET, ROBERT (Hrsg.), *Public Policy and Law in Russia. In Search of a Unified Legal Space*, Leiden 2005.

KÜPPER, HERBERT, *Einführung in die Rechtsgeschichte Osteuropas*, Frankfurt a. M. 2005.

LUCHTERHANDT: OTTO, *Rechtsnihilismus in Aktion*, in: Osteuropa, 55. Jg., 2005, Nr. 7, S. 7–37.

MOMMSEN, MARGARETA/NUSSBERGER, ANGELIKA, *Das System Putin. Gelenkte Demokratie und politische Justiz in Russland*, München 2007.

NUSSBERGER, ANGELIKA, *Der »Russische Weg« – Widerstand gegen die Globalisierung des Rechts?*, in: Osteuropa Recht, 53. Jg, 2007, Nr. 6, S. 371–385.

DIES., *Ende des Rechtsstaats in Russland?*, Köln 2007.

DIES./SCHMIDT, CARMEN/MORŠČAKOVA, TATJANA, *Verfassungsrechtsprechung in Russland. Dokumentation und Analyse der Entscheidungen von 1992–2007*, Straßburg/Kehl 2009.

DIES./SCHMIDT, CARMEN, *Zensur der Zivilgesellschaft. Die umstrittene Neuregelung zu den Nichtregierungsorganisationen*, in: Europäische Grundrechte-Zeitschrift (EUGRZ), 34. Jg., 2007, Nr. 1–5, S. 12–21.

SCHROEDER, FRIEDRICH-CHRISTIAN, *74 Jahre Sowjetrecht*, München 1992.

SOLOMON JR., PETER H., *Assessing the Courts in Russia. Parameters of Progress under Putin*, in: Demokratizatsiya: The Journal of Post-Soviet Democratization, Jg. 16, 2008, S. 63–74.

Ohne Zensur und doch nicht frei – Russlands Medienlandschaft

ALBRECHT, E., *Die Meinungsmacher. Journalistische Kultur und Pressefreiheit in Russland*, Köln 2008.

BELIN, L., *The Russian Media in the 1990s*, in: The Journal of Communist Studies and Transition Politics, Jg. 18, 2002, Nr. 1, S. 139–160.

DEWHIRST, M., *Censorship in Russia, 1991 and 2001*, in: The Journal of Communist Studies and Transition Politics, Jg. 18, 2002, Nr. 1. S. 21–34.

GLADKOV, S. A., *Macht und Ohnmacht der »Vierten Gewalt«*, Münster u. a. 2002.

HUTCHINGS, S., *Television in Putin's Russia*, London/New York 2008.

KOLTSOVA, O., *News Media and Power in Russia*, London/New York 2006.

KRÜGER, U., *Gekaufte Presse in Russland. Politische und wirtschaftliche Schleichwerbung am Beispiel der Medien in Rostov-na-Donu*, Münster u. a 2006.

LIPMAN, M., *Constrained or irrelevant: the media in Putin's Russia*, in: Current History, Jg. 104, 2005, S. 319–324 (vgl. den Text auch auf der Website von

Carnegie Moskau, http://www.carnegie.ru/en/pubs/media/73262.htm (Zugriff am 18.8.2009).

MARSH, CH. U. A. (Hrsg.), *Civil society and the search for justice in Russia*, Lanham 2002.

MARCH, L., *Russian Parties and the Political Internet*, in: Europe-Asia Studies, Jg. 56, 2004, Nr. 3, S. 369–400.

MICKIEWICZ, E., *Television, Power and the Public in Russia*, London 2008.

NUSSBERGER, A./SCHMIDT, C. (Hrsg.), *Medienrecht und Meinungsfreiheit in Russland*, Berlin 2005.

OERTEL B., *Viel Presse – wenig Freiheit. Medien und Macht in Rußland, der Ukraine und Belarus*, in: Osteuropa, Jg. 53, 2003, Nr. 1. S. 19–32.

POLITKOWSKAJA, ANNA, *Russisches Tagebuch*, Köln 2007.

DIES., *In Putins Russland*, Köln 2005.

RYABOV, A., *The mass media*, in: MCFAUL, M./PETROV, N./RYABOV, A. (HRSG.), *Between dictatorship and democracy. Russian post-communist political reform*, Washington 2004. S. 174–194.

SCHMIDT, CARMEN, *Der Journalist, ein potentieller »Extremist«. Der russische Extremismusbegriff seit Juli 2006*, in: Osteuropa-Recht, Jg. 52, 2006, Nr. 5–6. S. 409–415.

SIEGERT, JENS, *Angriff auf die Pressefreiheit*, in: HASSEL, F. (Hrsg.), *Der Krieg im Schatten. Rußland und Tschetschenien*, Frankfurt a. M. 2003, S. 153–172.

SIMONOV, ALEKSEJ, *Theorie und Praxis des Medienrechts in der Russischen Föderation*, in: Osteuropa-Recht, Jg. 50, 2004, Nr. 2, S. 118–133.

SIMONS, GREG, *The use of rhetoric and the mass media in Russia's war on terror*, in: Demokratizatsiya, Jg. 14, 2006, S. 579–600.

Symposium on the Post-Soviet media, in: Europe-Asia Studies, Jg. 59, 2007, Nr. 8. S. 1243–1403.

TRAUTMANN, L., *Die Medien im russischen Transformationsprozeß. Akteur oder Instrument staatlicher Politik?*, Frankfurt a. M. 2002.

TREGUBOVA, ELENA, *Die Mutanten des Kreml*, Berlin 2006.

TRETYAKOV, VITALY, *The Russian mass media: is it really free?*, in: Russia in Global Affairs, Jg. 2. 2004, Nr. 1, S. 116–133.

ZASSOURSKY, I., *Media and Power in Post-Soviet Russia*, New York 2003.

WILSON, ANDREW, *Virtual politics. Faking democracy in the post-Soviet world*, New Haven, Conn. 2005.

Zivilgesellschaft in Russland

DEUTSCHES INSTITUT FÜR MENSCHENRECHTE (Hrsg.), *Russland auf dem Weg zum Rechtsstaat?, Antworten aus der Zivilgesellschaft?*, Berlin 2003.

FEIN, ELKE, *Zivilgesellschaftlicher Paragdigmenwechsel oder PR-Aktion? Zum ersten allrussischen »Bürgerforum« im Kreml*, in: Osteuropa, Jg. 52, 2002, Nr. 2, S. 158–179.

GILL, GRAEME, *The Dynamics of Democratization. Elites, Civil Society and the Transition Process*, Houndmills 2000.

GORZKA, GABRIELE/SCHULZE, PETER W. (Hrsg.), *Rußlands Weg zur Zivilgesellschaft*, Bremen 2000.

HUDSON, GEORGE E., *Civil Society in Russia. Models and Prospects for Development*, in: Russian Review, Nr. 2, 2003, S. 212–222.

MENDELSON, SARAH E./GLENN, JOHN K. (Hrsg.), *The Power and Limits of NGOs, A Critical Look at Building Democracy in Eastern Europe and Eurasia*, New York 2002.

SCHRADER, HEIKO/GLAGOW, MANFRED/GAVRA, DMITRI/KLEINEBERG, MICHAEL (Hrsg.), *Russland auf dem Weg zur Zivilgesellschaft? Studien zur gesellschaftlichen Selbstorganisation in St. Petersburg*, Münster 2000.

TAYLOR, BRIAN D., *Law enforcement and civil society in Russia*, in: Europe-Asia Studies, Jg. 58, 2006, Nr. 2, S. 193–213.

III. Außenpolitik

Die Entwicklung der russischen »Westpolitik« und ihre Lehren

ARBATOV, ALEXEI G./KAISER, KARL/LEGVOLD, ROBERT (Hrsg.), *Russia and the West, The 21st Century Security Environment*, Armonk, NY/London 1999.

BAEV, PAVEL K., *Russian Energy Policy and Military Power*, London 2008.

LAVROV, SERGEI, *Containing Russia: Back to the Future?*, in: Russia in Global Affairs, 5.2007, Nr. 4, S. 8–48.

MANGOTT, GERHARD/TRENIN, DMITRIJ/SENN, MARTIN/TIMMERMANN, HEINZ, *Russlands Rückkehr. Außenpolitik unter Vladimir Putin*, Baden-Baden 2005.

SAIVETZ, CAROL R., *Making the Best of a Bad Hand: An Assessment of Current Trends in Russian Foreign Policy*, in: Post-Soviet Affairs, 22.2006, Nr. 2, S. 166–188.

SPILLMANN, KURT R./WENGER, ANDREAS (Hrsg.), *Russia's Place in Europe, A Security Debate*, Frankfurt a. M./New York u. a. 1999.

TRENIN, DMITRI, *The End of Eurasia. Russia on the Border Between Geopolitics and Globalization*, Moscow 2001,.

DERS., *Russland. Die gestrandete Weltmacht*, Hamburg 2005.

WALLANDER, CELESTE A.: *Russian Transimperialism and Its Implications*, in: The Washington Quarterly, 30.2007, Nr. 2, S. 107–122.

Russland im postsowjetischen Raum

ADOMEIT, HANNES/LINDNER, RAINER, *Die »Gemeinsamen Räume« Rußlands und der EU. Wunschbild oder Wirklichkeit*, SWP Studie S 34, Berlin, November 2005.

ALLISON, ROY, *Russia resurgent?* Moscow's campaign to ›coerce Georgia to peace‹, in: International Affairs, Jg. 84, 2008, Nr. 6, S. 1145–1171.

BAEV, PAVEL K., *Russian Energy Policy and Military Power*, London 2008.

CRANE, KEITH/PETERSON, D. J./OLIKER, OLGA: *Russian Investment in the Commonwealth of Independent States*, in: Eurasian Geography and Economics, Jg. 46, 2005, Nr. 6, S. 405–444.

MANKOFF, JEFFREY, *Russian Foreign Policy. The Return of Great Power Politics*, New York/Washington, DC 2009.

ROSE, RICHARD/MUNRO, NEIL, *Do Russians see their future in Europe or the CIS?*, in: Europe-Asia Studies, 60. Jg., 2008, Nr. 1, S. 49–66.

SCHMITZ, ANDREA, *Partner aus Kalkül. Russische Politik in Zentralasien*, SWP Studie S 5, Berlin, Mai 2008.

(vgl. auch die Literaturangaben zu dem Artikel von Dmitrij Trenin)

Russland und die Europäische Union

ALLISON, ROY/LIGHT, MARGOT/WHITE, STEPHEN (Hrsg.), *Putin's Russia and the Enlarged Europe*, London 2006.

BALMACEDA, MARGARITA/SAPPER, MANFRED/WEICHSEL, VOLKER (Hrsg.), *Europa unter Spannung – Energiepolitik zwischen Ost und West* (Osteuropa, Nr. 9/10, 2004), Berlin 2004.

BASTIAN, KATRIN, *Die Europäische Union und Russland. Multilaterale und bilaterale Dimensionen in der europäischen Außenpolitik*, Wiesbaden 2006.

EU-RUSSIA CENTRE, *The EU-Russia Review Nr 1– 8*, 2006–2008, http://www.eu-russiacentre.org.

FISCHER, SABINE, *The EU and Russia, A Contested Partnership*, in: GREVI, GIOVANNI/VASCONCELOS, ÁLVARO DE (Hrsg.): *Partnerships for effective multilateralism. EU relations with Brazil, China, India and Russia*, Chaillot Paper Nr. 109, Mai 2008, http://www.iss.europa.eu.

DIES., *EU-Russia. Democracy Promotion in a Difficult Partnership?*, in: JÜHNE-MANN, ANNETTE/KNODT, MICHÈLE (Hrsg.), *Externe Demokratieförderung der Europäischen Union*, Baden-Baden 2007.

DIES., *Die EU und Russland*, SWP-Studie S 34, Berlin, Dezember 2006.

JOHNSON, DEBRA/ROBINSON, PAUL (Hrsg.), *Perspectives on EU-Russia Relations*, London/New York 2005.

KRASTEV, IVAN, *The Crisis of the Post-Cold War European Order. What to do about Russia's newfound taste for confrontation with the West?*, GMF Brussels Forum Paper Series, März 2008, http://www.gmfus.org/publications/article.cfm?id=397&parent_type=P (Zugriff am 26.8.2009).

LEONARD, MARK/POPESCU NICU, *A Power Audit of EU-Russia Relations*, ECFR Policy Paper, November 2007, http://www.ecfr.eu.

PETER, ROLF, *Russland im neuen Europa. Nationale Identität und außenpolitische Präferenzen (1992–2004)*, Münster 2006.

PROZOROV, SERGEI, *Understanding Conflict between Russia and the EU. The Limits of Integration*, Basingstoke 2006.

WESTPHAL, KIRSTEN, *Liberalized, Monopolized, Fixated. Antinomies of the European Energy Market*, in: SAPPER, MANFRED/WEICHSEL, VOLKER/HUTERER ANDREA, *The Europe beyond Europe. Outer Borders, Inner Limits* (Osteuropa International 2007), Berlin 2007.

Die Deutsch-Russischen Beziehungen zwischen 1992 und 20081

LAQUEUR, WALTER, *Russia and Germany*, New Brunswick, NJ 1990 (Originalausgabe 1956).

SPANGER, HANS-JOACHIM, *Paradoxe Kontinuitäten. Die deutsche Russlandpolitik und die koalitionären Farbenlehren*, Hessische Stiftung für Friedens- und Konfliktforschung, HSFK-Report 12/2005.

STEINMEIER, FRANK-WALTER, *Auf dem Weg zu einer europäischen Ostpolitik – Die Beziehungen Deutschlands und der EU zu Russland und den östlichen Nachbarn.* Rede des Bundesministers des Auswärtigen, Dr. Frank-Walter Steinmeier, anlässlich der Podiumsdiskussion bei der Willy-Brandt-Stiftung am 4. März 2008, http://www.auswaertiges-amt.de/diplo/de/Infoservice/ Presse/Reden/2008/080304-BM-Ostpolitik.html (Zugriff am 26.8.2009).

STENT, ANGELA, *Reluctant Europeans. Three centuries of Russian Ambivalence towards the West,* in: ROBERT LEGVOLD (Hrsg.), *Russian Foreign policy in the Twenty-first Century in the Shadow of the Past,* New York 2007, S. 393–442.

DIES., *Rivalen des Jahrhunderts. Russland und Deutschland im neuen Europa,* Berlin 2002.

DIES., *Wandel durch Handel? Die politisch-wirtschaftlichen Beziehungen zwischen der Bundesrepublik Deutschland und der Sowjetunion,* Köln 1983.

Russische Militär- und Sicherheitspolitik

ADOMEIT, HANNES, *Putins Militärpolitik,* SWP Studie S 16, Berlin, April 2003.

BAEV, PAVEL K., *Russian Energy Policy and Military Power,* London 2008.

COOPER, JULIAN, *Military expenditure in the three-year federal budget of the Russian Federation,* 2008, 10.SIPRI Research Working Paper, http://www.sipri.org/ research/armaments/milex/publications/unpubl_milex/cooper2007 (Zugriff am 26.8.2009).

GOMART, THOMAS, *Russian Civil-Military Relations: Putin's legacy,* Washington, DC 2008.

HERSPRING, DALE ROY, *Vladimir Putin and Military Reform in Russia,* in: European Security, Jg. 14, 2005, Nr. 1, S. 137155.

MCDERMOTT, ROGEr: *Russia's Armed Forces: The Power of Illusion.* Russie.Nei. Visions, Nr. 37, März 2009, http://www.ifri.org/frontDispatcher/ifri/publications/russie_cei_visions_1111752534925/publi_P_publi_rus_mcdermott_ 1237209076142?language=us (Zugriff am 26.8.2009).

RUSSIA'S MILITARY POSTURE. *House Of Commons Library.* Research Paper 09/36 24 April 2009, http://www.parliament.uk/commons/lib/research/ rp2009/rp09-035.pdf (Zugriff am 26.5.2009).

TAYLOR, BRIAN D., *Russia's Power Ministries: Coercion and Commerce.* Institute for National Security and Counterterrorism, Syracuse University, October 2007, http://insct.syr.edu/Research%20and%20Events/Taylor_Russia%20 Power%20Ministries.pdf (Zugriff am 5.10.2007).

WEBBER, STEPHEN L./MATHERS, JENNIFER G. (Hrsg.), *Military and Society in Post-Soviet Russia,* Manchester/New York 2006.

IV. Wirtschaft

Die russische Wirtschaft von 1992 bis 2008 – Entwicklungen und Herausforderungen

HÖHMANN, HANS-HERMANN/PLEINES, HEIKO/SCHRÖDER, HANS-HENNING (Hrsg.), *Nur ein Ölboom? Bestimmungsfaktoren und Perspektiven der russischen Wirtschaftsentwicklung*, Münster 2005.

KORNAI, JÁNOS, *The Socialist System. The Political Economy of Communism*, Princeton, NY 1992.

LEDENEVA, ALENA, *How Russia really works. The informal practices that shaped post-Soviet politics and business*, Ithaca, NY u. a. 2006.

SUTELA, PEKKA, *Die Zukunft der Wirtschaft Russlands,* in: Osteuropa Wirtschaft, Jg. 52, 2007, Nr. 2, S. 156–170.

DERS., *The Russian market economy*, Helsinki 2003.

Wettbewerbsfähigkeit und Innovationen in der russischen Industrie.

COOPER, JULIAN, *Can Russia compete in the global economy?*, in: Eurasian Geography and Economics, Jg. 47, 2006, Nr. 4, S. 407–425.

DERS., *Of BRICs and brains. Comparing Russia with China, India and other populous emerging economies*, in: Eurasian Geography and Economics, Jg. 47, 2006, Nr. 3, S. 255–284.

OECD-Länderkurzprofil Wissenschaft-Innovation: Russland (2008), http://www. oecd.org/dataoecd/18/38/41559779.pdf (Zugriff am 19.8.2009).

Energiewirtschaft und Energiepolitik

AALTO, PAMI (Hrsg), *The EU-Russian Energy Dialogue. Securing Europe's Future Energy Supply?*, Aldershot 2007.

GÖTZ, ROLAND, *Russlands Erdgas und Europas Energiesicherheit*, SWP-Studie 2007/S 21. August 2007, http://www.swp-berlin.org/common/get_document.php?asset_id=4234.

HÖHMANN, HANS-HERMANN/PLEINES, HEIKO/SCHRÖDER, HANS-HENNING (Hrsg.), *Nur ein Ölboom? Bestimmungsfaktoren und Perspektiven der russischen Wirtschaftsentwicklung*, Münster 2005.

KUSZNIR, JULIA, *Der Staat schlägt zurück*. Wirtschaftspolitische Konsequenzen der Jukos-Affäre, in: Osteuropa Jg. 55, 2005, Nr. 7, S. 75–87.

PLEINES, HEIKO, *Developing Russia's Oil and Gas Industry: What Role for the State?*, in: PEROVIC, JERONIM/ORTTUNG, ROBERT/WENGER, ANDREAS (Hrsg.), *Russian Energy Power and Foreign Relations*, New York 2009, S. 71–86.

DERS., *Russian energy companies and the enlarged European Union*, in: WEN-GER, ANDREAS/ORTTUNG, ROBERT/PEROVIC, JERONIM (Hrsg.), *Russian Business Power. The role of Russian business in foreign and security relations*, London 2006, S. 47–66.

Die russische Landwirtschaft – Privatisierungsexperiment mit offenem Ausgang

LINDNER, PETER, *Der Kolchoz-Archipel im Privatisierungsprozess. Wege und Umwege der russischen Landwirtschaft in die globale Marktgesellschaft*, Bielefeld 2008.

DERS., *Russische Agrarpolitik zwischen Interventionismus und WTO-Beitritt*, in: Geographische Rundschau Jg. 58, 2006, Nr. 12, S. 12–19.

WEGREN, STEPHEN K., *Russian Agriculture and the WTO*, in: Problems of Post-Communism, Jg. 54, 2007, Nr. 4, S. 46–59.

Gesellschaft im Umbruch
Schichtung, demografische Entwicklung und soziale Ungleichheit

KRYSCHTANOWSKAJA, OLGA, *Anatomie der russischen Elite*. Die Militarisierung Russlands unter Putin, Köln 2005.

LANE, DAVID, *Social class as a factor in the transformation of state socialism*, in: Journal of Communist Studies and Transition Politics, Jg. 21, 2005, Nr. 4, S. 417–435.

SHLAPENTOKH, VLADIMIR, *Russia's demographic decline and the public reaction*, in: Europe-Asia Studies, Jg. 57, 2005, Nr. 7, S. 951–968.

SCHRÖDER, HANS-HENNING, *»Transformation« – auf dem Weg zu einer neuen Ordnung? Wirtschaftlicher, sozialer und politischer Wandel in Russland 1992–2002*, in: HILLENBRAND, OLAF/KEMPE, IRIS (Hrsg.), *Der schwerfällige Riese. Wie Russland den Wandel gestalten soll*, Gütersloh 2003, S. 25–199, 305–344.

Sozialpolitik – Entwicklungen und Perspektiven

RINCK, SABINE, *Lebensstandard und soziale Sicherung*, in: HÖHMANN, HANS-HERMAN/SCHRÖDER, HANS-HENNING (Hrsg.), *Russland unter neuer Führung. Politik, Wirtschaft und Gesellschaft am Beginn des 21. Jahrhunderts*, Münster 2001, S. 59–169.

RUSSIAN ANALYTICAL DIGEST, Nr. 37, 2008: *Social Reforms*, http://www.res.ethz.ch/analysis/rad/.

TIKHONOVA, NATALIYA E., *Where Does the Corridor Lead?* (On Social Policy from the Standpoint of Public Opinion), in: Sociological Research, Jg. 46, 2007, Nr. 3, S. 33–47.

TOMPSON, WILLIAM, *Healthcare Reform in Russia. Problems and Prospects*, working paper 538, Organisation for Economic Development and Co-operation, Januar 15.1. 2000, http://www.olis.oecd.org/olis/2006doc.nsf/linkto/eco-wkp (2006)66 (Zugriff am 26.8.2009)

WENGLE, SUSANNE/RASELL, MICHAEL, *The monetisation of l'goty. Changing patterns of welfare politics and provision in Russia*, in: Europe-Asia Studies, Jg. 60, 2008, Nr. 5, S. 739–756.

Bildung und Wissenschaft

GORZKA, GABRIELE/LANZENDORF, UTE (Hrsg.), *Russlands Hochschulen und Forschungseinrichtungen auf dem Weg nach Europa. Eine aktuelle Bestands-aufnahme*, Kassel 2006.

MEISTER, STEFAN, *Das postsowjetische Universitätswesen zwischen nationalem und internationalem Wandel. Die Entwicklung der regionalen Hochschule in Russland als Gradmesser der Systemtransformation* (SPPS 85), Stuttgart 2008.

STEINER, SONJA (Hrsg.), *Bildungspolitik und Bildungsfinanzierung in Russland zwischen Staat und Markt*, Münster u. a. 2005.

SALTYKOV, BORIS, *Higher Education in Russia: How to overcome the Soviet Heritage?*, Russie.Nei.Vision, Nr. 29, Ifri, Russia/NIS Center, April 2008, http://www.ifri.org/files/Russie/ifri_ed_sup_Saltykov_ENG_avril_2008.pdf (Zugriff am 27.9.2009).

Die politische Kultur des postsowjetischen Russland im Spiegel der öffentlichen Meinung

DUBIN, BORIS, *Simulierte Macht und zeremonielle Politik. Elemente der politischen Kultur in Rußland*, in: Osteuropa, Jg. 56, 2006, Nr. 3, S. 19–32.

GEL'MAN, VLADIMIR, *Political Opposition in Russia: A Dying Species?*, in: Post-Soviet Affairs, Jg. 21, 2005, Nr. 3, S. 226–246.

GUDKOV, LEV: *Staat ohne Gesellschaft. Zur autoritären Herrschaftstechnologie in Russland*, in: Osteuropa, Jg. 58, 2008, Nr. 1, S. 3–16.

DERS., *Rußlands Systemkrise. Negative Mobilisierung und kollektiver Zynismus*, in: Osteuropa, Jg. 57, 2007, Nr. 1, S. 3–13.

LEDENEVA, ALENA V., *How Russia Really Works. The Informal Practices that Shaped Post-Soviet Politics and Business*, Ithaca, NY 2006.

ROSE, RICHARD, *Understanding Post-Communist Transformation. A Bottom Up Approach*, London/New York 2009.

DERS./MUNRO, NEIL/MISHLER, WILLIAM, *Resigned Acceptance of an Incomplete Democracy: Russia's Political Equilibrium*, in: Post-Soviet Affairs, Jg. 20, 2004, Nr. 3, S. 195–218.

SHLAPENTOKH, VLADIMIR, *Trust in public institutions in Russia: The lowest in the world*, in: Communist and Post-Communist Studies, Jg. 39, 2006, Nr. 2, S. 153–174.

WHITE, STEPHEN, *Political Disengagement in Post-Communist Russia. A Qualitative Study*, in: Europe-Asia Studies, Jg. 57, 2005, Nr. 8, S. 1121–1142.

DERS./MCALLISTER, IAN, *Dimensions of Disengagement in Post-Communist Russia*, in: The Journal of Communist Studies and Transition Politics, Jg. 20, 2004, Nr. 1, S. 81–97.

Die orthodoxe Kirche als gesellschaftlicher Faktor in Russland

BEHRENS, KATHRIN, *Die Russische Orthodoxe Kirche: Segen für die »neuen Zaren«? Religion und Politik im postsowjetischen Rußland (1991–2000)*, Paderborn u. a. 2002.

BREMER, THOMAS (Hrsg.), *Religion and the Conceptual Boundary in Central and Eastern Europe. Encounters of Faiths*, Basingstoke 2008.

Ders., Kreuz und Kreml. Kleine Geschichte der orthodoxen Kirche in Russland, Freiburg 2007.

HAUPTMANN, PETER/STRICKER, GERD (Hrsg.), *Die orthodoxe Kirche in Rußland. Dokumente ihrer Geschichte (860–1980)*, Göttingen 1988.

ONASCH, KONRAD, *Grundzüge der russischen Kirchengeschichte*, Göttingen 1967.

Islam in Russland

DANNREUTHER, ROLAND/MARCH, LUKE, *Russia and Islam*, London/New York 2009.

GONTSCHAROVA, NATALJA, *Russische Muslime in Tatastan und Dagestan. Zwischen Autonomie und Integration*, in: KAISER, MARKUS (Hrsg.), *Auf der Suche nach Eurasien*, Bielefeld 2004, S. 226–247.

HALBACH, UWE, *Rußlands Welten des Islam*, SWP-Studie S 15, Berlin, April 2003.

KISRIEV, ENVER/WARE, ROBERT BRUCE, *Russian Hegemony in Dagestan*, in: Post-Soviet Affairs, Jg. 21, 2005, Nr. 1, S. 26–55.

LIES, PAUL, *Ausbreitung und Radikalisierung des islamischen Fundamentalismus in Dagestan*, in: JAHN, EGBERT (Hrsg.), *Studien zu Konflikt und Kooperation im Osten*, Bd. 17, Berlin 2008.

LONGUET-MARX, FRÉDÉRIQUE, *Le Daghestan. Islam Populaire et Islam Radical*, in: Islam au Caucase. Cahiers d'Etudes sur la Méditerranée Orientale et le Monde Turco-Iranien, Nr. 38, 2004, S. 73–112.

MATSUZATO, KIMITAKA/IBRAGIMOV, MAGOMED-RASUL, *Islamic Politics at the Sub-regional Level in Dagestan: Tariqa Brotherhoods, Ethnicities, Localism and the Spiritual Board*, in: Europe-Asia Studies, Jg. 57, 2005, Nr. 5, S. 753–779.

MURTAZIN, MARAT, *Muslims and Russia: War or Peace?*, in: Central Asia and the Caucasus, 2000, Nr. 1, http://www.ca-c.org/journal/eng-01-2000/17.murtazin.shtml (Zugriff 19.8.2009).

Frauen in Russland

BORENSTEIN, ELIOT, *Nation im Ausverkauf. Prostitution und Chauvinismus in Russland*, in: Osteuropa, 56. Jg., 2006, Nr. 6, S. 99–121.

CHEAURÉ, ELISABETH (Hrsg.), *Kultur und Krise. Rußland 1987–1997*, Berlin 1997.

CLEMENTS, BARBARA E., *Daughters of Revolution. A History of Woman in the USSR*, Arlington Heights 1994.

ENGEL, CHRISTINE/RECK, RENATE (Hrsg.), *Frauen in der Kultur. Tendenzen in Mittel- und Osteuropa nach der Wende*, Innsbruck 2000.

FUCHS, GESINE/HINTERHUBER, EVA MARIA, *Demokratie von unten? Unverfasste politische Partizipation von Frauen in Polen und Russland*, in: Osteuropa, 53. Jg., 2003, Nr. 5, S. 704–719.

GOLDMAN, WENDY Z., *Woman at the Gates. Gender and Industry in Stalin's Russia*, Cambridge u. a. 2002.

DIES., *Woman, the State, and Revolution. Soviet Family Policy and Social Life, 1917–1936*, Cambridge 1993.

KÖBBERLING, ANNA, *Zwischen Liquidation und Wiedergeburt. Frauenbewegung in Russland von 1917 bis heute*, Frankfurt a. M./New York 1993

KRATZ, SUSANNE/ŽVINKLIENĖ, ALINA, *Zwischen Staatspräsidentialismus und Staatsfeminismus. Frauen in den Parlamenten Russlands und Litauens*, in: Osteuropa, 53. Jg., 2003, Nr. 5, S. 647–661.

LAPIDUS, GAIL W., *Women in Soviet Society. Equality, Development, and Social Change*, Berkeley u. a. 1978.

ROSENHOLM, ARJA, *Gendering Awakening. Feminity and the Russian Woman Question of the 1860s*, Helsinki 1999.

SCHEIDE, CARMEN, *Verstaatlichung der Emanzipation? Frauen der Sowjetzeit, 1917–1941*, München 1996.

SCHMITT, BRITTA, *Zivilgesellschaft, Frauenpolitik und Frauenbewegung in Russland von 1917 bis zur Gegenwart*, Königstein/Ts. 1997.

Alltagskultur und Lebensstil

BARKER, ADELE MARIE (Hrsg.), *Consuming Russia. Popular Culture, Sex, and Society*, Durham/London 1999.

BEUMERS, BIRGIT, *Pop Culture Russia! Media, Arts, and Lifestyle*, Santa Barbara/Denver/Oxford 2005.

DIES./RULYOVA, NATALYA/HUTCHINGS, STEPHEN (Hrsg.), *The post-Soviet Russian media. Conflicting signals*, London/New York 2009.

BOCK, IVO/SCHLOTT, WOLFGANG/TREPPER, HARTMUTE (Hrsg.), *Kommerz, Kunst, Unterhaltung. Die neue Popularkultur in Zentral- und Osteuropa*, Bremen 2002.

GORNYJ, EUGENE, *A Creative History of the Russian Internet*, Diss. London 2006, http://www.ruhr-uni-bochum.de/russ-cyb/library/texts/en/gorny_creative _history_runet.pdf (Zugriff am 19.8.2009)

HUTCHINGS, STEPHEN, *Television and Culture in Putin's Russia: Remote Control*, London 2009.

KOLTSOVA, OLESSIA, *News media and power in Russia*, London 2006.

LARSEN, SUSAN, *National Identity, Cultural Authority, and The Post-Soviet Blockbuster: Mikhalkov and Balabanov*, in: Slavic Review, Jg. 62, 2003, Nr. 3, S. 491–511.

LOVELL, STEPHEN/MENZEL, BIRGIT (Hrsg.), *Reading for Entertainment in Contemporary Russia. Post-Soviet Popular Literature in Historical Perspective*, München 2005.

PILKINGTON, HILARY, *Russia's Youth and its culture. A nation's constructors and constructed*, London 1994.

RAMET, SABRINA P. (Hrsg.), *Rocking the State. Rock Music and Politics in Eastern Europe and Russia*, Boulder, CO 1994.

SCHMIDT, HENRIKE/TEUBENER, KATY/KONRADOVA, NATALJA (Hrsg.), *Control + Shift. Public and Private Usages of the Russian Internet*, Norderstedt 2006.

SCHMID, ULRICH, *Russische Medientheorien*, Bern 2005.

Die Autorinnen und Autoren

PROF. DR. **HANNES ADOMEIT**, langjähriger Wissenschaftlicher Mitarbeiter der Stiftung Wissenschaft und Politik in Berlin, derzeit Professor für Osteuropastudien am College of Europe in Natolin (Warschau).

PROF. DR. **THOMAS BREMER**, Professor für Ökumenik der östlichen Kirchen und Friedensforschung am Ökumenischen Institut der Katholisch- Theologischen Fakultät, Westfälische Wilhelms-Universität Münster.

PROF. DR. **ELISABETH CHEAURÉ**, Professorin für Slavistik und Gender Studies, Dekanin der Philologischen Fakultät der Universität Freiburg i. Br.

DR. **SABINE FISCHER**, Senior Research Fellow, European Institute for Security Studies, Paris.

PROF. DR. **WLADIMIR GELMAN**, Professor an der Fakultät für Politische Wissenschaft und Soziologie, European University in St. Petersburg, Russland.

DR. **KSENIA GONCHAR**, leitende wissenschaftliche Mitarbeiterin an der Higher School of Economics, Moskau.

PROF. DR. **JEWGENIJ GONTMACHER**, Leiter des Zentrums für Sozialpolitik des Instituts für Wirtschaft der Russischen Akademie der Wissenschaften, Moskau.

DR. **LEW GUDKOW**, Direktor des Lewada-Center, Moskau.

DR. **UWE HALBACH**, Mitarbeiter der Forschungsgruppe Russland/GUS der Stiftung Wissenschaft und Politik, Berlin.

PROF. DR. **PETER LINDNER**, Institut für Humangeographie der Goethe-Universität Frankfurt a. M.

DR. **STEFAN MEISTER**, Wissenschaftlicher Mitarbeiter im Programm Russland/ Eurasien der Deutschen Gesellschaft für Auswärtige Politik, Berlin.

PROF. DR. MARGARETA MOMMSEN, em. Professorin der Politikwissenschaft an der Ludwig-Maximilians Universität München.

PROF. DR. **ANGELIKA NUSSBERGER** M. A., ord. Professorin und Direktorin des Instituts für Ostrecht an der Universität zu Köln.

PROF. DR. **STEFAN PLAGGENBORG**, ord. Professor für osteuropäische Geschichte, Ruhr-Universität Bochum.

PD DR. **HEIKO PLEINES**, Leiter der Abteilung Politik und Wirtschaft der Forschungsstelle Osteuropa an der Universität Bremen.

CORNELIA RABITZ, Kulturkorrespondentin und Osteuropaexpertin, Leiterin des Russsichen Programms der Deutschen Welle, Bonn.

PROF. DR. **ULRICH SCHMID**, Professor für Kultur und Gesellschaft Russlands an der Universität St. Gallen, Schweiz.

PROF. DR. **HANS-HENNING SCHRÖDER**, Universität Bremen und Deutsches Institut für Internationale Politik und Sicherheit, Berlin.

JENS SIEGERT, Leiter des Länderbüros Russland der Heinrich Böll Stiftung in Moskau.

PROF. DR. **JÖRG STADELBAUER**, ord. Professor und Direktor des Instituts für Kulturgeographie der Albert-Ludwigs-Universität Freiburg i. Br.

PROF. DR. **ANGELA STENT**, Direktor des Center for Eurasian, Russian and East European Studies und Professor of Government and Foreign Service an der Georgetown University, Washington, DC.

PROF. DR. **PETRA STYKOW**, Univ. Professorin für Politikwissenschaft am Geschwister-Scholl-Institut der Ludwig-Maximilians-Universität München.

DR. **PEKKA SUTELA**, Direktor des BOFIT (Bank of Finland Institute for Economies in Transition) und Dozent an der Helsinki School of Economics.

DR. **DMITRIJ TRENIN**, Direktor des Carnegie Moscow Center.

DR. **ANDREJ ZAGORSKIJ**, leitender wissenschaftlicher Mitarbeiter des Zentrums für Kriegs- und Friedensforschung am Moskauer Staatsinstitut für internationale Beziehungen.